GERD HEINRICH

Friedrich II. von Preußen

GERD HEINRICH

Friedrich II. von Preußen

Leistung und Leben
eines großen Königs

Duncker & Humblot · Berlin

Bibliografische Information der Deutschen Nationalbibliothek

Die Deutsche Nationalbibliothek verzeichnet diese Publikation in
der Deutschen Nationalbibliografie; detaillierte bibliografische Daten
sind im Internet über http://dnb.d-nb.de abrufbar.

Umschlagbild:
Johann Christoph Frisch (1783):
Friedrich II. König von Preußen
Gemälde im Privatbesitz

© 2009 Duncker & Humblot GmbH, Berlin
Satz und Umschlaggestaltung: L101 Mediengestaltung, Berlin
Druck: Berliner Buchdruckerei Union GmbH, Berlin
Printed in Germany

ISBN 978-3-428-12978-2

Gedruckt auf alterungsbeständigem (säurefreiem) Papier
entsprechend ISO 9706 ♾

Internet: http://www.duncker-humblot.de

Vorwort

Gute und weniger gute Bücher über Friedrich den Großen gab es und gibt es zuhauf. Jede Generation meint ein neues, womöglich fast endgültiges Bild des Monarchen in seiner Zeit zeichnen zu können. Dazu kommt der verschiedenartige nationale und internationale Hintergrund. Es ist deutlich, daß man in London oder Köln ein anderes Friedrich-Bild entwirft als in Berlin oder in Breslau. Gleichwohl besteht das Bedürfnis, den König von den Schlacken zeitgeschichtlicher Betrachtungsweise zu befreien.

Die wissenschaftliche Arbeit an der Geschichte Preußens und Friedrichs des Großen reicht weit zurück. Als ich um 1976 zusammen mit *Peter Baumgart* (Würzburg) die Edition des Schlußbandes der Acta Borussica (Behördenorganisation) auf der Grundlage der Quellen des Geheimen Staatsarchivs (Preuß. Kulturbesitz) übernahm, ließ mich das Thema nicht wieder los. Eigentlich bin ich in meiner Ruppiner Jugend auch mit Friedrich zum Historiker geworden. Ein Leben also in der Diskussion mit den Fachleuten, ein Leben aber auch im Widerstreit mit einigen überscharfen Kritikern des Königs, die ihn in den Überresten vernichtet sehen wollten. „Ein Wölkchen nur, das vergeht". Insofern ist kein fester Zeitpunkt auszumachen, wann die Niederschrift des vorliegenden Werkes begonnen wurde.

Etwa im Jahre 2002 begann ich die Niederschrift der Texte – in tormentis pinxit – und der Zeittafel, bei denen mich Frau Dr. Iselin Gundermann, Wissenschaftliche Direktorin am Geheimen Staatsarchiv und Mitverfasserin des Kataloges zur Ausstellung 1986, vielfältig und unaufhörlich unterstützte. Dafür bin ich ihr zu lebhaftem Dank verpflichtet, zumal diese Tätigkeit neben den gemeinsamen anderen Aufgaben geschehen ist. – Der Dank gilt auch Kollegen innerhalb und außerhalb der Freien Universität Berlin, in Staatsarchiven und in Historischen Kommissionen, die mit manchem guten Wort meine Arbeiten förderten.

Nicht vergessen sollen meine akademischen Schüler sein, mit denen ich vornehmlich von 1980 bis 2005 auf zahlreichen Haupt- und Neben-Exkursionen u.a. nach Schlesien, Ost- und Westpreußen, Vor- und Hinterpommern und natürlich wieder und wieder in die Mark Brandenburg die Wege Friedrichs und seiner Vorgänger aufsuchte. Wir haben das vielgestaltige Preußen in seinen Bauten und Ereignissen, unzerstört und demoliert, im Kontext eines wiederum grausamen Jahrhunderts betrachtet und zu verstehen versucht. So hoffe ich, daß alle diese Fahrten auch diesem Buch zugute gekommen sind.

Joachim R. Moeschl, Dipl.-Geograph, zeichnete mit gewohnter Präzision und historischer Sachkenntnis die Schlacht-Karten, welche sich bei den Farbtafeln befinden. Den Grafen von Wintzingerode habe ich zu danken. Die Durchsicht des Manuskriptes durch Graf Jobst ist in diesen Dank eingeschlossen.

Dem Verlag Duncker & Humblot, Prof. Norbert Simon und für die herstellerische Betreuung Lars Hartmann, gilt mein besonderer Dank, daß sie dieses Werk in ihre Obhut genommen haben.

Gewidmet sei das Buch meiner Frau Felicitas, meinen beiden Kindern und meinen Enkeln sowie der nun verstorbenen Frau Dr. Iselin Gundermann.

Berlin, im Juli 2009   *Gerd Heinrich*

Inhaltsverzeichnis

I. Leben und Leistung

II. Anhang

I. Leben und Leistung

Erstes Kapitel

Kindheit und Jugend. Konflikte und Lehrjahre[1]

Als Preußens Kronprinz Friedrich Wilhelm mit seiner Frau nach zwei prinzlichen Fehlgeburten und einer Tochter hoffnungsvoll einem neuerlichen Sohne entgegenblickte (bei insgesamt vierzehn Kindern von einer Königin), da mochte er gebetet haben, daß der Stammhalter des Hauses Hohenzollern überleben würde. Die Geburt des Prinzen Friedrich, ganz ohne Komplikationen im Berliner Stadtschloß am 24. Januar 1712 (sonntags gegen 12 Uhr vormittags) löste an Hof und in der Residenz die lebhafteste Freude aus. Der Vater Friedrich Wilhelm, nun schon tätiger Mitregent Preußens, mußte die vierte Niederkunft seiner altdynastischen Gemahlin Sophie Dorothea aus dem Hause Hannover um so bewegter empfinden, als er 1707 und 1711 zwei kleine Prinzen wohl nur deshalb verloren hatte, weil man sie törichterweise der Mutter nach der Entbindung fortgerissen und einer Gouvernante sowie einer zur Kinderpflege nun wirklich nicht sonderlich vorbereiteten Leibwache und strammen Schweizer Hofwächtern überlassen hat. Das entsprach den rüden Gebräuchen an französischen Höfen. Den dritten Sohn nun behielt die Kronprinzessin hartnäckig bei sich. Er gedieh über alle Krisen hinweg vorzüglich.

Das Hochgefühl des bereits hinfälligen Königs über das Ereignis drückte sich darin aus, daß er noch am Geburtstage dreimal in einer Sänfte zur Wöchnerin getragen wurde, um das „brav schreiende" und „recht fette und frische" starke und wohlgestaltete, mit pechschwarzen Haaren gezierte Enkelkind angemessen zu bewundern. Und er verlieh ihm sogleich den „Glück bringenden Namen Friedrich, dazu den Titel des Prinzen von Preußen und Oranien" und ein neues Kreuz des Hohen Orden vom Schwarzen Adler.

In der anschließenden Vesper in der Schloßkapelle ermahnte der Oberhofprediger Andreae die Dynastie, auf würdigen Pfaden zu wandeln und – auch im Sinne eines recht verstandenen Pietismus – fortan von Üppigkeiten Abstand zu nehmen, ganz abgesehen von Dresdner Zuständen. So unterblieben Illuminationen und Feuerwerk. Die Glocken wurden von sieben Kindern geläutet. Einige Haubitzen auf den veralteten Festungswällen schossen weißen Dampf in den Himmel. Der Sinn für das allseitige Sparen, dem Preußen und das Königskind so viel verdanken sollten, hielt eben damals seinen Einzug in das Zentrum des Staates. Friedrich Wilhelm, der den Regierungsantritt mit gebändigter Energie erwartete, gab noch am Abend ein kleines Fest im

Schloß. Dazu lud er seinen mächtigen Militärberater, Feldmarschall und Verwandten ein, den Fürsten Leopold von Anhalt-Dessau, sowie alle jene Offiziere und Minister, die ihre Bereitschaft unverbrüchlich bekundet hatten, den neuen Weg des Thronfolgers mitzutragen.

Diese Prinzengeburt erregte einiges Aufsehen. Der Kaiser, die Generalstaaten der Niederlande, der großmächtige Zar von Rußland und nicht wenige andere ließen es sich gefallen, bei der Taufe des preußischen „Reichserben" (bereits am 31. Januar) als Taufpaten genannt und vertreten zu werden. Fast die gesamten brandenburgischen Hohenzollern, zumal die im nahen Schwedt hofhaltende Verwandtschaft des Königs, aus der zweiten Ehe des Großen Kurfürsten, mit der schwarzgelockten Dorothea von Holstein-Glücksburg, waren in der Schloßkapelle am Spree-Ufer vereinigt. In Hannover bei der nächsten Verwandtschaft wußte man trotz mannigfacher politischer und persönlicher Rivalitäten das frische Reis am Mannesstamm zu würdigen. Die zweifache Urgroßmutter des kleinen Friedrich, die Königsmutter Sophie von der Pfalz (1630–1714), schrieb der Freundin Elisabeth Charlotte: „... Wenn nur Gott ihm das Leben ihn vor den Doktoren behütet! Er soll schön und stark scheinen." Die frühen Bilder von der Meisterhand Antoine Pesnes zeigen denn auch ohne Schmeichelei einen wohlgeratenen preußischen Nacherben.

Die Eltern Friedrichs[2] ergänzten sich in ihren Wesenszügen in mancherlei Hinsicht. Sie zeigten andererseits trotz sehr naher Verwandtschaft nach Ahnenerbe und Erziehung verschieden geformte Charaktere. Das Spiel des genetischen Zufalls war ohnehin nicht vorhersehbar. Der unerhört *ambivalente Vater*, ungestüm und eigensinnig, gutmütig und verletzbar, hochfahrend und zuweilen depressiv, bekundete neben aller Militär-Leidenschaft von früh an Sinn für Sparsamkeit und alles Ökonomische. Er bezeugte asketische Pflichterfüllung und nie gebrochene sittliche Strenge. Das war gegründet auf feste Gottesfurcht und eine theologisch eher vermischte evangelische Religiosität. Mehr auf der negativen Seite sind aber zu vermerken der Hang zu einem patriarchalischen „Despotismus", ausgelöst durch einen immer wieder aufbrechenden Argwohn; ihm war bewußt, daß der überbetonte Status eines Autokraten dem Zustand eines allgemeinen omnipotenten Selbstherrschers nur zu einem Teile entsprach.

König Friedrich Wilhelm I. brachte in kurzer Zeit die Staatswirtschaft in Ordnung. Aber der Zwang zur Schatz- und Juwelen-Anhäufung hielt sich bei ihm immerhin in der Weise, daß er in den Kellern des Berliner Schlosses einen großen Staatsschatz als Reserve für ungünstige Zeiten aufrechterhielt. Dieses Bedürfnis stammt wohl aus dem Hause Solms und läßt sich bereits bei König Friedrich I. in beglückenden und nicht unproblematischen Formen beobachten. Immerhin floß bei beiden ersten Königen das Geld nicht in die düsteren Kanäle einer vielgestaltigen Mätressen-Wirtschaft.

Den zweiten König Friedrich Wilhelm hat man auf seine 512 Ahnen untersucht. Die Herkunft ist eindeutig. Es erscheinen 54 Prozent deutsche, 8 Prozent skandinavische, 23 Prozent romanische und 40 Prozent slawische Fürsten. Die Mutter Friedrichs des Großen, Sophie Dorothea von Braunschweig-Hannover-Lüneburg, hatte in Friedrich Wilhelm einen ihrer durch zahlreiche gemeinsame Vorfahren verbundenen Vetter geheiratet. In dieser Sicht ist lediglich die Heirat der quicklebendigen Französin Eleonore d'Olbreuse (1637–1722), der Urgroßmutter Friedrichs, als wahrscheinlich besonders biologisch auffrischend zu werten. Friedrichs rationalistische Genialität und seine in der Vorherrschaft französischen Geisteslebens begründeten Interessen sind auch darauf zurückgeführt worden, daß fast ein Fünftel der Vorfahren Franzosen oder jedenfalls romanischer Herkunft gewesen sind[3].

Friedrichs Mutter entbehrte in Hannover und seinen Nebenresidenzen infolge der Abwesenheit ihrer eigenen Mutter, der wegen offenkundigen Ehebruchs verstoßenen „Prinzessin von Ahlden", die Nestwärme einer wohlgeordneten Häuslichkeit. Überhaupt bemerkte man an einem Teil der Angehörigen des Hauses Hannover „Herzenskälte" (Carl Hinrichs). In Berlin zeigte sich dann, daß die zweite mit überaus stattlicher Gestalt („Olympia") begabte Welfin selbstbewußt und anspruchsvoll, doch auch anschmiegsam und jedenfalls eheklug sein konnte. Beraten wurde sie anfänglich noch von ihrer leidenschaftlich-weisen Großmutter Sophia, die zugleich die Großmutter von Sophie Dorotheas Gemahl war. Die Stammtafeln zeigen das. Aber sie erwies sich auch als begabt für die hofpolitischen Kabalen, wenn sie ihren Haus- und Familieninteressen nützlich zu sein schienen. Die künstlerischen und allgemein geistigen Interessen waren schwächer ausgeprägt als bei ihrer Tante Sophie Charlotte. Was sie lesen wollte, das las sie neben ihrem „Nähwerk" in den vergleichsweise kleineren Verhältnissen des Berliner Hofes aus ihrer eigenen Bibliothek. Das reizbare und vielleicht auch eifersüchtige, dann auch wieder hausväterliche und liebesbedürftige Gemüt des Herrn Gemahls, dem sie fast Jahr um Jahr die Kinder in die Wiege legte, nahm Friedrichs geliebte Mutter mit Fassung und jedenfalls einigem Verständnis hin. Doch keine Frage: Die Familie und die trotz aller Übertreibungen vieles berichtende Prinzessin Wilhelmine haben bis zuletzt unter der egozentrischen Besessenheit, der unvermittelten manischen und doch wohl krankhaften Erregbarkeit und den tiefen Melancholien und Weltflüchtigkeiten des Königs gelitten.

Stolz aber konnte das Haus Hohenzollern wegen seiner *Vorfahren* sein. Fast alle bedeutenden Gestalten der nachmittelalterlichen europäischen Geschichte erscheinen in den Stammtafeln: Wilhelm der Schweiger von Nassau-Oranien, der französische reformierte Admiral Coligny, die berühmte Maria

Stuart von Schottland, König Podiebrad von Böhmen, die mächtigen Kaiser und Könige aus dem Hause Habsburg (Ferdinand I.), demzufolge dann die älteren Könige von Kastilien, von Aragonien und von Portugal. Es folgen die Herzöge von Burgund, die französischen Könige von Johann II. dem Guten aufwärts, dann die vielberedete Johanna die Wahnsinnige sowie die Herrscher aus dem Hause Luxemburg in Prag, aber auch in der Mark Brandenburg. Hervorstechende Eigenschaften aller dieser fast ausschließlich dynastischen Voreltern erscheinen bei Friedrich eher symbiotisch-abgeschliffen, obwohl sich ernste Phänomene, wie die Krankheitssymptome (Gicht, Wassersucht) sowie die auffälligen herrscherlichen und militärischen Begabungen den Vorfahren und Nachfahren mit einiger Wahrscheinlichkeit zuordnen lassen. Ignorieren jedenfalls läßt sich das europäische Erbe der altdynastischen Familien nicht, und auch Friedrich wurde sich mit Hilfe seiner Erzieher dessen nach und nach bewußt.

Lehrjahre – Konfliktjahre[4]

Das Schloß Monbijou und nicht das Berliner Schloß als Barock-Residenz der Dynastie war das eigentliche Nest der frühen Jugend Friedrichs. Dort wuchs er mit seiner Schwester und umgeben von zahlreichen kleinen Kindern auf. Die Schwester Wilhelmine nahm so etwas wie eine zweite Mutterstelle an ihrem Bruder ein. Deswegen blieb sie lebenslang die Lieblingsschwester, auch wo sich Schmerzen einstellten. Sie war es, die ihm mit Wissen der Mutter erste unschuldige Lesegenüsse vermittelte, während beide früh durch eine hugenottische Erzieherin zweisprachig erzogen wurden. Der dräuende Vater mußte es geschehen lassen, daß dem Gespräch mit den Kindern auch die französische Sprache zugeteilt wurde. Das wird aus seinem Munde etwas Schönes gewesen sein. Aber sobald Friedrich größer war, wurde er als Begleiter des Vaters im Deutschen gedrillt. Es ist also eine Legende, daß der Prinz kaum und schlecht Deutsch gesprochen habe. Er war und blieb einerseits ein brandenburgischer Junge und andererseits ein geschliffener Kavalier mit Kenntnis der Welten des Westens. Daß sich die Eleganz der Sprache auf die internationale Kommunikationssprache des Französischen erstreckte, versteht sich von selbst.

Bis zu seinem zwölften Lebensjahr sorgten sich die mehrheitlich französischen Erzieher um die Welt der Bildung. Im Gegensatz zu der holprigen Erziehung Friedrich Wilhelms verlief die Ausbildung seines Sohnes vielgestaltig und besonnen. Am Ende der ersten Hauptphase um 1729 überragte Friedrich bereits vergleichsweise seine Eltern. Es bekundete sich neben dem sich langsam aufbauenden Wissen eine offenbar ursprüngliche Anlage zur Kritik, zur Skepsis und zum provozierenden Urteil mit einer eigentümlichen

Gescheitheit. Bereits 1724 bemerkte der Vater den geistigen Zustand seines Zwölfjährigen mit Sorge und Mißtrauen. Er wünschte zu wissen, „was in diesem kleinen Kopfe vorgeht. Ich weiß, daß er nicht so denkt wie ich und daß es Leute gibt, die ihm andere Gesinnungen beibringen und ihn veranlassen, alles zu tadeln; das sind Schufte ...". Gemeint war wohl Friedrichs erster Erzieher, der vom König mißtrauisch betrachtete Hugenotte Duhan de Jandun. Dieser richtete sich zwar einerseits vorsichtig nach den Instruktionen des Königs (1716), den Thronfolger zum guten „Christen, Soldaten und Wirt" zu bilden. Andererseits schuf er, auch unterstützt von der hier durchaus weitsichtigen Königin, mit einer ersten, weitgehend heimlich erworbenen Bibliothek vor allem französischer Werke ein Refugium. Latein und Griechisch durfte er nicht lernen. Bald kehrte sich in Friedrichs Bewußtsein die Reihenfolge um: Er wollte sein ein Philosoph nebst Schriftsteller, ein guter Staatswirt, ein erträglicher Soldat und ganz nebenbei und persönlich vielleicht auch noch ein Christ mit schwer verständlichen Problemen. Jedenfalls konnte sich Friedrich dann in seiner kleinen Bibliothek von der Militär-Manie und den derben, ihn körperlich immer wieder überfordernden Ansprüchen seines Vaters oder von den als langweilig empfundenen religiösen Unterweisungen eines Hofgeistlichen erholen. Später bezeichnete Friedrich diesen als einen „Mucker", das heißt als einen pietistischen Betevater. Zu Recht fand der aufwachsende Prinz von früh an bei der unzweifelhaft überdurchschnittlich begabten Schwester Wilhelmine eine Heimstatt. Mit ihrem Raffinement bestärkte sie ihn in seinen Sinnen für Dichtung, Musik und Philosophie und legte überdies die Grundlage für die frühe Aufsässigkeit gegen die egozentrische Nicht-Pädagogik des Vaters.

Ein gefährliches Stadium erreichten die familiären Streitpunkte, als der frühzeitig in Berlin und in den beiden welfischen Hauptstädten erwogene Plan einer Doppelhochzeit mit dem Hause Großbritannien-Hannover in das Stadium vorsichtiger Verhandlungen trat (Herrenhausen 1725). Kronprinz Friedrich sollte mit der englischen Prinzessin Amalia, seine Schwester Wilhelmine mit dem Herzog von Gloucester vermählt werden. Dahin zielten die Wünsche der Königin Sophie Dorothea und die der gegen den König gerichteten Hof-Opposition. Politisch stand hinter dem Projekt der gegen den Kaiser in Wien gerichtete Versuch einer englischen Politik, Preußen und den König stärker an die Seite der Westmächte zu ziehen. Die territorialpolitischen Absichten Friedrich Wilhelms I. (Nachfolge in Berg) liefen dem zuwider, während er die dynastische Allianz anfänglich noch im Einklang mit seiner hier ebenso ehrgeizigen wie offen pro-welfisch vorgehenden Gemahlin als reputationsförderlich ansah. Bald darauf entwickelte sich der Berliner Hof wegen der sich verschärfenden Rivalitäten der Mächte zum „Schlachtfeld der Diplomatie" (Ernest Lavisse), auf dem die Berliner Diplomaten mit dem älteren Grafen Seckendorff an der Spitze, der es an Bestechungen nicht fehlen ließ, schließlich einen problematischen Sieg davontrugen. Friedrich Wilhelms Grundstimmung des „Reichspatriotismus" kam dem entgegen. Er fühlte sich überhaupt als Deutscher und auch Friedrich ist je länger desto mehr trotz seiner Zuneigung zur französischen Aufklärungs-Kultur ein „Deutscher" geworden. Gleichwohl zog sich nun ein tiefer emotionaler Riß durch die königliche Familie. Nach und nach verschlechterte sich das Verhältnis von König und Kronprinz, ja, es wurde unerträglich. Die normale Pubertät trug das ihrige dazu bei. Es ist überhaupt die Frage, ob der Vater mit einem Begriff wie der Pubertät etwas anfangen konnte. Nicht ein Ebenbild, wie er es als Vater und Fürst für den Fortbestand Brandenburg-Preußens rigoros forderte, vielmehr ein Gegenbild stand nunmehr dem dräuenden und zugleich insgeheim tief verzweifelten Familienvater gegenüber: weltflüchtig und bereits freigeistig, verträumt und weichlich, lässig gegenüber protokollarischen Pflichten, falsch und welsch, so erschien ihm nun dieser kränkelnde Nachfolger. Der König war unglücklich.

Alles lief auf eine Katastrophe zu. Friedrichs Versuch einer Flucht („Desertion") mit Beihilfe seines engen Freundes Hans Hermann von Katte am 5. August 1730 auf einer Reise in Sinsheim-Steinsfurt brachte Friedrich in Haft. Katte wurde der Desertion angeklagt. Das anschließende Kriegsgericht im Köpenicker Schloß stellte den Höhepunkt und dann die Wende des Vater-Sohn-Konflikts dar[5]. Der König ließ Katte hinrichten, obwohl er zwischen Brutalität und einem Rest von Nachdenklichkeit durchaus schwankte. Es ist unzutreffend, daß nicht auch eine andere, rechtlich abgesicherte Möglichkeit des Urteils bestanden hätte. Der König brachte nach der Hinrichtung zum Ausdruck, daß er das Todesurteil noch einmal bedacht hätte, wenn er vor der Hinrichtung in Küstrin den Brief Kattes mit der Bitte um Gnade rechtzeitig gelesen hätte. Das hat er versäumt. Damit sind alle Justiz-Theorien hinfällig. Nichts ist zwangsläufig im Bereich einer Hofkabale. Der Vater Kattes hätte, wenn er frei gewesen wäre, nach einem solchen Bluturteil sich sogleich von seinem Militärdienst trennen müssen.

Es wird eine offene Frage bleiben, ob der König von vornherein die „Flucht" des Sohnes dazu benutzen wollte, diesen womöglich von der Thronfolge auszuschließen. Dazu kam es nicht. Über die politischen Folgen eines solchen Schrittes der Flucht in eine vermeintliche Freiheit in Frankreich war Friedrich sich trotz deutlicher Warnungen aus London wohl nicht im klaren. Das unversöhnliche und unverantwortliche Verhalten des Vaters trieb ihn unbesonnen und hoffnungslos in eine Krise hinein, welche Preußens Ansehen im In- und Ausland schädigte, den ohnehin gesundheitlich schwer gefährdeten Herrscher einer zusätzlichen leidvollen Belastung aussetzte und Kattes Leben sinnlos verwirkte. Trotz seiner relativen Unreife zeigte sich nun in dem unverändert leidenschaftlichen Streit zwischen König und Nachfolger eine außerordentliche Intelligenz, welche weit über den Durchschnitt hinausging. Die Verhöre mit genauen endlosen Fragen bestand er mit Bravour. Gewiß zwangen ihn die rücksichtslosen Eingriffe des Vaters zu einem ernsteren, staatsbezogeneren Gestalten seines Lebens. Die Thronfolge wollte er auf keinen Fall preisgeben. So behauptete er sich einerseits in einer erstaunlichen Widerstandskraft und in der Fähigkeit des raschen Sichwiederaufrichtens, während er andererseits geschmeidig und devot und auch einsichtig bemüht war, dem König zu Willen zu sein. Dem erbitterten, ja tobenden Vater muß damals vor dem November 1731 wohl eine Ahnung aufgestiegen sein von der eigentümlichen Seelenstärke seines Sohnes, der sich – gleichsam ein Diamant – nicht mit der Holzraspel des Schimpfs („Gecke") und mit mancherlei körperlichem Bedrohen zurechtschleifen ließ.

Dies führt mit dem Blick auf diese mehrjährige Krise auf Friedrichs Charakter. Einerseits war es, wie sollte es anders sein, eine unvergeßliche, aber eben nicht unüberwindbare Krise. Von einer traumatischen Belastung des Königs ist nur in der Literatur die Rede. Jede Jugend in schwierigen Zeiten, ob bei Soldaten oder Professoren, kann zu belastenden Erinnerungen führen. Manches hätte er sich in der Tat angenehmer gewünscht, hat er später einmal bemerkt. Daß sich Mentalität und Geist durch Erziehung und Erfahrung differenzierten, lag in der Natur solcher Entwicklungen. Manche Sonderbarkeiten beruhen schlicht auf Talent und Charakter. Dem haftet nichts Rätselhaftes an. Die genialen Ansätze in seinem Charakter führten Jahr um Jahr zu einer erweiterten Bandbreite, die im Nebeneinander und weniger im Gegeneinander bestanden. Seine musikalische Frühreife, seine Leidenschaft, seine Empfindlichkeit und spöttische Aggressivität und überhaupt der sich dann immer weiter entfaltende Intellekt sind als etwas Ursprüngliches zu begreifen. Im Rückblick hat Friedrich dann auch bekannt, in der Jugend eine „Art Schiffbruch" erlitten zu haben, doch müsse jeder sein Lehrgeld bezahlen. Und dann folgt der wohl entscheidende Satz für sich und andere: „Aber alles, was die Erziehung leisten kann, ist eine Herabminderung der Gewaltsamkeit der Leidenschaften. Den Charakter zu ändern, das vermag keine Macht der Welt."

Keine Frage, daß sich auf allen diesen Fundamenten der Dynastie, des Talents und der Erziehung in den Jahren zwischen Küstrin und Rheinsberg (1730–1736) der eigentümliche herrscherliche Charakter mit dem Bewußtsein von Auftrag und Amt entfalten konnte, ja entfalten mußte. Keine Frage auch, daß der junge Dynast alles andere als biedere bürgerliche Wesenszüge mit ihren banalen Sehnsüchten nach politischen Unzweideutigkeiten, nach philanthropischen Harmonien oder transzendentalen Träumen besaß. Bald begriff er, daß sich die besondere Ethik und Nichtethik der Staatsraison niemals mit Grundsätzen der Privatmoral übereinstimmen ließ. Das „öffentliche" Verhalten in Staat und Dynastie hatte sich danach zu richten. Er war und wurde in wenigen Jahren verwegen und dennoch vorsichtig, ehrgeizig und mutvoll, verschwiegen und womöglich verschlagen, unberechenbar und im Grunde unterhalb von der Tagesheiterkeit illusionslos, – je nach Ort und Zeit. Es entspricht dem bürgerlichen Alltagsdenken, wenn man von ihm Konsequenz erwartet. Dies war nicht einmal wünschenswert. Es wäre ein Verstoß gegen die ideale und reale Figur des „Fürsten", gegen den richtig verstandenen „Anti-Machiavell" und das eigene Interesse gewesen, wenn sich nicht bereits der Thronfolger alsbald in Verstellungskünsten und diplomatisch-epistolarischen Doppelzüngigkeiten geübt hätte, doch in der Regel ohne die Folge „innerer Verhärtung". Von einer „Undurchdringlichkeit seines Charakters" (Theodor Schieder) konnten denn auch nur ferner stehende Zeitgenossen schreiben. Für den Nachlebenden, der die Quellen in der ganzen Breite überblickt, ergibt sich in Stärken wie in Fehlhandlungen ein verstehbarer, ein originärer und geschlossener Charakter. Wandel und Konstanz. Friedrichs letztlich glückliche, weil selbst im Alter zur Kompensation befähigte Psyche wurde mit jenen Belastungen fertig, von denen der Vater-Konflikt nur einen kleinen Teil darstellte. Zwischen Verdrängung und Aggression bewegte er sich freilich lebenslang. Dem entspricht, daß er auf dem Weg zu seiner den politischen und sozialen Realitäten verpflichteten Herrscher-Menschlichkeit im Sinne der Aufklärung und seines Jahrhunderts sein kreatürliches Empfinden abzudecken versuchte mit vielerlei zeitgemäßem Götterspott und Zynismus, auch mit dem Hochmut eines Überlegenen, der sich weniger von der Mitwelt als von bedeutenden historischen Vorbildern den Weg weisen ließ.

Nachdem am 19. November 1730 die Festungshaft des Kronprinzen in der Zelle in Küstrin bereits aufgehoben war und er ein Haus in der Stadt bezogen hatte, wies der König seinen Sohn sogleich zur kameralistischen Ausbildung der dortigen Kriegs- und Domänenkammer zu[6]. Angeleitet von hervorragenden Fachleuten lernte er nun neun Monate lang die Arbeit in einer Kammer, daneben die besondere Wirtschaftsführung gegenüber Domänen und Ämtern in der Neumark kennen. Ihn leitete vor allem der ebenso kluge wie antiaristokratisch denkende Kammerdirektor Hille an. Verordnet waren vom König zudem Inspektionsfahrten in das Land sowie für das Leben des Prinzen in der Stadt an der Warthe ein grundsätzlich von pietistischem Lebensernst bestimmter Tageslauf mit Morgen- und Abendandachten. Durch sie vor allem dürfte sich der heimliche Widerwille des „Auskultators" gegen das sogenannte Muckertum der Prediger verstärkt haben.

Allem Fordern des rigorosen Königs unterwarf sich der nun Neunzehnjährige nolens volens äußerlich (15. August 1731). Aber seine engen Freunde und auch Ratgeber blieben dennoch der aus Berlin verbannte Erzieher Duhan du Jandun († 1746), der schon ältere sächsische Diplomat Ulrich von Suhm, Oberst von Camas, die verehrte und geliebte Schwester Wilhelmine und einige Offiziere. Der für den König unentbehrliche hochbelastete Chefminister von Grumbkow vermittelte zwischen Vater und Sohn, beratend und verratend.

Die Kammerbeamten in Küstrin bemerkten als erste ziemlich überrascht die Fähigkeit des Kronprinzen zur stetigen Arbeit und ersahen einen kleinen Teil seiner vielseitigen Talente.

Friedrichs Hofmarschall von Wolden bescheinigte ihm im April 1732, er besitze bereits alle für einen großen Herrn erforderlichen Eigenschaften, wozu auch das Credo des eigentümlich vitalen wie leidenden Vaters gehöre: ein Fürst müsse mehr ertragen können als ein Privatmann. Friedrich hat später auf diese Monate in Küstrin nicht kritisch zurückgeblickt. Sie gaben ihm beispielhaft Einblicke in die praktische lokale Verwaltung, welche ihm sogleich 1740 die volle Sicherheit des Urteils auch für diesen Sektor der Staatsarbeit vermittelten. Daß er bei den Besuchen in dem nahen Herrensitz Tamsel der dortigen Schloßherrin Luise von Wreech, einer attraktiven, noch jungen und klugen Frau begegnete, sie andichtete, ja anhimmelte, gehört zu den angenehmeren Seiten der Monate an Oder und Warthe.

Von dieser Zivilarbeit im abgelegenen Küstrin mit dem Erinnern an das fatale Ereignis befreite sich Friedrich, indem er nicht nur als weiterhin fügsamer Sohn seit dem 29. Februar 1732 nunmehr als Obrist Chef des in Nauen und Ruppin garnisonierten Infanterie-Regiments von der Goltz war, sondern vor allem dadurch, daß er sich dem Projekt einer Heirat mit einer Prinzessin aus der Zweiglinie des Hauses Braunschweig-Wolfenbüttel öffnete. Der Gedanke eines neuerlichen Bundes mit dem anderen Hause Hannover hatte sich erledigt. Die Wahl des Königs fiel auf die Prinzessin Elisabeth Christine aus der Nebenlinie Braunschweig-Bevern. Die törichte Idee dafür entstammte dem Kopfe der Herzogin Christine Luise von Braunschweig-Blankenburg und dem ebenso törichten kaiserlichen Gesandten von Seckendorff (1729). Mit diesem Projekt sollte auch ein Schlußstrich unter die von der Königin Sophie Dorothea immer noch verfolgten Heiratspläne mit den Verwandten in England gezogen werden. Unablässig korrespondierte nämlich die Königin, von ihrem Mann nicht gehindert, mit Vertrauten in London und anderen Orten. Die Briefe der Königin wurden bis heute nicht angemessen ediert.

Die in vieler Hinsicht delikate Verbindung fand anfänglich noch den Beifall des insoweit sorgenvollen alten Prinzen Eugen, selbst unverheiratet, der den preußischen Thronerben mit seinen ausschweifenden territorialpolitischen Ideen stärker an das Haus Habsburg gebunden zu sehen wünschte. Umrißartig war ihm über Seckendorff einiges vom Denken Friedrichs bekannt geworden („Natzmer-Brief", 1731). Bei allem aber war die solcherart Auserwählte eine Nichte der Kaiserin, der Mutter Maria Theresias, einer Braunschweigerin. Doch verfolgten Kaiserhaus und Hof in Wien die Berliner

Ereignisse letztlich oberflächlich und mit Desinteresse. Materielle Güter oder interessante Anwartschaften für Preußen ergaben sich aus dieser überaus preiswerten Ehe schwerlich. Während des Siebenjährigen Krieges und darüber hinaus haben sich jedoch die mehrfachen Heirats-Allianzen mit Wolfenbüttel politisch und militärisch bezahlt gemacht.

Friedrich sah sich dynastisch vermarktet. Bis zuletzt kämpfte er gegen diese Zwangsheirat, geriet in neue Opposition, übte schärfste Kritik in den Briefen an Grumbkow. An klaren Aussagen ließ er es nicht fehlen. „Wenn ich gezwungen werde, sie zu heiraten, werde ich sie verstoßen, sobald ich Herr bin, und ich glaube, die Kaiserin wäre darüber nicht sehr erbaut. Ich will keine Gans zur Frau haben. Vielmehr will ich mit ihr vernünftig reden oder ich mache nicht mit" (26. Januar 1732). Er wünschte sich anstelle einer „stummen Häßlichkeit" jemanden zur Ehe, der er keineswegs auszuweichen wünschte, von hohem oder minderem Rang, gescheit, freisinnig, musikalisch, nicht zu tugendhaft und ohne schwarzen Pietismus. Es sollte, so mochte er denken, eine in romantischen Heiterkeiten graziös dahinschwebende Person oder sogar Persönlichkeit nach Art seiner Schwester Wilhelmine sein, „die ich lieben kann". Es mag dahingestellt bleiben, ob überhaupt irgendeine Kandidatin auf den damaligen dynastischen Heiratsmärkten Mitteleuropas diesen seinen Ansprüchen auf die Dauer genügt hätte[7].

Dem König mag über seine Spione zu Ohren gekommen sein, wie sehr sich der Kronprinz nicht nur gegenüber dem Minister von Grumbkow erboste und tief verzweifelt zeigte, eine solche Prinzessin aus der finsteren welfischen Provinz aufgedrückt zu bekommen. In aller Naivität teilte der König seinem Ältesten mit (4. Februar), er habe die Edel-Jungfer prüfen lassen. Sie sei nicht häßlich und nicht schön (!). Sie sei ein gottesfürchtiger Mensch und doch überdies eine Cousine der Kaiserin Elisabeth Christine (1691–1750) und insoweit auch eine Urenkelin Herzog Augusts des Jüngeren von Braunschweig-Wolfenbüttel (1579–1666), also aus respektabler Familie. Elisabeth Christine sei mithin im dritten Grade die Cousine der Kaiserin und nun die „Tante" der jungen Prinzessin Maria Theresia, welcher der Thron winkte. Auch wünschte der König ob seiner hinfälligen Gesundheit noch zu Lebzeiten den Sohn mit einer ordentlichen und, wie er hoffte, fruchtbaren Schwiegertochter verheiratet zu sehen.

Die schwer begreifliche Einsichtslosigkeit des Vaters steigerte weniger die Ohnmacht des Sohnes als dessen neue Selbständigkeit, die sich nun Schritt um Schritt und rascher ausweitete, als sei Küstrin nicht geschehen. Aber erst einmal brachte der alte König, für den die oppositionellen seiner Kinder Spottnamen verwendeten, als Hofautokrat jahrelang die Dynastie in Turbulenzen. Das Bedauerliche bestand nicht so sehr darin, daß er sich von Fall zu Fall nicht benehmen konnte, sondern daß er Elemente der Schwäche, ja Ineffizienz im Zentralstaat und der Dynastie einschob, ohne es zu bemerken. In Wien verfolgte man aufgrund der ständig aus Berlin eingehenden vertraulichen und für sehr viel Geld eingekauften Berichte und Briefkopien die Heiratskrise mit zunehmender Sorge, zumal sich nun auf der internationalen Ebene die Beziehungen zum Londoner Hof seit 1731 überraschend gebessert hatten. Man erkannte um den Prinzen Eugen und durch ihn selbst, daß der Heirats-Rat des alten Kaisers fatale Folgen haben könne und sich mehr Böses als Gutes aus dieser dem Kronprinzen aufgezwungenen Heirat entwickeln würde. Seckendorff als Intimus Grumbkows und des Königs unterrichtete Berlin auftragsgemäß. Darauf erfolgten absurde Reaktionen. Plötzlich sollte nun Prinz Karl von Braunschweig-Bevern, der Bruder der für Friedrich in Aussicht genommenen Dame, die Prinzessin Anna von Hannover-England und nicht eine der Töchter des Preußenkönigs erhalten.

Mit erheblicher Dreistigkeit und bar jeden international üblichen Taktes versuchte der Wiener Hof im Verein mit den Londoner Interessen vormundartig auf Befehl Prinz Eugens, die unmittelbar bevorstehende Salzdahlumer Hochzeit zu Fall zu bringen. Sogar ein Kurier aus London griff noch ein. Der überraschte Friedrich Wilhelm sollte einen Tag vor dem Trauakt dem abgelegten Projekt einer Vermählung seines Sohnes mit der verfügbaren Prinzessin Amalie von England zustimmen. Dadurch gerieten der Kronprinz und die „englische" Königin Sophie Dorothea einige Stunden vor dem freilich wenig ersehnten Beilager ins Zwielicht. Der König wies die rabiaten Wiener Pläne für seine Kinder scharf und logisch nachvollziehbar ab. Doch mußte er dann allerlei Spott aus Hannover und London ertragen. Auch diese Winkelzüge der kaiserlichen Politik sieben Jahre vor der großen Krise von 1740/41 hinterließen deutliche Spuren im Bewußtsein des Königs und seines Sohnes. Vor allem Friedrich vergaß es nicht, daß sein Vater damals wie der Fürst von Zipfel-Zerbst behandelt worden war.

Die Verlobung (10. März 1732) und die Hochzeit (12. Juni 1733 in Salzdahlum) prägten sich dem Kronprinzen trotz festlichen Glanzes als bittere Stunden ein. Nach wenigen Wochen kehrte er befreit und allein in seine „geliebte Garnison" zurück, seine „Frau" im für beide hergerichteten Gouverneurs-Palast (gegenüber dem Berliner Zeughaus) zurücklassend. Am 5. September 1732 erleichtert er sich gegenüber der Markgräfin von Bayreuth aus der abgeschiedenen Ruppiner Wohnung heraus: „Sie trugen mir auf, liebe Schwester, Sie vom Stand meiner Angelegenheiten zu unterrichten; und da ich keinen besseren Freund auf der Welt habe als Sie, so können Sie darauf rechnen, dass ich Ihnen mein ganzes Herz öffne wie Gott. Der König verfolgt mich mit meiner Verheiratung. Ich liebe die Prinzessin durchaus nicht; im Gegenteil, ich habe vielmehr einen Widerwillen gegen sie, und unsere Ehe wird nicht viel wert sein, da weder Freundschaft noch Harmonie zwischen uns bestehen kann. Im übrigen behandelt mich der König nicht schlecht, aber er misstraut mir, und diese verfluchte Heirat ist die einzige Ursache meines Ärgers". Klarer konnte er in diese seine Zukunft nicht schauen.

Im Interesse der Dynastie hätte er 1740 die erzwungene Ehe ohne politische Rücksichten sogleich auflösen können. Dergleichen gab es immer bei den gekrönten Fürsten Europas. Nach sieben nach außen bin offenbar normalen, jedoch nicht mit Kindern gesegneten Ehejahren vor allem in Rheinsberg und nie geruhsam in Ruppin oder Potsdam hob er nur die häusliche Gemeinschaft mit der neuen Königin auf. Doch wandte er sich keiner anderen Dame im üblichen Sinne, legitim oder illegitim, zu. Auch das galt als ungewöhnlich, jedenfalls für die lusttollen Höfe, die man kannte.

Die Differenzen in den Charakteren und Intelligenzen bildeten dabei wohl neben der bedrückenden Vergangenheit das entscheidende Moment, zumal sich der vitale Regierungsstil des Königs auf seinen monomanischen Lebensstil gründete. Andere Ursachen für das viel beredete Ehe-Unglück – und das war es – gibt es nicht. Hinterhältige Diffamierungen (Voltaire) sind bereits von den Zeitgenossen und seriösen Historikern widerlegt worden und bedürfen keiner psychosomatischen Aufwärmung.

Die materiellen Rechte der in einem konventionellen Sinne liebenswertredlichen und durchaus „preußisch" gewordenen Königin blieben unangetastet. Als Äbtissin eines vermauerten Damenstifts an der Weser hätte sie gewißlich ein wenig trostreiches Leben geführt. Das war eine Aussicht, der sie sich mit Recht verweigerte. So erhielt sie einen mit 40 000 Talern dotierten Hofstaat, dazu als besondere Residenz fast auf dem Lande das von König Friedrich I. eingerichtete Schlößchen Schönhausen (Berlin-Pankow). Dort, im Berliner Stadtschloß und auch in Charlottenburg traf sie fortan in der Regel im Laufe des Hof-Jahres einige Male mit dem König zur Tafel bei Familienfeiern zusammen. So hatte sich trotz mancher Härte und Taktlosigkeit ein von gegenseitiger Achtung bestimmter modus vivendi herausgebildet. Die höfische Etikette gab den Rahmen ab.

Friedrich war und blieb der Kommandeur des Ruppiner Regiments bis zum Regierungsantritt. Dort ging ihm das militärische Einmaleins in Fleisch und Blut über. Seit dem Umzug in das vom König für ihn hergerichtete alte Bredow-Schloß Rheinsberg (23. August 1736) führte er das durchaus ernst genommene Kommando nicht mehr täglich persönlich, obschon er in Ruppin regelmäßig visitierte. Dort richtete er sich seit 1732 in zwei nebeneinander liegenden Häusern Wohnungen ein, wo sich auch der kleine Hofstaat bildete. In dieser wohl nicht sehr geräumigen Wohnung in einem später abgebrannten Hause empfing er seine Offizierskameraden zum Umtrunk, Kartenspiel und Gespräch, jedoch ohne die Anwesenheit von Damen. Dort bildete sich aus Gästen seine erste „Tafelrunde". Wo immer er fortan seine Zelte aufschlug, suchte er sich einen Kreis von selbstbewußten oder beifälligen Mit-Spöttern als Echo für seine rasch ansteigende Produktion an Sottisen und Scherzen aller Art und Güte. Er schuf sich auf dem alten Wall der von den dynastischen Grafen von Arnstein-Ruppin (die auch zu seinen Vorfahren zählten) im frühen 13. Jahrhundert begründeten Stadt einen Garten „Amalthea" nebst einem Pavillon, den ihm sein Freund Knobelsdorff entwarf. In Ruppin ließ er, wie man so sagt, die Seele baumeln: „Meine ländliche Garnison ist mir lieber als alle Erhabenheit und Pracht der Welt". Dorthin zog er sich als schreibender und lesender „Eremit" zurück, dort sind die Anfänge seines Philosophen-Daseins zu suchen. Auch nach dem Beginn des kronprinzlichen Hoflebens in „Remusberg" ritt er im scharfen Galopp nach Ruppin, als brauchte er die größere Einsamkeit und Nähe der Jugendlichkeit seiner Offiziere. Die Mittel des Königs für den befreiten und beaufsichtigten Sohn reichten bereits jetzt nicht mehr aus. Wo es nur ging, verschuldete sich der Kronprinz in aller Stille und ohne Skandal. Es bleibt offen, ob der König davon erfuhr, während noch an Rheinsberg gebaut wurde.

Das Jahr vor der Hochzeit genoß er noch einmal als eine wilde, etwas jugendtolle Zeit im Kreise dieser Offiziere des Regiments. Stadt und Land beunruhigten sie mit Streichen und Dreistigkeiten und nicht nur scheuen Blicken auf die Weiblichkeit (23. Oktober 1732: „Ich gebe ja zu, man hat Fleisch, und ich leugne nicht, dass es zuweilen schwach ist"). Wie tief das blicken läßt, mag dahingestellt bleiben. Im übrigen aber beschäftigten den in vieler Hinsicht aufnahmebereiten Prinzen neben den ständigen Sorgen wegen des Wohlwollens und der Wünsche des Vaters erste und bald substantielle militärwissenschaftliche, literarische und geisteswissenschaftliche Studien. Die alten Welten Europas umgaben ihn. Was er gelesen hatte, hielt er in Korrespondenzen und kleineren Abhandlungen fest[8]. Aber er besuchte im nördlichen Brandenburg in Begleitung eines alten Mannes das Schlachtfeld von Fehrbellin, ließ sich die taktische Situation auf Plattdeutsch erklären, und er fuhr auch nach Mirow auf Dynastenbesuch.

Das Interesse an den größeren europäischen Staatsaktionen verstärkte sich nun rasch. Von Ruppin aus schrieb 1734 der künftige aufgeklärte Herrscher an Alexander von Wartensleben mit einem Seitenblick auf den damals mit dem Tode darniederliegenden Vater: „Ich werde eines Tages viel Arbeit haben, aber ich hoffe, damit fertig zu werden, und soll doch eine Lust sein, ganz allein in Preußen König zu sein." Wohl kaum ein preußischer Kronprinz bereitete sich so eindringlich auf sein Amt vor wie Friedrich in dem alten Ruppiner Bürgerhaus und in seinem Turmgelaß über dem Rheinsberger Grienerick-See. Kleine Arbeitsbibliotheken entstanden und stürzten ihn erneut in nicht unerhebliche Schulden. Er wühlte sich in Staatsgeschichten, Dichtungen und in die europäischen Philosophien und Reformschriften hinein (Molière, Boileau, Descartes, Locke, Voltaire und die Deutschen Christian Wolff und der berühmte Leibniz). Dazu kamen gleichzeitig die großen antiken Autoren sowie erstaunlich viele Theologen und internationale Kirchenhistoriker. Die mit vielen Hoffnungen behaftete Korrespondenz mit dem verehrten Voltaire begann im August 1736. Aber auffällig genug: Keiner aktuellen oder zeitgeistigen Richtung gab sich Friedrich gänzlich hin. Auch die Wolff'sche Philosophie ließ er, was zuweilen verkannt wird, um 1740 wieder fallen. Skepsis und Stoizismus behaupteten vielmehr das Feld. Seine Autoren, von Aristoteles und Cicero über Marc Aurel bis zu Montesquieu begleiteten ihn lebenslang und wurden immer wieder gelesen oder vorgelesen. Doch auch sie blieben gewissermaßen Hilfstruppen, nicht seine alleinigen Bundesgenossen. Die Grundfiguren seines Denkens gab er mit eigentümlicher Hartnäckigkeit niemals auf[9].

Schon 1737 betonte er erkenntniskritisch die Grenzen des Begriffsvermögens. Die Metaphysik sei kein Entdeckungsland, wie er im ersten Ansturm geglaubt habe. Sie sei ein durch Schiffbrüche verrufenes Meer (1738). Sicherheit über Gott, die Materie und die Willensfreiheit, schreibt der Achtundzwanzigjährige, lasse sich nicht gewinnen (gegen Christian Wolff 1740). Aber „man braucht weder Luther noch Calvin, um Gott zu lieben". Das sind freilich in seiner Lebenszeit variable Thesen. Die Wunderlichkeiten des Schicksals, in der Geschichte zumal, seien eben nicht erklärbar. Gott habe den Menschen so viel Einsicht gegeben als er brauche, um sich durch die Welt zu schlagen. Unsere Bestimmung sei es, zu handeln und nicht zu grübeln (1739). Auch die „Physik", die er erstmals in Rheinsberg zu begreifen trachtete und die bis 1786 so erhebliche Fortschritte aufweisen sollte, sei erfüllt von Ungewißheiten. Lediglich die Moralphilosophie (Marc Aurel) trage zum menschlichen Glücke bei. Dazu gehörte dann grundsätzlich auch eine bittere Einsicht, die er nicht nur Machiavelli verdankte und die er fortan immer wieder in den offenherzigen Korrespondenzen variiert hat: daß es im Homo sapiens grundsätzlich einen bestialischen Grundzug gebe.

Doch in Rheinsberg, wo Friedrich anfänglich wohl nicht frei von der Gefahr war, in Vielwisserei zu ertrinken (wie ein französischer Diplomat beobachtete), bildete sich in der kurzen Zeit dieses friderizianischen Hofes auch eine Stätte der leichteren Musen, des Theaters, der zarten Musik, welcher sich Friedrich nunmehr über das Flötenspiel hinaus schöpferisch zuwandte. Künste überall: die bunten Maskeraden, die Ankäufe französischer Meister der Malerei, die Liebe zur Poesie und der Kult der Freundschaften und der ungetrübt herangezogenen Freunde, zu denen sich nun Charles Etienne Jordan und Dietrich von Keyserlingk („Caesarion") gesellten. Es fanden überhaupt geladene Freunde von weither den Weg in die dürren nordbrandenburgischen Wälder, um dem künftigen König aufzuwarten. Sie konnten bemer-

ken, daß sich hier im Hintergrund einer scheinbar watteauhaft lustwandeln-
den und abgehobenen Rokoko-Gesellschaft ein scharfer und asketischer Geist
auf den „Dienst am Staate" vorbereitete. Man berichtet, wie er mit seinem
Charme und seinen großen blauen Augen fast jedermann faszinierte.

Demgegenüber wirkte der ritterliche „Bayard-Orden", welchen der Kronprinz mit dem älteren Fouqué als Großmeister für nur zwölf Mitglieder begründete, wie ein verspätetes romantisch-verspieltes Zugeständnis an die
Welt alteuropäischer Adels-Tugenden. Sie würden es fortan in einer mehr
noch der Säkularisierung, der Militarisierung, der Ökonomisierung und vielleicht auch der Titanisierung entgegen ziehenden Welt weit schwerer haben
als jedenfalls in manchen Kavalierskriegen des 17. Jahrhunderts. Doch hat
Friedrich den Tugendbegriff in vielen seiner Texte und Weisungen immer
wieder einmal aufleuchten lassen.

So wurde es eine beglückende Zeit der geistigen Entdeckungen, der erst
betörenden und dann erweckenden Lektüre der Schriftsteller der Weltliteratur. Frankreich vermittelte ihm die Texte der großen Barockzeit. Auch hier
band ihn an die Freunde mit stärkerer geistiger Potenz die Lust des täglich
anspruchsvoller werdenden Gesprächs. Dessen blieb er bis zuletzt bedürftig.
Dort warfen sie sich die Namen, die Gedankenblitze, die Scherze und die
bittersüßen Satiren zu. Und dieser Friedrich entdeckte, daß er „schreiben"
konnte, daß er tausendmal besser als andere Dynasten oder Staatsmänner der
Wörter, der Bilder und der Antinomien mächtig war. Es flog ihm zu. So blickte man in einen rasch wechselnden Himmel über dem stillen Grienerick-See:
Die ewige Bläue des universalen Makrokosmos, das gemischte Farbenspiel
des realen Mikrokosmos und dann noch die graue Dämmerung der väterli-
chen Drohungen, Verheißungen und des zuletzt aufkeimenden Verständnis-
ses. In alledem gedieh notwendig auch die Doppelzüngigkeit eines Staatsmannes. Der immer wieder gelesene Machiavelli holte ihn aus der jugendli-
chen politischen Naivität heraus.

Unter den Standort-Bestimmungen dieser Jahre, zu denen vor allem der
erwähnte „Natzmer-Brief" (1731) und die erstaunlichen „Betrachtungen über
den gegenwärtigen Zustand Europas" (1738) gehören, ragt das Studium des
berühmten Staatstheoretikers Niccolò Machiavelli (* 1469, † 1527) heraus[10]. Im letzten Rheinsberger Jahr vor allem hat sich Friedrich, einer Anregung Voltaires folgend, mit dem bekannten Werk „Il principe" des Florenti-
ner Politikers befaßt. Die Texte ergriffen ihn so sehr, daß er den Versuch unternahm, eine politische Ethik zu verfassen, welche der aktuellen Spitzen gegen das Frankreich des Kardinals Fleury nicht entbehrt. Voltaire hat dann die
erste Fassung dieses Werkes 1741 zum Druck bringen lassen, ohne daß
Friedrich es noch verhindern konnte. Das war ein seltsames Zusammentref-
fen von womöglich machiavellistischer Politik im Hinblick auf Schlesien und

die große Krise in Mitteleuropa und eben einer großen Paraphrase aus ein und derselben Hand. Alles nämlich, was ein Thronfolger dieses Ranges schreibt, ist „politisch". Friedrichs „L'Antimacchiavell" erweist sich als Gründung eines Bildes von den Staatsnotwendigkeiten unter den Leitgedanken der Ratio und auch im Hintergrund der Stoa, nicht so sehr einer eklektizistischen Moral. In der scheinbaren Abweisung des Italieners befand sich bereits verdeckt manches aus dem Regierungsprogramm. So konnten auch aus diesem Text von scharfen Beobachtern Elemente seiner Staatskunst abgelesen werden. Unter der Hand war ihm zudem die Streitschrift zu einem höchst aktuellen Kommentar über den Charakter und die Notwendigkeit von offensiven oder defensiven Kriegen gediehen; überrascht über seine facettenreiche Politik durften fortan nur diejenigen sein, die seine frühen Schriften nicht zur Kenntnis genommen hatten. Das waren wohl die meisten seiner Zeitgenossen.

Der Staat, der dem Kronprinzen nun von Monat zu Monat auch dirigiert durch den König mehr und mehr zuwuchs, war verwaltungsmäßig und vor allem fiskalisch vergleichsweise neu- und wohlgeordnet. Er stellte sich dem seit 1726 aufmerksamer gewordenen Ausland als reformfähig, machtorientiert und straff regiert dar. Andererseits trug er unverändert nachmittelalterliche Züge, die dem zentralen Regiment Konzessionen abverlangten.

In seinem in der ihm eigenen holprigen Sprache auf deutsch abgefaßten „Politischen Testament" (1722) beschreibt der damals dreiunddreißigjährige König Friedrich Wilhelm nicht ohne Stolz, wie er den Staat seines Vaters aus einer zum Teil verschuldeten, zum Teil unverschuldeten Krise herausgerissen hat. Um 1710 hatte die Pest Ostpreußen verwüstet, Domänen mußten verpfändet werden, die Armee war in den Augen des Königs in ihrer Leistungsfähigkeit abgesunken. Er sagt: „ … dass ich alle gewesene Unrichtigkeit nicht genug kann beschreiben. Ist gewiß ein rechtes Meisterstück, dass in neun Jahren bis Anno 1722 ich die Affären alles wieder so in eine gute Ordnung und Verfassung gebracht und Ihr (der Nachfolger) auf Euren Domänen nichts schuldig seid. Eure Armee und Artillerie in solchem Stande als je eine in Europa. Und versichere Euch, dass ich von meinen Bedienten wenig Assistenz gehabt …".

1722 lagen vor diesem bedeutenden Verwaltungskönig noch zwei Drittel seiner Regierungszeit. In diese Jahre fielen das Retablissement Ostpreußens, die fulminante Leistung einer wirkungsvollen, die disparaten Behörden zusammenfassenden Zentralverwaltung und die Anfänge einer zuverlässigeren und pflichttreueren Amtsträgerschaft. Mit der neuen Zentralbehörde, die 1723 ihre Tätigkeit begann und welche Friedrich dann ohne Einschränkung übernommen hat, bestand erstmals eine Mischung zwischen Sachressort und territorialer Verwaltung. Das erwies sich als produktiv. An der Spitze der fünf

Departements stand jeweils ein Minister. Ihm waren vier bis fünf Räte zuge-
ordnet. Dazu kamen Schreiber und Hilfskräfte. Die Behörde arbeitete vor allem im Berliner Stadtschloß. Das 1. Departement umfaßte die Provinzen
Preußen, Pommern und die Neumark ohne besondere Sachgebiete. Das 2.
Departement war zuständig für die Provinzen Kurmark und Magdeburg und
hatte zudem die Marsch-, Verpflegungs- und Einquartierungslasten sowie
Proviantsachen zu bearbeiten. Das 3. Departement war zuständig für die
westlichen Gebiete Moers, Geldern, Kleve, Neuchâtel in der Schweiz, die
Oranische Erbschaft, dazu das Salz- und Postwesen. Das 4. Departement
stand in der Verantwortung für die Provinzen Minden-Ravensberg, Tecklenburg, Lingen und Halberstadt sowie das Münzwesen und die Invaliden-
sachen.

Das Justizdepartement besaß die Zuständigkeit für den gesamten Staat mit
der Verwaltungs-Jurisdiktion in allen Landesteilen. Die viermal in der Woche
zusammentretenden Spitzenbeamten im Schloß hatten kollegialisch zu beraten. Der König achtete, wennschon nicht immer erfolgreich, auf die einträch-
tige Zusammenarbeit seiner Minister und Räte. Nebenbehörden bestanden für
die Kassen und die Verwaltung des nicht unerheblichen Staatsschatzes in den
Kellern des Berliner Schlosses. Alle drei Könige zwischen 1701 und 1786
verfügten über einen bedeutenden Staatsschatz in Silber und Gold, welches
nicht unbekannt blieb und dem Ansehen Preußens förderlich war.

Die Verwaltung in den Landesteilen wurde nun seit 1723 von den Kriegs-
und Domänenkammern durchgeführt. Diese Kammern gab es an neun, später
an zehn Orten, für welche dies ein wesentlicher Wachstumsimpuls war.
Schließlich hatte der Verwaltungskönig noch als Organ seines Generaldirektoriums eine Behörde für die fiskalische Kontrolle im Gesamtstaat geschaffen, die sich außerordentlich bewährte („Oberkriegs- und Domänen-
Rechenkammer").

Die Kammern, wie Friedrich sie in Küstrin und später an allen anderen
Orten kennenlernte, standen in der Pflicht, mit allen Mitteln für die regelmäßige und verbesserte Abgabe der Steuern zu sorgen, das Gewerbe, die Landwirtschaft und die allgemeine Ordnung zu befördern. Dazu kamen im Zuge
erweiterter landwirtschaftlicher Nutzflächen die Arbeiten der Melioration, im
Forst und Tiefbauwesen sowie in den Salz- und Bergwerksachen. Außerdem
bestand bei jeder Kammer ein besonderes Militär-Departement, welches für
die Marschsachen und Verpflegung sorgte, den Vorspann regelte und die Aufsicht über die Magazine zu besorgen hatte.

Das war in groben Zügen die Verwaltungsstruktur des Staates, wie sie der
alte König seinem Sohne fast perfekt hinterließ. Friedrich sah sich am Ende
der Kronprinzentage in der Lage, das preußische Staatsinteresse innen- und
außenpolitisch noch stellenweise rudimentär und wohl wegen fehlender Pra-

xis unabgeklärt, aber doch selbständig und bereits gefährlich originell in Wort und Schrift zu beschreiben. Diese Schärfe des Zugriffs eines Thronfolgers war nun wirklich etwas Neues. Und etwas Zweites war in ihm wohl noch schärfer als in seinem zuweilen auch gutmütigen Vater ausgeprägt: die Unabhängigkeit von der Meinung und dem Votum der Minister. Er verstand es, ohne langes Geschwätz die taktischen und strategischen Fragen in Praxis und Theorie auf den Punkt zu bringen. Auch darin drückte sich seine Frühreife als Regent aus. Er hatte es gleichsam autodidaktisch gelernt und als einen Wesenszug in sich aufgenommen, daß Formen und Förmlichkeiten in aller Regel nicht so bedeutsam waren wie die Sache selbst: Daß es auf die Substanzen ankomme und daß das Nützliche überall den Vorrang vor dem Angenehmen und womöglich Bequemen zu erhalten habe. Solche ganz und gar nützlichen Maximen (1737: „Täglich werde ich geiziger mit jeder Minute: Von jedem Augenblicke lege ich mir selbst Rechenschaft ab und verliere nur höchst ungern einen einzigen".) waren um 1740 bei weitem kein Gemeingut der Herrscher in Europa.

Der Ende Mai 1740 nun doch sterbende König sah sein Werk in festen Händen: „Er hat Verstand und alles wird gut gehen"[11]. Soll heißen: Friedrich gehörte zu jenen Fürstenkindern und Thronfolgern, die für ihr Amt erstklassig vorbereitet waren. Zum Sterben des mit mehreren Krankheiten behafteten Königs gehörte die letzte genaue Anordnung vom 29. Mai für sein Leichenbegängnis. Er hatte es in 12 klaren Punkten seinem Sekretär Eichel diktiert. Der Text wurde am Nachmittag des 29. Mai in Gegenwart des Königs dem Kronprinzen von Eichel verlesen. Alle Anwesenden zeigten sich tief und schmerzlich berührt. Der König allein blieb ruhig. Zwei Wochen nach dem Leichenbegängnis am 2. Juni solle, so wünschte es der in Klarheit Sterbende, in allen Kirchen des Landes wohl vorbereitet „Meine Leichenpredigt gehalten werden ... und dabei das Lied ‚Wer nur den lieben Gott lässt walten'. Von meinem Leben und Wandel, auch Factis und Personalien soll nicht ein Wort gedacht, dem Volke aber gesaget werden, dass Ich solches expresse verboten hätte, mit dem Beifügen, dass Ich als ein großer armer Sünder stürbe, der aber Gnade bei Gott und seinem Heiland gesuchet. Überhaupt soll man Mich in solchen Leichenpredigten zwar nicht verachten, aber auch nicht loben". Das war in reiner Form evangelisch-preußische Demut, die Bescheidenheit eines anti-barocken Königs im späten Barockzeitalter, und es war das Bewußtsein existentieller Geworfenheit, das Friedrich weitergetragen hat[12].

Zweites Kapitel

Regierungsantritt 1740:
Maximen, Huldigungsfahrten und erste Maßnahmen

Friedrich trat ein wertvolles und dennoch gefährdetes Erbe an[13]. Keine Frage, daß er nun am Anfang eines schwierigen Weges stand, wenn er konsequent auf den innen- und außenpolitischen Kursen des Vaters weiterfahren sollte. Die Leute, das Volk und wohl auch ein Teil des Hofes hingegen setzten andere Hoffnungen auf ihn. Diejenigen, welche ihn sogleich nach der Umwandlung seiner dynastischen Existenz im Schloß Charlottenburg beobachten konnten, bemerkten überrascht, wie sehr der Schmerz um den nun tatsächlich verlorenen Vater aufrichtig zu sein schien. Man wisse nicht, bemerkte er wegwerfend, was er an seinem Vater verloren habe. Am 1. Juni hielt er bezeichnenderweise zuerst eine Ansprache an die *Generalität*. Die „schöne Armee" solle weiter ausgebaut werden, Schönheit, aber auch Tüchtigkeit der Truppen seien zu erhalten; sie sollten das Land beschützen, nicht durch Härte, Habsucht, Übermut und andere ungünstige Eigenschaften es beschädigen. Menschlich und vernünftig müsse man sein, aber auch unerschrocken und brav [= tapfer]. So sollten sie handeln, das bäte er als ihr getreuer Kamerad.

Am folgenden 2. Juni trafen dann die sämtlichen *Minister* im Charlottenburger Schloß ein, um den Diensteid abzulegen. Das sei zwar überflüssig, meinte der neue Regent, weil ein rechtschaffener Mann stets seine Pflicht täte, auch wenn er nicht geschworen hätte. Ein Bösewicht sei auch durch zehn Eide nicht davon abzuhalten, gegen seine Pflicht zu handeln. Doch wolle er nun dem üblichen Brauche folgen und sei überzeugt, daß sie seinem Vater treu gedient hätten und auch ihm die Treue halten würden. Im übrigen aber – darin weiche er nun von seines Vaters Zeiten entschieden ab – gebe es keinen Unterschied zwischen den Interessen des Königs und denen des Landes. Denn das Interesse des Landes sei auch sein eigenes. „Darum machen Sie diesen Unterschied nicht mehr und lassen Sie sich ein für allemal gesagt sein: Ich sehe mein Interesse nur in dem, was zur Erleichterung des Loses meines Volkes und zu seinem Glück beitragen kann"[14]. Was der König den Ministern und allen nachfolgenden Chargen immer wieder in ähnlichen Wendungen einschärfte, war: Wer einen öffentlichen Auftrag übernommen habe, der müsse ausschließlich dem Staate und das heißt dem Volke bis an das Ende seiner Kräfte dienen.

Der König arbeitete, gleichsam nahtlos, mit dem *Kabinett* seines Vaters. Die drei bewährten Kabinettssekretäre Schumacher, Eichel und Lautensack erhielten sogleich für ihre Verdienste den Titel als „Geheime Kriegsräthe". Den ganzen Monat Juni arbeitete er mit ihnen und den Ministern wie in einem Rausche in seinem neuen Residenz-Dreieck Charlottenburg, Berlin und Potsdam. Das große Orchester der Selbstregierung wird erstmals bespielt und gibt aufregende Weisen von sich, die ihre Runde in Deutschland machen.

Nach seiner Königin Elisabeth Christine, an die er höflich am Todestage schreibt, teilt er der Bayreuther Schwester 24 Stunden später mit: Der Vater sei mit einer himmlichen Festigkeit und ohne viel zu leiden gestorben. – Bereits am 3. Juni weist er wohlberechnet den Minister von *Cocceji* an, die Tortur (Folter) bis auf einige Sonderverbrechen (Landesverrat, große Mordtaten) abzuschaffen. Gleichzeitig bemüht er sich, erstklassige Fachleute und kluge Freunde über den Rheinsberger Kreis hinaus in seine Nähe zu ziehen: den Philosophen *Wolff*, den Mathematiker *Maupertuis*, auch seinen Erzieher *Duhan*, den kunstbeflissenen Norditaliener *Algarotti*, seinen vertrauten Jugendfreund Ulrich Friedrich von *Suhm* und andere.

Am 5. Juni besucht er mit der immer noch hoffenden Königin den evangelischen Gottesdienst in der Domkirche, nimmt danach die Parade der Berliner Garnison ab und speist mit seiner Frau im Palais. Am Nachmittag hört er die Gedächtnispredigt für den verstorbenen König von Pastor Roloff in der lutherischen Petrikirche. Am 22. Juni findet dann in Gegenwart des gesamten Hofes und diplomatischer Vertreter das prächtige *Leichenbegängnis* in Potsdam statt. Der alte König war auf dessen Verlangen obduziert worden.

Gegen Ende des Monats berichtet Friedrich stolz dem Oberhaupt der französischen Aufklärer, seinem Korrespondenzpartner Voltaire, von seinen Taten. Es soll sich herumsprechen. Er habe das Heer vermehrt („Die Macht des Staates"). Er hoffe, die Akademie der Wissenschaften durch wertvolle Mitglieder vom Auslande neu zu gründen: „Ich habe ein neues Handlungs- und Manufaktur-Departement [im Generaldirektorium] etabliert und engagiere jetzt Maler, Bildhauer und reise nach Preußen ... Ich stehe um 4 Uhr auf, trinke bis 8 Uhr den [Pyrmonter] Brunnen, schreibe bis 10, lasse bis Mittag die Regimenter exerzieren, schreibe wieder bis 5 Uhr und erhole mich Abends in guter Gesellschaft. Wenn die [Huldigungs-]Reisen zu Ende sind, wird meine Lebensweise ruhiger und gleichmäßiger werden. Aber bisher habe ich die gewöhnlichen Geschäfte und außerdem die neuen Einrichtungen zu bearbeiten; überdies sind noch viele unnützige Höflichkeiten zu erledigen und Rundschreiben zu erlassen. Die meiste Mühe macht mir die Errichtung von [weiteren] Kornmagazinen in den Provinzen; sie müssen so groß sein, dass die Ernährungslage für das ganze Land auf eineinhalb Jahre gesichert ist ..." Hier

wirft wohl der nicht ferne Krieg bereits einen Schatten. Nach der Zusage un-
begrenzter Hochachtung und Freundschaft folgt das Postscriptum: „Kaufen
Sie um Gottes Willen die gesamte Auflage des ‚Antimacchiavel' auf!"
(27. Juni). Der zukünftige Feldherr und Mitteleuropa-Politiker wünschte sich
nunmehr nicht in die Karten seiner Rheinsberger Reflexionen schauen zu lassen, obschon er Voltaires Editionslust nicht zu unterbinden vermochte. Dann
zog es ihn zuerst nach Ostpreußen.[15]

Huldigungsreisen

Preußens Provinzen verbanden sich allein durch den gemeinsamen Herrscher und vielleicht noch durch einige machtvolle historische Ereignisse, die
man dem Haus Hohenzollern und seinem Heer verdankte. Der junge König
zeigte sich sobald wie möglich den Untertanen, den Ständen und den Amtsträgern der großen Provinzen. Vor allem mußte er ihre Huldigungen entge-
gennehmen und erste Kontroll-Gespräche führen. Mit langem Trosse hätte er
fahren können. Aber Friedrich „inszenierte" sein Königtum nicht. Nützlich,
schnell und redlich – das war die Devise. Mit drei Wagen, er in einer Post-
Chaise, verließ die kleine Regierungsmannschaft am 7. Juli Berlin. Ihn begleiteten unterhaltend der etwas leichtsinnige Keyserlingk und der von den
Heiterkeiten des Südens geprägte Algarotti. Dann saß noch dabei der korpu-
lente Generaladjutant Graf von Hacke. Einige Dragoner begleiteten die kleine Kavalkade, wenn man durch die immer etwas räuberischen hinterpommerschen und pommerellischen-polnischen Wälder fuhr. Über Lebus an der Oder,
über Stargard bei Stettin und Köslin ging es in das östliche Preußen nach Angerburg und Gumbinnen. Während der Fahrt wurden eilig sieben Regimenter
besichtigt, die der König der Mehrzahl nach in gutem Stande befand, einige
erste scharfe Rügen eingeschlossen.

Was Friedrich in seinen Rundschreiben mit ziemlicher Deutlichkeit bereits
verkündet hatte, bekamen nun auch die Amtsträger in den Anhalte-Städten
dieser Reise zu hören: „Gefordert wird knappe Berichterstattung, schnelle Er-
ledigung aller Eingänge, sorgsame Nachprüfung aller Bausachen und der zu
regulierenden Schadensfälle, Ausgleich der Kassenrückstände im Rahmen
des je eigenen Haushaltes, Einwanderung und nicht Auswanderung, keine
Verschwendung der Steuergelder mit überflüssigen Repräsentationen, Lob
und Orden für die Tüchtigen, Tadel und Entlassung für die Faulen und Unredlichen". Der König erschien, wie sein Vater, als der oberste Beamte im
Staat, der gewissermaßen incognito reiste, seinen Aufgaben hingegeben und
der die Untertanen mit ihren Tages-Arbeiten nicht zu unterbrechen wünschte,
gleich welcher Profession sie anhingen.

Übernachtet (und gekocht von zwei Leibköchen) wurde in den Häusern von Pfarrern, befreundeten Ministern oder den Chefs der Regimenter. In *Angerburg,* wo seit 1718 Kürassiere vom Regiment von Katte lagen und unter dessen Einfluß Markt, Kaserne und fließendes Wasser („Wasserkunst") eingerichtet worden waren, wohnte er beim Obristen v. Posadowsky, der den neuen Orden Pour le Mérite erhielt (13. Juli). Zugleich überreichte Friedrich schmerzlich bewegten Herzens dem dort garnisonierenden General *Hans Heinrich von Katte* (1681–1741), dem Vater seines brutalerweise hingerichteten Freundes, das Feldmarschalls-Patent (29. Juni) und verkündete ihm die Erhebung in den erblichen Grafen-Stand (6. August). Von dort fuhr man weiter in das Friedrich bereits vertraute Gumbinnen, nahm das Nachtlager im Gestüt Trakehnen in den königlichen Gemächern, wo Friedrich eine Reihe von Briefen ausfertigen ließ. Dann besichtigte er die dortigen Aufbauarbeiten (seit 1732) im „Königlichen Stutamt", welches nun für Hof und Militärzwecke belastungsfähige Pferde zu liefern hatte. – Anfang einer großen Tradition.

Am folgenden Tage fuhr die Reisegruppe nach *Königsberg,* wo inzwischen der Minister von Podewils mit den nicht uneigenwilligen Ständen verhandelt und ihnen die Zusage abverlangt hatte, auf das immer noch begehrte Recht der periodischen Einberufung von Landtagen zu verzichten. Nach Gottesdiensten, Besichtigungen und Audienzen fand dann am 20. Juli die Huldigung auf dem Schloßhofe statt. Sie war begleitet von einer tapferen Rede des Landesdirektors Wilhelm Ludwig von der Groeben, der an die alten Rechte erinnerte. Es hatten sich die Landräte, die Ritterschaft, der Königsberger Magistrat, die Abgeordneten der Städte des Herzogtums, die Vertreter der Zünfte und natürlich die Professorenschaft der von Herzog Albrecht, dem Ahnherrn Friedrichs, 1544 begründeten Universität am Pregel hochfestlich versammelt. Zuvor noch legten die leitenden Etatsminister der dortigen Regierung den Eid ab. Im Anschluß ließ der König traditionsgemäß wie sein Großvater Gedenkmünzen unter das umstehende staunende Volk werfen, während die hohe aristokratische und bürgerliche Gesellschaft mit dem König und seinem Außenminister an zwölf Tafeln im Moskowitersaale der erhebenden Stunde gedachte. Man beriet auch nebenbei die Hauptgründe der ständischen Monita und Präpositionen. Keine Frage: Das alte Herzogtum war die eigenwilligste, aber auch die gefährdete Provinz im Staate. Polnische Kommissare zur Eventualhuldigung hatte der König von Sachsen-Polen leider nicht nach Königsberg senden können, weil ihm der Huldigungstermin verspätet angezeigt worden war. Der Anspruch auf Nachfolge im Herzogtum Preußen (= Frieden von Wehlau, 1657) „bei Aussterben des Hauses Brandenburg" fiel dann endgültig 1772.

Der König besichtigte in den drei Tagen vor der Huldigung seine Residenz nebst Hafenstadt auf das gründlichste. Er beschaute das für die Einnahmen

wichtige Lizenthaus, prüfte die Truppen vor der Stadt im Feldlager am Kalt-
hof und zählte lustvoll 180 Schiffe im Pregel-Hafen. Auf Bitten der Kaufmannschaft gab er 4.407 Last Roggen zur Ausfuhr frei, denn Königsberg lebte (und lebt) von der Freiheit des Handels und Handelns. Der alten Fürsorge-
pflicht der Könige für Witwen und Waisen entsprach es, wenn Friedrich auch
dem Großen Waisenhaus, welches der erste König gegründet hatte, einen Besuch abstattete. Mehr noch interessierten ihn die Studenten, die am Abend
der Huldigung einen prächtigen Fackelzug darbrachten. Darauf wurden ihnen
auf des Herrschers Kosten Weine „in größter Quantität" eingeschenkt. Ohne
Zeremonie reiste er am folgenden frühen Morgen auf der Haffufer-Straße
über Capustigall, Balga, Heiligenbeil und Elbing (mit seinen mächtigen
schwarz-weißen Speichern) nach Danzig. Dort besichtigte er Stadt und Hafen, verzichtend auf jeden öffentlichen Kommentar. Dann hielt er nach wilder
Fahrt kurz in Frankfurt an der Oder, wo er seinen General Curt Christoph von
Schwerin erneut begrüßte und auch ihm die Erhebung in den Grafen-Stand
(31. Juli) bekannt gab. Noch am gleichen Tage rollte die Königskutsche in
Berlin ein, wo Friedrich eine Maßnahme nach der anderen zur Aufrüstung
des Staates traf. Die erste große Reise erfüllte ihn offensichtlich mit vertief-
ten Plänen und geostrategischen Gedanken.

Wegen der Bedeutung Preußens als Ausgangspunkt der Königserhebung
hatte der König die Reise an Weichsel, Pregel und das blaugraue Haff an den
Anfang gesetzt. Am 2. August dann huldigten die brandenburgischen Stände
im Berliner Schloß. Doch fiel der festliche Rahmen geringer aus. Der Akt
begann mit einem kurzen Gottesdienst. Vor dem Thronsessel stand der junge
König; hinter ihm befanden sich seine Brüder und die Schwedter Vettern, dazu Generäle und Minister der Regierung. Neben dem Thron standen traditionsgemäß der Erbkämmerer mit dem Szepter und der Erbmarschall mit dem
kurbrandenburgischen Schwert. Die Königin war offenbar nicht anwesend.
Der Justizminister von Arnim(-Boitzenburg/Uckermark) erfüllte den Auftrag, zu der Ritterschaft (Landadel) und dann zu den Städten zu sprechen.
Den Vertretern der Bürgerschaften versicherte er, der König würde keine Bedenken tragen, in ihrer Mitte ruhig und sicher zu schlafen, auch ohne sich
erst ihrer Treue durch die Eidesleistung zu versichern. Friedrich hatte sich so
geäußert. Die Ritterschaft hob die Schwurhand für die vorgesprochene Eides-
formel. Dann vernahm man den dreimaligen Ruf: „Vivat Fridericus rex!" Eine Art von Krönung fand nicht statt. Dann trat der König mit den Umstehen-
den auf den Altan zur Breiten Straße und zum Dom. Dort brachte ihm die
dicht an dicht stehende Bevölkerung lang anhaltende Ovationen dar, begonnen mit einem dreimaligen Zuruf. Obwohl Friedrich alle diese Festakte zu
verkürzen suchte, hielt er sich hier fast eine halbe Stunde auf. Er soll den
Blick ernst und fest auf die Berliner Bürger gerichtet und schien sich in tief-
sinniger Betrachtung verloren zu haben. Ein Kupferstich hielt bald darauf die

Huldigung und auch die Öffnung der Kornmagazine als Ausdruck seiner sozialen Gesinnung fest.

Unschuld der Macht

Wer den König in den ersten Monaten genauer betrachtete, bemerkte an ihm die Selbstverständlichkeit des geborenen Regierenden. Es ist das einerseits („Désinvolture") die Ungeniertheit, die zupackende Sicherheit des herrscherlichen Gebarens, eines Handelns ohne Umschweife und Zögern. Das Auffällige dabei ist, daß über Tagesfehler hinweg die gleichsam göttergleiche Überlegenheit gewahrt bleibt. Doch wurde dabei unterschieden: auf der Staatsebene (z. B. Graf Podewils) herrschte ein anderer Ton als beim Militär; Fredersdorf und Eichel wußten bald – wie auch die älteren und jüngeren Ministers des Generaldirektoriums –, daß sie bestimmte Grenzen nicht zu überschreiten hatten, daß es Tabu-Zonen gab. Dort überall herrschte bestimmend die Unschuld der Macht, soll heißen des ungebrochenen Dynastentums. Friedrich vermochte in der Übergangszeit des Jahrhunderts, im Vorfeld der allgemeinen Verbürgerlichung und auch verstärkten Proletarisierung, sich wie ein „Mensch" zu bewegen, sich wirken zu lassen und dies dennoch und überwiegend im Gleichgewicht zu halten mit der Unschuld der Macht. Selten verliert er die Balance. Dann schweigt er oder gerät in fürchterliche Wut – und findet doch bald das Gleichgewicht wieder.

Friedrichs besondere Désinvolture wäre mit einer krunkligen, beschädigten Seele nicht möglich gewesen. Wer solches behauptet, ergeht sich in Fehldeutungen. Er befaßt sich bestenfalls mit vordergründigen Erscheinungen oder mit den Täuschungen eines Listigen. Den König trug – so sahen es die Beobachter – das Glück der freien Gabe und der Rede und überhaupt der Freiheit als unabweisbare Aufgabe. Man hat von der Anmut der Macht gesprochen. Wenn man es nicht überbewertet, mag es mitgeschwungen haben. Aber es gab auch bei ihm die Unterbrechungen, die gesundheitlichen Krisen, in denen der graue harte und der unberechenbare Friedrich sich selbst und die Dinge so oder so vorantreiben mußte, bis er dann wieder erwachte zur skeptischen Heiterkeit, zur spöttischen Überlegenheit, ja zuweilen zur sardonischen Lebenslust, die ebenfalls zum Accessoire der „Unschuld der Macht" gehören. Daß Friedrich die Schrecken der Vernichtung und Gefahr, die nun auf ihn zukommen sollten, überstand und überwand, hängt nicht zuletzt mit jener Rüstung zusammen, die ihm ein unergründliches Schicksal in die Wiege gelegt hat.

War er also insgeheim ein heiterer Mensch? Er genoß die Stunden der Heiterkeit, aber im Kern war er, je länger desto mehr, wohl ein ernster Mensch. Denn Macht, richtig ausgeübt, ist immer von tödlichem Ernste erfüllt, von welcher Seite man sich ihr auch nähert.

Drittes Kapitel

Krieg: Eroberung und Übernahme Schlesiens[16]
(1740–1745)

Die ersten Schritte des Königs in der Außenpolitik zeigten, daß ein schärferer Wind in Potsdam und Berlin wehte und nun harte Interessenpolitik zu erwarten war. Ein Fürst war an die Spitze Brandenburg-Preußens getreten, der politischen Widerstand gegen die hochgemuten Ansprüche der Habsburger als Programm im Kopf trug. Nach und nach bemerkten das die Zeitgenossen. Die Rüstung erwies sich auch hier als guter Zeichengeber für die politische Pläne, welche Friedrich mit einer wohlerwogenen militärischen Partie zu eröffnen gedachte.

Das Instrument war die Armee. Friedrich übernahm zwar eine starke und ziemlich gut disziplinierte Truppe, der jedoch großenteils Kampferfahrung fehlte. Man zählte 82.000 Mann – zu wenig für einen so ausgedehnten Staat. Am 31. Mai 1740 bestand die Armee aus 53 Regimentern Infanterie, aus 20 Regimentern Kavallerie (111 Schwadronen), nur zwei Artillerie-Bataillonen und einigen Garnison- und Festungs-Truppen. Eine Flotte fehlte, trotz der langgestreckten Küsten Preußens.

1740 standen 3.166 Offiziere in des Königs Dienst (darunter 34 Generäle und 211 Stabsoffiziere). Doch von einer territorial durchgehenden und das Jahrhundert gleichmäßig erfassenden „Militarisierung" (O. Büsch und Nachfolger) konnte zu keiner Zeit Friedrichs ernsthaft die Rede sein. Auf eine Einwohnerzahl von 2.250.500 entfielen statistisch 3.166 Offiziere (1740), d. h. etwa 1,35 Prozent. Doch ist zu bedenken, daß ein Teil aus dem „Ausland" kam, andere im Ausland Dienst nahmen und wiederum ein zunehmender Anteil dem besitzlosen Adels-Proletariat und nachgeborenen Söhnen entstammte. Bis 1786 ging die Zahl zurück: 1,05 Prozent. Danach hat die „Kriegspolitik" Friedrichs den Prozeß der „Militarisierung von Staat und Gesellschaft" keineswegs „außerordentlich beschleunigt". In der brandenburgischen Neumark bezeichneten sich in den Vasallentabellen 20 Prozent als Offiziere und weiter 26 Prozent als ehemalige Offiziere (1754). Es bleibt dabei, daß (auch nach den Forschungen von Frank Göse) ein großer Teil der Offiziere der alten Armee „Adlige" waren oder wurden, aber bei weitem nicht alle Adligen als Offiziere dienten. Friedrich mußte sich – räsonnierend – mit diesem Zustand abfinden. Seine indignierten Äußerungen gegenüber den um Abschied einkommenden Offizieren und gegenüber den Nichtgedienten sind bekannt.

So klafften Idee und Realität weit auseinander, wie er sich selbst und seinen Freunden eingestehen mußte.

Nach Schlesien zog er mit einer waghalsig kleinen, obendrein zweigeteilten Heeresgruppe (10 Regimenter Infanterie, 42 Schwadronen Kavallerie, 42 Geschütze) von insgesamt 27.159 Mann. Vor der Schlacht von Mollwitz wurde die Besatzungsarmee noch etwas verstärkt.

Die Armee erweiterte er sehr bald um sieben Infanterie-Regimenter und 26 Schwadronen. Die Feldtruppen umfaßten um die Jahreswende zu 1741 rund 100.000 Mann. Das waren ebenso viele ausgebildete Kämpfer, wie sie auch das Kaiserhaus mit seinen weit umfangreicheren Landen unter Waffen hielt. Wie noch jeder Kurprinz und Kronprinz seit dem alten Kurfürsten Johann Sigismund hatte Friedrich besonders unter den letzten politischen Mißerfolgen seines Vaters gelitten. Nun wollte er mit ebenso viel Ungestüm wie Ehrgeiz den Namen seines Staates der europäischen Welt einprägen.

Voraussetzung einer erfolgreichen *Außenpolitik* wird immer das weitgehende Geheimhalten der Pläne und der vorbereitenden Schritte sein. Mit den Diplomaten Preußens führte Friedrich vom ersten Tage an die Korrespondenz aus seinem Kabinett heraus. Ihre Berichte gingen an den König allein, an ihn zuerst, oder es konnten zwei Ausfertigungen an den Herrscher und an den oder die Minister des Auswärtigen zugleich geschickt werden. Den Schriftverkehr mit anderen Staatsoberhäuptern und Dynasten besorgte er bei bedeutenderen Vorgängen eigenhändig. Ansonsten gab er dem Kabinettsrat Eichel stichwortartig die Gesichtspunkte der Antwort und vollzog wenige Stunden später die Schreiben durch Unterschrift.

Der zeremoniale und der gesamte übrige Schriftverkehr oblag dem Auswärtigen Amt, dessen Minister als des Königs „Räte" mehr auf das Tagesgeschäft, weniger aber auf die großen Linien Einfluß nehmen konnten. Doch das ließ sich insbesondere während der Kriege nicht säuberlich trennen. Tatsächlich erwies sich die Arbeit des die Geschäfte auch vom Alter her führenden Kabinettsministers Heinrich Graf Podewils (1695 bis 1760)[17] zwar wegen der Temperamentsausbrüche des Staatschefs als schwierig, aber sie blieb doch von großer Beständigkeit, da der König an seinen Ministern, wenn sie nicht das eigene Interesse unziemlich voranstellten (Fall Goerne), über alle Streitpunkte hinweg festhielt. Daran änderten dann Tages-Ärgernisse nichts, wenn Friedrich mit seiner lustvoll-scharfen Zunge auswärtige Mächte oder Machthaber brüskierte und der weit besonnenere Außenminister die Dinge entsprechend den internationalen Gepflogenheiten zurechtzurücken hatte. Er rief dann wohl im Unmut aus, der König solle ihn entweder überhaupt nicht mehr informieren oder den Verkehr mit den Gesandten ihm allein überlassen (1744). An den auswärtigen Höfen konnte man sich, von Fall zu Fall, gut informiert jedenfalls auf diese Seite der Regierung Preußens verlassen.

Die grundsätzliche Frage nach dem Verhältnis von Krieg und Frieden stellte sich Friedrich wohl nur am Rande, obwohl ihm die theoretischen und moralischen Überlegungen geläufig gewesen sein dürften. Mit der Problematik von „gerechten" und „ungerechten" Kriegen hat er sich in seiner Diplomatie befaßt. Es ist sicher, daß ihm die Tradition des Erasmus von Rotterdam, der 1518 die damalige Welt mit seiner „Klage des Friedens" aufzuwecken versuchte, mittelbar oder sogar unmittelbar bekannt war. Sein ambivalentes Gewissen als Auch-Intellektueller war insoweit angerührt. Danach (Erasmus) seien Kriege zwischen Christen Sünde, seien moralisches Versagen; die Kriegsgründe seien allemal vorgeschoben. In einer Welt der Kriege und der kriegsstarken (ständigen) Truppenkörper, der Kriegsbereitschaft, der von der Staatsraison dirigierten Notwendigkeit sich selbst zu behaupten, daß den größeren Territorien nunmehr eigene Bedürfnis, sich selbst zu vergrößern, ließ ihn nicht abseits stehen. Man umlauerte sich. Der Krieg war eine feste Größe im Rahmen einer als weitgespannt verstandenen Politik. Doch andererseits unterschied sich dieser Krieg von dem, was man den „totalen Krieg" nannte, obwohl nun stärker als bisher eine „Kriegskunst" gelehrt und praktiziert wurde, zumal seit dem Spanischen Erbfolgekrieg. Die neue Regelhaftigkeit im Heeresaufbau, die Ausbildung und Bewaffnung, die Bedeutung des Festungsbaues und eine Defensiv-Strategie waren auch für Friedrich und die hervorragenden seiner Generäle eine Zwangsläufigkeit. Sie veranlaßten ihn fortan in Kriegs- und Friedenszeiten an den Reglements für seine Regimenter und für die Truppengattungen zu arbeiten. Man lernte aus jedem Feldzug – wenn man nur lernen wollte. Die Gelehrigkeit und Mobilität aller dieser Künste entschied über den Verlauf der Feldzüge und den Ausgang der Kriege – neben den materiellen Ressourcen und dem Glück des Zufalls.

Friedrich wiederum hielt die Einheit von Kriegskunst und Politik in einer Person für die höchste Stufe der Staatsarbeit. Als er im Herbst 1740 auf der Grundlage seiner vorhergehenden Reise an den Niederrhein den Bischof von Lüttich kurzerhand mit Hilfe von 2.000 Bewaffneten zwang, die preußische Herrschaft *Herstal* (einst der Hof Pippins, des Vaters Karls des Großen) für 240.000 Taler endgültig zu übernehmen (20. Oktober 1740), war er mit seinem überschäumenden Temperament zum ersten Mal mit seinen außenpolitischen Beratern in einen schärferen Ton geraten; als sie der einigermaßen unüblichen Pression gegenüber dem uralten Bistum besorgt widerrieten, ward ihnen der flotte Bescheid zuteil: „Wenn die Minister von Politik reden, so sind sie geschickte Leute; aber wenn sie vom Kriege sprechen, so ist es, als spreche ein Irokese von der Astronomie." Hier zeigte sich erstmals die Tatze des Löwen. Friedrich hatte offensichtlich den nächsten Zug auf dem Schachbrett bereits im Blick. Der ehrwürdige Lütticher Bischof, immerhin ein Reichsfürst, war in den Größenordnungen des Tierreiches so weit bewandert, daß er sich der herangezogenen 2.000 Preußen (Voltaire spöttisch zu Friedrich: „2000 gute Gründe") einigermaßen rasch zu entledigen trachtete. Er zahlte. Österreich und Frankreich beschränkten sich auf flaue Proteste.

Diese geglückte und das Selbstgefühl steigernde Aktion hatte den Wert sorgfältiger Geheimhaltung gezeigt. „Meine Geheimnisse", verriet Friedrich später, „sind fest in meiner Brust verschlossen. Ich habe nur einen einzigen Sekretär, dem ich absolut vertrauen kann; wer also meine Absichten herausfinden möchte, müßte mich selbst bestechen"[18]. Der Sekretär war der Geheime Kriegsrat Eichel, aus dem Kabinett des Vaters übernommen, eines Feldwebels Sohn aus Berlin, der – typisch für die Möglichkeiten raschen sozialen Aufstieges in diesem Preußen – nach dem Studium der Rechte und der Staatslehre in Halle vom König entdeckt und 1730 in sein Kabinett gerufen wurde. Eichel, alles andere als ein „Faktotum" (Johannes Schultze), gehörte eigentlich an erster Stelle zu den fünf mächtigsten Männern hinter dem König. Er begleitete dessen Weg wie ein ‚alter ego' durch alle Tiefen und Höhen mit väterlicher Sorge, mit klarer Verwaltungsintelligenz, mit außenpolitischer Urteilskraft und mit nicht zu erschütternder Verehrung, bis ihm die Feder entglitt und er 1768, wie es sich gehört, in den Sielen starb. In seiner Funktion ähnelte er, sofern ein solcher Vergleich gestattet ist, dem jeweiligen Staatsminister im Bundeskanzleramt. Zeitweise übernahm Eichel, während der König den Feinden auf den Fersen war und Schlachten schlug, stillschweigend Teile der Regenten-Aufgaben, zumal im Hinblick auf Finanzen und Innere Verwaltung.

Die auswärtigen Geschäftsträger in Berlin oder im Feldlager wußten um Eichels Existenz und den Umfang seiner gehüteten Staatsgeheimnisse. Aber alle Versuchungen, ihn auszuhorchen, prallten an seiner Härte und Unbestechlichkeit ab. In einem Bericht heißt es: „Von keinem sterblichen Auge gesehen, lebt er in völliger Abgeschiedenheit und weiß doch alles; streng bewacht wie ein Strafgefangener, ist er das ganze Jahr über im Dienst, ohne auch nur eine halbe Stunde beurlaubt zu sein; wohin der König geht, dahin geht auch er; seine Kanzlei ist der wahre Sitz der Regierung; jede Mühe, ihn zu sprechen, ist vergeblich"[19]. Für das Führen der Auswärtigen Geschäfte war es entscheidend, daß Eichel (der auch die umfangreichen geheimdienstlichen Aktivitäten zu leiten hatte) mit dem Minister Podewils eng zusammenarbeitete. Die Außenpolitik stand in den entscheidenden Jahrzehnten auf zwei plus vier Augen. Darauf gründete sich immer erneut ihr insgesamt erstaunlicher Erfolg.

Der Vorstoß nach Schlesien[20], der auch als Annexion oder mit zahlreichen anderen Epitheta bezeichnet wird, mit dem Friedrich am 14. Dezember 1740 die Machtprobe im Reich eröffnete, löste höchste Unruhe, ja Alarm bei den größeren europäischen Kabinetten aus, obschon seit 1700 ein Krieg auf den anderen gefolgt war. Nun geriet auch durch diesen Schlag das Gleichgewichtssystem Europas für einen langen Zeitraum in die Gefahr schwerwiegender Desorganisation. Die Konflikte der Großmächte mußten Jahr um Jahr militärisch-diplomatisch ausbalanciert werden. Es mindert das Ausmaß der Verantwortung des Königs nicht, wenn allgemein darauf hingewiesen wird, daß die Schwäche der Habsburger Monarchie nach dem Aussterben im Mannesstamm ebenso Ursache von Spannungen gewesen ist wie der seit 1739 sich verstärkende englisch-französische Gegensatz.

Der König suchte mit anderen die Gunst der Stunde eines Herrschaftswechsels zu nutzen. Auch Sachsen und Bayern bezogen 1740 die überschaubare Konkursmasse der Habsburger in ihre kühlen Kalkulationen ein. Friedrich handelte indessen schneller, und so blieb er der Erfolgreichere. Das Vorgehen des unzweifelhaft ruhmsüchtigen Königs war „gemessen an den Maßstäben der auswärtigen Kabinettspolitik seines Zeitalters mit der raschen Entfesselung dynastischer Kriege und bedenkenlosem Ländertausch ohne Rücksicht auf die Betroffenen nicht singulär" (Peter Baumgart). Die großen Mächte verfolgten das Vorpreschen des Neulings mit Mißtrauen. Eine wie immer beschaffene Form von Solidarität der Großmächte, getragen von der Idee einer „aristokratischen Kollektiv-Hegemonie" gab es jedoch nicht. Das sind spätere Ideologien. Unverändert stand das Einzelinteresse vor den Interessen der Mächte an dem Erhalt des Status quo. Rascher Partner-Wechsel aller Mächte bestätigt dieses Verhalten.

Aufreizend an Friedrichs Vorgehen empfand man vor allem, daß sein Eindringen in den inneren Kreis des europäischen Mächtesystems an einem neuralgischen Punkt einsetzte, wo sich Interessen kreuzten, in Schlesien nämlich. Indem der König sich auf einen Schlag in unwirtlicher Winterkälte die Provinz beiderseits von der oberen Oder aneignete, bildete sich so etwas wie ein geschlossener Sperriegel im östlichen Mitteleuropa. Er reichte von der hinterpommerschen Küste bis zu den Sudeten und Karpaten. Die Zugänge und Ausgänge in diesem Durchgangsraum standen fortan unter preußischer Kontrolle. Niemand zweifelte daran, daß dieser Staat die nunmehr damit gegebenen Chancen auch wirtschaftspolitischer Art nutzen würde. Die neuen Herrschafts-Achsen mußten mithin Sachsen, Polen, Rußland und vor allem Böhmen-Habsburg berühren. Dazu kamen die nicht abwegigen Besorgnisse der anderen Mächte, daß Preußen sich auch im norddeutschen Raum mit Hilfe seiner rasch wachsenden Bevölkerungs- und Finanz-Kräfte einen eigenen Einfluß oder sogar geschlossenen Herrschaftsbereich aufbauen könnte. Solange England mit Wien im Bündnis stand, hat Friedrich nicht unterlassen, König Georg II., seinen wenig geliebten Onkel unverhohlen an die ungeschützte Lage des Kurfürstentums Hannover zu erinnern. Für Weitblickende zeigte Preußens unaufhaltsamer Aufstieg, daß wohl die Zeit des in Kleinherrschaften zersplitterten Mitteleuropas zu Ende gehen könnte.

Maria Theresia, die noch junge Königin von Ungarn, hat den Waffengang auf Leben oder Untergang mit der Unerfahrenheit, der Festigkeit, auch Überheblichkeit ihrer selbst angenommen. Von der rücksichtslosen Politik ihres Vaters und mehrerer seiner Vorfahren gegenüber dem Nordstaat Brandenburg-Preußen in Sachen der Erbfolge Jülichs und von Teilen Schlesiens dürfte sie ebenso wenig etwas Genaueres gewußt haben wie von den tatsächlichen Zuständen im nicht eben weit entfernten Schlesien. Daß schlesische Protestanten (Lutheraner) Friedrich wie einen Befreier begrüßten, berührte die Entschlüsse in Wien nicht. Man dachte dynastisch. Aber unterschwellig beginnen nun emotionale Kräfte und frühe nationale Gedanken der Bevölkerungsgruppen im historischen Prozeß wirksam zu werden. Wer wie Friedrich darauf früh zu achten vermochte, verfügte für seine Gesamtstrategie über einen Pluspunkt.

Preußische Truppen in dem vielfältig unterteilten Schlesien standen nun von Preßburg und Wien nicht viel weiter entfernt als die österreichischen Regimenter am Nordrand des Böhmischen Kessels mit einer Stoßrichtung auf Berlin. Ein Duell war eröffnet, mit etwa gleichen Distanzen, mit verbessertem Kriegsgerät aus den europäischen Waffenschmieden, mit wechselnden Sekundanten, mit längeren äußerlichen Ruhepausen, mit barbarischem Blutvergießen und – nicht zu vergessen – einem Meisterschützen am Schluß, der nach dem letzten Kugelwechsel in Königgrätz 1866 den Überwundenen in Nikolsburg entgegen den Ansichten der hohen Militärs die Hand zum Frieden reichte.

Als im Schlosse Rheinsberg, wo Friedrich mißlicherweise an einem Fieber darniederlag, am 26. Oktober die Eilstaffette mit der Nachricht eintraf, daß Kaiser Karl VI., der Vater der Maria Theresia, die Augen geschlossen hatte, gab er seinem „Fieber den Laufpaß", brachte seine „Maschine" auf Touren und schrieb in aller Offenheit an Voltaire: „Dies ist der Augenblick der völligen Umwandlung des alten politischen Systems". Die Entwürfe für seine Ausbrüche hatte er im Kopf. Ansprüche Brandenburg-Preußens auf die nicht ganz kleinen schlesischen Fürstentümer Liegnitz, Brieg, Wohlau sowie Jägerndorf waren für alle Fälle aus den Archiven mit Erbverträgen ausgegraben worden. Gegen den Widerspruch des Außenministers und des Feldmarschalls Schwerin, die erst einmal Verhandlungen über Schlesien in traditionellen Formen wünschten, entschied sich Friedrich sogleich für die Inbesitznahme des Landes als Faustpfand[21]. Ehrgeiz, vor allem aber die Staatsraison Preußens bestimmten Friedrichs Entschluß. „Nationale" Absichten im Sinne eines Erweiterns deutschen Siedlungsraumes lagen Friedrich fern. Man hat ihm dies aus durchsichtigen Gründen unterstellen wollen. Auch die Religionsfrage galt mehr als ein politischer Trumpf denn als zentraler Beweggrund seiner Politik.

In den ersten Novembertagen ließ er die Befehle herausgehen, durch die das mobile Heer auf „Kriegsfuß" gesetzt wurde. Den für Schlesien bestimmten Regimentern gab man wie üblich lutherische und katholische Feldprediger. Alle Offiziere, besonders die Kommandeure, erhielten Befehle, an allen Orten zu „verhüten, daß von Niemandem weder dem Catholischen Geistlichen noch auch seiner Gemeinde ... zu nahe getreten und denenselben zu querulieren Anlaß gegeben werde, zumahlen Euch wohl wissend, daß ich keine Persecutiones in Religionssachen leyden kan"[22].

Von Rußland und seiner Zarin war zu diesem Zeitpunkt wenig zu befürchten. Die Nichte Peters des Großen, Anna, lag im Sterben. Dieser Thronwechsel lähmte die Fähigkeit zu weitgespannten Aktionen des Reiches der Moskowiter. So konnte Friedrich am 11. Dezember eine Art Ultimatum nach Wien gehen lassen: wenn man Schlesien an Preußen abträte, würde Friedrich an der Seite Maria Theresias für die Kaiserwahl ihres Gemahls Franz Stephan stimmen und mit Pauken und Trompeten für das Erzhaus zu Felde ziehen. Bevor eine Antwort eintreffen konnte, rückte jedoch ein Teil des Heeres unter dem König in das von Truppen so gut wie entblößte Oderland ein. „Der Mann ist verrückt", soll Frankreichs König ausgerufen haben, als ihn völlig unerwartet die Hiobsbotschaft erreichte. Oder nicht unerwartet? Frankreich hat dann bereits Ende Dezember 1740 dem König ein Defensiv-Bündnis angeboten. Es enthielt eine Garantie für den künftigen Besitz Niederschlesiens (gegen den Verzicht auf das umstrittene Herzogtum Berg) und gegen die Zusage der Stimme Preußens für die Kaiserwahl des Wittelsbachers Karl Albert (VII.). Auch in Paris anerkannte man schnell die mit den Spitzen der blitzenden Bajonette vollendeten Tatsachen.

In sieben Wochen wurde Schlesien besetzt. Die Preußen hielten ihr Versprechen („Proklamation an die Schlesier"), Breslau würde schonend behandelt. Der König gab den Einwohnern seiner nunmehr vierten Residenz ein glanzvolles Fest. Die Stände Schlesiens fügten sich überwiegend der Macht der Tatsachen. Sie blieben unbehelligt. Ein Bürger, der den neuen preußischen und ebenfalls schwarzen Adler an einem Rathaus beschaute, bemerkte sarkastisch: „Dieser Vogel hat nur einen Kopf und einen Kropf: vielleicht wird er nicht so viel fressen wie der andere." Tatsächlich herrschten in Schlesien nach einer Mißernte weithin Hungersnot und Stillstand in den Gewerben. Dieser König brachte Unmengen an Magazin-Korn und sonstigem Proviant und das silberne Geld der Kriegskassen ins Land. In wenigen Monaten war eine erste Verwaltung eingerichtet worden. Friedrichs Rechnung schien aufgegangen zu sein. Seine Gegner schätzte er insoweit richtig ein. Heimliche Alliierte aber waren Kriegsunlust und Schlendrian, Bestechlichkeit und Mangel an Geld auf der Gegenseite.

Die dreiundzwanzigjährige Königin von Ungarn war jedoch zum Kampf entschlossen, obwohl sie sich nun einer großen Koalition gegenüber sah. Unannehmbar schien ihr das Ultimatum zu sein, welches aus Berlin gekommen war. Sie sah sich aufgefordert, den Übergriff auf Schlesien gut zu heißen. Begründet wurde das mit alten Erbansprüchen. Friedrich hoffte darauf, daß sich nach seiner unfreundlichen Herrschaftsübernahme auch andere Staaten angesprochen fühlen würden, das Haus Habsburg zu beerben. Es war längst ein Prinzip („droit de possession") der auf Hegemonie gerichteten Politik größerer Mächte, durch vollendete Tatsachen Konkurrenten in Zugzwang zu bringen, so daß ein größerer Konflikt drohte oder sich entfalten konnte, an dessen Ende jeder unter den Gewinnern zu sein hoffte. Das lernte der Thronprätendent bei jedem guten Instrukteur.

Die Gunst der Lage bestand für Friedrich darin, daß England oder Frankreich, die in einen Krieg weltweit eingetreten waren, ihn jeweils als Bundesgenossen, als Festlandsdegen zu gewinnen versuchen würden. Englands Gleichgewichtsdenken ließ es nicht zu, daß sich Frankreich nun auch wieder in Mitteleuropa eine beherrschende Stellung verschaffte, indem es im Juni 1741 an die Seite Friedrichs trat, zusammen mit Spanien und Bayern: Der europäische Konfliktfall war eingetreten. Erst 1748 wurde mit dem Frieden von Aachen ein vorläufiges Ende erreicht.

Maria Theresia ließ ihren verläßlichen Feldmarschall Neipperg mit 14.000 Mann Anfang April 1741 noch in frischer Kälte von Glatz und Neiße aus in Mittelschlesien einrücken. Das war unbestreitbar eine zu kleine Armee und ein zu später Beginn des Feldzuges. Bei Brieg südlich von Breslau stießen die Heerhaufen dann aufeinander, nachdem Preußens Truppen während des Winters nicht untätig gewesen waren. Ein zweites Heer unter dem alten Fürsten Leopold von Anhalt-Dessau mit rund 24.000 Mann stand abwartend an der sächsischen Grenze. Es sicherte dort das Glacis für den Fall eines Krieges mit Sachsen. Am Hof zu Dresden entwickelte man im Frühjahr 1741 leichtsinnigerweise einen geheimen und nicht geheim gebliebenen Angriffs- und Teilungsplan gegen Preußen und schickte ihn auch nach Rußland. Bereits am 13. März erfuhr die Berliner Regierung davon. Friedrich meinte kurz, Sachsen würde „die Scherben zu bezahlen haben".

Es ging auf Tod und Leben. Am 27. Februar rettete sich der König nur knapp vor einem österreichischen heimtückischen Anschlag, als er am Eulengebirge die Vorpostenketten aufsuchte[23]. Es galt damals allgemein noch als unehrenhaft, einen Fürsten hinterhältig aufzuheben. So säumte er nicht, „die indignen prozeduren des wienerischen Hofes" aller Welt durch seinen Außenminister „mit behörigen Couleurs" vertraulich allseits bekanntzugeben. Diese erste Propaganda-Schlacht war um so wirkungsvoller, als peinlicherweise Maria Theresias Ehemann und Vater der immer zahlreicher das Licht der Welt erblickenden Kinder, der Großherzog Franz Stephan von Toskana (aus dem Hause Lothringen; 1708–1765), an dem Plan des Hinterhalts beteiligt gewesen sein soll. Friedrich hat dergleichen Prozeduren stets abgelehnt, aber der Einfallsreichtum seiner publizistischen Mystifikationen und Verballhornungen bereitete seinen Gegnern bis 1763 Kopfzerbrechen und großen Ärger. Dies war dann eine der zehn Waffen, die er zu handhaben wußte.

In diesen Monaten war der junge König „ganz nerv": „Es gibt keine Lorbeeren für die Trägen, die Ruhmesgöttin gibt sie für die Tätigsten und den Unerschrockensten", so belehrt er den Minister Podewils[24]. Für Beobachter wurde die Sache nun von Tag zu Tag spannender. Anfang Januar 1741 entwirft der Franzose Marquis Beauvau für den Pariser Hof ein Porträt des Königs, der mit seinen 30.000 Mann mitten im Winter mehr als 80 Meilen über die eigene Grenze vorgestoßen sei, mit jenem Glück ausgestattet, das die Jugend begleitet, wie der König im Alter bemerkte. Der Franzose faßt zusammen: „Voll überzeugt von seiner Überlegenheit auf jedem Gebiete, dünkt er sich schon jetzt ein ebenso geschickter Staatsmann wie großer General. Lebhaft und herrisch wird er sich allzeit auf der Stelle und nach seinem eignen Kopfe entscheiden. Seine Generale werden nie etwas anderes sein als Adjutanten, seine Staatsräte nichts als Schreiber, seine Finanzminister nichts als Steuereinnehmer, die ihm verbündeten deutschen Fürsten nur seine Sklaven … Wenn er die Kenntnisse, die er sein eigen glaubt, auch zur Zeit noch nicht alle besitzt, so muß man doch zugeben, daß er wenigstens ganz das Zeug dazu hat, sie sich anzueignen; ja, er ist bereits jetzt das, was andere nur ganz mit der Zeit und mit großer Anstrengung werden. Er hat große Gesichtspunkte, und er vertieft sich auch in das Kleine: in die Verwaltung, die Verhandlungen, den Krieg, die Vorkehrungen nach außen und nach innen, die Truppenaushebungen, die Disziplin, das Verpflegungswesen; mit einem Wort, leistet die Entwürfe und leistet die Ausführung". Selbst wenn manches an dieser Charakteristik im romanischen Stile für den Hausgebrauch bestimmt ist, bleibt doch die frühe Bewunderung eines Zeitgenossen vor einer Begabung ersten Ranges, zumal im Vergleich mit anderen Fürsten und ihrem oft weltfremden Hofleben.

Gleichwohl verflog im Januar und Februar 1741 einiges von der Euphorie des Okkupations-Sieges. Als der König am 19. Februar Berlin verließ, war der Abschied von der Familie denn doch sehr bewegt und traurig. König Elisabeth Christine berichtet das dem Herzog Karl von Braunschweig, ihrem Bruder (21. Februar). Denn sie liebte und verehrte diesen eigenartigen und eigensinnigen Mann, wie sie ihm denn zeitlebens in ihrem fraulichen Herzen verschwiegen und verläßlich zugetan blieb. Alle ahnten jedoch die Gefahren, die auf den König zukommen konnten. Und dieser bezog nun Tod oder Gefangenschaft stärker in seine Vorsorge ein. So schreibt er nach dem Attentat der österreichischen Husaren an Podewils: „Wenn mir das Unglück zustieße, lebend gefangen genommen zu werden, so befehle ich Ihnen unbedingt, und Sie werden mir mit Ihrem Kopfe dafür verantwortlich sein, daß Sie während meiner Abwesenheit meine Befehle nicht berücksichtigen, daß Sie meinem Bruder [August Wilhelm] mit Ihrem Rat dienen, und daß der Staat für meine Befreiung keine unwürdige Handlung begeht; im Gegenteil, für diesen Fall will ich und befehle ich, daß man nachdrücklicher handelt als je. Ich bin nur König, wenn ich frei bin"[25]. Fiele er, so solle seine Asche im ruppinischen Rheinsberg in einer Urne beigesetzt werden. Und nur ein Denkmal von Knobelsdorffs Hand nach Art der ‚Horatier zu Tusculum‘ könne an ihn erinnern. Man sieht: der Tod als lebenslanger Begleiter. Im übrigen aber spornte er mit zeitlosen Sentenzen alle Ängstlichen an, zumal seinen Minister Podewils: „Es gibt keine Lorbeeren für die Trägen, die Ruhmesgöttin gibt sie den Tätigsten und den Unerschrockensten".

Am Vorabend der Schlacht von Mollwitz (10. April 1741)[26] übersandte er dem Bruder August Wilhelm ein verständlicherweise kurzes persönliches Testament. Es war nicht ohne Wehmut und nicht ohne ein fernes Bangen vor dem Schlachtentod geschrieben. Obwohl er bereits damals alle Stilmittel beherrschte und anwendete, klingt der Text ganz aufrichtig: „Wenn ich falle, vergiß einen Bruder nicht, der Dich stets zärtlich geliebt hat. Sterbend empfehle ich Dir meine geliebte Mutter, meine Dienerschaft und mein erstes Bataillon Garde. Eichel und Schumacher [Kabinettssekretäre] wissen über meinen letzten Willen Bescheid. Gedenke meiner stets, aber tröste Dich über meinen Verlust. Der Ruhm der preußischen Waffen und die Ehre des Hauses bestimmen mein Handeln und werden mich bis in den Tod leiten. Du bist mein einziger Erbe. Wenn ich sterbe, empfehle ich Dir die, welche ich im Leben am meisten geliebt habe: Keyserlingk, Jordan, Wartensleben, Hacke, der ein Ehrenmann ist, Fredersdorf und Eichel, denen Du voll vertrauen kannst. Achttausend Taler, die ich bei mir habe, vermache ich meiner Dienerschaft; alles andere aber, was ich besitze, hängt von Dir ab. Mache allen meinen Brüdern und Schwestern in meinem Namen ein Geschenk …". Die Königin bleibt unerwähnt. Der König war aufgeregt. Alles stand auf dem Spiele[27].

Mollwitz

Das Heer des Königs wurde von protestantischen Schlesiern und Deserteuren über den Anmarsch der Feinde unterrichtet. Diese nutzten den Vorteil des Zugriffs nicht aus, wie Friedrich erkennen mußte. Die ausgezeichnete österreichische Kavallerie warf erst einmal die preußischen Reiter in wildem Ansturm. Dann suchte sie die standhaften eindrucksvollen preußischen Infante-

rie-Linien zu umgehen. Sie erschöpfte sich schließlich in dem schneemat-
schigen Grunde, ohne daß die Infanterie nachrückte. In der ersten Schlach-
tenkrise ließ Feldmarschall Schwerin den eindeutig unerfahrenen König
vorsichtshalber vom Schlachtfeld fortführen[28]. Darunter litt Friedrichs emp-
findliches Selbstgefühl noch lange. Dann aber rief Schwerin der Infanterie
ermutigende Worte zu und befahl den drei Linien, mit klingendem Spiel gegen den sich immer noch scharf wehrenden Feind vorzurücken: „Ich kann
wohl sagen", berichtet ein österreichischer Offizier, „mein Lebtag nichts Su-
perberes gesehen zu haben; sie marschierten mit der größten Contenance und
so nach der Schnur, als ob es auf dem Paradeplatz wäre. Das blanke Gewehr
machte in der Sonne den schönsten Effekt und ihr Feuer ging nicht anders als
ein stetiges Donnergrollen". Die methodisch geschulte Infanterie des Alten
Dessauers (die „Friedrich-Wilhelm-Männer", wie man später sagte) trieb mit
ihrem furchterregenden schnellen Feuer die Feinde auseinander. Sie räumten
damit das Gefechtsfeld ab, auf dem 17.688 (19.000) Österreicher, Ungarn
und Kroaten gekämpft hatten. Für eine Verfolgung reichten Beweglichkeit
und Reiterkräfte Schwerins nicht aus. Beide Seiten verloren jeweils etwa
4.500 Mann an Toten, Verwundeten, Desertierten und Gefangenen. Aber der
„mörderische Sieg" zeitigte das gewünschte Ergebnis bei dem Königspiel mit
hohem Einsatz: „Unsere Sache steht gut" (4. Februar 1742). Der jüngste
Feldherr begann vor den Augen Europas seine Karriere mit einem Sieg. Das
sollte sich bald hüben wie drüben als ein psychologisch wesentlicher Faktor
erweisen.

So hat denn bereits Mollwitz für die *Kriegskunst Friedrichs* erhebliche Bedeutung gehabt. Allen seinen Schlachten sann er lebenslang nach, den gefährlichen Situationen aber am häufigsten. Im *Lager von Strehlen*, von wo aus er
1741 Schlesien weiter verteidigte und Breslau militärisch besetzen ließ
(10. August), wurde die Kavallerie reorganisiert und ein „spartanischer" Lebensstil gepflegt, der Gäste überraschte. Der französische Gesandte Valory
berichtete seinem Hof Ungewöhnliches aus dem rauhen Alltag des kriegerischen Voltaire-Verehrers: „Er quartiert sich unter einem Zelt ein, im Mittelpunkt seines Lagers; er ist es, der alle Befehle erteilt und sich um den ganzen
Einzeldienst kümmert, welchen in den französischen Heeren der Quartier-
meister von der Kavallerie und der Generalmajor versehen; er befaßt sich mit
der Verpflegung, der Artillerie und dem Geniewesen [Pioniere], er hat auch
selber den Plan zur Berennung von Brieg entworfen. Er erhebt sich früh um
vier Uhr, steigt zu Pferde und besucht vom rechten Flügel bis zum linken alle
Posten und Außenposten seines Lagers. Er versieht persönlich alle Offiziere
und Generale, die er abordnet, mit Befehlen und Verhaltungsmaßregeln, und
ihm persönlich erstatten alle, die sich zurückmelden, ihren Bericht"[29]. Der
König verhörte selbst in allen seinen Kriegen Deserteure, Spione und Gefangene. Daneben aber regierte er den Staat von Memel bis Kleve und trieb in

Anlehnung an die Lehren Machiavellis Außenpolitik, deren Hauptziel allem anderen zuvor Schlesien hieß.

Die Schlacht bei Mollwitz, der eine Woche später die Kapitulation der starken *Festung Brieg* folgte, brachte den Umschwung. An eine Niederlage Preußens brauchten die Verbündeten Österreichs (England, Holland, Sachsen, dann auch Rußland) nun nicht mehr zu denken. Friedrichs Bündnis mit Frankreich (4. Juni), die Kandidatur Kurfürst Karl Alberts von Bayern (1697–1745) und der Anmarsch einer bayerischen Armee bis nach Oberösterreich stürzten die Doppelmonarchie in eine zusätzliche Krise. Nun mußten sich Maria Theresia und ihre Räte mit dem Gedanken befreunden, *Niederschlesien* vorerst aufzugeben, um die Reihen ihrer Feinde zu schwächen. Friedrich wiederum mußte darauf bedacht sein, das Seinige in Sicherheit zu bringen.

Die Lage war für beide Mächte prekär, weil auch Friedrich nicht an einem Zusammenbruch oder einer starken Reduktion der Herrschaften des Hauses Habsburg interessiert sein konnte. Also verhandelte man, zumal auf beiden Seiten das Geld zum energischen Weiterführen dieses Krieges fehlte. Noch stand der frisch ernannte Feldmarschall Wilhelm Reinhard Graf von Neipperg (1684–1774) zwar in Neiße und in Glatz. Aber Wien brauchte seine Truppen im Westen, und der König traute der ihm nur allzu bekannten, zwischen den deutschen Mächten lavierenden Politik Frankreichs keine Sekunde. Gleichzeitig rang man an allen anderen beteiligten Höfen lebhaft um eine Lösung der Probleme.

Seit dem 14. September war aber dann der Widerstand der Königin Maria Theresia jedenfalls vorerst einmal gebrochen. Sie stimmte dem Abzug ihres Heeres aus Schlesien zu. Am 9. Oktober trafen sich unter der Versicherung voller Vertraulichkeit im Schlosse *Klein-Schnellendorf* der König, begleitet von seinem Obristen von der Goltz, Feldmarschall Neipperg, dessen General Lentulus und der englische Gesandte am Berliner Hof Lord Hyndford, der den Accord (Waffenstillstand) geduldig vorbereitet hatte. In militärischer Hinsicht rettete Österreich sein schlesisches Heer vor der nunmehrigen taktischen und strategischen Übermacht Preußens. Politisch empfing Friedrich nur eine unverbindliche Zusage der Königin, ihm in einem Friedensvertrage Ende des Jahres Niederschlesien zu überlassen. Man beschloß einen politischen und militärischen Waffenstillstand, der nur aus österreichischer polemischer Sicht als „Skrupellosigkeit" zu bezeichnen war. Friedrich hatte die Kampfeslust, die normale, ja verstehbar lobenswerte Verschlagenheit seiner Gegnerin für einen Moment unterschätzt. Der Seitenwechsel im Kriege, Geheimverhandlungen mit dem Feinde – das war und ist zu allen Zeiten nichts Besonderes.

Die geheimen Vorbehalte bestanden, wie man seit langem weiß, auf beiden Seiten. Es waren mithin unverbindliche Abreden, aber Österreichs Zukunft schien gerettet. Die Königin dachte im Traume nicht daran, wie sie Neipperg mitteilte, Niederschlesien abzutreten. Auch hatten die Vorgespräche ergeben, daß sie nicht gesonnen war, die volle Souveränität Preußens in seinem Schlesien anzuerkennen. Die Religionsfrage war das entscheidende Hindernis. Das minderte die Qualität der Herrschaftsgewalt. Die späteren Friedensschlüsse mit ihren Sonderbestimmungen im praktischen Kirchenrecht sollten das noch zeigen. Dem nicht sehr glücklichen Klein-Schnellendorfer Zug folgten rasch weitere Züge auf dem Schachbrett, auf dem die Mächte in gleicher Weise, wennschon nicht mit gleicher geostrategischer Intelligenz ihr Machtinteresse zu wahren versuchten.

Die *Festung Neiße* öffnete infolgedessen dem Preußenkönig ihre Tore nach einer kurzen Belagerung zum Scheine. Schlesien lag zu seinen Füßen. Der Inhalt des Protokolls wurde jedoch vom Wiener Hofe schnöderweise unter der Hand verbreitet. Podewils hatte den König vergeblich vor diesem riskanten Protokoll gewarnt, welches nicht geheim zu halten war und ihm Ärger in Paris bereitete. Doch Verträge galten auch damals so lange, wie sich die Grundlagen nicht verändert hatten.

Im Spätherbst 1741 sah die europäische Lage für den König von Preußen nicht ungünstig aus. So hielt er sich abwartend die Optionen offen. Eine Rückgabe Schlesiens kam nicht in Frage. Die *Festung Neiße* wurde vertragsgemäß am 31. Oktober 1741 übergeben. Friedrich beobachtete den Abzug der österreichischen Besatzung von seinem nahe gelegenen Feldlager aus. Er nahm Quartier im Hause des katholischen Priesters von Neunz. Von dort aus besichtigte er noch die Stadt Neiße und ging dann über Brieg nach Breslau. Dort wurde er am 4. November festlich empfangen. Am folgenden Tage, man höre, besuchte er sogleich den lutherischen Gottesdienst in der Hauptkirche St. Elisabeth. Auch nahm er Paraden ab, wohnte mehr oder weniger glanzvollen Bällen und Redouten tanzend bei und erhob zahlreiche Persönlichkeiten wegen ihrer Verdienste in öffentlichen Angelegenheiten in einen höheren Stand. Das geschah unbeschadet ihrer Konfession. Den hohen Orden vom Schwarzen Adler erhielten die Reichgrafen von Henkel (auf Reppensdorf), die von Hohberg, von Nostitz, die Grafen von Bees (auf Löwen), die von Räder und weitere. Auch verlieh er tüchtigen Chefs bürgerlicher Familien den einfachen preußischen Adel. Friedrich schuf sich damit Zug um Zug eine königstreue Führungsschicht. Sie diente ihm fortan im Gegensatz zu einigen auf Wien und Preßburg und Prag orientierten katholischen Familien, sie dienten ihm in den Regimentern, und sie erkannten wohl auch oder ahnten den nun einsetzenden Fortschritt in der allgemeinen und besonderen Verwaltung Schlesiens.

Am 7. November 1741 fand im Fürstensaal des Rathauses die *Huldigung der schlesischen Landstände* statt. In Gegenwart der zu Fürsten erhobenen

Grafen zu Hatzfeld und Schönaich wurde dem Landesherrn ohne Widerspruch der Treueid abgelegt. Die Abgeordneten kamen aus allen Teilen des Landes. Das Menzel-Bild (mit Versehen) zeigt den König in der Uniform seines Leibregiments. Er steht vor dem Throne, umgeben von seinen Brüdern August Wilhelm und Heinrich. Sie hören die Ansprache des Ministers Podewils, dann die Antwort des hochangesehenen Landeshauptmanns von Oels. Entsprechend der alten Huldigungsordnung des Kaisers Mathias (1611) legten der Breslauer Dompropst und Domdechant, die Häupter der Standesherrschaften, das Domkapitel der Sandinsel und die übrigen Stände und Städte den Lehnseid ab. Rat und Bürgerschaft Breslaus hatten bereits am 10. August, nachdem die Stadt von General Schwerin besetzt war, dem König den Eid zugesprochen. Die Bürger hatten Häuser und Gärten am 7. November festlich beleuchtet und mit 250 Transparenten geschmückt. Dem Geiste des alten Lukullus versuchte man zu huldigen. Der Stadtkoch Riege baute auf dem Neumarkt eine breite Küche auf. Dort wurde ein mächtiger Ochse in Feuer und Rauch gebraten. Man verfüllte ihn überdies mit leckeren Fasanen, krustigen Reb- und Haselhühnern, mit vorgebratenen Hasen und mit fettströmenden Gänsen. Auf der rechten Seite des mächtigen Ochsen zeigte sich der königlich-preußische Adler. Er war aus Vögeln und vor allem aus zarten Lerchen geformt. Auf der anderen Seite erblickten der König und die überraschten Zeitgenossen als weiteres heraldisches Kunstwerk den polnisch-piastischen Adler, die Wappen von Anhalt-Dessau und Breslau, dazu die Worte: Friedrich Rex.

Auch sonst fehlte es nicht an sonderbaren Huldigungen. Ein Schlächter stellte ein Bild aus, welches ihn selbst zeigt, wie er einen Ochsen abschlachtet. Der Betrachter wird mit dem Satz erheitert: „Wer mir wird den König von Preußen verachten, den will ich wie diesen Ochsen schlachten"[30].

Der König ließ sich das alles gefallen. Die Wende war eingeleitet. Noch vor wenigen Monaten fehlte der Hauptstadt Schlesiens nach dem Urteil des Historikers Colmar Grünhagen das Gefühl für die großen Gemeinsamkeiten, deren Bewußtsein erst das Leben lebenswert macht: „... Selbst der Glaube scheint weniger zu wirken, seit er weniger bedroht ist". Niemand hätte bessere Zeiten erwartet. „Nichts ist verkehrter, als diesem Geschlecht eine Erwartung auswärtiger Intervention oder wohl gar ein Herbeirufen der Preußen zuzuschreiben. Der Heros des 18. Jahrhunderts ist vollkommen unerwartet in diese stillen Kreise getreten; sie waren in keiner Weise bereitet, ihn zu empfangen"[31]. Dann aber doch. Schlesiens Zeitenwende begann damit, daß der Träger der Krone fortan mehr als jeder frühere Fürst in ihrer Mitte lebte, wirkte und kämpfte, während vordem der König von Ungarn-Böhmen fernab auf den Burgbergen von Ofen oder Preßburg, eher landesunkundig, Entscheidungen getroffen hat.

Nach und nach wurde dann die auch völkerrechtlich bedeutsame Huldigung in den abgelegenen und wegen des Krieges noch nicht erreichbaren Gebieten vorgenommen: 1742 in Neiße und in Glatz, für das stärker kriegsbeschädigte Oberschlesien ebenfalls in Neiße (18. März 1743). Noch vor der Breslauer Huldigung forderte der König das Generaldirektorium in Berlin auf (27. November), zwei Kriegs- und Domänenkammern in Breslau und Glogau zu errichten. Diese nahmen zu Anfang des Jahres 1742 für 35 Kreise in Nieder- und Mittelschlesien die Arbeit auf. Die neuen Beamten der Kammern reisten aus den Alt-Provinzen an. Sie blieben dem Landesherrn unmittelbar unterstellt.

Am Tage nach dem Breslauer Ereignis (8. November) nutzte Friedrich die Gelegenheit, vor den Vertretern der Stände und der Kirchen über die Grundsätze seiner Religionspolitik zu sprechen. Das Benachteiligen wegen der Konfession solle nunmehr der Vergangenheit angehören. An die Stelle einer unduldsamen Staatsreligion würde Glaubens- und Gewissensfreiheit treten. So erreichte die friderizianische Aufklärung die Oderprovinz. Das war ein starker Einschnitt.

Die den Österreichern offiziell am 2. Dezember angekündigte *Übernahme* von Teilen Schlesiens hat bis in jüngste Zeit hinein verdeckt oder offen moralisierende Kritiker auf den Plan gerufen. Für Sandkastenspiele von historisierenden Ideologen eignet sich die Zeit zwischen 1740 und 1745 vorzüglich. Das 20. Jahrhundert, in vielen Köpfen weiterlebend, warf zusätzlich seine Schatten mit fremden Gesichtspunkten auf das 18. Jahrhundert. Aber diese Hintergründe, die nicht offen ausgesprochenen Absichten, erschweren es dem Laien, den Faden der Ariadne zu verfolgen. Im Schlangenpfuhl der Meinungen von gerecht und ungerecht, von Rationalität und Wahnsinn, „Machtinstinkt und Verschlagenheit", von Kalkül und Eklat, von Verteidigungsaktion und „Präventivkrieg" ist die Wahrheit nur schwer zu finden. Hinzu kommt, daß bereits die Zeitgenossen mit Friedrich alles taten, ihr letztes Urteil im Konkurrenzkampf der Mächte zu verschleiern oder die Aufmerksamkeit listigerweise in andere Richtungen zu lenken. In der Gegenwart ist das nicht anders. So lassen sich Friedrichs brandenburgisch-preußische Motive in vier Punkten zusammenfassen.

1. Brandenburg(-Preußen) verfügte über nicht erloschene, jederzeit zu belebende Ansprüche auf Teile Nieder-, Mittel- und Oberschlesiens.

Erklärung: Es genügt nicht, diese mit dem klassischen Elefantengedächtnis der Diplomaten und Dynasten und in Archiven bewahrten Ansprüche als verworrene und unüberschaubare Erbfolgestreitigkeiten zu bezeichnen. Das verkennt einen Wesenszug der frühen Neuzeit. Die Ansprüche sollten nicht den „Anschein eines Rechtstitels" bieten, sondern es waren und blieben Rechtstitel, so wie die Bundesrepublik Deutschland ihre Rechtstitel zu Berlin und zu den zeitweilig besetzten Gebieten der sowjetischen Besatzungsmacht mit Erfolg und mit wechselnder alliierter Unterstützung aufrecht erhalten hat. Preußens Ansprüche vertrat und erläuterte der steinalte Staatshistoriker Johann Peter von Ludewig in Halle (1668–1743), der seit vierzig Jahren die Dokumente gesammelt hatte und der sie nun dem König und seinen Diplomaten vorlegen konnte. Mit dem Erlöschen der männlichen Erbfolge der schlesischen Herzöge in Liegnitz (1675) waren auch Rechtsansprüche der Nachbarn wieder aufgelebt. Ohnehin war Schlesien immer ein Sonderfall verfassungsrechtlicher Art gewesen. Als Friedrich die rechtliche Bedeutung der Hintergründe erfaßte, sah er sich in seinen Erwägungen bestätigt: „Es ist gerecht, an seinen Rechten festzuhalten und die Gelegenheit des Ablebens des Kaisers zu ergreifen, um sich in den Besitz der Rechte zu setzen." (Denkschrift des Königs).

Diese Ansprüche richteten sich auf die von den deutschen Piasten regiert gewesenen Herzogtümer Liegnitz, Brieg und Wohlau, auf Ratibor und Oppeln, auf das Fürstentum Jägerndorf und auf den Kreis Schwiebus. Die ursprünglich schlesische Fürstenherrschaft Crossen an der Oder gehörte seit 1482 zu Brandenburg. Die Einlösung der Erbverträge zwischen Brandenburg und den schlesischen Fürsten beim Erlöschen der Häuser (u. a. Liegnitz 1675) verhinderten die in Schlesien regelmäßig konfessionspolitisch vorgehenden Räte der Kaiser mit scharfen Hinweisen auf ihre Machtpositionen. Andererseits behinderte Wien allemal die gleichen Rechtsfiguren im Osten wie im Westen und bedrängte die Protestanten im „Unheiligen Römischen Reich" (Jürgen Luh) nach allen Regeln der Repressionskunst. Scharf, aber vergeblich, protestierte Kurfürst Friedrich Wilhelm 1675 gegen den Bruch des Erbrechts durch das Haus Habsburg. Um 1740 kannte man unverändert die brandenburgischen Ansprüche in Wien. Man wußte, daß der König von Preußen weit stärker als die Hauptlinie des Kaiserhauses als Nachfahre das Erbe der schlesischen Piasten mehrfach in sich trug. Dies machte von vornherein das besondere Verhältnis zu Schlesien aus[32].

2. Österreich schuldete 1740, ohne Erklärungen abzugeben, Brandenburg-Preußen 500.000 Taler.

Erklärung: Das Pfand war Schlesien. Es ist und war international üblich, wenn man in mehr als einem Jahrzehnt aufgelaufene Schulden nicht abzugelten vermag, dem Gläubiger Pfandbesitz einzuräumen oder aus der Substanz Entgelt zu geben hatte. Dem Gesandten in Wien schreibt der König bereits am 17. September 1740: „Man hat uns damit auf eine unerhörte Art unter den frivolsten Vorwänden hingehalten … Es wäre schreiend, wenn man jetzt mit mir dasselbe Spiel fortsetzen wollte. Man soll mich nicht für immer um einen solch beträchtlichen Anspruch bringen". Da es im Reich keinen sonstigen

Obergerichtsvollzieher gab, mußte sich jeder um das Seinige bemühen. Als Friedrich das Pfand in der Hand hält (17. Dezember), schreibt er seinem noch nicht abberufenen Geschäftsträger in Wien: „Das einzige Mittel, von diesem Hof sein Recht zu bekommen, ist, es sich selber zu verschaffen, und ich hoffe, daß die gegenwärtigen Konjunkturen mir Gelegenheit geben, diese Angelegenheit auf die eine oder andere Weise zu einem befriedigenden Abschluß zu bringen", was erreicht wurde.

3. Ansprüche auf Jülich und Berg am Niederrhein.

Erklärung: Der Kaiser verpflichtete sich im Geheimvertrag von 1728, als Gegenleistung für die Garantie Preußens zur „Pragmatischen Sanktion", dessen Ansprüche auf nicht-brandenburgische Teile der Herzogtümer Jülich und Berg (mit Ravenstein) zu unterstützen. 1734 und 1738 annullierte Österreich, ohne Gespräche oder Kompensation, diesen Vertrag und verletzte König Friedrich Wilhelm I. auf das tiefste. Es besteht kein Zweifel daran, daß der Kronprinz vom Vater und von dessen Außenpolitikern über den bedeutsamen Vorgang unterrichtet worden ist. Der Anspruch am Niederrhein gehörte zum Konflikt. Er bildete zugleich eine Art Faustpfand für den Fall neuer territorialer Kompromisse, auf die man in Wien zum Schaden des Vielvölkerstaates damals und wiederholt verzichtet hat.

4. Hochmut des Hauses Habsburg-Österreich.

Die meisten schweren Konflikte der internationalen Staatengemeinschaft zeigen eine lange zurückliegende emotionale Vorgeschichte. Es entstehen Stereotypen und Geschichtsbilder, die den Blick auf eine veränderte Wirklichkeit behindern. Preußen war kein Vasall, den man hochmütig beiseite schieben, dessen Minister man nach Belieben einkaufen konnte, damit diese sich Schlösser in Pommern oder Ostpreußen unter den Augen des Königs errichteten. In Friedrich bildete sich auch als Folge der Erziehungs- und Heiratsaffäre eine stärkere Abneigung gegenüber der Wiener Reichspolitik heraus. Sie reichte von der kritischen Analyse über Spott bis zur Phobie. Im Oktober 1737 schreibt er, vom Rheinsberger Turm ausschauend, an den Staatsminister Grumbkow, den ersten Berater des Vaters: „Ich bin höchst gespannt darauf zu sehen, wie sich dieser herrisch auftretende Hof [Wien] anstellen wird, wenn er unten zu liegen kommt [gegenüber den Osmanen] und ob er seine Überheblichkeit und seinen Hochmut angesichts des schlechten Fortgangs seiner Unternehmungen nicht erheblich zügeln wird". Und es folgt das kaum noch dunkle Orakel: Stürbe der Kaiser heute oder morgen, so würde man Umwälzungen in der Welt erleben; alle Parteien und Souveräne würden von seiner Hinterlassenschaft zu profitieren suchen. Drei Jahre später (5. November 1740) zeigt sich die Lage unverändert; nur die Wiener Sorglosigkeit hat zugenommen. Es war ein Fundamentalfehler des ersten Beraters Kaunitz und seiner Vorgänger, daß sie nicht die Chance erkannten, die in der Existenz eines starken Preußen an der Ostgrenze des Reiches lag.

Der *Waffenstillstand mit Österreich* blieb Episode. Wenig später, nachdem Franzosen, Bayern und Sachsen das feste Prag gestürmt hatten (26. November), trat der König wieder an deren Seite. Er operierte vom Frühjahr 1742 an mit seinen Truppen in Böhmen. Der Krieg zog sich bedenklich, weil kostspielig, in die Länge. Friedrichs Kriegsschatz schmolz rasch zusammen. Zwei Drittel waren bereits verbraucht. Preußen drohte wieder in unangenehme Abhängigkeiten zu geraten. Nach der Wahl des Wittelsbachers, des Kurfürsten Karl Albert, zum Kaiser („Karl VII.") am 12. Februar 1742 verdichtete sich bei Friedrich der Eindruck, daß er weder in Wien noch in Paris als das galt, was er nun sein wollte: Eine nordostdeutsche Macht mit dem Anspruch, jedenfalls nach dem geheimen Protokoll der Großmächte behandelt zu werden.

So suchte er den Erfolg auf den böhmischen Gefilden. Er bat den Kardinal Fleury in Paris, mit dreister Ironie, um eine Messe in Notre Dame zugunsten Preußens. Dann schlug er die Österreicher unter Prinz Karl von Lothringen[33] (dem Schwager Maria Theresias) bei *Chotusitz* (17. Mai), während Friedensgespräche in Wien dank Englands Vermittlung nicht abrissen. Dies war ein Zustand zwischen Krieg und Frieden, wie man ihn auch aus der Gegenwart kennt. Für alle Zukunft militärisch Besorgnis erregend war jedoch für die Österreicher die Tatsache, daß die etwas schwächeren Preußen (Bataillone: 38:30; Schwadronen 93:70) obsiegten. Mit deutlich verbesserter Kavallerie und 76 leichten, infanteristisch eingesetzten Feldgeschützen und einer geschickten Flügeloperation versetzte er die böhmische Armee der Königin in nur sechs Stunden in einen desolaten Zustand. Friedrich Armee beklagte 4.778 Tote und Verwundete, die Österreicher hingegen vermißten 6.332 Mann. Das waren 22 Prozent ihrer Gesamtstärke. Der König kaufte sogleich einige Morgen Land, um die Toten zu betten. Als der bedeutende Thomas Carlyle, Englands Friedrich-Biograph, im nächsten Jahrhundert die verwachsene Stelle aufsuchte, gediehen dort friedlich Roggen-, Gersten- und Hülsenfrüchte.

Es gibt einen Brief Friedrichs an seinen Berliner Freund Jordan, noch in einem gewissen verständlichen Schlachtenstolz geschrieben, nachdem das gefahrenreiche Frühjahr in Mähren und Böhmen mit dem Rückzug nach Böhmen ihm eine keineswegs vorteilhafte strategische Situation vor Augen geführt hatte. In diesem Brief heißt es erleichtert und vertrauensvoll und bereits wieder hochgemut: „Wer hätte geglaubt, daß die Vorsehung sich einen Poeten (= Friedrich) dazu ausersehen hätte, das System Europas umzustürzen und die politischen Berechnungen seiner Könige und Herrscher gänzlich umzudrehen? Es gibt so viele Ereignisse, deren Gründe schwer anzugeben sind, und dieses kann kühnlich zu ihnen gerechnet werden. Es ist ein Komet, der diese Planetenbahn kreuzt und in seiner Richtung einen von allen anderen Planeten verschiedenen Lauf nimmt". Das ist noch seine Euphorie der frühen Schlachtensiege. Und doch immer verbunden mit einem Bewußtsein des denkbaren Schlachten-Unglückes. Und immer ein Traum vom Frieden als Teil von verständlichen Tagträumen in Zeiten hoher Anspannung. Es waren eben keine Grundbefindlichkeiten auf künftige Seligkeiten, sondern nur erholsame Augenblicke auf eine Welt der Illusionen, die er immer gegenüber den harten Realitäten allenfalls anrufen konnte.

Der *Königin* auf Schloß Schönhausen schrieb er am Abend dieser Schlacht kurz und kühl-verbindlich: „Gnädige Frau, wir befinden uns Gott sei Dank alle außerordentlich wohl und haben die Österreicher ordentlich geschlagen. Der Sieg ist größer und vollständiger als der bei Mollwitz. Wir haben unsterblichen Ruhm für unsere Truppen erfochten. Wir haben nur geringe Verluste, der Feind dagegen hat sehr bedeutende gehabt. Leben Sie wohl."

Etwas anders als diese kurze Post klingt es in dem zwar auch hochgemuten Schlachten-Bericht des jungen Feldpredigers Seegebarth (24. Mai 1742). Dieser verleugnete sein resolutes und mutiges Christentum als Kämpfer zu Pferde nicht, verdiente sich auch die beste Pfarrstelle in allen Landen des Königs (wie dieser ihn wissen ließ), vergaß aber in allem Triumph das Elend nicht: „Es ist ein lamentabler Aspekt, die Erschlagenen und Blessierten auf dem Wahl-Platze liegen zu sehen. An manchen Orten liegen sie so dick, daß man in einem Raum, dergleichen ihr Wohnzimmer ist, wohl zwanzig Personen findet, die ihr Leben verloren haben. Ich bin den Platz („le champ de bataille") mehr als einmal durchgeritten. Ein blessierter Österreicher bittet nach der Action einen unserer Offiziers, er möchte ihm doch das Leben nehmen (welches einige auch von mir verlangt), da er ihm aber sagt, daß dergleichen nicht geschehen müßte und er in der Zeit noch Gottes Gnade suchen sollte, regeriret er: wenn auch bey Gott für alle Menschen Gnade wäre (!), so wäre doch für ihn keine, denn er wäre ein gar zu großer Sünder".

Der *Vorfrieden* von Breslau (11. Juni) sicherte – dank Englands energischer Vermittlung – Preußen Niederschlesien und den größten Teil Oberschlesiens (unter Einschluß des später wertvollen Kohlenbeckens). Die Übernahme erheblicher Landesschulden im In- und Ausland (1,7 Millionen Gulden) durch Preußen kam einem Kaufpreis gleich. Österreich behielt den kleineren Westteil Oberschlesiens mit Jägerndorf und Teschen. Friedrich zeigte sich nach den ziemlich heftigen Verhandlungen insgeheim befriedigt. Er besuchte nachdenklich und vielleicht auch etwas demütig die Friedenspredigt des Breslauer Kardinalbischofs Sinzendorff in der Kirche auf dem Sande. Den dort vorbereiteten Thronsessel verschmähte er jedoch. Ohne Eitelkeit begab sich der kleine Mann in das Holzgestühl mit den Worten: „Ich bin ein Mensch wie jeder andere und will also nur eine gewöhnliche Bank haben".

Der *Berliner Frieden* (28. Juli)[34] bestätigte Preußens Besitzstand im Süd-osten, die starke Bergfestung Glatz eingeschlossen. Der König aber wandte sich sogleich den Auf- und Umbauarbeiten in Schlesien zu. Er begann auch, als notwendigen Ausgleich in seiner dichten Gedankenwelt, die geschichtlichen Studien. Die Grundstimmung bei ihm schlug in Friedfertigkeit um: „Es handelt sich gegenwärtig nur darum, die politischen Kabinette Europas daran zu gewöhnen, uns in der Stellung zu sehen, in die uns der Krieg gebracht hat, und ich glaube, daß große Mäßigung und Milde gegen alle unsere Nachbarn uns dazu verhelfen kann. Ruhige Zurückhaltung muß für die nächsten Jahre das leitende Prinzip unserer Politik sein; wir brauchen Frieden, um den Staat zu festigen". Das ließ er Podewils wissen (20./23. Juni 1742).

Doch die internationale Politik fügte sich solchen sanften Wünschen nicht. Frankreich und England suchten jeweils den vom Schlachtenglücke offen-sichtlich begünstigten Friedrich zu einem aktiveren Bündnis zu bewegen. Nach dem Sieg König Georgs II. von England (1683–1760) bei *Dettingen* (27. Juni 1743) über die französische Partei triumphierte die österreichisch-englische Gruppe. Friedrich bemerkte alsbald mit Sorge, wie sich nun wieder die Gewichte zu Ungunsten des wittelsbachischen Kaisers verschoben. Der Plan einer Union der Reichskreise unter der militärischen Führung Preußens scheiterte. Jenseits des Mains, in Franken unter anderem, ist seit 1741 immer wieder einmal erwogen worden, Friedrich zum Kaiser wählen zu lassen. Auf diese Anregungen ging er nicht ein. Doch zeigte sich daran das gestiegene preußische Ansehen. Doch der König spielte den guten Patrioten.

Das Jahr 1743 verging mit letztlich nutzlosen Plänen und Aktionen. Auch Friedrich rannte sich insgeheim am Gespinnst des „Reiches" fest. Der Besuch im Herbst 1743 nach Bayreuth und Ansbach zu den beiden Schwestern Wilhelmine und Friederike Louise mit den unbedeutenden Markgrafen er-brachte – außer einem verdächtig-prächtigen Empfang nebst Hoffest in Ans-bach – ebensowenig wie der Besuch des sogen. Kaiserlichen Heeres nahebei. Die Einkehr in Gotha unterblieb. Der Zweck der Reise war verfehlt: „Ich fand niemanden, der sich hätte hergeben wollen; die einen versagten sich aus Schwäche, die anderen aus Ergebenheit für das Haus Österreich". Dabei blieb es.

Seit dem Frühjahr 1744 verschärfte sich die Lage zunehmend. In Wien hoffte man nicht grundlos, des Gegenkaisers Herr zu werden. Die Holländer ließ Friedrich andererseits daran erinnern, welche wirtschaftlichen Motive England mit dem Aufrechterhalten der Krise in Mitteleuropa verfolge: „Der König von Engelland fänge seine Convenienz durch die Continuation des Krieges durch Ziehung der starken Subsidien vor der hannöverschen Trup-pen; dessen Minister Carteret intendire im Trüben zu fischen und die Nation Meister von dem westindischen Commercio sowohl als von allen übrigen

Hauptbranchen der Handlungen, mit Ausschließung anderer Nationen zu machen. Der Kaiser könnte mit allem Rechte wegen so vieler erlittener Affronts und Schäden Indemnisation fordern und wäre noch nicht gewillet, darunter nachzugeben" (22. April 1744)[35]. Als sich herausstellte, daß sich auch Kur-Sachsen den pragmatischen Verbündeten angeschlossen hatte, suchte Friedrich eine Allianz zwischen Preußen, Rußland und Schweden (wo seine Schwester Ulrike den Thronfolger geheiratet hatte) zustande zu bringen. Mit Frankreich wurde erneut ein Bündnis geschlossen (5. Juni 1744).

Während der König in Bad Pyrmont für seine Gicht und überhaupt sein Wohlbefinden die Brunnenkur nahm, trat in *Ostfriesland* der lang erwartete Erbfall ein[36]. Preußen besaß seit 1694 die von Kaiser und Reich bestätigte Anwartschaft. Friedrich ließ nun nach dem Tode des Fürsten Karl Edzard aus dem Hause Cirksena die Besitzergreifung des Landes vornehmen. Die Landes- und Ständeverfassung wurde beibehalten.

Der Zweite Schlesische Krieg

Der König führte den zweiten Kampf um Schlesien (17. August 1744 bis 25. Dezember 1745), um „den Kaiser zu erlösen und das System des Teutschen Reichs zu restituieren", wie preußische Diplomaten gegenüber England und anderen Mächten im Auftrage des Königs erklärten. Tatsächlich war es ein letzter Versuch, im Bündnis mit *Frankreich* den Übergang der Kaiserkrone auf das Haus Habsburg-Lothringen noch zu verhindern. Dieser Versuch mißlang, weil die grundsätzlich zugesagte Hilfe Frankreichs infolge angeblich einer Krankheit König Ludwigs XV. und sonstiger militärischer Schwächen großenteils ausblieb. Das Heer Friedrichs umfaßte nunmehr 140.000 Mann. Die Kavallerie war materiell und ausbildungsmäßig verbessert. Die Regimentskommandeure hatten ihre Truppenteile mit der neuen Einrichtung des weiträumigen Manövers einexerziert. Der Staatsschatz freilich reichte lediglich für einen zweijährigen Feldzug (6 Millionen Taler). Im Hinblick auf das zu erwartende unkalkulierbare Kriegstheater genügten diese Rücklagen nicht. Weil Rußland mit dem neuen Großkanzler Bestuschew mehr der österreichisch-englischen Gruppe zuneigte (seit dem Juli 1744), befand sich der Preußenkönig in einer eher ungünstigen Lage, als er den Feldzug in der Rolle der „Auxiliarmacht des Kaisers schließlich eröffnete". Die nüchterne Einsicht in die gewandelten Machtverhältnisse, die Sorge allein zu stehen in einer erneuten Auseinandersetzung um Schlesien bewegte ihn mehr als eine ihm später leichthin nachgesagte „kaum noch gezügelte Kriegslüsternheit".

Preußen, jetzt unterstützt von 30.000 Mann sächsischer Truppen, erklärte Österreich am 10. August 1744 den Krieg. Die Haupt-Armee (62.000 Mann) geriet jedoch im Herbst in Böhmen in eine kritische, um nicht zu sagen, verzweifelte Situation, nachdem sich die Österreicher wiederum unter dem *Prinzen Karl von Lothringen* und dem *Feldmarschall Graf Traun* durch ihre Defensivstrategie Vorteile verschafft hatten, einer großen Schlacht jedoch füglich ausgewichen waren. Die *Festung Prag* wurde zwar erobert (17.9.) und reiche Beute an Waffen, Geld und Menschen eingebracht. Friedrich mußte sich aus dem feindlichen Böhmen im November wegen erheblicher Nachschubschwierigkeiten und sonstiger Verluste nach Schlesien zurückziehen. Er hatte etwa 17.000 Mann vor allem durch Desertionen verloren. Das kam einer unglücklichen Hauptschlacht gleich. Zudem hatte sich der Staatsschatz fast aufgebraucht, die Finanzierung des Krieges auch mit jüdischem Kapital bereitete verstärkt Schwierigkeiten. So weitete sich der Abzug aus Böhmen zu einer einerseits äußerst unangenehmen, andererseits lehrreichen Niederlage aus.

Den Österreichern schienen weitere Erfolge bevorzustehen. In Wien triumphierte man bereits, zumal sich nun auch eine außenpolitisch wirksame und mächtige Koalition bildete. In Warschau (8. Januar) hatte man sich in einem erneuerten Kriegsbündnis gegen Preußen zusammengefunden (England, Holland, Kur-Sachsen). Dem Hause Habsburg waren Schlesien und weitere Gebiete zugesichert worden. Friedrichs Hoffnung auf ein Friedensbündnis mit England zerschlugen sich. Lord Harrington (als Staatssekretär des Auswärtigen für die deutschen und nordischen Angelegenheiten) und Lord Chesterfield verhießen nach dem dortigen Regierungswechsel am 23. November 1744 den Feinden Friedrichs, ebenso Holland, Frieden, wennschon davon nur wenig Wien erreichte. Doch mußte sich Friedrich nunmehr eingestehen, daß sich seine Lage ständig verschlechterte. Die Königin von Ungarn Maria Theresia entband nun aus der Ferne – etwas voreilig – die Schlesier ihres Eides für den Preußenkönig. Sein Friedensbruch habe die Abtretung Schlesiens hinfällig werden lassen (1. Dezember 1744). Friedrich hielt umgehend mit Schärfe dagegen (25. Dezember). Alle schlesischen Behörden sahen sich unverzüglich angewiesen einzuschreiten. Er würde die illegalen Austräger der Mandate und die Diversanten arretieren und mit dem Tode bestrafen lassen.

Defensive und Reorganisation des Heeres

Die Verluste der böhmischen Armee durch Desertion als Folge von Hunger und durch Seuchen waren zwar erheblich, werden jedoch in jüngeren Werken, die zuweilen voneinander abschreiben, übertrieben. Es scheint so, daß der König etwa 15.000 Mann, ein Viertel seiner Infanterie, vorerst verloren hatte. Verlustzahlen, zumal aus gegnerischen Quellen, werden leichthin für bare Münze ausgegeben. Tatsächlich ist die *Reorganisation* der betroffenen Heeresteile im Winter und Frühjahr trotz mancher Engpässe rasch vonstatten gegangen. Zwischen Anfang Dezember und Ende April 1745 füllte die Generalität das zur Verteidigung Schlesiens bereitstehende Heer auf und modernisierte es.

Am 12. Januar 1745 gab Prinz Ferdinand von Braunschweig in einem Schreiben an seinen Bruder Karl den Bestand mit 113 Bataillonen und 170 Eskadronen an, die Festungsbesatzungen eingeschlossen. Das waren wieder mehr als 80.000 Mann. Seit dem 14. Dezember hält sich der König in Berlin auf, nur unterbrochen von einer Blitzreise nach Schlesien-Glatz vom 21. bis 25. Dezember. Er bleibt in Berlin und Potsdam bis Mitte März. Dort trifft er für das Militär jene Entscheidungen, durch welche entstandene Lücken geschlossen worden sind. Die Aushebungsbezirke (Kantone) erhielten sofort neue Quoten. Mit einem „Generalpardon" und Sold-Gratifikationen holte er einen Teil der vornehmlich durch Hunger in die Flucht getriebenen Gemeinen zu den preußischen Fahnen zurück.

An der *Moral* der Offiziere und Soldaten ließ er unablässig arbeiten. Wiederhergestellt wurde die beschädigte Logistik (Brot-Fuhren-Nachschub). Rüstungsgüter konnten aus dem Ausland beschafft werden.

Im südwestlichen Schlesien vernahm der König bei seinem Kontrollbesuch am 22. Dezember, daß sein Oberst von Wartenberg mit nur sieben Eskadronen „1.600 Insurgenten" (= Irreguläre, Kroaten etc. als Freitruppen) aus der Stadt Pleß hinausgejagt, 200 von ihnen getötet und verwundet und an die 180 dieser Leute gefangen genommen hatte. Ende Dezember sollen sich noch an die 16.000 österreichische Insurgenten raubend und plündernd in Oberschlesien aufgehalten haben, wie Prinz Ferdinand von Braunschweig, der spätere Feldmarschall, berichtete. Der König sah diesen Terror in der Landschaft von Berlin aus in großer Sorge. Noch am 6. Januar schrieb er dem jüngeren Feldmarschall Leopold von Anhalt-Dessau: „... unsere Feinde werden mit jedem Tage unverschämter, unsere alte Reputation wird ebenso schnell dahin sein, wie wir sie gewonnen haben".

Doch am 8. Januar sammelte der „Alte Dessauer" seine schlesischen Truppen (48 Bataillone, 110 Eskadrone), ging über die dortige Neiße, ließ durch drei scharf und mutig angreifende Husaren-Regimenter die Feinde in die Flucht schlagen und gewann in den folgenden Tagen die sämtlichen Gebirgs-Randgebiete mit Jägerndorf und Troppau zurück.

Die *Frühjahrsmonate März und April* 1745 verbrachte der König in hoher Spannung und Nervosität. Die Eifersüchteleien in seiner Generalität belasteten gelegentlich die Gemüter. Feldmarschall Schwerin, mit dem Dessauer Alten nicht eben herzlich verbunden, hatte sich im November 1744, als die geschundenen Heere in den Winterquartieren lagen, mit dem Hinweis auf seine tatsächlich angegriffene Gesundheit erst einmal zurückziehen dürfen. Doch lag der Grund auch in der Konkurrenz mit dem Erbprinzen von Anhalt-Dessau und dessen Vater, der im Dezember das Kommando in Schlesien in schwieriger Defensiv-Situation übernommen hatte. Fortan hatte Fürst Leopold weiter den Befehl in Oberschlesien, während der zurückgekehrte König mit dem wieder aufgefüllten Heer im mittleren Schlesien die Armee der Kaiserin über die böhmischen Grenzwälder herankommen lassen wollte. Ende April verfügten die Kaiserlichen und die Sachsen zusammen für ihre schlesische Operation über etwa 75.000 Mann. Der König hingegen konnte an den strategischen Punkten Schlesiens mit 85.460 Kämpfern rechnen.

Aber er stand nun allein. In Bayern war das Bündnis mit Frankreich zusammengebrochen, weil die französischen Generäle zögerten. In Flandern und auch in England erkannte der König nichts, was ihm Hoffnung auf den erwünschten erträglichen Frieden hätte in Aussicht stellen können. Die finanziellen Grundlagen für den absehbaren Feldzug mindestens bis Ende August blieben schwach und brüchig, wennschon die getreuen Stände der Provinzen die nötigsten Gelder vorstreckten. An Sorgen fehlte es nicht, wie der Kabinettsrat Eichel in diesen Wochen in seiner Korrespondenz Tag für Tag mit dem ebenso bedenkenvollen Kabinettsminister Podewils überliefert.

Friedrich rechnete im April insgesamt zwar nicht mit dem Schlimmsten; doch richtete er sich auch auf Krisen im militärischen und diplomatischen Geschehen ein. Cicero gab ihm Trost. Wenig galt ihm für fest und unverbrüchlich – bis auf die Standhaftigkeit seiner selbst und seines Heeres. Jeden bedrängte die Lage, also auch ihn.

Das Ministerium in *London,* den mitteleuropäischen Krieg kühl betrachtend, verweigerte noch immer den von Preußen vorgeschlagenen Frieden. Es stünde nicht in der Macht Englands, die maßgeblichen Persönlichkeiten in Wien von der Wiederaufnahme des Krieges zur Zerstörung der preußischen Machtposition zurückzuhalten. Also könnte man, erfuhr Friedrich, weiter zuschauen, wie die beteiligten Kontinental-Mächte sich abringen würden.

In dieser prekären Situation ließ der König in Neiße inmitten der Regimenter und Rüstungen für die Verhandlungen in London folgende Weisung entsprechend seinem Handschreiben an Georg II. ergehen: „Überhaupt aber declarirten S. Königl. Majestät fort et ferme hierbei, dass an keine Cession (= Abtrennung) des geringsten Stückes von Ober- oder Niederschlesien noch dem Glatzischen, so Deroselben durch den Breslauer Frieden überlassen wäre, jemals zu gedenken sei, und dass, wann der wienerische Hof darauf insistiere, des Königs Majestät le tout pour le risquiren und nichts oder alles verlieren wollten. Wie Sie (= der König) dann alsdann nichts menagiren, sondern, wenn die österreichische Armee nach Schlesien käme, solcher alsdann auf den Hals gehen werden und combattieren (= bekämpfen); wo nicht, und wann der Feind in Böhmen bliebe, selbigen allda aufsuchen und zum Schlagen nöthigen würde, es möchte dann auch daraus entstehen was da wolle und könne … Des Königs Majestät haben befohlen, diese Dero Intention Ew. Exzellenz (= Podewils) ganz umständlich und deutlich zu melden …" (gez. Eichel). Das war in seiner Entschiedenheit klar. Podewils sollte auf den diplomatischen Kanälen weiterhin die Grundlagen für Verhandlungen des Königs verbreiten (24. April).

Demgegenüber spielen die gelegentlichen Variationen und Meditationen zu Sieg oder Untergang in einem oder diesem Kriege im höchst vertraulichen Schriftverkehr mit Podewils nicht die Rolle, die ihnen von jenen zugesprochen wird, welche Friedrich mit seinen immer kunstvoll berechneten oder spontanen Pirouetten als einen Mann der überaus gewagten Wege in einer atemlos zuschauenden Öffentlichkeit erfassen zu können meinen. Längst hat man historiographisch erkannt, daß die Widerstände des Königs in einer solchen Krise mit Trotz und Tapferkeit unerschöpflich sein konnten.

Je schärfer der König einerseits die Krise betonte, desto wirkungsvoller vernahm man zugleich seine Stimme auf preußischer Seite bei denen, auf die es nun ankommen würde in den bevorstehenden Schlachten. Am 27. April 1744 schreibt er dem pflichtgemäß bedrückten Podewils u. a.: „Bedenken Sie, daß die Königin von Ungarn, diese Frau, nicht an ihrem Schicksal verzweifelte, als ihre Feinde vor Wien standen und ihre blühenden Provinzen von den Feinden besetzt waren. Und Sie sollten nicht den Mut dieser Frau aufbringen, wo wir noch keine Schlachten verloren haben, wo uns kein schwerer Schlag getroffen hat und wo wir durch einen glücklichen Erfolg viel höher steigen können als jemals zuvor? Leben Sie wohl, lieber Podewils, stärken Sie Ihren Mut, teilen Sie den anderen davon mit, und wenn ein Unglück kommt, worunter ich jedenfalls am meisten zu leiden hätte, ertragen Sie es mit Hochherzigkeit und Standhaftigkeit. Das ist alles, was Cato und ich Ihnen sagen können."

In der Außenpolitik spitzte sich die Lage weiter zu. Sachsen war nunmehr (Leipzig, 18. Mai) den Konjunkturen folgend auf die Seite Wiens getreten. Der König war unterrichtet. Die Zarin schwankte hingegen in ihrem Urteil zwischen der scharf antipreußischen Politik Bestuschews und der preußenversöhnlichen Haltung ihres Vizekanzlers Woronzew. Karl VII. hatte am 20. Januar 1745 erschöpft das Zeitliche gesegnet. Sein Sohn suchte alsbald den Frieden mit Österreich (22. April 1745). Preußens Friedrich stand allein in der bösen Mächtewelt. Auch innenpolitisch wurde er nun bei Hofe und im nervösen Berliner Bürgertum scharf kritisiert. Teile Oberschlesiens gingen lautlos verloren. Aber das Heer konnte im Winter wieder aufgefüllt und ausgerüstet werden. Das war eine ebenso überraschende wie unglaubliche Leistung des Generalissimus und seiner Generalität. Da sich auch Frankreich von den Österreichischen Niederlanden her bedroht sah, konnte man in Wien wohl hoffen, nun des widerspenstigen Markgrafen von Brandenburg Herr zu werden. Aber trotz der *Quadrupelallianz* zwischen England–Holland und Österreich–Sachsen hatte es dieser im wesentlichen nur mit Österreich-Ungarn zu tun. Er zögerte jedoch, das nun wieder feindliche Sachsen zu besetzen.

Für den Fall einer Katastrophe im sechsten Kriegsjahr ließ der König gleichwohl alle Behörden anweisen, wie sie sich zu verhalten hätten und daß sich der Hof und die Regierung nebst Silberschatz und Archiv in die Festung Spandau begeben sollten. Auf der Linie Magdeburg/Spandau/Küstrin sollte die letzte Widerstandslinie gegen die womöglich herandringenden Österreicher und Sachsen gezogen werden. Aber alles kam anders. Friedrichs ungespielter Mut und seine unaufhörliche Ansprache richteten Offiziere und Mannschaften im Frühjahr wieder auf. „Man muß dem Unglücke, das da kommt", ermahnte er den aus guten Gründen schwarzseherischen Podewils, „eine Stirne von Erz entgegenzusetzen"[37]. Des Königs Analysen fielen realistisch aus: zu warten und dann eine Entscheidungsschlacht zu riskieren.

Österreichs Feldzugspläne

Nachdem man auf den Verhandlungstischen insgeheim das Fell des Bären bereits der Länge und der Breite nach geteilt und auch Friedrichs merkwürdiger Onkel Georg II. in seiner gleichzeitigen Würde als Kurfürst von Hannover (mit dem begehrlichen Blick auf Ostfriesland und Mecklenburg) als Subsidienzahler sein Mitwirken in Aussicht gestellt hatte, war man sich zumindest in Wien und Dresden eines großen Erfolge über Friedrichs Preußen zur Gänze gewiß, die Träumer auf diesen beiden Seiten bestärkten sich in ihren Illusionen. Die Berichte der Nachrichtendienste waren, wie auch späterhin, unzulänglich. Der König befinde sich weiter, so verkündete man, in erheblicher finanzieller Bedrängnis. Die Schlesier wehrten sich erbittert gegen das unerträgliche preußische Regiment; sie seien von tiefer Sehnsucht erfüllt, wieder getreue österreichische Untertanen zu werden. Und die preußische Armee – meinte man mit Gewißheit – sei durch elende Verpflegung, durch hartnäckige Krankheiten und laufende Desertion tief zerrüttet. Unter den höheren Offizieren herrsche Unzufriedenheit und Kleinmut. Das sei auch deswegen so, weil der König seinen einzigen angesehenen Feldmarschall Schwerin in den Urlaub entlassen habe. Dessen Bitte um ein Kommando habe er schnöde und kalt zurückgewiesen. Alles Phantasien – aus Dresden.

Feldmarschall Schwerin hatte nämlich dem König (Schwerinsburg, 17. April) mitgeteilt, er sei sechs Monate lang höchst leidend gewesen, nun gehe es seit einigen Tagen besser. Die Bitte König Ludwigs XV., ihm Schwerin für den vakanten Oberbefehl über die bayerische Koalitionsarmee auszuleihen, hatte der König bereits im März ablehnen müssen; er brauche seine Generäle selber. Im übrigen war man sich in Wien sicher, daß die Truppen der Königin von Ungarn das ganze Schlesien allein zurückerobern würden, während die Sachsen nur die Zugänge zu Böhmen und Mähren abdecken sollten. Und dies auch nur für den Fall, daß die Aktionen des Schwagers der Kaiserin nicht völlig gelingen würden. Die Streitkräfte des Preußenkönigs könne man mit den reichlich vorhandenen Freitruppen (10.680 Mann zu Fuß, 3.405 zu Pferde) gefährlich behindern. Des „Feindes Land" würde man gründlich aussaugen, wie bisher. So könne man die Regimenter des Königs umschwärmen, könne sie hetzen und zerbröckeln, um ihnen dann mit 100.000 Mann der Verbündeten im Vormarsch den Todesstoß zu versetzen. So sprachen die Herren Offiziere leichten Sinnes auf Lustjagden, die sie noch Ende Mai in den Wäldern von Hubertusburg frohgemut veranstalteten.

Hohenfriedeberg – 4. Juni 1745

Bei Schweidnitz sah der König am 25. Mai das Heer der Königin aufmarschieren. Ihr Schwager soll beim Anblick seiner eigenen waffenblitzenden Truppen (Sollstärke: 75.300 Mann) allen Ernstes gemeint haben, es müsse kein Gott im Himmel sein, wenn die Österreicher und die Sachsen unter dem Herzog von Weißenfels diese Schlacht nicht gewönnen. Der Himmel war verhüllt. Im Vorland des Riesengebirges, zwischen Basaltkuppen, kleinen Waldstücken und graublauen Fischteichen prallten die Heere aufeinander. Zuerst wurde, am frühen Morgen des 4. Juni 1745, auf dem rechten Flügel das sächsische Heer im Norden bei Pilgrimshain (nordwestlich von Striegau) von den mit dem blanken Bajonett anstürmenden Bataillonen und ihrer Kavallerie innerhalb von drei Stunden geschlagen und abgedrängt. Die Österreicher vermochten ihrem Verbündeten vom rechten Flügel her nicht zu Hilfe zu kommen. Sie kämpften tapfer, doch vergeblich bei *Hohenfriedeberg*. Zwanzig Bataillone sahen sich durch den berühmten Angriff des Regiments Bayreuth (Dragoner) zur Flucht genötigt. Diese zerbrachen die scheinbar festen Linien der Feinde, so daß der König gegen 11 Uhr bereits die Schlacht mit einer Frontbreite von 6.000 Metern als entschieden ansehen konnte. Mit seinen 58.500 Mann hatte er die etwa 58.700 Mann der Verbündeten zurück ins Gebirge bei Landeshut gedrängt. Beim ersten Appell dort meinte man 25.000 Kämpfer und Nichtkämpfer verloren zu haben. Es waren dann nur knapp 14.000, – noch immer genug[38].

Noch auf dem Schlachtfelde berechnete Friedrich in seiner Siegespost an Podewils die unmittelbaren *Verluste* der Feinde zutreffend auf drei- bis viertausend Mann (siebentausend). Er hätte 1.200 Offiziere und Soldaten an Toten (905) und Verwundeten (3.775) verloren. Man hätte außerdem 5.000

Österreicher gefangen nehmen können und 66 bzw. 76 Fahnen, drei (zehn) Standarten und acht Regimentspauken erobert. An schwerem Gerät übernahm man 66 Kanonen. Bei ihm sei Graf Truchseß gefallen, „der arme Oberst Kalbutz [Kampehl], v. Massow, v. Hacke und Graf Schwerin von meinem Regiment sind schwer verwundet, Bertickow ist gefallen. Sie wissen, wie Sie diese Nachricht verwerten können und sollen. Ich habe mein Wort gut eingelöst [die Feinde in Schlesien furios zu besiegen]. Alle andern und meine Brüder haben wie Löwen für das Vaterland gekämpft. Niemals haben die alten Römer etwas Glänzenderes geleistet"[39].

Prinz Karl von Lothringen, von großer Zuversicht erfüllt, hatte die operative Präzision und die Heereskraft des Gegners einschließlich seiner Nachschub-Vorteile unterschätzt. In der entscheidenden Stunde des Vormittages fehlte ihm trotz der allgemein gerühmten Tapferkeit seiner Truppen die Fähigkeit des Strategen, dem Angriff mit rasch wechselnden Schwerpunkten wirkungsvoll und auch persönlich zu begegnen. Auf der anderen Seite vermittelte Friedrichs tägliche Anwesenheit in der Armee, der Feldlager-Stil seines Offizierskorps den Soldaten jene moralische Überlegenheit, die die Voraussetzung ist für eine gewonnene Schlacht in dem Streit um Schlesien.

Für Österreich und besonders den Wiener Hof war Hohenfriedeberg der Beginn eines politischen Debakels, was man jedoch nicht wahrhaben wollte. Für Friedrich hingegen erfüllte sich der Gedanke eines baldigen Friedens nicht. Die Schlacht im Vorgebirgsland brachte nicht die dringlich erhoffte Wende.

Kriegsverbrechen

Unbeachtet bleibt bis in jüngste Darstellungen hinein, was in diesem Feldzug im Mai und Juni vor und während und nach der Hohenfriedeberger Schlacht geschehen ist. Am 10. Juni schreibt der König an seinen schlesischen Chefminister Graf Münchow aus dem Feldlager zwischen Friedland und Braunau: „Ich komme zu meinem besonderen Mitleiden in Erfahrung, daß die feindlichen Truppen, in Sonderheit deren Husaren, wie auch die sächsischen Hulanen, als solche letzthin in Schlesien eingerücket und Partien von ihnen bis hinter Bolkenhain gestreifet, sowohl im Gebirge als auch weiter vor im Lande, nicht nur bei deren Einmarsch, sondern auch bei deren Retraite, die cruelsten und unter christlichen und vernünftigen Völkern unerhörten Exzesse begangen, welche soweit poussiret worden seind, dass außer denen ihnen gewöhnlichen Erpressungen von Gelde und dergleichen, sie Leute gebunden, mit Schlägen grausam tractiret, Leuten brennende Lichter in die Nasenlöcher gestecket, Frauens und andere Weibeleute, auch sogar sechs Wöchnerinnen (= Frauen mit kürzlicher Entbindung) genothzüchtiget und demnächst aufgehangen, ja sogar noch größere Bestialitäten begangen haben".

Der Minister Münchow habe nun umgehend durch die Landräte in allen schlesischen Kreisen eine Bestandsaufnahme dieser Kriegsverbrechen vornehmen zu lassen, einschließlich der bereits begangenen Exzesse der regulären Truppenteile der Österreicher in Oberschlesien. Diese Berichte seien dem König in vollem Realismus und keineswegs in nichtssagenden Worten einzusenden, mit allen nachprüfbaren Angaben. Er würde das dann über Podewils in französischer und deutscher Sprache der Welt vor Augen führen lassen. Außerdem seien jene Schulmeister katholischer Konfession zu ermitteln, die den Feinden Nachrichten über Orte zum Ausplündern zugesteckt haben und seien demzufolge zu bestrafen. Ein entsprechendes Buch über die schlesischen Kriegsverbrechen, die an ältere und jüngere Ereignisse erinnern, erschien dann tatsächlich demnächst.

Dies war nun keine einzelne Episode. Friedrich beklagte sich wiederholt über die völkerrechtswidrige Kriegführung seiner Gegner. Im Hinblick auf spätere Ereignisse und einseitige Berichte ist das bemerkenswert. Aus dem Lager bei Clum unterrichtete er den Alten Dessauer, der in den Randgebieten Sachsens mit der zweiten größeren Armee Posto hielt, über die Frei-Truppen: „Um auch wegen des sogenannten Uhlanen-Gesindels, welches der sächsische Hof bishero auf den polnischen Grenzen gehalten hat, nicht so leicht etwas besorgen zu dürfen, habe Ich zwei Grenadierbataillons nebst fünf Dragoner-Eskadrons nach Crossen und der Gegend Zielenzig und Schwiebus beordert, welche dies Volk (= die Freitruppen) observieren und ihren intendirten Räubereien oder auch nach der Lausitz zu perziren Einhalt thun sollen. Sollte demohnerachtet dieses Volk etwa hier oder da in meinen Landen Exzesse verüben oder Schaden thun, so ist mein Wille, daß auf die erste Nachricht, so Ew. Liebden davon bekommen, Dieselben sogleich in Sachsen in gleichem Maasse Repressalien gebrauchen und plündern mit plündern, brennen mit brennen vergelten, der sächsischen Generalität auch alsdann die Ursachen, warum solches geschehen, durch einen Trompeter bekannt machen lassen" (12. August). Diese angedrohten Vergeltungsakte kannte das Kriegs- und Völkerrecht.

Seit 1730 (Zeithainer Lager) gab es im sächsischen Heer zwei dieser polnischen Ulanen-Kompanien. Sie waren seit 1743 verstärkt worden. Ihre Kleidung, durch die sie sich von den eleganten sächsischen Stammtruppen unterschieden, war wie natürlich im polnischen Stil gehalten. Sie bestand aus langen bis über die Fersen hängenden weiten roten oder blauen Hosen, auffällig engen Unterkleidern und entsprechenden Überröcken, von denen die Ärmel nach polnischer Mode frei herunterhingen. Auf dem Kopf, der glatt rasiert sein mußte, trugen sie eine kleine Mütze mit Pelzbesatz. Sie führten als Seitenwaffe einen krummen Säbel und in der rechten Hand einen langen Speer, woran eine kleine Fahne hing, in den Farben ihrer Kompanie. Einige führten sogar traditionell, wie im späten Mittelalter, Bogen bei sich und einen Köcher mit Pfeilen. Die Offiziere zeichneten sich durch allerlei silberne Dekorationen aus. Die Ulanen saßen in einem tatarischen Sattel, ähnlich wie ihn die Kosaken nutzten, jedoch ohne Überdecke. Pistolen hinten am Halfter. So sah die kosakenähnliche Räuberbande aus, die mit partisanenartigen Diversionen im Hinterland und mit Mordbrennereien Unruhe zu schaffen verstand.

Friedrich erreichte mit seinen scharfen Drohungen für dieses Mal, daß die Ulanen schließlich das Feld räumen mußten. Im übrigen verfügte er bereits mit ihnen, auf seiner Seite, über Erfahrungen (1. April 1742: „die Hullanen allein seindt das Brodt nicht werth"). Bei den Feldschlachten, wie bei Hohenfriedeberg, spielten die immerhin zahlreichen sächsischen Ulanen (22 „Fahnen" = 2.234 Reiter) als Beobachter und Marodeure die berichtete Rolle. Sie sicherten mit etwa 1.900 Mann den Rückzug der Österreicher, wobei Gelegenheit für die verschiedenen Kriegsverbrechen gegeben war.

Widerhall von Hohenfriedeberg

Aber eine große Erleichterung ist dann Hohenfriedeberg doch für ihn geworden. Er war sich dessen nun gewiß, daß er sich auf sein Heer verlassen konnte, so gemischt wie es ohnehin war. „Die besten Alliierten, die wir haben, sind unsere eigenen Truppen", meinte er mit dem Blick auf die in Europa wechselnden Bündnissysteme und seine nun schon wiederholt enttäuschten Hoffnungen. Die neuen Einsichten mit dem launischen politischen Schicksal ließen ihn nicht nur in eitler Nachdenklichkeit an seinen Lehrer Duhan de Jandun schreiben: Er denke „sehr philosophisch" und habe „immer das wahre Wohl und ... Glück seiner Völker im Herzen". Mit einem Wort: Er versuche sich über das Geschehen zu erheben. Die scharfe Kritik im Lande und besonders in Berlin an den hohen Kosten nun auch dieses zweiten Krieges war zu ihm gedrungen. Die Niederlage in Böhmen, vielleicht im späteren Rückblick schmerzlicher als die unglücklichen Kämpfe bei Kunersdorf oder Hochkirch, aus der er sich nun wunderbarerweise mit aller Tapferkeit des Herzens hatte erheben können, zeigte ihm die Abgründe des Krieges, wo Verlust oder Vernichtung angesagt waren.

Seinem Kabinettsminister *Podewils* schreibt er am 10. Juni 1745 fast entschuldigend: „Ich bin immer derselbe, der ich gewesen bin. Vorübergehende Erfolge machen mich nicht hochmütig, ich denke gleichmäßig an das Wohl des Vaterlandes und der Armee. Fürchten Sie nicht, daß ich mich in meinen Entschlüssen überstürze ... Ich führe den Krieg nur, um zum Frieden zu gelangen, und Sie können überzeugt sein, ich bin zu sehr Philosoph, um in Verhältnissen von solcher Wichtigkeit, von denen das Heil des Staates abhängt, dem Ungestüm meiner Leidenschaften zu folgen. Ich gestehe, unsere Freude [nach der Schlacht] über den Ruhm, den sich jeder, bis hin zum geringsten Soldaten erworben hat, ist groß, aber wir durchbrechen weder die Schranken der Mäßigung noch der Vernunft". Der Krieg sei „ein Wahnwitz" (an Maupertuis)[40].

Die Schlacht bei Soor

Der Wahnwitz dauerte fort. Begonnene Kriege werden selten abgebrochen. Die Heere lagen sich bis zum 30. September 1745 im Nordosten Böhmens gegenüber (Burkersdorf). Friedrich rechnete täglich allzu hoffnungsvoll mit dem Waffenstillstand. Er lebte gänzlich in dem Erwägen der außenpolitischen Lage, als ihn der Prinz Karl von Lothringen mit einem doppelt so starken Heer am 30. September in der frischen Morgenfrühe siegessicher bei Soor angriff. Es standen sich gegenüber 22.562 gegen 39.327 Mann (Verpflegungsstärke). Die Sache schien nach menschlichem Ermessen für Friedrich aussichtslos zu sein. Doch dieser, „ganz Nerv", führte eilends und hart entschlossen die Kräfte seines linken unbedrohten Flügels aus dem Feldlager durch ein enges Tal den Heerhaufen entgegen. Sodann entwickelte er die Truppen trotz des Flankenfeuers der aufmarschierten Österreicher. Er setzte diesen neuen rechten Flügel seiner sich entfaltenden Schlachtordnung unerwartet in einer Richtung ein, welche nunmehr rund um die Höhe der Graner Koppe mit ihrer schweren Batterie-Stellung die linke Flanke der dort untereinander gemischten Feinde sogleich stürmend gefährlich bedrohte. Ungeachtet ziemlich hoher Verluste gelang dieser operative Schwenk wegen der dösigen Langsamkeit der Österreicher, denen es an klaren Dispositionen fehlte. Generalmajor von der Goltz ließ auf Befehl des alten Feldmarschalls von Buddenbrock mit zwanzig Schwadronen die dicht gedrängten Feinde mit einer wüsten Attacke angreifen – und schlagen. An die fünfundsiebzig österreichische und sächsische Schwadronen flüchteten in die nahen Wälder, bevor auch nur sechzig Minuten verstrichen waren. Inzwischen stürmte mit unglaublicher Härte gegenüber sich selbst die Infanterie die große Batterie auf der Graner Koppe (540 m Höhe!). Ein Offizier der Österreicher beschreibt wenige Tage später seinen Eindruck: „Es war nicht anders, als ob die Preußen mit klingendem Spiel ihrem Tode entgegengehen wollten" (Königgrätz, 2. Oktober).

Auch der rechte Flügel der ungeschickterweise abwartenden Österreicher zerbricht dann unter dem Angriff von Friedrichs Bataillonen, entscheidend und zu Fuß mit dem Degen in der Hand geführt vom Prinzen Ferdinand von Braunschweig, dem Bruder der Königin. Neben ihm fällt dessen Bruder Albrecht, von einer Kanonenkugel zerschmettert. Auf der Gegenseite aber wird

der andere Bruder der Elisabeth Christine, der österreichische Generalfeldzeugmeister Ludwig (1718–1788), von einem preußischen Geschoß verwundet – ein bitterböser Bürgerkrieg der Deutschen, der Fürsten, des Adels und
des einfachen Mannes.

Nach fünf Stunden räumte der erneut überwundene Prinz Karl von Lothringen das Schlachtfeld. Er gab seine Niederlage gegenüber seinem Bruder,
dem neu erwählten Kaiser-Mann Franz Stephan, umgehend zu. Der einzige
Erfolg blieb, daß seine Husaren und die polnischen Ulanen Friedrichs Feldlager angriffen. 7.000 Husaren, Kroaten zu Pferd, dazu polnische Ulanen plünderten während der letzten Sturm-Kämpfe die Zelte des Lagers, wobei es erneut zu schrecklichen Exzessen und Gewalttaten der Banditen unter ihnen an
Frauen und Kranken kam, bis heranrückende Husaren (v. Lewald) etwa gegen zehn Uhr die Räuber und Beutemacher zur Flucht nötigten.

Noch am Abend der Schlacht berichtete er Podewils, dem er die Leitung
der Beziehungen zum Reich weitgehend überlassen mußte, vom Tode seines
Schwagers Herzog Albrecht von Braunschweig und des Kommandeurs Georg
v. Wedell: „Die Schlacht war schrecklich, aber sehr ruhmvoll; ich glaubte
überrumpelt zu sein, aber Gott sei gelobt, alles ist gut; viele Gefangene, mit
einem Worte, es ist eine große Sache … Meine ganze Bagage ist zum Teufel,
und Eichel ist gefangen." Dazu hatte sich ein Obrist der Feinde seines Wind-
spiels Biche bemächtigt, – ein ebenso herber Verlust wie die geraubte Bibliothek. Erst nach einer scharfen Intervention wurde die Hündin freigegeben,
ebenso der auch in dieser Lage beherzte Kabinettsrat Eichel, dessen Wert
man auf der Gegenseite offensichtlich nicht erkannt hatte. Nach dem Austausch an der Frontlinie lief Biche in das Zelt des Königs, legte ihm hinterrücks ihre weichen Pfoten auf die Schulter, und der König war sehr gerührt.
Im übrigen hielt er sich, wie er in leicht holprigem Deutsch an Fredersdorf
schrieb, nun für „kugelfest": „Siehstu nun, daß keine Kugel mir was anhaben
kann …"[41]. In künftigen Feldzügen verließ ihn dieses Bewußtsein nicht. Ihm
würde kein feindliches Geschoß das Leben rauben. Vorkehrungen für den
Tod traf er gleichwohl.

Die Bilanz des kaum mehr als dreistündigen Kampfes, in dem mit einer
auch später kaum vorstellbaren Energie unter schwierigeren Bedingungen als
in Hohenfriedeberg gefochten wurde, sollte nicht verschwiegen werden, obschon die älteren Quellenwerke den Wert dieser Zahlen erkannt haben.

Die Verluste der *Angreifer*, die sich zur Schlacht mit der etwa doppelten
Truppenmenge aufgestellt hatten und über den (nicht ausgenutzten) Vorteil
der umfänglichen vornehmlich ungarischen Freitruppen verfügten, erreichten
achtzehn Prozent der Kombattanten. Von 40.000 (42.000?) waren gegen Mittag 7.485 Mann nicht mehr verwertbar. Man zählte mehr als 1.000 Tote, 3.256
Verwundete und 3.188 Gefangene (Vermißte). Der Anteil der Soldaten aus

den sächsischen Hilfsvölkern, deren Offiziere sich nach der Schlacht nicht
grundlos mit den österreichischen Offizieren stritten, an den Verlusten betrug
etwa zehn Prozent (755).

Das kleine Heer Friedrichs (ca. 22.000 Mann = zwei kriegsstarke Divisio-
nen im 20. Jahrhundert), das aus der Defensiv-Stellung heraus waghalsig
stürmen mußte, verlor etwa 16,75 Prozent. Die Infanterie allein freilich beklagte 25 Prozent Verluste. Jeder vierte Offizier war tot oder verwundet. Man
zählte 836 Tote, 2.721 Verwundete und 304 Vermißte (in Gefangenschaft Geratene). Aber insgesamt bleibt es ein merkwürdiges Ergebnis: mit der Hälfte
der Truppen wird dem Gegner, angreifend, ein fast doppelt so hoher Schaden
zugefügt. Neben dem quantitativen gab es ein qualitatives Ergebnis. Es ist
bereits zutreffend gesehen worden, daß Friedrich, der hier eben nicht an einem „Vabanque-Spiel" beteiligt war, nun notgedrungen Krieg pur betrieb und
spätestens jetzt den Nimbus der Unbesiegbarkeit gewann. Auch in London
schaute man auf ihn: „Der König von Preußen wird an einem Tage mehr thun,
als Prinz Karl in sechs Monaten", sagte Friedrichs nur mäßig geliebter Onkel
König Georg II. auf einem Hoffeste zu Ignaz v. Wasner, dem oberflächlich
optimistischen Wiener Gesandten. Der Erfolg blieb wie immer entscheidend,
nicht kleine oder auch gefährliche Fehler und Irrtümer durch Desinformatio-
nen, wie sie jedem Feldherrn unterlaufen. Mit „traumatischen Erfahrungen"
(Johannes Kunisch), weit hergeholt, hat das nichts zu schaffen.

Das Ereignis von Soor veranlaßte den König wiederholt, sich kritisch zu
erinnern, zuletzt 1775 in der „Geschichte meiner Zeit" (Histoire de mon
Temps), wo längst der Skeptiker in Sachen Sinn und Unsinn der Kriege die
Feder führte. Aber wie immer: die demoralisierende Wirkung seiner beiden
Hauptsiege von 1745 auf die Krieg- und Heeresführung seiner Gegner wird
von nicht wenigen Militärhistorikern noch unterschätzt. Das zeigt sich in den
elf Wochen bis zum Frieden von Dresden (25. Dezember). Nun erwies sich
der neue Nimbus nach der höchst prekären Lage vor allem des Frühjahrs
1745 von nicht geringem Werte, abgesehen davon, daß die verbliebenen Feinde in der Oberlausitz und dann am Elbtal hinweggefegt und weggedrückt
wurden, weil die trotz der vorangegangenen Feldzüge im wesentlichen unge-
schwächte Armee von dem Ansehen ihres in entscheidender Stunde immer
anwesenden Generalissimus getragen wurde.

Die Reputation und der Ruhm der Armee sind jedoch nicht als Selbstzweck
zu verstehen. Die kleine Münze der militärischen Erfolge wird unmittelbar
umgesetzt in die große Münze des Gewichts bei den allfälligen außenpolitischen Entscheidungen. Insofern war auch die Schlacht-Entscheidung von
Soor von dem raschen pragmatischen Blick auf eine denkbare Schach-matt-
Situation bestimmt und weniger von fernen aristokratischen Vorstellungen
von „Ehre und Reputation" als Selbstwert.

Die gewissermaßen normale taktische und mehrfache folgenreiche Fehl-kalkulation und Zwangslage, in der sich Friedrich nüchtern sah, verlangte je-ne Entscheidung, die noch den stärksten Erfolg, die ihm und dem Heer die Befestigung des unbezahlbaren Rufes der Unbesiegbarkeit vertrat. Er wußte um die jederzeit fatale Kraft auch des Zufalls. So ist es eine verkürzte und der Zeitstimmung soziologischer Sinnstiftung verpflichtete Sichtweise (Jo-hannes Kunisch), dem König als Antrieb seiner Entscheidung, die Schlacht anzunehmen, den „sozialen Habitus des Adelsstandes" vorzuhalten. Der Ka-binettssekretär und Geh. Kriegsrat Eichel, sein „Kanzleramtsminister", konn-te sich während seiner vierzehntägigen Gefangenschaft im Lager bei den österreichischen Offizieren umhören. Diese sprachen von dem König mit Worten hoher Bewunderung. Er hatte, so meinten sie, nun den Ruf als der erste Kapitän seiner Zeit.

Es war ein Verteidigungssieg. Dieser brachte ihn einen Schritt weiter zum heftig ersehnten Frieden. Er glaubte nun in den Winterquartieren in Nieder-schlesien abwarten zu können. Doch die Kampfhandlungen nahmen eher zu. Die Österreicher behaupteten nicht nur Böhmen. Sie träumten auch davon, mit Offensivstößen gegen Leipzig und durch die beiden Lausitzen gegen Frankfurt/Oder Erfolge erreichen zu können. Das ferne Rußland warnte die Kriegsparteien, Kur-Sachsen zu zerstören. So wurde während des ganzen No-vembers trotz Kälte und Schnee an Bober, Queiß und Elbe gekämpft. Und nun verließ die Fortuna des Krieges die Truppen der Maria Theresia. Höchst Ungewöhnliches geschah, in der Wiener Perspektive: Der kleine unberechen-bare Mann aus Berlin obsiegte, und zwar endgültig.

Im übrigen wird jedoch leichthin verkannt, wie außerordentlich gefahrvoll der November und der Dezember 1745 gewesen sind. Das starke Gefecht von *Katholisch-Hennersdorf* (22. November) trieb den auffällig ängstlichen Prin-zen Karl mit seinen verbliebenen Truppen nach Böhmen. Er mußte 1.840 Ge-fangene zurücklassen. Auch Kleinvieh macht Mist. Die Preußen erfreuten sich hier im Gegenzug einer reichen Material-Beute. Friedrich blieb sich in aller Genugtuung über die nach Prag flüchtenden Österreicher bewußt, daß bei etwas anderem Kriegsglück selbst Berlin gefährdet gewesen wäre. Dies schreibt er vertraulich an Fredersdorf. Doch blickt er auch bereits auf den Frieden. Er träumt von der weiteren Dekoration seiner Schlösser. So malt er sich auch versonnene Stunden in der Berliner Oper aus und weiß, wie sehr sein ausgemergelter Körper der sanften Erholung bedarf.

Kesselsdorf

Noch einmal gilt es, keine Zeit mit Träumen zu verlieren. Noch einmal Kriegsgeschrei. Das sächsische Heer, mit Österreichern nahe bei, steht bei

Dresden. Friedrich schickt dem *Fürsten Leopold* mit seinem Korps sogleich 8.500 Mann unter dem General Lewaldt über die große Steinbrücke bei Meißen. In dieser Krise des beginnenden Dezember blieb er ganz fest, verzichtete auf ungünstige Friedensangebote aus England, trieb den Fürsten Mal um Mal zur Schlacht, obwohl der herangerückte Prinz Karl mit seinem Kontingent nur noch zwei Meilen von dem Vorort Kesselsdorf entfernt verharrte[42]. Friedrich stand mit 30.000 Mann herangerückt bei Meißen und warf gewissermaßen seinen weiten Schatten über das Schlachtfeld, wo der alte Feldmarschall endlich in der harschen Schneelandschaft um 2 Uhr am 15. Dezember den Befehl zum Sturme gab: „Im Namen Jesu, marsch!" und begleitet von den anfeuernden Klängen des Dessauer Marsches der Regimentsmusiken schlugen 32.000 Preußen die vereinigten und gleich starken Feinde in die Flucht, obschon sich diese auf den vereisten Hängen verschanzt hatten. Mit dem blanken Gewehr stürmten sie, den Tod nicht scheuend, bergan.

Diese Schlacht bei Kesselsdorf ließ den österreichischen und den sächsischen Offizieren die schnauzbärtigen Preußen erneut als fast unüberwindlich erscheinen. Der sächsische General v. Rutowski, einer der natürlichen Söhne des mit seinem Beinamen „der Starke" zu Recht ausgestatteten Kurfürsten August, weigerte sich in hohem Maße unlustig, seine geschlagenen Truppen (14.000 Mann Verluste; Preußen 5.000) noch einmal in das Feuer zu schikken. Vielmehr zogen alle diese Truppen in Interims-Quartiere nach Böhmen. Friedrich aber fuhr als Sieger in das goldene Dresden ein. Er sicherte sich lediglich, verrechnet gegen Kontributionen, 1 Million Taler sächsischer Kriegsentschädigungen. Zugleich erwarb er für die nicht ganz geringe Summe von 100.000 Talern das hochgeschätzte Porzellan aus Meißen. Auch nahm er als evangelischer Christ, der er nun einmal trotz aller Negationen von katholischer Seite her gewesen ist, am 19. Dezember inmitten der Bevölkerung gefeiert und bewundert in der Kreuzkirche am Gottesdienst teil. Am Abend besuchte er die Oper „Arminio" von Johann Adolf Hasse, dem Kgl. Kapellmeister und weithin bewunderten Tonsetzer.

Die *Bürgerschaft* Dresdens mit wenigen Ausnahmen wandte sich ihm zu. Warum? Manneszucht und Gutartigkeit der preußischen Truppen hoben sich vorteilhaft von den Ausschreitungen ab, die sich die Heerhaufen Karls von Lothringen während ihrer Anwesenheit in der Stadt hatten zu Schulden kommen lassen. Damals wußten nur wenige, daß sich Kursachsen in einem geheimen Zusatzartikel zur Warschauer Allianz der Gegner Friedrichs für den Fall einer Niederlage des Königs die Gebiete von Krossen und Züllichau sowie Cottbus, Peitz, Beeskow und Storkow hatte als Prämie zusichern lassen; auch der Saalkreis um Halle und das ganze Herzogtum Magdeburg waren im Gespräch gewesen. Der König von England-Hannover, Friedrichs Onkel, wünschte die westlichen Besitzungen Preußens zu übernehmen. Kein Mangel an Appetit[43]. Und bedrohliche Informationen für Berlin.

Derweilen besprachen sich die Außenpolitiker, Preußens Podewils und der gemäßigte Graf Harrach, dessen Geheimbote am 22. Dezember die Zustimmung der lange zögernden Kaiserin zum Frieden mitbrachte. Deren ziemlich verzweifelte Hoffnungen auf einen Sonderfrieden mit Frankreich hatten sich zerschlagen. Die letzten Schachzüge und Gefechte des Königs raubten überdies ihren Generälen jede Kriegslust. Die Sachsen, einem Sonderfrieden nicht mehr abgeneigt, zeigten noch weniger Neigung, sich von den langen Grenadieren des Fürsten von Anhalt bajonettieren und ihr Land weiter verwüsten zu lassen. In der kühlen Sicht der kaiserlichen Räte in der Hofburg und der Kaiserin mochte dies weniger bedeutsam sein. Doch auch das westliche Kriegstheater wies nach dem glanzvollen Sieg des französischen Feldherrn Moritz von Sachsen bei *Fontenoy* im Hennegau am 11. Mai 1745 über Engländer, Holländer und Österreicher und nach weiteren Erfolgen in den Niederlanden eine deutliche Tendenz auf zur Interessenabgleichung der Großmächte Frankreich und England.

Seit dem Hochsommer 1745 bedachte man den Frieden, jedenfalls in Mitteleuropa. England wünschte es. Friedrichs Erfolge Schlag auf Schlag bei Soor, Hennersdorf, Görlitz, Zittau und zuletzt bei Kesselsdorf, dazu eine auf Ausgleich bedachte Diplomatie gegenüber Sachsen, halfen ihm ebenso wie die Finanzzwänge, denen sich Österreich als Folge seiner sonstigen Niederlagen in der Lombardei ausgesetzt sah. Der verschuldete Staat der nunmehrigen Kaiserin Maria Theresia konnte deshalb die englischen Subsidien nicht entbehren. Man mußte den vorherrschenden antipreußischen Eifer bei Ministern und geistlichen Beratern hintanstellen, zumal ersichtlich der König von Preußen sich maßvoll im Erfolge verhielt: „Ein merkwürdiges Motiv für den Fortgang der moralischen Weltentwicklung liegt jedoch in der Abwesenheit jeder Art von Rachsucht und Vergeltung". Das schreibt mit der ihm eigenen Distanz Preußens Historiker *Leopold von Ranke* um 1835[44].

Für die Zeitgenossen grenzte diese Wende seit dem wenig glücklichen, in der Regel verschwiegenen Vertrag Österreichs mit Sachsen (18. Mai 1745), der die Revision der Schlesien-Frage zum Ziel hatte und der den mörderischen Krieg verlängerte, ans Wunderbare. Der König beobachtete die Schachzüge seiner Gegner und handelte demgemäß überwiegend ohne größere Fehler. Sein je rationales oder auch spontanes-emotionales Handeln bedarf nicht der Spekulationen und Deduktionen psychoanalytischer Theorien, es sei denn, man unterwürfe alle Welt, Autoren eingeschlossen, einem solchen Netzwerk, welches die geschichtliche Betrachtung mit den Banalitäten existentieller Psychogramme überfrachtet.

Ein Begleiter des Königs berichtet hingegen, ohne Psychotheorien, über das zur Geschichte geronnene Geschehen: „Ich sitze oft und denke nach, ob es auch wirklich und wahrhaftig wahr ist, was wir erlebt haben! Heute in die Lausitz einmarschiert, denselben Tag noch die sächsischen Truppen geschlagen; morgen Görlitz besetzt, übermorgen die Österreicher hinter Zittau getrieben; den Tag darauf sie aus dem Lande gejagt, Bautzen genommen, wieder den Tag darauf Leipzig okkupiert und die sächsische Armee nach Dresden getrieben, endlich nicht allein diese Armee, sondern auch die Österreicher, die bei ihr waren, geschlagen, Dresden zur Kapitulation gezwungen, und alles das zu einer Zeit, wo die hochmütigen Feinde den König von Land und Leuten vertreiben, seine Armee auseinanderjagen, Stadt und Land durch Feuer und Schwert verwüsten wollten! Der Herr hat Großes an uns getan, lasset uns dessen froh sein!"

Der Friede von Dresden (Weihnachtstage, 25. Dezember) 1745, dessen Unterzeichnung der englische Sonderbotschafter Sir Thomas Villiers mit Tränen in den Augen beiwohnte, den Dank Friedrichs aus dem Munde des Außenministers Podewils empfangend, enthielt einen folgenreichen Kompromiß, der sich den Beteiligten erst nach und nach erschloß. Friedrich anerkannte Franz I., den Prinzgemahl der Kaiserin-Königin, als „Kaiser", entsprechend der „Pragmatischen Sanktion". Das Haus Habsburg-Lothringen hatte sich damit unverkennbar im Reich durchgesetzt, freilich ohne eine Landentschädigung in Bayern und mit dem bestätigten Verzicht auf den größeren Teil Schlesiens. *Österreich mußte den Aufstieg Preußens zur ‚Großmacht' im Reich hinnehmen und das Bestehen eines Dualismus anerkennen.* Die Freund-Feind-Beziehung aber blieb erhalten. Der dritte Waffengang war eine Frage des Zeitpunktes.

In *Berlin* wurde Friedrich bei seiner Rückkehr aus Dresden als ein „Großer König" allgemein und feierlich begrüßt. Das tat ihm gut, denn die Stimmung der wetterwendischen Berliner war nicht immer als günstig berichtet worden. Nun würde er dem Handwerk des Krieges die Künste des Friedens hinzufügen. Keine Frage: Dazu war er längst entschlossen.

Am Abend der Einkehr erstrahlte die Stadt in Festbeleuchtung. Doch Friedrich, dessen Gemüt nicht verharscht war, weilte am Sterbebett seines alten Lehrers und Freundes *Duhan,* dem er getreulich aus vielen Sturmnächten und Sonnentagen berichtet hatte. Der herannahende Tod Duhans erfüllte ihn ebenso mit heftiger, ans Herz gehender Trauer wie das Sterben aller der anderen Freunde und guten Bekannten, die das irdische Dasein unlängst verlassen mußten. Memento mori. Er glaubte es zu wissen, daß auch seine Tage vielleicht bald gezählt seien. Einige Jahre gab er sich noch, wohl wissend, was er dem gichtbelasteten Körper bereits zugemutet hatte und zumuten würde. Alles war und blieb Schicksal, Zufall und Gnade. Er kannte nun seine Grenzen.

Wenn ihn überhaupt je eine dauernde Angst ob seines Geschickes erfüllte, dann war es die, der launische Körper könnte vorzeitig seine Arbeit einstellen. Geschunden hatte er ihn bereits mehr als genug mit einer unbändigen Willenskraft. So belauschte er den Organismus unaufhörlich: „Meine gesundtheit ist durch etwas Ruhe wieder etwas in ordenung gekomen, aber der Schlaff und apetit fehlet mir und bin ich wie die Schwangeren Weiber, die unordentliche lüste haben, aber es wil doch nicht recht fohrt" (6. Dezember 1745)[45].

Indessen: Der Mensch denkt, Gott aber lenkt. Ihm standen 487 Monate, mehr als vier Jahrzehnte der Staatsarbeit bevor. Eine lange Zeit, wenn man „faul bei den Weibern liegt", als Dickwanst nicht recht hoch kommt und vornehmlich zu überlegen hat, wie der nächste Tag wieder lustig werden und Staatsaffären beiseite geschoben werden können. Nicht so an Spree und Havel. Erst die „sauren Wochen" und dann die „frohen Feste". Die Meinung in der Bevölkerung, der eigenen wie der sächsischen und anderen, war ihm nicht gleichgültig. Sein Charakterbild wird verzeichnet, wenn man ihm u. a. die „Verschlagenheit" klassischer Hof-Absolutisten und die verbreitete gedankenlose Brutalität europäischer Militärleute nachspricht. Diese verachtete er: „Indeßen hoffe ich, daß Man im Lande von Mihr Wirdt uhrsachen haben, zufriden zu seindt, dan ich habe mehr als menschlich gethan, in dem wihr 8 tage ohne Ruhetage Marschiret Seindt" (1. Dezember 1745).

Wer ohne Staatsverantwortung geruhsam lebt, erörtert gern die Schuldfragen in der Geschichte. Moralphilosophen oder Historiker gehen den Tragödien der unaufhörlichen Anhäufung allseitiger Schuld bedenkenvoll nach. So auch für den Ausgang des Zweiten Schlesischen Krieges. „Schlesien" kann man verstehen, mit einem zeitgemäß geläufigen Ausdruck, als eine „feindliche Übernahme" in einer momentan wirtschaftlichen und politischen Konkurrenz-Situation. Die nächste feindliche Übernahme (durch Rußland und Polen) wurde u. a. 200 Jahre später vollzogen, wiederum als Folge eines verlorenen Krieges, unter weit ungünstigeren Bedingungen für Land und Leute. So ist die Übernahme des größeren Teiles von Schlesien durch Friedrich kein Abenteuer, kein „Handstreich" gewesen, vielmehr der Vollzug eines längst erwogenen Planes, mit dem Gewinn, die Oder-Achse an Preußens Südost-Flanke zu stärken und fernerhin veraltete Verfassungszustände in Mitteleuropa zugunsten der größeren Mächte einer Auflösung näher zu bringen.

In einem literarischen Bilde: Wer dem strittig gewordenen Kinde, wie im „Kaukasischen Kreis" (Bertold Brecht) die größere Liebe und Fürsorge treuhänderisch angedeihen oder sie erwarten läßt, dem spricht die Richtergöttin Klio das Kind zu.

Viertes Kapitel

Friedenszeit (1745–1756)

Außenpolitik

Nach den beiden Kriegen oder dem einen Krieg in zwei Abschnitten kehrte der König 1745 in seine Residenzen Potsdam und Berlin mit dem Wort zurück, er werde fortan keine Katze mehr angreifen, es sei denn, daß man ihn dazu zwingen würde. Wegen seiner Erfolge aber sah er sich dazu verurteilt, täglich den Winkelzügen seiner Gegner nachzuspüren, Tendenzen zu entdecken und ihnen in die Parade zu fahren. Der vergrößerte Staat entwickelte sich Schritt um Schritt zu einem ständig argwöhnisch beachteten Glied des europäischen Mächtesystems, auch wenn die kleinste Macht unter den „Großen Mächten" nach Bevölkerungszahl und ökonomischer Kraft mit den traditionellen Großmächten keinen Vergleich aushielt. Friedrich blieb sich der Brüchigkeit seiner Position bewußt. Doch dies stachelte zugleich seinen Ehrgeiz, seine Energie zur allgegenwärtigen Kontrolle und seinen Scharfsinn an.

Preußen und sein Herrscher unterschieden sich, das wurde an den Höfen von Wien, Petersburg, London oder Paris von Jahr zu Jahr mehr erkannt, „durch größeren Ehrgeiz, schärfere politische Intelligenz und eine höhere Risikobereitschaft, die ihn die militärische Aktion als kalkuliertes Mittel seiner Außenpolitik einsetzen ließ" (Reinhold Koser)[46]. Kaum jemand sah in ihm einen unsoldatischen Kultur-Dynasten, wie vielleicht noch vor 1740, der womöglich einen anderen Weg als sein Vater zu gehen schien. Im Traume begleitete ihn seine einst Angst erregende Gestalt, doch nun freundlicher. Er fragte ihn: „Habe ich es recht gemacht?" und der König soll ihm (um 1760) zusammen mit dem Fürsten Leopold freundlich zugenickt haben. „Wohl, dann bin ich zufrieden, Euer Beifall schmeichelt mir mehr als der der ganzen Welt". So jedenfalls nach dem Bericht des Vorlesers Henri de Catt.

Friedrich erlebte sich von der Kronprinzenzeit an als Glied in einer Reihe tatkräftiger und am Ende bedeutender Regenten, die ihrem Staat einen Zuwachs an Land, an Prestige, an internationalem Ansehen verschafften. Daß damit Krisenjahre und Zeiten hoher außenpolitischer Gefahr verbunden waren, verstört den, der das politische Geschäft in der Welt nicht kennt, der sich von unaufhörlichen Trivialitäten, Brutalitäten und Widersprüchen, auch Zufällen überrascht zeigt und womöglich post festum moralische Zensuren erteilt.

Preußen befand sich nunmehr in einer Fünf-Fronten-Situation (Nordosten, Norden, Nordwesten, Süden, Südosten). Kein anderer europäischer Aufsteiger glich ihm. So waren vielfache Sicherungen nötig, um die ersten Jahrzehnte nach dem Erwerb Schlesiens zu überstehen. In seinem ersten Politischen Testament von 1752 hat Friedrich an Machiavellis Satz erinnert, daß eine selbstlose Macht, die zwischen ehrgeizigen Mächten steht, schließlich zugrunde gehen müsse, wenn sie sich nicht zu verteidigen versteht: „Ich muß leider zugeben, daß Machiavel recht hat. Die Fürsten müssen notwendigerweise Ehrgeiz besitzen, der aber muß weise, maßvoll und von der Vernunft erleuchtet sein." Ausschau nach friedlichem oder weniger friedlichem territorialem Gewinn liegt in der Natur der Mächte. So verweist er auf Sachsen, Westpreußen und Mecklenburg als besonders erwünschten Gebieten. Bei diesen Gedanken stand der Ausbau des altbrandenburgischen Raumes zwischen Elbe und Oder im Vordergrund. Gefährlich genug: die Hauptstadt Berlin konnten bewegliche feindliche Heerhaufen unschwer in zwei Tagesmärschen erreichen und plündern. Mehr aber auch nicht. Am leichtesten dürfte es noch sein, meinte er hoffnungsvoll 1752, sich in den Besitz Mecklenburgs zu setzen, da die alten Erbverbrüderungsverträge (1442) unverändert in Kraft seien. Doch unterschätzte er, wie er 1768 eingestehen mußte, die ganz ungewöhnliche Geburtenfreude der Fürsten und Fürstinnen aus dem Stamme Niklots: „Diese Herzöge haben dafür gesorgt, daß ihre Staaten nicht so bald an uns fallen: Sie sind von einer Fruchtbarkeit, um ein Kaninchengehege zu bevölkern, während die Sterilität unserer Familie uns zu nahem Ende führt"[47].

Sachsen hingegen wäre „am nützlichsten. Sein Besitz würde die Grenzen [nach Süden] am meisten erweitern und es deckte Berlin ... die Hauptstadt ist zur Verteidigung zu weitläufig gebaut und hat durch einen Fehler meines Vaters seine Befestigungen eingebüßt. Der Besitz Sachsens würde diese Schwäche der Hauptstadt wettmachen ..."; man könne an der Elbe bei Torgau und am Gebirge Befestigungen (Forts) errichten, um die Kurmark zu decken und gleichsam mit einer doppelten Sperre zu umgeben. Der Vorrang des geopolitischen und strategischen Denkens bei dem nun kriegserfahrenen Friedrich wird hier deutlich. Notfalls müsse man, sagt er nüchtern, von Sachsen bei Gelegenheit einen Teil „absprengen". Das klingt völkerrechtswidrig. Kein Wunder, daß noch bis Bismarck und seine Nachfolger im Amte bis 1917 die Edition dieser Partien des Testaments zu verhindern wünschten, weil sie diplomatische Komplikationen und anachronistische Empfindlichkeiten unter den deutschen Fürsten befürchteten.

Für die Übernahme von *Polnisch-Preußen* stellte Friedrich 1752 in Aussicht, daß sie friedlich verlaufen würde. *Schwedisch Vorpommern* sei ebenfalls erwünscht, doch sei jetzt nicht zu erkennen, wo und wie sich eine Lage für einen Tausch ergeben könne. Alles hinge davon ab, meint der realistische Träumer zum Schluß, daß die eigene Dynastie bedeutende Fürsten hervorbringe, das Heer seine jetzige Kriegszucht bewahre, die Herrscher in Kriegs- und Notzeiten durch Rücklagen über Geld verfügten und mit Geschick und Besonnenheit vorgingen. So könne der Staat vorankommen und mit der Zeit zu einer bedeutenden Macht in Europa werden.

Heeres- und Staatsreformen

Der König arbeitete zwischen 1745 und 1756 unablässig an der allseitigen Verbesserung des Heeres und seiner Grundlagen. Der nächste Krieg würde nicht auf sich warten lassen, so mochte der König in seinem selten eingeschläferten Mißtrauen denken. Neue Instruktionen wurden geschrieben („Generalprinzipien des Krieges", 1748). Die Kavallerie wurde vermehrt, während die Artillerie noch Schwächen zeigte, zumal man die leichten Geschütze bevorzugte. Diesen Nachteil behob man während des nächsten Krieges durch Improvisationen. Bereits 1746 läßt Friedrich im Generaldirektorium ein „Kriegsdepartement" einrichten. Das war die Vorstufe für alle späteren Kriegs- und Verteidigungsministerien. Bei Beginn des Kampfes 1756 konnten dann etwa 154.000 Mann ins Feld geführt werden. Aber dieser Konflikt war nicht von seiten Preußens unmittelbar vorbereitet, die Mobilisation konnte erst seit Mitte Juni 1756 vorgenommen werden. Auch reichte der Rüstungs- und Ausrüstungsstand von 1756 nicht aus, um einen Mehrfrontenkrieg mit einiger Sicherheit durchhalten zu können. Insoweit ging Friedrich ein hohes Risiko ein, doch glaubte er nicht anders handeln zu können. Nur eine ungewöhnliche Mobilisation alter und neuer Hilfsquellen, wie sie Friedrich dann tatsächlich in seiner Funktion als Chefminister für Finanzen, Waffen und Munition mit erstklassigen Offizieren und einer atemberaubenden Improvisationskunst gelungen ist, konnte diesen Mängeln abhelfen.

Finanzen

Friedrich hatte es von seinem Vater gelernt und übernommen, jederzeit über die Staatsfinanzen unterrichtet zu sein. Wer sich Fachministern beim Gelde weitgehend überläßt, hat schon einen Teil seiner Macht freiwillig aufgegeben. Man mußte nicht nur die groben Einnahmen und Ausgaben im Kopfe haben, sondern den gesamten zentralen Etat des Staates. So betrachtete er die hohen Finanzbeamten als seine Gehilfen, als ausführende Organe, und dies besonders in Kriegszeiten. Vor der jährlichen Ministerkonferenz Anfang Juni stellte man ihm pünktlich das „gewöhnliche Finanzbuch von allen Etats und Kassen" zu. Es sollte alles enthalten und ansetzen, was „das Jahr über in den Etat kommt". Das betraf dann auch eventuelle Sondereinnahmen sicherer Herkunft, so beispielsweise 1781 (16. Juni) ein Plus von 22.000 Reichstalern bei der Generalsalzkasse, woran er das Generaldirektorium mit den dortigen Oberfinanzräten ausdrücklich per Kabinettsordre erinnern mußte[48].

Die scharfe unmittelbare Finanzaufsicht des Königs blieb bei allen seinen Ministern gefürchtet, zumal sein Gedächtnis, über das er zuweilen kokett klagte, auch in diesen Sachen noch lange vorzüglich blieb. Als 1781 (4. September) die nicht eingetriebenen Steuerreste bei den westpreußischen Kassen trotz abgeführter 264.000 Taler noch erheblichen Umfang hatten und in der Sicht des Königs auf schlampiger oder böswilliger Steuerzahlungs-Verweigerung beruhten, forderte er scharfe Exekution mit Weisungen des Generaldirektoriums. Dieses wiederum führte den Befehl des Königs aus, ließ jedoch die betroffene Kammer wissen, daß man wegen eventueller Notlage die Schuldner nicht noch stärker belasten solle. Man könne dann dem König unmittelbar berichten und um Nachsicht für die dortigen Einsassen bitten. In der Regel ließ sich der Herrscher bei genauem Bericht von den Umständen und Notsituationen überzeugen. Doch der Grundsatz der „Promptitude", Verläßlichkeit und Sparsamkeit wurde gewahrt, wie andererseits Ermessensspielräume bestanden. Das Beispiel gilt für die ganze Regierungszeit. Im Widerstreit von König und Bürokratie, natürlich auch in Eintracht, wurde das Land regiert. Doch jedes Jahr gab es mit hoher Verläßlichkeit, wie von einem Computer ausgedruckt, den Jahresetat[49].

Münzwesen und Geldpolitik

Als Friedrich seine Regierung antrat, fand er in den Kellern des Berliner Stadtschlosses den Staatsschatz („Tresor") des Vaters vor. Dort lagen in Tonnen genau verpackt 10 Millionen Reichstaler. Die Währung Preußens war durch Gold und Silber abgesichert. Unter den vergleichbaren deutschen Fürsten dürfte das ziemlich einmalig gewesen sein, zumal es sich auch um Goldmünzen handelte. Nach dem Ersten Schlesischen Krieg hatte sich dieser Bestand um zwei Drittel verringert. Nach dem zweiten Kriege waren dann trotz verschiedener Zugänge und Anleihen mehr als 12 Millionen Reichstaler verbraucht. Doch füllte der König seit 1745 den Staats- und Kriegsschatz auf, so daß fast 20 Millionen Taler 1756 verfügbar waren. Er wußte: mit einem verläßlich finanzierten Heer konnte man in der Machtpolitik eine Rolle spielen, mit einem stabilen Staatshaushalt mußte man allemal kampflos Erfolge erzielen können. Wer die bessere Währung in Händen hat, darf sich insgeheim eines Machtvorsprunges rühmen.

Das war Friedrichs Gesamtsituation. Aber wer etwas tiefer in die Finanz-
verhältnisse hineinschaut, entdeckt bald, daß unter den maßgeblichen Berliner Großkaufleuten und Kapitalisten der König selbst die erste Rolle einnahm. Das geschah nicht so sehr, wie an anderen Fürstenhöfen, als Schuldner, Kreditnehmer oder schlichter Ausbeuter, sondern als äußerst intelligenter,
soll heißen sachkundiger Dirigent eines großen Finanzkonzertes. Gewiß gab
es andere Finanzplätze seit Alters im Reich, die das erst im Aufstieg begriffene *Berlin* überragten. Friedrich muß auch hier von verschiedenen Vorfahren
überdurchschnittliche Talente für das Geldgeschäft geerbt haben. Einiges
mag er in Küstrin gelernt haben. In Zahlen: 1740/41 verfügte er (neben dem
Staatsschatz und den laufenden Krediten) über ein reines Staats-Einkommen
(seine Dispositionsgelder eingeschlossen) von 7.146.000 Talern. In den folgenden Jahren nahm der Staat jeweils zwischen 10 und 11 Millionen Talern
ein. Während des dritten Krieges sprang diese zentrale Summe auf 17 bis
18 Millionen, eingeschlossen die ausländischen Subventionen, die Kriegs-
kontributionen sowie die Münzgewinne. Höchstens 60 Prozent der Staatseinnahmen waren durch Steuern gedeckt. Mit den bald geordneten Münzverhält-
nissen fiel sie wieder bis 1780 auf 11 bis 13 Millionen, erreichte dann jedoch
ab 1781 Jahr für Jahr fast 20 Millionen Taler. Ein nicht geringer Teil unterlag
bis zuletzt der Verfügungsgewalt des Königs, welcher jedoch an die festen
Ausgaben des Etats gebunden war. In dem Anstieg der Einkünfte in seiner
Regierungszeit drückt sich auch die steigende Produktivität der Wirtschafts-
standorte und einiger Regionen aus.

Es ist nicht zutreffend, daß König Friedrich erst mit Beginn des dritten
Krieges oder gar erst 1758 mit den Berliner jüdischen Münzhandlungen ins
vertraglich gesicherte Geschäft gekommen ist. Bereits sein Vater hatte, was
er natürlich wußte, trotz gelegentlicher affektreicher antijüdischer Sottisen
bereits seit 1737 die Firma Ephraim als Lieferanten von Edelmetall und sonstigem für die Berliner Münze herangezogen. Friedrich wandelte auch hier in
den Spuren seines fiskalistisch denkenden Vaters. Der König vermochte trotz
manchen Götterspottes seinen Kreditgebern und Lieferanten ungeachtet ihrer
Konfession gefällig zu sein, wie auch diese sein Wohlwollen honorierten.
Einheimische evangelische oder katholische Silberhändler hatten erst einmal
keine Chance in Berlin. Um 1741 übertrafen die Herren Ephraim deshalb ihre
Konkurrenten mit einer Heereslieferung von 2.000 feinen Mark Silbers, mit
Adgio versteht sich. In den Handelskorrespondenzen werden bereits 1744 als
die für den Berliner Silberpreis maßgebenden Adressen die Firmen Ephraim
und Splittgerber & Daum benannt. Auch empfing der König, wie schon als
Kronprinz, ständig Juwelen-Angebote und Lieferungen seiner Firma Ephraim.
Der überhaupt dankbare König ernannte 1745 den einzigartig leistungsfähi-
gen Nathan Veitel Ephraim (1703–1775), den Vater von sechs mitarbeitenden
Söhnen, „wegen der in seiner Kunst sich erworbenen Wissenschaft und Ge-

schicklichkeit, auch wegen der zu dessen allerhöchstem Wohlgefallen gethanenen Lieferungen" zum wirklichen Hofjuwelier.

Die Juwelenkäufe wickelten sich jedoch nicht immer so verschwiegen ab, wie bei dem vermögenden und verläßlichen König. Ein gewisser Herr Voltaire geriet mit den Berliner Händlern in Streit, ebenso der überaus robuste und gut berittene Markgraf Friedrich von Schwedt. Der König wies dann alle diese Leute mißmutig an die ordentlichen Gerichte. Die Vettern des Hauses Brandenburg-Schwedt bereiteten ihm auch sonst noch lange Zeit regelmäßig Ärger, trotz der von seinem Großvater ausgehandelten fürstlichen Apanagen. 1748 beispielsweise weigerte sich der König mit Nachdruck, die aufgelaufenen Schulden des Prinzen-Onkels Karl (1705–1762) zu begleichen, der im Schlosse in Sonnenburg ein leichtes Leben genoß.

Die *Münzpolitik* des Königs im Schatten der weltpolitischen und europäischen Streitfälle verfolgte notwendig mehrere Zwecke: Die Versorgung im Innern des Staates, die sensible Reaktion auf die Kapital- und Münzkonjunkturen in der Wirtschaftswelt, die weitere Anhäufung des Staats- und Kriegsschatzes und die Geldpolitik als Waffe im geheimen Konkurrenzkampf der Mächte, gleichsam des „Kalten Krieges" zwischen den erklärten Kriegen. Friedrich mußte sich also nun, spätestens seit 1745 Jahr um Jahr präzisere Kenntnisse beschaffen. Da seit dem Mittelalter die Landesherrschaft mit dem Münzregal verbunden war, konnten auch die kleineren Landesherren trotz der Konventionen in den Reichskreisen eine abweichende und nicht selten betrügerische Münzpolitik betreiben. Zwischen Gold- und Silberwährungen bestanden keine festgeschriebenen Sätze. Das ausgeprägte Geld schwankte in seinem Werte (Nennwert und Verkehrswert). Bereits im frühen 17. Jahrhundert wurden u. a. Scheidemünzen mit geringem Silbergehalt verfälscht ausgegeben und anderen Ländern untergeschoben. Nur Naive meinen, man könne sich aus den Manipulationen von Geld und Münzen heraushalten, weil sie den humanitären Wohlfahrtsideen der sogenannten Aufklärungszeit widersprächen. Goethe, Rat, Minister und Beobachter des Staatshandelns faßt es knapp zusammen: „Geld und Gewalt, Gewalt und Geld / Daran kann man sich freuen / Gerecht- und Ungerechtigkeit / Das sind nur Lumpereien". Und neben den „zahmen Xenien" sind Faust I und Faust II mit dunklen Andeutungen darüber gefüllt, was mit Gold und Silber in Münzkellern angerichtet werden konnte.

Man wird nicht vergessen dürfen, daß der König seit 1745 die Nachrichten empfangen hat, wie und wo fremde Gold- und Silbermünzen, zumal aus dem Auslande, vorab aus den finanzklugen Ländern Frankreich und Holland in die deutschen Landesherrschaften eindrangen. Es ist leicht begreiflich, daß sich das weitgespannte und zerklüftete Territorium Preußens solcher Angriffe erwehren mußte. Mit einem Wort: Minderwertige Ausprägungen behinderten die einheimischen Währungssysteme. Die Wirtschaft war gefährdet. Friedrich berief deshalb, weil Gefahr im Verzug war, im Januar 1750 den braunschweigischen Münzmeister Johann Philipp Graumann (ca. 1706–1762), der ein Jahr zuvor mit einer ersten vom König gelesenen geldtheoretischen Schrift hervorgetreten war, in seine Dienste. Er bestellte ihn zum Generaldirektor aller Münzen, ausgestattet mit einem fulminanten Gehalt von 6.000 Talern. Für den weiteren Aufstieg seines Staates bedeutete diese kurz entschlossen vorgenommene Maßnahme einen entscheidenden Schritt. In kurzer Zeit erhielt nun der Staat, am Generaldirektorium vorbei, ein solides und den zeitgemäßen Erfordernissen entsprechendes und vor allem vom Ausland unabhängiges Münzsystem. Es blieb ungeachtet aller Einbrüche in Kriegszeiten für 150 Jahre gültig und bot schließlich noch die Grundlage für das deutsche Reichsmünzsystem (1870) mit einer damals international anerkannten Verläßlichkeit von Memel bis nach Aachen.

Maßgeblich wurde mit dem Münzedikt (14. Juli 1750), welches der König mit seinem Münzchef wochenlang in den Einzelheiten beriet, der „Graumann'sche 12-Taler-Fuß". Nun also wurde der bisherige Rechnungstaler tatsächlich als ‚Reichstaler' ausgeprägt (16,704 g Feinsilber). Dazu kamen Unterstufen. Pfennige und Dreier wurden in Kupfer aus Hettstedt/Harz geschlagen. Graumann vermittelte dem wißbegierigen König Speziallektionen. Bereits 1754 ging Graumanns Einfluß zurück, zumal nicht alle seiner optimistischen Zusagen eintrafen, was den an raschen Erfolgen interessierten König enttäuschte. Doch blieb er eine Art Wächter im Hintergrund Berlins, von wo aus er das europäische Geld- und Münzwesen beobachtete und kommentierte.

Triumph genug für den König war es, daß sich seit 1750 der „Friedrichsdor" im Werte von 5 Talern mit einem Goldgehalt von 6 Gramm zur wichtigsten und angesehensten Münze im In- und Ausland entwickelte. Das enttäuschende Problem bestand jedoch darin, daß Preußen wegen seiner noch geringen Zugänge zum Welthandel einen Teil seiner hochwertigen Münzen auf Nimmerwiedersehen verlor. Auch arbeiteten die Münzstätten nicht so rentabel wie erwartet, mit Ausnahme von Breslau und Königsberg. Doch bereits 1754 wurden die neuen Münzstätten des Staates nach und nach an die Chefs jüdischer Handelsgesellschaften verpachtet. Veitel Ephraim übernahm nach Absprache mit dem König mit zwei Schwägern die Münzstätten in Schlesien und Ostpreußen. 1755 erhielt Ephraim allein die Münzen von Kleve und Aurich. Dann aber überboten und bekämpften sich bitterlich die Berliner Münzjuden, wobei dem Könige höhere Pachtsummen geboten oder andere Vorteile ins Feld geführt wurden. Diese Konkurrenzen nutzte der Herrscher nüchtern aus, wohl wissend, was nunmehr auf dem Spiele stand. Es war seine Pflicht dem Staate gegenüber. Er ließ überhaupt von vornherein darauf achten, daß keine übermäßigen Gewinne an den Konsortien hängenblieben. Wer mit dem Gelde herumwarf, erregte sein Mißtrauen. Doch war er sich grundsätzlich darüber im klaren und blieb es, daß seine Münz-Entrepreneurs ein ziemliches Risiko zu tragen hatten, da doch das Preiswagnis beim Ankauf des Edelmetalls beim Pächter lag, dieser aber dem König den Schlagschatz (Prägegewinn) postwendend abzuliefern hatte. Dies wurde von Fall zu Fall ausgeglichen und ausgehandelt, aber nicht mit brutalen Enteignungen, wie in anderen, unrechtsstaatlichen Systemen. Obendrein blieb seit 1754 die bisherige Verwaltung durch den Münzdirektor und einige gut besoldete, kundige Beamte bestehen, so daß die gesamte Abrechnung unter Kontrolle stand. Allen Turbulenzen zum Trotz war es nun ein ausgeklügeltes System, das nach einigen Anlaufschwierigkeiten vor 1757 eine hohe Flexibilität in der Gesamtfinanzierung für Frieden und Krieg sicherte. Es war gleichsam im letzten Moment vor dem dann gefährlichen Konflikt geschaffen worden. Friedrichs Währung entwickelte sich zur *Leitwährung*.

Der *Münzkrieg* als Teil der wechselseitigen und nicht nur einseitigen Rivalität zwischen Österreich und Preußen und anderen Staaten, ein dritter Kriegsschauplatz, begann bald nach dem Berliner Frieden 1745. Kaiserin Maria Theresia, welche den ersten Stoß Friedrichs auch als Anstoß zu verschiedenen Verbesserungen in ihrer Verwaltung aufgenommen hatte, ließ 1748, und zwar ohne Absprache mit den Reichsständen, einen eigenen Münzfuß für den Reichstaler festsetzen. Das mußten die stärkeren Landesstaaten als eine schwere Provokation empfinden. Friedrichs Edikt von 1750 bedeutete eine Replik und ein Signal, daß man nun das eigene Währungsgebiet anstreben würde. Das Reich zerfiel auch auf dieser Ebene.

In aller Klarheit beschreibt der König in Sanssouci rückblickend 1752 den zeitlosen Tatbestand einer Niederlage aus allgemeiner wirtschaftlicher und besonders aus finanzpolitischer Schwäche, wie man ihn soeben in Europa habe. Die Königin von Ungarn hätte nicht zwei wertvolle Provinzen abgeben müssen, wenn sie in die große Krise von 1739 bis 1748 mit geordneten und reservereichen Finanzen hätte gehen können. Gleiches gilt für andere dynastische Zeitgenossen, die ohne feste etatspolitische Grundsätze handelten. Ein Staat aber ohne solche Grundsätze, auch das hatte er von seinem Vater gelernt, bewege sich dem Abgrund und dem Untergang zu. Niemals würde er zum Spielball der Großen Mächte. Er habe den Geldaufwand bewältigen können und hätte nun die Münzreform eingeleitet, um nicht Schiffbruch mit seiner weiteren Politik erleiden zu müssen.

Friedrich schreibt in seinem Politischen Testament den Graumann'schen Grundsätzen folgende Leitideen zu: „Die Metalle sind eine Ware. Der Staat, der sie am höchsten bezahlt, kann am meisten davon bekommen. Wer den

Preis der Mark Silber bis 15 Taler hochtreibt, wird der einzige sein, der Silber prägt. Und mit seiner Münze wird er Gold erhalten, soviel er will.

Das wirkliche Verhältnis von Gold und Silber ergibt sich dadurch, daß man alle Wechselkurse von Europa vergleicht und eine Zahl ausmittelt, die in allen Fällen paßt. Das ist dann die Mark zu 15 Talern. Nach diesem Plan arbeiten wir. Die Absicht besteht, Münzstätten in Königsberg, Stettin, Breslau, zwei in Berlin, eine in Magdeburg, eine in Cleve, eine in Aurich und eine in Neuchâtel einzurichten. Die kleine Berliner Münze prägt nur kleine Geldsorten mit neun Prozent Gewinn. Dafür kauft man Gold und Silber zu höherem Preise, wodurch man noch fünf von Hundert gewinnt. Sobald alle diese Münzstätten bestehen, wird man jährlich 20 Millionen prägen können, also etwa so viel, wie die Bilanzen, die Portugal und Spanien jährlich an Europa zahlen. Die Folgen dieser Einrichtung sind", bemerkt er weiter sehr optimistisch, „daß wir den Wechselkurs an uns ziehen, da wir die einzigen sind, die Münzen prägen. Wer Silbersendungen zu machen hat, wird sich an uns wenden müssen, und nota bene, dieser günstige Wechselkurs ist das allerhöchste Glück für einen Staat. Aus diesem einzigen Zweige gewinnt der Herrscher eine Million und mehr an Einkünften, ungerechnet den Gewinn der [Münz-] Kaufleute, der halb so viel betragen kann"[50]. Diesen Leitideen, mit teils trüben und teils heiteren Erfahrungen sodann, folgten der König und seine Münzbeamten stetig und letztlich erfolgreich. Man hätte dem klugen Kopfe Graumann in besten preußischen oder deutschen Zeiten ein Denkmal setzen müssen.

Kaiserin Maria Theresia antwortete 1753 mit der *Wiener Münzkonvention*. Diese gehörte bereits in das Vorfeld des nächsten Krieges. Es wetterleuchtete. So sah es auch der König. Seit 1754/55 galt dann die preußische Währung international als äußerst wertbeständig. Sie wurde im grenzüberschreitenden Zahlungsverkehr bevorzugt genommen, weil man an den großen Finanzplätzen sogleich erfahren hatte, daß nun an der Berliner Spree mehrere gute Köpfe die Produktion der Münzstätten dirigierten. So häufte sich, erst einmal für kurze Zeit, das Kapital der preußischen Verläßlichkeit an. Auch die Silbertaler Friedrichs fanden bei größeren Beträgen ihre Kundschaft in Hamburg und Amsterdam, was auch im Kriege günstige Folgen gezeitigt hat. Die nun immer stärker tätig werdenden jüdischen Handelshäuser mit ihren besonderen Verbindungen, von denen der König gewißlich einige Kenntnis hatte, beschafften das Edelmetall und die modernen technischen Einrichtungen für die Münzstätten. Das geschah bis hin zu dem in der Stille gepachteten Wald-Ort Harzgerode (Anhalt-Bernburg).

An verschiedenen Orten begann etwa gleichzeitig, wie auch in anderen Teilen des Reiches, die Prägung minderwertiger Scheidemünzen (Cleve), die im Reich und in Polen in Umlauf gesetzt werden sollten. So begann eine er-

ste schleichende Geldentwertung bereits, bevor der Krieg ausbrach. Der König schwieg. Doch vermochte er es nun an münzpolitischem und wirtschafts-
politischem Scharfsinn mit seinen immer vertrauensvoller mit ihm zusam-
menarbeitenden jüdischen und christlichen Münzfachleuten aufzunehmen.

Persönliche Finanzverhältnisse

Neben den allgemeinen Staatseinkünften, die als Tresor bezeichnet wurden, verfügte der König seit dem Regierungsantritt über den Dispositionsfonds. Das waren gewissermaßen sein Gehalt und seine Verfügungsmittel als
König. Aus der Kronprinzenzeit gab es aber nun noch erhebliche persönliche
Schulden, die er überwiegend ohne Wissen seines Vaters angehäuft hatte. Das
waren fast 300.000 Taler, – eine sehr stolze Summe. Es ist leicht verstehbar,
daß er diese Schulden nur nach und nach abzahlen konnte, wenn er nicht brutal in die Staatskasse greifen wollte. Diese Schulden, in seinen anderen Biographien meistens dezent behandelt, begannen 1731 nach dem Ende des
schweren Konfliktes, als sich in Ruppin und dann ab 1736 in Rheinsberg Kosten für Repräsentation, für Bücher und Kunstankäufe und auch bei der Werbung von Soldaten ergaben. Die Apanage des Vaters reichte nicht aus.

Friedrichs frühe Gläubiger kamen aus vermögenden Schichten überwiegend im Zentrum des Staates. Um 1743 erscheinen in einer Gesamtliste unter
anderm Generalmajor Graf Hacke (17.885 Taler), der Kaufmann Gotzkowski
(18.399 Taler), Madame Schindler in Berlin (20.091 Taler), mysteriöse Wechsel aus Wien (17.793 Taler), dann Graf Wartensleben, Hugenotten und Juden-
Kaufleute in Berlin, Potsdam und Breslau; „Trauer-Schulden" (6.000 Taler;
Begräbnis des Vaters?), bei der Ministerin Thulemeyern (2.200 Taler), „Cam-
pagne-Schulden" (Rhein-Campagne 5.372 Taler), Geld erhalten von der
Schwester Wilhelmine (5.000 Taler), bei Herrn Ephraim in Berlin (9.459 Taler). Insgesamt handelt es sich um 51 Positionen mit einer Brutto-Summe der
anerkannten Schuld-Titel in Höhe von 272.242 Talern – ein wohl nicht ganz
geringer Betrag. Dazu kamen unbeachtet gebliebene Schuldtitel. Bei der Familie seines Jugendfreundes Charles Etienne Jordan (1700–1745), der ihm
dann noch einige Jahre als Geheimer Rat und als Vize-Präsident der Akademie der Wissenschaften diente, nahm er seit 1736 4.716 Taler auf, die ebenfalls nach der Thronbesteigung abgezahlt wurden. Im übrigen waren die Brüder Jordan mit großer Stetigkeit als Bankiers, lange vor 1772, als tatsächliche
Königliche Hofjuweliere und seit 1752 bei der Asiatischen Compagnie beteiligt. Noch 1754 schuldet der König dem Kaufmann Lonié (in Aachen) „aus
kronprinzlichen Zeiten" 15.584 Taler; für 1755 werden ihm als Abschlag
8.000 Taler in Aussicht gestellt. Wie die 7.000 Taler verrechnet wurden, die
der Kronprinz im Winter 1727 (für Bücher und Musikalien) von dem bereits

recht vermögenden Herrn Splitgerber empfangen hatte, entzieht sich unserer Kenntnis.

Auf die Buchführung des Kronprinzen wirft ein gewisses Licht, daß nicht alle Schuldscheine präsentiert wurden. Bei Ruppiner Bürgern (Lietzmann) lagen Schuldscheine, welche aus Devotion erst nach zwei Jahrzehnten präsentiert wurden. Bis 1746 waren von dem damit beauftragten Staatsminister von Boden und dem auch für diese Finanzsachen zuständigen Geheimen Rat Koeppen bis auf restliche 50.000 Taler alles aus der (Privat-)Schatulle des Königs bezahlt, einschließlich der gelegentlich fast wucherisch hohen Zinsen. Doch in den Bestand dieser „Privatschulden" gingen in den folgenden Jahren weitere Sonderrechnungen des Königs aus besonnter oder unbesonnter Vergangenheit ein. So hatte der Hofrat Weichmann, hochvermögend, aus dem befreundeten Wolfenbüttel, 1750 immerhin noch 29.027 Taler zu fordern. In der Summe ergibt sich, daß Friedrich seine nicht gering zu achtenden Refinanzierungskünste der Kronprinzenzeit seit 1740 nun mit gewissenhafter Buchführung fortgesetzt hat. Es war ihm früh bewußt geworden, welche erheblichen bürgerlichen Privatvermögen innerhalb und außerhalb des Staates von Fall zu Fall mobilisiert werden konnten. So verwendete und potenzierte er als Finanzminister des Siebenjährigen Krieges ein Wissen, das er in der ganzen Breite zwischen 1731 und 1750 erworben hatte. In seinem beweglichen Geiste und in seiner Praxis nahm das gleichsam lautlose Finanzwesen noch vor dem Militärwesen die erste Stelle ein. Reinhold Koser hat dies zuletzt umfassend beachtet. Verblüffend blieb jedoch, wie der König Zeit seines Lebens den Überblick über die persönlichen und staatlichen Finanzen behielt und nie in langfristigen Schulden unterging.

Geschenke und Geschäfte

Man sagt, daß des Königs Leidenschaft für den spanischen Schnupftabak, die ihn spätestens seit 1743 als Folge eines Geschenkes des spanischen Königs Ferdinand ergriffen haben soll, eine Ursache für seine Zuneigung zu kleineren und größeren Dosen gewesen sei. Jedenfalls trieb er hier im Gegensatz zu seiner sonstigen Etats-Sparsamkeit und persönlichen Bedürfnislosigkeit einen nicht unerheblichen Aufwand. Zwei dieser reich verzierten Tabatieren führte er beständig in den Taschen der Uniform in Krieg und Frieden mit sich; vielleicht wechselte er auch paradoxerweise die Uniform deshalb nur ungern, um dieser erhellenden dunklen Sucht nicht entsagen zu müssen. Weitere sechs Tabatieren standen je auf Tischen. Sie durften wohl nur von ihm berührt werden. Mehr als hundert Dosen standen zeitweise allerorten bereit, sei es als Geschenke, sei es, weil er einer Dose überdrüssig geworden war. Die besten Berliner Juweliere hugenottischer und jüdischer Herkunft wetteiferten darin, ihm heitere Spiele der Farben und Bilder vorzuführen. Die einfache Dose kostete wohl durchschnittlich 2.000 Taler. Die Spitzendosen der Frühzeit sollen bereits mit ihren glitzernden Amsterdamer Steinen bis zu 10.000 Taler verschlungen haben. Aus den Nachlaß-Akten (Schatull-Rechnungen, im Kgl. Hausarchiv – Geheimes Staatsarchiv) ergibt sich, daß der König im Durchschnitt der Jahre aus seinem Privatvermögen wohl um 50.000 Taler für diese Form des Schmuckes und des Präsentes aufgewendet hat. Dazu traten weitere Summen für Kunst- und Kunstgewerbe-Gegenstände dieses Sektors, deren Refinanzierung sich nicht mehr im einzelnen verfolgen läßt, weil nicht alle Akten erhalten blieben.

Friedrichs Liebhaberei reicht jedoch weiter zurück. Genetisch gesehen dürfte er den Hang zu Juwelen von seinem Großvater König Friedrich I. geerbt haben. Einiges von dessen Schätzen und Traditionen ist auf ihn gekommen. Vieles spricht dafür, daß u. a. das Haus der Grafen von Solms hier eine wichtige Prädisposition geliefert hat. Abgesehen von den leicht unterschätzten Beständen der älteren Kunstkammern auch der Hohenzollern ist auf das Erbe der Urgroßmutter Louise Henriette in Friedrich zu verweisen. Die Mutter dieser Fürstin aus dem Stamme der prachtliebenden Oranier war Gräfin Amalie von Solms-Braunfels (1602 bis 1675). Sie liebte es lebenslang, nach dem Zeugnis des Grafen Dohna, sich mit üppigem Gold-Geschirr, mit kostbaren Möbeln, mit Kabinetten aus chinesischer Lackarbeit, mit verheißungsvoll blauen Unterglasur-Porzellanen, mit kleinen und großen Gefäßen aus Achat und Bergkristall und mit wundersamen Diamanten zu umgeben. In ihrem Enkel Friedrich I. und dem Ururenkel Friedrich II. ist dieses Sammeltalent ebenso wirksam geworden wie andererseits die Fähigkeit der genauen Rechnungsführung Louise Henriettes dann durchschlug bei ihrem Enkel und Urenkel.

Wie dem auch sei, schon der Kronprinz, auf den König in Berlin bei Paraden wartend, sei in den Laden des Juweliers Pierre Bocquet getreten, wohl einer tieferen Neigung folgend. Dort habe er sich mit dem Prinzipal über Details der Arbeit, über Werkzeuge, Namen und Materialien unterhalten. Der Friedrich-Freund Jordan dürfte ihn ebenfalls über die Goldschmiede- und Juwelier-Kunst der Spitzenfirmen unterrichtet haben. Der Kronprinz bestellte bereits damals bei den Brüdern Jordan eine goldene Dose mit seinem Bilde. Die Berliner Juweliere blieben seine engen Geschäftsfreunde. Am 16. November 1740 untersagte er per Edikt die Einfuhr französischer goldener Dosen, Etuis und ähnlicher Produkte, um die aufstrebende Berliner Gold- und Silber-Industrie zu schützen. Der König bezog nur einmal in Paris, für eine unbekannte Empfängerin, ein Brillantkollier mit dem Ohrgehänge (4.824 Taler). Das übrige lieferte dann für das In- und Ausland die bald ungewöhnlich hochstehende Berliner Goldschmiede-Zunft, in deren Rahmen der Kaufmann

Gotzkowsky eine eigene Manufaktur betrieb. Seine geschickten Künstler und Ouvriers vermochten die immer wieder hochgestochenen Wünsche Friedrichs für diverse Bijouterien zu erfüllen. Er, Gotzkowsky, habe bis 1756 halb Deutschland beliefert. Die Diamanten beschaffte vor allem die Firma Ephraim und Söhne, wahrscheinlich auch das zu verschmelzende Gold und Silber für die Firmen Gebrüder Jordan, D. Baudesson und die Firma Reclam. Die Leidenschaft des Königs stieg mit den Jahren eher noch an. Kunstwerke entstanden, bei deren Produktion König, Juwelier, Graveur und der Maler (häufig Daniel Chodowiecki) zusammenarbeiteten, indem sie jeweils in Potsdam Zeichnungen und Weisungen empfangen hatten. Zum Geschenkprogramm gehörten Brillant-Ringe mit dem Porträt des Königs, beglückende Haarnadeln, Uhren, goldene mit Steinen besetzte Degen und anderes mehr. An der Spitze aber standen singulär Tabatieren, für die wohl zwischen 1.000 und als Spitzenpreis 20.000 Taler (der Wert von Rittergütern) liquidiert worden sind.

Die *Geschenke* des Königs standen in einer europäischen Tradition. Huld, Dankbarkeit und tagespolitisches Interesse gingen eine Symbiose ein, wie vordem auch im 16. und 17. Jahrhundert (u. a. „Gnaden-Pfennige", Bildnisse), wovon der auf das 18. Jahrhundert beschränkte Profanhistoriker nur schwer eine Vorstellung zu gewinnen vermag. Das Bild des Herrschers war überall zu verbreiten: bei Hofe, in der weiteren dynastischen Familie, bei den Feldherren und Diplomaten oder als fürstliches Lob bei großen Ereignissen. Nicht anders hielt es Friedrich, mit tausend eigenen Ideen. Dazu kamen seit 1757 die *Porzellane* als unmittelbares Objekt der Geschenke, die *Medaillen* mit seiner Büste (seit 1743) für die Sieger einer Schlacht (Friedrich: „Zu welchen Sie die Stempel gemacht hatten"). Wien und Berlin bekämpften sich zeitweise auf dem Felde der Medaillen-Texte. Die Manufakturen in Meißen und dann in Berlin waren in das Geschenk-Programm eingezogen, je länger desto mehr, häufig mit scherzhaften ikonographischen Zitaten von hohem Reiz. Die geliebte alte Dame von Camas erhält beispielsweise im November 1762 eine mit einem schauenswerten Hunde bemalte Porzellan-Dose, mit der sie der Korrespondent seiner Anhänglichkeit versichert, die alle Hunde dieser Welt überträfe. Der sich nicht schonende Staatsarbeiter beschenkt alle, die Gemahlin in Schönhausen, die Geschwister und Schwägerinnen und – die fulminante ferne Kaiserin von Rußland. Die Neujahrsgeschenke, die Friedrich zusammen mit seinen Getreuen im November aussuchte, erfreuten regelmäßig die engere und weitere Familie.

Innere Verwaltung

In der Staatsarbeit dieses Jahrzehnts nach dem Kriege stehen Reformen veralteter Zustände im Vordergrund. Der für die Justizsachen zuständige, hochgeschätzte Großkanzler Samuel von Cocceji (1679–1755) erhielt 1747 nach mehreren Konferenzen den Auftrag, mit aller Kraft die Dauer der Prozesse zu verkürzen. Der König wünschte, geradezu aufbrausend, die alten Zöpfe abzuschneiden („Was fällt, das fällt"). Aber er hatte die Tücken in diesem Problem, wie schon sein Vater, unterschätzt. Immerhin konnte die Strafprozeßordnung revidiert werden.

Auf Grund seiner achtjährigen Erfahrungen erließ Friedrich 1748 für das *Generaldirektorium,* also die zentrale Innenverwaltung, eine neue Dienstvorschrift. Der Ablauf der Geschäfte, die Arbeitsdisziplin, die Ordnung und die Pünktlichkeit der Räte lagen nun ständig im Blick des Herrschers, wie er auch den Aufbau der Verwaltung bis in ihre feinen Verästelungen in den Provinzen und nachgeordneten Einrichtungen insoweit überschaute. Kein Kammerdirektor, der nicht von ihm ausgewählt oder bestätigt worden ist. Insgesamt wurden 84 Änderungen an der Instruktion von 1722 vorgenommen.

Bei alledem ließen sich das Interesse des Landes, seiner Wohlfahrt, und das besondere Interesse des Königs als Chef der Dynastie nicht säuberlich voneinander trennen. Doch sind in dem langen Prozeß der Teilung von Staat und Haus nun weitere Fortschritte zu beobachten, weil der König in seinem methodischen Denken hier bereits deutlich trennt.

Frühzeitig nahm er die soziale Wirklichkeit in den Provinzen aufmerksam in den Blick. Die Dienste der Bauern beim Adel und in den Ämtern des Staates, des Hauses (Chatull-Güter) und des Johanniterordens müßten eingeschränkt werden: „… Vohr den gemeinen Man ist es fast nicht auszustehen, wan er 6 tage oder 5 die woche dinen Sol". Hier, in den Weisungen von 1748, liegen spätestens die Anfänge der friderizianischen Agrarpolitik, die bis 1815 und fernerhin zur Befreiung der Bauern von einem beträchtlichen Teil der nachmittelalterlichen Bindungen führen sollte. Friedrich hat mit buchstäblich hunderten von Weisungen hier die Trägheiten der Gewohnheit beiseite zu schieben versucht.

Neben dem Ausbau der vorhandenen Manufakturen und der Rüstungswerke erfreute sich die Seidenindustrie und nun auch die Samtfabrikation der besonderen Fürsorge des Herrschers.

Einen Teil der täglichen Verwaltungsarbeit widmete der König der obersten Aufsicht für Schlesien, die er bis zu seinem Tode nicht aus den Händen gab. Neben der neuen Verwaltung war ihm besonders am Frieden zwischen den Konfessionen gelegen. Darauf wird zurückzukommen sein. Doch ließ er sogleich 1745 für die bis dahin benachteiligten Evangelischen Bethäuser in schlichter turmloser Bauweise am Riesengebirge, u. a. in Warmbrunn, in Schmiedeberg und vielen anderen Orten bauen. Soweit diese die neuerlichen Kampfzeiten überdauert haben, findet man sie heute stumm und verschlossen in der Landschaft. Zugleich nahm er den Kampf mit den petrefakten Gehirnen der Chefs der Grundherrschaften auf, um die Erbuntertänigkeit der Landbevölkerung aufzulockern. In Oberschlesien war und blieb das besonders schwierig. Er mußte, eigentlich in der Tiefe verärgert, erkennen, daß hier auch bei alteingesessenen Familien mit bekannten Namen titanische Kräfte nötig waren, um einerseits den krassen Egoismus, die feudale Selbstgefälligkeit, die konfessionelle Borniertheit zu überwinden und andererseits seinen Behörden wegen immer wieder einreißender Schlamperei und Unordnung einen Tritt in die dafür geeignete Körperpartie zu verpassen. Das machte er so lange wie kein anderer König, nämlich während mehr als 480 Monaten.

Staatsplanung

Das Wort kommt in Friedrichs Texten nicht vor. Doch auch hier übernahm er von seinem Vater die Anfänge der Staatsstatistik in differenzierterer Form. Auch die verbesserte Kartographie gehört dazu. Die Kenntnis aller wesentlichen Quantitäten, das war ihm deutlich, begründet erst „Projekte" und eben Planungen. Man muß als Selbstherrscher in der Lage sein, das Ganze und wesentliche Details zu überblicken und ständig an dem sich verändernden Zahlenwerk zu kontrollieren. Wem die Tagesgeschäfte und auch die Belastungen der Außenpolitik über den Kopf wachsen, der wird keine ausgewogene und zeitgemäße Innenpolitik zustandebringen. Das zeigen Beispiele aus der älteren und jüngsten Geschichte. Und wer überdies glaubt, gleichzeitig Teile der Gesellschaft neu ordnen oder umstülpen zu können, der scheitert auf Kosten der Bevölkerung und endet bei einem verwahrlosten Etat. Friedrich hinterließ Texte, in denen er dieses Problem des Machbaren und des vorerst nicht Machbaren immer wieder für sich und wohl auch mit seinen Ministern erörtert hat. Aber keine Frage: Er verfügte von vornherein über ein starkes Raumbewußtsein, eine glänzende Orientierungskraft, und dies war eines seiner wichtigsten Herrschaftsinstrumente.

Bevölkerung und Opposition

Nachdenklich ruhte der Blick des Herrschers auf den Menschen und Untertanen in Stadt und Land. Es bedurfte keiner Sbirren, um Aufsässigkeiten etwa niederzuhalten. Wer ob des Tages Last den Mann in Sanssouci laut anklagte, wurde nicht nach Spandau gebracht oder in eine Bastille. Man mußte schon die Grenze zum Hoch- und Landesverrat überschreiten, um sich in Gefahr zu bringen. Brandenburg-Preußens Bevölkerung, die kessen Berliner eingeschlossen, gehörte, wie sich zeigen sollte, zu den belastungsfähigsten Volksschichten. So hat der vergleichsweise notdürftig mit Heer und Kapital

ausgestattete Königsstaat mit Glück dem mächtigen Druck in den Kriegen
widerstehen können; doch keine nennenswerte innere Opposition, von be-
rechtigten oder unberechtigten Quengeleien in der Hofgesellschaft abgesehen, schwächte den Aktionsradius der militärischen Kräfte. In aller Gleichgültigkeit der grauen Tage und der Nöte in den Okkupationsgebieten einigte
doch der Gedanke des bedrohten gemeinsamen Vaterlandes. Zu den geheimen Trumpfkarten des Königs gehörten neben der gut, ja vergleichsweise
vorzüglich funktionierenden Verwaltung und seinem Mythos als unvergleich-
licher Herrscher jene belastungsfähigen „Preußen" in den Provinzen, die so
oder so bereit waren, für diesen König und für diesen heimatlichen Staat
schwere Opfer auf sich zu nehmen.

Der Bittsteller-König

Der Mensch des 18. Jahrhunderts näherte sich nicht ungefragt den hohen
und höchsten Herrschaften. Anders war es nur in Preußen. Gewiß, immer
schon konnte man sich dem Landesherrn zu Füßen werfen, man konnte seine
Gnade erbitten, wenn man gefehlt hatte und hohe Strafen drohten oder wenn
man in großer materieller Not die Werbung des Mannes oder Sohnes für das
Militär verhindern wollte. Friedrich Wilhelm I. erlebte als König bürgerlichen und militärischen Zuschnittes die einfache Bevölkerung anders als sein
Vater oder Großvater. Die feinen Einflüsse des Pietismus, der christlichen
Tugendlehre und seiner innigen Gotteskindschaft bewegten Herz und Sinn in
ihm. Sein Sohn sah sich nach dem heroischen Tod des Vaters von Stund an
den Pflichten herrscherlicher Gnade und Huld ausgesetzt. Er wußte dem sogleich zu entsprechen, als wäre er längstens König gewesen. Bald sprach es
sich herum, daß es nicht unzulässig sei, den Herrscher mit Suppliken, mit
Bittschriften und Eingaben zu behelligen, wenn die Kammer oder das Gericht
sich widersetzten. Und daß man sogar mit einer Antwort rechnen könne, so
oder so. Und daß dieser König sich nicht von Juristen, Verwaltungsleuten,
Hofmännern, Offizieren oder Kabinettsräten ins Handwerk pfuschen ließe,
wenn ihm die Beschwerde nur einleuchtete. Daß man auch von Wesel, Minden oder Königsberg im fernen Preußen an den großmächtigen König in Berlin oder Potsdam schreiben könnte und spätestens nach einer Woche käme
exakt und prompt irgendeine Antwort. Manchmal auch antwortete dann etwas beklommen eine Behörde, die man anzuklagen versucht hatte. Man
konnte sich auch, wenn man in Brandenburg wohnte, in der grünen Jahreszeit
auf den Weg machen, sich dem Herrscher respektvoll nähern, wenn er ausritt
durch die Gärten von Sanssouci oder wenn dieser das Exerzieren seiner Garde beobachtete. Die Potsdamer Bittschriften-Linde („Baum der Gnade") ist
von Adolph (v.) Menzel erstmals dargestellt worden (1840). Menzel erläutert
seine erste Zeichnung zu diesem Thema: „Die Tradition nennt einen der Bäu-

me vor dem Potsdamer Schlosse als vorzugsweise den, unter welchen die Bittsteller traten, um vom König bemerkt zu werden. Jener ist daher der Baum der Gnade." Auf dem Bild verkündet ein Husar dem wartenden Supplikanten die Ankunft Friedrichs. Das zweite Bild Menzels in Öl (Burg Hohenzollern) zeigt den Moment des Überreichens der Bittschrift. Der König nähert sich und beobachtet mit strengem Blicke das Paar. Eine arme Frau redet lebhaft auf den ängstlich wartenden Mann ein. Sie spricht ihm Mut zu, dem König von seiner Notlage zu berichten. Im Hintergrund erblickt man das Neue Palais und die Communs. Aber das ist die Deutung Menzels, mit einem Hauch Borussismus. Der allgewaltige, allgegenwärtige König mußte streng wirken, sollte hoch über jedermann stehen.

Tatsächlich ist Friedrich der größte Bittschriften-König Europas gewesen. Im Laufe seines Regierungslebens, im Krieg wie im Frieden, bearbeitete er und entschied mindestens 120.000 Eingaben. An jedem Arbeitsmorgen wurden ihm mindestens 10 Eingaben vorgelegt. In 300 Tagen pro Jahr waren das wohl an die 3.000 Entscheidungen, demzufolge in 10 Jahren 30.000 Vorgänge, mithin insgesamt 135.000, die bürokratischen Weitläufigkeiten nicht gerechnet. Auf Reisen nahm er die Schriftsätze ebenfalls an, hörte den Klagen zu, verwies die Leute an seine Begleitung oder konnte auch unwirsch weiterfahren, auf den „Dienstweg" verweisend. Aber die Quantitäten sind beeindruckend. Mehr noch: In einem Rundschreiben (Mylius) ließ er bekannt machen, daß jedermann sich an ihn wenden könne. Warum tat er das alles, warum belastete er sein Regentenleben mit dieser zusätzlichen Riesenlast? Über die Gnaden spendende Hand des alteuropäischen Königtums mochte er wohl keine größeren Betrachtungen angestellt haben. Aber die Pflicht des Landesvaters, sein neues Verhältnis zum Staat war entscheidend. Der Herrscher mußte immer wissen, was, wo und wie oft im Lande, im Staate etwas geschah. Erfüllt von berechtigtem Mißtrauen gegenüber allen Behörden, allen Bediensteten konnte er über die weit gespannte Bittschriften-Praxis die soziale Wirklichkeit zusätzlich zu seinen Beobachtungen aus dem Geschäftsschriftgut erfassen. Auch dieses Wissen „machte ihn fürchterlich", brachte unaufhörlich Spannung in die Staatsmaschinerie und trug insgesamt zum Erfolge bei.

Wer verfügte über die Chance, freimütig mit seinem Sorgen-Paket bis zum König zu gelangen? Wer konnte dieses Stück persönlicher Freiheit in Anspruch nehmen? Denn dies war unzweifelhaft ein Teil der besonderen „Freiheit" in der Verfassungswirklichkeit des friderizianischen Systems, daß jeder den König und die Beamten seines Kabinetts erreichen konnte. Er mußte nur hartnäckig sein. Buchstäblich bei Tag und bei Nacht. Man vergleiche das mit der Gegenwart und der Saumseligkeit nicht weniger zuständiger und sich behend für unzuständig erklärender Behörden. Es gingen auf den König auch viele Schlaumeier, Vorteils-Egoisten, ja Träumer und Psychopathen zu, wie das allzeit zu gehen pflegt. Je offener Friedrichs Hand war, desto mehr Eingaben kamen auf ihn zu. Dennoch hielt er an seiner Praxis fest.

Für die Untertanen, gleich welchen Standes, erhob sich der König mit diesem Teil seiner Regierungsarbeit zu einer sichtbaren Gestalt am Horizont der eigenen Welt. Er war immer grundsätzlich erreichbar; man konnte ihn sehen, wenn man aus der Ferne die Reise auf sich nahm. Man wußte auch unter den etwas Gebildeteren, daß man ihn an den Behörden vorbei anschreiben konnte und daß der König antworten würde mit einem kurzen Bescheid, je nach seinen finanziellen Möglichkeit oder einfach als königliches Urteil, das selten verletzend ausfiel. Wer ihm lästig fiel, erhielt eine ironische Antwort. Im Haus der Kabinettsräte und ihrer Schreiber in der Straße zum „Grünen Gitter" vor dem Park von Sanssouci oder wo sonst ihn ein Teil der Mitarbeiter des Kabinetts begleitete, kratzten bei Tag und auch bei Nacht die Federn auf dem Stempelpapier des Staates. Waren die Kabinettsordres ausgefertigt und am folgenden Tage unterzeichnet, so gingen die „Befehle" oder briefartigen Weisungen Friedrichs oder in seinem Namen über die Postlinien in alle preußischen Staaten. Sie erreichten nach einigen zwanzig Stunden die Kriegs- und Domänenkammer in Gumbinnen an der Grenze zu Litthauen ebenso wie den Bürgermeister von Emmerich am Niederrhein oder die Frau Äbtissin im Fräuleinstift Marienfließ-Stepenitz in der Prignitz.

Unter den Eingaben stehen in der Spätzeit der Adel mit seinen Pensionsforderungen und die Offiziere an der Spitze. Es folgen die Bürger und Kolonisten, dann einfache Soldaten, die Bauern, die Amtsträger und die Juden. Eingaben geistlicher Würdenträger sind selten. Die Vorrechte des Adels unter Bezug auf ältere Lehnrechte werden mit achtzig Prozent negativ beschieden. Die überwiegenden Fragen betreffen die Bitten um Zuschüsse, um Darlehn, Uniformen, die Erziehung der Kinder, die Schulverhältnisse, die Senkung der Abgaben, Bitte um Zollerlaß und Akzisepässe, Besuchserlaubnisse, Urlaub für Offiziere, Vormundschaftssachen, Unternehmens-Insolvenzen, Weinlieferungen, Heiratskonsense und die Legitimierung von unehelichen Kindern. Man sieht aus dieser keineswegs vollständigen Liste, daß der Bittsteller-König ein König des Volkes war.

Österreich: „Vereinigte Königreiche und Länder"

Im Gegensatz zu der weitgehenden Zusammenfassung und Vereinheitlichung der Zentralverwaltungs-Behörden in Preußen (1722) bestanden im Herrschaftsbereich Maria Theresias die Teile noch unverbunden nebeneinander und behinderten den beschleunigten Geschäftsgang. Nach 1745 erkannte man im Umkreis der Kaiserin die Notwendigkeit von Reformen. Friedrich

Wilhelm Graf Haugwitz, aus Schlesien kommend, unternahm es, die zentrale Staatsverwaltung (mit Ausnahme von Ungarn, den Niederlanden und Nord-Italien) nach preußischem Vorbild seit 1747 von den althergebrachten ständischen Verkrustungen zu befreien und erstmals die Kontribution (als nunmehrige Staatssteuer) von 9 auf immerhin 15 Millionen Gulden zu steigern und damit eine Voraussetzung für die militärische Schlagkraft zu schaffen. Doch blieb eine umfassende Finanzreform trotz der „Abänderung der Grundverfassung" aus (vor 1763) und ist dann, wie Kaunitz nach 1756 betroffen erkennen mußte, wegen des vielfältigen Widerstandes von Kirche und Adel während des Krieges nicht möglich gewesen. Maria Theresia billigte, wenngleich spät, das vom Grafen Haugwitz entworfene „Hauptsystem" und hielt auch daran im Kronrat (29.1.1749) und fernerhin fest. Doch ist Haugwitz während des Krieges durch den jüngeren und universaleren Grafen Kaunitz entmachtet worden (1760), als sich die Niederlage Österreichs infolge seiner in der Kürze der Zeit nicht aufhebbaren strukturellen Schwächen bereits abzeichnete. Daß die Haugwitz-Reform, wiewohl notwendig, 1749 bis 1760/63 Wien in einen Strudel von immer neuen Kämpfen stürzte und damit die Kriegsaussichten empfindlich schmälerte, ist lange Zeit nicht deutlich genug gesehen worden.

Fünftes Kapitel

Hofgesellschaft, Wissenschaft und schöne Künste

Friedrich und Voltaire[51]

Die höfische Geselligkeit in Potsdam bestand im Umkreis des Königs neben der Staatsadministration aus der eigenen Welt des hohen und niederen Militärs. Beide Gruppen konnten vom König in herausragenden Gestalten immer wieder einmal beigezogen werden, kultivierten jedoch ihr eigenes Milieu. Die Regierung im Sinne von „Hof", wie man es in der Sprache der Zeit bezeichnete, bestand allein in dem König mit den ihm unmittelbar zugeordneten Beamten seines Stabes (Kabinettsräten) und einigen wenigen Stabsoffizieren, welche eine Vorform des späteren Generalstabes darstellten. Sie bildeten das dirigierende Zentrum. Daneben gab es den Hof der Königin und die Höfe der Prinzen August Wilhelm, Heinrich und Ferdinand, sekundär den Hof der Markgrafen von Schwedt in Berlin und an der unteren Oder. Zahlreiche Damen und Herren waren für höfische Geschehen verantwortlich. Lehndorff berichtet darüber.

Das *geistige Zentrum* der höfischen Geselligkeit bestand wesentlich, jedoch nicht allein, aus der „Tafelrunde" in durchaus wechselnder Besetzung, mit Abwanderungen und freien Zuwahlen, mit Trabanten der Sonne und zuweilen auch flackernden Fixsternen.

Es lag nun für den König nach den beiden Kriegen nahe, alles zu unternehmen, um den fernen Korrespondenten Voltaire in seine Nähe zu ziehen. Beide wußten wohl, daß dies wegen der fulminanten Charaktere ein ziemlich riskantes Unternehmen sein würde. Beide erhofften sich von der Halb-Symbiose erhebliche Vorteile. Diese konnten sich wegen der Kürze des Aufenthaltes Voltaires nur teilweise ergeben. Trotzdem bleibt das ganze für die Zurückblickenden eine nicht nur aufregende, sondern auch europäische Episode.

Am 10. Juli 1750 trifft der lange umworbene und mit Versprechungen gelockte Gast in Potsdam ein. Am 25. September empfängt er seine Bestallung als Kammerherr. Im Oktober wird ihm nicht ohne Festlichkeit der blaue Orden Pour le Mérite zuteil. Aber bereits am 4. Januar 1751 beginnt überraschend Voltaires peinlicher Prozeß gegen den Schutzjuden Hirschel. Der König, voll ausgelastet, schaut mit großen Augen auf das Geschehen. Er ist ernüchtert über diese „übelste Geschichte der Welt". Als nun der Herr Voltaire seine überzogene Abneigung gegen den ebenso hochgelehrten Akademiker Maupertuis im Herbst 1752 in einer ätzenden Schmähschrift zum Ausdruck bringt, mit der nun auch das Ansehen der wiederbelebten Akademie der Wissenschaften und des Königs selbst verletzt war, verweist ihm dieser im Dezember 1752 scharf sein Verhalten. Er verdiene, „daß man Sie in Ketten legt." Die Schmähschrift „Akakia" wird öffentlich auf einem Berliner Platz von Henkershand verbrannt. Kein Friede ist jetzt mehr im Hause möglich. Am 25. März 1753 verabschiedet sich Voltaire verbiestert in Potsdam – für immer.

Das aufregende Experiment einer Halbsymbiose war gescheitert. Jeder der beiden Könige widersetzte sich der freundlichen Übernahme durch den anderen. Voltaire korrigierte, wie schon in der Kronprinzenzeit, unlustig Texte und Verse des Königs. Friedrich sah sich trotz seiner französischen Urgroßmutter Eleonore d'Olbreuse nicht in der Lage, die moralische und sonstige Equilibristik eines hochgescheiten und immer am Rande des Scheiterns stehenden französischen Intellektuellen etwa auf allen Ebenen mitzutragen. Anders gesagt: Voltaire wollte nicht den Weg der assimilierten Hugenotten in Brandenburg-Preußen gehen. Er schaute bald erfüllt von Sehnsucht zurück auf den immer noch glanzvollen Hof Ludwigs XV., mit verwöhnten Frauen, mit Freunden und mit den Aufklärungs-Feinden in der Kirche und der Justiz und der ganzen Welt der höfischen Domestiquen; der andere, ein Herrscher mit nunmehr starkem Selbstgefühl seiner vierzig Jahre, bezahlte u. a. seinen Kammerherrn (zwanzigtausend Livre), damit die Residenz im rauhen Norden sich weiterhin vergoldete. Er bezahlte ihn, damit man über ihn sprach, damit man Friedrichs Schriften las und damit er, wie die Schwester Wilhelmine ihm schrieb, über ein nützliches Werkzeug verfügte, „das so vortrefflich dazu taugt, Sie zu entspannen und zu amüsieren". So die süffisante Bayreuther Sichtweise. War die Katastrophe vermeidbar? Der König jedenfalls tat fast alles, die Eskapaden des „Narren" zu begrenzen. Alles vergebens. Nicht die Tatsache, daß zwei notorisch scharfsinnige Spötter aufeinander gestoßen waren, belastete entscheidend das Verhältnis, sondern paradoxerweise das ungebührliche und wenig sinnvolle Verhalten des Königs der Aufklärung im Königreich der Manufakturen, der exerzierenden Soldaten, der hart Arbeitenden und deshalb nicht jederzeit in stillgrünen Gärten des Diskurses pflegenden Promenierenden, dem politischen Tagesklatsch Nachhängenden. Mit einem Wort: Der berühmte Voltaire war für den König da, – der König nicht für Voltaire. Im übrigen paarte sich Voltaires exzessive Habsucht (Zins-Spekulationen) mit einer Egozentrik und eloquenten Hinterhältigkeit, der auch Friedrich bei allem grundsätzlichen Wohlwollen und einer Engelsgeduld nur mit Sarkasmus und offener Verachtung begegnen konnte.

Nach einem scharfen Absage-Brief (19. April 1753) schrieb Friedrich dem weiterhin beobachteten Stern der Aufklärung ein Jahr lang nicht. In klarem Deutsch sagte er dem Geflüchteten ins Gesicht: ‚Du bist ein ganz falscher Hund, wie ich ihm kaum sonst je begegnet bin.' Voltaire brachte nun, lebenslang, tückische Schmähschriften gegen seinen Potsdamer Wohltäter und Freund-Feind in Umlauf. Das geschah anonym und gleichzeitig in aller Öffentlichkeit, immer wieder die Autorschaften leugnend. Über seinen Tod hinaus suchte er mit verfälschten Schriftstücken das Ansehen des Königs zu beschädigen, was lange vermutet, aber erst in jüngerer Zeit enthüllt worden ist[52].

Im Kern blieb das Verhältnis belastet. An der Oberfläche der Korrespondenz aber schien später Friede eingezogen zu sein. Man speiste über die Korrespondenzen Nachrichten in bestimmte politische Kanäle ein. Dies war zuerst Informationsarbeit der Tagespolitik im Rahmen der höfischen Beziehungen in bösen und auch in besseren Tagen. Hinter aller scheinbaren Liebenswürdigkeit, vielleicht auch einer gewissen Alters-Naivität und Sentimentalität Friedrichs, erhielt sich ein immer erneut aufbrechendes Mißtrauen. Der Stil der Briefe mit d'Argens („Mein lieber Marquis") und Voltaire läßt dies von Epistel zu Epistel erkennen. „Voltaire ist ein gefährlicher Mensch" (10. September 1758).

Goethe schreibt 1784 (7. Juli), sechs Jahre nach Friedrichs anrührendem Akademie-Nachruf auf Voltaire, an Charlotte von Stein mit dem vollen Wissen über die Doppelbödigkeit in Voltaires körperlicher Geisteswelt: „Dies ist überhaupt der Charakter aller Voltairischen Witz-Produkte, der bei diesen Bogen recht auffällt. Kein menschlicher Blutstropfen, kein Funke Mitgefühl und Honettetät, dagegen eine Leichtigkeit, Höhe des Geistes, Sicherheit, die entzücken. Ich sage Höhe des Geistes, nicht Hoheit. Man kann ihn einem Luftballon vergleichen, der sich durch eine eigne Luftart über alles wegschwingt und da Flächen unter sich sieht, wo wir Berge sehen." Dies schreibt er im Jahr 1784, wo Goethe kurz zuvor in einem Brief an das Ehepaar Herder das (Voltairische) Werk „Privatleben des Königs von Preußen" wohlerwogen als „Muster aller Schandschriften" bezeichnet[53].

Der alte Friedrich, den auch diese Texte nicht mehr aufzuregen vermochten, wußte den erbärmlichen Menschen von dem glänzenden Schriftsteller zu unterscheiden. Niemand vermag jedoch zu sagen, ob er dem Briefpartner die Gedächtnisrede gewidmet hätte, wenn alle jene Schandschriften gleicher Herkunft bereits erschienen und im Hinblick auf den Verfasser decouvriert worden wären. Friedrichs Lebenswerk, mit dem landläufigen Ausdruck „aufgeklärter Absolutismus", hätte wohl kaum andere Quantitäten und Qualitäten aufzuweisen gehabt, wenn Voltaire nicht in seinen Gesichtskreis getreten wäre.

Die schönen Künste[54]

Man hat die Jahre zwischen 1745 und 1756 als die „unbeschwerten Jahre" bezeichnet. Keine Frage: In harter Arbeit ist in dieser Zeit auf vielen Gebieten für Preußens Aufstieg Wesentliches geleistet worden. Doch gab es auch den stillen Glanz der Künste, den goldenen Glanz der Bauten und überhaupt das neue geistige Milieu.

Im Vordergrund standen der *Schloßbau* und die dazu gehörige *Raumkunst*. Der Bau des Weinberg-Schlosses „Sans Souci" seit 1743 behauptete sich im späteren Bewußtsein als Mittelpunkt der Kunstarbeit des Königs. Der Gedanke, ein Refugium für sich zu schaffen, entstand beim König beim „Frühstück im Freien" am 24. August 1743. Man saß auf einer hügelartigen Sandscholle am Rande der Bornstädter Feldmark und genoß das Erlebnis der weiten Aussicht auf die Havelniederung. Das Grundstück erwarb der König aus dem Besitz des Potsdamer Militärwaisenhauses. Sogleich begann die Planung für die Anlage eines Terrassengartens. Noch im Herbst 1743, inmitten der schweren außenpolitischen Krise vor dem Zweiten Schlesischen Kriege, ließ er aus Frankreich Weinstöcke und wärmegewohnte Feigenbäume kommen. Für das Traumschloß erhielt der Architekt Georg Wenzeslaus von Knobelsdorff (1699–1753) die entscheidenden Hinweise durch zwei eigenhändige Skizzen Friedrichs. Die eine zeigt die Gartenanlage, Fontänen, Gewächshäuser und das Schloß mit den charakteristischen Kolonnaden; auf dem zweiten Blatt skizzierte er die innere Aufgliederung des schlanken Baues. Die Befehl zum Baubeginn erging am 13. Januar 1745. Ausgeführt wurde die Arbeit unter der Leitung des königlichen Baudirektors Friedrich Wilhelm Dieterichs. Das Besondere lag nun in den zeitgemäßen Innendekorationen von *Knobelsdorffs* Hand. Mehr als zuvor rückte das Ornament in den Vordergrund. Die Höhepunkte des Schaffens der Bauherren bildeten sodann das *Zedernholzkabinett* im Potsdamer Stadtschloß, die zauberhafte *Bibliothek* in Sanssouci und der *Weiße Saal* im neuen Flügel des Charlottenburger Schlosses. Das alles wirkte wie eine Ouvertüre eines großen Kunstkonzertes.

Die Entstehung und die Dauer der Periode des friderizianischen Rokoko, welches ungewöhnlich, ja fast singulär nach einer Person benannt wurde, blieb weitgehend bestimmt von dem Kunstsinn und der Lebensdauer des Bauherrn. Als er verstarb, fand dieser Dekorationsstil sogleich ein Ende. Es war der aus Frankreich an den Berliner Hof zugewanderte Porträtmaler *Antoine Pesne* (1683–1757), welcher seit 1710 durch seine engen Beziehungen zur Königin Sophie Dorothea dann seit 1735 den Kronprinzen auf den Rang der großen Malerei in Frankreich aufmerksam werden ließ. Dazu trat als älterer Mentor Knobelsdorff. Er gehörte seit 1732 im Zusammenhang mit dem Dienst- und Wohnsitz des Kronprinzen beim Ruppiner Regiment zum Freundeskreis. Sehr bald fiel er der „aufgehenden Sonne" durch die hohe Begabung als Architekt, dann als sensibler Innenausstatter und als Maler auf. Das glich jener Begabung, wie sie zwei Generationen später noch einmal dem Staat und seiner Gesellschaft mit dem einzigartigen Karl Friedrich Schinkel aus Ruppin unverhofft geschenkt werden sollte. Dieser wurde 1781 noch in der spätfriderizianisch wenig bewegten Kronprinzen-Stätte Ruppin geboren.

Knobelsdorff entfaltete nun sein Genie an der Seite Friedrichs trotz mancher Berliner Unzulänglichkeiten in der Ausbildung. Er stand acht Jahre später am Anfang einer für dieses Brandenburg-Preußen beispiellosen Karriere als Schöpfer des königlichen Rokoko. Beim Regierungsantritt 1740 übergab ihm Friedrich die Oberaufsicht über seine Bauten und das Amt des Intendanten der Schauspiele und der Konzerte. Trotz der hervorragenden Bedeutung der Philosophien der Aufklärung, der Literatur und der höfischen Musik im Denken und Leben des Königs war die *Bildende Kunst,* wo er in den Spuren seines königlichen Herrn Großvaters wandelte, mehr als nur ein Element der Dekoration oder gar einer ‚Inszenierung‘. Der Finanzhaushalt setzte Grenzen. Man durfte sich nicht in der den Staat gefährdenden Weise anderer Residenzen wie Dresden oder Wien einer verschwendenden Kredit-Expansion überlassen.

Gleichwohl erkannte der Kronprinz-König in dem Jahrzehnt seit seinem Dresdner Besuch (12. Januar–11. Februar 1728), der mithin dem Sechzehnjährigen vier Wochen des Genusses einer grandiosen, fast spätrömischen Welt schenkte, daß jede königliche Macht in Europa und besonders im Reiche mit den unablässig konkurrierenden Mächten neben dem „privaten Vergnügen" einer Repräsentation in der womöglich singulären Formensprache eines Dynasten und zugleich im allgemeinen Stil der Zeit bedurfte. Der Berliner Dom, die Hedwigskirche, die neuen Prachthäuser und die Palais-Bauten der Hofaristokratie und Wissenschaftsbauten belegen das. So wurden zwei Stil-Sprachen mit mehreren reizvollen Variationen gesprochen, wie es im übrigen unter den beengten und begrenzten Verhältnissen Brandenburg-Preußens und seiner Residenzorte füglich nicht anders geschehen konnte.

In dem noch notgedrungen sparsam umgeformten und ausgestatteten *Schloß Rheinsberg* (1735–1740, 1757 ff.) zeigte sich erstmals die Ausdruckskraft des besonderen Rokoko. Knobelsdorff, der Bildhauer Friedrich Christian Glume, der Blumenmaler Dubuisson und dessen Schwager Pesne arbeiteten in Sälen und an Decken wie in einer Lehrwerkstatt, vorzüglich an dem Marmor- oder Speisesaal, wo sich denn auch trotz zwischenzeitlicher Katastrophen der Umschlag zu kühleren Kolorit und größerer Freiheit in der Wiedergabe des Psychischen erkennen läßt: „Hier haben ganz offensichtlich die künstlerische Unternehmungslust des Kronprinzen und seine Vorliebe für den französischen Geist inspirierend gewirkt, aber wohl auch das Eintreffen von Gemälden Watteaus und Lancrets" (Helmut Börsch-Supan). Auch korrespondiert in dem beengten und nicht beliebig (bis heute) zu verändernden Rheinsberg die sich entfaltende Privatwelt eines Kronprinzen mit betonten Muße-stunden höchst eigentümlich mit der sich ebenso und schneller entfaltenden genuin politischen Gedankenwelt eines jungen europäischen Dynasten, dem Staatsräson, Machterhalt und Machterweiterung im Bilde von Geschichte und Gegenwart zu Leit-Sternen werden mußten.

Zum neuen Regierungssitz seit Anfang Juni 1740 wurde erst einmal das großväterliche *Schloß Charlottenburg* erhoben. Dort entstand der „Neue Flügel", der die scheinbar private Welt Rheinsbergs geradezu abrupt hinter sich läßt. Das nun unverdeckt aufgebrochene Selbstgefühl des neuen Herrschers drückte sich in der Ergänzung der älteren Lage durch den zweigeschossigen Bau aus, der mit seiner zurückhaltenden äußeren Form zugleich den ursprünglich geplanten symmetrischen Grundriß abschließt. Knobelsdorff schuf entsprechend den genauen Weisungen und Korrekturen Friedrichs sein zweites Meisterwerk. Trotz der Kriege wird in unglaublich kurzer Zeit mit hoher Anspannung der Beteiligten bis 1747 die Innenausstattung mit dem Weißen Saal und der Goldenen Galerie vollendet. Friedrich holte für seine Residenzbauten ausgezeichnete Künstler ins Land. So kamen bereits 1740 die Brüder Hoppenhaupt und 1741 der überragende Johann August Nahl. Ihnen verdankt man mit der nach den Zerstörungen durch britische Flugzeuge während des Krieges (1943) wieder ausgebauten Goldenen Galerie „einen der bedeutendsten Festräume des deutschen Rokoko" (Margarete Kühn). Dies geschah, während der König fünf Jahre Krieg führte, aber während der Winterzeit den Fortgang auch dieser Arbeiten kontrollierte und dirigierte, getrieben von jenem, für die Künstler nicht immer angenehmen Bedürfnis nach Effizienz in seiner Kultur- und Staatsarbeit, das ihn nicht mehr verlassen sollte.

Charlottenburg blieb eingelassen in eine sanfte Park- und Flußlandschaft. Seine Großmutter Sophie Charlotte von Hannover hatte den Standort ausgewählt, dessen erster Bau versilbert und vergoldet den erhabenen Anfang neuer Kunstgesinnung für jedermann zeigte. Gleichwohl blieb dieser Bau in die europäischen Schloß-Traditionen eingebettet. Zum neuen Enterieur seit 1745 trugen ebenso die in Frankreich und im übrigen Westeuropa angekauften Möbel bei, wie die neuen Porzellane etwa aus der Meißner Manufaktur oder die Schöpfungen des hiesigen Kunstgewerbes, welches nun wieder aufzublühen vermochte. Und gleichzeitig arbeitete des Königs „Leibregiment" Kunst an der Neugestaltung des Berliner *Tiergartens*, an dem erweiterten Schloß *Monbijou* für die Bedürfnisse der fast überschwenglich verehrten Königin-Mutter und an dem repräsentativen mächtigen Bau der königlichen *Oper* Unter den Linden.

In *Potsdam* schuf der geniale, doch nicht beliebig belastbare Nahl die Dekorationen im *Stadtschloß*, die im Frühjahr 1945 durch einen sinnlosen nächtlichen Luftangriff zugrunde gegangen sind. Auch hier verschmolzen sich wie in Charlottenburg italienische, französische, englische und niederländische Elemente, wie man es schon seit den Berliner Arbeiten des singulären Andreas Schlüter in der Zeit des von Friedrich teilweise grundlos abschätzig beurteilten ersten Königs kannte. Dann aber richteten sich die Träume des Königs seit dem August 1743 auf ein eigenes Regierungs-Refugium, das seinesgleichen suchen sollte, auf das als europäisches Kulturerbe erhalten gebliebene Weinberg-Schlößchen Sanssouci.

Der König skizzierte in der Pause zwischen den beiden Kriegen zwei Entwürfe (24. August 1743), übergab sie Knobelsdorff und ließ bereits im Herbst 1743 Weinstöcke, Feigenbäume und allerlei Citrusfruchtbäume aus Frankreich kommen, für den anzulegenden Terrassengarten. Am 13. Januar 1746 begannen die Bauarbeiten, für die trotz des kostspieligen Krieges genügend Geld in den Kassen vorhanden war. Die Entwürfe zeichnete Knobelsdorff, die Bauleitung wurde dem Kgl. Baudirektor Friedrich Wilhelm Dieterichs übertragen. Bereits am 1. Mai 1747 bezog Friedrich das Schlößchen, dessen Entstehen er ständig begleitet hatte. Im Juli 1748 war auch der Innenausbau vollendet (Knobelsdorff, Bildhauer Glume, Johann August Nahl und die Gebrüder Hoppenhaupt).

Das Sommerschloß, die Kolonaden und sonstigen Bauten und der Garten sollten eine kunstvolle Einheit bilden. Das Ensemble stand in einer europäischen Architektur-Tradition. Es erinnerte an das Belvedere des Prinzen Eugen (Wien), an den Zwinger Kurfürst Augusts des Starken (Dresden) oder die Gartenfront des Schlosses der Reichsgrafen von Schönborn (Würzburg). Orangerien mit Gärten baute man modischerweise in vielen Residenzen. Friedrich aber hob das neue Sommerschloß in den Rang eines Zentralortes seines Staatsverständnisses, in dem sich dort – im Sommerhalbjahr – tägliches politisches Handeln, philosophische Träume, regelmäßige Lektüre antiker Autoren, exklusive Gartenglück und maskuline Eremiten-Repräsentanz zu erträglichem Grundgefühl verbanden. Auch der frühe Gedanke an die gemauerte Gruft für den entseelten Körper gehört in diesen Zusammenhang, wie er es in Kleve-Bergendal beobachtet hatte. Der Mensch des Barock, zumal der Fürst, sah den Tod, den leise musizierenden, stets in seiner Nähe. Neben den ruhmreichen Schlachten, den geschlagenen und den künftigen, schuf der Fürst sich eine Art Memorial, das aufregende, zitatenreiche Palais. Fast unversehens entstand ein Goldjuwel auf den havelländischen Sandbergen – symbolisch für den Staat mit seinen kargen Grundlagen.

Das Schloß in Berlin

Der Schlüter-Bau kam demgegenüber den Wünschen Friedrichs in seiner düster wirkenden Monumentalität kaum entgegen. Die großartige Architektur entlockte ihm kaum ein begeistertes Wort der Zustimmung. Er wählte sich auf der Nordost-Ecke, zur Breiten Straße hin, einen runden Raum aus, den er zu einem entzückenden Arbeitskabinett ausbauen und ausschmücken ließ; Nebenzimmer dienten als Konfidenztafelräume und waren für die Tätigkeit der Kabinettsbeamten bestimmt. Die Königin erhielt eigene Räume im Schloß zugewiesen, die mit des Königs Hilfe im Geschmack der Zeit stattlich eingerichtet wurden. Der König bewohnte, als Sanssouci fertig gestellt war, in Friedenszeiten im Winter während des Carnevals diese seine Räume im Schloß und regierte tageweise von dort aus den Staat. Daß er der Königin aus Anlaß von Familienfesten gelegentlich einen Besuch abstattete, ist jedenfalls für einige Male überliefert. Im Februar 1747 hatte der König eine schwere Krankheit zu überstehen (13. Februar: Schlaganfall, Gicht, evtl. Porphyrie?). Als er erstaunlich bald genesen war, gab die Königin anläßlich des Geburtstages der Königin-Mutter im Berliner Schloß („Elisabeth-Kammer) ein großes Fest (27. Februar), dem der König beiwohnte. Sie schreibt an ihren Bruder Karl: „Der König war hier, er befindet sich gottlob sehr wohl, er sieht sehr gut aus und ist von der besten Laune. Da die Königin (Mutter) noch indisponiert ist, so fand keine Oper statt, aber trotzdem ist der Geburtstag bei mir sehr festlich begangen worden. Die ganze Stadt war anwesend, meine Zimmer waren nicht groß genug, die ganze Gesellschaft zu fassen. Es fand nach dem Souper an drei Tafeln im Saal ein Konzert statt, darauf war ein Ball." Die Königin erscheint hier und anderswo als Repräsentantin der (ersten) Hofgesellschaft. Auch zum Jahreswechsel 1747/48 beauftragte der König seine Frau, ein Fest im Schloß zu geben, an dem er nicht teilnahm. Auch fernerhin diente das Schloß, wenn schon in unterschiedlichem Maße, als Kulisse und Stätte für „Feste", die der König jeweils anordnete. Aber der Wohnsitz der Königin blieb das Schlößchen Schönhausen, dessen kargen Zuschnitt u. a. französische Besucher erstaunt hervorhoben, während den König die engeren Lebensumstände seiner Frau wenig berührten, sofern sie nicht seine Hilfe erbat gegenüber allzu dreisten Domestiken. Denn der König behielt, sofern er nicht außerhalb Brandenburgs arbeitete, die höfischen Verhältnisse und Personen scharf im Blick.

Die neue Welt der Musik

Der Musik bei Hofe diente nun das *Opernhaus*, das Knobelsdorff und Friedrich 1740/41 programmatisch als längst vorbereiteten ersten Bau an dem unverzüglich geplanten Forum Fridericianum geschaffen hatten. Am

7. Dezember 1742, noch in der Winterpause des Krieges, ließ Friedrich das stolze, doch das Stadtschloß nicht in den Schatten stellende Haus mit Grauns Oper „Caesar und Kleopatra" eröffnen. In seiner ersten Gestalt als italienische Oper bot es, sagt man, 1.500 Personen Platz; außerdem gab es 1.800 Stehplätze. In der Gedächtnisrede auf den früh verstorbenen Baumeister 1754 in der Akademie rühmt Friedrich das vielseitige Talent seines Freundes: „Man wundert sich nicht, einen Maler und großen Architekten unter Astronomen, Mathematikern, Physikern und Dichtern sitzen zu sehen. Künste und Wissenschaften sind Zwillingsgeschwister. Ihre gemeinsame Mutter ist das Genie ...".

An der *Oper* tanzte von 1744 bis 1748 unbeschreiblich graziös die Parmesin *Barbara Campanini* („Barbarina", 1721–1799). Sie erhielt mit dreiundzwanzig Jahren das Vielfache des Gehaltes des Hofmalers *Antoine Pesne*, nämlich 7.000 Taler im Jahr, mehr als jeder Minister. Ihr berühmtes Bild (Pesne, 1745), 1945 nicht als Trophäe geraubt, verkörpert jene kultivierte Lebenslust, die der König schätzte und deren Bild er im Berliner Stadtschloß dann seinen Freunden und Gästen vorführen konnte. Es verwies sozusagen auf die ikonographisch schwache Seite des Königs. Er lud sie einige Male ins Schloß ein – zu heiterer Gesellschaft. Dann aber belasteten die fortgesetzten Amouren der Barbarina mit dem Sohn des Herrn Ministers Cocceji das Verhältnis, und Friedrich zog sich zurück.

1747 wird die bereits berühmte, aber unverträgliche Sängerin Giovanna Astrua (6.000 Taler) vom König verpflichtet. „Man saget in Berlin, die Astrua wäre wieder rappelköppisch; sie hat aber ihren Accord (= Vertrag) und den muß sie halten. ... Die Opern-Leute sind solche Canaillen-Bagage, daß ich sie tausendmal müde bin" (April 1754, an Fredersdorf). Er wurde aber ihrer aller nicht überdrüssig; sie gehörten zum repräsentativen Teil der Residenzen und blieben zugleich ein Stück seiner künstlerischen Existenz.

Die Oper insgesamt kostete nun jährlich die nicht ganz geringe Summe von etwa 40.000 Talern. Im Herbst 1756 wird wegen des Krieges die Oper geschlossen und erst zur Saison 1764/65 in bescheideneren Formen und wohl etwas geringeren Aufwendungen wieder eröffnet. Die Sängerin „Mara" (Elisabeth Schmehling) bringt dann noch zwischen 1771 und 1780 einigen Glanz in das Haus des Königs, dessen Regierungsweise dem freieren Selbstanspruch der Künstler nur teilweise nachkam, obwohl doch „Friedrich selber als ausübender und schöpferischer Musiker die dilettierenden Fürsten seiner Zeit weit überragte" (H. Becker).

Die *Hofkapelle*, bald gut ausgestattet mit deutschen Musicis, ließ sich Friedrich etliche tausend Taler kosten. Johann Joachim Quantz, sein in Potsdam 1773 verstorbener Flötenlehrer, erhielt ebenso wie Carl Heinrich Graun (1704–1759) 2.000 Taler. Ein Pfarrer, vergleichsweise, mußte sich in einer kleineren Stadt mit 120–150 Talern zufriedengeben, nebst Deputaten. Die Musik am Hofe Friedrichs konnte sich vor 1756 und nach 1764 überregional sehen und hören lassen, weil der König als Komponist und Mitwirkender mit ganz eigenem Sachverstand die Qualitäten zu beurteilen vermochte.

Gewiß blieb die Musik insgesamt, soweit sie von Friedrich an seinem Hofe dirigiert und zuweilen eilig befohlen wird, seinem Geschmack unterworfen. Gelegentlich bezeichnete er das Musikgeschehen als „angenehme Beschäftigung" im Vergleich mit der unmittelbaren Staatsarbeit. Die neapolitanische Schule war von Deutschen aus dem Musikland Italien aufgenommen worden. Friedrich liebte das Elegante, das gefällig Temperierte, passend gleichsam zu seinem Rokoko-Stil. Dem entsprachen Johann Adolph Hasse, den er 1728 in Dresden erlebte und dessen Schüler Carl Heinrich Graun, der bis zum Tode bei ihm blieb: „Der Tod Jesu" (1755). – So komponierte Friedrich, der bereits als Prinz vielseitig ausgebildet worden war, von vornherein in diesem Stil, angeleitet u. a. auch von dem Berliner Konzertmeister Franz Benda und vor allem seit 1735 von seinem Flötenmeister Quantz. Ihn respektierte er als einzigen fast immer und betrauerte ihn 1771 schmerzlich.

Die Zahl der zu Lebzeiten ungedruckt gebliebenen kompositorischen Werke Friedrichs ist respektabel. Man rechnet ihm 121 Flötensonaten zu. So wie er sich bei jeder Gelegenheit in der Lage sah, mit Poemen hervorzutreten, beteiligte er sich in seinen besten Tagen mit Beiträgen am Musikleben. Für die Oper „Demofonte" (1746) von Graun und Hasse steuerte er drei Arien bei. Im folgenden Jahr schrieb er die Einleitungs-Sinfonia zu einer Serenata von Vilatti, als die Königin-Mutter festlich in Charlottenburg erwartet wurde (4. August 1747). Zu vier Opern von Graun (Silla, 1753; Montezuma, 1755; I fratelli nemici 1756; Merope, 1756) verfaßte er offenbar ziemlich mühelos die französischen Texte, die dann in italienische Verse übertragen wurden. Es wird behauptet, daß ihn Marschmusik nicht wirklich interessiert habe. Für diese Militärmusik gibt es Skizzen. Die Zuschreibung des „Hohenfriedberger Marsches" ist strittig. Nach dem Urteil des Musikhistorikers Siegfried Kross verfügte der fürstliche Komponist über „eine lebhafte Erfindungsgabe für prägnante Themen, doch mangelte es ihm wohl an den satztechnischen Kenntnissen zu ihrer Ausarbeitung … gerühmt wurde dagegen die Sanglichkeit seiner langsamen Sätze."

Der Engländer Charles Burney (1726–1814), ein scharfsinniger Beobachter des internationalen Musik-Geschehens u. a. zwischen Mannheim, Wien und Berlin, beschreibt nach einem Besuche 1770 die spätere Zeit der Tonkünste: „Die Musik begann mit einem Flötenkonzerte, in welchem der König die Solo-Sätze mit grosser Präcision vortrug. Seine embouchure (= der Ansatz) war klar und eben, seine Finger brillant und sein Geschmack rein und ungekünstelt; ich war sehr erfreut und sogar erstaunt über die Nettigkeit seines Vortrags, in den allegro's sowohl, als über seinen empfindungsvollen Ausdruck in den Adagio's. Kurz, sein Spiel übertraf in manchen Punkten alles, was ich bisher unter Liebhabern, oder selbst von Flötisten von Profession gehört hatte … Die Cadenzen, welche Se. Majestät machten, waren gut, aber lang und studirt. Man kann leicht entdecken, daß diese Concerte zu einer Zeit gemacht sind, da der König noch nicht so öftre Gelegenheit brauchte, Athem zu nehmen, als itzt; denn in einigen von den sehr schweren und langen Solosätzen sowohl als in den Cadenzen, war das Athemnehmen nötig, ehe die Passagen zu Ende gebracht worden". So beschreibt es Burney in seinem „Tagebuch" (1772/73), um Gerechtigkeit bemüht und ohne zwanghafte Versuche, ihn als Traditionalisten zu denunzieren. Sehr hübsch wird auch das Zusammenspiel mit dem alten Quantz geschildert: „Herr Quantz hatte bey dem Concert heute Abend nichts zu thun, als bey dem Anfange eines jeden Satzes mit einer kleinen Bewegung der Hand den Tackt anzugeben, ausser, daß er zuweilen am Ende der Solosätze und Cadenzen ‚Bravo'! rief: welches ein Privilegium zu seyn scheint, dessen sich die übrigen Herren Virtuosen von der Kapelle nicht zu erfreuen haben."

Keine Frage: der leichthin unterschätzte Quantz war der erste in der Trias Quantz – Karl Philipp Emanuel Bach – Leopold Mozart, was die Veröffentlichung der drei wegweisenden Instrumentalschulen des 18. Jahrhunderts betrifft. Quantz selbst bediente sich im Gegensatz zu seinen Kollegen des vermischten französischen und italienischen Stils, doch nur vorsichtig; die „deutschen" Bestandteile, das ernsthaft Gearbeitete, erschien seinem Brotherren Friedrich zu wenig „italienisch", weil es zu schwerfällig wirkte.

Neben den Brüdern Graun und dem väterlich-unübertrefflichen Quantz spielte seit 1738 der später angesehenste der zahlreichen Bach-Söhne *Karl Philipp Emanuel* (1714–1788) als der mit Friedrich fast Gleichaltrige an den Berliner Höfen und in den literarischen Kreisen der Residenz eine herausragende Rolle. Er entzückte den König und alle seine Hörer mit mehreren Instrumenten, nicht nur als Cembalist. Die Konflikte wegen der in einem Finanztaschenbuch (1752/53) überlieferten ungleichen Honorare und Gehälter (ein Dauer-Thema für Friedrich und seine Kämmerer!) schlichtet dieser 1755 durch die Aussicht auf eine „Zulage", so daß Bach in erträglichen, wennschon nicht fürstlichen Verhältnissen in Berlin aufzutreten vermochte. Bedeutende Vokal- und Instrumentalwerke entstanden in den drei Jahrzehnten. 1753 veröffentlichte er den bald vielgerühmten „Versuch über die wahre Art das Clavier zu spielen …"; es war ein epochales Werk, welches das wertvollste Lehrstück des Klavierspiels des Generalbasses und des musikalischen Vortrags geworden ist (mit vielen Auflagen). Im Februar 1768 erhält er, der seit längerem als „Kapellmeister" bei der geistlichen und der gesamten Musik stark zugewandten Prinzessin und Äbtissin Anna Amalie wirkte, den erbetenen, vom König aber offenbar nur ungern gewährten Abschied, um in dem bei weitem wohlhabenderen Hamburg als Nachfolger Telemanns die letzte Stätte seiner ungewöhnlich kreativen Arbeit anzutreten, – als der nun hoch angesehene „jüngere Bach".

„Der alte Bach ist angekommen"

Zu den besonderen Ereignissen in dem nicht immer harmonischen Musikleben am Hofe gehört der Besuch *Johann Sebastian Bachs* (1685–1750) im Potsdamer Stadtschloß (7. Mai 1747). Der Vater kam in Begleitung seines ältesten Sohnes Wilhelm Friedemann. Er war mehrfach vom König und sicher auch von seinem Sohne Karl Philipp Emanuel gebeten worden, hatte sich auch bereits 1741 in Potsdam umgesehen. Bach wurde von den Kontrolleuren am Stadttor umgehend dem König avisiert und kam in Reisekleidung ins Konzert. Nach kurzer Begrüßung setzte sich Friedrich an das „Forte und Piano" und spielte dem Thomaskantor ein Thema vor, welches dieser sogleich in einer vielstimmigen Fuga ausführte, „zum allergnädigsten Wohlgefallen" und zur Verwunderung der sämtlichen Anwesenden. Bach fand das Thema so ausbündig schön, „daß er es in einer ordentlichen Fuga zu Papiere bringen und hernach in Kupfer stechen lassen will". Am Montag konnte man Bach dann auf der Orgel der Potsdamer Heilig-Geist-Kirche (20. April 1945 durch britischen Luftangriff zerstört) vernehmen, bevor er am Abend erneut vor dem König über ein weiteres Thema musizierte. Wie immer er dann zurückgekehrt in Leipzig das „Musikalische Opfer" bearbeitete und u. a. mit einem Akrostichon zu dem Wort RICERCAR versah (= Regis iussu Cantio ex Reliqua Canonica Arte Resoluta = Thema, auf des Königs Geheiß in der Kunst des Canonischen ausgeführt) – entstanden war auf Anregung Friedrichs eines der bedeutendsten Werke der musikalischen Weltliteratur. Es stellte hohe Ansprüche an alle die jüngeren Zuhörenden, die Bachs Kinder hätten sein können. Auch Friedrich sah sich wahrscheinlich überfordert und ratlos, so wie er mit anderen um 1747 die Zeichen des Kommenden nicht erkannte. So blieb der (von der Nachwelt) erwartete große Dank des Potsdamer Herrschers aus, während dieser immerhin noch während zweier Jahrzehnte das Schaffen des Bach-Sohnes in seiner Residenz beobachten konnte.

Noch im Alter aber sang Friedrich in einer insoweit dankbaren Erinnerung aus dem Fugenthema der Trio-Sonate einem Gaste einiges vor, obwohl er grundsätzlich an den musikalischen Träumen der Jugendzeit auch dann festzuhalten beliebte, als ein Morgenrot der Frühromantik Potsdam vorsichtig erreichte.

Wissenschaften und Akademien

Die *Akademie der Wissenschaften* bezog in diesen Jahren ein eigenes Gebäude in der Dorotheenstadt an der Allee Unter den Linden. Zum Akademie-
Präsidenten bestellte der König den von Voltaire dann eifersüchtig verfolgten
Mathematiker Maupertuis. Sekretär und zugleich Geschichtsschreiber für das
erste Jahrhundert der Sozietät wurde seit 1748 der Mediziner Formey (1711–
1797). Schritt um Schritt gelang es Friedrich, einen Kreis erlauchter Köpfe
und auch guter Erfinder in seiner Akademie zu versammeln. Es ist die Zeit
der aufstrebenden Akademien in Deutschland, bis zu den Kleinstaaten hin.
Alle schauten nicht ohne Begeisterung auf das Akademie-Leben in Paris und
die von dort fast unablässig ausgehenden Publikationen. 1746 übernahm
Maupertuis die Präsidentschaft der Akademie, die ihre Statuten erhielt. Friedrich erklärte sich zum Protektor der Akademie und trug zu jedem Band der
nun erscheinenden Mémoires einen Essay bei. Er galt als fleißigster Arbeiter
der literarischen Klasse, obwohl er an keiner Sitzung teilnahm. Maupertuis
verließ jedoch Berlin nach dem bösartigen Streit mit Voltaire (7. Juni 1756)
und starb 1759 in Basel.

Friedrich ließ am 26. November 1778 einen Nekrolog auf Voltaire verlesen, wie er es beim Tode seiner Freunde und des jüngeren Prinzen Heinrich
(† 1767) wiederholt getan hat.

Ausbau der Residenzen

Gleichzeitig aber richtete sich das Interesse und die Aktivität des Königs
auf den allgemeinen Ausbau von Potsdam und Berlin, deren Eleganz noch
sehr zu wünschen übrig ließ. So ist ein Teil der Lebenswerke Friedrichs eng
mit dem Aufstieg dieser beiden Städte verbunden. Vieles davon ist trotz der
Kriege und anderer Barbareien noch heute sichtbar. Es gibt Außenseiter der
Geschichtsbetrachtung, die diesen Anteil der Königsarbeit überhaupt in den
Vordergrund rücken möchten. Das verkennt die historischen Gewichte. Doch
soviel ist richtig, das leicht Sichtbare findet man an Havel und Spree, das
Unsichtbare und Weiterwirkende der friderizianischen Zeit ist nur mit einiger
Mühe zu entdecken.

Höfische Gesellschaften[55]

Neben dem Begriff des „Hofes" als Synonym für die jeweiligen europäischen Regierungen gibt es eine weite Skala von Bedeutungen innerhalb der
Gesellschaft des Hoch- und Spätbarock. An jedem Hofe finden sich merkwürdige Existenzen im Umfeld des Fürsten und der Angehörigen der Dyna-

stie. Das kann der Unterhaltung des Fürsten dienen oder der Aufrechterhaltung des höfischen Alltages. Hof und Residenzen Friedrichs bilden darin keine Ausnahme. So wie sein Vater in der Gestalt des kundigen Ökonomen und Historiographen *Gundling* zugleich einen Gegenstand der Heiterkeit oder des sadistischen Amüsements besaß, so hat auch Friedrich in gemäßigter Form solche Gestalten zu seiner Unterhaltung herangezogen. Nur ein kleiner Teil von ihnen gehörte jeweils zur berühmten Tafelrunde, andere wie die acht Vorleser im Laufe der Zeit dienten ihm als Privatsekretäre und Gesprächspartner.

Aus der Zeit seines Vaters stammte noch *Baron von Pöllnitz*, der 1691 am Niederrhein geboren war. Immerhin verfügte er über eine vorzügliche Abkunft. Sein Großvater, aus thüringischer Familie, diente bereits dem Großen Kurfürsten als Kammerherr, Oberstallmeister, als General und Kommandant von Berlin. Man erwarb Güter in der Kurmark. Wichtiger noch: Die Frau des Großvaters kam aus dem Hause Nassau und war eine natürliche Tochter des Prinzen Moritz von Oranien. So konnte sich der Enkel glaubhaft der Verwandtschaft mit den Hohenzollern rühmen. Das fiel ins Gewicht, wie noch am Hofe Kaiser Wilhelms II. Überdies war Pöllnitz mit den Grumbkow, Meinders und Ilgen verschwägert. Pöllnitz hatte seine Jugend an der Seite des jungen Soldatenkönigs erlebt, doch reiste er seit 1710 als Kavalier durch Europa, häufte nicht unerhebliche Schulden an und genoß in vollen Zügen Liebschaften. Das war nichts Besonderes. Aber in dieser Zeit bis 1735 schrieb er als Klatsch-Kolumnist zahlreiche Bücher, vor allem Reise-Memoiren, mit den Mittelpunkten jeweils der auswärtigen Höfe in Hannover (London 1732), über die Prinzessin von Ahlden, also die Großmutter Friedrichs. Das alles ergab Bindungen. Eigentlich war er ohne Rücksicht auf seinen Ruf so etwas wie ein eleganter Revolver-Journalist, mit nicht ganz unbeträchtlichen Fähigkeiten mit Richtung auf den Typ des vitalen Casanova. Er sei Höfling, Spieler, Schriftsteller, Hausierer, Protestant, Katholik und Domherr, – sagte er einmal ironisch von sich selbst. Sein bis zur Gegenwart nachgedrucktes bekanntestes Werk aber ist: „La Saxe galante". Zum ersten Mal wurden hier die partiell titanischen Lebenskräfte Augusts des Starken ziemlich genau beschrieben, wennschon nicht auf dem Felde der Politik. Also war Pöllnitz auch von seinem Geheimwissen her ein gefährlicher Mann.

Der zweite König nahm ihn denn auch auf in den Kreis der „lustigen Räte" seines Wusterhausener Tabak-Kollegiums. Deshalb kannte der Kronprinz ihn gut, hatte er doch zudem 1739 die von Pöllnitz angeregte Einrichtung der Droschken in Berlin-Cölln erlebt. So übertrug ihm Friedrich Anfang Juni 1740 das Ausrichten der Leichenfeier. Dann ernannte er ihn zum Oberzeremonienmeister, gewährte ihm das recht stattliche Gehalt von 1.400 Talern im Jahr und bezahlte noch die Schulden (6.000 Taler). Pöllnitz war offenbar beides: ein Leichtfuß mit Hang zum Abenteuer und ein höfisches Schwergewicht. Wie sein Vater verspottete Friedrich ihn 1744 mit einem satirisch gemeinten Abschiedsbrief auf Pergament mit Unterschrift des Königs und Siegel. Pöllnitz hielt sich. Man war eben verwandt. 1751 notiert der französische Gesandte hellsichtig in einer Denkschrift: „Der allbekannte Baron von Pöllnitz ist dem König zur Tafelunterhaltung ebenso unentbehrlich, wie er von ihm verachtet wird." Immerfort erfährt er Demütigungen; er ist und bleibt ein „Lump", sucht sich Eingang in Häuser der Gesellschaft zu verschaffen, um dann seinem Gebieter fälschliche Berichte zu machen. Der weiß zwar, aus welcher Quelle sie stammen, hört sie aber mit dem Wohlbehagen der Wonnen der Gewöhnlichkeit an. Friedrich beschenkte ihn gleichwohl mit einer seiner berühmten Edelsteindosen, beigelegt 200 Taler. Graf Ahasverus Lehndorff, wichtigster und weithin verläßlichster Chronist für die höfischen Unwägbarkeiten, hält für 1753 unter dem 18. Oktober nicht ohne Neid fest: „Pöllnitz ist wieder in Gunst und von äußerster Unverschämtheit. Dieser Mensch, der dem König vor vier Wochen die schrecklichsten Dinge nachsagte, singt heute sein Lob in allen Tonarten. Da sieht man, wie hundert Dukaten auf eine gemeine Seele wirken." Was hätte wohl Friedrich geantwortet? „Ich brauche auch solche Leute".

Von 1763 bis 1771 sah sich der nun schon steinalte und immer noch rüstige Pöllnitz mit der Leitung des königlichen Theaters betraut. Er organisierte 1763 den prächtigen Empfang des würdigen türkischen Gesandten Achmed Effendi, traktierte diesen im Namen des Königs in seinem Palais „auf das prächtigste mit den ausgesuchtesten Speisen und Delikatessen an einer Tafel von 60 Couverts". Jedenfalls muß diese Leistungskraft dem König imponiert haben. Unablässig schrieb Pöllnitz bis zuletzt an einer preußischen Regenten-Geschichte, die lange Zeit das ältere Bild über den zweiten König und die angeblich skandalöse Jugend Friedrichs bestimmt hat. Wenn man so will, betrieb er damit eine Art Revanche für mancherlei Mißachtung und moralische Demütigung bei Hofe. Mit freimütiger Schamlosigkeit erklärte er, daß der größte Teil seiner Memoiren aus Lügen bestehe, mithin raffiniert erfunden sei. Als er 1775 im biblischen Alter von 83 Jahren zu seinen vielfältigen Göttern aufstieg, berichtete Friedrich dem mit ähnlichen Eigenschaften versehenen, freilich auf höchstem Niveau tätigen Voltaire: „Er ist gestorben, wie er gelebt hat, mit Gaunereien bis zum letzten Lebenstage. Betrauert wird er nur von seinen Gläubigern". Lebemann, Zuträger, Chronist: doch einen gewissen Standort in der Geschichte der Höfe erschrieb sich der lügenhafte Pöllnitz.

Späterhin und neben Pöllnitz hat Friedrich in *Quintus Icilius*, dem Räuberhauptmann von Hubertusburg (1761), und vielleicht auch in dem witzigen Abt Bastiani aus Breslau Gestalten an sich gezogen, die ihm inmitten der Geschäfte heitere Stunden zu versprechen schienen und bereitet haben. Anders als mit solchen Gefährten, Vorlesern und gleichrangigen Freunden war das

harte Königsleben nicht zu ertragen. So bildete sich nicht nur in dem „glücklichen" Jahrzehnt seit 1745 immer wieder eine *Tafelrunde*[56], erfüllt von geistvollen Gedanken. Menzels berühmtes Gemälde zeigt unvergleichlich, wennschon historistisch nachempfunden die Teilnehmer. Das Bild ging, wie es
scheint, 1945 verloren oder ruht noch in irgendwelchen feuchten Trophäen-
Kellern bei den Hyperboräern. Man sieht, unwiederholbar, den Witz sprühen-
den Eremiten des Weinberg-Schlosses, heiter plaudernd mit *Voltaire*, dem
potenten und gefährlichen Manne, mit dem Obristen *von Stille*, mit Lord
George Keith, mit Marquis *d'Argens*, mit dem etwas ordinären Vertreter einer
materialistischen Philosophie *Lamettrie*, dann Generalleutnant Graf *Rothenburg*, Graf *Algarotti* und *James Keith*, dem Bruder von Lord George, dazu
der aus Thüringen stammende witzige Diplomat Reichsgraf *Gustav Adolf von
Gotter*. Dieser diente dem Staate dann seit 1753 als Minister und General-
postmeister. Noch 1763 bemerkt Baron Bielfeld (1717–1770), Chronist, häufiger Teilnehmer und Königsfreund, enthusiastisch: „Ich zweifele, ob in Europa eine witzigere, angenehmere, lehrreichere und lebhaftere Gesellschaft
anzutreffen ist als an dieser Tafel". Als der spitzzüngige und arglistige Voltaire
im März 1753 Potsdam verlassen mußte, war die Diskretion in der Tafelrunde wiederhergestellt.

Doch der Tod riß eine Lücke nach der anderen in den Kreis der geistreichen Tischgesellschaft. Es starben Jaques Egide Duhan de Jandun († 1746),
Dietrich Graf Keyserlingk († 1745), Charles Etienne Jordan (Vorleser,
† 24. Mai 1745), Friedrich Graf Rothenburg (General, † 1751), Friedrich
Ludwig Felix v. Borcke (Generaladjutant), Julien Offroy de La Mettrie
(Populär-Philosoph, † 1751) und der gelegentliche Gast Ludwig Wilhelm
v. Münchow (Chef der schlesischen Regierung, † 1753). Andere waren hinfällig wie der Akademie-Präsident Maupertuis. Der Schotte Georg v. Keith
weilte in Paris. Franz Isaak v. Chasot hatte seinen Abschied genommen, ebenso Claude Etienne Darget (Vorleser bis August 1753) und der italienische
Graf Francesco Algarotti (bis 1754). Lediglich der Oberhofmarschall Graf
Gotter verweilte mit einer Unterbrechung beim König und beschloß erst 1762
den Dienst „in den Sielen". Der König blieb fortan, nach dem Zerfall der bisherigen „Tafelrunde", auf eine zufällige Tischgesellschaft, auf Einzelgesprä-
che und auf seine Vorleser angewiesen; so wechselte er die Ebenen der Hofgesellschaft, je nachdem, ob er Zerstreuung, Unterhaltung oder der Anregung
als „aufgeklärter" Herrscher bedurfte. Trotz der Trennung der Hof- von der
Staatsgesellschaft ergriff der König die Gelegenheit, mit jedem zu sprechen,
dessen Meinung und Urteil Gewicht zu haben schien.

Ein „spanisches" Hofzeremoniell gab es nicht. Zu den engsten und vertrau-
ensvollen Mitarbeitern zählte der Geh. Kämmerer und Ober-Tresornier Michael Gabriel Fredersdorf (1708–1758). Er war der Puffer für 100 und mehr

Sachen, angenehme und weniger angenehme, die er dem Kronprinzen und König abnahm. Er war taktvoll, wahrte die Formen der höfischen Devotion, auch wenn der König den kränkelnden Mann schlicht duzte. Seine absolute Verläßlichkeit trug ihm das uneingeschränkte Vertrauen des Königs nicht nur in Sachen der Privat-Chatulle ein. Voltaire verkennt seine Funktionen, wenn er ihn spitzzüngig als Friedrichs „grand factotum" bezeichnete. Von 1737 bis 1757 diente der nicht unvermögende Mann (Heirat mit einer Daum-Tochter) seinem Herrscher und wurde in der Kirche seines Gutes Zernickow bestattet.

Tafelfreuden und Tageseinteilung

Da der König spätestens seit dem Regierungsantritt den kommunen sinnlichen Vergnügungen entsagte, legte er sogleich auf eine halbwegs gepflegte Hof-Küche Wert. Das geschah auch aus Gründen der Repräsentation. Für den Weinkeller war Fredersdorf zuständig. 1747 kamen beispielsweise 200 Antal (= ca. 11.000 Liter) Ungarwein in den Keller. Neben dem „Champagner" schätzte er „einen weißen, süßen und etwas prickelnden französischen Wein aus Bergerac". Als Tischweine, mit Wasser verdünnt, wurden auch Moselweine kredenzt. Rheinweine lehnte er ab, den Trinkgewohnheiten seines Vaters folgend, der den Rheinwein im Verdacht hatte, die Erbkrankheit „Gicht" zu fördern.

Die Gerichte für die Mittagsmahlzeit, zumal wenn Gäste angesagt waren, enthielten Speisen, die von den Leibköchen besonders nach italienischer und französischer Art gefertigt werden mußten. Auf den Küchenzetteln, die er bis kurz vor seinem Tode kontrollierte und ergänzte, waren raffinierte und einfache Gerichte verzeichnet. Der König bevorzugte Käse- und Mehlspeisen, ausländischen Schinken, verschiedene Kohlarten – sauer und grün gekocht, dazu Pasteten, Polenta und Kuchen. Was auf seiner Tafel angerichtet wurde, zeigt der Küchenzettel vom 5. August 1786, demnach kurz vor seinem Ableben. Sieben Gänge sind verzeichnet: 1. Blumenkohlsuppe à la Fouque. – 2. Paniertes Rindfleisch mit Karotten. – 3. Hühnchen mit Zimt und gefüllte Gurken auf Eiweiß nach englischer Art; der Herrscher wünschte an diesem Tage „Koteletts" zu speisen. – 4. kleine Pasteten à la Romaine. – 5. Gebratene junge Colennen (Tauben?). – 5. Lachs à la Dessau (= vom anhaltinischen Hof). – 6. Geflügelfilet à la Pompadour mit Rinderzunge und Kroketten. – 7. Waffeln; dazu Schüsseln mit grünen Erbsen (Schoten), frische Heringe und saure Gurken. – Als er im gleichen Jahr 1786 nicht nach Magdeburg (zur Revue) fahren konnte, befahl er dem Kammerpräsidenten von Puttkamer, für 600 Taler (aus der Domänen-Kasse) seine Generäle und Offiziere zu speisen: „Champagner und Rheinwein braucht nicht gegeben zu werden, den beydes kommt nicht auf Meine Tafel, sondern Burgunder, Pontak und guter

Franzwein. Einen Koch kann ich Euch nicht schicken, Ihr müsset Euch einen leihen."

Als Nachtisch wählte er feines Obst, das er schon in Ruppin gezogen hatte und mit dem er versuchte, seinem mißtrauischen Vater eine kleine Freude zu bereiten. Für frühe, im Gewächshaus gezogene Kirschen bezahlte er fast jeden Preis; schlechten Gewissens teilt er Fredersdorf im April 1754 mit, man habe gestern für 180 Taler Kirschen gegessen: „... ich werde mir eine liederliche Reputation machen".

Fredersdorf antwortet postwendend: „Ew. Königl. Maj. seindt nicht Liederlich, dieses dient zu Ew. Königl. Maj. Kost-Bahren Gesundtheit".

Zum Kaffee wählte er entweder reinen Kaffee oder eine Art starker Trinkschokolade, die er sich in Krieg und Frieden kommen ließ. Oder er aß im höheren Alter zu verschiedenen Tageszeiten kleine trockene Täfelchen Schokolade. Bereits am Vormittag, wenn der Generaladjutant abgefertigt war, trank er einige Gläser Wasser, welches in späteren Jahren auf Geheiß eines Arztes mit Fenchelwasser vermischt wurde, was sicher bekömmlich war und zu seinem hohen Alter beigetragen hat.

Oftmals pflegte der König nach dem Kaffee die Flöte zu blasen, ohne Noten. Er ging im Zimmer umher, längere oder kürzere Zeit. Zu d'Alembert bemerkte er einmal (über Musik und deren Wirkungen auf die Seele), daß er während des Phantasierens allerlei Sachen überlege und nicht daran denke, was er blase. Ihm seien in dieser Stunde schon die glücklichsten Gedanken, selbst über die Geschäfte eingefallen.

Während dessen (aber auch sonst) nahm der König einiges von den Kirschen, Feigen, Melonen, Weintrauben und anderem Obst, welches man für ihn vorrätig hielt. Vieles kam aus den weithin berühmten Gewächshäusern von Sanssouci, anderes schickten ihm seine Freunde. 1743 sandte ihm Graf Münchow aus Schlesien zwei Ananas, die in ihrer Qualität den italienischen Früchten nicht nachstanden. In der folgenden Zeit begann ein holländischer Gärtner in Sanssouci die Ananas-Zucht, von deren blutverdünnender Kraft sich auch Prinz Heinrich in Rheinsberg überzeugte. 1761 erbaute man in Sanssouci ein Pisanghaus, welches mit Erweiterungen einem besonderen Pisang-Gärtner unterstellt war.

Der Vormittag verging, nachdem er noch im Nachtzeug mit den Kabinettsräten gearbeitet hatte, und sich dann angekleidet hatte, mit der Parole-Ausgabe für die Parade um elf Uhr; später beantwortete er noch Familienbriefe, empfing Besucher oder übte sich in einigen Konzertstücken, die bevorstehende *Hauptmahlzeit* ungeduldig – auf den Schlag zwölf Uhr – erwartend.

In sechs Schüsseln wurde das *Essen* in zwei Gängen aufgetragen, alles vom edelsten Porzellan. Man konnte soviel speisen als man nur mochte. In

der Regel sollten acht Schüsseln an der Königstafel reichen, ebenso auf der
Marschallstafel. Die Bedienten erhielten mittags und abends drei Schüsseln,
für zehn oder zwölf Personen. Kalte Küche gab es für drei oder vier Hunde.
Der König liebte scharf gewürzte Gerichte. Er aß reichlich bei Tische und
dirigierte die lebhafte Unterhaltung, in französischer Sprache. Man sprach
über fast alles, über Krieg und Frieden, über Religion und Geschichte, natürlich auch über Tagesereignisse und Personen. Auch trug er Schwänke und
Anekdoten aus der Geschichte vor. Friedrich war – ausgenommen Tage des
Unwohlseins – ein glänzender Unterhalter und großer, gelegentlich unverfro-
rener Spötter. Auch an der Mittagstafel 1780 ging es anspruchsvoll zu. Fürst
Karl von Ligne berichtet: „Da bezauberte mich seine alles umspannende Unterhaltung täglich 5 Stunden lang vollends. Kunst, Krieg, Medizin, Literatur,
Religion, Philosophie, Moral, Geschichte und Gesetzgebung kamen abwechselnd aufs Tapet: die schönen Zeiten des Augustus und Ludwigs XIV., die
gute Gesellschaft der Griechen, der Römer und der Franzosen, die Ritterlichkeit Franz' I., der Freimut und die Tapferkeit Heinrichs IV., die Wiedergeburt
der Wissenschaften und die Umwälzung, die sie seit Leo X. erfuhren, Anekdoten über geistreiche Leute früherer Zeiten, ihre Fehler, Voltaires Verirrun-
gen, Maupertuis' Herrschsucht, die eingebildeten Krankheiten von d'Argens,
der bisweilen 24 Stunden im Bette blieb, wenn der König ihm zum Scherze
gesagt hatte, er sähe schlecht aus – kurz, so vielerlei, daß ich es vergessen
habe." So war die Mittagstafel noch bis in die achtziger Jahre eine Stätte, wo
der „Zauberer" („... war der Ton seiner Stimme sanft und etwas leise und
seine Lippen bewegten sich mit einer unaussprechlichen Anmuth; seine Augen ... wurden sanft und milder, so oft er einen Zug von Edelmuth und Menschenliebe erzälte oder erzälen hörte") seine Gäste charmierte.

Nach 1763 beendete der König nicht nur die regelmäßigen Abendmahlzei-
ten, und er ließ auch bei größeren Bewirtungen (in Potsdam) die Zahl von 8
Schüsseln genug sein. „Wer sich nicht an acht Gerichten satt ißt, hat auch an
achtzig nicht genug". Nach dem Essen ruhte der König eine halbe Stunde,
mitunter schlummernd, unterschrieb Briefschaften der Kabinettsräte, las oder
schrieb an Freunde; zuweilen besichtigte er den Pflanzenwuchs in den Gärten
von Sanssouci. Das *Abendkonzert* begann in der Regel um 18 Uhr. Er bereitete sich eine Viertelstunde vor; doch ließ er auch Quanz oder ein Solo auf dem
Violincello spielen oder einen Berliner Sänger etwas vortragen. Anläßlich des
Besuches der Kurfürstin Marie Antonie von Sachsen (einer Tochter Kaiser
Karl VII.) gab der König ihr zu Ehren ein großes Konzert, wobei sie den
Flügel bespielte und sang. Der König blies die erste Flöte, von Quantz be-
gleitet. Der Erbherzog von Braunschweig spielte die erste Violine und der
Prinz von Preußen (Friedrich Wilhelm) erfreute die Anwesenden mit dem
Violincello. Im übrigen legte der König zu diesen privaten Ereignissen seine
Uniform ab.

Die kleinere *Abendtafel* (Voltaire: „wahre sokratische Gastmäler") fand bis 1756 im eher intimen Kreise statt, von einem kleinen Essen begleitet. Nach dem Krieg, als der König nicht mehr zu Abend speisen wollte, lud er gleichwohl militärische Koryphäen und talentvolle Männer von geistlicher oder weltlicher Profession zum mehr ernsten Abendgespräch ein.

Um zehn Uhr stellte sich der König vor den Kamin, zog sich aus, legt sich das Nachtzeug an. Er entließ den Kammerbedienten und schlief in der Regel bald ein, ohne Licht. Zwei Lakaien nahmen im Vorzimmer die Wache wahr; sie waren zur Stelle, wenn er ein Glas Wasser oder etwas anderes verlangte. Der König soll mit sechs, allenfalls sieben Stunden Schlaf ausgekommen sein, abgesehen von dem notwendigen Wandel durch die Jahreszeiten, denen er sich fügen mußte.

Zu den mehr formalen Tafelfreuden gehört das Festessen, daß der König während der *Karnevalszeit* der Königin und dem engeren Hof gab. Aus des Königs Küche und Keller wurde Punkt zwölf das Essen angerichtet. „Beide Majestäten" betraten zusammen den Speisesaal, und der König vollzog noch die Unterschriften unter die Kabinettsschreiben. Man speiste von goldenem oder silbernem Geschirr. Der Form war Genüge getan. Daran wurde auch dann festgehalten, als die Karnevals-Reise für Friedrich eher ein Opfer denn ein Genuß geworden war. Der Karneval belebte Berlin, und Friedrich wollte von den alten Gewohnheiten nicht ablassen, wie auch die süchtigen Berliner an ihrem Wintervergnügen hingen.

Der König als Autor[57]

Friedrich verfügte seit den Tagen seines geistigen Erwachens über eine unvergleichliche Schreiblust. Seine Feder kratzte unablässig, Tag für Tag über das Papier: Geschäftskorrespondenzen, Befehle (Kabinettsordres), Marginal-Resolutionen (= Weisungen als Randbemerkungen), Briefe an Verwandte und Freunde, dazu Texte für die Ewigkeit, für den literarischen Ruhm und immer wieder Poeme mit dem Glück der Wortspiele. 1750 bereits erscheint eine im Berliner Stadtschloß gedruckte dreibändige, nicht frei erhältliche Auswahl seiner Schriften („Oeuvres du Philosophe de Sanssouci"). In einem der Bände, an denen sich Friedrichs geheime Eitelkeit gewißlich erbaute, findet sich ein allemal aktueller Text: „Über die Gründe, Gesetze einzuführen oder abzuschaffen". Und das schriftstellerische Lebenswerk wuchs von Jahr zu Jahr. Bald waren es fünf und zehn Bände, ungeachtet der haufenweis produzierten amtlichen Schriften. Kein Fürst, auch die große Regina an der Newa kamen ihm gleich. Erst der Tod entriß ihm den Federkiel. Man fand auf dem Arbeitstisch des Entschlafenen noch letzte Finanznotizen zu seinem Dispositionsfonds. Die Nachfolge-Staaten, die das Erbe Preußens in sich bergen, haben es bis zur Gegenwart nicht vermocht, über Akademien und Kultur-Ministerien eine große wissenschaftliche Edition der Schriften Friedrichs ins Werk zu setzen, obwohl sie seit 1945 ein großes, auch materielles Erbe Preußens in ihre Haushalte einfließen ließen und es mit billigen Zusicherungen verdeckten.

Friedrich schrieb überwiegend in französischer Sprache. Seine Vorleser korrigierten manche Texte. Als Selbstzeugnisse besaßen seine Reflexionen ihr Eigengewicht. 1749 erschien das Heldengedicht „Le Palladion", die „Ausgeburt einer Karnevals-Laune". So nannte der Autor sein Epos. Der französische Gesandte in Berlin, Marquis Veit Heinrich Ludwig Valory, steht im Mittelpunkt der Satire. Der Held besitzt die Gabe, durch seine Gegenwart das preußische Heer unbesiegbar zu machen. An dessen Stelle wird der Sekretär Claude Etienne Darget von den österreichischen Panduren gefangen genommen. Doch überirdische Mächte befreien ihn wieder. Dies beruht auf einem Ereignis des Jahres 1745. 1746 erhob der König Darget zu seinem Privatsekretär. Er nannte ihn „de mes productions laborieux copiste". König und Sekretär regten sich wieder und wieder an, und Friedrich beschreibt ihn humorvoll:

„Nein, nein, du hast's schwer!
Ein ärgerlich Amt ist's, der Sekretär
Eines Herrn zu sein, der ein Dichter gern wär,
Der als Schöngeist sich fühlt,
Der bis in die Nacht
Liest, schreibt und Gedichte macht ...".

Der Historiograph

Kann man die Schriften des Königs aufteilen? Unzweifelhaft stehen im Mittelpunkt seine fünf großen Darstellungen der Landesgeschichte, der eigenen Lebenszeit und die beiden „Politischen Testamente" von 1752 und 1768. Allen diesen Werken ist gemeinsam, daß Vergangenheit und Gegenwart verknüpft werden, daß sie durchsetzt sind mit Bemerkungen zur allgemeinen und zur praktischen „Philosophie" und Politik und daß sie von seiner spezifischen Gedankenwelt der Aufklärung und des langsamen Fortschritts getragen werden. Voltaire und die Schriften der Alten trugen dazu bei, daß Friedrich auf seine Art, unverwechselbar, an dem Jahrhundert der Aufklärung mitwirkte und zugleich ein Leitbild in der Aufklärungskultur geworden ist. Er erhob seinesgleichen, Menschen und Staaten, wenn sie nur wollten, bald mehr und bald weniger, der Freiheit, einer „Emanzipation" entgegen, auch wenn er sich dessen wohl nur selten vollständig bewußt war.

Zwischen 1742 und 1746 und dann wieder 1774/75 entstand seine Darstellung des Ersten und des Zweiten Schlesischen Krieges. Er schrieb es für sich, teilweise gab er es Voltaire zu lesen, und vor allem war es für seinen Nachfolger auf dem Throne gedacht. Meist gab es mehrere Fassungen, die er wieder vornahm, wenn sie ihm nicht auszureichen schienen. Jede dieser Schriften ist vom Inhalt her eigentlich janusk5pfig: sie dient der Rechtfertigung, der Vergewisserung und doch zugleich auch der Wahrheit, soweit sie für ihn erreichbar war. So beginnt er das Vorwort der „Denkwürdigkeiten" (1742) mit dem stolzen Satz: „Viele haben Geschichte geschrieben, aber nur sehr wenige haben die Wahrheit gesagt". So feilte er an seinem ersten Werk, das er dem Lehrmeister Voltaire überreichte; erst die spätere Fassung, geändert, genügte seinem Qualitätsbedürfnis. Hier erscheint der Text abgeklärter und Preußens Standort in der europäischen Geschichte wird als Einleitung umrissen. Seit 1746 verfaßte er nun Werk um Werk, Historiographie, Kriegskunst und Poeterei waren bunt gemischt und zeigen ihn am Schreibtisch. Anfänglich blieben die Texte geheim, oder es wurde eine Auswahl anonym veröffentlicht. Eigentlich schrieb er während er regierte, und er regierte schreibend. Ein Wunder an Fleiß. Die anschließend geschaffenen „Denkwürdigkeiten des Hauses Brandenburg" bieten eine Geschichte seines Staates, die neben der Ereignis-Geschichte zum ersten Mal eine Struktur- und Kultur-Geschichte unter dem Einfluß Voltaires versucht (1746/47). Für alle diese Texte ließ er von den Beamten und Archivaren Material herbeischaffen. 1764 folgte sogleich die Darstellung des „Siebenjährigen Krieges", ausführlich und frisch aus der Erinnerung geschrieben. An Selbstkritik fehlte es ihm nicht, auch wenn er seinen Anteil herausstrich. Kein Autor konnte fortan an diesem Werk vorübergehen – es prägte die Historiographie bis zu Thomas Carlyle und darüber hinaus. Die kleineren Schriften zur Zeitgeschichte schlossen sich an: so die „Denkwürdigkeiten vom Hubertusburger Frieden bis zum Ende der Polnischen Teilung" („Verfertigt 1773, verbessert 1779"), dann die „wichtigsten Begebenheiten von 1774 bis 1778" sowie der „Bayerische Erbfolgekrieg" (beide in der zweiten Hälfte 1779). Und im November 1784, als ihn nun wirklich das Alter quälte, schrieb er noch den Bericht über „die Politik", versehen mit einigen Aktenstücken. Diese bis vor seinen Tod reichenden Aufzeichnungen zur eigenen Regierungsgeschichte sind nun begleitet von „Staats- und Flugschriften", welche zu seinen Lebzeiten teils veröffentlicht, teils unveröffentlicht zurückgeblieben waren. Hier äußert sind der Spötter, der Satiriker und der Mann des geschliffenen Witzes.

Die beiden großen Testamente (1752 und 1768) sind lange Zeit nur in Bruchstücken bekannt geworden und wurden erstmals 1920 vollständig veröffentlicht. Kurze Darlegungen, eigentlich Ermahnungen enthalten die „Grundsätze der preußischen Regierung" (1776), die „Betrachtungen über den politischen Zustand Europas" (1784) und die „Überlegungen zur Finanzverwaltung der preußischen Regierung" (ebenfalls 1784). Es sind auch hier Rechenschaftsberichte, Staatsbeschreibungen, Anweisungen für die Nachfolger, durchsetzt mit einzelnen politischen Reflexionen, wie sie sich ihm aufdrängten. Es war jeweils eine Art von Zustandsbeschreibung, ein Kassensturz für ihn selbst, auch eine Querschnitts-Analyse für die verschiedenen Sachgebiete und Personengruppen. Beide großen Testamente, vor allem aber das zweite, gehen auf das Militär und seine Waffengattungen ein und ziehen Nutzen aus den vergangenen Feldzügen; dann folgen die Charakterisierungen der eigenen Provinzen und zum Schluß (1768) die Betrachtungen der anderen „Höfe" Europas, unter strategischen und auch expansiven Gesichtspunkten. Deshalb zögerten seine Nachfolger in der Regierung mit der Veröffentlichung. Aber keiner hinterließ eine solche Staatsbeschreibung, die an Aufrichtigkeit ihresgleichen sucht.

Die Existenz des Staates, so dachte es jedenfalls Friedrich, hing von vielem, aber vor allem von der Leistungsfähigkeit des Offizierskorps ab. Seine großen und kleinen militärischen Schriften sollten wie eine Art von Kriegsakademie wirken; er gab sie seiner Generalität in der Regel vertrauensvoll in die Hand. Er verstand es als einen groß angelegten Versuch, möglichst alle Eventualitäten des Krieges, auch seine raschen Wandlungen immer erneut in den Griff zu bekommen. Wenn man so will, war es ein Vorläufer des Werkes von Clausewitz über die Kriegskunst. Doch standen bei Friedrich immer die praktischen Gesichtspunkte, die Auseinandersetzung vor allem mit Österreich im Vordergrund. Am Anfang verfaßte er, nach den Erfahrungen der schlesischen Feldzüge, die „Generalprinzipien des Krieges ..." (1748). Dann folgen die „Gedanken und allgemeinen Regeln für den Krieg" (1755), die bereits auf den bevorstehenden harten Konflikt ausgerichtet sind. Friedrich schrieb sie für sich, gab sie aber einigen Vertrauten zum Lesen. Sein Generalstabschef von Winterfeld nannte das Ganze eine „unschätzbare Feldapotheke", eine „Universalmedizin, um alle Verlegenheit zu kurieren". 1758 folgten die „Betrachtungen über die Taktik und einige Teile des Krieges", die später ergänzt wurden über die „Grundsätze der Lagerkunst und der Taktik" (1770). Sie bilden gewissermaßen das Gegenstück zu den „Generalprinzipien des Krieges". Wie bei den historiographisch-politischen Texten, die auf den Kriegskunst-Text vielfach Bezug nehmen, schrieb Friedrich bei jeder Krise neue Betrachtungen, weil er allemal mit dem Krieg mit Österreich rechnete und ihn die Sorge trieb, er könne zurückfallen.

Doch nicht genug damit. Bereits als Kronprinz suchte er sich eine umfassende philosophische Bildung anzueignen, griff die Anregungen Voltaires und anderer auf und schrieb dann skeptizistisch-ironisch-empirisch seine Kommentare zu Gott und der Welt. Wissenschaft, Literatur und aufklärerische Postulate gehen häufig eine Symbiose ein. Das gibt vielen seiner Texte ihren unverwechselbaren Klang und Inhalt. Schließlich verfaßte er, zur Erholung und zum geistigen Vergnügen, mit leichter Hand einige hundert Gedichte, mit denen er seine Freunde und Freundinnen zu erheitern suchte. Doch sind darunter auch Poeme über den Zufall oder die Kriegskunst. Dies alles sind nur die wichtigsten Werke, die auf die Nachwelt gekommen sind. Eingeschlossen die philosophischen, rechtsreformerischen und die eigenartigen theologischen Traktate umfassen die (unvollständigen) Werke in der vorläufigen Ausgabe von 1913 2.850 Seiten. Man wird wohl darin nicht fehlgehen, daß der König Woche für Woche seine Regierung tagebuchartig und in Stichworten kommentierte und dann für sich und die Nachwelt zusammenfaßte. Schreibend bannte er die flüchtige, die eilende Zeit.

Romanische und „teutsche" Welten

Man hat sich in älteren Publikationen nicht ohne Zuspitzungen und Aversionen mit den romanischen Einflüssen auch für das Preußen Friedrichs befaßt. Das 19. Jahrhundert, vom folgenden zu schweigen, wußte immer weniger mit diesen Mentalitäten und Beziehungen anzufangen. Jedenfalls war das so auf den trivialeren Ebenen außerhalb einiger romanistischer Lehrstühle, während Goethes weltbürgerliche Grundhaltung langsam in Vergessenheit geriet. In „Dichtung und Wahrheit" bemerkt er, der sich bei fremden Nationen umsah, daß sich der Deutsche bei den Franzosen in die Schule begeben habe, „um lebensartig zu werden und bei den Römern, um sich würdig auszudrücken". Und dann folgt ein Satz, der einen der Gründe für seine tiefe Sympathie gegenüber Friedrich ausspricht: „Schon früher war durch die französische Kolonie, nachher durch die Vorliebe des Königs (Friedrichs II.) für die Bildung dieser Nation und für ihre Finanzanstalten („Regie") eine Masse französischer Kultur nach Preußen gekommen, welche den Deutschen höchst förderlich ward, indem sie dadurch zu Widerspruch und Widerstreben aufgefordert wurden …".

Die fruchtbare Symbiose, die die friderizianische Zeit bis zur Stunde seines Todes und bis zum neuerlichen Anheben „teutscher" Gesinnungen dialektisch zu erfüllen vermag, ist als ein wirkungsvoller Baustein in den Staats- und Kulturvorstellungen Friedrichs zu begreifen. Ihnen suchte er im Auf und Ab des Tages unverbrüchlich zu folgen.

Dabei ist zu bedenken, daß jenes Preußen, in welchem er 1740 die Regierung übernahm, trotz der Regierungsweise seines Vaters bereits starke romanisch geprägte Fundamente und Minderheiten auf allen sozialen Ebenen besaß. Auf sie hatte nun jede Staatsregierung und Regionalverwaltung Rücksicht zu nehmen. Dies geschah im unablässigen Nebeneinander von Konkurrenten und in der Assimilation derjenigen, für die eine Rückkehr in die

Heimatländer sich verbot. Auch deshalb war es weltfremd, wenn der alte und verbrauchte König seinen geistvollen Sohn herausreißen wollte aus dem maßgeblichen Strome des Zeitalters. Der Versuch mußte scheitern, wie jede Form von Tyrannis gegenüber bedeutenden geistigen Bewegungen in der Geschichte gescheitert ist.

Friedrich öffnete 1740 und vor allem seit 1745 die Tore des Hofes, der Hauptstadt und des Staates weit und fast widerspruchslos erneut für Kulturen des Westens und des Südens. Das war ein Teil seiner Welt, dem die Hellsichtigen dann bald wie einem Mirakel zuschauten. Einer der ärmsten Staaten des zivilisierten Europa schwang sich über den autochthonen und den importierten, den anverwandelten und den originären Geist zu eigentümlicher dauerhafter Blüte auf, deren stille Gewalt die tagespolitischen Gegner unterschätzten oder verschwiegen.

Manchem mögen die Friedensjahre zwischen 1745 und 1756 als eine goldene und überwiegend glückliche Zeit Preußens und seines Herrschers erscheinen. Dabei wird weniger bedacht, daß vor dem Hintergrund der europäischen Konflikte diese Zeit ein Jahrzehnt des „Kalten Krieges" gewesen ist. Die Mächte berechneten ihr verfügbares Kapital. Kleine und größere Figuren, uniformiert und uninformiert, wurden gesetzt, die Monturen genäht und die Bajonette blitzend geschliffen. An den Vorabenden der Kriege, bevor die Lichter an den Heerstraßen verlöschten und die Kirchen sich wieder füllten, steigerten sich noch einmal vielleicht ahnungsvoll die Baulust und das Liebesglück, zumal bei jenen, deren Chancen zu überleben allemal gering sind.

Sechstes Kapitel

Chef der Dynastie[58]

Königin Sophie Dorothea

Als Königin Sophie Dorothea am 31. Mai 1740 in den Witwenstand trat, lebten neun ihrer Kinder. Fünf waren bereits mehr oder minder glücklich verheiratet; vier Kinder (Ulrike, August Wilhelm, Heinrich, Ferdinand) wurden bis 1755 ehelich versorgt. Die Fürstin sah sich gut ausgestattet; ihr Schloß Monbijou wurde ausgebaut und der König ließ es an verehrlicher Liebe nicht fehlen. Als sie ihn bald nach dem Herrschaftsantritt „Ew. Majestät" benannte, antwortete Friedrich: „Nennen Sie mich immer Ihren Sohn, dieser Titel ist köstlicher für mich, als die Königswürde!" Der hannoversche Minister von Münchhausen berichtet im Juni 1740, die Königin-Mutter mische sich nicht in die Politik ihres Sohnes, doch gäbe sie Interventionen schriftlich an den Herrscher weiter. An den politischen Entscheidungen nahm sie in nicht unerheblichen Maße „passiv" Anteil und bildete so über lange Zeit den Mittelpunkt der höfischen Resonanz. Charles Nicolas de Latouche fügt dem 1756 die Beobachtung hinzu, die Königin-Mutter hasse zwar ihren Bruder Georg II. von England „tödlich", sei aber gleichzeitig auf Frankreichs Ruhm eifersüchtig und wünsche es gedemütigt zu sehen. Sie sei neugierig, fragelustig und zugleich schwatzsüchtig. Das fügt sich gut ein zu dem Bilde, daß man von ihrem Verhältnis zur Königin Elisabeth Christine gewinnt, indem sie sich anfänglich willig den Einflüsterungen ihrer Tochter Amalie überließ. Das vertrauliche Tagebuch des Grafen Lehndorff ergänzt das Porträt: „Diese Fürstin besitzt eine außerordentliche Willenskraft und tut sich selbst Gewalt an, wodurch ihr Körper, zumal in ihrem hohen Alter, natürlich schwer leiden muß … Sie ist es, die das Königliche Haus zusammenhält, die am Hofe die Würde aufrechterhält und für die Fremden alle erdenklichen Aufmerksamkeiten erweist" (16. Januar 1757). Inmitten der Krise nach der verlorenen Schlacht von Kolin 1757 erreichte den König die Nachricht vom Ableben (Lehndorff: „Sie starb morgens zwischen 8 und 9 Uhr des sanftesten Todes"), und er schrieb sogleich seiner Schwester Amalie: „Meine liebe Schwester, alles Unglück trifft mich auf einmal. O, meine teure Mutter! Großer Gott, ich werde nicht mehr den Trost haben, sie zu sehen. O Gott, o Gott, welches Verhängnis für mich! Ich bin mehr tot als lebendig. Ich habe einen Brief von der regierenden Königin erhalten, die mir dies alles mitteilt. Vielleicht hat der Himmel unsre liebe Mutter hinweggenommen, damit sie nicht das Unglück unsers Hauses sehe. Teure Schwester, ich bin unfähig mehr zu sagen". – Am 4. Juli wird die am 28. Juni Verstorbene „ganz still" in der neuen Domkirche beigesetzt.

Geschwister, Neffen und Nichten

Friedrich trat mit der Familie der Nachkommen des Großen Kurfürsten Friedrich Wilhelm und mit seinen eigenen Geschwistern kein leichtes Erbe an. Die Kinder König Friedrich-Wilhelms I., der alle Mühen angewandt hatte, ein Aussterben seines Hauses zu verhindern, waren von ihrer verdichteten Ahnenstruktur erheblich belastet. Bereits den Zeitgenossen galten sie als übersensibel und als hochgradig reizbar. Auch ließen sie nach dem Zeugnis des Kammerherrn Lehndorff und nach anderen Quellen immer wieder schwere Eifersüchte erkennen. Minister und Höflinge mußten es im Umgang beachten. Andererseits verfügten diese Königskinder über „viel Geist", jedenfalls nach den Maßstäben Berlins. Die engere Familie hielt nach außen hin zusammen. Mit den nahen Verwandten der Seitenlinie in Schwedt gab es je nach Persönlichkeit abstoßende und anziehende Beziehungen. Immerhin hatte der alte König eine seiner Töchter dorthin verheiratet. Und eine Schwedterin nahm sich des jüngsten Bruders Friedrichs, des Schloßherrn von Friedrichsfelde und Bellevue, Ferdinand, an. Trotz aller Kritik im einzelnen während der Krisen am Chef der Dynastie bewahrte die Großfamilie die dynastische Disziplin. Niemand wäre – wie anderswo – auf die Idee gekommen, zu konvertieren oder gar auf Dauer im Ausland gegen den Willen des Königs Wohnsitz zu nehmen. Man achtete, bewunderte oder fürchtete auch die Leistungen und das unnachsichtige Fordern des Königs. Die in Berlin gebliebenen Geschwister trafen sich mit der in der europäischen Aristokratie üblichen Regelmäßigkeit zu den Geburtstagen und auf Hoffesten, die dann von den zu ihren Jahren gekommenen Prinzen Heinrich, Ferdinand, Friedrich Wilhelm (II.) und, wie natürlich, der Königin gegeben wurden. Aber keine Frage: Es beruhte in erster Linie auf dem Willen und auch auf der späterhin dreuenden Anwesenheit des Königs, daß an den vier Berliner „Höfen" Stil, Geist und Anstand in bestimmten Grenzen gewahrt blieben. Der kleine König war immer überlebensgroß anwesend, wenn auch in seltsamer Weise außenstehend.

Friedrichs Verhältnis zum weiteren höfischen Leben war gleichwohl anspruchsvoll. Seine Teilnahme blieb von seinen grundlegenden Interessen und auch der ökonomischen Lage abhängig. 1740 verbesserte er sogleich den Hofstaat, um den an anderen Höfen üblichen Formen wenigstens teilweise zu entsprechen, um den Eindruck des Wandels zu verstärken und um Preußens Rang vor der Welt zu betonen. Gewiß war es in der Außenwahrnehmung ein

Hof von protestantischer Schlichtheit. Manches wirkte kurios. Aber die alten Hofämter, obwohl nur Ehrenchargen, wurden wieder besetzt. Insgesamt standen an die 150 Livree-Bediente auf der Besoldungsliste. Große höfische Bauten wurden in Auftrag gegeben. Als „Attrappen preußischer Macht" (Theodor Schieder) ist dies nicht leichthin zu bezeichnen. Keine Frage, der bemessene Berliner Aufwand ist nicht mit Wien, Dresden, Versailles oder anderen Höfen hoch- und spätbarocker Bau-Triumphe zu vergleichen. Doch an dem Willen, dem Hofleben einen etwas glanzvolleren Rahmen zu geben, ist nicht zu zweifeln. Das verlangte schon die internationale Stellung des Hauses. Die Hoffeste, 1744 beispielsweise, anläßlich der Vermählung der Königsschwester Ulrike nach Schweden, haben an Aufwand alles übertroffen, was Preußens Hauptstadt bis dahin zu zeigen verstanden hatte. 1740 ließ Friedrich in Gegenwart Voltaires ein modernes Turnier aufführen, bei dem der Lustgarten neben dem wunderbar mächtigen Schlüter-Schloß von 30.000 Lampen erhellt worden sein soll. Mit dem Beginn des dritten Krieges 1756 brach diese Hofkonjunktur erst einmal ab. Die auf Repräsentation gerichteten höfischen Gesellschaften wurden unzeitgemäß, obwohl man in allen diesen Kriegszeiten in Berlin auch ganz behaglich obenhin zu leben verstanden hat.

Es ist schwer zu sagen, ob sich Friedrich womöglich mehr zu seinen Schwestern oder zu seinen Brüdern hingezogen gefühlt hat. Die Kinderzeit bestimmte doch die lebenslangen Zuneigungen. Die Lieblingsschwester *Wilhelmine* gilt als die Eingeweihte seines Herzens, seit sie dem prinzlichen Knaben zur Nothelferin geworden war. Sie war klug, emotional und schrieb. Aber auch sie erscheint im Rückblick als eine sensitiv-hypochondrische Person, vergleichsweise ein leise blitzendes Sternchen am großen Fürstenhimmel. Bis zu ihrem Tode (14. Oktober 1758) vertraute er ihr, von Fall zu Fall, und über eine schwere Krise hinweg, viele seiner geheimen Gedanken an. Sie blieb bis auf die Jahre 1745/46 die bevorzugte Briefpartnerin. Der den König schwer verletzende Konflikt mit der Bayreutherin beruhte darauf, daß Wilhelmine zusammen mit dem nicht unproblematischen Markgrafen im Verhältnis zum nahe verwandten Kaiserhaus eine neutrale Position eingenommen hat. Das aber lief Friedrichs politischen Plänen im süddeutschen Raum zuwider. In solchen Lagen wurde er innerhalb der Familie sehr rauh und unangenehm. Aber insgesamt lassen doch die privaten und in der Stilisierung wiederum politischen Briefe nach Franken wie ein Seismograph die Gemütsbewegungen des Jüngeren aufscheinen. Ein Beispiel dafür ist der offenbarte Alterungsprozeß, den der Neunundreißigjährige an sich zu bemerken glaubte; so konnte er der Schwester in aller Ruhe, doch nicht ohne theatralische Akzente davon sprechen, er habe das Gefühl, bereits einem verflossenen Jahrhundert anzugehören. Auch die Schwere der selbstgewählten Aufgabe beklagte der Bruder zuweilen melancholisch; schon sein Vater war davon nicht frei gewesen. Dann aber zeigte er sich vital und leidenschaftlich-poli-

tisch genug, seine Einsamkeit mit immer erneuten Bestimmungen des Stand-
ortes und der fürstlichen Aufgaben zu durchstoßen. Das Pendel schlug um. Er
richtete die dynastische Mitwelt seelisch auf, die zunehmend labile Schwester eingeschlossen. Von allen diesen Doppelbödigkeiten wüßte man wenig,
hätte sich Friedrich nicht gegenüber Wilhelmine und den anderen Geschwistern epistolarisch geöffnet. Freilich ging es ihm immer auch darum, um Verständnis für seine Staatshärte zu werben.

Etwas ferner standen ihm die Schwestern *Sophie, Charlotte Philippine,
(Luise) Ulrike* und die Berlinerin *Amalie.* Die nach Braunschweig verheiratete redliche und musikalische Philippine erfreute sich nicht nur der regelmäßigen Besuche ihres Bruders oben auf dem Elm; er bezog sie auch als dortige
„Statthalterin" in seine privat-politischen Korrespondenzen ein. Mit ihr gab
es keine nennenswerten Differenzen, abgesehen von der Frage der Militärlei-
stungen auf preußischer Seite während der Kriege.

Die erblich schwer belastete Friederike verkümmerte als Markgräfin von
Ansbach in fortschreitender geistiger Umnachtung, während Sophie (1719–
1765), die vierte Tochter Friedrichs Wilhelms I. dessen rechten Vetter, den
Markgrafen Friedrich Wilhelm von Brandenburg-Schwedt (1700–1771) geheiratet hatte. Dieser „Erste Prinz von Geblüt" war ein rustikales, oft grobia-
nisches Original, das reichste Mitglied des Königshauses, vor allem aber ein
ständiges Ärgernis für seine engere und weitere Familie. Der König weigerte
sich, diesem „Hanswurst" auch nur zu begegnen, den er für einen der erbärm-
lichsten Menschen hielt. Die freundliche Sophie versuchte zunächst zwischen
Bruder und Ehemann zu vermitteln, später jedoch wandte sie sich um Hilfe
an Friedrich, der ab 1750 gezwungen war, seine Schwester militärisch vor
den brutalen Übergriffen des Schwagers zu schützen, der nach erstaunlichen
Exzessen schließlich weitgehend entmündigt und unter Aufsicht gestellt wurde. Seinen fünf Schwedter Nichten fühlte der König sich durch das schwere
Los ihrer Mütter verpflichtet. Er schätzte sie als aufgeweckte und loyale Verwandte, außerdem waren sie begehrte Heiratskandidatinnen auf dem Markt
der dynastischen und politischen Ehen, den er mit Selbstverständlichkeit und
Geschick zu bedienen wußte.

Anders verhielt es sich mit der Schwester Ulrike. Sie hatte 1751 auf dem
Königsthron zu Stockholm die vielleicht auffälligste Position der Geschwister eingenommen. Friedrich gab ihrer Politik ständig Ratschläge. Gewiß war
es ein Vorteil, daß Ulrike während des Krieges die Krone Schwedens trug.
Als sie 1771 als Witwe dem Bruder einen Besuch abstattete, wußte sie, daß
König Gustav III., ihr Sohn, mit einem problematischen Staatsstreich gegen
die Reichsstände vorgehen wollte. Ulrike wahrte gegenüber Friedrich das
Geheimnis. Das war unklug, denn mit der Beseitigung der schwedischen Verfassung im August 1772 geriet Friedrich gegenüber der Zarin in eine prekäre

Lage. Sein Bündnis mit Rußland enthielt eine Garantie für die Verfassung in Schweden. Nun ergab sich eine schwere Kontroverse zwischen den Geschwistern, zumal die keineswegs altersschwache Ulrike als Königinwitwe als Statthalterin in Schwedisch-Vorpommern auf ihrem Schlosse residierte. Nach Bündnislage konnte dort ein russisch-preußischer Angriff einsetzen. In dieser Krise schrieb sie, ganz Schwester ihres Bruders, mit großem Pathos und ebenso großer Fremdheit nach Berlin: „Du wirst erleben, daß Deine Schwester Stralsund verteidigt; ich werde überall sein, wo Deine Schläge fallen; Du wirst den Platz einnehmen, ich zweifle nicht daran, aber nur um den Preis meines Blutes und den letzten Seufzer aushauchend werde ich Deiner noch würdig sein". Friedrich antwortete kühl gemessen unter Hinweis auf die Staatsnotwendigkeiten Preußens auf diesen offenkundigen Vertrauensbruch der in seiner Sicht leicht oder schwer hysterischen Schwester. Kein Wunder, daß das Verhältnis der beiden nach dieser schweren Krise erst einmal gestört blieb, obwohl man bis zum Tode geschwisterliche Korrespondenzen austauschte.

Eine weitere problematische Natur trug in sich lebenslang die bedauerlicherweise unverheiratet gebliebene Prinzessin Anna Amalie. Als sich abzeichnete, daß sie nicht unterzubringen war, setzte sie der mildgütige König 1756 als Äbtissin in das uralte liudofingische Reichsstift Quedlinburg ein, wo sie unter ihresgleichen den Äbtissinnenstab erhob. Friedrichs Wohlwollen verlor sie nie. Sie hing ihm unverbrüchlich und wohl auch unkritisch an, war musikliebend, auf ihre Art geistvoll, scharfzüngig wie er, sprachgewandt und selbstbewußt. Ihre Freundschaft mit der Erbprinzessin Karoline von Hessen-Darmstadt (1721–1774), der Schwiegermutter ihres Großneffen Friedrich Wilhelm (III.), fand in einem intensiven Briefwechsel Ausdruck. Durch ihn erfuhr die Nachwelt wesentliche Charakterzüge des Königs, und manches über seine durchaus politisch verstandene Rolle als „Onkel von ganz Deutschland", dazu auf der dynastischen Ebene vieles über die Krisen und Konjunkturen am preußischen Hofe. Amalie litt viel, wie ihr Bruder, unter Krankheit und Gebrechlichkeiten. Sie empfand sich früh als „ausrangiert" (1769). Auch verfolgte sie die Königin Elisabeth Christine wohl bis zuletzt mit ihrer schwatzhaften Überheblichkeit. Dann starb sie, von wenigen betrauert im Frühjahr 1787 in ihrem Berliner Palais, ohne Erinnerungen hinterlassen zu haben.

Königin Elisabeth Christine

Die ungekrönte Königin, am 31. Mai 1740 in ihre Rechte eingesetzt, angstvoll wartend, mit einer Durchschnittsbildung, erhoffte sich ein Wunder, das nicht eintreten wollte. Ihr Halt war die braunschweigische Familie, ihre Neffen und Nichten und ihr tugendhafter Glaube. Während der schlesischen Kriege korrespondierte sie noch häufiger mit dem König, der ihr zuweilen herzlich schrieb: „Madame. Man muß sie lieben, wenn man sie kennt, und die Güte Ihres Herzens verdient, daß man es schätzt. Ich bin Ihnen unendlich verbunden für die Mühe, die Sie sich gegeben haben, die Wahrheit der Nachricht zu beweisen, die man Ihnen hinterbracht hat. Sie dürfen aber ohne Sorge sein, Madame, um so mehr, als die Österreicher so geschlagen und entmutigt sind, daß sie sicherlich an andere Dinge zu denken haben, als an Meuchelmord und Verschwörungen" (25. Mai 1742). Freilich blieb das politische Mißtrauen des Königs gegen die braunschweigischen Verwandten wach. Die Kosten für die Aufstellung eines braunschweigischen Regimentes übernahm die Königin stillschweigend und geriet auch dadurch in Schulden, die den König der Sparsamkeit immer erneut höchlichst erzürnten. Sie fand sich in einer Stimmung der Ergebung zurecht und wußte, daß sie von ihrer Schwiegermutter Sophie Dorothea jahrelang eher mit Mißtrauen, von ihrer „bösen" Schwägerin Amalie überwiegend mit Mißgunst und Neid betrachtet wurde. Der König, allen diesen nicht genau kontrollierbaren Einflüssen ausgesetzt, behandelte sie wie die meisten übrigen höchsten Angehörigen des Hofes und auch der Familie als Personen, die ihm wenig zu sagen hatten. Aber er forderte gleichwohl für die „Königin" höfischen Respekt, stattete sie in Schloß Schönhausen erträglich aus und sah über die kleinen und größeren Torheiten, einschließlich des Stotterns, schließlich hinweg. Es war eine Ehe auf wechselnde Distanz. Die Tatsache, daß er sich nicht von ihr trennte (wie es aus der Familie ihm geraten wurde), scheint dafür zu sprechen, daß er keine Nachkommen mehr erwartete. Aber das ist nicht gewiß, und die Quellen sind unzuverlässig. Das Ganze ist keine sehr erhebliche Frage. Die zuweilen rauhen oder doch, in heutiger Sicht, ungewöhnlichen Umgangsformen sind an den Höfen des 18. Jahrhunderts verbreitet gewesen, wennschon Preußens König keine Mätressenwirtschaft wünschte. In den Kriegen unterrichtete sie Friedrich, den sie unverbrüchlich geliebt zu haben scheint, über Erfolge und Mißerfolge und verwies u. a. sie und den Hof rechtzeitig in die Festung Magdeburg. In Friedenszeiten führte er sie während der verschiedenen Gelegenheiten, vor allem im Winter, zu Tische, in Charlottenburg, im Berliner Schloß oder in Schönhausen. Sehr gesprächig scheint der König nicht gewesen zu sein, aber er schrieb ihr längere Briefe, so zu ihrer Freude oft auch unerwartet. Oder er sandte ihr, wie 1749, eine „schöne Tabatiere" mit Glückwunsch zu ihrem Geburtstage. Kurzum: „Ein unruhiges Gemüt ist eine unglückliche Sache …" (Lehndorff, 1755). Gleichwohl wußte er auch zu würdigen, was ihm „die Königin, meine Gemahlin" geschrieben hatte. So blieb das Verhältnis ambivalent. Sie betrauerte den König und starb am 13. Januar 1797 fast vergessen, und wurde in aller Stille in der Gruft des Berliner Domes beigesetzt. Die überzeugte Christin hebt sich durch ihre wertätigen Tugenden von nicht wenigen Prinzessinnen ihres Säkulums vorteilhaft ab. „In Elisabeth Christine steckte mehr, als sie zu zeigen vermochte" (Paul Noack).

Das Nachfolge-Problem[59]

Die Töchter Friedrich Wilhelms I. wurden bis auf Amalie nach außerhalb verheiratet. Die vier Söhne wurden ebenfalls verheiratet, doch stellten sich gewissermaßen zögernd Prinzen und Prinzessinnen ein. Nach dem Regierungsantritt 1740 hat König Friedrich nicht mehr erwartet, aus der Ehe mit Elisabeth Christine einen Sohn oder gar mehrere Kinder zu bekommen. Dies hätte an ein Wunder gegrenzt oder besonderer höfischer Techniken bedurft.

An die Kinderlosigkeit dieser viel beschwatzten Fürstenehe knüpften sich bis zur jüngsten Zeit allerlei Spekulationen von historisierenden Psychologen und psychologisierenden Historikern, die auf ein bestimmtes Publikum zielen. Das ernsthafte Durcharbeiten der primären Quellen müßte bei Histörchen-Fabrikanten enttäuschend wirken. Aber Schriftsätze, die ins Konfessionspolitische oder einfach Amüsante hinüberspielen, wird es immer wieder als Abwässer ernsthafter Geschichte geben.

Man kann sich kurz fassen. Nichts beweist, daß der König eine wie immer beschaffene abartige Veranlagung gehabt oder gezeigt habe, weder zeitweilig noch lebenslang. Nichts beweist, daß er am Vollzug der Ehe oder an anderweitigem Umfang mit dem weiblichen Geschlecht durch Krankheit oder Krankheitsfolgen gehindert war. Vielmehr hat er einige solcher normalen Erlebnisse der Kronprinzenzeit taktvoll angedeutet. Alle waghalsigen und dann leichthin weltfremd, ja verantwortungslos nachgeschriebenen Vermutungen oder Theorien versinken vor der Tatsache, daß in erster Linie der überlebensgroße Voltaire, der „Satan in der Hölle" (so der Chef des Kabinetts Eichel zum Grafen Podewils) ein Gebirge von Lügen, von gezielten Verleumdungen infamer Art aufgerichtet hat; sie versinken vor der Tatsache, daß Friedrichs Feinde daraus nachweisbar immer wieder vor wie nach 1786 abgeschrieben haben; sie versinken vor der Tatsache, daß die Zeugnisse von drei an der Autopsie des Leichnams einige Stunden nach dem Tode beteiligten Militärchirurgen die vollständige körperliche Normalität des Geschmähten bezeugen. Das hat der Berliner Geograph und Pädagoge Büsching, kein Freund Friedrichs, alsbald bekanntgemacht. Auch will man nicht zur Kenntnis nehmen, daß die Trennung der Höfe in Potsdam und Schönhausen, von Friedrich frühzeitig angekündigt, nicht zur völligen Entfremdung der Eheleute geführt hat. Vielmehr stellte der König am 2. Juni sogleich die neue Königin dem engeren Hofe mit ebenso gemütvollen wie ehrerbietigen Worten vor und verlangte allseitigen Respekt, worauf er dann lebenslang geachtet hat. Es ist auch nicht zutreffend, daß der König, wie es die erbärmliche Klatschhistorie wissen will,

ein Frauenfeind gewesen ist. Sie waren ihm sehr willkommen, wenn sie nur
klug genug waren, wie beispielsweise eine lange Reihe fürstlicher und nicht-
fürstlicher Brieffreundinnen oder Damen mit künstlerischen Fertigkeiten.
Diese Verdächtigungen enthüllen nichts aus Friedrichs Leben, wohl aber den
Charakter rachsüchtiger Feinde und ihrer posthumen Nachschreiber. Auf die
letzte Schandschrift (Juli 1786), die auch von Berliner Buchführern feil geboten werden konnte, ließ der Alte Fritz kurz antworten, man müsse dergleichen
verachten. Das gilt dann auch von jenen Schriftstellern des letzten Halbjahr-
hunderts, die sich mit zwielichtigen Sätzen in den weiten Kreis der lasziven
Schandmäuler einreihten.

Das hochpolitische Problem der Nachfolge in der Regierung enthielt eine
rechtliche und eine persönliche Seite. Es mußte ihn lebenslang beschäftigen.
Jederzeit konnte er sterben. Also schuf er in Tutelar-Dispositionen Klarheit.
Am 30. Juni 1744 (Reskript), vor dem Ausmarsch in den Zweiten Schlesischen Krieg, erhält Prinz August Wilhelm den Titel Prinz von Preußen. Dies
geschieht wenige Wochen, bevor der erste Neffe des Königs das Licht der
Welt erblickte. Seit 1740 richtete er die Augen auf seinen um zehn Jahre jüngeren Bruder August Wilhelm. Dieser wäre nach dem fürstlichen Hausrecht
der nächste Erbe gewesen. Das Verhältnis der so ungleichen Brüder ist längst
gut erforscht. Ihr Briefwechsel umfaßt mehr als tausend Schreiben. Weder
kann man sagen, daß Friedrich etwa diesen dynastischen Problemen aus dem
Wege gegangen sei oder nur „sehr kühle Distanz" (Theodor Schieder) gewahrt habe, noch läßt sich etwa leichthin behaupten, daß er seine Brüder von
den Staatsgeschäften ferngehalten und damit eine Pflicht verletzt habe. Er
ließ sie vielmehr nach Maßgabe ihrer Fähigkeiten und ihres Lebensalters unterrichten. Er stellte ihnen Aufgaben, wies ihnen Aufträge zu und unterzog
sie zuweilen starker Kritik. Dies gilt zuerst für den Bruder August Wilhelm,
der weniger bedeutend als Prinz Heinrich, jedoch wohl nicht so bescheiden
wie der jüngste der Brüder, Prinz Ferdinand, gewesen ist. Die Maximen des
immer noch jungen Königs, der an den drei anderen Prinzen nun Vaterstelle
zu vertreten hatte, unterschieden sich vor allem in der Form von denen des
zweiten Königs. Posthum erfuhr dieser als Familienoberhaupt eine erstaunliche Rechtfertigung. Denn sein so hart gescholtener Sohn betrieb die Erziehung seiner Brüder mit Autorität und Verantwortungsbewußtsein und im übrigen auch mit der Folge ähnlicher, langwieriger Empfindlichkeiten. Sie sollten das Verhältnis vor allem zum Prinzen Heinrich belasten, welcher sich einer weit weniger glücklichen Natur als Friedrich erfreute.

Den Bruder August Wilhelm behandelte der König lange Zeit liebevoll und
nachsichtig. Er warb geradezu, Brief um Brief, um das Verständnis des Jüngeren für seine Rolle im Staate. Doch das Problem blieb unlösbar. Früh erkannte er betroffen, daß es diesem Prinzen und dann auch dessen erstem Sohn

unwiederbringlich an jenem Staatsbewußtsein und Arbeitswillen fehlte, wie sie ihm und den vorhergehenden Herrschern gegeben waren. Hunderte, ja Tausende von Mahnworten hat er an den Thronfolger gerichtet. Alle vergebens. Typisch dafür ist ein Dialog im Oktober 1750, als August Wilhelm weinerlich klagte: „Mein ungebildeter Geist kommt mir wie ein Brachfeld vor, wo man mit reicher Aussaat keine Ernte erzielt. Genug, wenn ich so viel Wissen erwerbe, daß ich die verlorene Zeit meiner ersten Jugend nicht mehr zu beklagen brauche. Denn mein ganzes Streben geht allein dahin, mich Deiner würdiger werden zu lassen." Der König antwortete mit deutlichem Mißmut: „Du kannst aus Dir alles machen, was Du willst. Wenn man von Natur so begabt ist, wie Du, braucht man nur zu wollen." Staatsbewußtsein, Wissen als Willensakt. Nichts geschah. Friedrich konnte sich, vielleicht im Erinnern an seine Erziehungskatastrophe, nicht entschließen, den Bruder wie einen Sohn an die Kandare zu nehmen und ihm eine Art von „Ochsentour" in Verwaltung, Heer und Wirtschaft aufzuerlegen. So scheiterten alle Versuche eines Brückenschlages zwischen Staat und Dynastie.

Denn die „Prinzen von Geblüt" vermochten sich allemal noch den Forderungen der jeweils Regierenden zu entziehen. Das Testament von 1752 enthält einen solchen Abschnitt: „Ihre hohe Abstammung flößt diesen Prinzen einen gewissen Hochmut ein, den sie Adel nennen. Er macht ihnen den Gehorsam unerträglich und jede Unterwerfung verhaßt." Wer die Fahne der Unabhängigkeit erhebe, müsse in seine Schranken gewiesen werden; allenfalls könne man ihnen fernab von den Staatsgeschäften ein militärisches Kommando anvertrauen, sofern sie über Talent und über einen zuverlässigen Charakter verfügten. Diese Bemerkungen, im Testament von 1768 merkwürdigerweise fortgelassen, beziehen sich vielleicht weniger auf den Thronfolger und die sonstigen Brüder als vor allem auf den ausschweifenden Markgrafen von Brandenburg-Schwedt, auf die fränkische Verwandtschaft und auf die sonstigen eng blutsverwandten Prinzen aus den Häusern Braunschweig-Wolfenbüttel, Hannover und Anhalt, zumal wenn sie mit preußischen Militärrängen ausgestattet waren. Andererseits hat Friedrich trotz seiner nichtdynastischen französischen Urgroßmutter auf die Mitwirkung von Männern aus der großen europäischen Korporation der Dynasten bis an die Grenzen der Blindheit Wert gelegt. Und sie schufen ihm, genau betrachtet, unbezahlbare personenstrukturelle Verbindungen.

Nach den ersten Schlesischen Kriegen erreichte es Friedrich immerhin, daß der Thronfolger sich in groben Zügen über den Stand der Geschäfte unterrichten ließ. 1747 schärfte er ihm wiederum ein: „Nach unserer Staatsverfassung regiert der König selbst, und die übrigen Stände sind für ihr Ressort nur die ausführenden Organe. Ist dem Herrscher also der Zusammenhang des Ganzen nicht vertraut, so muß der Staat darunter leiden. In einem unvorhergesehenen Falle [z. B. Schlachten-Tod] würdest Du als völliger Neuling in die Geschäfte eintreten; trotz der Ordnung und Klarheit, die darin herrschen, weil Du den inneren Zusammenhang aller ihrer Teile nicht kennst. Die Zeit, die Du opferst, um Dich darüber zu belehren, kann Dir also nur zum größten Segen gereichen" (24. April 1747). Auch diese Worte fruchteten wenig, weil Geisteswachheit und politische Leidenschaft unverändert fehlten. Die Ehe des Prinzen mit Luise Amalie von Braunschweig-Bevern (1742), einer Schwester der Königin, verlief wegen der allgemeinen Neurasthenie zwar ebenfalls nicht sonderlich glücklich; sie war jedoch zur Freude Friedrichs mit Kindern gesegnet. Wenigstens das vermochte der schwache August Wilhelm noch zu leisten. Als Friedrich seinen dritten Krieg beginnen mußte, gab es aus der männlichen Nachkommenschaft Friedrich Wilhelms I. nicht mehr als noch zwei unmündige Prinzen. Diese Schwäche des Hauses war nun offenkundig.

Seit 1749 verdüsterte sich dann aber das Verhältnis des Königs zum Thronfolger. Dieser versuchte verständlicherweise, aber doch sehr unklug, zwischen Friedrich und dem aufsässigen Prinzen Heinrich zu vermitteln. Der Thronfolger geriet in eine oppositionelle Rolle, die der Ältere beklagt hat („Heinrich ist dein Abgott"). Dazu traten Depressionen des Thronfolgers, vielleicht dunkle Vorboten der späteren Todeskrankheit. 1756 unterstützte er zusammen mit Heinrich eine Allianz mit Frankreich ohne Kenntnis der außenpolitischen Imponderabilien. Er verurteilte demzufolge naiv die Verbindung mit England und den plötzlichen Einmarsch in Sachsen. Und der Fehler des Königs bestand dann darin, diesen kränkelnden Prinzen überhaupt mit ins Feld genommen zu haben. Ohne Not setzte der König damit seinen Staat der Gefahr aus, unter die „Geißel der Minorennitätsregierung" (1752) zu geraten. Den Aufgaben, die sich während des böhmischen Feldzuges nach der Niederlage von Kolin (1757) stellten, zeigte sich der Thronfolger in der Sicht des Bruders nicht gewachsen. Nachdem dessen kleine Armee auf dem Rückzug infolge unzulänglicher Dispositionen erhebliche Verluste zu beklagen hatte, enthob ihn der König schwer verärgert des Kommandos, forderte ihn jedoch auf, beim Heer zu bleiben. Friedrich war überhäuft mit Sorgen. August Wilhelm jedoch verließ den Kriegsschauplatz. Er starb ein Jahr später, wahrscheinlich an einem Gehirntumor, im Schloß Oranienburg. Den dreizehnjährigen Friedrich Wilhelm hinterließ er als Erben.

In der Familie erhob sich scharfe Kritik. Der Chef der Dynastie blieb jedoch hier kalt und hart: Die Angehörigen haben sich, nicht anders als Minister und Generäle, den Staatsnotwendigkeiten zu fügen. Sie haben ein Vorbild der Standhaftigkeit und der Ehre zu geben, weil sie ein Teil des „Staates" sind. Diese Forderung nach einer Identifikation bildete den Kern seiner Gedanken über die eigene Dynastie als leistungsverpflichtetes Element in diesem bereits weit verstandenen Staat.

1756 ernannte der König für den Fall des Todes des Prinzen von Preußen den Prinzen Heinrich zum Vormund. Das war zweifellos die beste Lösung. In der weiteren Folge standen dann sein Bruder Ferdinand und der Prinz Friedrich von Schwedt. Ende 1758, mitten in dem Kampfe auf Tod und Leben, wurde Prinz Heinrich eventualiter zum Generalissimus, zum unbeschränkten Vormund und zum Chef aller Landeskollegien ernannt, das heißt, zum faktischen Premierminister und Reichsverweser Brandenburg-Preußens. Friedrich war nun die komplementäre und kongeniale Leistungsfähigkeit Heinrichs trotz dessen Schwächen deutlich geworden. Nach dem Kriege, als der Thronfolger mündig geworden war, entfielen diese Bestimmungen zwar, aber unablässig bedachte der König, wie man die Rationalität Heinrichs zugunsten des Nachfolgers einsetzen könne. Die Primogenitur als Prinzip des Erbrechtes zu ändern, kam auch deshalb nicht in Frage, weil er dem Kaiser keinen Vorwand zum Eingreifen geben wollte. Die Nachfolge vollzog sich also, wie auch 1888, in hergebrachten Bahnen. Die persönliche Seite der Regenten-Qualität löste jedoch von Jahr zu Jahr große Sorgen aus. Seinen Neffen und Nichten und sonstigen fürstlichen Verwandten kam Friedrich überwiegend mit Nachsicht entgegen. Den Thronfolger hingegen maß er weiterhin mit den gleichen Maßstäben wie sich selbst. Anders konnte und durfte er nicht handeln.

Während des Dritten Krieges fand der König kaum Zeit, den Herrn Neffen Friedrich Wilhelm persönlich zu unterrichten. Dieser aber hätte in den Jahren um 1760 einer intensiven Erziehung bedurft, für die bereits 1751 eine Instruktion von ihm verfaßt wurde: „Weder Sie noch alle Mächte der Welt können den Charakter eines Kindes ändern. Erziehung vermag nur das Ungestüm der Leidenschaften zu mäßigen. Behandeln Sie meinen Neffen wie einen Bürgersohn, der seinen Weg machen soll … er muß lernen, daß alle Menschen gleich sind und hohe Geburt nur Chimäre ist, wenn nicht das Verdienst hinzukommt." Der erste Erzieher und Oberhofmeister des Prinzen Graf Adrian Heinrich von Borcke (1715–1788), Sohn des Feldmarschalls, hat dem Prinzen Liebenswürdigkeit, Gewandtheit und einige geistige Interessen, jedoch nicht in angemessenem Umfange Arbeitsethos, sinnvolle Enthaltsamkeit und die traditionelle Sparsamkeit beibringen können. Der zweitgeborene und offenbar begabtere Neffe Heinrich war zwanzigjährig 1767 im ruppinschen Protzen an den Blattern dahingeblieben. Der in der Tiefe trauernde König ließ ihm, auf den er Hoffnungen gesetzt hatte, einen selbstverfaßten Nekrolog in der Berliner Akademie lesen. Sein Sarg steht in der Domgruft.

So blieb Friedrichs Verhältnis zum Nachfolger, der ihn häufig zu begleiten hatte, wechselnd. Im Krieg von 1778 soll er wegen überraschender Tapferkeit den ermunternden Zuruf des Königs empfangen haben: „Ich betrachte Sie von heute an nicht mehr als meinen Neveu; ich sehe Sie als meinen Sohn an." 1782 freilich, in den „Betrachtungen über den politischen Zustand Europas", zeigte sich wieder die Sorge um diese Seite der Zukunft des Staates: „Wenn aber nach meinem Tod mein Herr Neffe in seiner Schlaffheit einschlummert, sorglos in den Tag hineinlebt, wenn er verschwenderisch, wie er ist, das Staatsvermögen verschleudert und nicht alle Fähigkeiten seiner Seele neu aufleben läßt, so wird Herr Josef – ich sehe es voraus – ihn über den Löffel balbieren, und binnen dreißig Jahre wird weder von Preußen noch vom Haus Brandenburg mehr die Rede sein: Der Kaiser wird alles verschlungen haben ... Alle meine Wünsche gehen dahin, daß die Ereignisse meine Prophezeiungen Lügen strafen, meine Nachfolger als verständige Leute ihre Pflicht erfüllen und das Geschick den größeren Teil des dreuenden Unheils von uns wende"[60].

Das waren keine schlechten Prognosen für die Krise, in die Preußen nach 1790 und nach 1806 geraten sollte. Denn der Nachfolger, demgegenüber der Ton des über dessen private Affären gut unterrichteten Herrschers immer skeptischer wurde, verfügte zwar über nicht wenige Talente, doch nicht über die Kraft, einen nunmehr komplexen Staat wie Preußen zu modernisieren und das Ansehen des Königtums zu bewahren. So erweist sich die Nachfolge-Frage als die Achilles-Ferse der Dynastien. Dieses Schicksal, verbunden mit der nur oberflächlich behandelten Auswahl bei Heiraten („Zuchtwahl") verschonte Friedrich nicht. Es gefährdete offenkundig das Lebenswerk.

Siebentes Kapitel

Auf des Messers Schneide: Der Siebenjährige Krieg[61]

Die bewegenden Ursachen des von vielen befürchteten neuen Krieges sind in erster Linie in dem Wandel des europäischen Staatensystems zu suchen, vor allem in dem sich wiederum verschärfenden Gegensatz zwischen den beiden Großmächten Frankreich und England, die sich um Teile ihres Kolonialbesitzes stritten. Sie gerieten bereits seit 1754/55 in Nordamerika in eine kriegsähnliche Situation. Österreich, dessen Politik seit 1753 von dem beharrlichen Preußen-Gegner und Intimus der Königin-Kaiserin Kaunitz geleitet wurde, suchte das Bündnis mit Frankreich und Rußland, um Preußen von allen seinen politischen Freunden zu trennen. Diese Politik, von Friedrich beobachtet, war erfolgreich. Die Außenpolitik des in der Gunst der Zarin Elisabeth stehenden Kanzlers Bestuschew richtete sich trotz einiger innenpolitisch bedingter Winkelzüge konsequent gegen das seiner Ansicht nach zu stark gewordene Preußen. Ostpreußen sollte in diesen Phantasien an die Krone Polen gegeben werden, alte polnische Gebiete nebst Kurland könnten dann an Rußland fallen, um die Bauernflucht einzuschränken und um über die eisfreien Häfen die Grundlagen für den Ostseehandel zu erweitern. Gegenüber anderen Gruppen bei Hofe, die die Monopolstellung der Engländer im Außenhandel mit Rußland durch ein engeres Bündnis mit Frankreich zu brechen wünschten, konnte sich der Kanzler bei der Zarin Elisabeth schließlich 1755/56 durchsetzen. Am 25. März 1756 verfügte er auch insoweit über Handlungsfreiheit. Bereits Ende Dezember 1755 legte er den Gesandten Österreichs und Englands die von erheblicher Aggressivität getragene Frage vor, „was für Streitkräfte beiderseits bereitgestellt wären, um einem preußischen Angriff auf einen der gemeinsamen Alliierten zu begegnen oder um Preußen selbst anzugreifen". Seit September 1755 war Rußland überdies durch einen Subsidienvertrag mit England verbunden. Für alle Fälle sollten russische Truppen zum Schutz Hannovers bereit gehalten werden. Im Lichte der Mobilität dieser Truppen, wie sich zeigen sollte, blieb dies ein chimärischer Plan. Graf Kaunitz stellte mit dem Einverständnis seiner Monarchin den Grundsatz auf: „Richtig ist, daß Preußen muß übern Haufen geworfen werden, wann das Durchlauchtigste Erzhaus aufrecht stehen soll" (21. August 1755). Von Friedfertigkeit ist wenig zu spüren, obwohl es am Wiener Hofe wohl auch einige andere Stimmen gegeben hat. Man müsse, so Kaunitz, diesen Nordoststaat auf den Stand vor dem Dreißigjährigen Kriege bringen. Mit einigem Geschick, kurzfristig gesehen, hat er auf den europäischen Krieg mit dem vorrangigen Ziel hingearbeitet, Schlesien zurückzugewinnen und die Hohenzollern-Monarchie zu schwächen. Doch war ihm die Einsicht nicht fremd, daß im Verfolg der Gleichgewichtspolitik Friedrichs Staat Bündnispartner finden würde und müßte. Insoweit blieb die Partie offen, und das Risiko schien nüchternen Beurteilern durchaus nicht gering zu sein.

Man wird nicht alles als geschichtliche Schuld auf dem Kopf des Grafen Kaunitz und seiner Beamten anhäufen müssen. Die gesamte Führungsschicht des Wiener Hofes war an dem Desaster des in Aussicht genommenen Krieges, den man nicht ohne traditionelle Lethargien auf sich zukommen sah, beteiligt. Doch neben den klassischen, immer wieder erörterten Irrtümern und Ursachen des „Mirakels" ist noch ein Fundamental-Irrtum zu bedenken, der einem erstklassigen Politiker „in der Zeit" hätte auffallen müssen, weil es ein Jahrhundert-Irrtum war, der bis zu Napoleons Katastrophe reichte. Österreich scheiterte an den nachmittelalterlichen Strukturen in Mitteleuropa. Diese Verfassungs- und Personalstrukturen („Landesherrschaft") waren um die Mitte des 18. Jahrhunderts noch von äußerster Festigkeit, ja Härte beschaffen. Sie widersetzten sich, pauschal gesagt, jeder offenen und verdeckten Diktatur des Kaiserhauses. Da dieses gravierende, schicksalhafte Problem den staatsmännischen Beratern in Umrissen erkennbar war, ist es um so erstaunlicher, daß die führenden Köpfe in der Hofburg – weniger im Ausland – das Risiko von militärischen Konflikten mit international ungewissem Ausgang einzugehen bereit waren. Die Unzulänglichkeit der Analysen und die immer aufbrechende Dominanz der politischen Emotionalität wird man als Haupttriebkräfte zu betrachten haben. Freilich gab es auch etwas sehr Triviales: daß man aus der Geschichte nichts gelernt hatte.

Die neuerlichen Eingriffe des Wiener Hofes 1755/56 in die Verhältnisse der dynastisch geprägten Einzelstaaten häuften sich seit 1754. Der König, der von dieser Schwäche Wiens ziemlich viel erfahren hatte, beobachtete die Aktionen und Torheiten genau, „wie weit der intendirte Despotisme des wienerischen Hofes gehe und sich schon zu äußern anfange, so daß man endlich die Freiheiten und Prärogativen derer Stände würde völlig unterdrücken und denen selben werde vorschreiben wollen, was vor Gesandte und Bevollmächtigte sie zum Reichstage schicken und wie solche nach dem intendirten Despotisme votieren sollen." Man müsse hier einen groben Keil auf den groben Klotz setzen und herzhaft schreien (an Podewils, 25. Oktober 1755).

England suchte sich anfänglich in seiner innenpolitisch uneinheitlichen Situation im Hinblick auf seine überseeischen Verpflichtungen, Interessen und den nicht unerheblichen Schuldenstand aus dem neuen Mitteleuropa-Konflikt herauszuhalten. Es betrieb bislang nur eine Art von Schaukelpolitik, um das Herkunftsland seiner Dynastie Hannover zu sichern. Mit der vor allem von

England überraschend gewünschten und Preußens Besitzstand garantierenden *Neutralitätskonvention von Westminster* (16. Januar 1756) glaubte Friedrich bereits den Ring der geheimen und offenen Feinde gesprengt zu haben. Das war ein Irrtum. Immerhin wollten sich England und Preußen mit vereinten Kräften dem Einmarsch fremder Truppen nach Deutschland widersetzen. Damit waren unzweideutig Rußland und Frankreich, vielleicht auch Schweden gemeint. Die Fehlkalkulation des Königs, der nun mit hoher Nervosität auf das europäische Tableau schaute, lag darin, daß er den Kampfwillen in Wien und Petersburg, die ganze Tiefe der nunmehrigen englisch-französischen Rivalität und die französisch-österreichische Bündnisbereitschaft zumindest zeitweise unterschätzte.

Der Krieg war in Sicht. Bereits am 1. Mai 1756 wurde nach Vorgesprächen zwischen *Frankreich* und *Österreich* (29.8.1755) ein geheimes Defensivbündnis in Vertragsform gebracht, dem ein Offensivbündnis folgte. *Rußland, Schweden* und *Sachsen* schlossen sich bald dem Bündnis an. Alles sollte geheim bleiben, und der Knoten schürzte sich. Nichts Wesentliches blieb geheim. Frankreich nahm ungerührt Kenntnis davon, daß die „Reduktion" seines vielmaligen Bündnispartners Preußen vorgesehen sei. Als Friedrich von den russisch-französischen Gesprächen erfuhr, die zunehmende über den Friedensstand seiner Gegenspieler hinausgreifende Militärmacht bemerkte, ja, ihm solche Nachrichten von Bestuschew noch zugespielt wurden, traf er Abwehrmaßnahmen (19. Juni ff.). Auch erreichten ihn dann Nachrichten über Truppenmärsche der Österreicher. An dem grundsätzlichen Friedenswillen Friedrichs von 1746 bis zum Sommer 1756 kann kaum ein Zweifel bestehen. Psychologische Unterstellungen, wie sie immer versucht werden, gehen an den Quellen vorbei. Man hat auch die Frage erörtert, ob er der Angriffslust seiner Gegner abwartend und scharf rüstend hätte begegnen können. Hätte er das Heranziehen der weit überlegenen Militärmächte im nächsten Frühjahr geschehen lassen, so wäre er möglicherweise durch den allseitigen Angriff erdrückt worden. Jedenfalls mußte er von der Zahl der kriegsbereiten Regimenter diesen Eindruck gewinnen. Er war umstellt. Niemand vermag von dieser geopolitischen Lage her abzuschätzen, wie ein solcher Krieg ausgegangen wäre. Auch Friedrich vermochte das nicht. Auf die moralischen Energien, die ein Angegriffener bei sich entwickelt hätte, war wegen der bereits angewendeten Propaganda-Instrumente kein Verlaß. Einiges erinnert an das Jahr 1914.

So sah Friedrich, dem Geiste der Zeit und seinem eigenen Elan entsprechend nur die riskante Chance, die vielleicht höhere Kampfbereitschaft seines Heeres in die Waagschale zu werfen. England stand im Hintergrund. Als sein Gesandter von Klinggräffen in Wien erst am 26. Juli und dann erneut am 21. August 1756 von Kaiserin Maria Theresia und von Kaunitz[62] keine Zusicherung der Friedfertigkeit erlangen konnte, vielmehr kalt abgewiesen wurde, eröffnete der König nun wohlvorbereitet am 28. August mit dem Einmarsch in Kur-Sachsen den Feldzug. Er glaubte sich nach den Erfahrungen der vorherigen Kriege dieses Landes aus strategischen und wirtschaftlichen Gründen versichern zu müssen.

Bis zum Frühjahr 1757 bildeten sich nun für die Kriegsschauplätze dieses „Weltkrieges" die Koalitionen der Mächte aus. Wie vorhergesehen und abgesprochen, schlossen sich Rußland, Frankreich, Schweden und die Mehrzahl der reichsständischen Territorien Österreich an. Dänemark und die als Drehscheibe für Kapital und Rüstungsgüter wichtigen Niederlande blieben neutral. Auf der Gegenseite standen mit Preußen Hannover, Braunschweig, Hessen-Kassel und Sachsen-Gotha, dazu das mächtige England.

Im Januar 1757 beschlossen die Kollegien des Reiches in *Regensburg*[63] mehrheitlich eine „Reichsexekution gegen Preußen". Der preußische Gesandte am Reichstag, Herr von Plotho, warf den Wiener Geschäftsträger zur Tür hinaus, als dieser ihm das kaiserliche Mandat zustellen wollte. Friedrich nahm die Aktion nur mit einer abschätzigen Bemerkung zur Kenntnis. Unzweifelhaft wußte er, was nun für ihn, sein Haus, seinen Staat und seine Koalition auf dem Spiele stand. Die Länge des Krieges wird er schwerlich geahnt haben. Auch hier regierte der Zufall die Stunde. Doch in erster Linie galt der Konflikt dem Staate und den Landen des Königs, die nun einer Probe der Standhaftigkeit von allerdings hohem geschichtlichen Range unterzogen wurden.

Angriff und Verteidigung[64]

Jeder Krieg zeigt eine rechtliche, eine politische, eine militärische und eine wirtschaftliche Seite. Von der Not der betroffenen, der geschlagenen und der getöteten Menschen spricht man bald nicht mehr. Dieser Krieg, der vor Friedrichs „Praevenire" bereits im März 1756 in den nordamerikanischen Kolonialbesitzungen und in dem fernen Indien, auch in der Karibik begonnen hatte, war im Rückblick bedeutsamer für die Weltgeschichte als für die Zukunft der Machtverhältnisse in Europa. In dieser einen Perspektive ist sich die Forschung seit langem einig. Nicht einig war man sich lange Zeit und auch wegen des Mangels wesentlicher Quellen aus österreichischen Archiven, wie man den Kriegsbeginn durch Friedrich zu bewerten habe. Allzu leicht ließ sich damit Preußen über lange Zeit hin als klassischer Friedensbrecher darstellen.

Diese Problematik war dem König weithin bewußt. In einer eigenhändig und sehr sorgfältig entworfenen Denkschrift, die an die auswärtigen Mächte gerichtet war, stellte er seine Rechtsposition dar. Sie hängt eng mit den mehrmaligen Anfragen des Königs beim Wiener Hofe zusammen. Es geht um den völkerrechtlich variablen Inhalt des Begriffs „Angriff" (aggression) und den Begriff der „Eröffnung der Feindseligkeiten" (hostilités). Dieses auch heute noch problematische Begriffspaar müsse man unterscheiden, sagt er. Angriff sei weit zu fassen, wie auch späterhin. Unter Angriff (und der erklärten Absicht) sei jeder Akt zu verstehen, der dem Sinn eines Friedensvertrages zuwiderlaufe. Dazu gehörten dann Offensivbündnisse, die Feinde, die man hinterhältig einer anderen Macht erwecke und die man zum Krieg mit dieser dränge. Angriff sei auch bereits, wenn man Pläne abspreche zum Einmarsch in Staaten anderer Fürsten und dann zum plötzlichen Überfall: „Wer diesen Angriffen zuvorkommt", doziert er, „kann Feindseligkeiten begehen, ist aber nicht der Angreifer". (Heute spricht man von Stellvertreter-Kriegen). Das Völkerrecht hat für diese Problematik des regulären Kriegsausbruches nebst Vorgeschichte auch seitdem nicht einen Kanon der Kriterien und der Strafvorschriften gefunden. Es stehen sich die Behauptungen gegenüber, und die Streitparteien können und werden nicht alle Karten auf den Tisch legen. Auch Wien und Berlin und die anderen Höfe konnten das zwischen 1750 und 1756 nicht. Es wäre töricht gewesen. Aber Friedrich durchdachte in seiner Zwangslage dieses Problem konsequent. Er ließ die Öffentlichkeit daran teilhaben, indem er nach der dritten Anfrage in Wien eine Bekanntmachung veröffentlichte über die Verschwörung seiner Gegner und damit über die wahren Ursachen des preußischen Einmarsches in Sachsen. Er enthüllte einen kleinen Teil seines Wissens um die feindlichen Pläne auf Grund der Informationen aus Wien, Dresden und Petersburg und erreichte so eine gewisse Patt-Situation in der Öffentlichkeit, die das große Ereignis so oder so politisch und moralisch zu bewerten hatte. Das ihm seine Feinde, bis heute, eine räuberische Aktion unterstellen würden, nahm er hin. Er selbst wird sich bis in seine späten Jahre die Frage vorgelegt haben, ob es klug war, das Praevenire zu spielen. Doch das steht auf einem anderen Blatt und ist letztlich, weil konjunktivisch, unentscheidbar.

Die Machtmittel der Koalitionen

Auf seiten der dem Könige und seinen Verbündeten feindlichen Allianz war man, wie vor vielen Kriegen, naiver Weise zuversichtlich, die Kampfhandlungen schnell und erfolgreich beenden zu können. Welch ein Irrtum. Staatskanzler Kaunitz bemerkte in einem nun ziemlich betretenen Vortrag nach dem Desaster (24. Januar 1767), nicht die Zahl der Truppen, nicht ein Mangel an Finanzen, nicht Fehler der politischen Planungen haben diesem unvermeidlichen Krieg (!) einen solchen außerordentlichen Endzustand beschert, sondern die große Allianz (die er geschmiedet hatte) habe wegen des persönlichen Versagens der führenden Militärs ihre territorialen und politischen Ziele nicht erreichen können. So geht es in der Weltgeschichte: Nach den verlorenen Kriegen haben immer die anderen, die Zufälle und die sich abwendenden Götter die Schuld.

Von der *Menge der Truppen* her hätte Friedrich nach kurzer Zeit am Ende sein müssen. Auch seine Finanzen waren nicht unerschöpflich. Er hatte seit 1745 als sparsamer Monarch das Heer nur geringfügig vergrößert. Die allgemeine Leistungsfähigkeit des Landes setzte Grenzen. Kriegsschäden mußten aufgearbeitet werden. Keine Frage: Westeuropa war bei weitem auf der Staatsebene vermögender. Aber es gab für ihn und seine Offiziere und auch die Beamten die Kriegserfahrungen. So wurde in dem Friedensjahrzehnt unablässig und in allen Standorten eine möglichst gefechtsnahe Ausbildung exerziert. Dem dienten die neuen regelmäßigen General-Revuen und alle größeren Herbstmanöver. Hier wurden unter kriegsähnlichen Bedingungen die taktischen und die kleinstrategischen Grundfiguren erprobt und verändert. Das Offizierskorps in der Mehrzahl war noch jung und elastisch. Mit seinen Weisungen, unaufhörlich, für die Generalität suchte er den Sinn für die Kriegskunst zu heben. 1753 schrieb er die „General-Prinzipien vom Kriege" und 1755 die „Gedanken und allgemeinen Regeln für den Krieg". 1748 hatte er bereits ein neues Infanterie-Reglement erlassen. An der Technik der Waffenherstellung in den Manufakturen wurde stets und ständig gearbeitet. Das Nötige in seiner Sicht war unzweifelhaft getan, zumal auch ihm der zunehmende technische Fortschritt des Aufklärungsjahrhunderts zugute kam.

Rüstung

Die zehn Jahre von 1746 bis 1756 wurden genutzt, das Heer kriegstüchtig zu entwickeln. Der König war davon überzeugt, daß ein neuer tödlicher Kampf um die Behauptung Schlesiens und um die Existenz des Staates bevorstand. Neben der Arbeit an der Taktik der Verbände stand die umfassende Rüstung, stand die Produktion von Waffen aller Art im Inland und im Ausland. Die Gesamtstärke des Heeres stieg von 1744 (Juli) 131.846 bis September 1756 auf 158.000 Soldaten. Sie erreichte gegen Ende des Krieges 210.000 Köpfe, die ausgerüstet sein wollten. Um 1750 waren nur noch 129 Handwerker in Spandau und Potsdam beschäftigt. Dann aber gab der König die Weisung aus, die Produktion wieder zu erhöhen. Aus Lüttich wurden Arbeiter angeworben. Damit nicht genug, mußten nunmehr im Jahre 1758 Aufträge für 10.000 Gewehre nach Suhl und Zella (Thüringen) gegeben werden, 1759 weitere 8.000 Gewehre ebenfalls nach Zella, 1760 800 Gewehre nach Essen, 1761/62 18.000 Gewehre nach Holland und 6.000 Gewehre nach Lüttich. Insgesamt sind zwischen 1757 und 1762 allein in Suhl und Umgebung mehr als 20.000 Gewehre für Preußen gefertigt worden, ohne daß die Österreicher dies nennenswert zu unterbinden vermochten. Neben den rd. 32.500 Gewehren aus Thüringen, Holland und Belgien standen eine unbekannte Zahl an Pistolen-Lieferungen aus Essen.

Die Feldartillerie wurde Zug um Zug verbessert, insbesondere durch den technisch versierten Major (später Oberst) Georg Ernst (v.) Holtzendorf, der sich hoher Wertschätzung durch den König erfreute. Die Geschützgewichte wurden verringert, Protzen erfunden und die Kriegsverluste rasch ausgeglichen. Die in Sachsen einrückende Heeresgruppe verfügte über 140 Dreipfünder und 80 schwere Stücke. Zusammen befanden sich 360 Stücke in der Armee. 1762 hingegen befanden sich, trotz Kriegsverlusten, 662 Geschütze in Aktion, davon 348 leichte Bataillons-Geschütze. Nach den Schlesischen Kriegen erkannte der König, daß die Munitionsherstellung im Lande nicht ausreichte und er in Holland und Schweden zukaufen mußte. So entschloß er sich, 1752 weitere Hochöfen (auf Holzkohlenbasis) in der Neumark, in Pommern und in der Kurmark errichten zu lassen, die bis 1756 fertiggestellt waren. Ebenso wurden in Oberschlesien (Malapane und Kreuzburgerhütte) Hochöfen gebaut, die dann während des Krieges unaufhörlich Kugeln, Bomben und Granaten produzierten. 1754 ließ der König für die Artillerie 9.400 Bomben (10.000 Zentner) bestellen, von denen in der Woche 200 Stück gegossen wurden. Anfang 1756 wurden für die Festung Kosel 6.400 Bomben bestellt. Der Krieg war in Sicht. Im Januar 1759 orderte der König für den kommenden Feldzug u. a. 17.000 Zentner Munition; daraus ergaben sich 400 Zentner Kartätschenkugeln, 10.000 zwölfpfündige Hohlkugeln, 40.000 zwölfpfündige Kanonenkugeln und 4.000 Bomben. Die Rüstungsversorgung schien mithin bei Kriegsausbruch gesichert zu sein.

Der Versorgung der Armee mit regelmäßiger Verpflegung dienten die 32 Kriegsmagazine, vorab die schlesischen Magazine, das Magdeburger Magazin, dann Stettin, Küstrin, Frankfurt/O., Crossen und natürlich Berlin und Spandau. Von dort wurde alles geliefert, was die Truppe brauchte, also auch Fleisch, Pferdefutter und Bekleidung. Das System funktionierte während des ganzen Krieges ohne nennenswerte Störungen durch den Feind. Zusätzlich wurde im besetzten Land manches beschafft, wenn die Magazin-Fuhrwerke nicht nachkamen. Standorte und Bewegungen der Heere richteten sich auch danach, daß im Frühjahr Grünfutter für die Pferde in der Gegend „nicht ausfouragiert" war. Vor Kriegsbeginn mußte die Zahl der fahrbaren Backöfen bestellt werden, von denen bei Kriegsbeginn nur 48 Öfen bereit standen, während 67 Öfen nötig waren, um 100.000 Mann auch nur zwei Tage lang zu verpflegen. Um Verluste während des Krieges auszugleichen, wurde die Verpflegung durch Einquartierung, durch regelmäßige Ausschreibung im besetzten Land und durch Requisition durch die Truppe ergänzt. Die Störung der Lebensmittelversorgung nicht nur der preußischen Armee erwies sich dann während des Krieges als die Achilles-Ferse für die Strategen. Die Intendan-tur-Offiziere des Königs vollbrachten, insgesamt gesehen, eine erstaunliche Leistung, ohne die dieser Kriegsverlauf und dieses Kriegsende schlechter-dings nicht denkbar gewesen wären.

Preußen verfügte im August 1756 über etwa 154.000 Mann mit schweren Geschützen („Kanonen") und Bataillons-Geschützen, von Hand mit Seilen zu bewegen, für die an die 17.000 Mann bereit standen. Die Kavallerie umfaßte, etwa gleich stark mit Österreich, 32.000 Berittene. Doch in der insgesamt gesehen geringen Gesamtzahl befanden sich etwa 20.000 Mann der Garni-sontruppen für die Festungen.

Österreich aber, für sich, vermochte weit mehr, nämlich 177.500 Mann ins Feld zu stellen. Dazu kommt nun die Feldarmee *Rußlands* mit fast 300.000 Mann (1756), die freilich mit Ausnahme der Kosaken (43.732) vergleichs-weise schwer beweglich waren. Ihre Logistik blieb archaischen Methoden verhaftet.

Frankreich konnte auf eine stolze Soll-Stärke (1756) von etwa 213.000 Mann verweisen; zahlenmäßig war es übermilitarisiert und hätte andere Län-der theoretisch überrennen können. *England* konnte neben seiner leistungsfä-higen Flotte nur 91.000 Mann, überwiegend im Inland bereitstellen, *Schwe-den* nur 48.000. Unter den zehn insoweit bedeutsamen Mächten nahm Preu-ßen den vierten Rang ein, gefolgt von England, Schweden und Holland. Von *Sachsen* wußte man, daß es 18 bis 20.000 Uniformierte unterhielt.

Der König konnte das alles in seinen Tabellen abschätzen. Doch vermoch-te er nur schwer zu erkennen, welche Kräfte nun die Seekriege und die Kämpfe in Übersee und die Kämpfe in Portugal und Spanien binden würden. Auf die internationalen Kapitalmärkte, die sich nunmehr ebenfalls etwas aus-rechneten, war er voraussichtlich gleichermaßen wie sein Hauptgegner Öster-reich angewiesen. Auch pflegte das Kapital nicht immer zwischen Freund und Feind zu unterscheiden. Also würde womöglich jener obsiegen, der bis zum Kriegsende immer wieder neben den moralischen Potenzen mit Reser-ven operieren können würde, – bei Freund und Feind.

Freitruppen

In allen Kriegen gibt es Spezialverbände für besondere, am Rande der Schlachtfelder liegende Aufgaben. Immer setzte man schnelle Verbände ein, die der Sicherheit des Hauptheeres, der rückwärtigen Verbindungen oder der Sicherheit der Hauptquartiere zu dienen hatten. Immer, in allen zurückliegen-den Jahrhunderten, fanden sich Außenseiter, die diese besondere Form des Landesknechts als Lebensinhalt und als Einstieg für Räubereien und Schlimmeres begriffen. Je ungünstiger sich eine Kriegslage entwickelt hatte, desto eher griff man zu dem Mittel der rasch aufgestellten Freibataillone. Das geschah auch, um nach Verlusten die Brutto-Zahlen vorzutäuschen. Früher als in Brandenburg-Preußen waren für die Grenzkämpfe im Südosten Europas für die militärischen Operationen der Österreicher schnelle und leicht bewaffnete Truppen aufgestellt worden. Ihren Nutzen auf der Gegenseite erkannte auch Friedrich vor 1745. Er gab nun drei ausländischen Offizieren zu Beginn des dritten Krieges (18. August 1756) den Befehl, drei Freibataillone aufzustellen, in denen allerlei Abenteurer, Raufkerle und Geflüchtete unbeschadet ihrer Nationalität vereinigt wurden. Schließlich waren es bis Kriegsende 23 Einheiten (Freicorps, Frei-Husaren, Frei-Dragoner, die Schwarze Brigade und etwas später das Kleist'sche Freicorps). Sie setzte der König trotz mancher Bedenken wegen der Verwahrlosung der immer noch ritterlichen Sitten ebenso ein wie die Gegenseite.

Zeitweise standen bis zu 10.000 Mann unter den preußischen Fahnen der Freitruppen, deren Wert sich bei Diversionen im Hinterland zeigte. Nach dem Krieg wurden diese Truppen aufgelöst und auf Linien- und Garnison-Regimenter verteilt. Die Idee der partisanenartig vorgehenden, sich selbst weitgehend erhaltenden und auch deshalb gefürchteten Verbände hatte sich überwiegend in den Augen des Königs bewährt. Zu Beginn des Bayerischen Erbfolgekrieges 1778, in der die reguläre Armee zu seinem schweren Ärger erhebliche Schwächen zeigte, stellte er deshalb erneut 12 Freibataillone auf. Sie sollten wiederum nicht in geschlossenen Formationen kämpfen. Die geringe Bagage erhöhte ihre Beweglichkeit; die Mannschaften konnten zugleich einige leichte Geschütze bedienen. Diese Truppen ergänzten die immer noch zu schwache reguläre leichte Infanterie. Sie erfüllten schlecht und recht auch dann Erfordernisse des „Kleinen Krieges".

Kriegsbeginn und Kriegsverlauf 1756

Nachdem die erste Armee Friedrichs den Rubikon mit der sächsischen Grenze überschritten hatte (29. August) und die sächsische Armee zwischen Pirna und der Felsen-Festung Königstein rasch eingeschlossen worden war, stieß der König durch die Bergtäler der böhmischen Randgebiete vor, um eine heranziehende österreichische Armee zurückzudrängen, die im Begriff war, dem sächsischen Verbündeten zu Hilfe zu kommen. Über eine größere Konzeption für den Vorstoß scheint Friedrich nicht verfügt zu haben.

Die Schlacht bei *Lobositz*[65] am Elbtal (1. Oktober) zeigte im Ergebnis, daß sich gleich starke Gegner bekämpften. 28.749 Preußen standen 34.000 Österreichern gegenüber. Nach Kanonaden und längerem Abringen der Bataillone am Vormittag, was der König mit erheblichem Zweifel an einem erfolgrei-

chen Ausgang des Treffens begleitete, schien noch das Ganze mit einem ver-
lustreichen Remis zu enden. Es fehlten bei den Preußen der Nachschub an
Munition und an Reserve-Bataillonen. Der Herzog von Braunschweig-Be-
vern, Schwager des Königs, vermochte jedoch die Regimenter Itzenplitz und
Manteuffel zum Angriff mit gefälltem Gewehr mitzureißen. Man stürmte das
Dorf Lobositz und hielt es als Achse der Schlacht trotz mehrerer Gegenan-
griffe. Die Truppen des Feldmarschalls Brown verließen daraufhin das
Schlachtfeld, um den Sachsen zu Hilfe zu kommen, was jedoch scheiterte.

Beide Heere hatten 2.900 Mann an Toten, Verwundeten und Deserteuren
zu verzeichnen. Eine der härtesten Klein-Schlachten des neuen Krieges hatte
sich ereignet. Gleichwohl gab es auch hier Zeugnisse der üblichen Ritterlichkeit. Als James Keith, der das Heer auf dem Rückmarsch in die Winterquartiere anstelle des Königs zu kommandieren hatte, beim Abbruch seines Lagers hundert Verwundete der Österreicher zurückließ, übersandte er gleichzeitig dem Feldmarschall Brown eine Namenliste, verbunden mit einem
Schreiben, in dem er seine Zuversicht zum Ausdruck brachte, bei dem baldigen Austausch der Kriegsgefangenen die Verwundeten angerechnet zu sehen.
Browns Antwort lautete: „Die edle Denkweise und die Seelengröße Ew. Exzellenz sind mir zu gut bekannt, als daß ich nicht die gleiche Achtung vor der
unsrigen bei Ihnen voraussetzen würde". Aristokratisches Denken und Handeln und Rauheiten des Söldnerhandwerks lagen beieinander.

Der König erlebte vor *Königstein* die Kapitulation der eingeschlossenen
und bereits geschwächten sächsischen Armee von ca. 17.000 Mann (16. Oktober). Dabei unterlief ihm ein schwerwiegender Fehler. Die Offiziere wurden zwar bald entlassen. Doch versuchte er, die Mannschaften als Regimenter in die eigene Armee einzugliedern. Das mißlang. Die Soldaten desertierten überwiegend, so heißt es, im Frühjahr 1757. Ein Teil soll zu den Truppen
der Kaiserin geflohen sein. Sie verspürten offensichtlich kaum Neigung, für
den gefürchteten König der Preußen ihre Haut zum Markte zu tragen. Ob sie
es lieber für den sächsisch-polnischen König August III. und seinen leichtsin-
nigen und verschwenderischen Premierminister Graf Brühl tun würden, mag
dahingestellt bleiben. Immerhin war das Kurfürstentum Sachsen ein prote-
stantisches Land mit einer überwiegend lutherisch getauften Bevölkerung,
zumal auch in Dresden. Die Angst vor dem Schlachten-Tod durch Kugel, Bajonett und Säbel dürfte der hauptsächliche Beweggrund gewesen sein, jedenfalls vor anderen Empfindungen, die sich schwer erfassen lassen. Mit Treib-
sand-Deserteuren ließen sich keine Schlachten schlagen. Das wußten und erfuhren die Generäle auf beiden Seiten, gleich welcher Konfession sie ange-
hörten.

Für Friedrich ergab sich eine bittere Lehre, obschon er auch im weiteren
Verlaufe dieses Krieges in verzweiflungsvollen Lagen seine Kompanie-Chefs

und deren Regiments-Kommandeure gewähren lassen mußte, indem sie ihre Truppen-Körper mit hergelaufenen Leuten, um nicht zu sagen: Kriegsgurgeln auffüllen mußten. Nicht selten vernahmen seine Mitarbeiter und Freunde den Seufzer: „Und mit solchen Soldaten wie Kindern muß ich Krieg führen!" Schlachten werden nicht an Schreibtischen entschieden, sondern überwiegend mit der Moral der Soldaten (Napoleon). Davon hing alles ab, nicht zuletzt auch das wundersame, das unglaubliche „Mirakel des Hauses Brandenburg".

Das Kriegsjahr 1757

Im Frühjahr 1757 versuchte Friedrich mit vier getrennt in Böhmen einmarschierenden Armee-Gruppen eine Entscheidung gegen Österreich zu erzwingen. Sein Generalstabschef von Winterfeld und der alte Feldmarschall Schwerin rieten ihm zu dieser Offensive, obwohl er aus den bisherigen Feldzügen wußte, wie schwierig das böhmische Terrain für Angriff und Verteidigung sein konnte. Vor Prag zwang die vereinigte Armee den Herzog Karl von Lothringen mit einem sehr blutigen Kampf zur Flucht in die Moldau-Stadt. Dies schien bereits vor *Prag* ein bedeutender Erfolg zu sein. Aber am 18. Juni unterlag Friedrich unter hohen Opfern dem Heere der Kaiserin unter dem nun leitenden Feldmarschall Daun bei *Kolin*.

Dort verlor er, vielfach in Bildern gezeigt, seinen Feldmarschall Schwerin, den mitten im Angriff eine Kugel niedergestreckt hatte. Friedrich mußte wenige Stunden später mit seinen angeschlagenen Regimentern das Schlachtfeld und dann den böhmischen Kessel verlassen.

Die Schlacht von Kolin, deren strategische und taktische Fehldispositionen Friedrich alsbald zugab, erwies sich erst einmal als eine bedrückende und unangenehme Niederlage, weil sie nicht nur den Nimbus der Unbesiegbarkeit seines Heeres verletzte, sondern weil sich der Feldherr nun eingestehen mußte, daß er den böhmischen Kessel wiederum nach eigenen Fehlern wie bereits 1744 räumen mußte. Zu den Bildern des nachdenklichen und niedergeschlagenen Königs gehören jene Kupferstiche, die ihn bedenkenvoll an einer Brunnenröhre sitzend zeigen, umgeben von Offizieren, gleichwohl angespannt die Lage bedenkend.

Die Verluste der Heere in der Koliner Ebene östlich von Prag waren ungefähr von gleicher Höhe. Das bedeutete jedoch, daß sie proportional auf der preußischen Seite höher ausgefallen waren. Entscheidend scheint jedoch der moralische Faktor gewesen zu sein. In Böhmen verteidigten die Regimenter des Königs nicht das gemeinsame Vaterland, wohl aber taten sie dies in Schlesien oder an Saale und Unstrut. Deswegen traf den König Tag für Tag die Liste der Desertionen an einem der empfindlichsten Punkte der preußischen Heeres- und Kriegsverfassung. Nur mit erheblichen Zulage-Geldern konnten diese Abstimmungen mit den Füßen begrenzt werden.

Der Rückzug der beiden Heere aus Böhmen beeinträchtigte Friedrichs Ansehen. Militärische Versäumnisse bei einigen leitenden Offizieren verstärkten die Krise, in deren Verlauf Friedrich mit scharfer Tonlage seinen Bruder August Wilhelm wegen Unfähigkeit des Kommandos über die bis Bautzen zurückgegangene Armee enthob. Er mußte wissen, daß er von August Wilhelm keine besonderen Leistungen erwarten konnte. Insoweit handelte es sich um einen repressiven Unrechtsakt. Schuld waren die Stabsoffiziere, welche den Prinzen beraten hatten. Erbittert und verletzt zog sich der Thronfolger aus dem Kriegsgeschehen zurück. Die Mehrzahl der Angehörigen der Dynastie und die in ihrem Lebensstandard gestörte Berliner Hofgesellschaft verstanden jedenfalls zum Teil den Sinn dieses Krieges nicht. In Leipzig hingegen, auch in Gotha oder Dresden stieß der exponierte protestantische Widersacher des fernen Kaiserhauses in seinem gefährlichen Konflikt auf verbreitete Sympathien.

Es gab weitere schlechte Nachrichten. Die hannoversch-englische Armee unter dem Herzog von Cumberland konnte von französischen und Reichstruppen bei *Hastenbeck* geschlagen werden. Übereilt schloß dieser die Konvention von Kloster Zewen (8. September). Ihre Ausführung hätte den Rückzug England-Hannovers aus dem kontinentalen Krieg bedeutet. Da das nicht kleine Gebiet Hannovers und der Nebenterritorien die westliche Flanke Preußens deckte (und weiterhin in kriegsentscheidender Weise abgeschirmt hat), war für Friedrich höchste Gefahr im Verzug. Seine Chance lag in der Schnelligkeit der Aktion.

Friedrich zog mit einem Teil seiner Truppen in Eilmärschen der zweiten französischen Armee, welche sich mit Truppen der Reichsarmee vereinigt hatte, entgegen, erwartete sie im Umfeld von Weißenfels und Naumburg und griff sie dann überraschend am 5. November bei *Roßbach* an. Die unkoordinierten Heerhaufen der Feinde wurden vollständig zersprengt und in die Flucht geschlagen[66]. Das war die Rettung aus hoher Gefahr.

Die Verluste der verbündeten Truppen betrugen über 10.000 Mann. Von ihnen fielen 7.000 als Gefangene in Friedrichs Hand. Man habe, schrieb er an den Marquis Darget, acht französische Generäle und 260 Offiziere gefangen nehmen können. Zwei Drittel der gegnerischen Artillerie (72 Kanonen) kamen in die Hände der Preußen, dazu 21 Standarten und zahlreiche Fahnen. Auch ihren Troß (Bagage) mit allem Luxus mußten die Franzosen im Stich lassen. Der König verlor lediglich 156 Gefallene und 376 Verwundete bei dieser in „sanfter Manier" vorgetragenen Operation. Sie hatte weithin psychologische Folgen, zumal er seine Feinde glimpflich behandelte. In Leipzig besuchte er den schwerverwundeten französischen General Custine. Er tröstete den Sterbenden mit Worten der Muttersprache. Dieser vergaß seine Schmerzen, er richtete sich, dem Tode nahe, im Bette auf und sagte zum König: „Ach Sire, Sie sind größer als Alexander. Dieser quälte seine Gefangenen, Sie aber gießen Öl in ihre Wunden".

Der französische General Graf St. Germain schrieb nach der Schlacht an einen Pariser Freund, die Zügellosigkeit und Frechheit der eigenen Truppen vor dem Beginn der Schlacht von Roßbach habe ihn tief erschüttert. Ändere sich das nicht, so müsse man auf den Krieg verzichten: „Das Land ist mit unsern Soldaten auf vierzig Meilen in der Runde bedeckt gewesen, sie haben geplündert, gemordet, Frauen entehrt, geraubt und alle möglichen Greuel begangen. Hätte der Feind uns verfolgt, nachdem er mich geworfen, so würde er unsere ganze Armee vernichtet haben … Es ist gewiß, daß der König von Preußen Befehl gegeben hat, unsere Leute zu schonen. Nicht zu übertreffen ist der Edelmut, mit dem er unseren Gefangenen begegnet ist". Er hätte sie nicht als seine Feinde betrachtet und kein Mißtrauen gegen sie gezeigt.

Noch am späten Abend der Schlacht schrieb Friedrich der Markgräfin Wilhelmine nach Bayreuth erlöst und ohne „Erschütterungen seiner Seele" (Johannes Kunisch): „Mein Bruder Heinrich und der General Seylitz haben leichte Verletzungen an den Armen … Nach so viel Unruhen, dem Himmel sei Dank, ein glückliches Ereignis. Und es soll gesagt sein, daß 20.000 [22.000] Preußen 50.000 [41.110] Franzosen und Deutsche geschlagen haben. Jetzt kann ich mich in Frieden in mein Grab legen, nachdem Ruhm und Ehre meines Volkes gerettet sind. Wir können unglücklich sein, aber wir werden nicht entehrt sein. Sie, meine teure Schwester, meine gute, göttliche, zärtliche Schwester, da Sie an dem Geschick eines Sie anbetenden Bruders teilzunehmen geruhen, teilen Sie jetzt auch meine Freude". Das waren Melancholie und Pathos in einem, wie Friedrich es schätzte, und nicht etwa Ironie. Es entsprang ganz dem Gefühl des Augenblicks.

Der Königin im festen, nicht so weit entfernten Magdeburg sandte er sogar einen Adjutanten mit der Siegesbotschaft. Sie versetzte den Gegnern Preußens in ihrer Zuversicht einen Stoß. Daß das von Ferne gesehen kleine Preußen das großmächtige Frankreich in einer Schlacht besiegte, die räuberischen und kurz zuvor noch überheblichen Franzosen aus dem Lande jagte und drängte, erhob diesen König über den Streit mit Österreich hinaus zu einer in Wort und Bild beleuchteten Schlüsselfigur des Weltkonfliktes. Und so hat kein Ereignis aus dem Siebenjährigen Kriege einen solchen Widerhall im In- und Ausland gefunden.

Selbst der mißgünstige Voltaire spricht von einer der „denkwürdigsten Schlachten des Jahrhunderts": „Ich verbürge mich dafür, daß er (Friedrich) jetzt den Klageliedern Epigramme folgen lassen wird. Für die Franzosen im Ausland ist jetzt keine gute Zeit. Man lacht uns ins Gesicht, als wären wir die

Adjutanten des Herrn von Soubise gewesen". In Paris herrschte eine latente
Friedrich-Sympathie. Der Leiter der französischen Außenpolitik Kardinal
Graf Bernis (1715–1794) soll seinem Gesandten in Wien gesagt haben: „Weder der Wiener Hof noch Paris haben einen General, den man dem König von
Preußen entgegenstellen könnte". Es empfiehlt sich nicht, politische Wahr-
heiten vor Geheimnisträgern auszusprechen, wenn man nicht über die einem
Diktator gleichende gefürchtete Stellung verfügt. Ende 1758 wurde denn
auch Graf Bernis wegen seiner Friedensbereitschaft gestürzt, zumal die politisch aktive Maitresse König Ludwigs XV. ihn nicht mehr zu halten vermochte.

Auch in England hat man nun die Konvention von Zewen nicht anerkannt.
Die Regierung zahlte ihrem Festlandsdegen Friedrich fortan Subsidien in Höhe von ca. 4 Millionen Talern. Insgesamt waren es 27 Millionen Taler, eine
erklecklicke Summe. Im April 1758 erhielt er 650.000 Pfund Sterling als erste Rate in Gold. Das Geld wurde dann weiterhin bis 1761 in Amsterdamer
Finanzhäusern gewechselt und von dort zu den beiden Feldherren auf die
Reise gebracht. London unterstützte nun nachhaltig die hannoversch-
braunschweigische Armee unter Friedrichs hochbegabtem Schwager, dem
Prinzen Ferdinand von Braunschweig. Dank seiner Militärerfahrung im Krieg
bis 1745 hat Ferdinand (seit 1750 Generalleutnant und nunmehr jüngster
Feldmarschall) mit der reorganisierten „combinierten Armee" im Frühjahr
1758 Nordwestdeutschland von den französischen Truppen befreit und deren
Armeekorps bei *Krefeld* (23. Juni 1758) und vor allem bei *Minden* (1. August
1759) sowie mit zahlreichen anderen Gefechten überwiegend glücklicher Art
aus dem Feld schlagen können.

Die Schlacht bei Leuthen[67]

Die Schlacht bei Roßbach begrenzte die Gefahr neuer Niederlagen im
westlichen Kampfgebiet und erhöhte die moralische Position des Königs in
den Gesprächen und Urteilen in den maßgeblichen europäischen Kabinetten,
zumal er mit den französischen „Feinden" nach der Schlacht beschämend rit-
terlich verfahren war. Mit Marodeuren und ihren Anführern geht man norma-
lerweise anders um. 6.250 Gefangene zählte man sogleich.

Aus dem Saale-Unstrut-Gebiet eilte der König über Leipzig, wo er noch
mit dem weisen Gottsched friedlich disputierte und wo sich seine Armee re-
generierte, nach Schlesien, weil dort mittlerweile alles lichterloh zu brennen
schien. Herzog August Wilhelm von Braunschweig-Bevern (1715–1781),
Vetter der Königin und ihrer pro-preußischen Geschwister, mußte die strategisch bedeutsame Stadtfestung Schweidnitz räumen. Wenig später, am
22. November, unterlag er der Hauptarmee der Österreicher mit seinem Korps

vor den Toren von Breslau, konnte die Truppen jedoch zurückziehen, geführt von dem unverwüstlichen und unentbehrlichen General von Zieten. Seit dem 28. November nahm Friedrich sein Hauptquartier in Parchwitz (Kreis Liegnitz), umgeben von 18 Bataillonen und 28 Schwadronen. Das waren etwa 12.500 Mann, plus dem Nimbus des Feldherrn. Aber das Ansehen des Strategen schwankte. Der Herzog von Bevern, nicht der Klügsten einer, war in Gefangenschaft geraten. Das reiche Oder-Zentrum (Maria Theresia: „dieses hässliche Breslau") mit seinen Vorräten war von dem uralten hilflosen General Lestwitz sang- und klanglos übergeben worden. Nun war guter Rat teuer.

Friedrichs Trumpf-Karte bestand in der intakten, gut verpflegten, unterwegs neu eingekleideten und rasch vervollständigten Armee. Und: ohne Roßbach kein Leuthen. Gewiß, er wußte genau, daß alles auf des Messers Schneide stand. Mit dem Tod in der Schlacht oder im kleinen Gefecht mußte er jetzt wieder rechnen. Also setzte er eine letztwillige Verfügung auf, die Eichel, der Alleswissende, verwahrte: überlebte er eine überdies verlorene Schlacht nicht, so hätte er dem Erben einer verlorenen Sache, des dann offenbar zusammenbrechenden Staates nichts zu raten; wäre er aber als Sieger in der Schlacht gefallen, so sollte der Nachfolger unverzüglich einen Friedensunterhändler nach Frankreich senden. Doch dazu kam es nicht. Die geschlagenen Truppen unter Zieten, ihrer schuldigen Generäle entledigt, wurden wegen ihrer Tapferkeit wie Sieger bei Parchwitz empfangen. Sie erhielten reichliche Verpflegung und drei ihrer Generalmajore wurden umgehend zu Generalleutnants befördert, darunter Friedrichs durch Tapferkeit hervorgetretener jüngster Bruder Ferdinand. Alles hing, neben der vieles entscheidenden und funktionierenden Logistik, von der Kampfmoral ab.

Der König verfügte nicht über die Kunst der erhabenen Gebärde der Kriegsgötter der Alten, der Anführer etwa der Kreuzzüge oder der im Ruf der Heiligkeit stehenden Könige der europäischen Vergangenheit. Doch die Gabe der ernsten, überzeugenden, eigentümlich charismatischen und doch rationalen Rede war ihm eigen. Er setzte sie nun wieder und stärker als je zuvor ein. Am Morgen des 3. Dezember ließ er in klirrendem Froste 90 Generäle und Stabsoffiziere, alle Regimentskommandeure und Bataillonskommandeure zusammenrufen. Sie waren überwiegend seine „Vasallen". Der Eid band sie an den König, sie waren nun auch im Elend des Krieges Kampf- und Leidensgenossen geworden; doch konnten sie als Fachleute das Geschehen, die riskante Lage überblicken, auch wenn keine genauen Zahlen über die Heerhaufen der Feinde vorlagen, die doch glaubten, mit ihren rund 65.000 Mann den rund 39.000 Preußen allgemach siegreich widerstehen zu können. Also hielt der Generalissimus eine in ihrer ernsten Kürze sogleich und späterhin als denkwürdig empfundene Ansprache. Ihr Wortlaut ist nicht geschlossen überliefert und wird bis in jüngste Texte hinein nach nicht völlig zuverlässigen Vorlagen zitiert. Aber sinngemäß hörten die Anführer des Heeres eine deutsche Ansprache „in Kürze und mit Nachdruck", des kleinen großen Mannes in seiner zerschlissenen Uniform, gealtert nun und abgemagert, kein Bild völliger Gesundheit, aber tief bewegend, wie es zeitgenössisch der Kriegshistoriker Tempelhoff (1782) auf der Grundlage älterer Quellen zusamengefaßt hat:

„Der König ließ alle Generale und Stabsofficiere im Hauptquartier zusammenkommen und machte ihnen alle Widerwärtigkeiten bekannt, die ihm zugestoßen waren. Er erklärte ihnen, daß es den Österreichern gelungen sey, Schweidnitz zu erobern, den Herzog von Bevern zu schlagen und Breslau wegzunehmen; daß er aber bei allen diesen unglücklichen Begebenheiten ein so festes Vertrauen in ihren Muth, ihre Standhaftigkeit und Liebe zum Vaterlande setzte, daß sie bei der ersten Gelegenheit durch ein vorzüglich tapferes Betragen dem Feinde alle seine bisher erhaltenen Vorteile entreißen würden. Er gab ihnen auf, dieses allen Offizieren und der Armee bekannt zu machen; und den gemeinen Mann allmählig zu den Auftritten vorzubereiten, die bald erfolgen würden. Ihm zu sagen, daß er den Feind angreifen müsse, wo er stünde; daß hier die Frage gar nicht von der Menge sey; daß er hoffe, seine Truppen würden ihn [den Feind] mit der größten Herzhaftigkeit angreifen und alles anwenden, um ihn zu schlagen, wenn er sich auch bis an die Zähne verschanzt hätte. Gegenwärtig sei der Fall [eingetreten], wo sie sich als wahre Helden zu zeigen hätten." Man müsse für das Vaterland mit aller Energie streiten.

„Daß es geschehen würde, dafür sey ihm der erst vor kurzem erhaltene Sieg über die vereinigte Reichs- und französische Armee bei Roßbach Bürge. Wer hätte", so der Chronist, „bei dieser Rede des Königs ungerührt bleiben, wer hätte nicht wünschen sollen, sogleich gegen den Feind geführt zu werden, um durch Thatsachen sich des Zutrauens würdig zu machen, das er in einen jeden setzte?" Darauf sei eine „heilige Stille" eingetreten, und es war zu erkennen, daß niemand den König in Stich lassen würde. Darauf hat dann (nach dem Zeugnis des Leibpagen Georg Karl zu Putlitz) der Major Konstantin von Billerbeck laut gesagt: „Ja, das müßte ein infamer Hundsfott sein, nun wäre es Zeit" (= sich aus dem Kreis der Getreuen zu entfernen). „Daß der König hierüber lächelte und es ihm nicht mißfallen hatte, ist nicht zu bezweifeln; er hat's ihm auch nie vergessen".

Diese Rede, Beförderungen und die Aussicht auf Belohnungen, auf Hinterbliebenen-Versorgung, auf Kanonen-Beutegelder, auf die üblichen Prämien für eroberte Fahnen und Standarten waren es nicht allein, mit denen Friedrich diese Armee moralisch aufrüstete. Er sprach auch in den meisten Truppenteilen. Er ritt durch das Lager. Er begrüßte das abgekämpft hereinkommende Husarenregiment Puttkamer vom Bevernschen Korps, den Hut abnehmend, mit den Worten: „Guten Tag, Kinder! Ihr habt viel gelitten! Aber alles soll gut werden."

Am Abend des 3. Dezember, also zwei Tage vor der Schlacht, begegnete er zu Pferde den Soldaten des Garde-Korps. Sie fragten ihn: „Was bringst Du noch so spät?" „Eine gute Nachricht", antwortete er. „Kinder, Ihr sollt morgen die Österreicher brav zusammenhauen". Mit einem derben Soldatenschwur versicherten sie einmütig, das wollten sie gewiß tun. „Ja, aber seht einmal", fing der König von neuem an, „wo sie dort stehen, wie sie verschanzt sind." – „Und wenn sie den Teufel um und vor sich hätten, wir schmissen sie doch heraus", war die Antwort: „Führ Du uns nur hin." – Der König: „Nun, ich werde sehen, was Ihr könnt; legt Euch nieder und schlaft wohl."

Dann kommt der König zum Regiment Manteuffel. Er fragt: „Nun Kinder, wie wird's morgen aussehen? Der Feind ist beinahe noch einmal so stark als wir." – „Das laß Du nur sein", ward ihm zur Antwort gegeben. „Es sind doch keine Pommern dabei? Du weißt ja wohl, was die können." Der König: „Ja, freilich weiß ich das; sonst könnt' ich auch morgen die Bataille nicht liefern wollen. Nun schlaft wohl! morgen haben wir also den Feind geschlagen oder wir sind alle tot." – Antwort: „Ja!, wiederholte das ganze Regiment, „tot oder die Feinde geschlagen!" So wurde das Selbstgefühl überall in einer Armee geweckt, die nicht den national gemischten Charakter der Truppen der Kaiserin hatte, welche weitab vom Schuß in ihrem Wiener Schloß sorgenvoll der Nachrichten wartete, die in diesen ungewöhnlichen Wintertagen kamen.

In aller Offenheit schrieb der König am 3. Dezember seinem Schwager Ferdinand von Braunschweig: Er könne nicht leugnen, „daß es mir sehr viel Mühe kosten wird, und daß ich hier die schwierigste und die gewagteste Unternehmung vor mir habe, die ich trotzdem mit dem Beistand des lieben Gottes [!] zu bewältigen hoffe". Bereits am nächsten Morgen erbeuteten seine abgesessenen Husaren in *Neumarkt* die gesamte Feldbäckerei des österreichischen Heeres mit Vorräten für 40.000 Mann – ein schwerer Fehler in der Logistik. Als dann noch die Nachricht eintraf (4. Dezember), daß die Heerhaufen der sich überlegen fühlenden Armee des Prinzen Karl, des bereits viermal Geschlagenen, von Westen aus den kleinen Fluß Weistritz überschritten hatte, faßte Friedrich die taktische Situation zusammen: „Der Fuchs ist aus seinem Loche gekrochen, nun will ich seinen Übermut strafen".

Die Heere standen sich gegenüber. Galliges Siegesbewußtsein wurde auf preußischer Seite verhalten geäußert. Morgens um vier Uhr zogen die Kolonnen des Königs im Dezember-Nebel von Osten nach Westen. Drei sächsische Regimenter wurden rasch überwältigt. Die Österreicher mit ihren vorgeprellten Schwadronen gingen zurück, während Friedrich auf dem ihm bekannten Gelände, gedeckt durch Hügel, seine Truppen an den Linien der Feinde herumführte, um von Süden her den Angriff („schiefe Schlachtordnung") gegen den schwachen linken Flügel der Feinde zu richten, bei Sagschütz und dann bei Leuthen, wo sich nach den bereits gegen ein Uhr geschlagenen Württembergern die Österreicher noch einmal gesetzt hatten.

Es waren brandenburgische und pommersche Elitetruppen, die der König genau berechnet einsetzte. Dem Fahnenträger der Leibkompanie rief er zu: „Junker, von der Leibkompanie, siehet Er wohl, auf den Verhack [Verhau] soll Er zumarschieren. Er muß aber nicht zu stark avancieren, damit die Armee folgen kann". Der Truppe dort rief er zu (nachdem er die Front gerichtet hatte): „Burschen, sehet ihr dorten wohl die Weißröcke? Die sollt ihr aus ihrer Schanze wegjagen, ihr müßt nur stark auf sie anmarschieren und sie mit dem Bajonett daraus vertreiben, ich will euch alsdann mit fünf Grenadierbataillons und der ganzen Armee unterstützen. Hier heißt es siegen oder sterben, vor euch habt ihr den Feind und hinter euch die ganze Armee, daß ihr also auf keiner Seite, zurück oder vorwärts, anders als siegend Platz findet".

Der König war ganz Nerv. Seine gesamte Sache stand nun in Schlesien auf des Messers Schneide. Die Österreicher verließen sich auf eine fast zehn Kilometer lange Nord-Süd-Stellung, deren Schwächen der des Geländes kundige König sogleich erfaßte und sie in einem Hasard-Spiel listig umging. Der Frontalangriff bot ihm mit seinen wenigen Truppen keinerlei Chance. Mit seinem rechten Flügel griff er, in voller Risiko-Bereitschaft, den südlichen, linken Flügel der Feinde an. Für diese Märsche und Aufstellungen brauchte er die Zeit bis zur Mittagsstunde. Alles und jedes wurde genau berechnet und angeordnet, nichts dem Zufall überlassen.

Beim Trommelschlag setzte sich dieser Teil der Armee mit ca. 20.000 Mann nach und nach in Marsch. Gestaffelt standen die Bataillone der Linie hintereinander, um in der „schiefen Schlachtordnung", wie im Spandauer Manöver geübt, dem Feinde rechtwinklig beizukommen, das heißt: unverhofft den südlichen Flügel mit österreichischen, bayerischen und württembergischen Truppen einzudrücken. Zwei erfolgreiche Angriffe der Kavallerie (Generalmajor Hans von Zieten-Wustrau) zerwühlten erst die sächsische, dann die österreichische Reiterei. In dreistündigem blutigen Kampf wurde das Dorf Leuthen mit dem erbittert verteidigten Kirchhof von der Garde des Königs gestürmt. Seit der vierten Stunde des Nachmittags räumte der Gegner fluchtartig das Schlachtfeld und strebte den Weistritz-Brücken zu.

Die Avantgarde löste ihre Aufgabe schnell, indem sie u. a. die nun hilfsweise anreitenden Schwadronen durch sicheres Feuer zu Rückzug zwangen und dann mit den Truppen des Prinzen Moritz von Anhalt, mit der Brigade Wedell und den mehrfach vorstürmenden Zieten-Husaren die Fronten des Nadasdyschen Korps über Gr. Gohlau hinweg in Richtung auf den Schwerpunkt Leuthen und den Fluchtort Lissa zersprengten.

Nachdem die Front im Südosten eingestürzt war, hatten Feldmarschall Daun und Prinz Karl am Dorf Leuthen eine zweite Linie in Eile errichtet, deren Zentrum, der katholische Friedhof, trotz der Kanonenstellung von der Garde in einer Stunde stürmend eingenommen wurde. Die gesamte Infanterie stand im Feuer, doch fuhren die Munitionskarren bis in die Angriffslinie, zumal in einzelnen Bataillonen der Soldat bis zu 180 Patronen abgeschossen hatte. Erbittert und mit noch hoher Tapferkeit verteidigten sich die zu eng gedrängten österreichischen Kerntruppen in einer zweiten Linie nun hinter dem Dorf Leuthen, von der preußischen Artillerie wirkungsvoll beschossen. Der von ihnen erhoffte Entlastungsangriff der Kavallerie (unter dem Grafen Joseph Lucchesini) gegen den linken Flügel der Preußen scheiterte an einer fulminanten Attacke der Generäle v. Driesen und v. Krockow mit fünfzig Schwadronen (u. a. Breslauer Kürassiere), die zum Zusammenbruch der mittleren Front führte; die Moral war zerschlagen, die Gewehre wurden weggeworfen, als die flüchtenden Schwadronen die eigene Infanterie überritten. Die österreichischen Generäle konnten keine neue Linie zwischen Fröbelwitz und Lissa bilden; alles flüchtet oder gibt sich gefangen.

Die Verluste auf beiden Seiten schätzte Friedrich sogleich auf 2.000 Tote und Verwundete auf seiner Seite und die Verluste der Feinde „auf über 10.000 Mann". Das umschließt noch nicht die ganze Wahrheit. Die Preußen zerstörten in raschen Schlägen das Nachschubwesen. Sie griffen sich wenig später einen aus Brot- und Bagagewagen bestehenden Transport und eroberten in den Kämpfen insgesamt 131 Geschütze, „eine wundervolle Menge von Fahnen" und 4.000 Wagen nebst Pferden sowie die Kriegskassen. Von der ursprünglichen Invasions-Armee von rund 80.000 Mann erreichte nur knapp die Hälfte die rettende böhmische Grenze im grünen Glatzer Bergland hinter Habelschwerdt.

Der *König* hatte seine Dispositionen durchsetzen können. Sein Generaladjutant Wobersnow schreibt gegen Mitternacht dem in Glogau abwartenden Kabinettsrat Eichel, Friedrich sei beständig im größten Feuer gewesen, „es war nicht möglich, ihn zurückzuhalten, ob ich mich zwar alle ersinnliche Mühe gegeben." Etwas später berichtet ein beteiligter Offizier (in der Korrespondenz Sulzer an Bodmer, 27. Dezember), sie wären über die Weisheit der Anordnungen erstaunt und könnten kaum anders glauben, als daß Gott sie dem König eingegeben hätte. Nachdem die letzten Linien der Feinde geflohen, fing der König mit lauter Stimme zuerst an zu rufen: ‚Viktoria!' und das siegreiche Heer rief ihm nach. Und als Halt gemacht war, stimmten die Soldaten aus eigenem Trieb das Lied an: „Nun danket alle Gott!" Einem alten General, der dem König nach der Schlacht seine Gratulation darbrachte, antwortete dieser bewegt: „Das, das hat ein Höherer getan!" Der General: „Ja, und Ew. Majestät vortreffliche Dispositionen." Der König, fast peinlich berührt: „Ach, was will Er mit seinen Dispositionen – Na, es kommt wohl eins zum andern." Wieder blieb er unverwundet.

Der einfache Mann war völlig erschöpft oder lag in seinem Blute. Ein Fahnenjunker, fünfzehnjährig, berichtet: Als er zur Attacke aus dem Walde herausgegangen, habe er beinahe alle Besinnung dermaßen verloren, daß er am ganzen Leibe gezittert und mit aller Anstrengung kaum Kraft genug gehabt habe, die Fahne zu halten. Als aber das erste Treffen den feindlichen linken Flügel jenseits Lobetinz (d. h. auf der Westseite des Ortes) angreifen sollte, kam der König gerade zu dem Bataillon geritten, bei dem er stand, hielt neben den Fahnen still und rief: „Nun Kinder, frisch heran in Gottes Namen!" Dies wirkte auf den Jüngling wie ein elektrischer Funken. Alle Furcht war bei ihm weg und alle Bewegungen und Gefahren des ganzen Tages ging er nun mit freudigem Mute durch, blieb auch bei allen Attacken unversehrt. Als die Schlacht vorbei war und die Armee auf dem Schlachtfelde sich im Dunkeln in Ordnung stellte, schien die Natur dem fünfzehnjährigen Jüngling einigen Tribut abfordern zu wollen. Er spürte jetzt erst, wie sehr ermüdet er war. Er legte sich mit seiner Fahne auf das kalte Erdreich. Ihn fror bitterlich. Er hatte seit dem frühen Morgen nicht gegessen, und ob er gleich etwas Kommißbrot hervorholte, so war doch nichts zu trinken da; und der arme Jüngling verging beinahe vor Durst und Frost. Nachdem er so eine Viertelstunde gelegen hatte und mißmutig war, fing aus dem Fahnenzuge ein Soldat an laut und langsam anzustimmen: Nun danket alle Gott! Die Feldmusik stimmte gleich ein, und in einer Minute sang die ganze Armee dieses Lied. Der Jüngling richtete sich von der Erde auf, sang aus Herzensgrunde mit und ward, wie er versicherte, dadurch so gestärkt, berichtet Nicolai, daß wenn er nun nochmals in die Schlacht hätte gehen sollen, er neuen Muth und Kräfte genug dazu gehabt haben würde. Und der Mitkämpfer Friedrich August v. Retzow (1802) fügt aus der Erinnerung hinzu: „Die Dunkelheit der Nacht, die Stille derselben und das Grausende eines Schlachtfeldes, wo man fast bei jedem Schritte auf eine Leiche stieß, gaben dieser Handlung eine Feierlichkeit, die sich besser empfinden ließ als sie beschrieben werden kann; selbst die auf der Walstatt liegenden Verwundeten, die bisher die Gegend mit ihrem Wehklagen erfüllt hatten, vergaßen auf einige Minuten ihre Schmerzen, um Anteil an diesem allgemeinen Opfer der Dankbarkeit zu nehmen".

Lissa

Am späten *Abend der Schlacht* zog dann der König, der schon Befehle zur Verfolgung gab und weiter geben würde, mit Teilen der Grenadier-Bataillone Wedell und Manteuffel und Zieten-Husaren auf der Straße nach Lissa, das nach kurzem Kampfe eingenommen und gesichert wurde. Auf dem Wege ließ sich der König von dem Gastwirt (Kretschmer) vom Dorfe Sahra mit einer Laterne begleiten, während Kanonenschüsse die Flüchtenden am Laufen hielten. Auch gab es aus Fenstern heraus Feuer auf die heranrückenden Preußen um den König, abgegeben von Verwundeten und den Rückzug Deckenden. Der Wirt berichtete dem König von seinen Erlebnissen mit dem Prinzen Karl und seinen Stabsoffizieren, die sich über die ‚Potsdamer Wachtparade‘ belustigt gezeigt hätten und meinten, weit hinter den Linien eine Schlacht dirigieren zu können.

Der König: „Wann seid Ihr denn Euren hohen Gast (Prinz Karl) losgeworden?“ Die Antwort gab er in wunderbarem Niederschlesisch: „I nu so gern Ihr Exzellenz, heut Vormittag ungefähr neun setzte sich der Prinz zu Pferde, und schon hint Nachmittag, so um draie, kam er hier mit annem großen Schwarm Offiziers wieder zurücke, und dann immer im starken Trab vorbei nach Lissa. Da waren se so trotzig hergekommen, u nu gings rickwärts den Damm längs herauf, daß sich keener umsah. Da merkt ich gleich Unrat. Und nach ihm dauerte der Zug [der Flüchtenden], immer so breit der Damm war, bis vor ungefehr anne gute Stunde, da hoatts denn an Ende. Nichts war in Ordnung, Reuter und Musketierer, das alles lief durch einander. Unser König mußte se jämmerlich gehuscht [= verprügelt] han. Aber unser Herr Goth steht dem kleenen Haufen bei, und das han se nu vor ihren Hochmud ihre Lästerungen. Denn Ihr Exzellenz, de österreichischen Offiziers sagten och: Unser König werde scho von seinen ersten Generals und Verwandten verlassen, und se wären vosammen [vondannen] gegangen, was ich doch nimmer und in Ewigkeit glooben kann“. – Der König: „Ihr habt recht, so was kann man von meiner Armee nicht glauben“. – Nun erkannte der Gastwirt erst seinen unscheinbaren Gast: „Mei Goht, so sind se wohl gar unser gnädigster König, und ich bitt ja recht schöen um Vergebung, wenn ich in meiner Einfalt was erzeehlt habe, was sich nicht schickte“. – Der König: „Nein, Ihr seid ein ehrlicher Mann.“

Mit einem kleinen Trupp der Stabsoffiziere und einigen Husaren ritt der König gegen sieben Uhr vor das Schloß des *Barons von Mudrach* in Lissa, wo Friedrich mit den nach und nach eintreffenden hohen Offizieren zu speisen wünschte. Dort, in dem mit Verwundeten gefüllten Haus, soll er den Baron und vielleicht die verbliebenen österreichischen Offiziere auf dem Hof oder im Gebäude begrüßt haben: „Bon soir, Messieurs! Gewiß werden Sie mich hier nicht vermuten! Kann man hier auch noch mit unterkommen?“ Wie immer dieser Dialog stattfand und pointiert war, – man speiste an vorbereiteter Tafel im Schloß. Danach gab der König die Parole für die Tage der Verfolgung aus, dankte dem Offizierskorps mit vergnügter Miene in den „gnädigsten Ausdrücken“, ließ sich die vorläufigen Verlustzahlen nennen und „befahl, daß vor die Blessierten alle mögliche Sorge getragen werden sollte“.

In einem anderen Bericht (Tagebuch des Bataillons v. Wedel) heißt es: „Und der König war schon auf dem Schlosse, als wir einmarschierten und noch aus allen Häusern von den verstochenen Österreichischen Blessierten Feuer bekamen; es wurde aber Order gegeben, dass wir Grenadirs in die Häuser schicken und alles niedermachen lassen sollten, die Brücken auf der Breslauschen Seite wurden mit 2 Canonen und einer starcken Wacht besetzt ...".

Der Schloßeigentümer von Lissa schrieb drei Tage nach der Schlacht an einen Verwandten: „Die Nacht brach herein; das Geschützfeuer verfolgte die Flüchtenden bis in meine Häuser auf dem Damm, so dass die österreichischen Offiziere, die sich bei mir verbinden ließen, sich beeilen mussten. Da war mein Traum mit einem Male zur Wirklichkeit geworden! Ich stand auf meinem Balkon und sah einige Reiter über die Brücke kommen und geradenwegs auf mein Schloß zureiten. Mein Verwalter war bei mir", erzählte der besitzstolze Standesherr weiter, „er sagte mir, der König wünsche mich zu sprechen. Ich war die Treppe noch nicht halb herunter, als der König mir zurief: ‚Guten Abend, lieber Baron Mudrach!' Du kannst Dir denken, wie außer mir vor Freude ich war, unseren großen König wiederzusehen. Er begrüßte mich huldvoll und bat mich um ein Nachtessen. Das wurde so gut hergerichtet, als die Umstände es erlaubten. Ich übergehe alle Einzelheiten sage Dir nur, dass der König auf seiner Matratze im Stroh schlief ... seit zwei Tagen ist der König im Besitz der Vorstädte von Breslau."

Breslau kapitulierte vor dem nun stärker als zuvor gefürchteten König nach achttägigem Beschuß. Feldmarschalleutnant Sprecher von Bernegg ging mit immerhin 17.635 Mann in Gefangenschaft. Friedrich nahm, nicht ohne Genugtuung nach diesem schweren Jahr, den Vorbeimarsch der Kapitulanten ab und wenig später ergab sich ihm die Besatzung von Liegnitz. Die preußische Herrschaft in Schlesien war bis auf die noch bis zum folgenden Jahr (16. April) belagerte Stadtfestung Schweidnitz wiederhergestellt.

Die verbliebenen Teile der österreichischen Armee bewegten sich eilends in den böhmischen Saatzer Kreis, wo die Hälfte der Mannschaft nebst Offizieren von einer üblen Seuche hinweggerafft worden ist.

Die Bilanz der Verluste

Friedrich hatte gegen ein doppelt so starkes Heer gekämpft: 39.000 (32.000) gegen 66.000 Österreicher, Reichstruppen und Ungarn. Die preußischen Verluste beliefen sich auf nur 1.175 Tote und 5.207 Verwundete: 6.382. – Die Österreicher zählten ca. 3.000 Tote, 7.000 Verwundete, 12.000 Gefangene. Friedrichs Armee verlor, anders gerechnet, ca. 18 Prozent, der Gegner aber 30 Prozent und mehr.

Das waren keine guten Nachrichten für den *Hof in Wien*. Die Kaiserin weinte, betete und arbeitete, wie ihr Oberhofmeister Fürst Khevenhüller insgeheim berichtet. Der Hauptschaden sei in der innerlichen Verfassung der Monarchie zu suchen; die Kaiserin ließe sich allzu leicht irremachen; das Doppelregiment bewähre sich überhaupt nicht. Der König von Preußen hingegen beherrsche das komplizierte Wesen des Militärstaates: „Dieser übersehet und dirigieret alles selbsten, und was er befehlet, wird demnach schleunig und akkurat befolget". Bei der Wiener Einrichtung hingegen (so belegt es Khevenhüller mit den Namen aus der primären Führungsschicht) herrschten „lauter Konfusionen", Verzögerungen und Eifersucht. Kevenhüller, der patriotische Zeitgenosse, dessen geheime Tagebücher erst seit 1907 zu erscheinen begannen, zeichnet ein nicht zu unterschlagendes Abbild der personalen Gegensätze am Wiener Hofe: von der Kaiserin, die „nichts erwarten" kann, bis zum „alten, gebrechlichen" Feldmarschall Neipperg, einem „Pater difficultatum" und bis zum Grafen Haugwitz, dessen Vielgeschäftigkeit mit „komissariatischen Verfügungen" das Unglück im allgemeinen und vor Breslau im besonderen noch steigerte. Nichts Neues unter dem bestirnten donauländischen und sonstigem Himmel.

Im Lager der preußischen Kriegsgefangenen bei Krems brach auf die Nachricht von Leuthen ungestörter Jubel aus. Die Österreicher hingegen, treuherzig und gutmütig, lebten in „dem Wahne, daß niemand selig werden könne, der nicht ein Mitglied der Kirch wäre, daher sie uns auch oft sehr bedauerten, daß wir uns nicht mit ihnen in dieser allein heilbringenden Gemeinschaft befänden." Als der Abt des in der Nähe gelegenen Klosters Kettwein voller Triumph Kanonen auf seinem Berge zündete, schrieb ihm einer der preußischen Offiziere in gebundener Rede den Dank aller Gefangenen; dieser meinte, dies sei zwar nicht seine Absicht gewesen, doch „mache er sich auch keinen Kummer darüber, zur Ehre eines so großen Monarchen sein Geschütz gebraucht zu haben".

Der erschütterten Kaiserin ließ Friedrich am 3. Dezember durch den kriegsgefangenen Fürsten Lobkowitz ein Friedens-Schreiben überreichen. Es enthielt („meine Cusine") die Drohung, wieder in Böhmen und Mähren einzurücken, wenn die Sache vom Wiener Hof aufs äußerste getrieben würde. Maria Theresia schwieg auf Anraten des letztlich blickverengten Staatskanzlers Kaunitz, der Friedrich, koste es was es wolle, zu erdrücken hoffte. Die Königin-Kaiserin nahm fünf weitere Kriegsjahre in Kauf und trug damit die Verantwortung für die ständig und rasch steigenden Staatsschulden. Zu schweigen von den Blutopfern, auf die Friedrich nicht unterließ, sie mit Ernst hinzuweisen.

Nach der Wiedereroberung Breslaus rief der Halberstädter Dichter Johann Gleim in anrührender Naivität, aber der Zeitstimmung entsprechend, der Kaiserin-Königin zu:

Nun beschließe deinen Krieg,
Kaiserin-Königin!
Gib dir selbst den schönsten Sieg!
Werde Siegerin!
Überwinde dich und gib
Menschlichkeit Gehör!
Habe deine Völker lieb,
Opfere nicht mehr!
Der gerechte Waffen trägt
Ins Gefecht mit dir,
Mit uns kommt und steht und schlägt,
Tapferer als wir –
Heldin. den bezwingst du nicht;
Gott kann Wunder tun!
Schenk ihm Freundesangesicht,
Biete Frieden nun!
(Aus den Kriegsliedern … von einem Grenadier).

Sicher ist, daß sich Friedrich 1757 auf einem „Höhepunkt seiner Feldherrenkunst" (Johannes Kunisch) befunden hat. Doch das Kriegshandwerk besteht nicht nur im Siegen. Die kunstvolle Defensive, die Organisation des „Kleinen Krieges", das Durchhalten in scheinbar hochriskanter Lage, die Organisation der gesamten Logistik nebst Kriegsfinanzierung, – dies alles zusammen macht bekanntermaßen den überragenden Feldherrn aus, dem natürlicherweise (auch als Folge starker körperlicher Abnutzung) Fehler unterlaufen und – wie hier – unterlaufen würden. Es fragt sich nur, wer ermattet am Ende das Schwert doch noch heben kann, wem die Truppen folgen, wem die Waffen geliefert, wem die Mehrheit der Öffentlichen Meinung im Reiche und darüber hinaus zugetan ist.

Widerhall in England

Das Ergebnis des Jahres 1757 ist verständlicherweise vor allem in London und Paris erörtert worden. In England führte seit November 1756 William Pitt (der Ältere; 1708–1778) die Regierung. Er begründete mit seiner Politik recht eigentlich die englische Weltmacht. Im Gegensatz zu anderen älteren und jüngeren englischen Staatsmännern erkannte er nach Leuthen die Bedeutung der Wiederaufnahme des Kampfes in Nordwestdeutschland als Teil eines Hegemonialkrieges.

Die propreußische Begeisterung setzte zwar bereits vor den Schlachten von Roßbach und Leuthen in England ein. Doch nunmehr war Friedrich nach dem Zeugnis des Grafen Holderness zum *Idol des Volkes* geworden. Er galt als Verteidiger der Freiheit in Europa und als Vorkämpfer der gemeinsamen Sache des Protestantismus. Das gleichsam häretische Bündnis des Königs mit Frankreich war vergessen.

Am 24. Januar 1758, an des Königs 46. Geburtstag, waren demzufolge die Fenster in Westminster und in der *Londoner City* hell erleuchtet, zumal man den Tag eines nahen Verwandten des gegenwärtigen Königs Georg II. († 1760) feierte. Freudenfeuer flammten im Lande auf. Kirchenglocken läuteten. Geistliche priesen ihn. Gelder wurden gesammelt und überwiesen, um jenen Protestanten zu helfen, die unter den Bluttaten der Kosaken vor allem in Pommern und in der Neumark gelitten hatten. So galt Friedrich vornehmlich in den Jahren von 1758 bis 1761 als ein Held in der britischen Öffentlichkeit, wie kaum je und danach ein ausländischer Herrscher in England gefeiert und verehrt worden ist. Die Zuneigung erstreckte sich auf die preußische Armee, auf die Architektur von Berlin und Potsdam, auf Publikationen und Bilder über ihn und auf zahlreiche Besucher (bis heute), die damals nach Sanssouci wallfahrten.

Man möchte beiläufig wissen, mit welchen Gedanken der historisch kenntnisreiche Preußen-Feind Winston Churchhill 1945 nach Potsdam kam, um Stalin erneut die blutbefleckte Hand zu schütteln und zugleich Preußen in einer Haßpsychose jedenfalls territorial auszulöschen. So überwiegen in den preußisch-englischen Beziehungen dann seit 1761 erneut Spannungen, weil unfreundliche Akte bis 1786 Friedrich in einen Zustand der England-Skepsis versetzten.

Ostpreußen und Pommern

Es gab aber nun noch einen weiteren mitteleuropäischen Kriegsschauplatz. Die Hoffnungen des Staatskanzlers Kaunitz in Wien ruhten immer auch auf der langsam heranrückenden russischen Armee, deren starke Schwächen man in Wien verkannte. Am 30. August 1757 war es bei *Groß Jägersdorf* in Ostpreußen im Vorfeld Königsbergs zu einer Schlacht gekommen, bei der sich immerhin 24.700 Preußen mit 54.800 Russen schlugen[68]. Auch bei den Kanonen gab es eine starke Übermacht der Feinde (55:263). Entgegen den Legenden läßt sich nicht von einer Niederlage des Generals Lewaldt sprechen. Dieser verlor ca. 4.600 Mann, darunter 1.818 Gefallene. Die Russen hingegen zählten 6.341 (1.411 Gefallene) Mann an Verlusten. Der Mangel an Proviant mit der unzulänglichen Logistik zwang den russischen Heerführer Apraxin zum Rückzug erst auf Tilsit und dann in die Winterquartiere bei Tauroggen. Friedrich schrieb an den tapfer kämpfenden und schon recht alten Marschall und seine Offiziere tröstende Worte: Eine abgeschlagene Attacke sei noch keine verlorene Bataille. Er solle den Offizieren und Soldaten neuen Mut machen, sich nicht in Königsberg einschließen lassen und dann den Feind von neuem angreifen. Lewaldt behauptete sich noch einige Wochen in Ostpreußen, mußte dann jedoch seine Heimat den wiederum marodierenden Russen überlassen, um in Hinter- und Vorpommern die Schweden zurückzuwerfen, die sich nach Stralsund und auf vorgelagerte Inseln flüchteten, als sich zweitklassige preußische Truppen ihnen entgegenwarfen.

Die Kämpfe von den Kanzeln

Gegen Ende dieses in allen Städten des Reiches aufmerksam und aufgeregt verfolgten Jahres hielt August Friedrich Wilhelm Sack, der Berliner Oberhofprediger, „Dankespredigten" im Dom. Darin heißt es: „... Welch eine Zeit! Noch nie hat die Welt eine solche Gärung unter den Völkern gesehen; noch nie sind so zahlreiche und so mächtige Heere wider einen einzigen Fürsten zum Verderben ausgezogen. Alles erschrak, alles seufzte vor Furcht, alles zitterte; nur der König nicht ... o Gott, Du allwissender Herzenskündiger, Dir war wohl bekannt, was die Feinde im Sinn hatten, und was vor Folgen es würde gehabt haben, wenn Du unsern König jetzt hättest verlassen wollen.

Deutschland, deine Fesseln waren bereits geschmiedet; deine bürgerliche und deine Gewissensfreiheit wäre mit uns zugleich das Opfer von Wien und von Rom geworden, und in wenigen Jahren hätte in deinen Gränzen kein Protestant mehr freyen und sichern Aufenthalt gehabt, und der standhafte Bekenner der Wahrheit würde denen unmenschlichen Verfolgungen und Peinigungen, an welchen der blinde Eyfer der falschen Bekehrer einen unerschöpflichen Vorrath hat ohnaufhörlich ausgesetzt gewesen sein.

Unsere Sonne (Friedrich) scheint noch und wirft immer hellere Strahlen von sich. Die Welt sieht es, und erstaunt; wie der Held unermüdet kämpft, siegt, und fest steht, den halb Europa stürzen wollte. Der, über den die Feinde schon triumphieren und von dem fast jedermann meynte, nun bekomme er den letzten Todes-Stoß und sinke auf immer darnieder – der lebt und eilt schnell in der Kraft des Herrn aus einem bedrängten Lande in das andere und schlägt mit seinen wenigen Tapferen ein großes Heer der Feinde nach dem anderen, so daß er vor vielen ist wie ein Wunder".

In diesem Sinne und mit dieser unbeschreiblichen Inbrunst wurde in Provinzen, in Städten und Dörfern für die Sache des Königs gebarmt und gebetet und dem Zweifel, der Furcht und Kleinmütigkeit in großen Gefahren von den „gottesfürchtigen Patrioten" entgegengetreten. In deren Sicht war es, wie in England, ein großer Territorial- und Konfessional-Klassenkampf im Reiche, mit Friedrich als Hoffnungsträger. Er war, fast wie ein neuer „Prinz Eugen", der Abgott der kleinen Leute geworden, jedenfalls der braven Pfarrer, der geschundenen Armuts-Soldaten, die von weither auch freiwillig in seine Regimenter eintraten; er stieg nun auf von Jahr zu Jahr mehr zum Stern der hoffnungslos Geplagten, der nach den kleinen Freiheiten Dürstenden in einer nur scheinbar unveränderlichen Soziallandschaft.

So appellierten beide Parteien intern und extern an die öffentliche Meinung. Ihre Bedeutung nahm rasch zu. Neben der Kriegsschuldfrage, in der wie üblich keine Macht freizusprechen ist, wurde in Volksschriften und volkstümlichen Liedern die Konfession ins Feld geführt. An anderer Stelle ließ sich der König als neu erstandener Gustav Adolf von Schweden darstellen, als Beschützer der Protestanten gegenüber den Verfolgungen durch eine in der Sicht des Nordens bigotte Maria Theresia und den Reichshofrat unter Kaiser Franz I., in denen sich der Geist neuer Gegenreformation verkörpere. Das Beispiel der Berliner Predigt zeigt es. Friedrich hingegen sah sich dem Vorwurf ausgesetzt, mit Zwangsrekrutierungen vielfältiges Unglück über Eltern und Kinder, über fremde Untertanen und Diener der Kirche zu bringen. Die emotionale Kriegspropaganda stellte denn auch Friedrich als finstern Mann in die Mitte.

Derweilen tauschten die Heerführer gefangene höhere Offiziere rasch aus und gaben sich Kontingente sonstiger Gefangener zurück. So war dieses Jahr 1757 noch mit einem Remis ausgegangen. Wiederum sahen sich die Gegner Friedrichs einer Beweglichkeit ausgesetzt, denen ihre Übermacht nicht gewachsen war. Auch vermochten die Verbündeten der großen Koalition von Wien und Paris ihre Kriegführung nicht aufeinander abzustimmen. Die Bedeutung der zahlreichen psychologischen Faktoren erkannte man weder dort noch im Reich, geschweige denn in St. Petersburg in vollem Umfange.

Das Kriegsjahr 1758

Im Januar des dritten Jahres erreichte den König in seiner Breslauer Residenz die Nachricht, daß nunmehr die russische Armee unter General Fermor in das kaum geschützte Ostpreußen nebst den polnischen Randgebieten eingedrungen war. Dort besetzte sie am 21. Januar die rasch kapitulierende Hauptstadt Königsberg. Etwas voreilig hatte bereits die Zarin Elisabeth auf Anraten ihres Kanzlers Bestuschew zum Jahresende die Provinz als eine Art von russischem Eigentum erklärt. Die Menschen in Stadt und Land, Preußen oder Litthauer oder Masuren sahen den Feind mit Schrecken nahen. Bereits im Vorjahr erlitten sie das Drangsalieren und Verschleppen einschließlich der Geistlichen. Die höheren Beamten, soweit der König sie nicht in die Sicherheit Magdeburgs beordert hatte, mußten völkerrechtswidrig den Eid auf die

Zarin schwören. Sie arbeiteten unter der Aufsicht baltisch-russischer Generäle (Fermor, von Korff). Die Zentralbehörden blieben im Königsberger Schloß. Von dort aus trieb man zwei Millionen Taler Kontribution und Naturalien für die Besatzungsarmee ein.

Der junge Amtsträger Johann Friedrich Domhardt zeigte sich nun als des Königs bester Sachwalter in prekärer Lage. Nicht zum ersten Male, aber erstmalig von Russen wurde die Provinz verwüstet: Systematischer Holzeinschlag für den Flottenbau auf den baltischen Werften, massenhafte Anlage von brutal betriebenen Teerschwelereien; ganze Wälder verschwanden bequemerweise um Königsberg und Memel, obwohl Domhardt 1759 auf die Gefahr des dann eingetretenen Versandens der Kurischen Nehrung und anderer Uferzonen hinwies. Die Russen vernichteten große Teile des Wildbestandes und verjagten die stattlichen Elche in Randgebiete. Das Wirtschaftsleben ging zurück. Es gab eine Zunahme der Sterblichkeit, weil das russische Heer und auch die vielen unsauberen Schiffe solche Erreger einschleppten. Widerstand konnte nur vorsichtig geleistet werden. Über junge Ostpreußen, die als Freiwillige in die Armee des Königs zu gelangen verstanden, erfuhr er alles Wesentliche aus dieser zeitlich nicht absehbaren Besatzungsnot.

General Fermor verproviantierte sich. Dann zogen die russischen Truppen langsam gegen Pommern und die Neumark voran. Im Juli und August standen sie endlich in Odernähe zum Kampfe bereit. Als Folge militärischer Fehler des preußischen Kommandanten konnte eine russische Truppe die Stadt Küstrin teilweise in Brand schießen (15.–20. August), bevor noch der König von Süden heranmarschiert war. Die Menschen in den okkupierten Gebieten hatten hier besonders schwer zu leiden. Wer nicht willens war, wurde von Kosaken mit der Lanze abgestochen. Der König vermochte nur, vor wie nach den Schlachten, von Fall zu Fall zu helfen. Oft verfaßte er Trostbriefe mit dem Versprechen auf Hilfe in besseren Tagen.

In *Güstebiese*, auf der Ostseite der brandenburgischen Oder, wo Friedrich eine Furt mit Schwemmsand für den Übergang seiner Regimenter und des Gerätes nutzte, wußten die Einwohner bereits von den verwüsteten und geplünderten Siedlungen, von den geschändeten und verfolgten Bewohnern. Man empfing ihn wie einen Erlöser (u. a. nach dem Bericht des Zeitzeugen und späteren Generals Georg Friedrich Ludwig von Tempelhoff): „Während der König auf der Höhe hielt, wurde er von Landleuten (die außerordentlich durch die Russen gelitten hatten), besonders von Bauerweibern und Kindern aus Güstebiese umringt, die ihn ihren Vater, ihren Retter nannten, und bei dem Zudrängen, seinen Rock zu küssen, einander bald umliefen".

Der Ort war überfüllt mit Flüchtlingen und Vertriebenen. Der König und die Behörden hatten nach den Erfahrungen der vergangenen Monate die Bevölkerung der Neumark aufgefordert zu flüchten, wenn und wo sich die Russen näherten. Die üblichen russischen Patente zur Rückkehr seien nicht zu beachten. Zu diesem Zeitpunkt waren die Truppen der kombinierten Armee Dohna-Friedrich auf Grund der Nachrichten und des Anblicks der in größter Not befindlichen Menschen offenbar von einem starken Willen zur Verteidigung der Heimat, der Rache, vielleicht sogar von einem Vernichtungswillen erfüllt. Auch der König wußte und sagte, was auf ihn zukommen würde: „Entsetzliches". Seit vierzehn Tagen schon waren seine Gedanken während des Eilmarsches nur bei den Russen, die er mit falschen Nachrichten zu täuschen versuchte. Er soll beim Anblick der verwüsteten und geplünderten Dörfer, der niedergeschossenen Wohnstätten in Küstrin, der gejagten Bewohner, der geschändeten und gemeuchelten Frauen (u. a. Tamsel), der Nachrichten überhaupt über die vielen Toten geäußert haben, daß hier kein Pardon gegeben werden dürfe. Auf russischer Seite dürfte man Ähnliches gedacht haben.

Zorndorf[69]

Von Güstebiese aus drang die nunmehr 36.800 Mann und 193 großkalibrige Kanonen umfassende Armee des Königs an Bärwalde und Neudamm südöstlich vorbei. Sie umging die durch ein Sumpfgebiet geschützte Armee der Russen, deren Stärke (mindestens 44.300 Mann, 159 Kanonen) weitgehend unbekannt war. Die Schlacht stand bevor. Noch im Lager bei Küstrin am 22. August erließ Friedrich im vollen Bewußtsein der Schwere der Aufgabe eine „Ordre an meine Generale", wie sie sich im Falle seines Todes zu verhalten hätten. Der Feind sei nach der Schlacht bis nach Polen hinein und vor allem durch die drangsalierte Neumark und durch Pommern zu verfolgen. Die Masse der Truppen solle jedoch sogleich über Frankfurt/Oder in die Lausitz zum Prinzen Heinrich ziehen, der dann – trotz des Eides für seinen Neffen – „unbeschränkte Autorität" haben würde, wie ein regierender Herr. Mit seinem Leichnam, vermerkte Friedrich noch, seien keine Umstände zu machen; man solle ihn (trotz der Hitze) nicht öffnen, „sondern stille nach Sans-Souci bringen und in meinem Garten (!) begraben lassen." Im übrigen aber müsse man dem Feind je eher je lieber wieder mit frischen Truppen „auf den Hals gehen". Auch an Prinz Heinrich schrieb er in diesem Sinne. Dieser sei „mit unbeschränkter Vollmacht der Vormund des Neffen" (10. August).

Prinz Heinrich, ohnehin chronisch vergrämt, hatte sich im übrigen kurz zuvor (ca. 23. Juli) mit dem ehrgeizigen, vor dem König jedoch geheim gehaltenen Plan getragen, mit seiner Elb-Armee gegen die Russen zu marschieren, die Hauptstadt von dem sie bedrohenden Feinde zu befreien und dadurch als der wahre Retter des Vaterlandes zu erscheinen, während der König im fernen Mähren noch mit dem glücklich erreichten, aber nicht unkomplizierten Rückzug über Königgrätz befaßt war. Generalleutnant Burggraf zu Dohna, der Befehlshaber an der Oderfront, versagte sich umgehend dem Ansinnen des Prinzen Heinrich, der damit die Elbfront zum Einsturz gebracht und den Truppen Dauns den Weg in die Lausitz und weiter freigegeben hätte.

Drei Tage nach dem Flußübergang begann in der Frühe um vier Uhr die an Blutopfern auf beiden Seiten überreiche Schlacht mit dem doppelsinnigen Namen (25./26. August). Den weithin hallenden Kanonendonner konnte man im nahen Tamsel ebenso wie in Küstrin hören. Der König verzichtete während des Aufmarsches darauf, die nahebei greifbare Wagenburg der Russen (bei Klein Cammin) zu stürmen, um den Elan für die gewollte Schlacht nicht zu schwächen.

Ein in russischen Diensten tätiger protestantischer Pastor hat den Anblick der Feinde festgehalten: „Majestätisch, schön, und dabei in stiller ruhiger Ordnung zogen die Preußen heran. Das entsetzliche Lärmen der preußischen Trommeln hörten wir schon, ihre Feldmusik konnten wir noch nicht unterscheiden. Aber in feierlichem Marsche kommen sie immer näher, jetzt hören wir ihre Hautboisten, sie spielen ‚Ich bin ja Herr in deiner Macht!‘. Wer fühlen kann, wird es nicht unglaublich finden, daß in meinem nachherigen Leben diese Melodie stets die innigsten Regungen der Wehmut hervorgebracht hat".

Friedrich ließ die Russen mit stärkstem zweistündigen Artillerie-Feuer zuerst auf dem linken Flügel mit wechselndem Erfolg angreifen. Dann ergab sich, als die Umfassung des rechten Flügels der Russen nicht gelang, der frontale Kampf beider Armeen, der sich wegen der erstaunlichen Standhaftigkeit der Russen bis zum Abend hinzog; schließlich räumte General Fermor langsam das Schlachtfeld in nördlicher und westlicher Richtung, noch erheblich Widerstand leistend, um seinen Rückzug zu verdecken. Am nächsten Tage standen sich die abgekämpften Truppen nicht weit entfernt voneinander gegenüber. In der Schlacht hatte wiederum die Kavallerie unter General von Seydlitz auf dem linken Flügel zuerst am späten Vormittag entscheidend rettend eingegriffen. General Fermor wich dann an den erschöpften und durch Munitionsmangel beeinträchtigten Preußen vorbei mit seinen ebenso beschädigten Verbänden und der unterlegenen Reiterei in einer geglückten Retirade erst nach Süden und weiter bis nach Landsberg an der Warthe aus. Friedrichs Generäle vermochten nicht mehr die Wagenburg und die Fahrzeugkolonnen der Russen vollständig im Abzug zu stören oder zu vernichten. An eine rasche zersprengende Verfolgung der wieder angefüllten und oberflächlich geordneten russischen Armee war mithin nicht zu denken.

Schlacht ohne Pardon

Obwohl um die späte Mittagszeit der Erfolg der Preußen ziemlich sicher erschien, wurde an vielen Stellen mit höchster Erbitterung weiter gekämpft. Ein Offizier aus dem Regiment von Below berichtet: „Ich traf jetzt auf eine Batterie von zwölf Kanonen. Die Russen flohen, was sie konnten, und die Leute, die bei den Kanonen waren, krochen unter dieselben und ließen sich massakrieren. Nur ein einziger schöner Kerl hielt eine mit dem russischen Adler gestickte Fahne in der Hand und stand unbeweglich. Ich rief ihm „Pardon!" zu, und da er mit dem Kopfe schüttelte, hob ich meinen Säbel, um ihm einen gewaltigen Hieb zu versetzen, als er die Fahne stecken ließ, unter die Kanone kroch und nun auch massakriert wurde. Ich nahm jetzt die Fahne und rief: „Victoria, Bursche! Victoria! In Gottes Namen immer weiter. Es wird bald ein Ende haben!" Die Kampfberichte zeigen, daß lediglich die russischen Kanoniere nicht wankten und nicht wichen und daß sie einzeln mit der Kugel oder der blanken Waffe erledigt wurden, es sei denn, sie flogen bereits mit ihren Munitionswagen in die Luft.

Am nächsten Morgen wurde der Lieutenant von Hülsen in das Hauptquartier beordert. Er wurde Zeuge einer ungemein typischen und doch auch singulären Szene: „Ich fand den König vor seinem Zelte stehend, vor welches man die erbeuteten Fahnen aufgepflanzt hatte. Ein herrlicherer Anblick läßt sich nicht denken. Der König war mit dem General von Seydlitz. Auf seinem Gesicht war noch der Staub und Schweiß des vorigen Tages. Er war fürchterlich schön, und seine Miene heiter. Ich werde diesen Anblick in meinem Leben nicht vergessen. Unweit von des Königs Zelte wurde in einem anderen mit den (5) gefangenen Russischen Generälen traktirt, vermuthlich wegen der Greuel, welche die Truppen angerichtet hatten. Denn ich hörte verschiedene Male das Wort ‚Mordbrenner!' aussprechen, und wie heftig man disputierte".

Der Subalternoffizier Christian Wilhelm von Prittwitz untersuchte um den 27./28. August das Schlachtfeld und fand Tausende von Verwundeten: „Sie kamen von allen Richtungen, teils auf Händen und Füßen gekrochen, teils mit Krücken unter den Armen, welches Musketen waren, deren Kolben sie unter die Schultern genommen hatten. Die hin und wieder existierenden, mit Wasser angefüllten Schlammfänge dienten ihnen dazu, ihren Durst zu löschen … Alle Augenblicke präsentierten sich mir neue Ansichten des Entsetzens. Ich sah Stellen, wo die Kavallerie gemetzelt hatte und Menschen und Pferde untereinander lagen, wobei mir die Wut, die in den Gesichtern der Gebliebenen noch zu bemerken war, am meisten auffiel. Weiterhin befanden sich Reste von verbrannten Munitions- und Pulverwagen und nebenher eine Menge halb gebratener Artilleristen, welche einen unangenehmen brandigen Gestank von sich gaben. Dort lagen Blessierte in den letzten Zügen und hatten sich vor Angst und Schmerz mit Händen und Füßen tief in die Erde gegraben. An einem anderen Ort standen ein ganzer Train russischer zweirädriger Karren, an welchen die Pferde erschossen waren, und auf dem ganzen Champ de bataille liefen Pferde herum, von denen manche die Därme hinter sich herschleppten und wieder andere, die auf drei Beinen herumsprangen". Dieser Bericht erinnert an die ähnliche Visitation, die Scharnhorst 1807 nach der Winterschlacht von Preußisch Eylau auf dem Blachfeld vorgenommen und in Briefen festgehalten hat.

In dieser Katastrophe fehlten in der Nähe größere Hauptlazarette. Die einfachen Feldlazarette reichten nicht aus, in denen die preußischen Feldschers auch an Russen Operationen und – seltener – Amputationen vornahmen. Im Gegensatz zu den anderen Armeen (Österreich, Frankreich) nahmen die Feldärzte Friedrichs nur ungern Amputationen vor. In Friedrichs Disposition für diese Schlacht war festgelegt, daß die Blessierten auf den Kommandeurswagen weggebracht und daß von den nächsten Dörfern die Wagen für den Abtransport der Verwundeten herbeigeholt würden. Aber die Zahlen am Tage nach der Schlacht übertrafen alle Vorbereitungen.

Der Neudammer Pfarrer berichtet, daß man die schwer verwundeten Russen, wenn man sie bei dem den Preußen obliegenden Aufräumen des Schlachtfeldes fand, und zwei Tage später (nach dem Abzug der Russen aus der Kampfzone) die Leichen beerdigte, „auf den Kopf geschlagen oder durch einen Jäger, dergleichen bei dem Begräbnis kommandiert waren, erschossen und also mit eingescharrt. Das Verfahren schien wohl hart zu sein, aber es geschahe mit Bedacht, denn weil die Russen ein so hartes Leben haben, bei den schwer Verwundeten aber keine Mittel oder einige Hoffnung war, daß sie wieder genesen konnten, so mußte man also mit ihnen verfahren."

Ob es zutreffend ist (wie der englische Militärhistoriker Duffy schreibt), daß von den Verwundeten viele von den aufgebrachten preußischen Soldaten und Bauern lebendig begraben wurden, ist nicht sicher. Christian Wilhelm von Prittwitz, der verläßliche Chronist, berichtet lediglich, daß wegen der in der ganzen Gegend von den Russen niedergebrannten und verwüsteten Ortschaften für die Verwundeten „kein Unterkommen für sie auszufinden möglich, so mußten sie allmählich ein Raum des Todes werden. Als sie selbst ohne Rettung blieben, suchten sie sich selbst zu helfen, um irgendwo Obdach zu erreichen, aber meist vergebens. Man wurde sie auf allen Seiten gewahr. Niemand achtete ihrer, sie starben unterwegs, lagen mitten im Wege tot oder entseelt an die Bäume angelehnt". Eine Art Stalingrad.

In den späten Augusttagen wurden dann alle noch einsatzfähigen Männer der Umgebung zusammengetrommelt, um die Leichen zu beerdigen. Der Chronist Ortmann versäumt nicht, das Grauen zu zeigen: „alle nackend, alle schwarz und scheußlich anzusehen. – Zerstückelte Leiber, abgehauene Arme und Gebeine, herunter gesäbelte Köpfe, herausgerissene Eingeweide – Pferde und Menschen durcheinander". Auch war wegen des ungewöhnlich heißen Wetters die Verwesung so weit fortgeschritten, daß sich teilweise die Extremitäten von den Körpern lösten, während man sie zu den ausgehobenen Gruben schleifte und mit oder ohne Vaterunser beisetzte.

Bilanz

Im ersten Rausch des schwer erkämpften Erfolges und in psychologischer Absicht schrieb Friedrich sogleich an die kranke Schwester Wilhelmine, es seien mehr als 30.000 Russen gefallen (30. August). Die Preußen hatten jedoch ihre Feinde um nicht weniger als 21.500 Mann geschädigt. 103 Kanonen und 27 Fahnen meldete man dem König noch am späten Abend als Beute. Die Russen beklagten die enorme Zahl von 6.600 Toten und von 918 ausgefallenen Offizieren. Außerdem waren ihnen ihre privaten und allgemeinen Kriegskassen abhanden gekommen (858.000 Goldrubel). Bei den Abendkämpfen waren die Kassen in die Hände der vorandringenden Soldaten gefallen, die das Lager plünderten, was Zeit kostete.

Aber auch Friedrichs Heer erlebte einen der bittersten Aderlässe: 355 namentlich bekannte Offiziere, 11.061 Mann Verluste (unter ihnen 3.500 Tote). Das war fast ein Drittel der Gefechtsstärke. 27 Geschütze hatte der Feind überdies erbeuten können.

Die Nacht vom 25. zum 26. August verbrachte der König auf dem Schlachtfelde in einem Zelte, alle Gefallenen betrauernd, Briefe an Finckenstein und eilig an Wilhelmine schreibend. Am nächsten Morgen ließ er die Kampftruppen antreten und in Richtung auf Zorndorf marschieren, wo sich die Russen wieder formiert und festgesetzt hatten. Dort kam es zu einem längeren Artillerie-Duell und einzelnen Gefechten, welche nur langsam erloschen. Am Abend dieses Tages, nach dem von Friedrich und seinen Offizieren beobachteten Abmarsch der Russen, bezog er für die Armee ein Lager bei Wilkersdorf, während er sein geschütztes Hauptquartier in der Nähe des verwüsteten Schlosses von Tamsel (Generalin von Wreech) nahm. Sodann sah er erneut die Zerstörungen und Mordtaten der Kosaken und Soldaten, der rücksichtslosesten seiner militärischen Feinde. Sie hatten rundum die Dörfer angesteckt. Wenig später schrieb Friedrich aus dem Lager bei Blumberg (zwischen Tamsel und Vietz) an seinen Bruder Heinrich: „Von allen unsern Feinden sind die Österreicher die kriegstüchtigsten, die Russen die grausamsten und die Franzosen die leichtfertigsten. Ich kann Dir keine Vorstellung geben von allen Barbareien, die diese Halunken [die Russen] hier begehen; mir stehen die Haare zu Berge. Sie erwürgen Frauen und Kinder, sie verstümmeln die Unglücklichen, die sie erwischen, sie plündern und brennen; kurz, das sind

Schrecken, die ein empfindsames Herz mit dem grausamsten Schmerz erfüllen müssen" (1. September).

Die halb verunglückte und halb geglückte Schlacht, mit einem knappen Siege beendet, kostete wohl mehr als 20.000 Menschen das Leben und war zugleich lehrreich für beide Mächte, über das Debakel von Kunersdorf im nächsten Jahre hinweg. Zorndorf gehörte für Friedrich zu den taktischen und strategischen Grunderfahrungen während des nunmehr bereits als quälend lange empfundenen Krieges. Aber es gibt nur wenige authentische Zeugnisse aus dem Munde oder der Feder des Königs. Zorndorf ist wie eine Chiffre. Doch immer behält er jene Truppenteile im Blick, welche in dieser Schicksalsschlacht entweder retirierten oder avancierten.

Es ist eine gänzlich aus der Luft gegriffene Behauptung, die ihresgleichen sucht, wenn in einem 2004 erschienenen Werk gemeint wird: „Friedrich scheint von dem unsäglichen Grauen, das durch die Schlacht angerichtet worden war, nur Schemenhaftes wahrgenommen zu haben, obwohl er erzürnt und ermunternd den ganzen Tag über allgegenwärtig war. Vielleicht war der unerhört forcierte und in großer Hitze absolvierte Anmarsch und dann das von Mitternacht bis in die Abendstunden sich endlos hinziehende Schlachtgeschehen derart kräftezehrend gewesen, daß das so unbegreiflich Menschenverachtende dieses Gemetzels nicht mehr in sein Bewußtsein drang."

Abgesehen von den montierten Fragmenten beim Vorleser de Catt ist Friedrichs tiefe Trauer und Nachdenklichkeit seit Anfang August bis zum Jahreswechsel unverkennbar; seine entlegenen Briefe berichten davon. Seit dem späten 18. Jahrhundert ist durch die nun verarbeiteten Quellen bekannt, daß der König mehrfach inmitten des Schlachtgewühls, wo er als Feldherr nicht hingehörte, und damit den Kosaken und anderen Feinden so nahe gewesen ist, daß seine Adjutanten und Pagen um ihn her gefangen, verwundet und getötet wurden. Wer dreist behauptet, der König habe nur Schemenhaftes von der Schlacht oder den Hingemähten wahrgenommen, der muß ihn wohl für einen Mann mit zwei Glasaugen halten.

Friedrich hatte es in der Tat mit den Folgen eines doppelten Gemetzels zu tun: die Schlacht und die Nach-Schlacht mit fast 30.000 Mann Verlusten, beide Seiten zusammengenommen. Das zweite Gemetzel richteten die Russen mit ihren Freitruppen als Mordbrenner in Pommern und in der Neumark an. Er würde sie nicht hindern können, sie würden fortfahren (und taten es 1759/60/61), und es wollte ihm „nicht in den Sinn, daß diese Russen Menschen sind" (5. September). Schon am Tage nach der Hauptschlacht fragte er mit dem Blick auf den suizidhaften Kampfesmut der Russen den ob seiner Bravour in höchsten Tönen zu lobenden General Seydlitz: „Alles in allem sind die Russen doch eigentlich nur Gesindel, finden Sie nicht?" Doch der General erwiderte, auf die Schlacht und nicht auf das Marodieren bezogen:

„Sire, ich weiß nicht, ob man eine Infanterie wie die russische so bezeichnen kann, welche derart gekämpft und unsere eigenen Truppen abgewiesen hat".

Das alles in seinem Blickfeld ließ den König – als einen aufgewachsenen Mittel- und Westeuropäer – in Zweifel fallen, ob er diese sarmatische und eurasische Welt des Ostens je begreifen würde; merkwürdig genug verzichtete er ja auch später auf Staatsreisen nach Warschau, Wilna oder Sankt Petersburg. Aber erst einmal zog sich der russische Bär mit seinem blutigen Fell über Landsberg weiter bis über die polnische Weichsel zurück, um sich dort in den erträglichen Winterquartieren für das nächste Feldzugsjahr instand zu setzen.

Friedrich aber marschierte am 2. September mit dem größeren Teil der Armee in die Lausitz und nach Dresden (11. September), wo er sich mit seinem Bruder Heinrich über das weitere Vorgehen besprach, zumal Feinde auch in der nördlichen Mark und in Oberschlesien standen.

In Wien sah sich Maria Theresia über das gesamte Geschehen der Niederlage und des Rückzuges, die Mordbrennereien eingeschlossen, umgehend unterrichtet. Ihr Rachedurst war so groß, daß sie den Bericht ihres Verbindungsoffiziers aus dem Kampfgetümmel in unbewegter Nüchternheit gegenüber dem Staatskanzler wie ein Ereignis aus sehr fernen Ländern außerhalb des Reiches kommentierte.

Der Überfall von Hochkirch

Bei *Hochkirch* überfielen die konzentriert vorgehenden Österreicher mit ihren besten Generälen am 14. Oktober in der Frühe das ungünstig ausgewählte Feldlager des Königs im Sturm und brachten seinen erbittert kämpfenden und sich langsam zurückziehenden Truppen eine Niederlage bei[70]. Das geschah mit großer Übermacht (30.000 : 78.000). Eigentlich war der Überfall von Hochkirch, den Friedrich wiederum pulvergeschwärzt, doch unverwundet – zu seiner Überraschung – überstand, eine Blamage für die Feldherren der anderen Seite und deren Auftraggeber. Einem durchexerzierten Heer von fast 80.000 Mann gelang es nicht, ein Feldlager in der Höhe des Mittelgebirges zu überwältigen. Mehr ist nicht zu sagen, auch wenn österreichische Offiziere auf diese neuerliche Schlappe des Königs stolz waren. Beide Seiten hatten aber in den wüsten Gefechten der Dämmerung je etwa 9.000 Mann verloren. Die von den Österreichern erbeutete Artillerie war zu ersetzen. Gleichwohl wußte Friedrich, daß die taktischen Fehler bei ihm lagen. Feldmarschall Daun und seine Generäle vermochten ihren Erfolg nicht auszunutzen. Sie wagten es nicht, die inzwischen verstärkte in Richtung Osten ziehende Armee anzugreifen. Der König sagte bereits am Tage danach: „Daun hat uns aus dem Schach gelassen, das Spiel ist nicht verloren; wir werden uns hier einige Tage erholen, alsdann nach Schlesien gehen und (die Festung) Neiße befreien". So geschah es. Dennoch blieb Friedrich nun stärker als je zuvor von Skepsis erfüllt.

Melancholien

Dieser Herbst 1758, seit Zorndorf und soeben seit Hochkirch, war für ihn zu einem Herbst der Toten geworden. Die Verluste der beiden Schlachten und der anderen Gefechte mit den härter und klüger kämpfenden Österreichern vergaß er nicht. So nahmen die Melancholien (obwohl er sich ihnen wieder und wieder mit der Tagesarbeit entgegenstemmte) bedenklich zu.

In der Nacht zum 18. Oktober erreicht ihn dann die seit längerem schmerzlich erwartete Nachricht vom Tode seiner Schwester Wilhelmine in Bayreuth. Sie war an der Wassersucht, der alten hohenzollernschen Haus-Krankheit, ziemlich elendiglich am 14. Oktober verstorben. Seine letzte Epistel, die sie noch aufmuntern sollte, hatte sie nicht mehr erreicht. Trotz des schweren Konfliktes mit Bayreuth in den vierziger Jahren konnte sein Bruder August Wilhelm die Versöhnung der beiden Geschwister zustandebringen. Das überschwänglich-liebevolle Verhältnis war wiederhergestellt.

Im Tagebuch des vertrauten Vorlesers Henri de Catt heißt es dazu: „18. Oktober ... Der König ließ mich rufen. Er war tief betrübt über seinen Verlust. Wir sprachen kaum miteinander. ‚Und wie vieles soll ich noch zu Ende bringen! Es gibt kein unglücklicheres Leben als meines. Die Könige sind nicht die glücklichsten unter den Sterblichen.' Wie es Sitte ist, brachte man das Schlacht-Pferd des (gefallenen) Marschalls Keith zum König: Dieser wollte nicht darüber bestimmen. Er wollte auch nicht, daß man (bei den Österreichern) um einen Paß für das Gepäck einkam. ... Der König war niedergedrückt, seine Schwester kam ihm nicht aus dem Sinn. Er aß nichts, aber er trank die ganze Zeit, weil er so erhitzt war. Wir sprachen über den Wert der Freundschaft; wie selten er sich ihr hingebe. Er sprach von seinem Bruder (August Wilhelm), der ihm viel Kummer verursacht habe, in pace ut in bello. ‚Ich tröste mich mit dem Gedanken, daß diese Dinge nun einmal zum Leben gehören.'"

In seinem herzzerreißenden Schmerze hätte er kaum weitergehen können, sagen Zeugen. Seine Umgebung (u. a. Eichel) betrachtete ihn mit großer Sorge. Die ersten vier Tage nach der Unglücksnachricht hielt er sich in der Dunkelheit seines durch Schließen der Fensterladen abgelichteten Zimmers auf. Mit leiser Stimme las er, wider seine sonstige Gewohnheit, die Predigten von Bossuet, Flechier, Mascaron, auch Joungs Nachtgedanken, welche er sich von Catt geben ließ. Und noch im Winter in Breslau soll er diese „schwermüthige Lektüre" fortgesetzt haben, doch begleitet bereits, in ungebrochener

Produktivität, von der Arbeit an seinen Texten über das Jüngste Gericht und außerdem über den Schuhmachermeister Matthäus Reinhard (Eloge). So schrieb er sich immer wieder frei; bereits am 19. Oktober vermochte er sich über seine Melancholie zu erheben: „Ach, ich bin sehr traurig! Aber ich habe keine Zeit, den Verlust meiner Schwester zu beweinen. Ich muß mich zusammennehmen". Als Prinz Heinrich am folgenden Tage mit der nun nicht unerheblichen Verstärkung von 8 Bataillonen und 5 Schwadronen Husaren seinen Bruder erreichte, erhob sich im Feldlager allgemeine Freude; dann aber schlossen sich die Brüder in seinem Hause ein und beweinten das Los der zu früh verstorbenen ältesten Schwester. Nun lebten noch acht der eigenwilligen Kinder Friedrich Wilhelms und der fruchtbaren Sophie Dorothea.

Dazu kam der Tod des Feldmarschalls Keith. Seine Leiche fand man erst am 18. November bei einer besonderen Nachsuche auf Befehl des Königs. Die Österreicher hatten den toten Helden ausgeraubt und einfach unter die anderen Leichen geworfen. Ein Schulmeister, bei dem Keith vor dem Kampf gewohnt hatte, bat den Fürsten von Baden-Durlach, Generalfeldzeugmeister, einen Sarg machen zu dürfen und den Marschall hineinzulegen. Der König, solches hörend, lobte die Menschlichkeit des Schulmeisters. Er befahl, den Sarg nach Berlin zu fahren und in der Garnisonkirche (in der Spandauer Straße) beizusetzen.

Es waren vier weitere Generäle gefallen, unter ihnen nun auch der jüngere Bruder der Königin, Prinz Friedrich Franz von Braunschweig-Bevern, der ein tüchtiger und tapferer Offizier war, trotz eines von Pockennarben gezeichneten Gesichtes. Dieser Leichnam wurde über Schloß Schönhausen, wo die Königin ihn innig betrauerte, nach Braunschweig in das Erbbegräbnis gebracht. Der König hatte seiner Frau, die eben noch im Sommer mit ihrer Frau Mutter-Herzogin Potsdam und Sanssouci besucht und genau besichtigt hatte, kondoliert. Friedrich ließ den am meisten Betrauerten Denkmäler errichten: Wilhelmine und Keith.

Jahresausklang

Der König glich die Verluste von Hochkirch durch die herangezogenen anderen Truppenteile aus. Die Stellungen des Feldmarschalls Daun umging er mit einem geschickten und ihn mit Stolz erfüllenden Marsch. Bereits am 23. Oktober besetzte er das gut befestigte Görlitz als Einfallstor nach Schlesien. Daun wagte nicht, über die Görlitzer Neiße durchzubrechen. Er verschanzte sich vielmehr abwartend auf der Landeskrone, dem höchsten Berg vor der Neiße-Niederung. Berlin wurde gegen denkbare Diversionen der Feinde durch Truppen aus der Uckermark und der Neumark gesichert. Dort bildeten schwache Verbände einen Schleier der Verteidigung. Friedrich arbeitete mit einem System von Aushilfen, aber es tat seine Wirkung. Man müsse den Stamm retten und nicht die Zweige, pflegte er zu sagen. An den General-major von Finck (1718–1766), einen Mecklenburger, schrieb er etwas ver-drossen nach Dresden, wo dieser möglichst offensiv die Stellung halten soll-te: „Essen, Trinken und Nichtstun ist die Devise der Münche, aber nicht der Soldaten".

Dann zog er mit dem Hauptheer weiter nach Schweidnitz. Anfang Novem-ber gaben die Österreicher zu seinem Vergnügen und entsprechend seiner Prognose die Belagerung von Neiße auf. Sie zogen sich auch aus der Position vor dem festen Kosel (Oberschlesien) und aus der Oberlausitz in böhmische Winterquartiere zurück. Überdies gelang es ihnen nicht, Dresden gegen die Preußen einzunehmen. Der König, nach Elbflorenz zurückgekehrt, bezog die Zimmer König Augusts im Schlosse, lobte das in der Verteidigung sehr harte Vorgehen des Stadtkommandanten von Schmettau und vermerkte nun mit verhaltenem Triumph, daß alle Belagerungen, auch die der Hafenstadt Kol-berg aufgehoben waren.

An Lord Keith, den Bruder des Feldmarschalls, der sich um Frieden über Spanien bemüht, schreibt er am 23. November aus Dresden: „Unser Feldzug ist beendet; es ist hüben und drüben nichts dabei herausgekommen als der Verlust sehr vieler rechtschaffener Männer, das Elend sehr vieler armer Sol-daten, die für immer Krüppel sind, der Ruin einiger Provinzen, die Verwü-stung, Ausplünderung und Einäscherung verschiedener blühender Städte (u. a. der Vorstadtteile von Dresden). Das sind, mein lieber Mylord, die Heldenta-ten, die die Menschheit erschauern machen, traurige Folgen der Bosheit und Ruhmsucht weniger Machthaber, die ihren wilden Leidenschaften alles op-fern".

In *Westdeutschland* behauptete sich der Marschall Prinz Ferdinand von Braunschweig gegenüber den beiden von Franzosen befehligten Heeren, die dann ebenfalls ihren Winterquartieren zustrebten. In *Amerika* und *Afrika* er-zielten die englischen Truppen erhebliche Vorteile, so daß Friedrich nüchtern, doch nicht unzufrieden die Ergebnisse betrachten konnte.

Der König benutzte seinen Aufenthalt erst in Dresden und dann in Breslau dafür, neben der üblichen Chef-Post und Regierungsarbeit eine grundsätzli-che Bilanz des bisherigen Krieges zu ziehen. Diese Schrift „Betrachtungen zur militärischen Lage („Réflexions sur la tactique") konnte er bereits mit dem 23. Dezember an einige Generäle und am 25. Januar 1759 auch an Her-zog Ferdinand von Braunschweig vertraulich aushändigen lassen. Die mit großer Sorgfalt gestaltete Schrift sollte sekundär auch literarischen Ansprü-chen genügen, diente aber auch gleichsam der moralischen Aufrüstung seiner Führungselite. Der König schreibt: „Diese weit überlegenen Kräfte, diese Völker, die von allen vier Enden der Welt auf uns einstürmten, was haben sie erreicht? Ist es bei so vielen Hilfsmitteln, Kräften und Armeen wohl erlaubt, so wenig auszurichten? Ist es nicht klar, daß alle diese Heere bei richtigem Zusammenwirken und gleichzeitigem Handeln unsere Korps eins nach dem anderen zermalmt hätten, und daß sie, stets nach dem Zentrum vordringend, unsere Truppen schließlich auf die Verteidigung der Hauptstadt hätten beschränken können? Aber just ihre große Zahl ist ihnen zum Verhängnis geworden. Sie haben sich einer auf den anderen verlassen, der Führer der Reichstruppen auf den österreichischen General, dieser auf den russischen, der Russe auf den Schweden und dieser endlich auf den Franzosen. Daher die Lässigkeit in ihren Bewegungen und die Langsamkeit bei der Ausführung ihrer Pläne. Von schmeichelnden Hoffnungen und vom festen Vertrauen auf ihre künftigen Erfolge eingelullt, haben sie sich für Herren über die Zeit gehalten. Wie viele günstige Augenblicke haben sie verstreichen lassen, wie viele gute Gelegenheiten verpaßt! Kurz, welch ungeheuren Fehlern verdanken wir unsere Rettung!"

Dann jedoch gibt Friedrich zu erkennen, daß er dem strategischen Konzept der Österreicher ein nunmehr gewandeltes offensives Defensivkonzept entgegenstellen müsse. Die Zeit der weiträumigen Vorstöße sei vorbei. Der Feind müsse, wenn möglich, auf das ebene Terrain von Niederschlesien gelockt werden, weil dieses Gelände die meisten Vorteile biete. Der Zermürbungs-Strategie des Feldmarschalls Daun und seiner Generäle müsse man auch unter Verlust von Teilen der Provinzen mit einem kräftesparenden Defensivkonzept begegnen.

Friedrich wußte mithin zu Beginn des Jahres 1759, daß er trotz zahlreicher direkter und indirekter Hilfen aus dem In- und Ausland, vorab aus England, am Rande des Möglichen zu operieren hatte. Was tun?

1. Die Aussicht auf einen erträglichen Frieden blieb immer noch gering. Wo Friedensfühler ausgestreckt wurden, waren sie von seiner Seite konsequent mit dem Gebot der Wahrung des Besitzstandes verbunden. Hätte er Verhandlungsbereitschaft in Territorialfragen andeuten lassen, wäre das als erster Schritt zur Kapitulation vor der Übermacht seiner Gegner aufgenommen worden. Das ist im übrigen die typische Situation in solchen Kriegen, die die Zerstörung des Gegners mit allen Mitteln als Ziel behaupten.

2. Defensive. Er war zwar nunmehr offenkundig in einen Krieg hinein geglitten, den er nicht mehr auch nur in Teilen bestimmen konnte. Er mußte den Schachzügen seiner Gegner folgen, die ihm freilich ebenfalls folgen mußten, wenn sie ihn noch schlagen wollten. Im wesentlichen bestand nun sein strategisches Terrain in dem Einzugsgebiet der beiden großen Ströme Oder und Elbe, während Ferdinand sich gegenüber den Franzosen zwischen Weser und Rhein behaupten mußte, bis dieser Krieg sich ausgebrannt hatte und jedenfalls ein Teil der Kapitalgeber die Lust an der Finanzierung verlo-

ren hatte. Wann das sein würde, wußten weder Friedrich noch die Anführer der gegnerischen Koalition, die sich soeben hoffnungsvoll ihrer Bündnistreue versicherten. Noch gab der Pariser Hof Geld für den mitteleuropäischen Krieg, derweil ihm weltgeschichtlich unwiederbringliche Verluste auf der anderen Seite der Erdkugel entstanden. Aber das war nur die Fassade der Gegner, die es an Propaganda, ebenfalls übermächtig, nicht fehlen ließen. Insgeheim wucherten an den Höfen, wo nach den Schlachten die gleichen Verluste wie in Preußen zu beklagen waren, die Zweifel an dem Sterben „für Breslau". Aber bauen durfte Friedrich mit seinen Partnern darauf nicht.

Der Feldzug im Unglücksjahr 1759

Die Monate bis zum Beginn der Kampfhandlungen im Frühjahr vergingen dem König rasch mit tausend Geschäften, mit Propaganda-Aktionen, mit Rüstungen und mit dem Versuch politischer Verhandlungen.

Gemäß seinem strategischen Konzept durften weder Friedrich noch Ferdinand im Frühjahr 1759 an Offensiven denken. Doch kleine Angriffe auf die Magazine und das sonstige Nachschubwesen in Böhmen und im Reichsgebiet brachten einzelne Erfolge, die mehr als nur Nadelstiche waren. Die Logistik, wie man heute sagt, blieb bei allen Heeren die Achillesferse, wer den Gegner hier schädigte, konnte ihn behindern oder sogar lähmen.

Dann aber verdichteten sich die ungünstigen Nachrichten über das heranrückende russische Heer. Deutlicher erkannte der König, daß die beiden Hauptmächte einen gemeinsamen Schlag gegen ihn führen wollten. So verlegte er seinen größten Truppenkörper von Schlesien in das Feldlager von Schmottseifen (10. Juli). Doch am 23. Juli bereits scheiterte bei *Kay* (Kreis Züllichau-Schwiebus) der Versuch des jungen Generalleutnants Karl Heinrich von Wedel, den Vormarsch der Russen noch weit vor der Oder aufzuhalten (27.400:40.000). Die Schlacht ging verloren: 6.800 Mann Verluste; die Russen zählten 4.800 Mann Verluste. Sie drangen mit großen Kosaken-Schwärmen von Krossen in Richtung auf die Messestadt Frankfurt vor. Der König übernahm nun die aus Sachsen herangeführten Verbände seines Bruders und die Reste des Wedel'schen Korps, stand dann an der Oder bei Markersdorf, konnte gleichwohl nicht verhindern, daß sein beweglicherer Gegner Laudon mit 24.000 Mann zu den Russen durchbrach. Nun stand ihm eine Koalitionsarmee von 79.000 Mann mit 423 Geschützen gegenüber. Sie war nur mit hohem Risiko und gewissermaßen fehlerfrei von den schwachen Kräften der Preußen (50.000 Mann) anzugreifen. Bei *Kunersdorf*[71] auf der Ostseite der Frankfurter Oder kam es am 11. August 1759 in drückender Hitze zur Schlacht. Des Königs großenteils übermüdete Armee war um 30.000 Mann unterlegen. Nach anfänglichem Erfolge wendete sich das Blatt, die schiefe Schlachtordnung bewährte sich nicht an den Schluchten des Geländes. Die Niederlage ließ sich nicht vermeiden.

Wie üblich stand der König, zu Pferde und zu Fuß, im Feuer. Kugeln trafen ihn. Er blieb unverletzt. Die Artillerie ging verloren. Seine Truppen mußten sich teilweise fluchtartig zurückziehen. Beinahe wäre er von Kosaken aufgehoben worden. Offiziere rissen ihn fort. Am Abend saß er erschöpft am Schloß in Reitwein. Eine psychische und physische Krise war unvermeidlich die Folge. An seinen Minister von Finckenstein schrieb er auf einen Zettel: „Ich habe keine Hilfsmittel mehr, und, um nicht zu lügen, ich glaube, alles ist verloren. Ich werde den Untergang meines Vaterlandes nicht überleben. Adieu für immer". Das Kommando über die sich langsam wieder sammelnde Armee, die angeblich fast 19.000 Mann so oder so verloren hatte, gab er in die Hände des Generals Finck.

Zu den Opfern der Kunersdorfer Schlacht, in der auf preußischer Seite 99 Offiziere und 5.969 Mann getötet wurden (Tempelhoff) gehörte neben dem General von Puttkamer (gefallen), und 11 blessierten Generälen auch der Major und Dichter Christian Ewald von Kleist. Seine rechtes Bein war bei einem Sturmangriff auf eine russische Schanze von einer Kartätschen-Kugel getroffen worden, so daß er betäubt vom Pferde sank. Wenig später ritten Kosaken herbei und raubten dem Hilflosen die gesamte Kleidung nebst Perücke. Russische Husaren fanden ihn dann, schafften ihn an ihr Lagerfeuer, gaben ihm zu trinken und bedeckten den Schwerverwundeten. Am Morgen, allein gelassen, wurde er wiederum von herumstreifenden Kosaken ausgeplündert. Schließlich fand ein balto-russischer Offizier den Moribunden, ließ ihn auf einem Karren nach Frankfurt schaffen, wo man versuchte, ihm zu helfen. Elf Tage später starb er. Russische Offiziere ließen es sich nicht nehmen, ihn mit militärischen Ehren auf dem Gubener Friedhof vor der Altstadt beizusetzen. Dort ist sein später mit einem Denkstein geschmücktes Grab noch heute zu sehen.

Am Abend des 13. August verfügte Friedrich wieder über mindestens 13.000 Mann. Wenige Tage später aber ergab ein Appell der Regimenter bei Fürstenwalde/Spree mehr als 33.000 Mann. Viele von ihnen waren noch verwundet. Bei manchen Regimentern konnte man nur ein oder zwei unverletzte Offiziere erblicken. Auch die Generäle waren in der Mehrzahl verwundet. Die Tapferen ließ er mit Belohnungen ermutigen. Langsam hob sich der Geist der Truppe. Geringere Verluste verzeichnete die Kavallerie, die sich besser als die Infanterie zu behaupten verstanden hatte. Nach der Schlacht hatte der König wie betäubt viele Stunden geschlafen. Dann gab er bereits Befehle, die zerstreuten Heerhaufen diesseits von der Oder zu sammeln. Seine Energie war nicht gebrochen. Aus den Berliner Rüstungswerkstätten ließ er neue Geschütze herbeifahren. Waffen und Munition wurden herangekarrt. Auch

Branntwein ließ er ausschenken. Man wartete auf die letzte oder jedenfalls die nächste Schlacht.

Aber die Generalität der Russen, die nun in zwei großen Kämpfen ebenfalls 20.400 Mann verloren hatten, wollte nicht mehr kämpfen, und die Truppen wollten sich auf keine dritte Schlachtbank führen lassen. In einer scharfen Auseinandersetzung zwischen österreichischen und russischen Offizieren im Lager der Russen bemerkte General Graf Ssaltykow zu General Laudon, der von ihm noch Truppen erbat, um die Preußen zu verfolgen, er könne und wolle mit dem Feinde nichts mehr zu tun haben. Er habe sich am 16. August lediglich deshalb zum Übergang über die Oder entschlossen, weil ihn die fast erstickenden Ausdünstungen des weiten Totenfeldes vom 12. August aus seinem Lager bei Kunersdorf vertrieben hätten. Außerdem war nicht vergessen worden, daß in der ersten Hälfte der Bataille das russische Heer mit seinen etwas mehr als 20.000 Mann so gut wie geschlagen gewesen wäre. Dieser König blieb zu fürchten, wie es in Guben zwischen Daun und Ssaltykow dann erörtert wurde.

Feldmarschall Daun vermochte sich von Maria Theresia nicht dazu bewegen zu lassen, auf Berlin-Potsdam vorzustoßen. Es war tatsächlich ein Wunder: Da Friedrich als Feldherr längst einen kaum zerstörbaren Nimbus gewonnen hatte, fürchtete man den Geschlagenen ebenso wie den Siegreichen. Als er sich dieses Wandels bewußt wurde, sprach er von einem „Wunder", obwohl seine Lage verzweifelt genug war. Doch deckte der mit hoher taktischer Gewandtheit vorgehende Prinz Heinrich mit dem schlesischen Heer die Oberlausitz und erzielte einige Erfolge, durch welche die Partie bis zum Herbst offen gehalten wurde.

Dresden freilich, seit neun Monaten von dem Grafen Schmettau mit 3.700 Mann tatkräftig verteidigt, ging durch ein Mißverständnis in der Führung verloren. Als am 5. September eine kleine schnelle Truppe von 5.000 Mann (General Wunsch) vor der Neustadt Dresdens erschien, war die Stadt mit einer vorteilhaften Kapitulation am Tag zuvor den Österreichern übergeben worden. Die Garnison, das Lazarett, das Magazin und vor allem die Kassen konnten jedoch gerettet werden. Doch Friedrich, nachtragend und mißmutig, wie er sein konnte, hat Schmettau diesen wohl voreiligen Schritt nicht verziehen, obwohl dem General Handlungsfreiheit vom König versprochen war. Schmettau, ein kluger und gebildeter Mann, erhielt nach dem Kriege nur ein schmales Ruhegehalt. Mit Schweigen nahm Friedrich Schmettaus besondere Rolle am Hofe seines Bruders Ferdinand und bei dessen Gemahlin zur Kenntnis. Schmettau ist dann als hochangesehener Kartograph nach 1786 wieder zu offenem Ansehen gekommen und fiel erst 1806 in der Schlacht bei Jena, wenige Tage nach dem Tode seines ebenso begabten Zöglings, des Prinzen Louis Ferdinand bei Saalfeld.

In Westdeutschland behauptete sich Prinz Ferdinand weiterhin, gestützt durch breite Sympathien in der Bevölkerung. Die Abstimmung der Kriegshandlungen und mittelfristigen Strategien zwischen Friedrich und seinem Marschall auf dem westlichen Schauplatz, also dem Prinzen Ferdinand von Braunschweig, folgte dem Prinzip der „kommunizierenden Röhren". Gelder, Truppen, Rüstungsgüter und sonstiges Material wurden je nach Bedarf verschoben. Das stärkte beide. Man unterrichtete sich über die Standorte der Feinde. Außerdem empfing Ferdinand Empfehlungen und auch Weisungen aus London, dessen Kurfürstentum Hannover besonders gefährdet war.

Im April 1759 verfügte er über etwa 71.800 Mann Feldtruppen und 7.000 Mann Garnison- und Festungstruppen. Eine von ihm geführte Teilarmee (24.000 Mann) versuchte, in der kleinen Schlacht bei *Bergen* nordöstlich von Frankfurt a. M. ein Kontingent der Franzosen (30.000 Mann) anzugreifen. Er scheiterte, obwohl die Verluste seiner Gegner weit höher waren (2.373 : 4.000). Dann aber kam es wegen der Bedrohung Hannovers zur weit größeren Schlacht bei *Minden* (1. August)[72], in der der Prinz siegte, obwohl er mit seinen nur 40.000 Mann gegen 65.000 Uniformierte unter französischer Führung anzugehen hatte. Die französischen Generäle mußten sich eilig nach Nordhessen zurückziehen. Friedrich erfuhr noch vor dem Treffen von Kunersdorf von diesem Erfolg, der ihn gewiß ermutigte. Im November ließ er sich dann von Ferdinand 13 Bataillone schicken, um seine schweren Verluste auszugleichen. Dieser behauptete sich weiter erfolgreich in Hannover, Westfalen und Hessen, so daß der König für 1760 jedenfalls damit rechnen konnte, nicht aus dem Westen angegriffen zu werden.

In dem über alle Meere hinweg geführten *Weltkrieg* um die Kolonien und sonstigen Ausbeutungsländer erzielte *England* mit Heer und Flotte nunmehr einen Erfolg nach dem anderen. Neben Verlusten französischer Positionen in Westindien (Karibik) wurde Kanada erobert (13. September: Schlacht von *Quibec*). Die französische Flotte, die sich für eine waghalsige Landung sogar in England vorbereiten sollte, erlitt mehrfach schwere Verluste. Zuletzt entschied die grandiose *Seeschlacht von Quiberon* (Admiral Hawke mit 30 Linienschiffen) den Krieg zur See zugunsten Englands. Frankreich verlor weithin die Verbindung zu seinem überseeischen Besitz; es sah sich zum Frieden genötigt. Das wirkte sich von Monat zu Monat mehr auf den Konflikt in Mitteleuropa aus, auch wenn der Wiener Hof trotz der Schwächen seiner Verbündeten noch hoffte, Preußen überwinden zu können.

Einzelne Erfolge gegen Ende des Jahres 1759 schienen dies für Kaunitz und Maria Theresia in den Bereich des Möglichen zu rücken. Die Kriegsgöttin Fortuna zeigte Friedrich in den letzten Monaten dieses seines Unglücksjahres ihre abgewandte Seite. Nach dem Fall der Festung Dresden Anfang September, nach dem Abmarsch der Russen zur Weichsel in ihre nahrungsreicheren Winterquartiere (26. Oktober) wollte Friedrich Sachsen in seiner Hand behalten, weil ihm bereits einiges von den vorbereiteten Friedensgesprächen zwischen Frankreich und England zu Ohren gekommen war.

In *Schlesien* und der Oberlausitz gelang es dem hellwach operierenden Prinzen Heinrich mit „dem schönen unversehrten Heer", den unsicheren Feldmarschall Daun mehrfach zu düpieren. Er zog ihn mit seinen Truppen aus Schlesien ab und hielt ihn mit Gefechten bei Hoyerswerda, Torgau, Korbitz und Pretzsch mit den tüchtigen Generälen Wunsch (Freitruppen) und von Finck in Atem. Die Festung Glogau blieb in preußischer Hand. Am 13. November traf der König, den wochenlang am ganzen Körper böse Gichtschmerzen geplagt hatten, in Hirschstein bei Meißen ein. Dort übernahm er den Oberbefehl des wieder vereinigten Hauptheeres von 50.000 Mann. Doch sein Versuch, den Abmarsch der Österreicher hinter Dresden bei Dippoldeswalde und Maxen zu beschleunigen und zu stören, mißlang kläglich.

Das *Finck'sche Korps* wurde von Daun schlagartig eingekesselt. Es mußte schmählicherweise ohne längere Kämpfe die Waffen strecken („Finken-Fang bei Maxen"). Der ziemlich schockierte König verlor an einem Tag fast 14.000 (10.000) Mann, darunter 540 Offiziere, 71 Geschütze, 96 Fahnen, 24 Standarten und obendrein noch 24 Munitionswagen. Das war wie eine verlorene Schlacht. Den Rat seines Bruders und des Generals Finck hatte er wohl mißachtet, was ihn besonders schmerzte. Gleichwohl ließ der König ein Exempel an den Generälen per Kriegsgericht statuieren. Finck nannte in der Verhandlung im übrigen nur 6.800 Mann Kampftruppen.

Das Verhältnis zum Prinzen Heinrich verschlechterte sich nun sogleich wieder. Der König verfügte gegen Ende dieses Jahres nicht über hinreichende körperliche und geistige Frische, während der „neurotische" Bruder der Höhe seiner Kriegskunst zustrebte: „Von dem Tage an", sagte er gallebitter, „da er zu meinem Heere gestoßen ist, hat er Unordnung und Unglück verbreitet; all meine Mühe in diesem Feldzug und das Glück, das mich begünstigt hat, alles ist verloren durch Friedrich." Des Königs Charakter sei „widerspruchsvoll und unzuverlässig". Doch ist es nicht zutreffend, daß der König nach solchen Niederlagen wie der bei Maxen in erster Linie an den Verlust von Ehre und Reputation gedacht hat. Seine Meditationen und Selbstanklagen überliefert das Tagebuch Catts, auch wenn er damit, wie sich versteht, nicht an die Öffentlichkeit gegangen ist.

Der König machte sich nichts vor über seine „abscheuliche Lage", über seine augenblickliche Erfolglosigkeit: „Ich habe alles Menschenmögliche gethan, um den Feind durch List, Vorspiegelungen und Diversionen aus Sachsen heraus zu schaffen, ohne im geringsten etwas ausgerichtet zu haben. Es bleibt mir also nichts übrig, als den Winter hindurch dem Feinde gegenüber zu kantonieren, ohne mich von meiner bisherigen Stelle (vor Dresden) zu rühren ... ich sehe schwarz, mein Kummer gehört mir allein" (31. Dezember, an d'Argens).

„Und doch fühlt man, daß auch die süße Hoffnung das schönste Gut ist. Nirgends lernt man so wie beim beschwerlichen Kriegshandwerk, daß man nur auf das rechnen kann, was wirklich ist und was man in Händen hat. Jedesmal, wenn wir zu viel erhofft haben, hat es einen Rückschlag gegeben" (25. November zu Catt).

Das Jahr endete also ohne jeden Erfolg gegenüber dem hartnäckig bei und in Dresden festsitzenden Feldmarschall Daun. Auf der anderen Seite verharrte der König bei demselben klirrenden Froste und in aller Wachsamkeit vor Überfällen mit seinen Truppen in Dörfern zwischen Freiberg und Meißen. Behaglich war das nicht. Den Glückwunsch der fernen Königin zum Neuen Jahre beantwortete er postwendend mit dem Satz: „Unsere Lage ist nicht anmutig und hat nicht den Anschein, es zu werden. Wir werden genötigt sein, den ganzen Winter einen Fuß im Steigbügel zu behalten, und folglich nicht ausruhen zu können" (1. Januar 1760). Ferdinand, der Neffe der Königin und Sohn seiner braunschweigischen, ganz „fritzisch" gesinnten Schwester, Philippine Charlotte war nun bei ihm – Trost der Jugend, und daneben die vage Hoffnung auf einen Frieden. Dieses Unglücksjahr war soeben versunken – die Erinnerung war täglich bedrückend. Immerhin mochte er sich sagen: Alles in allem war das Jahr noch mit einem schwachen „Remis" ausgegangen. Nüchtern zog er das Fazit: „Dieses Wunder wird lediglich dem Ungeschick und allen den großen Fehlern unserer Feinde verdankt." Nichts war verloren. Am Jahresende erfuhr er von Friedensfühlern der Russen. Mit Feldmarschall Daun stand er in verdecktem Gespräch und suchte ihn durch Generositäten für sich einzunehmen. Der Premierminister Pitt in London unterstützte ihn weiter trotz der Fortschritte Englands im Krieg gegen Frankreich.

Gleichwohl unternahm er es, im Februar 1760 dem französischen Hof über einen Mittelsmann mit Hilfe der ihm wohlwollend befreundeten Herzogin Luise Dorothea von Sachsen-Gotha (-Meiningen) eine Nachricht über seine grundsätzliche Friedensbereitschaft zugehen zu lassen. Doch verlief die Aktion im Sande, zumal England (Pitt) eine hinterhältige Politik Frankreichs befürchtete.

An die Herzogin schrieb er wenig später (12. März) sein Credo: „Was Reiche stürzt, ist das Werk eines Augenblicks; oft genügt zu ihrem Untergang, dass ein unklarer Kopf im entscheidenden Augenblick versagt. Ich könnte dem noch hinzufügen, dass man beim Nachsinnen über die Grundgesetze der Welt erkennt, wie eines der ersten der stete Wechsel ist. Von ihm rühren alle glücklichen und alle unglücklichen Ereignisse und alle Zufälligkeiten her, die unaufhörlich neue Weltbilder heraufbeschwören. Vielleicht ist die Schicksalswende für Preußen gekommen; vielleicht wird man eine neue despotische

Cäsarenmacht erleben. Ich weiß es nicht. Dies alles ist möglich; aber ich verbürge mich dafür, dass man erst nach Strömen von Blut dahin gelangen soll.
Ich werde sicherlich nicht ruhig ansehen, dass mein Vaterland in Ketten gelegt wird und die Deutschen in elender Knechtschaft versinken ...". So
spricht nicht der „arme Teufel", der zehnmal täglich seine verhängnisvolle
Existenz verflucht (J.-P. Bled). So spricht und schreibt derjenige, der mit dem
Rücken zur Wand bis zum äußersten kämpft und die Lage überblickt.

Warten auf die Erschöpfung der anderen: 1760

Das Frühjahr 1760[73] ließ dann mehr und mehr erkennen, daß reale Frie-
densaussichten für Preußen noch nicht gegeben waren. Friedrich selbst, „eben
über Wasser gekommen" (Eichel), lehnte einen Frieden mit territorialen Verlusten ab. Allenfalls dachte er an Tausch-Operationen. Noch hoffte jede Seite,
das Ringen vorteilhafter abschließen zu können. Die Russen wünschten sich
vor allem Ostpreußen mit seinen eisfreien Häfen als Lohn für ihre Opfer zu
erhalten. Die Feldzugspläne der Gegner zielten darauf ab, die wieder aufgefüllten preußischen Korps von ihren Magazinen und anderen Hilfsquellen abzudrängen. Doch das gehörte zur Alltagsstrategie. Wohl nur der insgeheim
bereits schwankende Kaunitz und General Laudon gaben sich noch der ungewissen Hoffnung hin, den fintenreichen Preußenkönig irgendwie vernichten
zu können.

Als die Vormärsche dann Anfang April einsetzten, verfügte dieser jedoch
wunderbarerweise über rund 100.000 Mann Feldtruppen, deren Qualität nicht
so schlecht war wie er manchmal befürchtet hatte. Zeit brauchte er zum
Einexerzieren. So blieb er in Sachsen. Den Prinzen Heinrich beließ er an der
Oder mit 35.000 Mann, und Fouqué mußte bei Landeshut in Schlesien mit
10.000 Mann operieren. 5.000 Mann unter Generalleutnant von Manteuffel
deckten die insgesamt ruhige schwedische Front ab.

Im Juni 1760 stand er mit 80.000 Mann Kampftruppen seinen Hauptfein-
den gegenüber. Sie waren ihm mit 126.000 Mann weit überlegen. Dazu kamen die an die Oder ziehenden Russen unter General Buturlin. Dann aber
erreichte ihn wieder eine Unglücksnachricht. Bei *Landeshut* schlug der ent-
schlossene General Laudon ein kleineres preußisches Korps von 11.500 Mann
in wilden Kämpfen ohne Kapitulation zusammen (23. Juni). Nur 1.700 Mann
der Reiterei und einiger sonstiger Truppen konnten sich nach Breslau retten.
General Fouqué (1698–1774), der Jugendfreund Friedrichs, geriet mit Wunden übersät in die Gefangenschaft der Österreicher, welche ihn wegen seiner
hohen militärischen Qualitäten erst nach Kriegsende im April 1763 nach
Glatz entließen. Sogleich begrüßte ihn der König damals von Berlin aus mit

Lobeshymnen als einen wahren „Leonidas". Keinen seiner Generals-Invaliden hat der König wohl mehr geschätzt und umhegt als diesen.

Es war nur ein blutiger Erfolg, den Laudon mit dreifacher Übermacht über die preußischen Truppen erreichte. Er verlor mehr als 3.000 (5.000?) Mann. Im übrigen trägt Laudon (1717–1790), eine auch von Tragik umwitterte Gestalt, die Verantwortung dafür, daß er die kleine Textil-Gewerbestadt *Landeshut* rabiat und blutig plündern ließ, wie er überhaupt unehrenhafte Wege nicht ausschlug. Eine solche Plünderung hätte man eher von Russen erwarten dürfen. Zwölf Bürger wurden von des Feldmarschallleutnants betrunkener Soldateska erschlagen, 43 fand man schwer verwundet und über 300 Bürger, jeder siebente, war von den Marodierenden mißhandelt worden. Die Stadt berechnete diesen Schaden an Geld, Leinwand und Hausrat auf 635.356 Taler, die der König in diesem Fall als besonderes Kriegsverbrechen seiner Gegner vergütete. Im Lichte dieser Ereignisse ergab sich für Friedrich das Bild eines ebenso gefährlichen wie begabten Kondottiere für kriegerische Taten und Untaten.

Wenig später (26. Juli) fiel die *Festung Glatz* in einer die preußischen Waffen entehrenden Weise in die Hände Laudons, dem Friedrich später wütend nachsagte, dieser habe einen Teil der Besatzung mit Hilfe von „Jesuiten, Mönchen und dem ganzen Pfaffengesindel" bestochen und damit den Widerstandsgeist hinter den Mauern gelähmt. Alle Soldaten wurden kassiert, der der italienischen Nation angehörende Kommandant, nach Kriegsrecht zum Tode verurteilt, ist auf dem Richtsplatz begnadigt und des Landes verwiesen worden. Tatsächlich waren die mächtigen Bastionen unzulänglich besetzt, weil Friedrich und Fouqué keine regulären Truppen in die Bergfeste hatten legen können. Aber jedenfalls wußte der König nun, wessen er sich von dem Reiter-General mit livländischer Herkunft zu versehen hatte.

Belagerung von Dresden[74]

Trotz dieser unangenehmen Schlappe, bei der seine Feinde nicht ohne Verluste davonkamen, entschloß sich Friedrich, nach einigen taktischen Märschen wiederum eilig nach Sachsen zu ziehen. Dort wollte er mit der Einnahme der Elbresidenz einen kleineren Erfolg erzielen. Die Barockstadt war nicht mehr unbeschädigt. Die Belagerungen von 1758/59 hatten bereits zu nicht unerheblichen Ausfällen in den Vorstädten geführt. Nun verteidigte sich hinter den Befestigungen eine kleine Garnison, deren Standfestigkeit Friedrich mit seinen Offizieren wohl unterschätzte. Eine Kapitulation wurde abgelehnt. Zwischen dem 13. und 15. Juli 1760 ließ der König in kaum verständlicher Rücksichtslosigkeit Teile der Stadt beschießen, was zu Bränden und

Zerstörungen führte und die Kreuzkirche zum Einsturz brachte. Kupferstiche wurden weithin verbreitet und zeigten dieses Unglück. Im Krieg sind auch Residenzstädte wie Dresden unglücklicherweise nur Objekte der Zielgenauigkeit und der Okkupation gewesen.

Die Lage erschien nun in Friedrichs Sicht ernst genug zu sein. Er war in hoher Unruhe, zumal er bei einem Vorhut-Gefecht in Nieder-Gurk bei Marienstern fast von zwei, vorangekommenen kaiserlichen Ulanen vom Pferd gestochen wurde, wenn ihn ein Page, des Polnischen mächtig, nicht durch Geistesgegenwart gerettet hätte (7. Juli). Am 25. Juli schreibt er seinem Bruder Heinrich, schon im Bewußtsein der aussichtslosen Belagerung, versehen mit den Nachrichten über die durch Pommern heranrückenden Russen unter Buturlin und Tottleben und die Krise bei der Belagerung von Breslau: „In der Lage, in der wir beide uns befinden, lieber Bruder, ist es unbedingt notwendig, eine Entscheidung herbeizuführen, sei es auf Ihrer oder auf meiner Seite. Wir können absolut nicht mehr vermeiden, eine Schlacht zu schlagen; ich bitte Sie, sich das fest einzuprägen; es ist eine unbedingte Notwendigkeit, dass es zu einem entscheidenden Schlage kommt; sonst vergehen wir vor Ungeduld und verzehren uns selbst, und schließlich werden die Dinge noch weit schlimmer, als sie gegenwärtig sind … Aber merken Sie sich wohl, dass ich mich hier mit Daun schlagen muß, entweder beim Übergang über die Elbe oder wenn ich nach Schlesien marschieren will. Seien Sie versichert, dass wir uns ohne dies nicht aus der Sache heraushelfen können, und ich würde mich vor allen ehrlichen Leuten dafür verantwortlich machen, dass ich hier bleiben wollte, während alle meine Staaten den größten Gefahren ausgesetzt sind". Diese Ermahnung zeigte Wirkung. Von der Front der Russen-Beobachtung an der Obra zog Prinz Heinrich mit seiner Armeegruppe über Glogau bis zum 8. August in die Nähe von Breslau, wo sich erkennbar der Knoten schürzen sollte.

Am 30. Juli mußte die Belagerung Dresdens sang- und klanglos aufgegeben werden. Das Heer eilte nach Schlesien zurück. 251 Häuser waren nunmehr auf beiden Seiten der Elbe abgebrannt oder demoliert. Friedrich ließ in einer Berliner Zeitung wenig später das traurige Schicksal der Stadt darstellen, welches ihn besonders anrühre, wie er betonen ließ. Doch bewegte ihn vor allem, daß er sich unbedachterweise auf Belagerung eingelassen hatte, die ihn freilich in seiner eigentümlichen melancholischen Unbeugsamkeit nicht zu beirren vermochte: „Die Belagerung von Dresden, lieber Marquis, ist uns zu Wasser geworden. Jetzt sind wir im vollem Marsche nach Schlesien … es ist kein Augenblick zu verlieren …" (1. August). Alles stand erneut auf des Messers Schneide.

Liegnitz[75]

Das Kriegsglück kehrte nun teilweise in das Zelt Friedrichs zurück. Den von der Elbe Abziehenden verfolgte Feldmarschall Daun von Ort zu Ort durch Lausitz und Niederschlesien mit seinem Hauptheer. Er stellte sich an der schlesischen Katzbach zusammen mit Laudon in der Nähe der heranrük-kenden russischen Armee (60.000 Mann) auf, um den Preußenherrscher nun mit großer Übermacht, methodisch vorgehend, zu erdrücken. In Wien, in goldener Hofwelt, triumphierte man bereits leichten Sinnes. Alles taktische Geschick, das man rühmen mag, änderte nichts daran, daß der König der dreimal so starken österreichischen Armee das Konzept verdarb, daß er das etwas abseits stehende Korps Laudon mit seinen sehr schnell umdisponierten Truppen überrannte und weithin zerstörte (1.400 Tote, 2.600 Verwundete, 4.700 Gefangene). So stieß er dank der Fehler seiner Gegenspieler zur nahen Armee des Prinzen Heinrich durch, der die russischen zögernden Truppen über die schlesische Grenze nach Polen abzudrängen vermochte. Das war am 14. und 15. August 1760.

Am Vormittag nach diesem hocherwünschten Erfolg ersuchte Friedrich sogleich seinen Sekretär Eichel, die Nachricht des Sieges zu verbreiten. Das hört sich dann folgendermaßen an: Der König habe nach einem schnellen Nachtmarsch das gesamte Korps des Generals Laudon in zwei Morgenstunden „totaliter geschlagen". Der Feind habe 7.000 Mann an Toten und Blessierten hinterlassen, dazu 90 Kanonen und Fahnen verloren; man selber habe jedoch nur 1.000 Mann eingebüßt – unter den vielen unwahrscheinlichen Situationen des Krieges ist diese vielleicht die unwahrscheinlichste gewesen. Friedrich operierte mit mehreren voneinander unabhängigen Abteilungen (Kolonnen), war von der starren Lineartaktik abgegangen und überraschte die Feinde mit seinem Zaubermittel Schnelligkeit. Diese stritten sich dann böse über ihre Fehler, als verfügte man über Zeit und Geld in Hülle und Fülle.

Der König blieb unwandelbar. Die tapferen Musketiere erfreuten ihn, er lobte sie, und sie versetzten ihn mit ihren Antworten in tiefe Rührung: „Wie sollten wir nicht? Wir kämpfen für die Religion, für Euch, für das Vaterland!" Doch die Gesamtlage ließ ihn zu seinem skeptischen Realismus zurückkehren. Seinem Kummerkasten d'Argens vertraute die leicht täuschenden Sentimentalitäten und die heroischen Aufbrüche, das in Stunden und in Tagen unablässig wechselnde Glück in wie immer erstaunlicher Offenheit an: „Laudon haben wir geschlagen, und die anderen (Daun) haben uns nicht angegriffen. Das ist ein großer Erfolg, den wir nicht erwarten konnten. Aber das letzte Wort ist noch nicht gesprochen, und wir werden zur Krönung des Werkes noch den Gipfel des steilen Felsens erklimmen müssen. Meine Kleider und mein Pferd sind verwundet. Ich selbst bin bis jetzt unverwundbar. Niemals ist die Gefahr größer gewesen, niemals haben wir gewaltigere Anstrengungen gemacht. Aber was wird das Ende unserer Mühen sein?"

Das schrieb er am 17. August in Neumarkt, nunmehr halbwegs gesichert („Gott ist stark in den Schwachen"). Wem er nun wieder diesen Sieg verdankt, ließ er vorsichtshalber auf sich beruhen, ob dem Zufall oder einer unerkennbaren, geheimnisvollen Macht. Der kluge englische Gesandte Mitchell, den er unverändert schätzte, verwies bei der Gratulation auf die verschiedenen Wege der göttlichen Vorsehung, denen die Arbeit des Königs offenbar unterworfen sei. Friedrich bekannte sich mehr zu „Seiner Majestät dem Zufall" und der Sicht, daß Gott im Kriege bei den starken Schwadronen sei. Doch letzte Gewißheit gebe es wohl nicht. Zu Mitchell bemerkte er lächelnd: „Ich sehe, daß wir in diesem Punkte nicht völlig einig sind, aber da Sie es wollen, so mag dem jetzt also sein".

Der Krieg zog sich hin. Die Russen, unter General Graf Tschernytschew und sechs weiteren, ebenfalls uneinigen Generals-Kollegen stehend, zeigten sich verständlicherweise stark beeindruckt. Sie zogen, rasch noch das Kloster Trebnitz plündernd, über die Oder ab. Versorgungsprobleme obsiegten gegenüber dem Kampfauftrag. Das theresianische Haupteer unter Daun retirierte in das Vorgebirge. Die dankbaren Einwohner Breslaus brachten in den Tagen nach Liegnitz den erschöpften Soldaten zur raschen Kräftigung Eier, Bier, Branntwein, Fleisch und Tabak in großen Mengen in das nahe Lager. Mehr als tausend Verwundete wurden in der Stadt von liebevollen Händen gesund gepflegt, zumal es nicht an Geld fehlte. Die englischen Subsidien gerieten nach dem Tode König Georgs II. (25. Oktober) zwar ins Stocken, doch wurden in den Berliner und Breslauer Münzstätten unter der exzellenten Leitung der Münzpächter Ephraim, Isaac und Itzig bei Tag und Nacht geradezu gigantische Münzmengen leichteren Gewichtes und Wertes geschlagen. Nach und nach zogen die ebenso rastlosen Münzagenten aus Polen, Rußland und Ungarn „vor leicht Geld" mehr als 50 Millionen Metallwert in Gold ab. Damit konnten Sold und Rüstungskäufe ebenso bezahlt werden, wie aus den Kontributionen, die aus Sachsen und vor allem aus Mecklenburg-Schwerin wiederum mit aller Härte eingetrieben wurden.

Die Gegner konnten nicht wie Friedrich alles auf eine Karte setzen. Vielmehr mußten sie je an ihre eigene Zukunft und höfische Reputation denken. So manövrierten die Truppen erst einmal mit großer Vorsicht. Die Russen vermieden es, mit dem Haupteer die schlesische Oder zu überschreiten. Doch dann wurde der Spätherbst des Jahres 1760 noch einmal unruhig und gefahrvoll, stärker jedenfalls, als es der König nach Liegnitz geglaubt hatte. Während er in der Schweidnitzer Gegend mit Daun die üblichen Drohgebärden austauschte, unternahmen russische und österreichische schnelle Truppen eine Diversion gegen *Berlin* mit angeblich 40.000 Mann. Die Stadt wurde nach zweitägigem Widerstand nach Beschuß übergeben, und es mußten fast 2 Millionen Taler Kontribution in garantierten Schuldscheinen und in Silbergeld erlegt werden. 3.000 Mann der preußischen Truppenteile wichen auf Spandau aus (3.–13. Oktober). Doch auf das Gerücht hin, daß Friedrich bereits zum Entsatz der Hauptstadt eilig heran marschiere, zogen sich am 11. Oktober die Eindringlinge zurück, nachdem Streifscharen neben Beschädigungen in der Rüstungsindustrie auch Schlösser auf indiskutable Weise mit dem bekannten Unrat verfüllt hatten[76].

Friedrich ließ nach besonderen Ereignissen, wie es ein Raid nach Berlin war, Communiqués veröffentlichen. Sie schilderten in betont ruhiger und objektiver Weise – zum Ärger des Wiener Hofes und zur Freude des fritzisch gesinnten Auslandes – die Vorgänge einschließlich seiner Strategien, Fehler und Verluste. Gespannt folgte man besonders in London den Berichten mit ihrem vergleichsweise hohen Wahrheitsgehalt.

Die preußische, fast stets von Friedrich durchkorrigierte Darstellung mit ihren dezenten Ironien lautete u. a. für den Oktober-Besuch des Generals Lacy und des russisch-baltischen Generals von Tottleben: „Berlin ward demnach den 9. (Oktober) vom Feinde eingenommen. Er forderte daselbst die aller unerschwinglichsten Brandschatzungen, plünderte und verheerte alle herum liegenden Gegenden, Charlottenburg, Schönhausen und Friedrichsfeld, die Lustschlösser des Königs, der Königin und des Markgrafen Karl (von Brandenburg-Schwedt); nichts war der Wut dieser Feinde zu heilige, und nichts ward von ihnen verschont. Man will hier gar nicht der Verwüstungen und barbarischen Grausamkeiten weitläufig gedenken, welche daselbst von den Russen und Österreichern ausgeübt worden. Man bemerkt nur, daß durch die Annäherung der königlich preußischen Kriegsvölker die Residenz Berlin den 12. Oktober von diesen Feinden erlöst ward".

Was ereignete sich tatsächlich bündnispolitisch und was galt als völkerrechtswidriges *Kriegsverbrechen?* Die Kapitulation, zwischen den Generälen von Tottleben und von Rochow am 9. Oktober abgeschlossen, enthielt immerhin neben Abzugsbestimmungen für Teile der Garnison die Zusage der Sicherheit für die öffentlichen und königlichen Bauten. Die Stadt sollte während des Erfüllens der Kontributionen „sichern Schutz haben". Gleichwohl war der etwas später eintreffende Wiener Feldzeugmeister Graf Lacy (1725–1801), der aus finanziellen Gründen gegen die Kapitulation Tottlebens protestierte und überheblich agierte, nicht bereit, sich an den Vertrag zu halten. Er gestattete seinen Truppen (3.000 Mann) in der Friedrichstadt „große Exzesse". Als die Österreicher auf Befehl Lacys sogar die russischen Wachen angriffen, mußten sich diese mit Gewehrfeuer verteidigen. Die Berliner schauten zu. Lacy überließ Teilen seiner Truppen das Schloß *Schönhausen* der Königin Elisabeth Christine zur Plünderung und Verschmutzung („gänzlich ruiniert").

In *Charlottenburg* drangen Österreicher und die unter Lacys Kommando stehenden Brühl'schen (Sächsischen) Dragoner plündernd ein; sie zerstörten Möbel, Spiegel, Porzellan, verstümmelten die Antiken aus der berühmten Polignac'schen Sammlung des Königs, sie zerschlugen Wände und Türen mit Beilen, entwendeten Gemälde und rissen Tapeten von den Wänden. Lediglich die beiden „Schilderläden von Watteau" und das Bildnis der Venezianer-Frau (Pesne) blieben aus Unkenntnis zurück, wie der Zeuge d'Argens dem König unmittelbar nach dem Abzug des Raubgesindels berichtete.

In *Sanssouci* dagegen benahm sich Graf Anton Esterhazy als ein Herr von Rang und völlig einwandfrei. Er bat sich lediglich ein Bild als Erinnerung aus. Der König bedankte sich umgehend bei ihm auf das Verbindlichste. Der Unterschied zu dem rauhbeinigen Lacy war überdeutlich.

Dieser und der Russengeneral Tschernytscheff, dem der ferne Ober-General Fermor angeblich Befehle zur schonungslosen Barbarei gegeben hatte, wollten vor dem flüchtigen Abzug noch Teile der Stadt in Brand setzen. Der Holländische Gesandte von Verelst verstand es, das Verbrechen zu verhindern. Der König bezeigte auch ihm aus seinem Hauptquartier zu Jessen (22. Oktober) für das Abwenden dieser Grausamkeit in einem Handschreiben seine „vollkommene und ausnehmende Hochachtung und Erkenntlichkeit". 1767 verlieh er ihm die preußische Grafenwürde.

Der eilige Fortzug der Feinde, bei dem sie u. a. 763.500 Taler in Bargeld mitnahmen, dazu Teile des Staatsschatzes und der Antiquitäten sowie den Inhalt des Zeughauses und einiger Magazine, bekam eine besondere Note, weil sich unter den zusammengetriebenen 4.499 Gefangenen auch einige hundert Kadetten im Kindesalter befanden. Ihre brutale Verschleppung erweckte viel Teilnahme und Publizität. Sie durften erst nach der Wende von 1762 aus russischer Gefangenschaft zurückkehren. Die Kosten der Berliner Besetzung erstattete der König nach und nach, ohne daß davon viel gesprochen wurde. Seine Proteste wegen der widerrechtlichen, dem Völkerrecht entgegenstehenden Maßnahmen der Feinde verhallten so gut wie ungehört.

Insgesamt entstand ein überwiegend ersetzbarer Schaden, weil die weitergehenden Zerstörungspläne im Lande wegen der Kürze der Zeit unausgeführt blieben. Doch scheint der moralische Schaden für die Österreicher nicht unerheblich gewesen zu sein. Nun wußte man: Wenn der König militärisch nicht zu überwinden war, vergriff man sich wenigstens repressiv an Land und Leuten oder plante sogar Attentate auf den Mann in der blauen Uniform mit dem Stern des Schwarzen Adlers.

Die Belagerung von Wittenberg

Neben dem Vorstoß gegen Berlin, wo sich Russen unter Tottleben vergleichsweise zivilisiert benahmen, sollte die mittlere Elb-Linie von den preußischen Besatzungen befreit werden. So verteidigte etwa gleichzeitig Generalleutnant Johann Dietrich von Hülsen (1693–1767), ein Ostpreuße und einer der fähigsten Generäle Friedrichs, den Nordrand Sachsens gegen andringende Reichstruppen zwischen Torgau und Wittenberg (2. Oktober). Diese Truppen standen unter dem Befehl des Prinzen von Pfalz-Zweibrücken. Hülsen zog sich kämpfend nach Coswig und dann eilig nach Berlin zurück, während die Feinde die Festung Torgau wegen der erwiesenen Unfähigkeit des Kommandanten von Normann einnehmen konnten. Sie berannten sogleich das feste Wittenberg. Der Kommandant dort, Generalmajor Konstantin Nathael von Salenmon (1710–1797), einer der wenigen vielseitig begabten Generäle des Königs mit jüdischer Herkunft und Chef eines erfolgreichen Freibataillons, leitete die Verteidigung der Luther-Stadt tapfer und entschlossen. „Die Feinde bombardierten die Stadt [am 13. Oktober] und legten drei Viertel in Asche. Schließlich ging die Munition aus", schreibt der König im Rückblick, „dennoch ergab er sich erst am 14. Oktober, nachdem er alles geleistet hatte, was man von einem Mann von Ehre erwarten durfte". Die Schäden entstanden barbarischerweise vor allem im Westteil, am Schloß der alten Herzöge von Sachsen-Wittenberg und an der Schloßkirche, wo Martin Luther begraben liegt. Schon am 23. Oktober vertrieb der die Lage beherrschende König die am Krieg uninteressierten Reste der Reichsarmee aus Wittenberg, bevor er weiter nach Torgau zog.

Revanche in Hubertusburg

Das völkerrechtswidrige Verhalten der Brühl'schen Dragoner in seinen Schlössern konnte Friedrich nicht auf sich beruhen lassen. Schwere Übergriffe und Kriegsverbrechen verlangten entweder Entschuldigungen und Entgelte oder sie wurden mit Repressionen beantwortet. An Einsicht beim Gegner fehlte es. Im Januar 1761 befahl er demzufolge seinem Obristen Johann Friedrich Adolf von der Marwitz (1723–1781), einem Oheim des berühmten Friedersdorfer Generals, das Brühl'sche Lust-Schloß Hubertusburg bei Leipzig im Gegenzug zu plündern. Der Obrist jedoch, „ein feiner und gebildeter Weltmann, ein Freund der Literatur und der Kunst" (Fontane), widersetzte sich dem Befehl seines Souveräns[77]. Als dieser ihn ärgerlich zur Rede stellte, mußte er die Antwort hören: „Weil sich dies allenfalls für Offiziere eines Freibataillons schicken würde, nicht aber für den Kommandeur von Seiner Majestät Gens d'armes". Auch ein von Saldern widersetzte sich. Ein bürgerlicher Réfugié-Offizier übernahm das etwas anrüchige Geschäft. Als der König nach Kriegsende Marwitz rangmäßig zurücksetzte, erzwang dieser 1769 den Abschied. Auf dem Grabstein sind nun wieder für jedermann die Worte zu lesen: „Er sah Friedrichs Heldenzeit und kämpfte mit ihm in allen seinen Kriegen. Wählte Ungnade, wo Gehorsam nicht Ehre brachte".

Der Vorgang zeigt beispielhaft, daß niemand einem König um jeden Preis zu dienen hatte. Der höhere Offizier verfügte über einen Ehrenkodex und über die Möglichkeit, standeswidrigen, unmoralischen oder gar verbrecherischen Befehlen der politischen oder militärischen Führung das schlichte „Nein" entgegenzusetzen. Und später galt und gilt die Haager Landkriegsordnung. Erst in dem immer mörderischer gewordenen 20. Jahrhundert verlor sich, nicht nur in Deutschland, die Tradition der ehrenhaften Befehlsverweigerung im Falle der brüchigen Eide gegenüber einer eidbrüchigen Führung.

Die Winterschlacht bei Torgau[78]

Kaum jemand auf der Gegenseite hielt es für möglich, daß der König noch eine weitere Entscheidungsschlacht suchen würde. Die Österreicher standen bei Torgau, und Friedrich zog ihnen entlang der Elbe entgegen. Wenigstens wollte der Stratege Sachsen als Winterquartier und wegen der Ausrüstungsdepots behaupten. Mit 48.500 Mann seiner besten Truppen griff er Marschall Daun und General Lacy (52.000 Mann) westlich von Torgau am 3. November 1760 in frostiger Kälte an. Der Zangenangriff von Norden und Süden, den Friedrich und der nun schon alte Husaren-General Zieten anführten, gelang nicht völlig. Die Generäle von Hülsen und von Lestwitz griffen schlachtentscheidend ein. Friedrich sah sich am Tage nach der Schlacht mit 7.873 (8.066) Gefangenen, 30 Feldzeichen und 40 Kanonen als formaler Sieger in einem leidenschaftlichen Kampf, der ihn denn auch cirka 16.500 Mann an Gesamtverlusten kostete (bei jedoch 3.600 Gefallenen). Die über die Elbbrücken in Richtung auf Dresden abziehenden Österreicher unter dem verwundeten Feldmarschall Daun und dem unglücklich taktierenden Lacy mußten fast ebenso hohe Verluste nach Wien melden (15.196 Mann). Die anfängliche Siegesbotschaft mußte peinlicherweise von Daun korrigiert werden und löste in Wien die übliche große Niedergeschlagenheit aus. Als letzter zog sich Lacy mit seinen wohlerhaltenen Truppen über Belgern zurück, von den Kleist'schen Husaren verfolgt. Die Brücken waren nicht zerstört worden.

Zwei Tage nach dieser Schlacht schrieb der Feldherr dem Marquis d'Argens: „Gott! Was für Dinge haben sich seitdem ereignet! Eben haben wir die Österreicher geschlagen; Sie und wir haben eine außerordentlich große Menge Leute verloren. Dieser Sieg wird uns vielleicht den Winter über einige Ruhe verschaffen, und das ist alles. Mit dem künftigen Jahre wird es von neuem angehen. Ich habe einen Schuß bekommen, der mich oben an der

Brust gestreift hat; es ist aber nur eine Quetschung, ein wenig Schmerz ohne Gefahr, und das wird mich nicht abhalten, wie gewöhnlich tätig zu sein." Noch aber ist der insoweit unverwundbare König im ungewissen, ob sich auch die Partie dieses Jahres remis gestalten lassen wird.

Die Truppen zogen in die Winterquartiere, nachdem auch Schweden und Russen zurückgedrängt worden waren. In England erweckte der Bericht (15. November) des Königs über den neuerlichen Sieg starken Eindruck in der politischen Öffentlichkeit, so daß in London die Friedenshoffnung wieder anwuchs. Niemand konnte die ansteigende Kriegsmüdigkeit wirklich verbergen. Die Franzosen waren erschöpft: „Wir haben kein Geld, keine Hilfsmittel, keine Marine, keine Soldaten, keine Generale, keine Köpfe, keine Minister", ließ der Herzog von Choiseul den Österreicher Starhemberg wissen. Am 26. März 1761 ergingen bereits Einladungen der Verbündeten an England und Preußen zu ersten Friedensgesprächen in Augsburg, doch noch war die Aggressionslust in Wien und Paris nicht vollständig gebrochen.

Wiederum vermochte sich Friedrich jedoch keinen Triumphgefühlen hinzugeben. Die Russen lagen und raubten unverändert in Ostpreußen und Hinterpommern und belagerten Kolberg. Er wußte, daß sie es auf sein Königsberger Herzogtum abgesehen hatten, welches Maria Theresia, die deutsche Kaiserin, nun der todkranken Zarin als Beute versprach. Seiner englischen Verbündeten konnte er sich unter dem neuen König und vor allem seit dem fatalen Sturz des Premierministers William Pitt d. Ä. im Oktober 1761 nicht mehr sicher sein. Kleine literarische Sticheleien hatten ihn zuweilen Sympathien gekostet. Aber alle Ideen von Gebietsabtretungen wurden in London von seinem Geschäftsträger sogleich zurückgewiesen. Friedrichs Nimbus als Militärgenie erlitt jedoch in England keine Abstriche.

Den sehr glücklichen Sieg von Torgau im Schneetreiben vergaß der König seinem Wustrauer General von Zieten und den anderen Generälen nicht. Für Torgau wie für jede andere dieser bis dahin durchgestandenen Schlachten gilt die Sentenz des alten Goethe (1825): „Das eigentliche Losschlagen macht doch eigentlich den Feldherrn wie den gemeinen Krieger; am Ende kommt es immer darauf an, die mehr oder minder vorbereitete Entscheidung mit herzhafter Persönlichkeit auf sich zu nehmen." Die Regeneration des Feldheeres für weitere Jahre stand nun auf der Tagesordnung der Wintermonate.

Noch mochte man in der Wiener Hofburg die Hoffnungen nicht aufgeben. Noch einmal rafften sich der äußerlich nicht wankelmütige Staatskanzler Kaunitz, Kaiserin Maria Theresia und die Generäle auf. Noch einmal bot man die Heere und Kräfte und letzten Gelder der Koalition auf, um Friedrich und seine Koalition und die heimlichen Parteigänger im Lande zu erdrücken. Und noch einmal hat der König, der mit großem Ernst die Lage überblickte, mit neuen Werbungen von Mannschaften vornehmlich in Sachsen, Mecklenburg,

Anhalt, im westlichen Reich, in Niederschlesien und Pommern, mit Beute-Streifzügen und gnadenlos eingetriebenen Kontributionen, mit dem flüssigen Geld seiner hervorragenden Münz-Juden und mit Abstands-Zahlungen kleinerer Reichsstände das bereits mehrfach erneuerte, aber immer noch mit guten Kadern aufgefüllte Heer wohl eher notdürftig ausgerüstet. Jugendliche Militär-Junker, die er im Winterlager bei knabenhaftem Spiele und beim Exzerzieren beobachten konnte, mußte er nun wohl früh in Offiziersstellen einsetzen. In dem Lager von Meißen, wo er große Teile des Heeres von nun wieder etwa 100.000 Mann (ohne die Garnison-Truppen) einexerzieren ließ, fragte er einen der Jünglinge, so wird berichtet, in melancholischem Scherze: „Er ist noch sehr jung, sind seine Ohren schon trocken?" und erhielt die stolze Antwort: „Ich bin jung, Majestät, aber mein Mut ist alt"[79]. Was von vielen Beobachtern festgehalten wird, das ist trotz allem die hohe Moralität dieses Heeres, was das Königsethos betrifft. Daß Krieg eine rauhe Sache ist und bald auch wüst und wild verfallen kann, mußte der König hinnehmen.

Das Kriegsjahr 1761

So begann das schwere *sechste Kriegsjahr*, in dem als sekundärer Feldherr Prinz Heinrich, welcher sich zeitweise erneut mißmutig und erschöpft zurückgezogen hatte, große Teile von Sachsen besetzt hielt. Der König bemühte sich in Schlesien, im Lager von *Kunzendorf,* mit etwa 60.000 Mann die Vereinigung der glücklicherweise langsam heranziehenden Russen mit den seit dem 19. Juli über die Pässe des Eulengebirges gemächlich kommenden Österreichern unter Feldmarschall-Leutnant Laudon zu verhindern. Vier Heere standen nun gegen zwei. Am 19. August vereinigten sich mit etlichen Meilen Abstand für kurze Zeit Russen und Österreicher. Aber man mochte sich nicht sonderlich. Es standen sich auch im Kriegführen verschiedene Zivilisationen gegenüber. Friedrich, hellwach, erwartete ihren Angriff (etwa 130.000 Mann) mit 55.000 Mann seit dem 20. August im stark befestigten Lager von *Bunzel-witz* (bei der Festung Schweidnitz gelegen), wo er eingedenk der Halbkatastrophe von Hochkirch unter freiem Himmel oder im Zelt auf Stroh unter den Soldaten schlief. Nur so glaubte er einem Nacht-Überfall parieren zu können. Das waren noch einmal kritische Wochen.

Am 9. und 12. September zogen die Russen bereits ab, deren vorsichtiger Oberbefehlshaber Butturlin sich mit dem stolzen Laudon nicht über einen Angriff hatte verständigen können. Sie retirierten bis nach Hinterpommern. Preußische Streifscharen begleiteten sie. Die Lage schien fast gerettet zu sein. Doch ohne Verluste kam Friedrich auch dieses Mal nicht davon. Seine zu zwei Dritteln aus „Ausländern" bestehenden Truppen waren durch Desertionen, Krankheiten und Verluste gelichtet. Die Stadtfestungen *Schweidnitz*

(1. Oktober) und *Kolberg* (16. Dezember) gingen verloren. Daß man sich gegenseitig bei der Bagage, beim Brot und beim Branntwein schädigte, scheint sich ausgeglichen zu haben. Österreicher und Russen überwinterten erstmals in den Randgebieten Schlesiens, in Hinterpommern und in dem kräftig ausgebeuteten Polen.

Zu den guten Nachrichten gehörte es, daß der Feldmarschall Ferdinand von Braunschweig sich auf dem westlichen, schon wegen der Zugangswege nach Holland und England nicht weniger bedeutsamen Kriegsschauplatz erfolgreich behauptete. Er bezeugte sich als ein Stratege von hohen Graden. In der Schlacht bei *Vellinghusen* (15./16. Juli) konnte er sich gegenüber dem französisch-deutschen Mischheer trotz Unterlegenheit so weit behaupten, daß die französischen Regimenter ziemlich ruhmlos zu ihren nicht ungern aufgesuchten rheinischen Winterquartieren zurückmarschieren mußten[80].

Anfang Dezember versuchten dann noch General Laudon und im Hintergrund der von edlem Haß erfüllte Staatskanzler Kaunitz den König mit Hilfe von Verrätern bei Strehlen in Schlesien einzufangen oder zu töten. Auch dieser Anschlag mißlang. Friedrich hat nie versucht, sich an einem der fremden Dynasten zu vergreifen. Mit merkwürdigen Empfindungen werden ein Jahrzehnt später Kaunitz und seine ausführenden Generäle auf Friedrich geblickt haben, als man sich in friedlicheren Zeiten in Neiße und in Mährisch Ostrau verbindlich auf der Ebene der Ehrenmänner begegnete.

Die Belagerungen in dem tapfer verteidigten Breslau hinterließen Schäden. Es blieb dem König nichts anderes übrig, als sich im demolierten *Breslauer Stadtschloß* einzuquartieren, erneut die Befehle für die Rekonstruktion des Rüstungsgleichgewichtes herausgehen zu lassen, die Flöte zu blasen, fast regelmäßige Briefe als Kommentar zum Zeitgeschehen zu schreiben, Gäste zu empfangen und im Gegenüber eines neuen Vorlesers das notwendige Echo zu finden. Er mußte sich eingestehen, daß seine politische und militärische Lage mit dem Blick auf die Westmächte mindestens ebenso bedrohlich wie bisher geblieben war. Die Nerven verlor er nicht. Kaltsinn und Stoizismus, Geduld und Wachsamkeit bestimmten das Denken und Handeln. Es blieb ihm nichts anderes übrig, wollte er nicht Verluste erleiden. Immerhin arbeitete unverändert eine ganze weite Militär-Maschinerie für den Kampf in Ost und West. Die Produktionsstätten waren immer noch zu bezahlen. So leicht kam man ihm mithin nicht bei. Die Ressourcen auf seiner Seite hatten sich zwar unmittelbar verringert, doch waren sie keineswegs erschöpft. Im Winter glaubte er noch keine Einigkeit bei den klassischen Großmächten erkennen zu können. Vor der Hand war nicht zu erwarten, daß man sich über seinen Kopf hinweg verständigen könnte. Gewiß: „Hier in Schlesien sind alle Festungen den Unternehmungen des Feindes ausgesetzt, Stettin, Küstrin und selbst Berlin sind dem Belieben der Russen preisgegeben, in Sachsen ist mein Bruder sozusagen bei der ersten Bewegung Dauns über die Elbe zurückgeworfen. Alles das ist sehr real, es sind nicht etwa Voraussagungen eines hypochondrischen und misanthropischen Sinnes, sondern unglücklicherweise notwendige Wirkungen der von unseren Feinden wohl vorbereiteten Ursachen." – So schrieb er. Keine Rede war zu hören von Kapitulation.

Im Falle seines plötzlichen Todes waren hartnäckig zu führende *Friedensverhandlungen* vorgesehen, um für des Königs Neffen Friedrich Wilhelm so viel wie möglich von den Staatsprovinzen zu retten (6. Januar, an den Außenminister Finckenstein). Seine Hoffnung richtete sich kurzfristig gottloserweise auf *Türken und Tataren,* die gegen Österreich und Rußland Diversionsmärsche unternehmen oder doch die Aussicht solcher in Wien verbreiten sollten[81]. Doch das waren Chimären. Was sollte man mit einem erheblich unterlegenen Heere strategisch unternehmen? Die Freiheit des Strategen besteht in der Defensive oder der Offensive. Seine Träume richteten sich auf einen einzigen geballten Vorstoß im Frühjahr von Schlesien nach Mähren hinein. Dort sollte eine „Entscheidungsschlacht" stattfinden. Deren Verlust gedachte er nicht zu überleben. Wahrscheinlich ist dies ein Spiel mit Worten gewesen. Es ist schwer zu sagen, ob das kurze Erörtern je einen ernsten Hintergrund gehabt hat, ob hier nicht nur sein ruheloser Geist letzte Grenzen für sich und seine Mitarbeiter bezeichnete, um dann um so härter und entschlossener die Kampffelder zu behaupten. Der weitere Verlauf des Krieges spricht dafür.

Sein Bruder Prinz Heinrich, der nun zur Höhe der militärischen und politischen Urteilskraft gelangt war, widerriet einem solchen Offensivstoß mit nüchternen und überzeugenden Argumenten. Die militärische Erfahrung hätte nun doch gelehrt, so hielt er sogleich dem König entgegen, daß man ein Heer mit seinen Armeegruppen nicht ohne weiteres zermalme; es käme vielmehr darauf an, welcher Tod der langsamste sei, um die Gunst glückhafter Zwischenfälle auch auf längere Zeit hin nicht zu verscherzen. Der Prinz redete hier eindeutig einer klassischen Ermattungsstrategie das Wort, obwohl man die Niederlage scheinbar vor Augen hatte. Sein eigener Sieg bei Freiberg 1762 lehrte ihn dann noch den Wechsel in der Strategie, wie er Friedrichs Temperament und Sichtweise entsprach.

Der König fügte sich denn auch diesen wohlerwogenen Einwänden seines Bruders mit dem Blick auf den Hauptgegner in Wien. Denn die gesamte Führungsschicht in Berlin, in Breslau und bei den neutralen Verbündeten erwog unablässig die Kriegsmüdigkeit in Österreich und natürlich auch in Rußland. *Staatskanzler Kaunitz* hatte schon im Herbst 1761 gegenüber dem österreichischen Botschafter beim Hofe von Versailles mit dem Blick auf die morbiden Staatsfinanzen die trübe Bilanz der letzten Campagne aufgemacht: „Die innerlichen Kräfte wollen nicht mehr zureichen, die ungeheuer großen Kriegserfordernisse länger zu bestreiten; die bisherigen militärischen Operationen sind mit der wahrscheinlichen Hoffnung nicht übereingekommen" (31. Oktober 1761). Das war in zwei Sätzen das Ende. Ganz ähnlich äußerte sich der Chef der Politik in seinem „Votum über das Militare" (Anfang 1762), das als ein maßgeblicher Beitrag zur immer stärker anhebenden Diskussion in Wien bereits über die Ursachen der Niederlage zu verstehen ist. Das eigene Militärsystem wurde – mehr als ein Jahr vor dem Friedensschluß – radikal in Frage gestellt. Blicke geheimer Bewunderung richteten sich verstärkt auf den Feldherrn in Breslau oder überhaupt im Norden: „Es ist nicht zu leugnen, daß der ernannte König seinen Krieges-Staat, sowohl was die Militär- als oeconomische Einrichtung anbetrifft bis zur Vollkommenheit gebracht hat."

Wendezeit 1762

So wußte man in der englisch-preußischen Koalition, abwartend, zu Beginn des Jahres 1762, daß man wohl in Wien und teilweise in Paris des Krieges überdrüssig zu werden begann[82]. Es war das siebente Kriegsjahr. Mitunter sind Kriege dann ausgebrannt. Auch verfügte Friedrich nicht nur an der Donau, sondern in England und auch in Frankreich und überhaupt in Europa über exzellente, wenn schon nicht immer zutreffende Informationen über die „Gebrechen" in Heer und Rüstung der zerfallenden „Großen Allianz" der Gegner Preußens.

Was nun *Friedrichs Rüstungsstand* für die folgende Campagne betraf, so glühte es in den Hochöfen. Neue Geschütze wurden gegossen und Bomben gefertigt. Die Operationen seiner vor allem in Berlin ansässigen Münz-Händler, dann ein Landmilizimpost (Sondersteuer) der brandenburgischen und sonstigen Provinzialstände, die insgesamt wenig geschmälerten schlesischen Einkünfte, die von Jahr zu Jahr beigetriebenen Kontributionen aus Mecklenburg (mindestens 1 Million Taler) und aus Sachsen (etwa 8 Millionen Taler) erbrachten, wennschon in schlechter werdenden Münzsorten, jene rund 20 Millionen Taler, die Krieg und Rüstung für einen Feldzug verschlangen. Unverändert ging viel Geld nach Nordwestdeutschland, Holland und nach Thüringen, um Waffen und Gerät zu bezahlen. An dem Krieg der Großmächte haben einige tausend Händler und Produzenten so oder so – Freund oder Feind beliefernd – verdient.

Anfang Januar 1762, vor dem Tod der Zarin, waren die *Kriegskassen* des Königs jedenfalls soweit gefüllt, daß er notfalls auch verbündete Türken und sonstige Hilfsvölker hätte mit einer Million unterstützen können. Auffällig ist im übrigen, wie sehr der König sofort darauf bedacht war, Brandschatzungskosten seiner Feinde und sonstige empfindliche Schäden während des Krieges wenigstens teilweise auszugleichen[83]. Auch dies trug zu seinem Nimbus bei. Schulden wurden in Preußen in der Regel prompt bezahlt.

Hinter dem Heer des Königs der Preußen stand also eine Kriegsorganisation, die ein Mehrfaches der kämpfenden Truppe umfaßte. Seine betriebsamen, zuweilen auch unredlichen Armee-Lieferanten füllten mit einer in Wien Staunen erregenden, aber einfachen Fuhr-Organisation die nahen und fernen Kriegsmagazine mit Getreide, Fett, eingepökeltem Fleische, eingesalzenem Fische aus dem Oderbruche, mit Pulver und Metall, dazu als wichtigstes die Sprengstoffe. Das wurde in Polen, in Ungarn (!) und Weißrußland ebenso aufgekauft wie in Norddeutschland. Mit der schlechteren Münze der sächsischen Prägestätten, die freilich schon vor 1756 verwendet wurde, ist nun Tag für Tag gearbeitet worden. So konnte man altgemünztes Edelmetall aus diesen Ländern absaugen. Während der eigentliche Krieg, abgesehen von den Streifzügen, mit den ersten Nachtfrösten des späten September einzuschlafen begann und man sich nach warmen Quartieren sehnte, ging der Wirtschafts- und Münzkrieg rund um das Jahr weiter. In Berlin lief ein beträchtlicher Teil der Fäden zusammen. Die Handelshäuser dirigierten die Warenströme. Hoch über allem stand der König. Preußens zentrale Lage, im Schnittwinkel jedenfalls eines Teiles zentraleuropäischer Handelswege machte sich hier in diesem Wirtschaftskrieg im bösesten und im weitesten Sinne des Wortes bezahlt. So gut wie nie hört man Klagen des Königs, er könne die Kosten nicht mehr aufbringen. Das Geld, ob sauber oder unsauber, floß. Diesen von Friedrichs Verbündeten ersonnenen und ständig durchdachten Methoden waren seine Gegner, vorab Österreich, nicht gewachsen.

Es kam hinzu, daß die kriegswichtigen Industrien in den von den feindlichen Heeren weitgehend verschonten Städten (Berlin, Spandau, Potsdam, Eberswalde, Zehdenick, Breslau, Oberschlesien und Magdeburg) unverändert und, trotz einiger oberflächlicher Zerstörungen und Sprengungen, im wesentlichen unbehindert produktiv arbeiten konnten. Der König besaß in dem *Generalleutnant von Massow* (1686 bis 24. Juli 1761) und in dessen Nachfolger *Oberst Johann von Stechow*, aus der havelländischen Familie[84], als den Chefs des Berliner Feldzeugamtes hervorragende Rüstungsspezialisten. Sie verstanden es immer erneut die Vorräte an Bekleidung, Pferden, dem unumgänglich wichtigen Brot, den Waffen und der Munition in einer Weise zu steigern, daß man an die Jahre 1943/44 der Kriege des 20. Jahrhunderts zu erinnern versucht ist. Dabei ist zu beachten, daß es einen raschen technischen Fortschritt gegeben hat, den der König aufmerksam verfolgte. Wer die bessere Technik besaß, hatte bereits einen Pluspunkt gewonnen. 250 verschiedene Militärartikel wurden verlangt: Neben Geschützen und Gewehren brauchte man Pistolen, Bajonette, Kugeln, Patronenhülsen, Schießpulver, Monturen, Lederzeug und Fahrzeuge. Was im Ausland in Auftrag gegeben wurde, kam auf dem Land- und Wasserwege zu den Truppenteilen, den Magazinen oder in die „Hauptstadt des Mars", wie Friedrich seine Residenz an der Spree gern benannte.

Sah sich der Generalissimus im Zelt von Burkersdorf oder im Breslauer Stadtschloß mit seinen Rüstungschefs die Listen durch, so fand er unter anderem folgendes: 1.200 Flinten mit Bajonetten aus Holland (1761 ff.), 20.000 Gewehre aus Suhl in Thüringen (1757 bis 1762), Pistolen aus Solingen, Eisen für Gewehrläufe und Artillerie-Munion auf Umwegen aus Schweden, Blei aus England, Schwefel und Salpeter sowie fertiger Sprengstoff aus Holland. Die Zufuhr dieser lebens- und todesnotwendigen Dinge konnte von den Feindmächten weder durch Überbieten der Preise noch durch dauerhafte Gewaltmaßnahmen unterbunden werden. Wer bezahlte, wurde beliefert. Auch Friedrich konnte die Rüstungswirtschaft seiner Feinde nicht nachhaltig stören[85].

Nicht an Geld und nicht an Ausrüstung fehlte es mithin, eher noch Jahr um Jahr an Menschen. Schon vor 1762 hatten Desertionen die Heere immer wieder geschwächt. Beide Feindesgruppen litten darunter. Übergelaufene Deserteure mußte der König in der Schlußphase versuchen an sich zu binden. Die Lande vor allem im Osten waren erschöpft. Eine Form der allgemeinen Wehrpflicht bestand in diesem Kriege nicht. Dennoch ergab sich fast wunderbarerweise Zuzug von weither. Aus der Grafschaft Mark oder aus Berlin oder aus den Wäldern Hinterpommerns schlugen sich die Burschen zum Heere durch. Mit Halbwüchsigen, die das ferne Licht des Königs lockte, war nur schwer ein Kampf Mann gegen Mann gegen wüste Kroaten, glutäugige Ungarn und standhafte Russen zu führen. Die brutale Manneskraft stand am Anfang aller Streitlust, ob zu Fuß oder zu Pferde. Auch weitere Freiregimenter ließ Friedrich in diesen Wochen formieren. Sie sollten in den ausklingenden Monaten des großen Krieges im Deutschen Reiche keine geringe Rolle spielen. So gelang es dem nun unvermeidlich alternden König, bis in den Frühling hinein die Bataillone und die Schwadronen aufzufüllen. Bis zum Sommer verfügte er wieder über etwa 77.500 Mannschaften und Offiziere in ganz Schlesien und Prinz Heinrich über 45.000 Mann in den Gebieten des Königs von Polen und des Kurfürsten von Sachsen. Und dazu kamen dann noch stationär, aber nicht unbeweglich rund 10.000 Mann an sonstigen Truppenteilen an den Grenzen und in den schwer einnehmbaren Festungen[86]. Das waren etwas mehr als 30.000 Mann. Friedrich hatte sogar um die Jahreswende überoptimistisch mit fast 150.000 Mann (sämtliche Armee-Korps) gerechnet. Die meisten Regimenter wurden mit größten Anstrengungen verstärkt. Ein Teil der preußischen Kriegsgefangenen aus Rußland und Schweden kehrten im Frühjahr zurück und konnten in die Formationen eingegliedert werden. Zudem ließ der König im März und April in den frei gewordenen Kantons-Bezirken Ostpreußens und Pommerns Werbungen durchführen. Weitere Freibataillone zum Auffüllen der Armee des Prinzen Heinrich ließ er aufstellen, auch wenn diese Formationen von Anfang an den klassischen Militär-Idealen nicht unbedingt entsprachen. Die bisherigen Korps in Pommern konnten nun bis auf

kleine Observations-Einheiten aufgeteilt und in Schlesien und Sachsen eingesetzt werden. Mitte Mai 1762 erreichte die Feldarmee, nicht überraschend,
wieder eine Stärke von immerhin 120.000 Mann. Der Geschützpark umfaßte
662 Stücke (leichte und mittlere Feldartillerie). Dazu kam das schwere Bela-
gerungsgerät (148 Stücke). Diese Zahlen im groben dürften zu ihrem Mißver-
gnügen wiederum auch den Kriegführenden Daum und Kaunitz vorgelegen
haben, deren Heeresqualitäten ebenfalls schwere Mängel aufwiesen. So sah
sich Friedrich gerüstet für das *Kriegsjahr 1762*, von dem er nicht wußte, aber
vielleicht von einigen Anzeichen her ahnte oder hoffte, daß es das letzte Jahr
der Feldzüge sein könnte. Kein schwerer politischer und kein militärischer
Fehler durfte nun noch begangen werden. Die Militärorganisation stand jedenfalls, und der Kredit war im Gegensatz zu dem tatsächlichen Zustand der
Wiener Kassen nicht erschöpft.

„Auf verlorenem Posten"?

Im Winter 1761/62 schien mithin Friedrich auf verlorenem Posten zu stehen. Geschichtsbilder wollen ihn so zeigen. Er sei dem Untergang geweiht
gewesen. Alles war bedroht von dem Haß seiner Feinde, von Zerstörungswut,
schlesische und neumärkische Dörfer gingen in Flammen auf, selbst die Mu-
tigen mancher Freunde wankten. Sie gerieten ins Zweifeln und Schwanken,
weil die Tugenden der Ehrlichkeit, der Gerechtigkeit und der Selbstlosigkeit
in raschem Abnehmen begriffen zu sein schienen. Mit einem Wort: Auch der
König verhielt sich heroischer, als er zu sein meinte.

Aber die stellvertretende Kraft des Einzelnen kann in solchen Lagen das
Schicksal wenden, das Unheil zurückdrängen, wo vielleicht Millionen in Irrtum und Verzagtheit schweigen. Die Situation des „Verlorenen Postens", des
Fechtens mit dem Rücken zur Wand, vermag unheimliche, ja ungeheuere
Kräfte zu beleben. Der Tod und die Aussicht des allgemeinen Unglücks verliert dann an Kraft. Gewiß nicht immer. Es gibt die Erbärmlichkeiten der Zusammenbrüche, der Kapitulationen, der überraschenden Verkäufe des Eroberten und des Verrats der Bundesgenossen.

Und es gibt das Widerstehen, das dem in seiner Bürgerlichkeit und Welt-
angst weich gewordenen Menschen entgegensteht und fremd geworden ist.
Noch Anfang Januar 1762 sagte Friedrich zu dem Vorleser de Catt mit dem
Blick auf die Zarin: „Sie werden sehen, mein Lieber, daß sie nicht stirbt und
daß ich gegen dies Unwetter werde kämpfen müssen. Ich gehe eine Wette
ein, daß sie wieder gesund wird". Abwarten und schlesischen Tee trinken. Er
las Lukrez.

Illusionslos, zuweilen spielerisch und doch mit stündlichem Ernst alles er-
wägend, verbringt er seit dem 9. Dezember 1761 die beiden ersten Winter-

monate im Breslauer Stadtschloß. Die etwas günstigeren Nachrichten vom Finanz- und Rüstungsstand wechseln mit ungünstigeren Nachrichten. Niemand erfuhr alles, was er dachte und bedachte, – schon gar nicht die späteren überschlauen Historiker. Auf alles war er vorbereitet, selbst auf das undenkbare Ende eines womöglich verstümmelten Preußen. Denn das noch verfügbare Gesamtpotential der Feinde hatte er in schwarzen Stunden etwas höher eingeschätzt, als es tatsächlich gewesen ist.

Vieles war bedrückend: Verwundete Freunde sterben an ihren in den letzten Gefechten erlittenen Verletzungen; die tapfer verteidigte See-Festung Kolberg mußte sich ausgehungert den Russen ergeben (16. Dezember), der zweite tartarische Emissär Mustapha Aga bestätigt das Angebot einer türkischen Militärhilfe als hocherwünschte Diversion im Süden Rußlands; England schwankt nach dem Sturz des die Verpflichtungen gegenüber Preußen einhaltenden Premierministers Pitt d. Ä. als Rohr im Winde und verleumdet den König durch Diplomaten doppelzüngig in Petersburg und Wien (8. Januar 1762 ff.). Es wurde schwer, Gelassenheit zu bewahren.

Courir aus St. Petersburg

Dann erreichte den König, dem seit Mitte Januar 1762 sein altes Leiden hinterrücks zu schaffen machte, erwartet – unerwartet im Breslauer Schloß – 14 Tage post festum – die Nachricht, daß die Kaiserin Elisabeth, die Tochter des Zaren Peter, am 5. Januar im Palast an der Newa an den Folgen eines „Blutsturzes" verblichen war (19. Januar). Bald überblickte er die neue Lage. Die „verdrießlichen Zeiten und verzweifelten Verhältnisse" (18. Januar) fanden ein Ende. Die schwarzen Raben pessimistischer Fragen flogen nach wenigen Tagen ab ins Oderland. Die Wette mit dem Vorleser war verloren: Die Selbstherrscherin aller Reußen („Infame Catin du Nord") hatte das Zeitliche gesegnet. Als er vom Tod der fernen Gegnerin erfuhr, „blies er drei Stunden auf der Flöte", – so berichtet der verläßliche Chronist und Hofbedienstete Carl Wilhelm von Hülsen[87].

Hoffnungsbriefe gingen nun an alle guten Freunde. An die alte Gräfin Camas („meine gute Mama") schrieb er: „Seit der Tod eine gewisse Fettel (Buhlerin) der Hyperboräischen Länder dahingerafft hat, ist unsere Lage vorteilhaft verändert und ist viel erträglicher als bisher. Wir wollen hoffen, daß noch einige günstige Ereignisse eintreten, die wir ausnützen können, um zu einem guten Frieden zu gelangen" (27. Januar). Seit dem 21. Januar besprach er die Lage in Breslau mit dem russischen Obristen Gudowitsch, den der König – mit Geschenken überhäuft – zu seinem neuen Freund und Vetter, Zar Peter III., schickte.

Doch keine gefährliche Lethargie oder Schwäche auf seiten Preußens: Die Zeitungen verwöhnten ihre Leser mit der Last und Lust widersprüchlicher Gerüchte und Nachrichten. Noch ahnte man etwas von den letzten Schlägen: „Die Rekruten-Eintreibung in Sonderheit währt auf preußischer Seite immer fort. Zur Exerzierung dieser Rekruten sind zwischen Breslau und Brieg drei ordentliche Plätze aufgerichtet gewesen" (Prag, 9. Februar).

Zur gleichen Zeit hoffte *Staatskanzler Kaunitz* pflichtgemäß noch, wie er dem österreichischen Geschäftsträger in Petersburg, Graf Mercy, anvertraute, den russischen Hof, dem es ja ohnehin an Geld fehle, mit einem Anteil der Wiener Kriegskosten („40 Millionen" Gulden pro Jahr) in klassischer Weise kaufen zu können, da Preußen und England niemals so viel würden zahlen können. So wäre es noch denkbar, einen Teil Schlesiens zu gewinnen (2. Februar). In der Sicht von Kaunitz und seinen Freunden konnte das noch kriegsentscheidend werden, in der Sicht Friedrichs und seiner Freunde „müssen wir Krieg führen, bis jedes natürliche Feuer dahin ist" (8. Juni). Diese Strategie, mit ständig erklärter Friedensbereitschaft, bewährte sich.

Gegen Ende Januar löste sich bereits Friedrichs grundsätzliche Skepsis, als er die sichere Nachricht empfing, der russische General Tschernyschew würde sich aus Schlesien zurückziehen. An ein Zusammenspiel mit General Laudon sei nicht mehr zu denken. Nun schrieb er, nicht unerheblich erleichtert, seinem Bruder: „Dem Himmel sei Dank! Unser Rücken ist frei ... Ich hoffe, daß diese Nachricht Sie in gute Stimmung versetzt." Immerhin wird auch der konträre Skeptiker Heinrich eine erhebliche Glücksbotschaft in den Nachrichten aus Osteuropa ersehen haben.

Man hat das Ereignis des Petersburger Regierungswechsels als das „Mirakel" (!) des Hauses Brandenburg oder Preußens bezeichnen wollen. Friedrich selbst verstand es aus seiner bedrückten Situation heraus als einen Glücksumstand von nicht zu unterschätzendem Gewicht. Dem englischen Gesandten Sir Andrew Mitchell, der ihm über manche scharfe Klippe hinweggeholfen hatte, schrieb er einige Zeit später: „Das Glück beginnt, seine Haltung mir gegenüber zu wandeln. Ich hoffe, daß es mir bis Ende des Jahres treu bleibt; dann werden wir in diesem Winter einen ehrenvollen und so Gott will, auch dauerhaften Frieden haben."[88] Das war in der Tat ziemlich genau prognostiziert.

Dennoch: Kein deus ex machina hat Friedrich gerettet, wie zahlreiche ältere Biographen, auch die des Prinzen Heinrich, meinten[89]. Das sind optische Täuschungen. Auch ohne diese russische Wende hätte Friedrich mit seinem ungebrochenen Nimbus das Jahr 1762 durchgestanden. So wäre ihm wiederum Hilfe aus dem norddeutschen Raum zugeflossen. Das Elend lag über vielen Landen, und der Krieg hatte sich selbst verzehrt. In den überseeischen

Gebieten zeichnete sich der Grundzug eines Friedens ab. Friedrich, der sich nicht selten im Guten wie im Bösen literarisch überzeichnete und damit manche seiner Biographen verunsicherte, besaß doch unverändert, gleichsam als Hauptkapital über allen Tagesquerelen, die federnde Härte, den Starrsinn, auch die Unbarmherzigkeit des Feldherrn neben der Kälte des professionellen Staatsmannes, um zwischen und neben der Aktion im Felde und der Diplomatie die vitalen Interessen des Staates bis zum letzten zu bewahren und niemals aus dem Auge zu verlieren.

Die nächsten *politischen Entscheidungen* folgten Zug um Zug und Schlag auf Schlag im Guten wie im Verhängnisvollen[90]. Zar Peter III. erwies sich als naiver Bewunderer Preußens. Noch vor dem Friedensschluß übersandte der König ihm den Schwarzen Adlerorden. Der kuriose Sachverhalt an den noch im Kriegszustand befindlichen Zaren reizte seinen erwachten Humor. Gegenüber Mitchell meinte er, dies sei nun ein einigermaßen sonderbarer Ritter in seinem Gefolge, der 80.000 Mann auf preußische Kosten in Ostpreußen und Pommern beköstige, ... „wenn jeder Hosenbandritter desgleichen tun wollte, so würde Ihr England, das ganze England, wie es da ist, verspeist werden. Ich bitte Sie, meinen Ritter gelehriger zu machen und ihm beizubringen, daß es gegen das Ordensstatut ist, wenn ein Ritter seinen Großmeister verspeist." In Petersburg wird das Ereignis besonders festlich begangen: „Dieser Orden, an welchem Pracht, Wert und Schönheit um den Rang streiten und welcher in Berlin durch Besorgung des dortigen Hofjuweliers Ephraim und Söhne verfertigt sein soll, wurde heute von Sr. Kaiserlichen Majestät unter Anstellung eines großen Festins, Trinken der Gesundheit Sr. Majestät des Königs von Preußen und Abfeuerung von 150 Kanonen umgehangen. Der Kurier (aus Berlin), so denselben überbracht hat, ist herrliche beschenkt worden". Es ist nicht bekannt, wo sich während dieses hohen Ereignisses der österreichische Geschäftsträger aufhielt, der bald darauf seinem Hofe zu berichten hatte, daß der Zar „die chimärische Würde" eines preußischen Generalleutnants überaus ernst nehme.

Der junge Zar ließ bereits am 23. Februar Friedrich die frohe Botschaft übermitteln, daß er auf alle Eroberungen, besonders auf Ostpreußen verzichten wolle. Er wünsche mit seinen unmittelbaren Verbündeten den Abschluß eines Friedensvertrages sobald wie möglich. Friedrichs Gesandter von der Goltz und Rußlands Großkanzler Woronzow besorgten das (5. Mai). Nichts konnte gelegener kommen. Das Königreich Schweden folgte sogleich am 22. Mai. Am 22./23. Mai fanden in Berlin und bei der Armee erste Dankfeste statt. Der König beging am 25. Mai in seinem Hauptquartier in Bettlern mit der versammelten Generalität „und anderen Standespersonen" das Fest der Wiederherstellung des Friedens mit Rußland, während ringsum in Ober- und Mittelschlesien noch ein lebhafter Kleinkrieg herrschte.

Friedrichs Aktien in *England* begannen hingegen zu schwanken und zu fallen. Das neue Ministerium des ziemlich kaltschnäuzigen Lord Bute wünschte Frieden zwischen Preußen und Österreich. Notfalls, so meinte er fern von allen Bündnisempfindungen, sei Schlesien abzutreten. Es versteht sich, daß es Friedrich in dieser Richtung nicht an Invektiven fehlen ließ. Auch vermied er es sorgsam, englischen Politikern seine tatsächlichen Mindest-Kriegsziele zu offenbaren. So nahmen Mißmut und Ärger auf beiden Seiten zu. An guten Subsidien konnte unter diesen Umständen für 1762 nicht mehr gedacht werden. Friedrich verzichtete nicht ohne Stolz und hatte wieder freie Hand.

Am 6. August 1762 zog der alte Feldmarschall Lewaldt, fest- und feiertäglich von vielen blasenden Postillionen begleitet, in Königsberg ein, um nach der russischen Besetzung die Wiedervereinigung zu vollziehen.

Einfach so

Freilich gab es noch eine Kleinigkeit im Osten. Der Hof in St. Petersburg gehörte bereits trotz widerstreitender Kultureinflüsse zu jenen Orten mit vorderasiatischen Gebräuchen und gewohnheitsmäßigen Staatsverbrechen. Nun bestätigten sich erneut seine Qualitäten. Der Zar kam ums Leben. Einfach so. Ein Glücksfall oder ein Unglücksfall. Gewissermaßen eine Frage der Perspektiven und für die Verhältnisse und die Beteiligten nicht überraschend. Auch Friedrich muß etwas geahnt haben. Erste Nachrichten bevorstehender Unruhen drangen bereits seit dem 14. Juli an sein Ohr. In Wien trafen Ende Mai Signale ein, daß eine Palast-Revolution unter heimlicher Direktion der Zarin Katharina zu erwarten sei. Am 18. Juli kam die Botschaft zum König von der Absetzung des Zaren, am 31. Juli die Post vom Tode des landfremden und exzentrischen Menschen unter der Zarenkrone. Immerhin war der König auch persönlich betroffen. Der russische Gesandte, in aller Aufrichtigkeit, teilte den Preußen offiziell mit, eine heftige Kolik hätte das Dasein des abgesetzten Herrschers bedauerlicherweise beendet.

Darauf schrieb Friedrich seinem Freunde Finckenstein: „Es wird Ihnen, glaube ich, nicht schwer fallen zu ergründen, welcher Art diese Kolik gewesen ist." Auch sprach er – kundig in der antiken Sagenwelt – von der Königin Semiramis, die ihren Liebhabern und Gatten das Lebenslicht auszublasen verstand. Willibald Gluck hatte ihn über solche Stoffe unterrichtet.

Die Sache war heikel, denn *außenpolitisch* wehte nun rasch ein anderer Wind in der russischen Machtpolitik. Friedrich wußte das. Preußen wurde nun kalt als eine relative Größe betrachtet. Sie war je nach Interessenlage zu behandeln. Aber noch saß die Zarin Katharina nicht ganz fest im Sattel. Auch blieb sie lebenslang in merkwürdiger Weise dem preußischen Stettin gewogen. So bestätigte sie nach kurzem Zögern den Frieden von Anfang Mai.

Wien ging leer aus, und Kaunitz war wohl erneut konsterniert. Die West-mächte verhandelten nun noch intensiver über Beute und Besitzstand, über Verträge und Frieden. Für Friedrich zog in diesen Wochen des August und September 1762 Licht am Horizonte auf. Die ersten Hähne des Friedens hör-te man bereits krähen.

Doch der Kriegsbrand war immer noch nicht ausgetreten. Am 19. Juni hat-te der Feldzug in Schlesien noch mit dem russischen Corps begonnen. Eini-germaßen bestürzt sah sich Feldmarschall Daun nun Friedrichs schlesischer Hauptarmee und dem mit immerhin gefährlichen Kosaken stark bestückten Truppen Tschernitschews von etwa 20.000 Mann gegenüber. Dieser eigen-tümliche russische General war nun insgeheim zum Bewunderer Friedrichs geworden. Nicht so lange zurück hatte er ihn wegen des Bombardements auf Küstrin im Zusammenhang mit der Zorndorfer Schlacht öffentlich als ehr-losen Brandstifter bezeichnet. Das war erledigt. Man behandelte sich mit aus-gesuchter Höflichkeit. Als die Preußen bei *Burkersdorf* (21. Juli)[91] sich den Raum für das Belagern der Festung Schweidnitz erfolgreich freikämpften, standen die Russen jedenfalls zu Friedrichs Gunsten am Rande des Gefechts-feldes Gewehr bei Fuß, obwohl sie als Folge des Staatsstreichs bereits vier Tage zuvor den Befehl zum Abmarsch erhalten hatten.

Als sich General Tschernitschew in der Morgendämmerung des Tages nach der Schlacht beim König abmeldete, durfte er den warm empfundenen mate-riellen Dank in Gestalt eines goldenen, mit Diamanten besetzten Degens und wohl auch in der allgemein begehrten Form von 15.000 Golddukaten entge-gennehmen. In diesen Dingen zögerte Friedrich nicht und hatte auch immer Juweliere an der Hand, die über Nacht arbeiteten.

Praktischerweise übernahm der König sogleich die russischen Getreide-Magazin-Vorräte und 6.000 Zentner Sprengstoff. Man kann nicht wissen, wo-für es gut ist. Der König habe ersehen, schreibt Oberpräsident Domhardt im November aus Königsberg, daß sie von den Russen ihren gesamten Vorrat an schönem Pulver „zu zivilen Preisen" angekauft hätten und daß davon bereits 4.747 Centner nach Stettin abgegangen seien. Gegenwärtig werde noch ein Schiff in Memel geladen. Die notwendigen Gelder, die man dank treuer Be-amter in Ostpreußen bewahrt habe, würden verrechnet oder bezahlt, ließ der König wissen. Man war sich einig, daß auch bei „zivilen Forderungen" ost-preußischer Bürger möglichst alles zu vermeiden sei, was Anstoß „mit dieser sehr diffizilen Nation" errege. Zwischen diesen Vorgängen damals und den Dankesgaben, Kosten und Gewinnen beim neuerlichen Abzug und Rückzug der Russen aus Deutschland (1990 bis 1994) gibt es merkwürdige Parallelen.

Am 16. August schließlich, bei *Reichenbach* (der letzten mittleren Schlacht Friedrichs, die er auf seinem Rotschimmel Caesar selbst kämpfend dirigierte) wurde Feldmarschall Daun erstaunlicherweise noch einmal zurückgeworfen.

Er ging, nun offenbar resignierend und von Wien mit entsprechenden Nachrichten versorgt, in den fast uneinnehmbaren grünen Kessel der Grafschaft Glatz und in das böhmische Randgebirge zurück. Mit fast 90.000 Mann wäre wohl noch einiges auszurichten gewesen.

Die letzte Belagerung von Schweidnitz: Herbst 1762

Keine Festungsstadt ist während der schlesischen Kriege so erbittert umkämpft gewesen wie das vieltürmige Einfallstor Schweidnitz. Nachdem General Laudon zum maßlosen Ärger Friedrichs die Stadt in der Nacht zum 1. Oktober 1761 gestürmt, 3.776 Mann und den Kommandanten von Zastrow zum Gefangenen gemacht und die Einwohner hatte ausplündern lassen, mußte dem König daran gelegen sein, die Scharte auszuwetzen.

Die Belagerung seit dem 4. August 1762 zog sich jedoch in die Länge. Feldmarschall Daun beließ trotz seiner Niederlage bei Reichenbach am 16. August und des Abzuges der Masse der Truppen in das Glatzer Gebirge eine Mannschaft von fast 10.000 Mann in der Festungsstadt. Ihren Abzug mit Gerät verweigerte Friedrich. Die Einschließung stand unter dem Kommando des auch später noch in Schlesien hochangesehenen Generals von Tauentzien. Friedrich beobachtete den Kampf von seinem Hauptquartier in Bögendorf aus. Am 27. September schreibt er an den Marquis d'Argens: „Gern möchte ich Ihnen sagen, mein lieber Marquis, Schweidnitz ist erobert; allein noch haben wir es nicht. Vier Wochen sind wir durch Minen chicaniert und aufgehalten worden. Jetzt stehen wir bei den Palisaden. Gestern ließ der Feind eine Mine springen, die einen von unseren Posten zerstörte; heute ist der ganze Tag dazu angewandt worden, ihn wiederherzustellen. Kurz, man muß Geduld haben, denn Griboval (Genie-General Gribeauval) verteidigt sich wie ein Mann von Ehre. Bringen Sie in Anschlag, mein Lieber, daß die Besatzung beim Anfang der Belagerung aus 11.000 Mann bestand". Das sei nur ein Viertel von jenen Preußen, die vor einem Jahr Schweidnitz verloren hätten. Auf preußischer Seite leitete ein weniger begabter Ingenieur ebenfalls französischer Herkunft, Simon Deodat Lefebre, die Kriegstechnik gegen die nur noch von 3.000 Menschen bewohnte Stadt. Der König wußte, daß er hier der Unterlegene war: „Wir brauchen sechs Wochen, um einen Platz wiederzuerobern, den wir in zwei Stunden verloren haben … es gibt in Schweidnitz keine Schöne Helena, aber uns fehlt auch ein Achill, aus dem ich mir mehr machen würde, als aus dem Heiligen Nepomuk, dem Heiligen Dionys und dem Heiligen Nikolaus."

Das waren bittere Wochen, während derer der Feldprediger Johann Friedrich Tiede täglich Betstunden mit den Belagerern abgehalten hat. In einer

dieser Predigten sind Geist und Empfinden der Wochen und überhaupt der
Zeit beispielhaft enthalten: „Mehr als 20 Tage und Nächte habt ihr nun schon
in den Laufgräben gesessen. Abgeschnitten von aller Freude der Welt sitzt ihr
da, wie in eurem Grabe. Über und neben euch stürmet der Tod, lauert der
verdeckte Feind, um euch her Frost und Verwundung, unter euch Wasser oder
gar Pulver, in euch Hunger und Angst. Wollt ihr euch bei der langen Nacht
durch den Anblick der wenigen Sterne über euch erquicken: so sehet ihr fast
so viele Haubitzen, Granaten und drohende Steine.

Saget, meine mitleidenswerthe Freunde! Was denket ihr da? Sollte wohl
jemand also unter euch mit sich reden: ‚du hast dich bisher in Gott sehr geir-
ret. Gerecht kann er nicht seyn, denn ich habe ein besseres Schicksal verdie-
net. Wäre er allmächtig, so wäre die Festung längst unser, obgleich die Belagerten weit zahlreicher sind als wir. Wohlleben und herrliche Tage, wenn er
mir die gäbe, dann wollte ich es glauben, daß er gütig gegen die Menschen
sey. Und wäre es wahr, daß er uns helfen und glücklich machen will: so müßte keiner meiner Kameraden erschossen und ich nicht blessiret werden. Zehntausend Mann Sukkurs (= Truppenverstärkung) würden uns mehr helfen als
Gott. Könnte ich nur desertiren! Wo nicht: so ists am besten, ich denke an
nichts und verlasse mich auf nichts: mags doch gehen wie es will!‘ "

So sprach der Garnisonprediger ihre tiefe, tiefe Verzweiflung an. Dann
aber erhob er die Stimme des Trostes und der Zuversicht: „Ach! ach, meine
Brüder, was wäre das für ein elender unchristlicher Soldat, der so schlecht
von Gott dächte, sich selbst den Himmel verfinsterte und in gedankenloser
Verzweiflung selbst nicht wüßte, was er wolle. Eben daraus müßte er ja sehen, daß er falsch dächte und grausam gegen sich selbst. Nein! Ihr habt, wie
David, Gott besser kennen lernen. Eure vormaligen Sünden beweisen euch
jetzt seine Gerechtigkeit, eure bisherigen Errettungen seine Allmacht, eure
herzlichen Gebete seine Erbarmung über eure Seele, euer Mut zum Sterben
seine wahre Verheißung des ewigen Lebens, ihr betet jetzt keine Menschen
an, sondern allein den majestätischen Gott. Sehet, so viel Gutes habt ihr in
dieser Kreuzschule schon gelernt. Aus dieser Kenntnis aber muß nun auch
Liebe und Vertrauen zu Gott fließen."

Das war in den ersten frischen Oktobertagen. Noch wehrten sich die Österreicher aufs äußerste. Sie hofften wohl, daß Feldmarschall Daun sie entsetzen
könne. Das geschah wiederum nicht. Dieser strebte mit dem Hauptheer den
Winterquartieren zu. Am 9. Oktober übergaben die Verteidiger die von Vorräten völlig entblößte Festung: Drei Generäle, zwei Obristen und vierzehn
andere Stabsoffiziere, 218 Offiziere und 8.784 Mann gingen in die Gefangenschaft, aus der sie im Frühjahr ausgelöst wurden. Dieser Ausgang endlich
kam Friedrich, wie er schreibt, sehr gelegen. Das entschied den Feldzug
in Schlesien. Der Stand von Anfang 1761 war zurückerkämpft worden. Nun

galt es nur noch, in dem „verworrenen System Europas" den Frieden zu erreichen.

Freiberg

Nachdem man sich nun in Schlesien schließlich wechselseitig in die Winterquartiere zurückgezogen hatte und während der König sich etwas nervös
abwartend in Peterswalde aufhielt, wurde gleichwohl um den Besitz des südlichen Sachsen gekämpft. In Brand bei Freiberg erlitt Prinz Heinrich mit seinen beiden Kavallerie-Führern Kleist und Seydlitz erst eine kleine ärgerliche
Niederlage (15. Oktober). Noch zögerte er, sich von seinem Bruder in eine
letzte Schlacht drängen zu lassen. Das Gelände bei Freiberg nahe Dresden
war nicht geeignet, nach den klassischen Grundsätzen der Lineartaktik zu
kämpfen[92]. Er mußte vielmehr, wo er überhaupt die Schlacht suchen wollte,
in vier starken Kolonnen in dem gebrochenen gebirgigen Gelände gegen die
verschanzten Stellungen der Österreicher und der sogenannten Reichsarmee
anzustürmen suchen. Mit etwa 24.000 Mann war die Armee des Prinzen gegenüber den etwa 36.000 Mann unter dem Kommando des Oberfeldherrn
Graf von Stolberg-Gedern und des Feldmarschall-Leutnants Graf Mayern erheblich unterlegen. Doch das galt nur der Zahl nach. Auch hatte Friedrich einige vorzügliche Offiziere, an der Spitze Seydlitz, nach Sachsen geschickt.
Am 29. Oktober 1762 war es nach einem Nachtmarsch in die Nähe des Feindes um 7 Uhr zum Beginn der Kämpfe gekommen. Die Befehlsführung des
Prinzen blieb in dieser seiner ersten und einzigen Schlacht derart „verwor-
ren" (wie es Carl von Clausewitz kühl festhält), daß anfänglich überhaupt
kein nennenswerter Schwerpunkt zu erkennen war. Im entscheidenden Zeitpunkt konnte dann aber doch, obwohl der Prinz zauderte, der Kolonnen-Füh-
rer von Kleist in der Morgenfrühe den Oberbefehlshaber zum Angriff um-
stimmen. So wurde der Sturmangriff rasch weitergetragen, und wenig später
ging der unbändige Friedrich Wilhelm von Seydlitz (1721–1773), das Idol
der Kavallerie, mit großer Energie mit seiner Kolonne zum Angriff über. Er
war es, der alle verfügbaren Truppen in dem Durcheinander um sich sammelte, ohne viel danach zu fragen, unter welchem Befehl diese standen oder womöglich erst die Genehmigung des Prinzen Heinrich einzuholen. Er schlug
die feindliche Reiterei aus dem Felde. Er setzte sich an die Spitze der Grenadier-Bataillone, die eigentlich zu der konkurrierenden Abteilung des Generalmajors von Kleist gehörten, und er ging dann auf die Höhe der „3 Kreuze"
zu. Inmitten der Kolonnen kämpften mehrere Freibataillone. Langsam aber
stetig arbeiteten sich die nur selten zögernden Truppen in die sich in ihren
Verhacken verteidigenden Feinde hinein. Nachdem dann die beiden Flügel
des Gegners mit der doch noch ungewöhnlichen Kolonnen-Taktik einge-
drückt waren, nachdem seine Kavallerie zerschlagen war, räumten die Reichs-

truppen und die Kaiserlichen die Höhen. Der zurückflutende Gegner wurde noch verfolgt. Vieles erinnert an die Winterschlacht von Kesselsdorf des Fürsten Leopold von Anhalt-Dessau 1745. Beides lag dicht beieinander. Der geschlagene Gegner setzte in großer Unordnung seinen Rückzug nach Frauenstein fort. Er ließ etwa 7.000 Tote, Verwundete und Gefangene zurück. Die preußischen Verluste beliefen sich auf 1.500 Tote und Verwundete – ein erstaunliches Ergebnis. Mit dieser klassischen Schlacht kleineren Zuschnitts war der Beweis erbracht, daß die Armee des Königs, seiner Offiziere und seiner gleichwohl gemischten Mannschaften auch in diesem Jahre in der Lage war, trotz der Unterlegenheit dem Feinde Marschrichtungen anzugeben.

Als den König am nächsten Tage in Niederschlesien die Nachricht dieses Sieges, denn das war es, erreichte, meinte er, sie habe ihn um zwanzig Jahre verjüngt. Seinem Bruder Heinrich schrieb er nun sogleich einen seiner schmeichelhaftesten Briefe und schaute sich am 9. November mit der professionellen Neugier, die ihn nicht verlassen hat, das Schlachtfeld von Freiberg an. Doch ernannte er Prinz Heinrich nicht zum Feldmarschall, wie er überhaupt bis 1786 niemand mehr in den höchsten Rang erhob. Im Dialog mit seinem Bruder war sich jedenfalls der König darin einig, daß der Erfolg von Freiberg der Friedenssehnsucht seiner Gegner in Wien nicht abträglich sein würde.

Der Äbtissin von Quedlinburg, seiner Schwester Amalie, schrieb er wenig später von dem Erfolg in den sächsischen Bergen: „Das kam sehr zur rechten Zeit bei den gegenwärtigen Umständen, wo es sich darum handelt, unsere Feinde wenn möglich dahin zu bringen, einen für uns ehrenvollen und vernünftigen Frieden zu schließen. Sie, die Sie Beziehungen zum Himmel haben, die ich nicht habe, Sie können wissen, wie weit Ihr ewiger Schwiegervater uns begünstigt oder uns entgegenarbeitet; ich armer Sterblicher, der nicht einen Hund des Paradieses kennt, bliebe in der größten Unwissenheit darüber; ich empfange das Gute, das mir begegnet, mit Vergnügen und trage das Schlimme mit Geduld ...". Man dürfe die Vorsehung nicht für die Ungerechtigkeit des Tages verantwortlich machen, das wäre Blasphemie: „Ich hingegen, der ich eine große Hochachtung vor den göttlichen Wesen habe, hüte mich daher sehr, ihm ein gerechtes und veränderliches Verhalten zuzuschreiben, das bei dem geringsten Sterblichen verdammenswert wäre". Also liegen die Ursachen bei den Nebendingen, die die göttliche Weisheit nicht enthüllt. Das alles wirft er rasch aufs Papier im Schloß in Torgau, während die Waffenstillstände vorbereitet und im Dome von Berlin Glocken geläutet und Gebete gesprochen werden.

Im November und Dezember drangen dann, obwohl Dresden uneinnehmbar blieb, berittene Streifscharen des Generalmajors Friedrich Wilhelm von Kleist bis nach Franken, Thüringen und Fulda vor. In diesen Wochen verbreiteten Freiregimenter mit etwa 6.000 Mann dort Angst und Schrecken. Niemand vermochte die an der Seite des Kaiserhauses noch ausharrenden Reichsstände zu sichern. Schutzlos geworden, schlossen Württemberg, Bayern, Pfalz, Köln, Mainz, Bamberg, Würzburg und andere mit dem Regensburger Gesandten des Königs Neutralitätsverträge, nachdem bis zum 13. September Reichstag und Kanzleien zur Friedfertigkeit mit Kontributionen ermuntert worden waren. Das Desaster war auch deshalb vollständig, weil Prinz Ferdinand von Braunschweig bereits im Sommer in mehreren Gefechten (unter anderm am 23. Juli in *Lutterberg* bei Holzminden) französische Heerhaufen aus Hessen hinausgedrängt hatte. Nach kurzer Belagerung öffnete ihm Kassel am 1. November seine Tore.

Die Franzosen unter Soubise (Roßbach) zogen sich auf Frankfurt zurück. Friedrich fand auch bei diesen Nachrichten zu seinem alten Spott zurück: „Gott segne Soubise! O, wie billige ich die Wahl der Pompadour." Wenig später traf auf den Kriegsschauplätzen die Nachricht von der Unterzeichnung der Friedenspräliminarien zwischen England und Frankreich in *Fontainebleau* ein (3. November). Die Großmächte hatten sich über die Köpfe ihrer schwächeren Verbündeten hinweg zu einigen vermocht. Unausgesprochen war England der Sieger in dieser internationalen Operation, mit geradezu gigantischem Kapitalaufwand.

Doch das ist noch nicht die ganze Wahrheit. Tatsächlich hatten sich in der üblichen territorialpolitischen Verblendung Österreicher, Preußen und ein Teil der übrigen Reichsstände für die andersartigen Interessen der Großmächte vor allem Westeuropas aufopfern müssen, bis hin zur Beihilfe für die verschiedensten Formen brutaler Sklaverei in Übersee. Mit vergleichsweise geringen Zahlungen wurden hier die Kämpfe am Leben erhalten, während sich die Empfänger der Subsidien dennoch weiter verschuldeten und ihre geringeren Ressourcen verschwendeten. Gleiches gilt für die Völker und Herrschaften Osteuropas. Die blutigen Wogen des vieljährigen Krieges und seiner mittelbaren Folgen machten vor keiner Grenze halt. Oder kürzer gesagt: Inmitten des in der Aufklärung begriffenen zentralen Europa konnte sich wiederum, wie im 17. und frühen 18. Jahrhundert die Barbarei ausbreiten.

Österreich befand sich mittlerweile mit unklaren und desolaten Staatsfinanzen am Rande des Bankrotts. Im Sommer 1759 bereits hatte die Kaiserin in einem Schreiben an ihren Feldmarschall Daun die Finanznöte offenbart. Als eines ihrer Motive bei dem Versuch einer Rückeroberung Schlesiens nannte sie die Verbesserung der Staatsfinanzen mit Hilfe der schlesischen Einkünfte. Sie schrieb: „… daß der gegenwärtige Krieg Meine Schulden-Last sehr namhafft vermehre und die Länder erschöpfet hat; mithin ohnmöglich fallen dürffte, zu den künfftigen Ausgaben Rath zu schaffen, … diesen und allen anderen üblen Folgen wäre durch die alleinige Schwächung des Königs in Preußen abgeholffen, und es besteht dahero der wahre Grund des gegenwärtigen Kriegs nicht blosserdings in der Wiedereroberung Schlesiens und Glatz, sondern in der Glückseligkeit des menschlichen Geschlechts und in der Aufrechterhaltung Unserer heiligen Religion, von welcher Ich in Teutschland fast die alleinige Stütze abgebe." Hier jedenfalls findet sich in klassischer Form die Überheblichkeit habsburgischer Intoleranz. Und: hinc illae lacrimae.

Nun, im Winter von 1762 auf 1763, breitet sich Verzweiflung und dann so etwas wie Realitätssinn in Wien aus. Kaunitz als unumschränkter Herrscher über die Außenpolitik, sah auch über sein geheimes Denken hinaus ein, daß er die Konsequenzen ziehen müsse. Während des Krieges war dieser Teil der Staatsschuld von rund 49 auf mehr als 136 Millionen Gulden angeschwollen. Subsidien gab es nicht, und die Bankwelt versagte sich dem Hofe[93].

Es scheint so, daß man in Wien im Oktober, während der Verhandlungen in Paris, erkannt hatte, daß ein glimpflicher und billiger Frieden mit Preußen unumgänglich geworden war. Die Kaiserin erwartete nun den Frieden, „den wir alle nötig haben", von Woche zu Woche mehr. Ihr Feldherr Daun, an dem sie bis zu dessen Tod 1766 unverbrüchlich festhielt, rief ihr nach dem Fall der Festung Schweidnitz und wegen der Zustände in seinem Heer mit einer Denkschrift ins Gedächtnis: „Wenn aus den Präliminarien (in Paris) nichts werden sollte, folglich kein Friede zu hoffen, so sehe ich nicht, wie Euer Majestät den Krieg werden fortführen können, da nach den obwaltenden Umständen sehr zu besorgen ist, daß die Armee nicht einmal mehr den Winter hindurch zu erhalten sein wird."

Man war am Ende, und es war das Ende. Die Vermittlung Frankreichs oder Rußlands wünschten weder Österreich noch Preußen. England hatte sich mit der ebenso rabiaten wie unredlichen Politik Lord Butes ausmanövriert. Mitte November 1762, also nach der Pariser Nachricht, wollte sich Maria Theresia bereits unmittelbar an Friedrich wegen des Friedens wenden. Am 24. November ersuchte dann Feldmarschall Daun auf Befehl für Österreich, nicht für das Reich, um Waffenstillstand auf den Kriegsschauplätzen Sachsen und Schlesien mit Preußen. Das war, wie üblich, befristet bis zum 1. März. Aber jeder wußte, daß die Kanonen nun in die Zeughäuser oder Arsenale rollen würden.

Alles andere war eine Frage der Konditionen. Sachsen, das leidtragende Land, wurde vom Staatskanzler Kaunitz vorgeschickt, um Österreichs Prestige formal etwas zu schonen. Die kleineren Verbündeten trifft es bei Friedensverhandlungen fast immer am härtesten. Aber alle Beobachter zwischen Dresden und Leipzig wußten, daß mit dem Beauftragten der Gegenseite man zum König fuhr, um den Frieden auszuhandeln.

Der Frieden von Hubertusburg

Vermittler zum Frieden wurde nun, erstmals am 29. November, der kluge sächsische Geheime Rat und Diplomat von Fritsch. Der König empfing ihn auf dem Burgberg von Meißen, sozusagen inmitten auch seiner wettinischen Vorfahren. Die Kaiserin begehrte nun einen billigen und anständigen Frieden. Der Vorschlag der agilen Zarin Katharina an die Kriegsführenden, das ganze Sachsen sogleich zu räumen, fand Friedrichs Beifall nicht. Es waren noch Kontributionen einzutreiben. So wünschte er, nachdem die Verhandlungen zwischen Baron von Fritsch, dem kaiserlichen Hofrat von Collenbach und Friedrichs Bevollmächtigtem von Hertzberg am 30. Dezember auf Schloß Hubertusburg (bei Oschatz)[94] begonnen hatten, den besten Frieden abzuschließen, welchen ihm seine Lage gestattete: „Stellen Sie sich einen Mann vor", schreibt er am 28. Januar 1763 an seinen Freund, den Lordmarschall Keith in Schottland, „der lange vom Unwetter auf dem Meere hin- und hergeworfen worden ist und der endlich die Küste sieht, wo er landen will. Das ist genau mein Fall .... eine große Gefahr ist überstanden." – Diese Nachrichten waren immer auch für bestimmte Politiker in London gedacht. In London griff der Oppositionsführer William Pitt der Ältere den Regierungschef Lord Bute scharf an; der König von Preußen sei „hinterlistig, trugvoll und verräterisch" aus dem Frieden der Westmächte ausgeschlossen worden, obschon man „Amerika" in Deutschland erobert habe. Von dieser Debatte erfuhr Friedrich, und er hat die Behandlung durch die englische Regierung nicht vergessen.

Friedrich setzte sich mit Hertzberg in den meisten Punkten durch. Er gab die Festung Glatz und das dortige Bergland nicht preis. Das zeitweilige Begehren der Österreicher ließ er als Revanche-Anzeichen denunzieren. Den Vorschlag, die Fürstentümer Ansbach und Bayreuth nach dem absehbaren Aussterben der dortigen Markgrafen nicht einzuziehen, lehnte er glatt ab. Auch handelspolitisch hielt er im wesentlichen seine Autarkie-Linie durch. Sonderrechte für Schlesiens Handel mit den Ländern der Habsburgermonarchie verweigerte er.

Eine beiderseitige Aufarbeitung der Verbrechen an der Zivilbevölkerung durch marodierende oder zum Plündern aufgeforderte Truppen (Kriegsverbrechen) nebst Aufrechnung der Schäden und der Entschädigungen fand nicht statt. Sie wurde auch nicht verabredet. Gerichte wurden nicht befaßt, obwohl das Völkerrecht während des 18. Jahrhunderts nicht unerhebliche Fortschritte aufzuweisen hat. Die Vertragspartner wünschten offensichtlich keine Verzögerung. Insoweit folgten auch dieser Krieg und Friedensschluß unverändert traditionellen Mustern, indem am Ende über Geld und Grenzen gesprochen, über Untaten und Vertreibungen geschwiegen wird.

Die Grenzen wurden entsprechend dem gültigen Dresdner Frieden von 1745 beiderseits garantiert. Als Morgengabe ließ er die brandenburgische Kurstimme für die Kaiserwahl Josephs (II.) auf den Friedensaltar legen. Am 2. Februar, als man bereits zu dritt handelseinig war, schreibt er seinem Bruder Heinrich doch erleichtert: „Ich glaube, wir haben den besten Frieden abgeschlossen, der unter den vorliegenden Umständen zu erreichen war." In der Tat, so war es. Der status quo ante war bestätigt worden. Kein Wort in diesen Briefen, daß nun die Stellung der „kleinen" Großmacht in Europa in doch wohl sensationeller Weise bekräftigt worden war. Er blieb sich der Angreifbarkeit seiner Provinzen bewußt und war auf der Hut. Agenten berichteten ihm bald von Freudenkundgebungen in Berlin, als sich die Friedensnachricht verbreitete: „Graf Kaunitz und seine Herren haben den Krieg gründlich satt. Nach ihrem Verhalten zu urteilen, glaube ich, daß sie wenigstens jetzt aufrichtig wünschen, in gutem Einvernehmen mit uns zu leben. Man darf jedoch nicht die Fabel von der Katze und den Mäusen vergessen: Katze bleibt Katze, was sie auch tut" – schreibt er nach Rheinsberg.

Am 15. Februar 1763 wurden auf dem breit aufragenden Schloß Hubertusburg die Friedensverträge in mehreren Ausfertigungen unterzeichnet. In diesen Frieden eingeschlossen sind korrekterweise Rußland, Frankreich, Schweden, auch England, dazu alle Fürsten und Stände des Römischen Reichs. Fünf Tage zuvor war in Paris der Definitiv-Frieden zwischen England, Frankreich und Spanien geschlossen worden.

Bis zum 10. Februar hatte Sachsen noch Kontributionen gezahlt. Alles wurde exakt abgerechnet. Friedrich ließ Kopien der Rechnungsunterlagen in seine Registraturen mitnehmen. Am Tage nach der Unterzeichnung des Friedens verließen die Herren von Fritsch und von Collenbach (Wien) den Burgort. Der König kam am Tage der Unterzeichnung von Leipzig kurz nach Hubertusburg. Zu seinem Chefunterhändler von Hertzberg bemerkte er, wohl aus den Augen lächelnd: „Es ist doch ein gutes Ding um diesen Frieden, den wir abgeschlossen haben, aber man muß es sich nicht anmerken lassen." Nach einer anderen oder gleichzeitigen Lesart sagte Friedrich seinem Unterhändler: „Er hat einen guten Frieden gemacht, fast so, wie ich den Krieg geführt, *einer* gegen *drei.*" Im nahen Dahlen, seinem Hauptquartier, empfing er gutgestimmt sodann noch die Glückwünsche der Hubertusburger Friedensgesandten.

Das war am 17. Februar. Der König verweilte noch in seinem Landhause in Dahlen in Einsamkeit, um die aus Wien eintreffenden Ratifikationen (1. März) und die sonstigen Regulierungen in Sachsen vor allem abzuwarten und um über die Einzelheiten des nun voll beginnenden Retablissements, also der vielfältigen Kriegsschäden-Beseitigung, nachzudenken. Pünktlich am 1. März erging die Kabinettsordre an das „Berlinische Etats-Ministerium und an alle Collegia, die der Friede mit der Kaiserin-Königin in Ungarn und mit dem Könige von Pohlen bekannt zu machen sey" und welche Feiern dazu erwünscht wären. Friedrich ordnete an:

Der Friede solle in Berlin durch einen auf herkömmliche Art gekleideten Herold, nach dem beigefügten Proklamations-Formular, auf den vornehmsten Plätzen der Residenz ausgerufen werden. Das geschah dann am 5. März. In den folgenden Tagen bereits räumten die verfeindet gewesenen Truppen ihre letzten Quartiere, beweint von so mancher Jungfer. So verließen die Österreicher Glatz und Habelschwerdt, die Preußen räumten Leipzig und die Franzosen zogen ab aus Kleve und Geldern.

In Sachsen blieb er noch während der folgenden vier Wochen, um zügig allgemeine staatliche und besondere dortige Militär-Verwaltungsangelegenheiten und nicht ganz geringe Einkäufe bei der berühmten Meißner Porzellan-Manufaktur zu tätigen. Daneben arbeitete er vor allem an der Wiederbevölkerung der ausgedünnten Landstriche in Brandenburg und Pommern. Auch aus Sachsen suchte man gewerbetüchtige Spezialisten anzuwerben. Außerdem brauchte man die gescheiten sächsischen Mädchen zum Heiraten und was sich sonst daraus ergibt.

Am 15. März reiste der König noch nach Schloß Moritzburg, welches nicht ausgeraubt oder sonst beschädigt worden war. Er traf sich dort klugerweise zu politischen Gesprächen mit dem Thronprätendenten *Friedrich Christian* (1722–1763) und mit dessen eigenständiger Gemahlin *Maria Antonia* (1724–1780). Mit ihr verbindet ihn eine lebenslange Brieffreundschaft. Die kluge Frau war eine Tochter Kaiser Karls VII., für den er 1741, zwei Jahrzehnte zuvor, riskanterweise ins Feld gezogen war.

In diesen Tagen notiert er für seinen Freund, den Marquis d'Argens in Berlin: „Der Friede macht also den Berliner Vergnügen? Hier bei den Sachsen ist es ganz anders. Kaum verlassen wir die Städte, kaum räumen wir das Land, so erscheinet sogleich die sächsische Exekution [Steuerbehörde]: ‚Bezahlt, bezahlt, heißt es; der König von Polen braucht Geld! Das Volk fühlt die Unmenschlichkeit in diesem Verfahren; es ist im Elend, und man beschleunigt sein Verderben, anstatt [wie er] Erleichterung zu verschaffen. Hier, mein Lieber, haben Sie ein Gemälde von Sachsen, das nach der Natur gezeichnet ist. Alle diese Exekutionen sehe ich für mein Teil als ein gleichgültiger Zuschauer [von Staat zu Staat] an; aber als Weltbürger kann ich sie nicht billigen.

Und an die Herzogin Luise Dorothea von Sachsen-Gotha schreibt er am 19. Februar 1763 ebenfalls von Dahlen aus: „Man fürchtet die Rückkehr des Hofes nach Dresden wie den Hagel, der das wenige Getreide, das die Dürre verschont, zugrunde richtet, wie einen Sturm, wie die Pest, die gleicherweise hoch und niedrig trifft, die alles heimsucht und vernichtet. Wenn Brühl wüsste, bis zu welchem Grad er verabscheut wird, so wäre ihm, glaube ich, das Leben hassenswert und sein Posten widerwärtig. Das Volk ist auf die Länge der Zeit gerecht; es schätzt jeden nach seinem Verdienst. Wohl ist es manchmal schnell mit dem Urteil zur Hand, aber die Zeit führt es auf die Wahrheit zurück".

Im Februar 1763 kamen König August III. und sein Chefminister Brühl aus Warschau nach Dresden zurück; doch starb der Herrscher bereits am 5. Oktober und Brühl mußte umgehend seine Positionen räumen. Er verschied wenig später am 28. Oktober 1763. Die genaue Untersuchung seiner mit dem Ruch des Unredlichen behafteten Finanzgeschäfte ergab, daß er ein unmittelbares Vermögen von 1,5 Millionen hinterlassen hatte und daß er im Laufe seiner Minister-Tätigkeit etwa 5,3 Millionen Reichsthaler veruntreut hatte. Oper und Komödie wurden geschlossen.

Rückkehr eines Kriegers

Dann verließ der König Sachsen. Er reiste an Moritzburg vorbei über Bautzen in das Sehnsuchtsland Schlesien, ging nach Löwenberg und Goldberg, nach Jauer, Striegau und Schweidnitz, wo er als erstes für die Nachkriegsordnung den evangelischen Superintendenten aufgab, Schulvisitationen vorzunehmen und alsbald Berichte zu erstatten. Auch die Katholischen Weihbischöfe sollen nun so verfahren. In Breslau arbeitet er in seinen in der Wiederherstellung begriffenen Zimmern in knapp vier Tagen die dringenden Verwaltungssachen auf. Zügig, sehr zügig. Dann geht es nach Brandenburg. Auf dem Rückweg nimmt er das blutgetränkte Schlachtfeld von *Kunersdorf* bewegt gedenkend in den Blick. Das geschah am Morgen des 30. März, und er begriff es wohl wie einen Abschied vom Kriege. Vier Jahre waren seitdem vergangen. Nun begann sein zweites, sein größeres Lebenswerk.

Schon in Taßdorf (bei Rüdersdorf), an der Hauptstraße von Frankfurt, beim Pferdewechsel, begrüßte ihn der Landrat des Kreises von Nüßler, den der König schätzte. Dieser berichtete ihm im Gasthof von dem Notstand bei den Kreisinsassen. Rundum stand das zusammengeströmte Volk, wie überall besonders auf dieser Reise. Für den nächsten Tag bereits berief ihn Friedrich in das Berliner Schloß, um dort mit allen Landräten der Kurmark, also diesseits von der Oder zu sprechen.

Am Berliner Frankfurter Tor wurden ihm dann gegen Abend die Wünsche des Magistrats zum Frieden dargeboten. Anschließend fuhr er aber sogleich im schlichten Vierspänner und nicht mit „goldbespannten Rossen" in seine Wohnräume im Schloß. Dort bereitete ihm die Königin, die er seit 1757 nicht mehr gesehen hatte, „seine Gemahlin", den zärtlichsten Empfang – heißt es. Es folgten vier Tage der Festlichkeiten, zuletzt mit der feierlichen Verkündigung des *Friedens in Berlin* (5. März). Orden, Dotationen und Beförderungen in der Armee, aber auch im Zivildienst werden verliehen. Hertzberg, wie angekündigt, wird nun Zweiter Außenminister. Aber an der Spitze von allen erhält die Königin Elisabeth Christine 15.000 Taler. Niemand erhält mehr. In Wien ist es stiller. Eine andere Welt. Doch ist man auch dort tief erleichtert und so etwas wie ein Rest von Dankbarkeit geht auch nach Berlin, daß der König einen Mittelweg gefunden hat.

Am 14. April aber schreibt der Privatmann an seinen Freund *Algarotti* in das italienische Pisa in nachdenklicher Untertreibung: „Die Gegebenheiten dieses Krieges verdienen kaum auf die Nachwelt zu kommen. Ich halte mich für keinen so guten General, daß man meine Geschichte schreibe, noch für einen so guten Geschichtschreiber, um Werke herauszugeben. Nur zu sehr habe ich es bedauert, einige Sachen, die ich nur für mich gearbeitet, durch die Schlechtigkeit und Treulosigkeit eines Elenden [Voltaire], der sie noch dazu verstümmelt hat, öffentlich erscheinen zu sehen. Doch, sie sind davon schon hinreichend unterrichtet."

Das „Mirakel", das kein Mirakel war

Der Krieg der Mächte von 1756 bis 1763 besaß den Rang eines Weltkrieges. Als Gewinner durfte sich die Seemacht England betrachten. Sie konnte sich in Nordamerika und Indien und an vielen anderen Landen Positionen erkämpfen. Sie sollten, in Ausläufern bis heute, zu den wichtigsten und stolzesten Bestandteilen des Weltreiches gehören. Eben dort, in Nordamerika, und in Teilen Europas bewunderte man den zierlichen Preußenkönig, den Heere von drei „echten" Großmächten nicht aus dem Sattel zu werfen vermochten. Der Ruhm und auch der spätere Mythos der Königs-Armee, die durch Feuer, Blut und Elend von 22 Schlachten gegangen war, erhielt sich im Bewußtsein der Einwohner jener Völker und Staaten, die Friedrichs Kampf als eine Selbstbehauptung protestantischer Freiheiten im Alten Reich und darüber hinaus begriffen.

Es wird damit ein Punkt berührt, der die Zeitgenossen und die Späteren beschäftigt hat: wie es möglich gewesen sein kann, welche Kräfte untergründig am Werke waren, daß sich dieser König mit diesem aufsteigenden Staate behaupten konnte. Besaßen die Preußen eine „Moral", einen besonderen Kraftquell oder Fundus des Kämpferischen, der sie aus dem Mittelmaß heraushob? Hatten sie auch mit Friedrich für „Luther" und „Calvin" und andere Freiheiten gekämpft? War die Schwäche und Vielzahl der anderen womöglich der Vorteil des einen, der von einer inneren Linie her den Stößen seiner Feinde zu parieren verstand? Der weimarerische *Minister Goethe*, der diese

Frage und die Gestalt des Potsdamer Herrschers immer wieder einmal bedachte, fand die kürzeste Formel; er betonte „Wert, Würde und Starrsinn der Preußen"[95].

Die Kriegskunst Friedrichs und seiner Offiziere befand sich insgesamt auf der Höhe der Zeit. Der Feldherr konnte sich einige geschichtlich singuläre Erfolge zuschreiben. Auch Napoleon hat das bestätigt. Doch das Militärische für sich erklärt nicht dieses Ergebnis. Es ist eine unendlich oft beschworene Frage, wie die siebenjährige Partie ausgegangen wäre ohne Friedrichs Standhaftigkeit, ohne seine disziplinierte Härte und ohne die nur selten ins Wanken geratene stoische Zuversicht. Strukturen und Ökonomien waren seiner Rationalität in einem für Außenstehende jedenfalls unheimlichen Umfange unterworfen. Das geschah trotz der Defizite, an denen später der fürstliche Historiograph für sich selbst und das Offizierscorps vorsichtig festhielt. Es war ein überlegenes Geschichtsbewußtsein und ein Gefüge von Wertvorstellungen, abgedeckt durch bedeutende Gestalten von Julius Caesar, über die spätantiken Herrscher bis hin zu Karl XII. von Schweden und dem von Friedrich verehrten Prinzen Eugen von Savoyen, dem Feldherrn der Habsburger. Das trug den König dann mehr als seine Gegenspieler. Es bewegte und bewahrte ihn. Außerdem besaß Preußen das Fundament der auf die Bedürfnisse der Armee abgestimmten Münz-, Finanz-, Steuer und Domänenverwaltung. Alles dies, zu spät auf der Gegenseite erkannt, ließ ihn strukturelle Schwächen, mit denen er als Festlandsgeneralissimus ebenso wie die andere Seite zu kämpfen hatte, denn doch rascher überwinden. Doch vielleicht wird man in der Summe den moralischen Faktoren bei diesem höchst merkwürdigen Kriegsausgang den Vorrang einräumen müssen. Mit einem Satz: Kein literarisch überhöhtes „Fatum" (Thomas Mann), kein rasch zur Erklärung beigezogenes glückhaftes Mirakel, nur wenige wirkungsschwere „Zufälle", wohl aber die schwere Müdigkeit der Kriegführenden, die bei Friedrichs Gegnern etwas stärker ausgebildete Traditionsgebundenheit in den Kriegsmaschinerien und vor allem das Individuum Friedrich mit einer täglich erarbeiteten „Fortune" gab den Ausschlag[96]. Der König, der Feldherr und Herrscher in einer Person, den Berechnungen der Gegner häufig genug spottend, erwies sich in der Summe als das „Mirakel des Hauses Brandenburg".

Friedrich kehrte nicht in seine Hauptstadt zurück (wie man noch 1983 unsicher gemeint hat) als ein „an Leib und Seele kranker Mann, der den Zenit des Lebens bereits überschritten hatte". Wer so etwas zu sehen meint, ist den kunstvollen verbalen Melancholien des Königs, die er einige hundert Male wie echte schwarze Träume ausgesprochen hat, auf den Leim gegangen. Das Spiel mit den Schattenseiten des Lebens als eine billige, jederzeit greifbare Staffage ist ein ererbter Wesenszug, den er von mehreren überzüchteten Vorfahren übernommen hat und dem er einen ersten Platz als Widerlager aller

Vitalität und Aggressivität, vielleicht auch gelegentlich als Täuschung beimaß.

Es war nicht in der Tiefe bedrückend für ihn, als „halber Sieger, der nur die nackte Existenz gerettet, aber ohne Beute" heimzukehren hatte. Allenfalls war er mit England zusammen ein beschädigter Sieger. Nach der Sturmfahrt, immer wieder hochriskant, breitete sich die Ruhe aus, die Ruhe des Friedenstriumphes, freilich auch die der Erschöpfung, der Abspannung. Ein besseres Kriegsergebnis war füglich nicht zu erwarten; vielleicht war überhaupt das etwas täuschende Hubertusburger Remis am friedensförderlichsten. Alles andere, durchgreifende territoriale Umschichtungen, hätten politische Repliken zur Folge gehabt, wie die Geschichte unzweifelhaft lehrt. Tatsächlich: die törichten außenpolitischen Dispositionen des in entscheidender Stunde überheblichen Staatsberaters Kaunitz (renversement des coalitions), hatten im Ergebnis letzthin der mitteleuropäischen Außenpolitik trotz einiger neuer Sturmphasen in der napoleonischen Zeit für ein ganzes langes Jahrhundert gleichsam den Weg bereitet. Die da gesät hatten, wußten nicht, was andere einmal ernten würden, – 1864/66 und ferner. Alle, die sich nach außen hin als Nicht-Verlierer bezeichnen mochten, waren doch schwer Geschädigte, mit mühsam unterdrücktem Staatsbankrott. Und wer will sagen, wie sich nach vielen Jahrzehnten des unsichtbaren Abstieges in latent zerrüttete Währungs- und Kreditverhältnisse die Schuldfrage bei den sich einmischenden Mächten stellt? Immerhin verfügen die Nachlebenden über den Vorzug, die folgenden Revolutionen (1789), Bürgerkriege und caesaristischen Diktaturen überblicken zu können, sofern sie der Wahrheit der Kausalitäten ins Auge sehen wollen oder dürfen.

Und England? Es hat zwar gesiegt, aber um einen hohen Preis. Die Widerstandskraft der Wirtschaft war schwer belastet. 76 Millionen Pfund Sterling waren für alle Kriegsschauplätze, aber auch für Zwecke der unverändert ziemlich desolaten inneren Sicherheit aufgebracht worden; die Staatsschulden erhöhten sich durch die Kreditaufnahmen überwiegend in der Privatwirtschaft auf 132 Millionen Pfund – eine auch für England gewaltige Summe.

Friedrich war in der Schlußphase über seinen Verbündeten ziemlich erbost und in den Krisen schwer verärgert. Alles ist zusammengefaßt in zwei Sätzen, die er dem Geschäftsträger Londons zuwarf und die den fundamentalen (und fortdauernden) Unterschied im Verhalten der Mächte bzw. der Führungsschichten beleuchten. Als Mitchell 1757 bemerkte, man könne keine weiteren Truppen aufstellen, ohne die Manufakturen zu beschädigen, meinte Friedrich spöttisch abweisend, es sei eine seltsame Argumentation, die eigene, das heißt staatliche Sicherheit und Unabhängigkeit von Überlegungen zu Handel und Produktion abhängig zu machen. Und später, als England auf seinem kleinen Heer eigener Truppen im Kontingent des Prinzen Ferdinand beharrte, bemerkte Friedrich verärgert, ob man an der Themse nicht wisse, daß Englands Amerika vor allem dadurch gerettet würde, daß man die Franzosen nicht Herren über Europa werden ließe. Das waren zeitlose Fragen, die Friedrichs weiteres England-Bild bestimmt haben. Andererseits muß man sehen, daß es für Friedrich und seine Berater und den Geschäftsträger wohl immer schwierig war, die andersartigen und abartigen, ja in damals moderner Sicht absurd erscheinenden englischen Verhältnisse zu begreifen.

Zeitgenossen

Gewiß wirkten viele rationale und irrationale Faktoren auch an diesem Kriegsergebnis mit. Doch hatten jeweils beide Seiten mit den sogenannten strukturellen Hindernissen zu kämpfen. Keine Frage: Persönliches Versagen gab es immer wieder auch auf preußischer Seite, und auch Friedrich litt unter den Katastrophen, wo einzelne seiner Truppenteile kapitulieren mußten. Ob Friedrich 1761/62 seine Lage aber als „ausweglos" angesehen hat, mag man füglich bezweifeln. Seine Erfahrung sagte ihm, daß aus allen kritischen Lagen ein Ausweg zu finden sei, wenn nicht sein plötzlicher Tod jedenfalls die Partie beenden würde. Die Beteiligten waren sämtlich nicht in der Lage, die Kraftquellen des Gegners vollständig zu erfassen. Darin lag seine Chance und die Chance des Prinzen Ferdinand auf dem anderen Kriegsschauplatz. Der engste Mitarbeiter, Sekretär und gewissermaßen Generalstabschef des Feldmarschalls Ferdinand von Braunschweig bedachte, wie viele andere, die Frage der kampfentscheidenden Kräfte. Als Schlüssel des Geheimnisses des Erfolges bezeichnete er „viel Kühnheit und einen hohen Mut" bei Friedrich und seinem Schwager und Schüler. Mit „fortitudo" und „constantia" glichen sie in entscheidenden Stunden ihre Unterlegenheit aus – wie alle erstklassigen Feldherren in der Weltgeschichte.

Aus scheinbar ergebnislosen Kriegen wachten die Akteure auch im 18. Jahrhundert wie aus einem schrecklichen Traume auf, weil das Unwahrscheinliche und das Unvorhersehbare Augen und Sinne beschäftigt und getäuscht hatte. Nach 1763 fand Europa aus dem Staunen, dem Bewundern und auch dem bitteren Verachten nicht heraus.

Johann Wilhelm von Archenholtz (1743–1813), der als Offizier des Königs den Krieg erlebte, berichtet über das Interesse, welches der Kampf des Schwächeren gegen die vielen Übermächtigen erregte.

In *Spanien*, das Truppen stellte, suchte man wie überall das plötzlich teilnehmende, das unerklärliche Rätsel zu ergründen. In *Holland* prägte man auf Friedrichs Feinde satirische Denkmünzen. Im Königreich *Neapel* glaubte man den Krieg in nächster Nähe zu erleben und vermehrte die Truppen. Selbst in *Rom* wünschten viele dem fernen Kämpfer Glück, während Papst

Clemens XIII. mit vielen aufwendigen Messen die Sache der Habsburger zu stärken versuchte.

Wie in den Zeiten des ausgehenden Hochmittelalters war die Republik *Venedig* mit ihrer leidenschaftlichen Bevölkerung in zwei Parteien zerfallen, in die der „Theresiani" und in die der „Prussiani". Selbst in den Klöstern stritt man sich, und ein Pelzhändler ließ in seinem Laden eine Heiligenlampe vor dem Bild Friedrichs brennen.

Im Lande der reformierten Schweizer bejubelte man die preußischen Siege so, als hätten die eigenen Kämpfer sie erfochten. Im *Reich* wünschten die Württemberger protestantischen Glaubens, die braven Pietisten, seinen Waffen Glück. Die katholischen Bayern und Pfälzer, die Mainzer und die anderen „Reichssoldaten" trugen zwar den Rosenkranz fürs Gebet in ihren Taschen, stritten jedoch ungern gegen den König von Preußen. Für *Frankreich* überliefert unser Autor die Antwort der amoureusen Madame Pompadour, als ihr der Herzog von Belle-Isle im Scherz die baldige kriegerische Ankunft des Berliner Königs in Paris verhieß: „Gut, – so werde ich einen König sehen."

In *England* schrieb der kühl urteilende Lord Horace Wolpool (1717–1797), der den Krieg in Deutschland hocherfreut als ein heiteres Schauspiel für sein Land bezeichnete, der große Feldherr sei mit dem Frieden von 1763 nun „hundert Schlachten entronnen, und was bedrohlicher war, drei wütenden Kaiserinnen, von denen wenigstens eine [Katharina II.] mit Herrscherleben nicht zart umgeht"[97].

Aus *Ungarn* ist die Stimme eines Rittmeisters der Kaiserin zu vernehmen, der sich seit 1763 in Niederschlesien ansiedelte, Johann Jacob Barthold von Cogniazo (1732–1811). Der schamvolle Rückblick, schreibt er 1788, auf unsere erlittenen Niederlagen trotz mächtiger Koalitionen sei nicht allein durch den König als Feldherrn zu erklären. Er hätte scheitern können, wenn es nur auf die Klugheit des Feldherrn, seine militärische Genie-Kraft angekommen wäre. Vielmehr: „Die *Macht* des Königs mußte damit verbunden sein, um jenen höchst kritischen Lagen ... eine glücklichere Wendung zu geben. Nur als König konnte Friedrich nach dem Erfordernis der Umstände die erste und entscheidende Stimme in jeder Unternehmung geben, nur als König auf der Stelle die Entschließungen fassen, die außer der Sphäre der gewöhnlichen Feldherren selbst alsdann noch liegen, wenn sie mit der größten Vollmacht zu agieren, versehen sind. Aber daß er sie faßte, diese Entschließungen, daß er die erstaunenswürdigen und unerwarteten Pläne schuf, so und nicht anders ausführte, hing bloß von dem Umfange seiner militärischen Kenntnisse und Fähigkeiten ab, war im eigentlichen Verstande das Werk des Feldherrn"[98].

Als in *Wien* Ende Februar 1763 das Gerücht umgeht, Kaiserin und König hätten sich nach dem Abschluß des Friedens verbindliche Briefe geschrieben,

versichert Kaiserin Maria Theresia sogleich hochemotional ihrem Oberhofmeister, dem Grafen Ulfeld: „Zu meiner großen Verwunderung habe ich die
nämliche Antwort [Briefwechsel] von zwei Personen gehört. Kein Wort ist
wahr. Ich bin dem Könige wohl obligiert [verbunden], daß er mir nicht geschrieben; meine Feder hätte ihm niemals geantwortet. Mein Herz sagt nichts
dahin"[99].

Die Affekte der Kaiserin, über die Friedrich in der Öffentlichkeit wohl fast
nie ein hämisches Wort verlor, wurden erst durch die Begegnung von Kaiser
Joseph II. und mit dem König in Neiße im August 1769 etwas abgeschwächt.
Später ließ sie sich denn doch einmal dazu herbei, ihm zu schreiben (1778).
Doch scheint es so, daß die Kaiserin, deren Macht noch nicht im Schwinden
begriffen war und die auf ihre Weise eine bedeutende Staats-Leistung voll-
brachte, den König, den „Nebenbuhler" und Unhold im Hinblick auf seine
Arbeitsleistung je Tag und Jahr und im Hinblick auf die Fähigkeit zum differenzierten geopolitischen Überblick bis zu ihrem Lebensende unterschätzt
hat.

Der Siebenjährige Krieg, der auch über Europa hinaus in Wahrheit ein
Kampf der Finanz- und Wirtschaftssysteme, der Modernität und Effizienz der
Staatsverwaltungen und auch der kriegerischen Ausdauer war, erlosch wie
ein ausgebranntes Feuer. Er hinterließ auf fast allen Seiten Sieger und zugleich Besiegte, momentan Triumphierende und zeitweilig Niedergeworfene.
Er hinterließ die Hinterbliebenen und Geschädigten, die kaum wußten,
weswegen das alles sich ereignet hatte. Und warum man nicht eher die Flammen ausgetreten hatte. Doch nun war Frieden, und man dankte es den Herrschern, die die Opfer zu verantworten hatten.

Achtes Kapitel

Erste Nachkriegsjahre: Staatsplanung und Retablissement

Der Krieg kann unberechenbar der Vater vieler Dinge sein, doch der Frieden erweckt neue Hoffnungen. Der König faßte in verschiedenen Texten seine Absichten zusammen: „Wenn ich das Unglück des Krieges wieder gut mache", schrieb er seinem vertrautesten Briefpartner d'Argens kurz nach der Unterzeichnung der Verträge von Hubertusburg, „werde ich zu etwas gut gewesen sein und damit begnügt sich mein Ehrgeiz." Mit der ungebrochenen willensstarken Rationalität und mit ziemlich genauen Planungen, die bereits im Herbst des Vorjahres 1762 einsetzten, ging er an den Wiederaufbau. Er umfaßte den gesamten Staat, nicht nur die abgebrannten Dörfer. Und dann hoffte er Jahr um Jahr, einige Wochen für sich, den Privatmann Friedrich zu behalten. Das war seine Fata Morgana. Er brauchte es. In der Wirklichkeit mußte er sich in dem Alltag des Regierungsgeschäftes weiterhin dort ein paar Stunden und hier einen halben Tag herausschneiden, um Atem zu holen. Die Korrespondenzen, die Gespräche und von Fall zu Fall das kleine Festessen dienten diesem Luftholen zwischen unendlichen Trivialitäten und allerdings gefährlichen und bedenkenswerten Entscheidungen.

Es gab auch keine Zäsur. Am Tage des Friedensschlusses hätte manch anderer Fürst nach einer solchen Sturmfahrt sich für einige Wochen mindestens zurückgezogen, nach Rheinsberg oder in ein schlesisches Schloß oder in das Stadtschloß in Potsdam. Und nur sein alter Ego Eichel und einige Domestiken hätten den Aufenthalt gekannt. Der Staat lief doch weiter. Alle Minister und Räte arbeiteten, die Bürokratie in den Provinzen mußte unablässig tätig sein, ob Friedrich nun Blitze in die Lande schleuderte oder nicht. Der „Absolutist", der er war und nicht war, konnte sich mühelos für einige Zeit außer Gefecht setzen. Erst nach Monaten wäre es aufgefallen. Jeder hätte Verständnis gehabt. Er hätte erneut nach Pyrmont gehen können zur Brunnenkur und um in ziviler Kleidung zu flanieren in den Parkanlagen. Nichts von alledem. Was er sich gönnte, waren bestenfalls Dienst-Reisen und Brunnen-Kuren in Potsdam: Land und Leute besichtigen, kontrollieren, Ministern auf die Sprünge helfen. Die Regimenter davor bewahren, in trägen Garnisontrott zu fallen, die Waffen verrosten zu lassen.

Nein – es war keine Zeit zu verlieren. Am 6. September 1763 schreibt er seiner Stief-Kusine, der Herzogin Luise Dorothea von Sachsen-Gotha, mit der er bis zu deren Tode elegant korrespondierte, warnend: „Man spricht hier von Bankrotten in Amsterdam und Hamburg. Es ist seltsam, dass die großen Fürsten, die Krieg geführt und sich in ihm ruiniert haben, keinen Schaden erlitten, während die Kaufleute, die sich in zahlreichen Unternehmungen bereicherten, ungeheure Verluste gehabt haben". Doch die Gründe für die Kredit-Krise lagen tiefer. Erste Zusammenbrüche und Verluste gab es bereits 1762. Der Krieg hatte zu einer viele Firmen in Mitleidenschaft gezogenen unsinnigen Wechselreiterei zwischen Hamburg, Amsterdam, Berlin und Leipzig geführt. Die allgemeinen Münzreduktionen der einzelnen Staaten unmittelbar nach Kriegsende verursachten einen erheblichen empfindlichen Mangel an Umlaufmitteln. Die Zahlungseinstellung des Hauses de Neufville (25. Juli 1763), deren Urheber strittig sind, wirkte dann als Auslöser einer schweren Finanz- und Wirtschaftskrise. Die Auswirkungen konnte auch Friedrich aus Staatsmitteln nur mildern, nicht jedoch auffangen. Bis 1770 beschäftigten ihn die Folgen der Bankrotte (Gotzkowsky), durch die auch Angehörige der Hofgesellschaft wie Prinz Heinrich, Prinzessin Amalie, Feldmarschall von Schmettau, General von Möllendorff, der kluge Moses Mendelssohn und viele andere betroffen waren, die im Höchstfall fünfzig Prozent in bar und in anderen Derivaten zu erwarten hatten.

Notmaßnahmen

Auf ihn wartete eine „unheimliche Arbeit". Wie verabredet, erschienen am 1. April 1763 die kurmärkischen Landräte auf dem Schloß in Berlin. Der Niederbarnimer Landrat von Nüßler, welcher im Dezember 1741 den Auftrag erhalten und erfüllt hatte, die Grenzen des eroberten Schlesien zusammen mit einem österreichischen Bevollmächtigten zu regulieren, führte mit Unbefangenheit und Selbstbewußtsein das Wort: „Euere Majestät haben uns den Frieden gegeben, Sie werden uns auch die Wohlfahrt des Landes wiedergeben; wir stellen in Höchstderoselben Gnade, was Sie uns zur Entschädigung für die Plünderung angedeihen lassen wollen." Der König antwortete ihm bestimmend: „Sei Er stille, und lasse Er mich reden. Hat Er Crayon?" „Ja!" „Nun, so schreibe Er auf, die Herren sollen aufsetzen, wieviel Roggen zu Brot, wieviel Sommersaat, wieviel Pferde, Ochsen, Kühe ihre Kreise höchstnötig gebrauchen. Überlegen Sie das recht, und kommen Sie übermorgen zu mir, alsdann will ich mich darauf erklären. Sie müssen aber alles so genau als möglich einrichten, weil ich nicht viel geben kann."

Landrat Nüßler ersuchte sodann seine Kollegen, mit ihm in das kurmärkische Ständehaus zu gehen, wo sie alles besprachen und ein Protokoll anfertigten. Nach drei Tagen fanden sich die Herren im Schloß beim König ein, und Nüßler berichtete: „Wir überreichen Eurer Majestät den anbefohlenen

Aufsatz; er enthält nur das Allernötigste, dessen die Kreise bedürfen. Er betrifft auch nur die Stände, welche Kontribution [ländliche Grundsteuer] geben; der Adel und andere arme Leute, welche rein ausgeplündert worden, sind nicht mit in dem Aufsatz begriffen, es hat aber der Adel durch den Krieg und die Plünderung viel gelitten." Der König: „Welche Edelleute hat er in seinem Kreise?" Dieses wurde ausführlich erörtert, und der König versprach, den armen Edelleuten etwas zu geben. Danach wurden sämtliche Notstände der kurbrandenburgischen Kreise in Protokollen zusammengefaßt und dem Kabinettsrat Eichel übergeben. So und ähnlich fanden nach und nach in den Provinzen des Staates durch den König unmittelbar oder durch seine Kammerpräsidenten die Bestandsaufnahmen statt[100].

Es brauchte nur wenige Wochen und Monate, da hatten König und Regierung zur ersten Linderung der Not 25.000 Wispel Korn, 17.000 Wispel Hafer und vor allem aus Militärbeständen 35.000 Pferde verteilt. Friedrich erklärte nach kurzem Bedenken im Frühjahr, er würde von den 220.000 Mann Militär sobald wie möglich die Hälfte der Mannschaften beurlauben und neben dem Offizierscorps vor allem „Ausländer" unter Waffen halten. Das Friedensheer umfaßte nur wenig mehr als 100.000 Mann, von denen überdies noch ein Teil in den Garnisonen beurlaubt war.

Der *Staatsschatz* mußte wieder angesammelt werden. Eine erste *Münzreform* zur Stabilisierung der verwahrlosten Währung wurde bereits im April begonnen. Gleichwohl ließ der König erste Raten in verschiedenem Gelde für das Wiederaufbauwerk überweisen: 3.000.000 Taler gingen nach *Schlesien*, 1.400.000 nach *Pommern* und in die 1758/59 schwer beschädigte *Neumark*, 700.000 in die *Kurmark*, 100.000 in das von Franzosen beschädigte *Kleve* und immerhin 800.000 Taler nach *Ostpreußen*. Daneben gab es in größtem Umfange für das erste und zweite Jahr Steuernachlässe und Sonderhilfen für abgebrannte Orte.

Der König nahm auch zahlreiche *Umbesetzungen* in Zivil- und Militärchargen vor. Er hatte sehr wohl während des Krieges Schwächen in der Verwaltung bemerkt. In der Kurmärkischen Kriegs- und Domänenkammer wurde von ihm sogleich der spätere Minister *Friedrich von der Horst* (1723–1793) eingesetzt[101]. Den Ministern, Kammerpräsidenten und anderen höheren Beamten schärfte er nun ein, daß man nicht ruhen, nicht rasten, nicht still beglückt den Frieden genießen dürfe. Sie müßten in ihrem Bezirk reisen, müßten beobachten, müßten Schäden beheben und müßten schwache Beamte, weltfremde Juristen und überhaupt leichtfertige Bedienstete auswechseln.

Als Voraussetzung des neuen *Retablissements*[102], der wieder aufgenommenen Kolonisten-Siedlung, des Ausgleichs der unmittelbaren Bevölkerungsverluste und der Kulturland-Gewinnung müßten das Münzwesen Jahr um

Jahr verbessert, müßten die Kriegsschulden (Stände, Privatleute) abgetragen, müßte gebaut in Stadt und Land, aber auch das Militär nicht vernachlässigt werden. Die Spuren der Kämpfe vor allem in Schlesien im Umfeld der Festungen seien zu tilgen. Das habe zu geschehen ohne den geringsten Zeitverlust, mit aller Tatkraft der Beamten von Berlin und Potsdam aus. Aus Sachsen hatte Friedrich erst einmal acht Lehrer für die Kurmark und für Pommern mitgebracht; denn ein Teil der Jugend war unzulänglich gebildet oder sogar verwahrlost. Sollte er, beiläufig bemerkt, das Werk der Wiederherstellung von Land und Leuten, von Geldwert und Manufakturen nicht mehr vollbringen können, dann wolle er doch seinen Nachfolgern wenigstens die Richtung des Weges gezeigt haben, in der sie dann fortfahren könnten, falls – meint er ahnungsvoll – es ihnen belieben wird. Drückender empfand er Beschwerden des Alters, kannte das Anfällige an seinem Körper, ohne nach außen hin zu klagen.

Von Glanz und Gloria hielt er nichts. Die Last der *königlichen Repräsentation* sei ihm unerträglich. Er wolle sie verringern, um besser „Einkehr bei sich zu halten, über sich selbst nachzusinnen". Trost der freien Stunden. Mit Studien „will ich mich vergnügen, bis meine Lampe verlischt; sie mildern den Sinn und sie bewirken, daß die Strenge der Vergeltung, die Schärfe der Strafen, kurz alles, was die Herrschergewalt an Härte mit sich bringt, sich mit Philosophie und Duldsamkeit zu einer Mischung paart, deren es bedarf, wenn man Menschen regieren will, die nicht vollkommen sind, und wenn man selbst dabei nicht vollkommen ist." Das war sein Kompaß.

Sein *Arbeitsstab* in Potsdam, Berlin oder auf Reisen blieb der alte wie bisher. Der alte Kabinettsrat Eichel mit seinen jüngeren Kollegen und Schreibern würde mit ihm, so schien es, in den Sielen sterben. Die Minister des *Generaldirektoriums* blieben ebenfalls dieselben Herren. Man diente in der Regel dem König von Preußen, bis man umfiel. Oft sterben die hohen Beamten wenige Wochen, nachdem sie wegen Berufsunfähigkeit tatsächlich und nicht vorgeschützt um das Ausscheiden aus dem Dienst gebeten hatten. Auch die Zahl der Beamten und sonstigen Mitarbeiter blieb im wesentlichen gleich. Man arbeitete sich buchstäblich an die Todesstunde heran.

Aber das wichtigste war nun das Auffinden und *Lindern der Notleidenden*. Friedrich ließ weiterhin die immer noch gefüllten Getreidemagazine öffnen. In Danzig aufgekauftes Saatgut wurde besonders bei Ämtern, Bauern, Gutsbesitzern und in den Ordensdörfern der Johanniter in Pommern verteilt. In den betroffenen Provinzen entstanden mit ziemlicher Beweglichkeit Retablissementskassen für die Zuschüsse zur Landwirtschaft. In der Neumark wurden für den Ausbau des „platten Landes" eine dreiviertel Million Taler eingesetzt und in kurzer Zeit ausgegeben. Bis 1767 waren etwa 15.000 Gebäude in den beschädigten Provinzen neu errichtet worden. Trotz der von den internationalen Finanzmärkten ausgehenden bedrückenden Wirtschafts- und Finanzkrise als Folge des großen Krieges (1763–1770), durch die es besonders in Berlin (Gotzkowsky) zu Zusammenbrüchen kam, ist der Ausbau der Siedlungslandschaft unter den Augen und mit den Geldern des Königs stetig fortgesetzt worden[103].

Nahrungsmittel und Hungersnöte

Man möchte meinen, daß ein Agrarland wie Preußen mit seinen nur schwach industrialisierten Provinzen keine Probleme mit der Nahrungsmittelversorgung gehabt hätte. Diese waren aber in einem Staat mit vielen offenen Grenzen allen Schwankungen der Konjunktur ausgesetzt. Friedrich wußte das. Auch sein Vater hatte dem Elend der Hungersnöte mit *Magazinen* für Getreide entgegengewirkt. Nach 1763 in Krisen und Mißernte-Jahren hat der König die Staatsaufsicht konsequent fortgesetzt. Den Domänenpächtern und sonstigen Landwirten wurde die Stetigkeit des Absatzes in guten Jahren zugesichert, weil die staatlichen Magazine regelmäßig bestimmte Mengen an Brotkorn kauften, damit das Land auch für einen Kriegsfall gerüstet war. Die Preise blieben deshalb auf annähernd gleicher Höhe, weil der Staat bei guten Ernten Überschüsse abschöpfte, in schlechten Erntejahren aber nicht als Großkäufer die Preise in die Höhe trieb. Vielmehr wurden Vorratslager geöffnet. *Friedrich Nicolai*, der aufmerksame Berliner Beobachter, berichtet in der Vorrede zu seiner Sammlung von Anekdoten über den König: „... gewöhnlich litten wir unter Friedrichs Fehlern unmittelbar, und die Folgen seiner richtig gedachten Anordnungen zeigten sich oft nur nach und nach und ziemlich entfernt. Meine Überzeugung von der Weisheit seiner Regierung ward zuerst sehr lebhaft, als nach diesen sieben für Berlin so drückenden Kriegsjahren in den Jahren 1771 und 1772 eine allgemeine Theuerung in Deutschland und dadurch an vielen Orten Hungersnot entstand. Damals ward hingegen in unserm Lande ... zur allgemeinen notdürftigen Verpflegung bis zu die kleinsten Städte Rath geschafft, so daß das Elend bey uns, obgleich sehr groß, dennoch bey weitem nicht so schrecklich war als in vielen andern blühender erscheinenden Ländern. Ja, es nahmen sogar viele Untertanen aus benachbarten getreidereichen Provinzen zu uns ihre besondere Zuflucht und fanden Hilfe." Das Berliner Armen-Direktorium habe ohne Einwilligung des Königs 60.000 Reichstaler extraordinär aufgenommen, „um kein dringendes Bedürfnis ... hülflos zu lassen. Friedrich bezahlte diese Schulden 1775 und 1777 ... Es ist dies eine in seinem thatenreichen Leben kaum bemerkte That, aber vielleicht eine der edelsten." Im übrigen kaufte die preußische Magazinverwaltung von ihren Standorten in Königsberg und an der unteren Weichsel verstärkt seit 1763 Getreide aus Polen. Sie wirkte damit, wie seinerzeit der Deutsche Orden, auf die Getreidepreise im Ostseeraum ein.

Dem *Preisanstieg* versuchte die Verwaltung mit Wissen und Wollen des Königs auch dadurch entgegenzuarbeiten, daß regelmäßig für Konsumptionsgüter in den Provinzen möglichst dauerhafte und feste Preise bekannt gemacht wurden. Im übrigen aber gab es in den großen Städten vor allem immer wieder leidenschaftliche Auseinandersetzungen, wenn sich im Preisgefüge Änderungen ergaben, wenn der kleine Mann sich betrogen fühlte und wenn die Berliner oder Potsdamer Schrippe ihren Preis veränderte. Dann mußte sogar der König mit seinen Beamten als Stadtherr versuchen, das Interesse der an der Armutsgrenze lebenden Leute zu wahren, die zahlreiche Militärbevölkerung eingeschlossen.

Schwerpunkte des Zweiten Retablissements: Bevölkerungsverluste

Zu den Voraussetzungen der Friedensarbeit gehörte für den König und die Minister, daß man sich über die Bevölkerungsverluste in allen Provinzen Klarheit verschaffte. Immerhin gab es bereits seit längerem eine nur durch den Krieg unterbrochene einigermaßen genaue Statistik. Gleichwohl bestanden große, ja größte Unklarheiten. Der König nahm in seinen zusammenfassenden Historien an, er habe durch den letzten Krieg 500.000 oder noch mehr Menschen verloren. Das ist jedoch nicht zutreffend. Auch spätere Schätzungen oder Interpretationen der Zahlen (mit und ohne Militärbevölkerung) greifen zu hoch. Der kurzfristige Rückgang der Zivilbevölkerung beträgt nicht 300.000 oder gar 400.000 Menschen, sondern nur 224.000 (= ca. 5,8 Prozent) oder höchstens 258.000, wenn man die Zahlen von 1755 mit denen von 1764 vergleicht. Doch ist dies im Grunde eine irreale Zahl, weil sich 1764 der Bevölkerungsstand durch die Rückkehr der Geflüchteten, der Verschleppten und der reproduktionsfähigen Kriegsteilnehmer noch nicht normalisiert hatte. Im folgenden Jahr 1765 betrug das Minus nur noch 182.000 und im Jahre 1766 wurde bereits für alle Provinzen zusammen ein Überschuß von 78.000 Menschen der Zivilbevölkerung errechnet. Dies kann nicht auf natürlicher Reproduktion oder der wieder begonnenen Kolonistensiedlung beruhen; es ist der Rückkehrer-Effekt. So dürften auch die Zahlen der während des Krieges durch Mord und Totschlag, durch Krankheit und Verschleppung Umgekommenen weit geringer sein als bisher angenommen. Möglicherweise waren es nicht mehr als 50.000 Menschen.

Unzweifelhaft aber beklagten mit dem Stand von 1763 die mittleren und östlichen Gebiete die höchsten Verluste, wovon der König auszugehen hatte. An der Spitze steht die von den Russen und durch drei Schlachten verwüstete brandenburgische Neumark (26,7 Prozent), gefolgt von Hinterpommern (19,5 Prozent), sodann Ostpreußen (14,7 Prozent) und, mit deutlich weiterem Ab-

stand, die Kurmark (9,9 Prozent), Schlesien (nur 3,3 Prozent) und Magdeburg-Halberstadt (3,2 Prozent). Auch in diesen Zahlen spiegeln sich deutlich
die Art und die Intensität des Kriegsgeschehens und das Verhalten der Kriegsvölker. Diese Prozentzahlen sind freilich abhängig von der Größe der Provinzen. So werden die Verluste zu hoch angegeben, brutto für Ostpreußen mit
90.000, für Pommern mit 72.000, für die Neumark mit 57.000, für die Kurmark mit 57.000, für Schlesien mit 46.000, für Magdeburg mit 7.000 und für
die Westprovinzen mit 65.000. Zur Zivilbevölkerung kommt dann jeweils
noch die Militärbevölkerung, insgesamt von etwa 400.000 Menschen. Damit
verbunden war für den König und seine Bevölkerungsstatistiker die Frage,
wie viele Soldaten tatsächlich in den sieben Jahren gestorben und gefallen
waren. Wie bei den Zahlen der Zivilbevölkerung sind auch jene für die tödli-
chen Verluste des Militärs bei weitem zu hoch gegriffen (ca. 180.000). Einer
schreibt vom anderen ab. Addiert man jedoch die Zahlen der Gefallenen
sämtlicher Schlachten auf dem westlichen und östlichen Kriegsschauplatz, so
ergeben sich für die preußisch-hannoversche Seite etwa 50.000 Menschen.
Dazu sind zu zählen die gestorbenen Verwundeten wegen des schlechten Zu-
standes des gesamten Sanitätswesens mit etwa 25.000 Mann. Weiterhin gehören in diese Rechnung 25.000 Mann der an Krankheiten im Felde und in Gar-
nisonsorten Gestorbenen. Das sind dann 100.000 Mann, zu denen letztlich
noch die an den Spätfolgen ihrer Verwundungen Erlegenen zu rechnen wären. So ergibt sich insgesamt höchstens eine Zahl von 125.000 Mann.

Entsprechend wären auch die Zahlen der „Verluste" aller anderen beteiligten Mächte zu prüfen und zu korrigieren. Die Neigung zur Übertreibung bei
allen Zahlen von Kriegsverlusten ist hinreichend bekannt[104].

Jedenfalls konnten sich der König und die Minister der Innenpolitik
1763/64 in etwa vorstellen, daß sie mit einer *Gesamtbevölkerung* von knapp
vier Millionen Menschen im Zivil- und im Militärstande in der Summe aller
Provinzen von Memel bis nach Neufchâtel in der Schweiz zu rechnen hätten.
Die Kriegs- und Domänenkammern wurden sofort 1763 und dann mehrfach
angewiesen, als Grundlage für die statistische und steuerpolitische Information des Herrschers (für dessen „Finanz-Taschenbücher") und der Regierung
die je aktuellen Tabellen von Geborenen, Copulierten (= Verheirateten) und
den Verstorbenen nun wieder prompt und pünktlich alljährlich einzusenden;
ab 1765 bereits konnte so der Anstieg bei den Geburten beobachtet werden.
Dazu kamen die schwer zu führenden, aber schließlich doch teilweise durch-
gesetzten Viehstandstabellen der Kammerbezirke.

Vermessung

Auch ließ der König nun die exakte Feldvermessung verstärkt aufnehmen, um die Leistungsfähigkeit der bäuerlichen Betriebe genauer bestimmen lassen zu können, um unversteuertes Land zu erfassen, um die Domänen und Landesgrenzen kartographisch festzulegen und um Landesmeliorationen nebst Neusiedlungen vorzubereiten. Außerdem ergingen Befehle, Stadt- und Festungspläne zu fertigen. Das bedeutete – angesichts des stark entwickelten Sinnes des Königs für moderne Kartographie – eine weitere Verbesserung und Vereinheitlichung bei den territorial verschiedenen Längen- und Flächenmaßen (Preußische Rute, 1773) sowie Instruktionen für die militärischen und zivilen Landmesser und die rasche Einführung des in Augsburg erfundenen verbesserten Meßtisches mit Fernrohr und Wasserwaage (1766). Im *Berliner Schloß* entstand profanerweise 1776 eine kartographisch-topographische Ausbildungsanstalt. Keine Reise des Königs, die nicht mit seinen Karten-Beständen vorbereitet worden war. Unter seinen Augen entwickelte sich neben dem Edikten-Staat so etwas wie der Vermessungsstaat als Grundlage des stetigen Aufstieges und des anerzogenen Bewußtseins allgemeiner Genauigkeit. Oder: Der König ließ den Staat und die „Gesellschaft" erfassen.

Staatsausgaben

Im Gegensatz zur Kaiserin von Österreich besaß der König 1763/64 Geld – man könnte vergleichsweise sagen – in Hülle und Fülle. Im Sommer 1763 berechnete die Generalkriegskasse (mit Nebenkassen und dem „Zentralfonds") die Bestände auf fast 30 Millionen Taler (29.430.814 genau). Das waren überwiegend Barbestände, nicht Forderungen. Die Kosten für das fortlaufende Retablissement wurden aus den Beständen und Überschüssen der laufenden Verwaltung bestritten, deren Einnahmen der König vor Augen hatte und deren Status er regelmäßig mit seinem Hauptkämmerer besprach. Alles in allem war genug Geld vorhanden, um notfalls die Kosten zweier weiterer Feldzüge zu bestreiten. Vermutlich wußte oder ahnte man das in den anderen Hauptstädten.

Landesverteidigung

An der Spitze der Staatsausgaben stand unverändert die Sicherung der Landesverteidigung. Die Rüstungsindustrie bekam weiterhin zu arbeiten. Waffen, Uniformen und sonstige Feldausrüstungen mußten ergänzt werden (7 Millionen), bessere Geschütze waren zu gießen (250.000), das Fuhrwesen war zu modernisieren (193.000), und die Mobilmachungskasse füllte man auf

(700.000). Der König war ein verläßlicher Gläubiger. Die bei der märkischen Landschaft (Stände) und bei den anderen Provinzen aufgenommenen Anleihen (4 Millionen in Gold) konnten bereits im März 1763 nach dem Münzfuß von 1758 mit immerhin 5.413.586 Talern (mit Zinsen) zurückgezahlt werden. Die Kriegskosten verteilten sich, ohne langanhaltende Inflation und ohne die dann wertlosen Papier-Schatzanweisungen.

In den *Magazinen* lagerte in Mengen Korn, Mehl und Rauhfutter. Es konnte verteilt werden. Das machte Mut. 64.000 Landeskinder wurden aus den Regimentern entlassen und im Landbau eingesetzt.

Verteilung der Lasten

Man wird sich das Retablissement der frühen und späteren Phase jedoch nicht ausschließlich als eine staatliche, bürokratische Reform-Aktion unter Anleitung des Königs vorzustellen haben. Ohne die starke Mitwirkung der gesamten vermögenden Privat-Wirtschaft wäre das Werk nicht so rasch gelungen. Man muß bedenken, daß in den größeren Städten und auch verpachteten Magazinen große Waren-Mengen lagerten, die nun gleichsam auf Vermarktung warteten, wenn die Anweisungen aus der Bürokratie vorlagen. Das geht bis zum Haus- und Festungsbau. Daran wurde verdient.

Der König verfaßte die General-Instruktionen (so für Brenckenhoff bereits im April 1762) und gab die Gelder frei. Dann konnte sofort aus den verschiedensten Quellen geliefert werden. In *Pommern* sah das folgendermaßen aus (und der König kontrollierte es während seiner Revue-Reisen und durch Gespräche mit den leitenden Beamten in Potsdam und Berlin): Die dortige Retablissementskasse erhielt als erstes bis zum Juni 1763 1.203.000 Taler, darunter eine halbe Million aus dem Dispositionsfonds des Königs. Gekauft wurden Pferde (109.135 Tlr.), Ochsen (311.650), Schafe (230.367), Getreide etc. (240.898); die Domänenämter erhielten für die Sommersaat 22.000, der Magistrat von Kolberg für den Aufbau seiner bei der Belagerung zerstörten Vorwerke 5.000 und für einen Teil der fehlenden Kühe (220.150). Die Städte erhielten eine Beihilfe, die bedürftigen bäuerlichen Wirte 48.065 Taler. Für einen der von den Russen abgebrannten Höfe wurden 50 Taler gerechnet, was nur knapp ausgereicht haben dürfte, obwohl die Ämter freies Bauholz lieferten. Die Domänenämter bzw. deren Pächter erhielten 134.000 Taler für die neuen Gebäude; sie berechneten ihren Kriegsschaden einschließlich der „feindlichen Erpressungen" auf 372.675 Taler; der König und Brenckenhoff halfen, indem sie Pachtrückstände erließen und die Pachtverträge verlängerten, wie überhaupt in allen beschädigten Provinzen, je nach Grad der Verwüstung, mit Erlaß der Grundsteuer gearbeitet wurde. Insgesamt war es ein „So-

lidaritäts-Beitrag" oder Lastenausgleich, den die Bessergestellten für die verwahrlosten Provinzen des Staates leisteten.

Zwischen den Summen, die je Provinz aufgewendet wurden, gab es deutliche Unterschiede. Nach *Schlesien* flossen 5 Millionen (= ca. 63,5 Prozent), in die *Neumark* mit der zerstörten Stadt Küstrin gingen nach und nach 1.595.149 Taler (= 20,5 Prozent), in die *Kurmark* 540.050 Taler (= 7 Prozent). Preußen (Ostpreußen) erhielt 700.000 Taler Entschädigung (= 9 Prozent). Dazu kamen die laufenden Entschädigungen durch die Kriegs- und Domänenkammern, die sich besonders in Preußen jahrelang hinzogen. Über alles dies wurde der König durch die eingereichten Jahresetats und sonstigen Schriftwechsel unterrichtet.

In dem hart umkämpften Schlesien zählte man auf dem Lande 3.323 überwiegend von den Feinden abgebrannte Gehöfte mit Nebengelaß, in den Städten 2.917 zerstörte Häuser, dazu auch dort Scheunen (399) und Stallungen (1.360). Der Umfang der Fördermaßnahmen ergibt sich daraus, daß im September 1764, also fast zwei Jahre nach dem tatsächlichen Kriegsende, bereits 4.371 Häuser in festen Baumaterialien errichtet waren; während der weiteren sechziger Jahre wurde in allen Kreisen gebaut und ergänzt. Auf seinen Reisen betrachtete der König mindestens einmal im Jahr wohlgefällig das Werk, an dem sein Provinzialminister von Schlabrendorff gewiß das Hauptverdienst hatte. Aber das ganze vitale und kluge Schlesien baute und arbeitete mehr als je zuvor. Im Mai 1764 war weisungsgemäß so viel Zug- und Schlachtvieh verteilt worden, daß in Oberschlesien der Vorkriegsstand fast erreicht zu sein schien.

Nach außen hin, zu seinen Korrespondenten, wie Voltaire, hob der König die Erfolge hervor. Doch war ihm von Reisen und Gesprächen allemal bewußt, wie viel noch zu bauen und damit zu finanzieren blieb. Einen Einblick geben die nach einem ähnlichen Schema verlaufenen Berichte von den Reisen, so der von Lüben in Niederschlesien (5. September 1767): „Der König passierte heute um ein Viertel auf 3 Uhr zu Mittag in Begleitung des Prinzen Heinrich, des Prinzen von Preußen und der Prinzen von Braunschweig hier durch. Auf dem Markte wurde umgespannt, und der König fragte: Ist er der Bürgermeister? – Ja, Ihro Majestät. – Wird hier das Rathaus gebaut? – Ja, Ihro Majestät. – Wie lange werdet Ihr darüber bauen? – Ihro Majestät, der Bau wird möglichst betrieben. – Der Bürgermeister zeigte dem König den davon angefertigten Riß, worauf dieser erwiderte: Es ist gut. Habt Ihr auch die Baugelder alle bekommen? – Ja, Ihro Majestät, nicht allein die Feuersozietätsgelder, sondern auch Euer Majestät extraordinäre Geschenke. – Wieviel dieses Jahr? – Ihro Majestät, 4.850 Reichstaler, und übers Jahr werden wir die andere Hälfte bekommen. – Ja, es ist recht, übers Jahr sollt ihr noch die andere Hälfte bekommen. Inwendig ist wohl noch nicht alles ausgebaut?

– Ihro Majestät, noch nicht allenthalben, verschiedene (Bürger) vollführen noch den inneren Ausbau. – Es kann auch nicht alles balde sein. Wieviel habt ihr Seelen vor dem Kriege gehabt? – Ihro Majestät, 1.984 (Seelen; 1787: 2.032). – Und dieses Jahr? – 1.770 (Seelen). – Da habt ihr auch noch großen Abgang? – Ja, Ihro Majestät 214 Seelen. Der Abgang aber an Fabrikanten ist wieder durch Ausländer ersetzt worden. – An was für Handwerkern habt ihr einen Abgang gehabt? – An Bäckern, Fleischern, Schuhmachern und von anderen Handwerkern und Leuten. – Oh, diese werden sich alle leichtlich wiederfinden, weil jetzt die Stadt erbaut ist. – Worauf der Kutscher fortfuhr und der König sehr gnädig zu sein schien. Während des Fahrens hat der König wieder alle Häuser betrachtet. Der Bürgermeister hatte die Verfügung gemacht, daß, wo der König fuhr, Verschiedene die Fensterrahmen (in die rohen Fensteröffnungen) einmauern ließen, damit er sowohl den äußern wie den innern Bau überhaupt sehen konnte." Lüben war zehn Jahre zuvor, im Kriegsjahr 1757 abgebrannt. Es ging am 2. Februar 1945 beim Einmarsch der Sowjettruppen erneut in Flammen auf[105].

Am 13. Oktober 1763 schreibt der König an den Minister von Schlabrendorff in Breslau auf dessen monatlichen Bericht hin, er würde im kommenden Winter den Aufstieg in der Wirtschaft ersehen können, wenn er „die Extrace und Balances von den Commercio, wegen der aus- und eingegangenen Waren" erhalten habe. Neben dem fortschreitenden Hausbau sollten die neuen Manufakturen in der Nähe der polnischen Grenze planmäßig errichtet werden. Der Minister müsse ihn im Dezember für eine Woche aufsuchen, damit man in Ruhe das gesamte Retablissement für das kommende Jahr besprechen könne. Dazu gehörte dann, wie man vor dem Hintergrund der entstehenden allgemeinen Wirtschaftkrise mit den Kriegsschulden und den sonstigen Schulden im Lande (zwei Millionen, dann fünf Millionen Taler) verfahren könne, weil auch hier das „Gnadengeschenk" aus dem laufenden Etat nicht ausreiche. Im Testament von 1768 bemerkt er kurz, die Beispiele der Kriegszerstörungen in der Vergangenheit hätten ihn aufgeklärt. Er sei nun in die Bresche gesprungen und habe unter Aufbietung seiner Kräfte alles repariert; man müsse denen großzügig Hilfe gewähren, die sie nötig haben. Doch erst 1770 mit der schlesischen „Landschaft" als Kreditverband (mit Staatszuschüssen) konnte das gefährliche Schuldenproblem in den Provinzen einigermaßen bewältigt werden (Brandenburg 1777, Pommern 1780).

Die Geschichte des Retablissements in dem Jahrzehnt nach 1763 ist, wie man sehen kann, nicht nur eine stetig ansteigende Erfolgsgeschichte gewesen. Fehlkalkulationen und Falsch-Meldungen gehörten (und gehören) zum Behördenalltag. Aber die gesicherten Zahlen sprechen für sich, auch wenn die Wirtschaftskrise, Mißernten, Viehseuchen und Überschwemmungen neue Nöte und Lasten verursachten. Gleichwohl gelang es, bis 1773 die Zustände in den am stärksten betroffenen Provinzen zu „reparieren" und mit ständigen Anstößen Friedrichs zu festigen, während gleichzeitig die überlieferte und öffentlich noch als erhaltenswert beurteilte Wirtschafts- und Gesellschaftsordnung dem Progreß und dem Wandel unterworfen war.

Das Retablissement erstreckte sich überdies auf den Königlichen Hof im weitesten Sinne, der im Kriege notgedrungen verkleinert worden war. Friedrich schuf sich alsbald in der wiederhergestellten Hofgesellschaft den seiner Stellung gemäßen Rahmen. In dem weitgehend eingehaltenen Zeremoniell, in der üblichen „Festkultur" bei dynastischen Begegnungen und in dem Aufwand für besondere Besucher und Gäste wünschte er zu zeigen, daß er als König und als Kurfürst in Glanz und Gloria etwas darzustellen vermochte. Dabei knüpfte er an den Hof des von ihm geschmähten Großvaters und an die verehrte Frau Großmutter Sophie Charlotte an. Das Protokoll entsprach den europäischen Normen, wenngleich der König auf ein vernünftiges Maß acht gab. Wie üblich setzte sich der „Hof" wiederum aus den Höfen der Prinzen des königlichen Hauses, aus den Hofchargen und führenden Ministern zusammen. Besuchsorte und Teilnehmer an den Festen bestimmte der Herrscher. Die Kosten sind nicht genau überliefert, doch dürften sie in der Regel zwischen 1,5 und 2 Prozent der Staatsausgaben gelegen haben. Da aber aus der Hofstaatskasse auch Pensionen nichthöfischer Provenienz gezahlt wurden (Riedel: 98.000 Tlr.), waren die tatsächlichen Hofkosten, je nachdem wie man den Hof definiert, erheblich niedriger. Auch nach 1763 wußten kaum mehr als vier Personen über die Hoffinanzen Bescheid, denen der König vertraute. Über dem Finanzwesen lag nicht nur im 18. Jahrhundert ein geheimnisvolles Dunkel.

Die Bestallung als „Kammerherr" verlieh der König nach und nach an 60 Personen, ohne daß gesagt werden kann, ob diese sämtlich am Hofe tätig waren. Für die neuen und alten Schlösser, soweit sie tatsächlich genutzt wurden, gab der König beträchtliche Summen aus, ebenso für Gartenanlagen. Ein besonderes Feld geförderter Hof-Kultur ergab sich sogleich mit Konzerten und Opern, durch die der Hof überhaupt ein mehr als nur regionales Ansehen gewann.

Neuntes Kapitel

„Madame, mit denen ich der Ihre bin"[106]

Friedrich ist über die Länge der Jahre immer auch ein kluger, manchmal ein listiger und ein regelmäßiger, liebevoller Briefschreiber gewesen. Man möchte meinen, daß er überhaupt mehr geschrieben als gesprochen hat, wenn man gewichtet und das mitzählt, was in seinem Namen herausgegangen ist. Niemand hat bisher die Menge seiner nichtamtlichen und offiziösen Briefe ausgezählt. Doch ihr geistiges und kulturelles Gewicht hält den Vergleich mit bedeutenden Persönlichkeiten seines Jahrhunderts aus. Neben den Staatsbriefen, die zu einem kleinen Teil von der „Politischen Correspondenz" erschlossen wurden, stehen Episteln der Freundschaft, der Verwandtschaft und des Zutrauens an einige mütterliche Damen. Alle erweisen sich als Zeugnisse aus fast sämtlichen Kriegs- und Friedenszeiten, im Überschwang der jungen Jahre ebenso geschrieben wie in Stimmungen vorsichtiger Belehrung eines alten, erfahrenen Staatsmannes. Den Emotionen begegnet der Empfänger, der schwarzseherischen Enttäuschung und der hellen, sogar jungenhaften Begeisterung, der Anteilnahme an Todesleid und Glück, an Krankheit und Schmerz, an Zuversicht und Verzweiflung, an christlichem Erbarmen und bösem Zorn, überwiegend aber mit Menschenliebe und Wohlwollen. Eine fast unglaubliche Bandbreite der Kraft des Ausdrucks tritt dem späten Leser entgegen. Friedrich scheint über diese Kraft jederzeit verfügt zu haben.

Es stellt sich die fast banale Frage, warum Friedrich diese Last weit über das übliche Maß eines Fürsten des 18. Jahrhunderts hinaus und neben dem unmittelbaren amtlichen Schriftverkehr, eigenhändig oder per Diktat gepflegt hat. Das geschah inmitten der nicht abwälzbaren Tagesarbeit. Die Antwort ist einfach: Er handelte nach dem Gesetz, nach dem er angetreten war. Die Einheit von lebensphilosophischem Denken, wie es sich in der späten Jugendzeit ankündigte, und dem einen staatlichen Handeln mit einer durchdachten und relativierten Interessenlage rückt ihn – in eigener und fremder Perspektive – in seine Sonderstellung, derer sich nur wenige der mächtigen Fürsten in Europa ähnlich rühmen konnten oder durften. Das Denken in den Bildern der Philosophie und Literatur, in den Fragmenten der Aufklärungsideale vermochte er nach den drei Kriegen seit 1763 weniger als zuvor zurückzudrängen. Es war und blieb nicht nur eine Art von Lebenselixier gegenüber Trivialitäten und Dunkelzonen der Regierungsalltage, fernab von den umträumten Stunden des Rheinsberger Glückes und der Hochzeit der Tafelrunde. Es war zugleich bestimmt von einer unendlichen, nur von der Vergänglichkeit zu beendenden Neugier des Hochbegabten und Wissenden. Die Tagesbilanzen, die Wochenberichte, die mittelfristigen Regierungs-Berichte empfand er als lebenswichtig, die anspruchsvollen Antworten ausgewählter Partner eingeschlossen. Mit diesen seinen blitzenden Funkfeuern in der nächtigen barbarischen Gegenwart beglückte und erregte er alte und neue Freunde und Freundinnen. Und er überbrückte auch geistige Einsamkeiten im heraufziehenden Alter, obschon er täglich wohl hundert Menschen sah, die Tage der Krankheit abgezogen. Doch viele seiner klaren und starken Briefe schrieb er im Siebenjährigen Krieg oder eben in schwerer Erschütterung durch allfällige Tagesnöte des Körpers.

Mit einer bereits früh erkennbaren stilistischen Eleganz, die auch einem Voltaire auffiel, schrieb oder diktierte er. Selbst in der Eilfertigkeit des Tagesgeschäfts vermochte er seinen Stil beizubehalten. Und häufig genug arbeitete er in der Mehrzahl der sorgsam geformten Texte, denen zuweilen die geliebten antiken Autoren über die Schulter schauten, mit den wiederkehrenden Themen seines Lebens. Das sind dann die Pflichten und Verderbnisse im Herrscheramt, die Rolle des Zufalls in der Geschichte der großen Männer und der Kriege. Wie ihn überhaupt nach Hubertusburg die unvergänglichen Bilder bedrückten („das entsetzliche Hinschlachten der Menschheit"); dann die Melancholien, wo und wenn man des sterblichen Menschen gedenkt, die Angst, auch die Sorge vor dem eigenen, zu frühen Tode eingeschlossen; dann der ewig unterdrückte Mensch als ein Generalproblem.

Wie „wahr" sind Friedrichs Privatbriefe? Sind es mehr als Augenblickswahrheiten gewesen, die er zuweilen fast spielerisch aufs Papier warf? Man wird es immer wieder im Hinblick auf die Adressaten zu prüfen haben. Die tatsächlichen Entscheidungen konnten anders ausfallen als es in brieflichen Erwägungen zum Ausdruck gekommen war. Die Gemütsverfassung spielte eine große Rolle. Es war eine „Gegenwelt", in die er seine Korrespondenzpartner hineinschauen ließ, die er wohl auch auslebte, ja auskostete, und dessen Melancholien er in bestimmten Lagen bedurfte. Sie konnten deshalb oftmals wenig bedeuten, sollten unberücksichtigt bleiben, es sei denn, man schriebe eine Art Geschichte seiner Gemütswelten. Alles stand dem glänzenden Stilisten zur Hand: die Untertreibung, die Übertreibung und der nüchterne Ton des freundschaftlichen Geschäftsbriefes.

Friedrichs Antworten sind eingebettet in Grundtöne der Stoiker, in eine eigene, darauf gegründete und immer preisgegebene Lebens-Erfahrung, meist nur sparsam mit geistreicher Ironie oder Sarkasmus durchsetzt, anders als im persönlichen Dialog oder im Hofleben. Nie wird er gegenüber Dritten verletzend in den Briefen der Freundschaft. Immer erneut arbeitet er mit rhetorischen Figuren der Verkleinerung, denen man vertrauen möchte. Methoden

des Relativismus bestimmen die Texte, soweit das nicht belastend und ver-
wirrend für ein Briefkunstwerk sein kann. So enthielten die Briefe und Poeme, weil für Ausführlicheres neben der Arbeit an politischen Staatsschriften
und Historien wenig Zeit ohne Pflichtverletzung gewonnen werden konnte,
seine „Philosophie", seine Antworten auf unmittelbar gestellte Sinnfragen.
Aber waren es auch Antworten zu den Widersprüchen dieses Jahrhunderts
mit Zufällen und Zwangsläufigkeiten, mit erkennbaren Kausalitäten oder vermuteten neuen Kraftfeldern? Seltener, aber doch mit fast schonungsloser Offenheit entgegnete er unmittelbar auf gehörte oder vermutete Kritik an seinem bisherigen Leben, wo doch damit die Aura berührt war. Denn zu den
natürlichen Geheimnissen seines Lebens nicht nur als Dynast rechnete er, mit
der äußeren Würde sorgsam und regenerativ umzugehen.

Das alles wollte er teilweise mit Absicht überliefern, überwiegend jenseits
des naiven Tagesgeschäftes: anspruchsvolle Texte in den Begegnungen mit
zwei Dutzend Köpfen, deren Qualität, nicht deren Rang als Standesgenossen
in der Auswahl seiner Zuneigung entscheidend war. Er suchte den Dialog
über die historische Existenz. Deshalb und nur dort äußerte er sich hin und
wieder abschätzig über die fürstliche Unbildung und die Trivialitäten in den
regierenden Häusern der großen europäischen Mächte. Das tat er nicht etwa
(wie gesagt wurde), weil er ein sonderbarer Einsamer, ein Gemiedener oder
gar Verfemter gewesen wäre. Den Bergen der Vorurteile und der Kanzel-An-
griffe suchte er aus dem Wege zu gehen. Auch mochte er sich nicht in die
Karten des politischen Tagesgeschäfts blicken lassen, obschon er an einige
seiner ständigen Korrespondenten mitunter gefährlich offen schrieb. Und
dann achtete er noch darauf, die Objektivität seiner Standortbestimmung
nicht durch dynastische Einflüsse wie Staatsbesuche beeinträchtigen zu lassen. Ausnahmen, so die beiden Treffen mit Kaiser Joseph II. 1769/70 bestätigen diese Bedenken. Was den Briefen ihr Gewicht gab und auf die Empfänger ausstrahlte, das waren mithin die Philosophien über die staatlichen Systeme, seine Philosophie der Religionen und ihrer Inkarnationen, die Philosophie
der Aggressionen, die Philosophie über Künste und Kulturen und so fort. Wenig scheint er in diesen artifiziellen Texten mit der alltäglichen Natur im Sinn
zu haben. Neben gewagten Deduktionen hart an den Grenzen der jeweiligen
Realität interessieren ihn die alten und neuen Rätsel der Historie.

Wer also stand mit ihm neben dem großen Voltaire und den beiden anderen
Franzosen in diesem herausragenden brieflichen Verkehr, welcher sich in persönlichen Begegnungen dann noch verfestigte.

Der Königssohn schreibt aus Küstrin wie ein Adler im Käfig im August
1731 an Luise Eleonore von Wreech, die er damals heiß verehrt. Er wahrt ihr,
der kühl Interessierten, immerhin die Brieftreue bis 1761. Zu den frühen
Brief- und Lebensfreunden gehören die Offiziere Paul-Heinrich von Camas

(1688–1741), Ulrich Friedrich von Suhm (1691–1740), Charles Etienne Jordan (1700–1745), alle mit ähnlicher Lebenszeit, dann Jacques Egide Duhan de Jandun (1685–1746), der vom Vater verstoßene Erzieher. Zu den Frühverstorbenen gehört zudem noch der General und Diplomat Graf Friedrich-Rudolph von Rothenburg (1710–1741).

Gleichaltrig war dann der aus Italien für einige Zeit ins spröde Brandenburg eingewanderte Graf Francesco Algarotti (1712–1764), mit dem er noch einige Briefe zwischen 1753 und 1764 freundschaftlich wechselt und an dessen Sterben in Pisa er lebhaft Anteil nimmt. Zu seinen ältesten echten Weggefährten gehört Heinrich August de la Motte Fouqué (1698–1774), gelehrt, fromm, aufrecht, tapfer und verläßlich, eigentlich der engste Offiziers-Freund Friedrichs auch im Alter.

Von 1756 bis 1778 wechselt der König mit dem Lordmarschall von Schottland George Keith, dem Bruder seines 1758 bei Hochkirch gefallenen angesehenen Feldmarschalls, sehr vertrauensvolle Briefe, solange nicht die beiden Freunde in Sanssouci längere Zeit seit 1748 und dann wieder seit 1765 beieinander wohnten und die Weltläufte besprachen.

Unter den *Damen*, denen Friedrich nicht nur epistolarisch, sondern gemütvoll unverbrüchlich anhing, stand vielleicht an erster Stelle die Witwe des Obristen von Camas, die Oberhofmeisterin der Königin, Sophie-Caroline von Camas (1686–1766), mit der er auch in bösesten Tagen in vollkommener Vertraulichkeit aus rauhen Unterkünften heraus plaudert („Unter uns gesagt, meine gute Mama, es ist ein Hundeleben, das wir hier führen", Meißen im November 1760). Sie ist die immer verläßliche Vertraute seines Herzens. Mit mütterlicher Verschwiegenheit meistert sie, wo immer es denn möglich ist, die nicht seltenen Krisen mit neurotischem und sensitivem Hintergrund in königlichem Hause. Über die zahllosen Gespräche jeweils während der Anwesenheit Friedrichs in Berlin sind wir nicht unterrichtet. Sie schwieg und sprach wo nötig mit funkelnden Augen. Aus seinen Feldquartieren schreibt ihr der König, wie etwa im Winter 1760/61, und berichtet von seinem verwandelten Äußeren: „Alle diese Unruhe und Unrast, die kein Ende nehmen will, hat mich so alt gemacht, daß Sie mich kaum wiedererkennen werden. An der rechten Seite ist mein Haar ganz grau, meine Zähne brechen ab und fallen aus, mein Gesicht zeigt so viele Runzeln, wie ein Frauenrock Falten hat, mein Rücken ist krumm wie ein Fiedelbogen und mein Geist traurig und niedergeschlagen wie der eines Trappisten. Ich bereite auf dies alles vor, ... damit Sie sich nicht zu sehr an meinem Äußeren stoßen. Nur eines ist", notiert der alte Charmeur, „unverändert geblieben, mein Herz; es wird, solange ich atme, die Gefühle der Hochachtung und zärtlichen Freundschaft für mein Mütterchen bewahren". Das war er, der Briefkünstler, der Schmeichler. Die Gräfin Camas erhielt von ihm viel und regelmäßig Geschenke. Alles war findig durchdacht. In einem größeren Paket fand sie noch ein Päckchen. Es enthielt eine goldene, mit Diamanten besetzte Dose mit einem Handschreiben. Ein anderes Mal bekam sie einen Diamantring, der zwei verschlungene Herzen zeigte, als Juweliersarbeit von Rang. Um das Gerede der Leute, das es bei Hofe immer gab, kümmere er sich nicht; sie möge sich ebenso verhalten.

Nach dem Kriege lud er die Damen des Hofes, denen er besonders und die ihm freundschaftlich verbunden waren, je am Silvesterabend zu einem kleinen Fest ein. Es kamen dann seine Schwester Amalie, die Gräfin Camas, Frau von Kannenberg (die Oberhofmeisterin der Königin nach der Gräfin Camas), Gräfin Kamecke und Frau von Morrien. Die fünf Damen entdeckten wohl unter ihren Servietten ein Zuckergebäck, das Krone und Zepter zeigte, zum Zeichen dessen, wie süß und angenehm die Herrschaft dieser Damen für ihren Verehrer nicht nur am Jahresende zu empfinden sei. Das verstand sich auch als Dank dafür, daß sie an der schwierigen Balance mitwirkten, die höfische Beziehung mit der eigenwilligen und für Friedrich unmittelbar nur schwer erträglichen Königin moderat zu gestalten.

Am 2. Juli 1766 starb dann die Gräfin Camas in biblischem Alter. Elisabeth Christine empfing seine zugespitzte Kondolation in ihrer Residenz Schönhausen: „Madame, der Tod Frau von Camas' bedeutet einen wirklichen Verlust, sowohl wegen der hohen Verdienste der Verstorbenen und ihrer hervorragenden Eigenschaften, als auch wegen der Würde und Vornehmheit, die sie am Hofe verbreitete. Wenn ich sie auferwecken könnte, ich täte es auf der Stelle."

Zu den sehr klugen Frauen, die Friedrich verehrte, gehört die fast gleichaltrige Herzogin von Sachsen-Coburg und Gotha Luise Dorothea (1710– 1767). Sie leitete den glanzvollen und etwas überdimensionierten Hof in Gotha mit Fortune und sicherer Gewandtheit. Die Siege und Erfolge Friedrichs, besonders gegen die Franzosen, verfolgte die Protestantin mit stiller Zustimmung. Nach der Schlacht von Roßbach (1757) wurde von den beiden Dynasten in Gotha der Grund zu einer Freundschaft gelegt, die sich im weiteren Krieg vielfältig bewährte und erst mit dem Tode der Herzogin 1767 abbrach. 1760 bediente sich denn auch der König ihrer Vermittlung bei seinem Versuche, über den französischen Hof gegen Wien und Petersburg mit Englands Zustimmung zu einem europäischen Frieden zurückzufinden. Man half einander bis der Vertrag von Hubertusburg ratifiziert war. Die Prinzen der beiden Dynastien verkehrten miteinander. Friedrich „betet" die Herzogin an, wie er schreibt, nicht nur als Schmeichelei; vielmehr hat er sie als eine jener Traum-Frauen erkannt, wie er sie sich von Jugend an gewünscht hatte. Er besuchte sie sogar noch zwei Male, die „liebe, die göttliche" Herzogin. Sie starb zu früh für ihn, betrauert, wie immer er nur trauern konnte.

Der intensivste politische eigenhändige und vertrauliche Schriftverkehr ergab sich aber mit seiner Schwägerin, der Königin Juliane von Dänemark (1729–1796). Sie war die jüngere Schwester seiner Frau und zeichnete sich durch erstaunlich hohe Begabungen aus. Unter den späteren Briefpartnern des Königs, nach 1772 also, nimmt dieses Gespräch einen besonderen Rang ein, weil es im Gegensatz zu dem freundschaftlichen Gedankenaustausch mit der Kurfürsten-Witwe Maria Antonia von Sachsen (1763–1779) nach Dänemark mit großer Offenheit von Herrscher zu Herrscher geführt wurde. Die Tagespolitik der Mächte in Europa, zumal an den Gestaden des Mare Balticum wurde unablässig erörtert. Auch hier und besonders hier war des Königs epistolarische Energie gleichbleibend. Es entstand somit eine Art „Politischer Korrespondenz". Das ist im Ausland und vor allem in England nicht unbeachtet geblieben. Das Netz der Briefe, welches er auch durch Duplizierungen spann und verwob, trug diplomatisch auch seinen Staat.

Im Falle dieser Schwägerin Juliane, deren Mann König Friedrich V. 1766 verstarb, einen Sohn blöden Gemütes aus erster Ehe hinterlassend, war es neben den dynastischen Interessen die krisenhafte Außenpolitik Preußens und der Randmächte des Ostens und Nordostens, die es Friedrich verstärkt seit 1771 geraten sein ließ, mit seiner Schwägerin unmittelbar neben den diplomatischen Kanälen das Gespräch zu suchen. Zwischen 1770 und 1773 entstand in Dänemark und Schweden je eine schwere Staatskrise mit Auswirkungen vor allem auf die Großmächte Rußland und England. Im Hintergrund aber stand die Polenfrage mit den Verstrickungen zwischen Österreich und dem Zarenreich wegen der Interessen auf dem Balkan. Doch die seit 1772 regelmäßig geführte Diskussion mit der Königin Juliane umspannte fast den Erdkreis, also auch die Konflikte Englands mit seinen mit Ausfuhrsklaven gefüllten Kolonien, mit den bourbonischen Mächten. Es scheint so, daß Juliane nach dem Sturz des Chefministers Struensee (Januar 1772) gewissermaßen notgedrungen die unmittelbare Korrespondenz eröffnete. Sie nahm bald einen freundschaftlichen, ja fast intimen Ton an. Friedrich ruft ihr freimütig zu: „Welches Glück würde es für die Ruhe Europas bedeuten, wenn die Herrscher allesamt in ihrem brieflichen Verkehr die gleiche Offenherzigkeit, den gleichen guten Glauben und die gleiche Freundschaft, wie sie zwischen uns besteht, walten ließen! Wie vielem Unglück würde man vorbeugen, wie viele Kriege vermeiden, und welches Glück würde es sein, handelten die Einen gegen die Anderen mit Aufrichtigkeit und Wahrhaftigkeit, statt mit Lug und Trug, Zweideutigkeit und Perfidie, die man mit dem Namen von Staatskunst und von Staatsstreichen zu beschönigen sucht!" Es bestünde kein wahres Glück als das, an dem das Herz und Freundschaft beteiligt seien. Goldene Worte.

Es ist dies zugleich die Sturm- und Drangzeit in Deutschland, die Zeit, als „Werthers Leiden" die Jugend und das Alter ergriff, wo Goethe, der um 47 Jahre Jüngere, Lust und Kult seiner Briefe entfaltete, – wo andererseits dieser einsame, alte, blauuniformierte Herr aus seinen Schreibkabinetten einigen Damen und besonders der „erhabenen Juliane" eine Art Traumpost zugehen läßt, die umgehend in ähnlicher Tonlage beantwortet wird.

Im Vordergrund freilich stand jenseits aller Empfindsamkeit die „nordische Krise". In ihr übernahm die Königin Juliane nach dem blutigen Ende Struensees für ihren gestörten Stiefsohn Christian VII. die Regentschaft. Sie behauptete sich mit Friedrichs Rat und Hilfe, während wenig später in Schweden König Gustav III., des Königs unmittelbarer Neffe, die Herrschaft des Adels stürzte. Für einige Zeit ergab sich am Horizont die Aussicht auf einen allgemeinen Krieg im Norden. Dies hätte Friedrich zum Einlösen seiner Bündnisverpflichtungen gegenüber der Zarin Katharina und Rußland genötigt. Nicht zu denken aller weiteren Komplikationen, wie sie sich in fast jedem Kriege ergeben.

Im März 1773, nachdem sich die drei Mächte der Schwarzen Adler im Vorjahr glücklich über die Reduktion des unruhigen Polen verständigt hatten, beschreibt ihr der König in seinem Potsdamer Stadtschloß in aller Nüchternheit die Lage: „Da haben wir den Kongreß in Bukarest, der in Begriff steht, auseinander zu gehen; folglich wird der Krieg zwischen Russen und Türken mit neuen Kräften fortgesetzt werden. Da haben wir die Franzosen, die auf den Moment lauern, um davon zu profitieren und überall neue Verwirrung zu stiften. Da haben wir den König von Schweden, der rüstet, weil er die Absichten von Rußland fürchtet. Da haben wir England, das indolent, unentschlossen ist und dessen schwächliche Regierung sich begnügen wird, nichts zu tun". Aber drei Monate später, Anfang Juni, erklärt der König die Lage für entspannt: „Im gegenwärtigen Augenblick, so scheint es, hat der Norden nichts von den Unruhen zu befürchten, von denen man ihn bedroht glaubte". Die Prognose erwies sich als zutreffend.

In diesen Monaten stimmte nicht nur der desolate polnische Reichstag der Reduktion des Staatsgebietes zu (15.000 Golddukaten Douceur). Rußland verglich sich ein Jahr später mit der Türkei. Immer wieder ließ Friedrich seinen freilich literarischen Melancholien Raum. Sie fügte er als stilistisches Dekor in die Post ein: „Das Alter, in dem ich stehe, Madame, gemahnt mich, daß ich den Grenzen meiner Laufbahn mich nähere, und daß man aus der Welt scheiden muß, wie man eine Reiseherberge verläßt, wenn der Postillon meldet, daß die Pferde bereit stehen."

Zu besprechen gab es freilich mit der Königin Juliane weiterhin mehr als genug. Denn auch die scharf durchdachte Familienpolitik der Dynastien wollte überregional gepflegt werden. 1776 konnten Friedrich und Prinz Heinrich das außenpolitisch bedeutsame, aber wohl überschätzte Projekt erfolgreich beenden, die Prinzessin Sophie Dorothea von Württemberg (1759–1828), immerhin eine Enkelin des Artillerie-Generals Markgrafen Philipp von Brandenburg-Schwedt, mit dem gelobten Großfürsten Paul, jedenfalls Sohn der Zarin Katharina, zu vermählen.

Nach dem Erbfolgekrieg 1778/79, dessen Tücken Friedrich getreulich nach Kopenhagen berichtet, nehmen die Sorgen vor einem großen Krieg in Europa mit dem unruhigen kaiserlichen Anstifter Joseph II. nicht ab. Die „besessenen Politiker" der Gegenwart hätten Sinn und Verstand eingebüßt, schreibt er 1783; man müsse wohl, wäre die Luftschiffahrt bereits vollkommener, (den Ballonfahrer) Mongolfier zum Monde schicken, um die Vernunft von dort zu holen; die Welt sei, notiert er schließlich im Februar 1784, in diesem makellosen Fürstenbriefwechsel, „ein Irrenhaus". Dem möchten die älteren Beobachter nicht widersprechen. Im April 1784 gibt die Schwägerin Juliane, deren Korrespondenzen mit der Schwester Elisabeth Christine nicht ediert sind, die Regentschaft auf. Der Rest besteht dann aus Tagesphilosophie- und Abschiedsgrüßen; ein letzter Brief im März 1786 berichtet elegisch von den „Trümmern seiner Existenz". Die Geschwister-Königinnen Juliane und Elisabeth Christine sterben schließlich, sehr alt geworden, kurz hintereinander 1796 und 1797, als bereits die roten Vorhänge einer anderen Welt fortgerissen waren.

Zehntes Kapitel

Machtpolitik im östlichen Mitteleuropa

Die auswärtige Politik Friedrichs nach 1763 war davon bestimmt, daß der politische Rückhalt an England verloren gegangen war und nicht wieder hergestellt werden konnte. Auf seinen vormaligen Verbündeten schaute Friedrich nachdenklich, realistisch, doch nun eigentlich ohne Zorn. Er wußte, daß es in der Politik nie und nimmer Bünde fürs Leben gibt. Ihn bewegten keine indischen oder amerikanischen Träume, sondern im wesentlichen die instabile Lage auf dem eurasischen Kontinent. Jedenfalls gab es mit England keine territorialen oder sonst unlösbaren Probleme. Das war nun im Verhältnis zu Frankreich und zum Hause Habsburg nicht der Fall. Friedrich traf sich nach einem gescheiterten Treffen 1766 drei Jahre später mit Joseph II. im schlesischen Neiße. Ein Jahr später kam es dann in Gegenwart des Staatskanzlers Kaunitz zu einer weiteren Begegnung (im September 1770) in Mährisch Neustadt. Beide Herrscher waren sich insoweit einig, im Falle eines englisch-französischen Krieges Neutralität zu wahren. Auch wollten sie alles vermeiden, was wieder zu einer feindlichen Begegnung Österreichs und Preußens führen konnte. Ein Bündnis kam nicht zustande, doch entspannte sich das Verhältnis der beiden Staaten. Friedrich glaubte in dem egozentrischen Verhalten des Staatskanzlers 1770 erkennen zu können, wie dieser ihn über lange Zeit hin lediglich als Generalissimus bewertet und erheblich unterschätzt hatte.

Da Friedrich der Haltung des Wiener Hofes nicht sicher sein konnte, Österreich mit Frankreich im Bunde blieb, mußte er auf die russische Karte setzen. Das Gleichgewichtsdenken bestimmte auch seine außenpolitischen Überlegungen. Bereits 1764 kam es zu einem Verteidigungsbündnis mit Rußland, welches 1769 erneuert wurde. Den Streitfall der Zukunft bildete im Ostraum die polnische Frage[107]. Für Rußland wirkte sich dies als Festigung der russischen Position in Polen aus. Preußen gewann ein gewisses Mitspracherecht. Mit der Wahl des von der Zarin auch persönlich abhängigen Prinzen Stanislaus August Poniatowski zum König in Warschau (nach dem Tode König Augusts III. von Sachsen 1763) unter dem Druck eines einmarschierten russischen Heeres begann 1764 einerseits eine Periode kleinerer innerer Reformen; andererseits schritt Katharina mit großer Härte „zur Unterdrückung des immer stärkeren Reformwillens in der Adelsnation" (Hans Roos). Für Preußen waren diese polnischen Unruhen als Dauerzustand insofern unangenehm, als sich russische Besatzungstruppen nun an neuralgischen strategischen Punkten wie Danzig und Thorn festsetzten. Aus der Erfahrung wußte man auch damals, daß mit dem Abzug solcher Besatzungssoldaten erst nach langer Zeit zu rechnen ist. Das war besorgniserregend. In mittelfristiger Sicht stellte sich die Frage, wie dieser Zustand zu beenden sei. Im Falle eines schweren Konfliktes, wie Friedrich ihn eben mit Not überstanden hatte, konnten russische Truppen, wenn sie sich denn ihrer traditionellen Schwerfälligkeit entledigten, aus dem Stand heraus von der mittleren Weichsel oder von Kurland her in wenigen Tagen in Hinterpommern, Ostpreußen und sogar in der Neumark einfallen. Die geopolitische Situation war mithin aufregend genug. Auch reichten die Anstrengungen in Polen in der Sicht Friedrichs nicht aus, einen dauerhaften Reformkurs überhaupt einzuleiten.

Neben der politischen Situation im Gesamtraum und neben den Konflikten zwischen Rußland und Österreich im Südosten stand jedoch die ungelöste konfessionspolitische Frage. Das war ein Krankheitsherd, welcher bis in jüngste Darstellungen hinein nur unzulänglich beachtet wird. Denn die „Funktionsuntüchtigkeit des Polnischen Staates" (Klaus Zernack, 1983) hängt wesentlich davon ab, daß die polnische katholische Kirche auf allen Ebenen gegenüber den Protestanten und Dissidenten vor allem in Königlich Preußen unverändert eine eifersüchtige und starre Haltung einnahm. In einer Schrift, die der evangelische Adel in Polen 1764 (!), angeblich auf Geheiß der Russen nach Berlin gerichtet hat (wie bereits 1703), werden als Beschwerden aufgelistet: die Versiegelung evangelischer Kirchen, das Behindern der Patronatsrechte des evangelischen Adels, bischöfliche Bannflüche, die Wegnahme von Kirchen, das Behindern von Kirch-Neubauten, hohe Geld-Forderungen der katholischen Geistlichkeit, Zwangskatholisierungen, Zwang in Dörfern und Städten zur Teilnahme an katholischen Gottesdiensten sowie die Mißhandlung evangelischer Prediger. Doch gab es auch unverbriefte liberale Tendenzen. Diese Klagen, auch in Einzelschriften, hatten den König in Preußen erreicht und ihn wiederholt zu Interventionen in Warschau genötigt. Das hatte nur in Einzelfällen Erfolg. Denn der Polnische Reichstag hielt sich in Verkennung der Sachlage für berechtigt, nach außen hin nur eine minimale Duldung zu dekretieren (1733, 1766/67).

Die Schutzmächte der nicht geringen Zahl der Nicht-Katholiken sahen sich auch deshalb genötigt, in Wort und Tat einzugreifen. Im März 1767 bildete sich unter dem Schirm des mächtigen russischen Gesandten, des Fürsten Repnin eine mehrfache Opposition: In Thorn am Rande Westpreußens entstand unter der Führung der mächtigen Sippe der Goltze eine Konföderation der Protestanten (309 Edelleute aus Polen und aus Königlich Preußen); in Slusk bildete sich eine Konföderation der griechisch-orthodoxen Christen. Neben eindeutigen Protestschriften aus den von evangelischen Bürgermeistern geführten und ohnehin überwiegend protestantischen Städten Danzig, Elbing und Thorn für die Kaiserin Katharina II. beschlossen nun die preußischen Stände auf ihrem letzten Landtag (7. September 1767), mit Hilfe der Kaiserin die alte garantierte, aber von Warschau gebrochene Unabhängigkeit Preußens wiederherzustellen. Dies konnte sogleich begriffen werden wie ein Plebiszit gegen die bisherige grundsätzlich intolerante polnische Herrschaft. Der Fanatismus des vollständig unbesonnenen Krakauer Bischofs löste nun schwerste Turbulenzen aus.

Die Agonie Polens hat 1768 begonnen, sofern man nicht von den mittelfristigen Ursachen her die „Sachsen-Zeit" (1710–1763) dazurechnen will. Der geistige und moralische Schaden, der damals einschließlich der verheerenden Folgen mehrerer Epidemien und Kriege (Inflationen) entstanden war, wirkte sich nun aus. Neben der besinnungslosen Verschwendungssucht, die sich von Dresden aus in Polens Schlössern und Residenzen ausbreitete, zumal in Warschau, standen die „hoffnungslose Monotonie des polnischen Geistes" und die Anzeichen „eines ideenlosen Dahinlebens" der Adelsnation (Hans Roos). Einzelne positive Ansätze mit Einflüssen der west- und mitteleuropäischen Ideen vermochten die Grundhaltungen kaum zu ändern. Die Konfessionsfragen, real und vorgeschützt, und die petrefakten Verfassungssperren wogen schwerer, verfügten über die stärkere Sprengkraft, zumal sie erst gemildert werden konnten, als es zu spät war.

Der Polen-Konflikt, auf den nun Friedrich jahrein, jahraus nach Ausweis seiner einschlägigen Korrespondenz mit hoher Aufmerksamkeit zu folgen und zu antworten hatte, besaß außerdem eine allgemeine soziale Seite. Die Bevölkerung war trotz des Sammelbegriffs der Polen längst zerrissen und insoweit nicht mobilisierbar, etwa zur „Rettung der Nation", wie zeitfremde Theoretiker meinen mochten. Das barbarische und inhumane Verhalten nicht weniger polnischer Bischöfe und Prälaten mit der Ausbeutung erreichbarer Untertanen fand seine Entsprechung in einer weit verbreiteten Bauernschinderei in den Großgrund- und Gutsherrschaften, während die kleineren Bauernwirtschaften in Meliorationsgebieten und Randlagen besser bestehen konnten. Katharina und Friedrich mit ihren Räten beobachteten aber auch aufmerksam die Wanderungstendenzen. Denn Deserteure aus Preußen flüchteten zuerst in das nahe Polen und nahmen dort kleine Hofstellen (Hauländereien) an; das mußte der hiesigen Binnenkolonisation entgegenwirken. So sollen seit 1723 bis zu 70.000 flüchtige Soldaten und Zahlungsunwillige die Grenzen nach Polen überschritten haben. Weit mehr waren es, die aus russischen Gebieten kamen, verödete Landschaften hinterlassend. Das waren leibeigene Bauern, die in Polen einen höheren Rechtsstatus vorfanden, die dort meist von der Leistung des Scharwerks befreit waren und sich nur zur Zinszahlung verpflichtet fanden. Der Kampf Friedrichs in Ostpreußen und Teilen

Schlesiens für die Verbesserung der gutsherrlich-bäuerlichen Verhältnisse hat auch hierin eine seiner Ursachen.

Die Lage spitzte sich desaströs weiter zu, als man auf dem Konföderierten Reichstag zu Warschau (5. Oktober 1767 bis 5. März 1768) in Anwesenheit von Vertretern Rußlands, Preußens, Englands, Dänemarks und Schwedens einen Vertrag beschloß, der die „jura Cardinalia" der Adelsnation enthielt, aber zugleich die zahlreichen anarchisch wirkenden älteren Elemente der Verfassung. Wichtiger noch für die protestantischen Randmächte war ein „Toleranz-Traktat" (24. Februar 1768), mit dem formal die Römisch-Katholische Konfession nicht wenige Hoheitsrechte verlor, die sie bisher namentlich über die „Augsburgische" Evangelische Kirche in Polen ausüben konnte. Aber sie blieb per Dekret „herrschende Kirche". Die umfangreichen finanziellen Ansprüche gegenüber den Nichtkatholiken wurden überdies ebenso bestätigt wie die Geißelung des Übertritts armer Gläubiger vom Katholizismus zum Protestantismus als Staatsverbrechen. Nichtkatholische Edelleute sollten aber grundsätzlich Zugang zu Staatsämtern, nichtkatholische Bürger das Recht zur Mitgliedschaft in Zünften und städtischen Körperschaften erhalten; auch mußten sie nun nicht mehr, heißt es, an katholischen Feiertagen teilnehmen. Für Streitfragen waren konfessionell gemischte Gerichte vorgesehen. Verfassungsnormen und Verfassungswirklichkeiten klafften jedoch weit auseinander, wie sich zeigen sollte. Die Ära der älteren polnischen Gegenreformation war damit nicht erledigt, wie Einsichtigen bekannt ist.

Gegen die brutale russische Interventions-Herrschaft mit dem gefügigen Monarchen Poniatowski bildete sich Ende Februar 1768 in Bar (Podolien) eine weitere „Konföderation", mit der nun der eigentliche blutige Bürgerkrieg begann. Österreich und dann Friedrich beteiligten sich mit Truppen, Friedrichs Regimenter stießen bis Posen und in Teile von Großpolen bis zum Sommer 1772 vor. In dieser Zeit schüttete der König seine gallige Satire über Polen, über die extremen Kräfte der Katholischen Kirche und den dortigen König aus („La Guerre des Confédérés").

In dem etwa gleichzeitigen Epos „Codizill", wo er Europas Könige, sich selbst eingeschlossen, in ebenso realistischen wie pessimistischen Strophen verspottet, heißt es hierzu:

„Wenn ihn [Friedrich] nicht grade sein Dämon reitet,
Der seinen Spöttergeist oft schon verleitet,
Spott und Hohn über sie alle
Auszugießen in vollem Schwalle.
In dieses Königs Nachbarschaft,
Ob einem Volke, halb vertiert,
Wo keine Obrigkeit regiert,
Wo kein Gesetz noch recht in Kraft,

Da thront der König dieser Anarchie;
Er kam zur Krone, weiß es selbst nicht wie.
Dem Weibervolk voll Leidenschaft ergeben,
Ist er ein Fürst ohn Schwung und Streben.
Ist er der Russen, ferner Türken Feind?
Er weiß wohl selbst nicht, mit wem er's meint.
Sein Land, es steht in Flammen, nicht zu retten,
Er aber schaut in guter Ruh'
Von seinem Schloß dem Unheil zu,
Wo sich der Zwietracht Mächte jetzt entketten."

In Polen tobte der Bürgerkrieg der Konföderierten unter den Augen der
Großmächte mit Grausamkeiten, die diejenigen der russischen Truppen noch
übertrafen. Nach anfänglichen Erfolgen, die durch den Feldzug der Russen
im wieder aufgeflammten Kriege mit den Türken begünstigt wurden, haben
der Aufstand der Kosaken-Bewegung der Heidamaken (Tötung von 100.000
katholischen und jüdischen Einwohnern) und die militärischen Eingriffe der
Randmächte endlich Mitte Juli 1772 zur Kapitulation der Konföderierten geführt. Das war die allgemeine Lage, in die sich Preußens König gestellt sah.
Er blickte auf eine ebenso schwere wie gefährliche Krise, in der er immer
stärker genötigt war zu handeln, wenn er am Ende nicht zwischen allen Stüh-
len sitzen, zumindest nicht leer ausgehen wollte.

Seit 1768 bereitete sich in den Polen-Gesprächen der drei Mächte etwas
von dem vor, was man als die „Entente cordiale der drei schwarzen Adler"
bezeichnet hat. Der Ausgleich zwischen Rußland und Österreich, die im süd-
östlichen Balkan miteinander konkurrierten, kam schließlich auch unter preußischer Vermittlung auf Kosten Polens zustande. Als sich nach einem Besuche des Prinzen Heinrich 1770 bei der Zarin in St. Petersburg die Reduktion
Polens durch die Ostmächte abzeichnete (4.1.1771), auf friedlichem Wege,
stimmte Friedrich dieser Fortsetzung der bisherigen Polenpolitik zu, weil ihm
trotz erheblicher Bedenken die Beseitigung der Kriegsgefahr und das Erreichen einer Landbrücke als ein entscheidender Gewinn erscheinen mußten.
Die Landbrücke nach Ostpreußen hatte Preußen seit 1648 im Auge gehabt.
Zum Frieden im Südosten trug der Vertrag der Mächte (17. Februar, Juli
1772) bei. Das übrige Europa, noch erschöpft vom Kriege, mußte den Ge-
waltakt gegenüber Polen geschehen lassen. Doch fehlte es nicht an Protesten,
die jedoch wirkungslos blieben. An eine Zerstörung Polens hat Friedrich in
dieser Krise und bis zu seinem Tode nicht gedacht[108].

So war dieser Landgewinn in Westpreußen und im ostpreußischen Ermland
kein von langer Hand vorbereitetes Unternehmen, sondern hatte sich Zug um
Zug aus einer Okkupations-Krise (Zips) ergeben. Bereits 1768 hatte Friedrich
die Fortdauer der polnischen Anarchie als Dauerzustand bezweifelt: „Infolge-

dessen scheint es mir klar, daß die übermächtigen Nachbarn sich schließlich über die Teilung dieser Beute verständigen werden. Vielleicht bleibt ein stark beschnittenes, von jenen drei Mächten, nämlich Rußland, Preußen und Österreich, eingeschlossenes Königreich bestehen". Man müsse Polen in seiner Letargie belassen, schreibt er an von Saldern[109]. Das klingt jedenfalls zurückhaltender als Erwerbungs-Träume aus dem Jahre 1752, wo bereits das sogenannte Polnisch-Preußen mit Thorn, Elbing und Marienwerder vor allem aus geopolitischen und militärischen Überlegungen heraus als „mit der Feder" zu erwerbende Gebiete bezeichnet wurden. Die Polnischen Partei-Kämpfe ließen sich ausnutzen. Die untere Weichsel sei sogleich zu befestigen, rät er dem Nachfolger: „Das würde alle Unternehmungen der Russen gegen uns, das heißt Truppenlandungen im Danziger Hafen, Überschreiten der Weichsel vereiteln. Gewiß sind ihre regulären Truppen nicht sehr zu fürchten, aber ihre Kalmücken und Tataren sind durch Mordbrennerei und Grausamkeit bekannte Völker, die die Länder verwüsten, ganze Völker in Gefangenschaft fortschleppen und alle Ortschaften einäschern, wo sie sich als die Stärkeren fühlen. So haben sie es in Finnland getrieben. Du mußt deshalb einen Krieg mit Rußland so lange vermeiden, als dein Ansehen es zuläßt." Das war keine schlechte Prognose und kein schlechter Ratschlag für den Nachfolger. Spätere Nachfolger haben die intensive Lektüre der Testamente für überflüssig gehalten.

Zwei Punkte sind im Hinblick auf die erste Teilung des Sommers 1772 bedeutsam. Die Grundfigur des Zugriffs dreier Randmächte ist in der geographischen Lage Polens und seiner offensichtlich nicht leicht heilbaren politischen und wirtschaftlichen Schwäche und Lethargie angelegt. Weitere Teilungen waren sogleich denkbar. Auch ist darauf zu verweisen, daß die Tendenzen und ersten Anstöße zum Verkleinern und Aufteilen Polens von den Staatsmännern der größeren Mächte Rußland und Österreich ausgegangen sind. Friedrich hat sich der von vornherein interventionistischen Politik Katharinas II., die er 1766 zutreffend als „Aggression" bezeichnet, geschmeidig angepaßt und dann schließlich die allen vertraute Idee der Teilung als Geschäftsgrundlage des neuen Einverständnisses für einen Frieden zwischen Rußland und Österreich mit dem Blick auf die Türkei ins Gespräch einfließen lassen. Es waren die ost- und südosteuropäischen Konflikte, die Preußens Politik in Zugzwang brachten.

Es hieße seinen Weitblick zu verkennen, wollte man ihm unterstellen, er habe die Folgen des ersten Aktes nicht erfaßt. Er bemerkte sehr wohl, daß er für Rußlands weiteren Weg nach Europa eine der stärksten Barrieren vor Preußen selbst wegzuräumen half. Rußland (Gewinn: rund 84.000 Quadratkilometer) schob sich nun bis zur Düna und bis zum Dnjepr vor. Österreich nahm Kleinpolen südlich von der oberen Weichsel an sich, Rotruthenien und weiteres (Gewinn: 83.000 Quadratkilometer), während Preußen (Gewinn: 34.000 Quadratkilometer, 448.869 Einwohner) mit dem alten westlichen Deutschordensland (Pommerellen, Palatinate Kulm und Marienburg, dem in Ostpreußen liegenden Bistum Ermland, Elbing, Teilen von Kujawien und Posen, jedoch ohne Danzig und Thorn) nur etwa sechzehn Prozent der Ländereien empfing. Friedrich erkannte jedoch sogleich, daß der wirtschaftliche und strategische Wert für ihn höher war. Und Preußen übte nunmehr die Kontrolle über etwa vier Fünftel des polnischen Außenhandels aus. Es konnte von 1775 an aus den Zöllen an der Weichsel mehr Einkünfte ziehen, als das reduzierte Polen aus seinen sonstigen Einnahmequellen zu gewinnen vermochte. Der Versuch scheiterte, Danzig zum Anschluß an Preußen zu gewinnen, am Einspruch Rußlands. Hinsichtlich der Rechtsgrundlagen wurde in Berlin nicht auf den Deutschen Orden, sondern in dynastischer Sicht auf die alten Erbverträge der brandenburgischen Markgrafen mit den pommerellischen Fürsten zurückgegriffen. Dies war jedenfalls staatsrechtlich zutreffend und hatte nichts mit einer Abneigung gegenüber angeblichen Bekehrungs-Praktiken des Ordens zu tun. Für Friedrich war es dann schließlich nicht gänzlich unwesentlich, daß in einem polnisch-preußischen Vertrag (18. September 1773) der Rest der Lehnsabhängigkeit der Gebiete von der polnischen Krone aufgehoben worden ist. So konnte der König fortan den Titel „König von Preußen" führen, auch wenn die Römische Kurie weiterhin an der Titulatur Anstoß nahm.

Das übernommene Gebiet war trotz großer Wald- und Unlandflächen zu etwa zwei Fünfteln mit Bewohnern deutscher Herkunft besiedelt. Am stärksten konnte der König solche Orte entlang der unteren Weichsel und im nördlichen und mittleren Ermland vom Frischen Haff bis in die Gegend von Heilsberg, Allenstein und Wartenburg beobachten. Es hat den Anschein, als habe der König mit seinen Außenpolitikern besonders nach dem Abkühlen der Beziehungen zur Zarin Katharina (seit 1781) dem Bestehen Polens stärkeres Gewicht beigemessen. Der Wert eines Pufferstaates zwischen Preußen und Rußland wurde ihm deutlich, als er sich plötzlich wieder auf einen Dreibund mit England und der Türkei beschränkt zu sehen glaubte. Am 9. Mai 1772 bemerkte er dies bei einer Betrachtung über den politischen Zustand Europas mit einiger Nervosität. Doch hinterließ er seinem Nachfolger keine Vorschläge für das weitere Verfahren in der polnischen Frage. Andererseits war das Problem für ihn nicht schlankweg erledigt, wie man gemeint hat. 1772 bemerkt er: „Wir wollen für die Gültigkeit Unserer Rechte nicht einstehen, auch nicht für die russischen, noch weniger für die österreichischen"[110]. So wird man von einer „Eindämmung Russlands durch die Polenpolitik der beiden deutschen Mächte" jedenfalls für diesen Zeit-Raum nur bedingt sprechen können. Tatsächlich war und blieb Polen ein diplomatisches Experimentierfeld, auch ein Seismograph für die Beziehungen der drei Mächte, die noch lange an den einmal geschaffenen Zuständen nichts ändern wollten. Grundsätzlich aber verfügte Rußland während seines erst einmal anhaltenden Zuges nach Westen bis zum späten 20. Jahrhundert über die besseren Aussichten, in Polen zu dominieren, zumal im 19. Jahrhundert der Nationalismus als neue Komponente hinzutrat.

Viele Fragen sind mit dem Jahr 1772 verknüpft worden, auch die nach Preußens und Friedrichs historischer „Schuld". Die Historiker bis zur Gegenwart des mit nicht wenigen Nationalitäten besetzten polnischen Staates haben leidenschaftliche Anklagen vorgetragen, obwohl inzwischen die Einsichten in Zwangsläufigkeiten, Verhängnisse und überhaupt in die Tragödien dieses geschichtlichen Prozesses mit Vernichtung und Vertreibung gewachsen sind. Von einem „rücksichtslosen Expansionsstreben" in diesen Zusammenhängen zu sprechen (Johannes Kunisch), von einem „heftigen Widerstande der Kaiserin", trifft den historischen Sachverhalt nicht einmal vordergründig. Das moralisch-emotionale Urteil hat seinen eigenen Standort in der Diskussion über folgenreiche Territorial-Entscheidungen („Willkür und Unrecht"). Vielmehr hat das Urteil des Historikers die Verhältnismäßigkeit der Maßnahmen innerhalb der geschichtlichen subjektiven und objektiven Zwänge zu bestimmen und überhaupt neben der Frage der staatsrechtlichen Konsequenz sämtliche wesentlichen Faktoren zu beachten und zu erörtern. Dazu gehört der hier durchaus relevante Bereich der religiösen und sonstigen (nationalen) Toleranz, der gesicherten Rechtspflegeordnung überhaupt, als der nicht zu leugnenden humanitären Ziele. Wie in der Antike (Mommsen) ist die Entwicklung der in Mittel- und Westeuropa als Standard geltenden Zivilisation in einem zu Europa gehörenden Randgebiet, in dem sich vor allem auf der Ostseite die verschiedenen Strömungen kreuzten und bekämpften, als eigener Wert zu begreifen. So war es auch, wie bei diesen Eingriffen, eine Entscheidung zwischen Skylla und Charybdis. Die ausschließlich machtpolitische Perspektive reicht nicht aus, Ursachen und Folgen der Ersten Teilung Polens angemessen zu beurteilen.

Dem aufgeklärten Monarchen mußten im übrigen menschenwürdige Rechts- und Sozialverhältnisse höher stehen als irgendein nationaler Verbund. Es ist keine Frage, daß die „Menschenrechte" im östlichen Preußen seit Friedrich besser gewahrt waren als im weiten Rußland Katharinas, in Russisch-Polen oder in Kurland. Über das Ausmaß der komplexen Kulturarbeit der drei Teilungsmächte in Polen wird weiter zu forschen sein. An der Tatsache ist nicht zu zweifeln. Die exakten Landes- und Verwaltungsbeschreibungen und ein reiches Aktenmaterial mit zahllosen Anweisungen und Interventionen des neuen Landesherrn Friedrich für Westpreußen und Ermland liegen vor.

Aufbauarbeit

Das erworbene Gebiet war seit der Mitte des 17. Jahrhunderts wiederholt von Kriegen, Seuchen und anderen Lasten betroffen worden. Friedrich wußte das und hatte sich im Vorfeld der Erwerbung von seinen Beamten die verschiedensten Materialien besorgen lassen. Zuletzt brachten der große Krieg und die von Rußland inszenierten Wirren um die Thronfolge mit bürgerkriegsähnlichen Zuständen neue Leiden über das Land an der unteren Weichsel. Für den König und die Verwaltung ergab sich nun fast schlagartig ein fruchtbar genutztes Arbeitsfeld. Mit den Spitzenbeamten Domhardt, Brenckenhoff und Rohde waren die besten Köpfe des Königs tätig. Dieser fuhr sogleich 1772 und dann in jedem Jahr über Hinterpommern nach Mockrau bei Graudenz, wo er sich ein Haus hatte zuweisen lassen[111]. Dort verhandelte er während der Truppenrevue mit den hohen Landesbeamten. Auch aus der nunmehr vereinigten Provinz Preußen berichteten die Amtsträger über den Ausbau ihres Landes.

In Westpreußen[112] bildeten die Beamten mit Zustimmung des Königs aus den vormaligen Starostei-Gütern 79 Domänenämter. Dort wurde die ältere „Leibeigenschaft" aufgehoben, aber es gelang dem König nicht, bei allen ländlichen Grundherrschaften im nordöstlichen Preußen diese Formen der Abhängigkeit aufzuheben. Deutsche und sonstige Kolonisten erhielten den Status freier Erbzinsbauern. Manches wirkt wie eine Rückkehr zu den freieren Zuständen der Ordenszeit. Friedrich behielt die bäuerlichen Rechtsverhältnisse in Westpreußen im Auge und führte im Grunde einen erbitterten Kampf wie in Oberschlesien gegen Schlamperei und Rechtlosigkeit auf den Gütern. Im Netzedistrikt, dem nicht westpreußischen Randgebiet, entstanden in kurzer Zeit durch seine Beamten 50 neue Dörfer. Überhaupt wurden bis 1786 etwa 12.000 Menschen (= zwei Prozent) beiderseits von der unteren Weichsel angesiedelt. Zwischen Marienburg und dem Danziger Werder lebten ohnehin seit alters deutsche Bauern, zu denen nun noch Mennoniten kamen. Die Ansiedlung geschah nicht nur auf dem Land der Domänenämter, also des Staates, sondern auch in den Herrschaften polnischer und deutscher adliger und sonstiger Grundherren sowie im Umfeld geistlicher Grundherrschaften. Mißstände nicht nur am Wegesrande rügte der König, aber Gesichtspunkte einer systematischen „Germanisierung" oder der ebenfalls vermuteten nationalpolnischen „Kulturarbeit" spielten mithin in diesem Zeitabschnitt keine nennenswerte Rolle. Man vertrug sich, und man verheiratete sich auch wie im südlichen Ermland und in Masuren. So war man auch weit entfernt von den verhängnisvollen Theorien ethnischer Reinheit, wie sie seit der zweiten Hälfte des 19. Jahrhunderts von weltfremden Phantasten und Universitätsprofessoren entworfen worden sind und heißblütige Anhänger fanden. Von Polen und von Deutschland aus drang dann das Gift des Nationalismus in eine Bevölkerung ein, die vor wie nach 1772 ohnehin bereits stark verschichtet war.

Friedrich hat das neue Gebiet gewiß erst einmal mit Skepsis betrachtet. Er erkannte sogleich die unabsehbare Arbeit. Es sei zwar insgesamt eine vorteilhafte Erwerbung, aber – schreibt er seinem Bruder Heinrich – es bedeute mehr Investitionen als in Schlesien: „Keine Ordnung, kein System, die Städte sind in einer kläglichen Verfassung. Kulm zum Beispiel sollte 800 Häuser haben, aber nur 100 stehen, und ihre Bewohner sind entweder Juden oder Mönche, und es gibt noch erbärmlichere Ortschaften. Was die Armee betrifft, so habe ich die ganze Kavallerie dieses Landes der unseren ungefähr gleichwertig gefunden"[113].

Das Gebiet wurde am 13. September 1772 von Preußen offiziell besetzt. Friedrich ließ das Patent über die Inbesitznahme sogleich in lateinischer, polnischer und deutscher Sprache veröffentlichen. Der Rechtsstand und das Eigentum, entsprechend dem Königreich Preußen, erhielten die Bewohner unbeschadet ihrer Nationalität zugesichert.

Am 27. September bereits fand auf der Marienburg an der Nogat die Huldigung der westpreußischen Stände statt. Der König, der jetzt seinen Jahresrhythmus nicht unterbrechen konnte, hatte den Minister von Rohd und den General von Stutterheim an seiner Stelle beauftragt, den Eid entgegenzunehmen. Damit war das preußische allgemeine und spezielle Recht auch dort wieder eingeführt. Oder anders gesagt: Alle bisherigen in sich gemischten Gesetze und Verordnungen wurden grundsätzlich außer Kraft gesetzt. Das „Ober-Hof- und Landes-Gericht" in Marienwerder, zuerst im dortigen Burgschloß, war nun für alle weltlichen und geistlichen Justizangelegenheiten zuständig, ausgenommen die geistlichen katholischen Sachen. Vor Gericht galt die deutsche Sprache, doch konnten Dolmetscher jederzeit herangezogen werden. Der König ordnete mit unaufhörlichen Weisungen nicht nur die „Aufhebung der Sklaverei" und der „Leibeigenschaft" für die Domänenbauern an, wie überall, wo nötig, im östlichen Preußen. Das bedeutete für diesen Teil der Bevölkerung einen unmittelbaren Fortschritt, und es benachteiligte sogleich die traditionelle Grundherrschaft der polnischen Zeit. Bereits im folgenden Jahr 1773 wurde eine Verbesserung der Rechte der Bauern auch auf den adligen Gütern angeordnet. Die Städte, die im trostlosen Zustande waren, erhielten neue Stadtverfassungen und Vorschriften. Der König ließ sich berichten.

Das Land wurde vermessen, der Boden klassifiziert und Steuerregister mit den Namen der Dörfer und Vorwerke, ihrer Größe, der Zahl der Freien und sonstigen Bauern und der Höhe der jährlichen Abgaben angelegt. In gleicher Weise verfuhr die Königsberger Kammer im Ermland.

Landeskontrolle dieser Art und fürsorgliche Eindringlichkeit bedeuteten Rechtssicherheit. Friedrich war aus gutem Grunde stolz auf seine „Herkules-Arbeit", und er berichtete in kurzen Abständen seinen Freunden im In- und Ausland von dem großen Werke.

Typisch für die moralischen Antriebskräfte des solcherart aufgeklärten Herrschers und seines „Reformabsolutismus" ist der Hinweis gegenüber Voltaire über die Zustände in Westpreußen und Ermland: Er wolle, daß „ein Land, das einen Copernicus [ermländischer Domherr in Frauenburg: als Angehöriger der „natio Germanica" Student in Krakau] hervorgebracht hat, nicht länger in der Barbarei jeglicher Art versumpfe, in welche die Tyrannei der Gewalthaber es versenkt habe" (1772).

Bereits 1773 empfängt der „kranke Alte" in Ferney einen von Arbeitsstolz überquellenden Bericht über die raschen Taten des „Philosophen von Sanssouci". Darin heißt es: „Ich war zuerst in Preußen [Westpreußen], habe dort allenthalben die Leibeigenschaft aufgehoben, barbarische Gesetze reformiert und neue, vernünftige eingeführt; ich habe einen Kanal eröffnet, der die Weichsel mit der Netze, der Warthe, der Oder und der Elbe verbindet; ich habe einige Städte, die seit der Pest von 1709 zerstört sind, wieder aufbauen lassen; außerdem habe ich 2.000 Sümpfe trockengelegt und eine Polizei- und Rechtsordnung eingerichtet in einem Lande, wo diese Begriffe bisher unbekannt waren. Von dort reiste ich nach Schlesien, um meine armen Ignatianer [Jesuiten] über die Härten der römischen Kurie zu trösten, ihren Orden etwas zu stärken und sie als Körperschaft in einigen Provinzen zu erhalten. Da kann ich sie dem Vaterlande nützlich machen, wenn ich sie die Schulen zur Unterweisung der Jugend leiten lasse. Dieser Aufgabe wollen sie sich ganz und gar hingeben. Außerdem habe ich Siedlungen für 60 Dörfer in Oberschlesien ins Leben gerufen, wo noch unbebautes Land brach liegt. Jedes Dorf zählt zwanzig Familien. Zur Erleichterung des Handels habe ich im Gebirge Verkehrswege anlegen lassen und habe zwei verwüstete Städte aufgebaut, die früher nur Holzbauten hatten, und jetzt aus Ziegeln und dem dortigen Gebirgsstein errichtet werden"[114].

Wie sah nun dieses von ihm häufig erwähnte „System" des inneren Landesausbaues aus? Als erstes mußte die sogenannte Infrastruktur im Verkehrswesen verbessert werden. Unter der Leitung seines besten Kolonisators Franz Balthasar Schönberg von Brenckenhoff ist in einer Gewaltaktion innerhalb von 18 Monaten von 6.000 Arbeitern der Bromberger Kanal[115] in einer Länge von 26 Kilometern mit 8 Schleusen errichtet worden. Friedrich ließ sich die Verbindung zwischen der Provinz Preußen und dem zentralen Raum Brandenburg – Berlin 687.806 Taler kosten. Nun konnte mit Kähnen über die Weichsel nach Danzig-Neufahrwasser ebenso geliefert werden wie nach Stettin oder Berlin.

Danzigs Handel, dem ursprünglich von Elbing aus Abbruch getan werden sollte, konnte trotz des Zoll-Krieges die Vorteile des besser erschlossenen Hinterlandes nutzen. Wie vielerorts im friderizianischen Staat war der Nutzeffekt entscheidend. Als in diesen Jahren die Rekonstruktion des großen Remters im Marienburger Hochmeisterschloß, welches bis 1772 der Krone Polen unterstellt war, vorgeschlagen wurde, entschied der König in erschrekkender Nüchternheit, daß man die Bauten als Getreidespeicher, Kaserne und für eine Weberei verwenden solle.

Innerhalb von zehn Wochen (!) wurde ein Postnetz aufgebaut (600 Pferde). Das Elementar-Schulwesen ist unmittelbar vom König verbessert worden. Die westpreußischen und die ermländischen Jesuiten-Kollegien ließ er in Gymnasien umwandeln. Der größte Teil der Lehrer blieb im Amte, weil man ohnehin dort mit deutscher und polnischer Zunge sprach.

Überhaupt wurde entsprechend seiner Konfessionspolitik in Westpreußen zwischen den Glaubensrichtungen[116] kein Unterschied gemacht. Friedrich lehnte es wie in Schlesien ab, den Protestanten, welche ihn als Befreier von den verschiedenen Formen des Glaubenszwanges begrüßt hatten, die in der polnischen Zeit enteigneten Kirchen zurückgeben zu lassen. Welch ein Unterschied zum 20. Jahrhundert. Für die Evangelischen wurden statt dessen, wo nötig, einzelne Neubauten in schlichten Formen errichtet. Die Protestanten hatten weiterhin Abgaben an katholische Pfarrer zu entrichten. Die besonders in der Weichselniederung ansässig gewordenen und, wie in Krefeld-Geldern, durch ihren Fleiß berühmten Mennoniten wurden von ihm bald nach der Übernahme des Landes gegen Zahlung einer Pauschale (5.000 Taler für das neue Kadettenhaus in Kulm) von der Rekruten-Aushebung befreit. Sie verweigerten konsequent den Wehrdienst. Doch sollten sie ihren Grundbesitz, jedenfalls als Eigentum, nicht vermehren, damit die militärischen Kantone nicht verringert würden.

Ein besonderes Gebiet stellte das zurückgewonnene Fürstbistum Ermland dar[117].

Es war in älteren Zeiten ein besonderer Teil des Deutschordenslandes Preußen gewesen und unterstand diesem in weltlichen Angelegenheiten bis 1464. Erst seit 1478/79 mußte jeder Bischof dem König von Polen einen Treueid leisten, was nunmehr dem König von Preußen zukam. Dieser übernahm als erstes die nicht unerheblichen Schulden des Bischofs, die dieser auch mit dem Blick auf die kommende Wiedervereinigung der preußischen Landesteile angehäuft hatte. Die Bevölkerung in Stadt und Land, deren Ausgangsbestand seit etwa 1300 aus Westfalen und Norddeutschland die Siedlung in Richtung Süden begonnen hatte, umfaßte nach den genauen sofortigen Aufnahmen (Dezember 1772) 96.000 Menschen, die lediglich noch unterschieden wurden nach Christen und Juden, nicht jedoch nach Deutschen oder Masuren oder Polen. An den Namen und Genealogien waren sie jedoch erkennbar und allesamt in der Sicht der Verwaltung und der Kirchen Ermländer. Sie vermochten sich überwiegend, wie auch fernerhin im 19. Jahrhundert, in deutscher Sprache, in slawischen Dialekten und in polnischer Sprache auszudrücken. Das Land wurde vom König sogleich der Verwaltung der nahen Kriegs- und Domänenkammer in Königsberg unterstellt. So ist es auch nie ein Teil Westpreußens (Pommerellens) gewesen. Die Kammer ließ einen genauen Bericht über die Landes- und Justizverfassung anfertigen, der auch nach Berlin zum Großkanzler von Fürst ging. Man weiß nicht, ob Friedrich ihn zur Kenntnis genommen hat. Er besuchte das kleine Land nicht, was er von Mockrau bei Graudenz aus hätte tun können. Wohl aber lud er den nicht eben asketischen Heilsberger Bischof Krasicki fortan häufig zu seiner Potsdamer Winter-Tafel ein.

Im Gegensatz zum westpreußischen Kammerbezirk ergaben sich noch 1777 beim Einrichten des gemischtsprachigen Schulwesens Schwierigkeiten, weil Bischof und Domkapitel sich nicht in der Lage sahen oder aus Trägheit weigerten, dem Schulwesen mit den des Polnischen mächtigen Lehrern aufzuhelfen. Auch unter den Jesuiten, die der König 1776 gebeten hatte, fanden sich keine Bewerber. Friedrich wünschte jedoch auch hier so schnell wie möglich dem traurigen Zustande des Analphabetentums abzuhelfen. Erst Ende 1779 hatte man im Gesamtgebiet 145 Stellen besetzt und errichtete überall neue Schulhäuser. Der König hatte ein besonderes Kapital von immerhin 10.000 Talern bereitgestellt. Er wünschte „Katholisch-polnische Schulmeister", wie er es auch in Schlesien hatte durchführen lassen. Von einer Tendenz zur „Germanisation" ist für diese Zeit in den Quellen nichts zu finden. Das Schulwesen im Ermland blieb besonders im Süden, wo es sinnvoll war, katholisch und zweisprachig. Eigentlich müßte die Regionalverwaltung noch heute in Allenstein oder Heilsberg ein Denkmal für Friedrich aufstellen.

Insgesamt ließ der König, der dieses alles in Händen hielt, in die Landeskulturarbeit von 1775 bis 1786 etwa 6,7 Millionen Taler fließen[118].

Es zeigt sich in zusammenfassender Sicht, daß es vor den Menschen, vor der Geschichte und vor dem Völkerrecht ein großes Unrecht war und blieb, einem Nachbarvolk einen Teil seines in vielen Jahrhunderten ausgebauten und bewohnten Territoriums durch Akte einer wie immer beschaffenen Machtpolitik fortzunehmen und im extremen Fall von der dort lebenden Bevölkerung, ob gemischt oder homogen, zu verdrängen. Massives Unrecht erzeugt massives Unrecht, wenn die Staatsmänner und Regionalpolitiker sich nicht zur Toleranz und zum Ausgleich bereitfinden.

Elftes Kapitel

Bayerischer Erbfolgekrieg und deutscher Fürstenbund[119]

Je mehr seit 1772 der immer noch junge Kaiser Joseph II. auf die öster-reichische Politik Einfluß nahm, desto nachdenklicher beobachtete Friedrich die außenpolitischen Schachzüge des Wiener Hofes. Eine stärkere Macht des Kaiserhauses mußte er, wie 1741, in der Konsequenz der preußischen Staats-raison zu verhindern suchen, doch möglichst mit friedlichen Mitteln. Als in Bayern mit Max III. Joseph 1777 die Nachfolge der kurpfälzischen Wittels-bacher (Fürst Karl Theodor) anstand und auch und sogar mit Hilfe eines Be-schlusses des Reichstages durchgesetzt werden konnte, brachte der Mitregent der Kaiserin nach Art des Jahrhunderts ohne Rücksicht auf absehbare außen-politische Krisen oder gar Kriege Ansprüche auf Niederbayerisch-Oberpfäl-zische Gebietsteile vor. Friedrich schwang sich nun sogleich mit Erfolg zum Beschützer eines bedrohten Reichsstandes auf. Ihn unterstützten Kursachsen und andere Kleinstaaten sowie die zu Recht empörten Bayern. Jedenfalls mußte der vom Staatskanzler Kaunitz halbherzig geförderte, von der nun vollends friedfertig gewordenen Kaiserin-Mutter scharf kritisierte erneute Versuch, durch eine feindliche Übernahme Bayerns das Übergewicht des Hauses Habsburg in Mitteleuropa zu erreichen, auf den einmütigen Wider-stand des Königs und seiner Kabinettsminister stoßen. Hertzberg und Prinz Heinrich wollten nur einige territoriale Entschädigungen herausschlagen. Friedrich aber sah mit aller Schärfe die Möglichkeit, gegenüber dem stürmi-schen Vordrängen des jungen Imperators „ein für allemal den österreichi-schen Ehrgeiz zurückzudrängen". Das Mißtrauen im übrigen „reichischen" Deutschland gegenüber allen solchen österreichischen Schritten hatte Fried-rich 1777/78 und für die folgenden Jahre zutreffend bewertet.

Die Kaiserin wollte jedoch einen vierten Krieg mit Preußen vermeiden. Ihr Sohn und der schwankende und inzwischen gealterte Kaunitz, obschon un-verändert geheimer Friedrich-Hasser, welche beide dem historisch geworde-nen Reichswesen keine sonderliche Neigung entgegenzubringen vermochten, ließen die preußischen ultimativen Vorschläge ausweichend beantworten. Am 5. Juli 1778 wurde deshalb der „Bayerische Erbfolgekrieg" mit dem Vor-marsch der preußischen Heeresgruppen eröffnet. Noch einmal bildete der König als Generalissimus die Spitze, wenngleich in einer Kutsche fahrend. Kaunitz suchte sich verzweifelt gegenüber dem vollständigen politischen und militärischen Versagen des extravaganten und überheblichen Kaisers zu behaupten. Er stimmte schließlich dem Krieg zu und bezeichnete andererseits diesen als einen „vollkommen überflüssigen Krieg", dessen Debakel er früh kommen sah. Was war die Folge? Ein absurder Krieg und ein absurder Frieden mit hohen Kosten für alle Beteiligten.

„Der Kartoffelkrieg"

Dem König gelang es, den Kurfürsten in Dresden auf seine Seite zu ziehen. Nun hatte man aus dem vorigen Bündnis-Desaster gelernt. So standen zwei Heere bereit, zu denen 21.000 Soldaten aus Sachsen gehörten. Sie alle waren seit dem Frühjahr an den Grenzen zu Böhmen zusammengezogen worden. Joseph und Friedrich (9. April ff.) befanden sich bei ihren Regimentern, die insgesamt etwa gleiche Stärke aufwiesen. Der König wollte mit einer Zangenoperation auf alten Heerwegen die Königsstadt Prag als Faustpfand einnehmen.

In Berlin hielt er am 5. April vor dem Abmarsch eine bewegende, seine Lage in der Reichspolitik offenherzig umreißende Ansprache an die überwiegend im vorgerückten Alter stehenden Generäle. Darin heißt es: „Meine Herren, die meisten unter uns haben von ihren frühesten Jahren an zusammen gedient und sind im Dienste des Vaterlandes [Preußen] grau geworden: Wir kennen einander also vollkommen wohl. Wir haben die Unruhen und Beschwerden des Krieges schon redlich miteinander geteilt, und ich bin überzeugt, daß Sie ebenso ungern Blut vergießen als ich. Aber mein Reich ist jetzt in Gefahr. Mir liegt als König die Pflicht ob, meine Untertanen zu beschützen, auch die kräftigsten und schleunigsten Mittel anzuwenden, um das über ihnen schwebende Ungewitter womöglich zu zerstreuen." Er rechne mit dem bewährten Diensteifer und der Zuneigung zu seiner Person, wie die Generalität auch versichert sein könnte, daß er die Dienste für König und Vaterland mit warmem Herzen und wahrer Dankbarkeit anerkennen würde. Dann folgt ein recht bewegender Satz des alten Königs, der so viel Schlachten-Elend geschaut hatte: „Nur darum will ich Sie bitten, daß Sie die Menschlichkeit nicht aus den Augen verlieren, wenn auch der Feind in Ihrer Gewalt ist, und daß Sie die unter Ihren Befehlen stehenden Truppen die strengste Manneszucht beobachten lassen. – Ich reise jetzt ab. Aber ich verlange nicht als König zu reisen; reiche und schöne Equipagen haben keinen Reiz für mich: Doch erlaubt mir mein schwächliches Alter nicht, so zu reisen, wie ich in der feurigen Jugend tat. Ich werde mich einer Kutsche bedienen müssen, und Sie haben die Freiheit, eben dergleichen zu tun, aber am Tage der Schlacht werden Sie mich zu Pferde sehen, und da hoffe ich, werden meine Generale meinem Beispiele folgen". Friedrich sah das Problem der Überalterung.

Das Tagebuch des gut informierten Kammerherrn Grafen Lehndorff überliefert die „gereizte Stimmung gegen Österreich" in den Berliner Regierungs-
und Hofkreisen im März und April, auch über die rasch wechselnden Emotionen des Prinzen Heinrich angesichts des offenbar unvermeidlichen Krieges:
„Der Mut unserer Nation [!] ist groß und allgemein." Aber als nun der König
tatsächlich umfassend rüsten ließ und die Pferde in den Ställen des Hofes
dafür registriert wurden, spricht auch Lehndorff von „diesem verdammten
Krieg" und sehnt sich nach seinem behaglichen ostpreußischen Steinort.
Denn des Gefährlichen des anstehenden Krieges war man sich an Spree und
Havel sehr wohl bewußt. Am 5. April spricht der König nicht nur mit den
hohen Offizieren, sondern auch mit allen Ministern, vorab dem Grafen Schulenburg-Kehnert, den er mit umfassenden Vollmachten fast wie einen Vize-
König ausstattet. Der Möglichkeit des Todes auf diesem Feldzuge war er sich
um so mehr bewußt, als ihm seine brüchige Gesundheit mit den üblichen
Krankheiten erhebliche Sorgen bereitete und so auch Mißmut hervorgerufen
hat. Doch das kannte man an ihm und ertrug es wie die Unbilden der Witte-
rung. Auch seinen Bruder Heinrich instruierte er für solche Eventualitäten
und verabschiedete sich aufrichtig „unter Tränen" von ihm und der Prinzessin
Amalie. Prinz Heinrich traf in Berlin bis tief in die Nächte hinein Dispositionen für seine Heeresgruppe, die durch Sachsen im Elbtal gegen Prag ziehen
sollte.

In der Frühe des nächsten Morgens setzte sich der König mit dem Erbprinzen Karl II. Wilhelm Ferdinand von Braunschweig (1735–1806) in die Kutsche. Er fuhr in der üblichen raschen Fahrt von Husaren begleitet über Breslau in sein Heerlager vor dem Glatzer Bergland.

Am 1. Juli zog Prinz Heinrich, der bis dahin die Verhandlungen und Rüstungen überwacht hatte, mit dem Rest der Armee, vor allem der mächtigen
Artillerie (915 Geschütze, Haubitzen, Mörser und Beigerät) ins Feld, so daß
am 4. Juli der Aufmarsch an den Grenzen Böhmens abgeschlossen war. Diese
Transporte und der Nachschub in mehr als hundert Kolonnen erforderten
schon bald die ersten vier Millionen Taler, was zur Heiterkeit des Königs
kaum beitrug.

Obwohl mithin dieser merkwürdige, für alle Beteiligten kostspielige und
an Menschenopfern durch Epidemien überreiche Krieg des Kaisers nun mit
langsamen Vormärschen und Plänkeleien besonders der Freitruppen begonnen hatte, verhandelten König und Kaiser weiter. Unter dem 15. Juli erreichte
den König erstmals ein Handschreiben der Kaiserin mit Sonderkurier. Sie
suchte darin ihren Herrn Bruder und Vetter zu weiteren Verhandlungen mit
ihrem Sohn „zum Wohle des Menschengeschlechts und unserer Familien" zu
bewegen, zumal ihr sich so kriegerisch gebärdender Sohn den Strapazen eines echten Feldzuges offensichtlich nicht gewachsen war. Doch diesen Zu-

stand teilte Joseph mit vielen anderen der älteren Generation, denen die Glut der Jugend aus den weichen Adern entwichen war.

Die politische Position des Preußenkönigs blieb jedoch unverrückbar: „Es handelt sich darum zu wissen, ob ein Kaiser nach seinem Willen über die Reichslehen verfügen kann. Bejaht man diese Frage, so werden diese Lehen Pfründen, die nur auf Lebenszeit gelten, und über die der Sultan nach dem Tode des Inhabers verfügen kann. Das aber widerspricht den Gesetzen, Gewohnheiten und Gebräuchen des Römischen Reiches." Das war von gläserner Klarheit. Solange sich der Kaiser in dieser auch für Nicht-Staatsjuristen nicht übermäßig schwer erfaßbaren Frage nicht dem Willen der starken Mehrheit der Reichsstände unterwarf, war kein Ende des Konfliktes mit seinen im übrigen uralten verfassungsrechtlichen Wurzeln abzusehen. Noch lebte man insoweit im Nachmittelalter. In Wien aber saß man in einer selbst gefertigten Falle[120].

Das Ende des in Europa aufmerksam beobachteten Konflikts, welcher von einem unerhörten Kampf der Medien begleitet wurde, ist rasch berichtet. Friedrich und Heinrich standen vor den je stark ausgebauten Stellungen der Gegner. Kleine Erfolge des Prinzen Heinrich im Norden reichten nicht aus, größere Anstöße für das Kriegstheater zu geben. Verpflegungsschwierigkeiten auf beiden Seiten traten hinzu. Die „Preußen" entleerten das von ihnen besetzte Gebiet. Die Truppen des Kaisers verhielten sich fast regungslos. Sie wirkten „wie versteinert". Kälte und Grippe erforderten hohe Opfer. Man spricht von 40.000 Mann einschließlich der Desertionen. Noch im September zog Prinz Heinrich, im Oktober marschierte der König aus Böhmen ab. Aber nun und im folgenden Jahr hatte der König wenigstens wiederum die Bewunderer und der unbesonnene Habsburger Joseph die Tadler auf seiner Seite.

Frankreich und Rußland traten im Spätherbst ungebeten als Vermittler auf. Friedrich hatte ihnen dann eine „Skizze" für den Friedensvertrag mitgeteilt. Wien hob mit einem Vertrag mit München (3. Januar 1778) die Ursache des Krieges auf. Es war König Friedrich, der die Verhandlungen über die Krise hinwegbrachte, indem er per Ultimatum den Vermittlern zugestand, das „Inn-Viertel" an Österreich gelangen zu lassen, auf den (geforderten) dereinstigen Austausch von den fränkischen Hohenzollern-Markgrafschaften Ansbach und Bayreuth gegen die dürren Lausitzen zu verzichten und indem er es den beiden Mächten notgedrungen überließ, eine Entschädigung für seinen Verbündeten Sachsen zu finden. Seinem Außenminister Hertzberg, der ihn beschworen hatte, in der verfassungsrechtlichen Prinzipienfrage nicht nachzugeben und kein auch noch so kleines Teilstück von Bayern freizugeben, antwortete der hier gewiß klügere König freundlich, aber bestimmt, mit Ideen alleine könne man keine Politik betreiben; alles müsse durchführbar bleiben, und so – pragmatisch – müsse man die Verhältnisse betrachten.

Der *Friede von Teschen* (13. Mai 1779)[121] legte, nach hartem Feilschen, fest, daß Sachsen dank Preußens massiver Intervention wenigstens vier Millionen Taler Entschädigung von Bayern erhielt (was in Sachsen zuweilen vergessen wird), daß Österreich „für immer" auf die Nachfolge in Bayern verzichte, daß die Erbfolge des (wittelsbachischen) Pfalzgrafen von Zweibrükken in Kur-Bayern durch das Vertragskonvolut völkerrechtlich verbindlich festgelegt war und daß das Inn-Viertel nicht unter einem Rechtstitel, sondern in Anrechnung auf Zugeständnisse und Leistungen an Bayern an Österreich fiel.

Friedrich hatte sich in Teschen, trotz und wegen der Bürgschaft der beiden Großmächte, durchgesetzt. Denn andererseits mußte er die Parteinahme der Zarin Katharina als eine Unterstützung seiner Politik empfinden, wie sie ihm danach von Petersburg so nicht mehr gewährt wurde. Friedrich war der Überlegene in einem defensiv geführten Krieg geblieben. Es war eine Frage der Zukunft und der Staatsklugheit der Außenpolitiker in Berlin und Wien, wie man die Möglichkeiten von Interventionen der beiden Garantie-Mächte würde konterkarieren können. In der von der Hofburg verschuldeten Krise von 1778/79 war der Frieden nicht anders als in Teschen zu gewinnen. Friedrich vermerkte im übrigen das letzte bedeutungsvolle Handeln der Kaiserin Maria Theresia und überhaupt nun ihre Regententätigkeit nicht ohne einen Anflug von professioneller, aber auch gemütvoller Bewunderung. Im Gegensatz zu anderen Potentaten war ihm Ritterlichkeit im Denken und Handeln nicht fremd geworden. Als ihn die Nachricht vom Tode der Kaiserin erreichte, wertete er das im Hinblick auf die politische Gesamtlage als einen schweren Verlust.

Der Krieg deckte die Schwächen im preußischen Heere auf[122]. Bei einer Soll-Stärke der beiden Armeen von 154.000 Mann hielten sich zwar die Desertionen mit 2.700 Mann in Grenzen. Nachteiliger wirkten sich dagegen schwere Epidemien (vor allem die Rote Ruhr) aus. Zeitweilig mußten fast 38.000 Kranke und Verwundete in den Feldlazaretten behandelt werden. Die Zahl der Toten belief sich auf 6.930. Verpflegung und Nachschub erwiesen sich als weitgehend unzureichend. Das Transportwesen brach fast zusammen. Die Artillerie war zu schwerfällig geworden. Sie konnte auf den böhmischen Bergstraßen mit ihren wechselnden Steigungen und Kurven nicht rasch genug bewegt werden. Der König sah dies alles mit noch beherrschtem Gesichte. Nach den ergebnislosen Operationen zog sich Prinz Heinrich mit seiner Armee Ende September und Friedrich dann Mitte Oktober aus Böhmen zurück. Er überwinterte lesend und schreibend in der soeben ausgebauten Festung Silberberg auf der Höhe von Neiße. Prinz Heinrich nahm, wie zu erwarten, wegen seiner zerrütteten Nerven im Dezember mit Unlust den Abschied. Der König hielt ihm im Februar schriftlich seinen geringen Wagemut vor. Aber das hatte bereits akademischen Charakter. „Krieg und Schlaffheit vertragen sich nicht miteinander", bemerkte der Chef der Familie zu dem um vierzehn Jahre Jüngeren, „wer nach reiflichem Nachdenken über seine Aufgabe nichts unternimmt, wird immer ein armer Herr sein". Hatte Friedrich ernsthaft mit einem anderen Verhalten Heinrichs gerechnet? Das Ergebnis des Feldzuges, sich eingeschlossen, nannte er bissig: „Heldentaten der Siebzigjährigen".

Eine Generalreform des Heereswesens begann er nach dieser Bilanz dennoch nicht zwischen 1779 und 1786. Er scheute auch die Kosten. Die schwachen Stellen im System kann man leicht aufzählen: Der Anteil bürgerlicher Offiziere wäre rasch zu verstärken gewesen. Eine Kriegsakademie mußte aufgebaut werden. Es fehlte eine Zentralkommission für alle rüstungstechnischen Fragen. Der Kasernenbau in den größeren Garnisonstädten hätte nun beschleunigt werden müssen, um das alte Quartiersystem gänzlich abzulösen. Auch die Soldzahlung für alle Chargen bedurfte einer Reform. Die Zahl der Inländer, mit mittlerer Dienstzeit (sechs Jahre) auf der Grundlage der Freiwilligkeit wäre zu erhöhen gewesen. Die Armee, gefürchtet und verfemt bis in die Zeit nach 1945, war eine Defensiv-Armee wie andere auch geworden. Die Armee eines „Friedensfürsten" zeichnete sich durch das zurückgehende Verhältnis zwischen Einberufenen und der Gesamtbevölkerungszahl des Staates aus. Auch wenn Friedrich Jahr um Jahr auf den Revuen die Kondition mancher Regimenter grantig bemängelte, änderte sich wenig. Es fehlte nach fast zwanzig Jahren die Geschlossenheit und Kampferfahrung wie um 1761. Dickbäuchige Generäle und Offiziere, vom nuancenreichen Wohlleben gezeichnet, konnten nicht junge arme Soldaten aus dem In- und Ausland für das rauhe Kriegshandwerk begeistern. Also waren alle diese Schwächen grundsätzlich zu beseitigen, das Offiziers-Korps war scharf und schnell zu verjüngen, doch gewiß nicht in wenigen Jahren. Und der König konnte sich nicht entschließen, einen besonderen jüngeren Oberbefehlshaber für das Heer einzusetzen. Es hatte das Zeitalter der Denkschriften begonnen, und auch der König selbst in seinen Klausen bedachte eher Defensiv-Strategien.

Die Politik des Fürstenbundes[123]

Österreich verfolgte nun mit Joseph II., der die Niederlage von Teschen keineswegs verwunden hatte, seine Absichten im Hinblick auf eine Übernahme Bayerns weiter. Es gelang – was Friedrich erst einmal in Abrede gestellt hatte – dem Kaiser, das russisch-preußische Bündnis nach einer Begegnung mit der Zarin durch besondere Absprachen zur Balkan-Politik teilweise zu entwerten. Diese Kompensationen auf anderen Interessengebieten dienten dazu, die Zustimmung der Zarin Katharina zur Übernahme des Stammlandes der Wittelsbacher zu gewinnen.

Kurfürst Karl Theodor, in Bayern wenig verwurzelt, erklärte sich überraschend bereit, nun seinen bayerischen Besitz im Tausch gegen den größeren Teil der wirtschaftlich wertvollen habsburgischen Niederlande mit Brüssel und das Stammland aufzugeben. Als dies zutage getreten war, griff Friedrich die an kleineren Höfen, wie Weimar, entstandene Idee eines *„Deutschen Fürstenbundes"* (1785) auf und durchbrach damit seine außenpolitische Einengung, indem er die Selbständigkeit Bayerns erneut mit der Waffendrohung zu bewahren ankündigte. Dem Bunde der „Kurfürsten" von Brandenburg-Preußen und Hannover, sowie von Sachsen schlossen sich bald die meisten weltlichen und geistlichen Reichsstände an. Wiederum hatte der Kaiser eine peinliche Niederlage erlitten. Er wich zurück. Obwohl Preußen hier nur mittelbar eine „deutsche" Politik, überwiegend hingegen klassische Interessenpolitik trieb, hat der Fürstenbund das moralische Ansehen Friedrichs und seines Staates als einer auch interkonfessionell handlungsfähigen Gegenmacht im Reiche für alle Aufmerksamen sichtbar werden lassen. Dazu war diese politische Krise erneut von einer reichhaltigen Publizistik begleitet, die auch lesefähige einfachere Bevölkerungsschichten erreichte. Friedrichs Tod wenig später beklagten deshalb auch jene, die ihn vormals noch verdammt hatten. Das Volk in Bayern und in angrenzenden Gebieten wußte den Retter aus dem Norden, den „Polarstern", ohnehin besonders zu schätzen. Nicht zufällig stellte man in den Bauernstuben der Höfe in Tal und Berg in den mit Kruzifix beschützten Herrgottsecken sein Bild wie eine Devotionalie auf.

Zwölftes Kapitel

Die „Staatsmaschinerie", die Landesökonomie und ihr Chef

Während der Kriege und nach dem Frieden von Hubertusburg gab es keinen einzigen Tag, an dem zwischen Gumbinnen und Wesel die „Staatsmaschinerie" still gestanden hätte. Der König und sein Kabinett konnten nicht die Schlüssel zu ihren Arbeitsräumen beim Husaren abgeben und in Urlaub gehen. Die Regierungs- und Verwaltungsorganisation blieb in den Grundzügen erhalten. Keine echte oder unechte Reform brachte Turbulenzen in das Räderwerk. Unverändert diente das Kabinett des Königs als vielfach bewunderte und gefürchtete Herrschaftszentrale. Es vereinigten sich beim *„Generaldirektorium"* (im Berliner Stadtschloß) die obersten Innen-, Steuer-, Wirtschafts- und die Provinzial-Aufsichtsbehörden. Nur selten betrat der König deren Diensträume. Unter dieser Zentralbehörde standen 12 Kriegs- und Domänenkammern (1779) für die Provinzen und die sonstigen Landesteile, sowie 12 ihnen unterstellte „Kammer-Deputationen" für abgelegene Regionen. Dort hatten die Steuerräte für die Städte ihren Sitz, und ihnen waren die Landräte als teilweise immer noch ständische Institution für das „platte Land" nachgeordnet. Mit ihnen allen führte der König über sein Kabinett fast täglich die dienstlichen Korrespondenzen.

Auf der obersten Ebene richtete Friedrich nach und nach aus der praktischen Arbeit heraus weitere Sachressorts ein[124]. Als erstes hatte er bereits das V. Departement für Handel und Gewerbe (1740), das VI. Departement für die Heeresökonomie (1746: Vorläufer des Kriegsministeriums) geschaffen. Nun entstand in der Hoffnung auf verbesserte Steuereinnahmen ein besonderes Departement für das gesamte Zoll- und Akzisewesen (1766: „Regie") und auch das VII. Departement für das Bergwerks- und Hüttenwesen (1768). Wegen des steigenden Energiebedarfs bei den großen Städten mußte die Forst- und Nutzholzverwaltung in einem eigenen VIII. Departement ausgegliedert und zusammengefaßt werden (1770).

Besondere Verwaltungskörper in dem losen Rahmen des älteren Geheimen (Etats-)Rates bildeten der Justiz-Staatsrat (1747), das Geistliche Departement (1764), der Justizminister für Schlesien (1742), das Kabinetts-Ministerium (= Auswärtiges Amt, 1740) und das Kriegs-Konsistorium (1739: für das Militär-Kirchenwesen). Dem König blieben unmittelbar (immediat) unterstellt das Departement des Provinzialministers für Schlesien (1741) und das frühzeitig begründete Oberbaudepartement (1740), von dem aus der Ausbau vor allem von Berlin und Potsdam geleitet wurde.

In allen diesen Behörden im Zentralstaat und in den Provinzen dienten dem König wenig mehr als 800 Beamte und sonstige Amtsträger. Im öffentlichen Dienst überhaupt, bis zum letzten Heidereiter, Bürgermeister und Stadtschreiber gab es kaum mehr als 5.000 Personen. Das sind grob gerechnet 0,1 Prozent der Bevölkerung. Vergleiche lassen sich mit den zeitgenössischen anderen Bürokratien anstellen, nicht mit einer überbürokratisierten Gegenwart.

Das Preußen Friedrichs mit gewiß auch wachsenden Aufgaben war alles andere als ein bereits bürokratisierter Staat, wie gelegentlich naiverweise behauptet wird.

In der *täglichen Regierungsarbeit*, über die die Nachlebenden einige zehntausend gedruckte und ungedruckte Kabinettsordres und sonstige Weisungen unterrichten, verkehrte der Herrscher mit seinen Ministern, Räten und sonstigen Chefs einzeln, obwohl es daneben unablässig Kollegialbeschlüsse in den Spitzengremien beispielsweise des Generaldirektoriums gab. Der Geschäftsverkehr mit dem König vollzog sich mit singulärer Promptitude in der schriftlichen Form oder dadurch, daß er – häufiger als sein Vater – führende Amtsträger für ein und zwei Tage nach Potsdam oder zu den sonstigen Orten während seiner Inspektionsreisen kommen ließ. Zu den in dieser Hinsicht aus wohlerwogenen Gründen bevorrechtigten Persönlichkeiten gehörten vor allem nun die Minister Ludwig Philipp vom Hagen (1764–1771), sodann des Königs ebenso belastungsfähiger Kolonistionsminister Friedrich Wilhelm von Derschau (1769–1779) und der als Wirtschafts- und Finanzfachmann seit 1770 stärker in den Vordergrund tretende Minister Friedrich Wilhelm Graf von der Schulenburg-Kehnert (1742–1815). Es versteht sich von selbst, daß er mit seinen schlesischen Ministern Ernst Wilhelm von Schlabrendorff (1755–1769) und Carl Georg von Hoym (seit 1770) mit am häufigsten unmittelbar kommunizierte. Für den Aufbau und Ausbau in Ost- und Westpreußen waren zuständig der vom Herrscher hochgeschätzte Oberpräsident Johann Friedrich Domhardt (bis 1781) und der wohl bedeutendste Kolonisator für die Ostprovinzen Franz Balthasar Schönberg von Brenckenhoff (1762–1780). Der aus Anhalt stammende wuchtige und wirtschaftsstarke Mann leitete das Retablissement in der Neumark und in Vor- und Hinterpommern wie ein Chefminister; seinen Namen führen noch heute ebenso einige Siedlungen diesseits von den jüngeren Flußgrenzen, wie auch Friedrichs Name trotz aller Bilderstürmerei in Brandenburg und Pommern nicht erloschen ist.

Zweimal jährlich, im Juni und im Dezember, veranstaltete der Arbeitsherrscher in Potsdam eine „Minister-Revue". Dann hielt man Rückschau auf das Geleistete, besprach und beriet das innenpolitische Programm für das nächste

Etatsjahr. Von der Hand des Ministers Derschau liegt ein Bericht über eine solche sommerliche Kabinettsbesprechung der Chefs (1770) vor. Die Praxis der Staatskunst des Königs ist daran ablesbar. Sämtliche Minister erschienen in der Frühe am 1. Juni, um „die gewöhnliche Untersuchung über den Zustand der Domänen und Finanzen in seinen Staaten" vorzunehmen. Der König sah die ihm einige Tage zuvor eingereichten aktualisierten General-Etats in Gegenwart der Chefs erneut durch. Er zeichnete sie dann ab, nannte und besprach die Sonder-Investitionen für das nächste Jahr, darunter beispielsweise 300.000 Taler für den immer noch unzulänglichen Grundbesitz des pommerschen Adels. Die Minister ermahnte er, wo nötig, die Hilfe für den Adel als Militärstand und Führungsschicht nicht zu versäumen: „Ich halte viel auf ihn, denn ich brauche ihn für meine Armee und meine Staatsverwaltung. Es ist Ihnen bekannt, wie viele wichtige Männer ich bereits daraus gezogen und was ich durch sie ausgerichtet habe. Ich bemerke mit Unzufriedenheit, daß er hie und da zu sinken anfängt; und das möchte und wollte ich nicht gern, besonders da er mir jetzt viel Freude macht, daß er anfängt, gesitteter, ordentlicher und brauchbarer zu werden." Die Minister wurden weiterhin angewiesen, Reisen der Untertanen als Fachleute in fremde Staaten zu fördern, um „anwendbare Kenntnisse" für das Vaterland zu gewinnen. Dies ist Jahr um Jahr mit großem Nachdruck betrieben worden.

Als Beispiel nannte der König für die Landeskultur und Landwirtschaft die aus England stammende *weiße Zuckerrübe*, die nun im pommerschen Amte Kolbatz angebaut würde. Das waren die Anfänge der vormals blühenden mittel- und ostdeutschen Zuckerrüben-Industrie. Ebenfalls in Kolbatz mit seinen Versuchsflächen wurden ausprobiert das Futterkraut der Luzerne, der Hopfenbau, die Stallfütterung und anderes mehr. Die Domänenpächter und Amtmänner hätten den allemal schwerfälligen Landleuten aller Provinzen die Vorteile der neuen Produkte und Verfahren vorzuweisen. Das geschah mit großem Erfolg.

Von den zu Gespräch mit den Ministern anstehenden Fragen der unmittelbaren agrarischen Landeskultur seien aus dem Programm dieses Jahres noch erwähnt: 1. Die Sache der Gemeinheitsteilungen (Separation), wobei der König geradezu mit Bergen von Dummheit zu tun hatte, weil „die Leute ihren eigenen Vorteil und Nutzen nicht verstehen wollten" und er nunmehr mit besonderen Kommissaren dieses Werk der Trennung der gutswirtschaftlich betriebenen Flächen von den bäuerlichen Flächen durchgeführt sehen wollte. Im ganzen Lande gebe es gemeine Hütungen, Brücher und dergleichen, die man für Wiesenwachs und damit für Viehzucht verwenden könne. – 2. Es könne und müsse auch wegen der gegenwärtigen Teuerung eine Korn-Handlungs-Societät begründet werden, damit der Handelsgewinn nicht bei den Hamburgern oder anderen Händlern, vielmehr im Lande bliebe. Die Brandenburger sollten an den Mündungen der Ströme selbst verkaufen, ohne daß die Ware durch die Hamburger Hände ginge. – 3. Regelmäßig ließ sich Friedrich über die „Englischen Wirthschafter" im Barnimer Amte Mühlenbeck berichten, wovon er sich einen allgemeinen günstigen Effekt erwartete. – 4. Die Personen-Zahl in der Kurmark im Vergleich mit 1756 findet sein besonderes Interesse; der Kriegsverlust würde spätestens 1778 nach Auskunft der Statistiker ausgeglichen sein. – 5. Wie sein Vater, verlangte er wiederholt, daß im Umfeld von Berlin, zumal an der Straße nach Oranienburg, „mehr Garten-Werk und Obstbäume angepflanzt und gebauet werden sollen", damit die einfache Bevölkerung für die Winterzeit reichlich mit getrockneten Früchten versehen sei. – 6. In langen schriftlichen und mündlichen Instruktionen werden die Kammern, insbesondere die von Magdeburg mit aller Energie dazu gebracht, so schnell wie möglich die neuen Futterkräuter auch im Hinblick auf die verbesserte Düngung der landwirtschaftlichen Nutzflächen anzubauen. Das bleibt ein Dauerthema. – 7. Kurz vor der Ministerkonferenz ersucht er um Auskunft, wie häufig fünf Stück spanischer Schafböcke, die er doch 1748 für seine Ämter angekauft habe, gesprungen seien und wie viele Schafe von diesen Böcken nunmehr gefallen seien. Dieses bedeutsame Thema der Nutztierrassen (!) beschäftigte ihn bis in seine letzten Wochen. – 8. In den Tagen nach der Konferenz übersendet er seinem Minister von Hoym in Breslau Musterkästen des hiesigen Landflachses und seiner Verarbeitung, damit die Leinwandhändler und Fabrikanten im schlesischen Gebirge mit den dortigen Webereien und den Spinnereien in den Klöstern sich von der Güte überzeugen könnten und ihm zu berichten hätten. – 9. Denselben Minister fordert er am 24. Juni auf, trotz der Fortschritte in der Landeskultur Oberschlesiens nunmehr die noch großen Lücken zwischen Oppeln und Ratibor mit ganzen Dörfern zu besetzen. Damit solle das dortige gemeine Volk aus seiner bisherigen Dummheit und Blindheit gezogen werden, indem man fremde, mehr vernünftige und gesittete Kolonisten in neue Höfe bringe.

Das Gespräch mit den Ministern ging sodann nach den verschiedenen Kolonisten- und Urbarmachungsprojekten zur „*Industrie*" über. Zur Sprache kamen verbesserte Verfahren im schlesischen Bergbau, im Steinkohlentransport, in der verstärkten Nutzung der zunehmend geförderten energiereichen Steinkohlen bei Bleichereien, Ziegeleien und den Kalkbrennereien, denn man mußte nun die zum Teil bereits ausgeschlagenen und das Klima durch Versteppung gefährdenden Wälder schonen. Auch den Abbau von Kobalt gab der König als Programm zu bedenken. Diese vor allem für den Minister von Derschau und den Bergbauminister vom Hagen bestimmten Richtlinien wurden ergänzt durch Diskussionen über die Arbeiten in allen anderen Ressorts.

Die Methode seiner Arbeitsgespräche mit den Ministern (die sich ähnlich auch in Berlin ereigneten, wenn der König vor dem Christfest wegen des

Karnevals im Stadtschloß weilte) ergab sich aus der polyfunktionalen Staatsbetrachtung. Nicht die allgemeine Staatspolitik, womöglich die Außenpolitik, war Gegenstand eines ausschweifenden Herrengespräches, während Land und Leute jeweils nur in kurzen Exkursen zu Worte gekommen wären. Das war nicht Friedrich. Seine Sache bestand nicht darin, die Finanzen oder aktuellen Notstände nebenbei zu entscheiden, um sich dann mit der Weltgeschichte des Absolutismus oder den fatalen Wirrsalen der Ideologien zu befassen. Staaten behaupten sich anders. Gegenstand seiner leitenden Kärrner-Arbeit mußte sein: das Staatswesen mit seiner orchestrierten Bevölkerung als Teil einer weiträumig und stets analytisch verstandenen *Landeskultur.* Das war das eigentliche Erbe seiner Vorväter und auch das Erbe von Jahrhunderten der brandenburgischen, preußischen, pommerschen, schlesischen, ja der so verstandenen europäischen Geschichte.

Der *Fortschritt der Landeskultur* mit Ausbau und Ertrag hatte die Staatsregierung zu interessieren, weit mehr als die kleinen Defekte im bürokratischen Räderwerk, die nebenbei anfielen. Sie regulierte der König mit einer Handbewegung oder einem Zornesblitz. Die Trägen hingegen, auch an den Universitäten, mußten gedrängt, die Faulen gestoßen, die Herzlosen gescholten werden. Dem folgten seine Minister. Der Eifer des an dieser Runde noch teilnehmenden Ministers vom Hagen war so stark, daß der König ihn mit einem ganz ernsten Briefe aus dem Amte nehmen mußte. Als er wenig später in seinem Berliner Hause entschlafen war, ließ der dankbare Herrscher eine opulente Gedächtnisfeier veranstalten.

Lob und Tadel konnten jeweils bis zur Ministerrunde auf verschiedenen Wegen das immer aufmerksame Ohr Friedrichs erreichen, wachend, wo andere sich versäumten. Auch verschloß er sich selbst der Kritik nicht, wenn sie nur vernünftig begründet daherkam und ihn nicht in einer ungünstigen Sekunde erreichte; dann freilich konnte er sich – empfindlich getroffen – fortdrehen, lädiert in der Autorität, plötzlich ganz Monarch. Wo, selten genug, Fundamentalkritik die Achsen des Staatssystems in Frage zu stellen schien, da verstummte der Dialog oder schlug in Schärfe um. Die Minister, als Gruppe oder individuell, verstanden es fast immer, diese Seiten ihres obersten Chefs zu beachten oder sich notfalls zurückzuziehen. Das kam selten genug vor. Eher stritt man sich, wie etwas später auch der hochqualifizierte Heinitz, wo Sachverstand und allgemeines Staats-Erfordernis aufeinander stießen.

In Potsdam je im Juni oder auf Reisen erreichte den König die nicht immer zu seiner Heiterkeit beitragende Kritik. Täglich kam sie zu ihm mit der Flut der Suppliken (Bittschriften) und den Berichten seiner Kabinettsräte. Da konnte nicht der Grundsatz gelten: „Majestät brauchen Sonne!", wie in anderen Hofschranzen-Zeiten. Diese massiv auf ihn eindrängende und ständig nachwirkende Miß- und Notstandskritik ließ allemal ein antiabsolutistisches, ja „demokratisches" Element in sein Regierungssystem einfließen, wie es die Mehrzahl der anderen, insoweit primitiveren Systeme der Alleinherrschaften nicht kannten. Dort entledigte man sich der härteren internen oder externen Kritiker bekanntermaßen nicht ganz selten auf die eine oder andere höfische oder fortifikatorische Weise. Festungshaft in diesem Sinne kam in Preußen selten vor.

Dieser merkwürdige, auch deshalb wohl zuweilen gehaßte Mann in Potsdam aber lebte in der Verfassungswirklichkeit des konzentrierten, des mit Fragen scharf bohrenden, am Abarbeiten der Tagesordnung interessierten Gespräches mit den grundsätzlich weisungsgebundenen Ministern. Alle Beteiligten wußten, daß Friedrich nicht nur die lichten Tugenden, den politischen Charmeur vorweisen konnte. Was ihn früh die alten Fürstenspiegel gelehrt hatten, galt nicht allezeit: freigebig und nicht habgierig zu sein, immer kraftvoll und mutig den Weg zu weisen, freundlich und nicht hochfahrend zu erscheinen, aufrichtig zu sein und nicht dunkel-schweigsam zu werden, nicht zu sprechen von solchen Postulaten wie fromm und nicht ungläubig – er, den teilweise Tiefreligiöse umgaben. Nein, aber von alledem floß etwas Menschliches und allzu Menschliches in das Geschäft dieser Dialoge ein. Nicht zu vergessen ist das gesundheitliche und gesamtpolitische Tagesbefinden, das jede Objektivität ins Schwanken bringt. Immer jedoch konnte und wollte der Herrscher seine gezügelte und zuweilen ungezügelte Emotionalität und seinen Spott gezielt einsetzen, um einerseits lästige Devotionen aufzubrechen und andererseits Autorität zu demonstrieren. Das Aufbrausende im Wesen des Königs, wußten nicht nur die Minister, war einzukalkulieren.

Das große Etatsgespräch im Juni blieb von unabweisbaren Grenzen der Freigiebigkeit bestimmt. „Wir geben, was wir geben können, was die Tresore gestatten". Auch der grau gewordene Friedrich behielt seinen Machiavelli im Kopf: „Knauserigkeit ist jedenfalls eine Untugend, die die Herrschaft erhält". Im Grundsatz. So bot der je neue Etat ein Programm, bei dem sich in der Sicht der Minister objektive Tatbestände mit Eigenheiten, Zwängen und Vorlieben des Königs mischten, deren Effektivität schweigend oder in Rede und Widerrede, auch im späteren schriftlichen Dialog bedacht werden konnte. Umschichtungen einiger Finanzposten waren immer möglich; auch eine Art Nachtragshaushalt konnte erwogen werden. Das Geld in der Landeskultur mußte arbeiten für das Dauerhafte, für das preußisch „Reelle".

Bei alledem ist zu beachten, daß die Chefminister unter den Augen des Königs quantitativ und qualitativ weite Arbeitsfelder der Staatsmaschine vor sich hatten, auf denen sie fast gänzlich allein zu entscheiden hatten. Der König mußte ihnen das, wie schon sein Vater, nicht ohne Resignation überlassen, indem er dann nur auf die Generallinie zu achten versuchte und die Realität seines Staatsbildes mit den Kabinettsordres in die Staatsmaschine wie einen Treibstoff einfließen ließ.

So wurden Jahr um Jahr in einigen hundert Gesprächen Minister und sonstige Chefs vom König auf diesen unmittelbaren Wegen über die Spezial- und General-Vorgänge der inneren Staatsverwaltung unterrichtet. Die Potsdamer „Ministerrevue" entsprach mithin bis 1775 einer Gesamtkonferenz des Generaldirektoriums unter Vorsitz des Königs. Den Blickverengungen der Ressorts, aber auch den Schwächen einer eingleisigen, doch in ihrer Qualität und Schnelligkeit hochrangigen Kabinettsregierung[125] wurde mit alledem wirkungsvoll begegnet. Mit den Chefs der Sonderbehörden und mit seinen Außenministern sprach Friedrich ohnehin auf besonderen Konferenzen.

Es hat den Anschein, als wäre der Staat zur Gänze auf Friedrich beziehungsweise seine Minister und auch die Kammerpräsidenten zugeschnitten. Die Wirklichkeit war komplizierter.

Drei Minister-Kollegien bestanden nebeneinander: 1. das Justizkollegium, das einen Teil des Justiz-Staatsrates bildete („Geheimer Etatsrat"). – 2. das Kabinettsministerium, welches unter der Direktive des Königs als „auswärtiges Departement" bestand. – Und 3. das eigentliche Generaldirektorium umfaßte schließlich acht Departements und dazu den General-Postmeister. Von 1766 an wurde jedoch das Zoll- und Akzise-Departement (das IV.) von anderen Aufgaben entlastet, so daß nun und erneut seit 1771 die Regional-Befugnisse über die westlichen Landschaften und dann über Magdeburg und Halberstadt an das III. Departement gegeben wurden. Auch das I. Departement erfuhr eine Aufspaltung in das Preußisch-Litthauische Departement einerseits und in das Departement für die Provinz Pommern, die Neumark, den Tresor und das Münzwesen. Damit hatte der König, ausgehend von der Reform des Steuerwesens selbst eine Entwicklung eingeleitet, die sich jedenfalls auf die modernen Fachministerien zu bewegte. Daß diese Veränderungen mit personalen Differenzen verbunden waren, war selbstverständlich. Auch der König konnte sich nicht der Einsicht entziehen, daß die Fachdepartements unumgänglich seien; mit dem Departement für Berg- und Hüttenwesen (vom Hagen, seit 1768) und dem für Forsten (1770) war der richtige Weg ebenso eingeschlagen, wie mit den Sonderstellungen für Justiz, dem Auswärtigen Dienst, das Oberbaudepartement, die Kirchen- und Schulverwaltung sowie die von seinem Vater bereits begründete, von Anfang an selbständige Oberrechenkammer. Der König, solange er konnte, hielt als nunmehriger Routinier das alles in Betrieb. Aber er durfte nicht erlahmen oder gar ausfallen, zumal kein behördlicher Überbau bestand – freilich mit Ausnahme des Kabinetts, auf das zu kommen sein wird.

Die Geschäftsordnung (1748), auch veranlaßt unter anderem durch die Unterschlagung von 40.000 Talern durch den pommerschen Kriegsrat Liebeherr, galt auch nach 1763 weiter. Sie sollte von Fall zu Fall die Minister und die Räte daran erinnern, ihre Zeit „nicht mit wunderlichen Disputen" zuzubringen, sondern den Vorgang umgehend an des Königs Majestät zu senden, wenn nicht binnen 6 Minuten Einigkeit erzielt sei. Hier sprach der Verwaltungs-Empiriker, weniger der Staatstheoretiker. Im übrigen blieb diese vom König selbst entworfene und verbesserte Geschäftsordnung über seinen Tod hinaus gültig, wie auch die sekundären Geschäftsordnungen, die mit jeweiliger Billigung des Königs für alle Kammern vom Generaldirektorium ausgingen, grundsätzlich Bestand behielten.

Der Kampf der Minister und ihres jeweiligen Anhangs gegen die Regie, in dem der König erst einmal hoffnungsvoll die Partei der Regie ergriff, führte schwere Turbulenzen herbei. Fast erweckt das Verhalten der Regie den Eindruck, als solle mit ihrer Rücksichtslosigkeit gegenüber der Staatswirtschaft eine Revolution in Preußen vorbereitet werden. Die Messe in Frankfurt/Oder litt unter dem Verhalten der Regie-Beamten. Zu einem fulminanten Konflikt wuchs es sich aus, als der Minister von Heinitz vom König die Lockerung der Schutzzoll-Bestimmungen zu erlangen suchte und scheiterte. Der Direktor des V. Departements, der Schweizer Emanuel Fäsch, hatte bereits im Januar 1746 einen Aufgaben-Katalog fertiggestellt, doch hielt auch er die Entwicklung nicht auf. Der König forderte im Frühjahr 1766 mit Brachialgewalt: „Die Herren sind bestellt, meine Arbeit zu exekutieren, aber nicht zu intervenieren [...]. Sie müssen gehorsam sein, sich regieren zu lassen und nicht zu regieren". So waren schon im Sommer 1767 die Geschäfte des IV. und V. Departements in einer Hand, und der Minister hatte eine Immediatstellung, die bis zum Tode Friedrichs andauerte. Man sieht, wie das Gewicht der Minister auch auf der Minister-Revue (bis 1772) de facto sehr verschieden sein konnte.

Der Wechsel durch Tod, Ausscheiden oder andere Umstände ist hier im einzelnen nicht zu verfolgen. Aber einen widerspruchsreichen Kenner wie Heinitz ertrug der König nur schwer. Er war wohl der klarste Wirtschaftskopf und mußte deshalb 1783 zwei Departements abgeben, behielt aber sein VII. Departement, wo er unersetzbar war. Zum Schluß arbeitete der König mit von Werder zusammen, der als ehemaliger Offizier an klare Subordination gewöhnt war und mit dem der Herrscher offenbar „konnte". So erhielt er auch noch zusätzlich das Salz-Departement und die Stellung des Generalpostmeisters, womit Einkünfte verbunden waren.

Grundsätzlich bestanden im Staat nach den Neugründungen seit 1779 weiterhin zwölf Kriegs- und Domänenkammern und neun ihnen unterstellte Kammerdeputationen, um deren Qualifikationen sich Friedrich unablässig mühte und auch personelle Auswechslungen vornahm. Die Deputationen hatten sich jedoch in der Vergangenheit nicht bewährt. Daneben gab es noch

Sonderentwicklungen (Geldern, Moers, Lauenburg-Bütow), die im übrigen die Legende vom zentralistisch regierten Einheitsstaat im Innenverhältnis in Frage stellten. Allenfalls in Ansätzen konnte das für die Hauptprovinzen gelten.

Aber auch hier bestanden mancherlei Relikte, sowohl auf der zentralen Ebene wie bei nachgeordneten Verwaltungen. Ein Beispiel bietet Ostpreußen, wo sich die „Regierung" in Konkurrenz zu den beiden Kammern als außerordentlich zählebig erwies. Fragen des Lehns- und Kassenwesens, der Oberaufsicht über die geistlichen Institute, Grenzfragen, Vasallentabellen, Akademie- und Bildungsfragen, die Prüfung der Hospital- und Kirchenrechnungen, das Pupillenkollegium und die Publikation von Edikten sowie weiteres behielt die Regierung sich vor, obwohl sie doch eine reine Justiz-Regierung geworden sein sollte. Erst 1762 ging der Präsident Domhardt dort daran, die ostpreußische Provinzialverwaltung auf einen einheitlichen Fuß zu bringen und so auch in anderen Regionen. Der König pflegte den noch immer erstaunlich vielgliedrigen Staatskörper, zumal Ostpreußen, behutsam anzufassen; die verschiedenen Elemente, auch ständische, hatten darin Platz. Für ihn hatte im Zweifelsfall der Primat der Außenpolitik, die Gefährdung des Staatsganzen den Vorrang vor allem sonstigen.

Aber das ganze „Staat" genannte Gebilde wurde zusammengehalten in der zentralen, Tag und Nacht in Trapp befindlichen Behörde des *Kabinetts*. Es war in dieser Form etwas Singuläres: Man hat geschätzt, daß zwischen 1721 und 1795 300.000 Anordnungen ausgefertigt worden sind. Also waren es schätzungsweise zwischen 1740 und 1786 etwa 150.000 Stück. Der König stieß zum Glück für die Forschung mit seinem Ratschlag von 1767, einfach „Unwichtiges" von älteren Kabinettsakten zu verbrennen, auf taube Ohren. So blieb vieles erhalten, teils im Original, teils als Abschrift (Minüten).

Der König wollte nach Möglichkeit jede Behörde von Rang jederzeit erreichen. Ein Teil der Akten enthält nur Marginal-Resolutionen; anderen haben die Kanzleiräte erst selbständig die Geschäftsstücke angepaßt. Am nächsten Tage spätestens sollte das Schriftstück an den Adressaten oder an das Generaldirektorium zur Rücksprache bzw. Gegenäußerung gehen. Berühmt war der „königliche Lapidarstil", in den kurz das Wesentliche zusammengezogen war. Nur die Instruktionen für die Kammerpräsidenten oder Räte enthielten viel Raum für ausführliche Aussagen.

Sämtliche Anordnungen des Königs hatten, wo es tunlich war, Gesetzeskraft. In den siebziger Jahren nahm allmählich die Macht des Generaldirektoriums und seiner Amtsträger zu. Der König mußte unter der Last der Geschäfte manches abgeben. 1780 zählte die Behörde 6 Minister, 24 Räte und 80 Sekretäre. Gegenüber den vierziger Jahren war das eine Verdreifachung. Friedrich griff nun schon seit 1763 auf das Institut des Kommissars zurück und schickte einzelne, ihm durch besondere Tüchtigkeit aufgefallene Amtsträger in die Provinz. So wurde 1763/64 der Finanzrat vom Hagen im Zuge einer Sonderprüfung losgeschickt. Nach dem dreitägigen Bericht desselben vor dem König ist er vier Wochen später zum Minister im Generaldirektorium ernannt worden.

War nun dieses Preußen Friedrichs geeignet, als ein „Maschinenstaat“, als eine „Maschinerie“ bezeichnet zu werden? Der König verwendete diesen Ausdruck nicht. Allenfalls kann man von einem System von Reparaturen, von Aushilfen und von Dauermaßnahmen längerer oder kürzerer Zeit sprechen. Der König wußte sich immer zu helfen. Aber wie war es mit dem Militär? Am ehesten trifft es noch für die blitzende kleine Armee von Mollwitz zu oder für die übrigen Schlachten, die noch in Linear-Taktik geschlagen wurden. Warum also hat Friedrich nicht seine Verwaltung stärker militarisiert? Es hätte doch nahegelegen. Die Antwort auf die Frage lautet: Zivil und Militär sollten möglichst nicht vermischt werden. Im Idealfall und im Realfall, jedenfalls überwiegend, sollte Krieg geführt werden, ohne daß der „Bürger“ das recht eigentlich bemerken kann. Der König in Uniform – aber keine Übertreibungen. Noch war das Militär längst nicht genügend angesehen. Ein Signal vielleicht, in das nur mäßig Begeisterung erweckende Heer beim Bürger, der auch die Lasten zu tragen hatte, es salonfähig werden zu lassen – mehr nicht. Kein „Militarismus“, jedenfalls nicht mehr Militär, als es für diesen Staat nötig erscheint.

Staatskunst

Die Staatskunst blieb bei alledem im Grundsatz auf das monarchische Prinzip ausgerichtet. Vorzüge und Nachteile des Systems lagen für ihn und seine Kritiker dicht beieinander. Es war trotz allem historisch vergleichsweise ein Ideal-System, das er über die Länge der Zeit hin mit seiner enormen Leistungskraft mit der Wirklichkeit im Lande zu vereinbaren versuchte und auch zu versöhnen vermochte. „Eine gut geleitete Staatsverwaltung“, notiert er im ersten Testament von 1752[126], „muß ein ebenso fest gebundenes System haben wie philosophische Lehrgebäude. Alle Maßnahmen müssen wohl durchdacht werden, und das Finanzwesen, die äußere Politik sowie das Heerwesen müssen demselben Ziele zustreben, nämlich der Stärkung des Staates und der Vergrößerung seiner Macht.“ Das ist die grobe Diktion des noch jungen Königs, bezogen auf den mit Zweifeln betrachteten Nachfolger. Seine Praxis sah bereits anders aus. Die folgenden Sätze enthalten die Didaktik: Das System könne nur einem Kopf, nämlich dem des Herrschers entspringen; die Herrscher dürften sich nicht durch träges oder wollüstiges Leben in den Gefilden der Frau Venus davon abhalten lassen, „an der edlen Aufgabe zu arbeiten, das

Glück ihrer Völker zu erstreben." Die schwachen Herrscher, meint er mit dem Blick auf August Wilhelm und andere Zeitgenossen weiter, würden sonst mit ihrem Namen in der Geschichte allenfalls eine Art von Anhalt in den Zeittafeln geben: „Ihre Pflichtvergessenheit gegen ihre Völker wird geradezu verbrecherisch. Ein Herrscher wird nicht zu seinem hohen Rang erhoben [...], damit er in Verweichlichung seine Tage zubringt, damit er sich aus dem Mark seines Volkes mästet und damit er allein glücklich ist, während alle Welt leidet. Der Herrscher ist der erste Diener seines Staates. Er wird gut besoldet, damit er die Würde seiner Stellung aufrecht erhält. Aber man verlangt von ihm, daß er tatkräftig zum Wohl seines Staates arbeitet und daß er mindestens mit Aufmerksamkeit die wichtigsten Staatsgeschäfte leitet. Er braucht natürlich Gehilfen [....], aber er soll den Klagen von jedermann sein Ohr leihen und prompte Gerechtigkeit denen widerfahren lassen, die man unterdrükken will." In diesen vielzitierten Sätzen begegnet man dem Kern der friderizianischen Herrschaftsauffassung, die man als „aufgeklärten Absolutismus" bezeichnet hat. Die Verfassungswirklichkeit war weitaus komplizierter, doch keine Frage: Die monarchische Staatspraxis vereinigte sich mit der Sozialtheorie des Vernunftrechts und des noch immer auf christlichen Grundlagen stehenden Königtums[127].

Unter Friedrich, dem Erben alteuropäischer Dynasten, verschoben sich freilich die Achsen des Herrschaftssystems. Nicht die Krone nahm, wie in den meisten ihn nicht nachahmenden Fürstenherrschaften den Vorrang ein, sondern der „Staat". Seine Macht und Gewalt in den inneren wie äußeren Beziehungen, sein Generalauftrag der Landeskultur sollte von dem vom Fürsten zu verstehenden Interesse des Volkes in allen seinen Schichten abhängig sein. Friedrich, der ungekrönte Träger der Krone, hat in diesem System bestimmte Aufgaben. Die Krone ist ein gleichsam die Hitze der Tagesemotionalität abkühlendes Medium, ein Katalysator auch für innerstaatliche „Machttriebe". Doch die Krone bleibt, gerade auch im regional vielschichtigen Preußen, das einheitsstiftende Grundelement des Staates. Über der sich nun verfeinernden Staatsmaschine blieb doch bestehen die „dynastische Natur des Staatswesens". Daran änderte sich auch über Friedrichs Tod hinaus im Prinzip nichts. Er ist sich über dieses starke Verfassungselement im klaren gewesen. Immerhin garantierte es den Zusammenhalt bis 1918. Das „Haus Brandenburg" blieb, bildlich gesprochen, der Körper, dem weiteres als Erbe und in Friedensschlüssen, auch mit Kriegen angefügt und aufgesetzt worden war. Es gehörte somit zu den festen Pflichten des Königs, einerseits das Gedeihen des Staates selbst zu befördern, andererseits die Amtsträger[128] an ihre Doppelfunktion zu erinnern. Sie sollten neben den unvermeidlichen fiskalischen Staatszwecken die Sozialökonomie der gesamten Landschaften mit allen Städten und Siedlungen und damit die Lebensverhältnisse der Untertanen stetig bedenken und verbessern. Diese Arbeit wurde von Friedrich und den Behördenchefs, wie das Beispiel von 1770 erläutert, als regelmäßige Erneuerung im Sinne eines humanitären Voranschreitens angesehen.

Der Begriff der allgemeinen staatsbürgerlichen „Freiheit" und einer allseitigen „Repräsentation", wie ihn dann das 19. Jahrhundert entwickelt hat, war Friedrich und seiner Führungsschicht weitgehend fremd. Die Stände in ihrer reduzierten Gestalt mochten ausreichen. Anklagen von Geschichtsideologen in diesem Punkt sind anachronistisch. Doch ist es fast absurd zu behaupten, „eine freie Meinung habe hier keinen Platz" gehabt (Ulrich Scheuner). Das Mitwirken der „Bürger" im friderizianischen Staat bestand im Rahmen der dem Wechsel unterworfenen Hierarchien und der anhörungs- und vertretungspflichtigen Obrigkeiten sowie der regionalen Landstände. Das Besondere der friderizianischen Verfassung zeigte sich gewissermaßen in einem unregelmäßigen Dreieck-System: König – Bevölkerung – Beamtenschaft und Institutionen. Seine relative Balance hing von der moralischen und intellektuellen Energie des Herrschers ab.

Dreizehntes Kapitel

Rechtsreformen: Der Müller-Arnold-Prozeß und die Folgen

Die Justizreformen, mit denen sich Friedrich Wilhelm I. schon mühte, hat Friedrich immer wieder anzustoßen versucht. Er verfügte über eine Reihe von Einsichten für den Fürsten in die Rechtspflege, von denen er lebenslang nicht abgegangen ist. Frühzeitig hatte er auch eingesehen, daß neue und moderne Kodifikationen nötig seien. Einen zentralen Grundsatz hatte er sich im Politischen Testament von 1752 notiert: „Ich habe mich entschlossen, niemals in den Lauf des gerichtlichen Verfahrens einzugreifen; denn in den Gerichtshöfen sollen die Gesetze sprechen und der Herrscher soll schweigen." Das war in dieser Klarheit damals noch sehr ungewöhnlich. Und 1768 schreibt er bereits etwas mißmutiger: „Wenn man auch der Hydra der Rechtsverdrehung ein paar Köpfe abschlägt, wachsen ihr doch neue. Die Raubgier erscheint in neuer Maske, und die Gesetze werden durch willkürliche Auslegung umgangen [...]. Sicherheit für Besitz und Eigentum: Das ist die Grundlage jeder Gesellschaft und jeder guten Regierung. Dies Gesetz gilt für den Herrscher wie für den letzten Untertan. Er muß darüber wachen, daß es befolgt wird, und er muß die Amtsträger, die dagegen verstoßen, mit äußerster Strenge bestrafen"[129].

In den siebziger Jahren beklagte sich Friedrich fast Monat um Monat über die Schwerfälligkeit, den weltfremden Buchstabenglauben und die für den einfachen Mann nicht verstehbaren Formen des Verfahrens und der Urteile im Justizwesen. Auch vermutete er mit seinem durch die frühe Lektüre Machiavellis geschulten Mißtrauen Korruption und Vetterwirtschaft. Ein Jahrzehnt verging um das andere, und die Neufassung, wie gefordert, der Gesetzesbücher für das Strafrecht, das Zivilrecht und das Prozeßrecht kamen ihm zu langsam voran. Auch hatte sich in Stadt und Land, zumal mit steigendem Wohlstand, die Prozeßsucht eingeschlichen. Ein Teil des Volksvermögens, so meinte er, wurde damit sinnlos verbraucht, und die Justiz- und Kammerverwaltung sah sich von wichtigeren Dingen abgehalten.

So wirkte der Streitfall um den Müller Arnold wie der berühmte Funke, der ein Pulverfaß zur Explosion bringt. Was mit dem Machtspruch des Königs in Berlin und Potsdam 1779/80 geschah, erregte weltweites Aufsehen und verbreitete den Nimbus dieses merkwürdigen Fürsten des Nordens als Hüter des Rechts des kleinen geschundenen Mannes bis hin zu den exotischen Ländern

Afrikas und Amerikas, wo man mit Sklaven wie mit Tieren handelte. Jedenfalls nahm der Mann mit dem Dreispitz die Rechte des schlichten Staatsbürgers jedweder Profession in Schutz. Dafür fehlt es nicht an bewegenden Beispielen. 1777 bemerkt der König in einer Kabinettsordre: „... daß in meinen Augen ein armer Bauer ebenso viel gilt wie der vornehmste Graf und der reichste Edelmann, und ist das Recht so wie für vornehme als für geringe Leute." Modern gesprochen: Der überhebliche Chef einer großen Bank hat sich für seine Zugriffe genauso zu verantworten wie ein kleiner Buchhalter. Solche revolutionären Grundsätze stießen trotz der Aufklärung auf das Unverständnis jener, die weithin in bequemen altständischen Vorstellungen leben mochten und die den unmerklichen Wandel der Zeiten nur oberflächlich wahrnahmen.

Was war geschehen? Dem *Wassermüller Arnold in Pommerzig*[130], welches im Kreis Züllichau-Schwiebus lag, geschah ein großes Unrecht. Denn ein Landrat von Gersdorff erdreistete sich 1770, mit der Anlage eines Karpfenteiches dem kleinen Mühlenbetrieb das dringliche Wasser abspenstig zu machen. Nur deshalb, so klagten die Eheleute Arnold, sei er die jährliche Erbpacht in Korn schuldig geblieben. Die Mühlräder drehten sich gewissermaßen zu langsam. Das vermeintliche Unrecht verstärkte sich nun noch dadurch, daß die Mühle durch das zuständige Patrimonialgericht eines Grafen Schmettau 1778 zwangsversteigert wurde, immer nach dem Buchstaben des Gesetzes. Doch das Patrimonialgericht, von einem Kreisjustitiar und nicht dem „Feudalherrn" Schmettau geleitet, verkannte die Möglichkeiten des Widerstandes der Arnolds. Diese begannen nämlich einen Rechtsstreit, von Instanz zu Instanz, in dem sie dann von den zuständigen Beamten und von Richtern auch des Berliner Kammergerichts abschlägig beschieden wurden.

Als letzte Instanz rief dann der Müller Arnold mit seiner überaus energischen Frau Rosina den König an. Die Bittschriftenlinde gab es schließlich für jeden Bewohner Preußens. Friedrich, ohnehin des Unmuts ob der Juristen übervoll, zog die Sache mißtrauisch an sich. Nach sorgfältiger Prüfung und auch Anhörung zu den Umständen, in moderner Sicht, gab er dem Müller Recht. Wasserrecht (fließende Gewässer) sei überhaupt eine öffentliche Angelegenheit, es könne nicht beliebig privat genutzt und vermarktet werden. Anschließend maßregelte er die beteiligten Amtsträger der Küstriner Justizregierung mit ungewöhnlicher Schärfe. Den beim König besonders angesehenen überdurchschnittlich intelligenten Justizminister Abraham von Zedlitz hielt er im Amt, obwohl dieser sich weigerte, gegen seine Beamten auftragsgemäß vorzugehen. Den für die Justiz zuständigen Großkanzler Fürst von Kupferberg, welchen er wegen des schleppenden Ganges der Justizreformen ohnehin scharf im Auge hatte, entließ er in einer Kürzest-Audienz: „Marsch, marsch, Sein Posten ist schon vergeben." Die ebenfalls entlassenen drei Räte, guten Gewissens, wurden in diesen Wochen von dem fürchterlich zürnenden König zur Verhaftung bestimmt und der Spandauer Festung überantwortet, freilich in außerordentlich komfortablen, mit Delikatessen ausgestatteten Quartieren (Aechte Darstellung der bekannten Müller Arnoldischen Sache, 1787). Dieser Vorgang erregte so oder so über Berlin hinaus sogleich größtes Aufsehen. Ein Teil der feinen Berliner Gesellschaft brachte in stiller Opposition zum Herrscher dem entlassenen Großkanzler gewisse Huldigungen dar. Graf Lehndorff, der Beobachter an der Seite der Königin, berichtet darüber.

Gleichwohl zeigt sich bei dem Vorgang vom ersten Machtspruch bis zu den Folgen, daß die Justiz unter diesem insoweit einmaligen König trotz des Eingriffs ein gewisses Maß an Unabhängigkeit bereits erreicht hatte. Ebenso wesentlich ist, daß nicht allein die individualistisch naturrechtlich urteilenden Richter, sondern der „eine sozialpolitische Richtung des Naturrechts" (Otto Uhlitz) vertretende König eine grundsätzlich ebenfalls zutreffende Rechtsauffassung verteidigt hat. Der listige Müller war nur das Objekt. Der König verfocht den später allgemein anerkannten Grundsatz, daß das Eigentum in genau bestimmten Fällen Schranken haben müsse, daß „fließende Gewässer öffentliche Sachen in gemeinem Gebrauch" seien, wie es schon im Römischen Recht üblich war und wo ebenfalls die Verpflichtung zum Konsens der Beteiligten bestand. So kann auch die für alle bestimmte Nahrung der Landwirtschaft nicht vom Eigeninteresse her beliebig manipuliert werden.

Das nach der großen Affäre begonnene Kodifikationsvorhaben des Allgemeinen Landrechts hat die Rechtsauffassung Friedrichs und anderer, so strittig der Vorgang unter Fachjuristen fernerhin blieb, ausdrücklich übernommen. Es kann keine Rede davon sein, daß sich „in der Geschichte kein bestürzenderes Beispiel für den mangelnden Sinn eines Herrschers für Recht und Justiz unter Berufung auf Recht und Justiz finde". Vielmehr war der außerdem gegen Amtsstubenjustiz und Sonderrücksichten gerichtete Entscheid Friedrichs trotz einiger Mängel dieses Falles dazu angetan, die unparteiische Justiz im Rechtsstaat Preußen nachhaltig zu befördern, das Rechtsbewußtsein zu schärfen und auch in dieser Hinsicht eine positiv-humane Staatstradition zu begründen und zu verstärken. So ist Friedrichs Satz vom Dezember 1779 bis in die alltägliche Gegenwart mit den Verwahrlosungen beim Eigentumsbegriff gültig geblieben: „Ein Justizkollegium, das Ungerechtigkeiten ausübt, ist gefährlicher und schlimmer wie eine Diebesbande". Das könnte man über das Portal des Bundesverwaltungsgerichts und des Bundesverfassungsgerichts mit goldenen Lettern als erlebte preußische Tradition setzen lassen.

Allgemeines Landrecht für die Preußischen Staaten

Das Allgemeine Landrecht für die Preußischen Staaten[131] ist als Ergebnis der Justizreformen der siebziger und achtziger Jahre zu verstehen. Es wurde 1780 (Kabinettsordre des Königs vom 6. April an den Justizkanzler Carmer) begonnen und ist unter vielfacher Mitwirkung der Stände der Provinzen mit großer Genauigkeit beraten worden. Der König erlebte noch die maßgeblichen Juristen Carl Gottlieb Svarez und Ernst Ferdinand Klein bei der Arbeit. In diesem Gesetzbuch, dessen Entwurf 1784 mit seinem ersten Teil in Berlin und Leipzig erschien, gewann das innere Staatsleben für mehr als ein Jahrhundert festere und verläßlichere einklagbare Grundlagen in Zivilsachen. Die gesamte bürgerliche Gesellschaft empfing als solche eine Art von Verfassung. Immer noch wird in Spezialfragen von den obersten Gerichten in Deutschland das ALR subsidiär beigezogen.

In der *Rechtspolitik* des Königs, die nicht unbedingt gleichzusetzen ist mit den rechtspolitischen Ideen seiner reformorientierten Mitarbeiter, begegnet dem Betrachter trotz mancher Einzelkonflikte die Haltung verantwortlicher Distanz des Königs, gepaart mit einem eigentümlichen durchgehenden christlichen Deismus. An den ostpreußischen Kammerdirektor v. Schrötter schreibt er: „Ich bin der erste Justitiarius über mein Land und muß Gott dermaleinst Rechenschaft geben, daß die Justiz darin gehörig verwaltet wird". Kurz vor seinem Tode konnte Friedrich mit der Kodifikation insgesamt recht zufrieden sein, auch wenn er rügte, daß das neue Buch und die Gesetze „recht dicke" seien. Der kleine Mann verstünde das nicht. Insoweit stand am Ende des von seinem Vater begonnenen justizpolitischen Weges denn doch ein nicht unerheblicher Erfolg. Die gleichzeitigen Arbeiten in Österreich („Josephisches Gesetzbuch": 1.11.1786) wurden endgültig erst 1811 abgeschlossen, also 17 Jahre nach dem Inkrafttreten des Allgemeinen Landrechts Friedrichs und seines Neffen.

Strafjustiz

Es wäre wenig sinnvoll, Friedrichs Strafrechtspflege nur mit den Grundsätzen des moderneren Rechtsstaatsdenkens zu bewerten. Mit Recht ist gefragt worden, ob der jüngere Grundsatz der Gesetzesbindung in der Strafrechtspraxis des späteren 18. Jahrhunderts etwas genützt hätte, wo man doch erst einmal dabei war, Schritt um Schritt von den grausamen Strafen des überkommenen „gemeinen Rechts" herunterzukommen. Auch ein Friedrich hätte nicht über Nacht den Strafprozeß auf die Grundsätze von *Öffentlichkeit*, *Mündlichkeit*, *Unmittelbarkeit* und *freier Beweisführung* umstellen können, wo doch die anderen Landesstaaten im Reich sich erst überwiegend nach 1815 und nach 1848 dazu entschließen konnten. Hingegen füllte er den Reformspielraum in der Gesetzgebung in immer neuen Anläufen aus und prägte auch in der Strafrechtspflege überwiegend positiv sein Zeitalter.

Dazu gehört nun in erster Linie die Humanisierung in der Strafrechtspflege. Er betonte den Grundsatz der Verhältnismäßigkeit von Verbrechen und Strafen, wo noch sein Vater einerseits sich als sehr harter Richter erwies, zudem wollte er andererseits die verstümmelnden Körperstrafen der alten „Carolina" nicht mehr verhängt sehen, und auch die kommunalen Entscheidungen in Hexensachen (seit 1714) wollte er generell sich vorgelegt sehen. Friedrich schaffte sogleich die grausame Strafe des „Säckens" bei Kindesmord 1740 ab, ließ die überflüssige Strafe der Landesverweisung fallen (1743), beseitigte mit Sarkasmus die Todesstrafe bei der Sodomie (1746); auch fiel alsbald die aus der reformierten Welt stammende öffentliche Kirchenbuße fort, dazu anderes mehr. Es ist zu bedenken, daß diese ersten Entscheidungen in Preußen getroffen wurden, bevor noch in Deutschland der Einfluß der französischen und italienischen Justizreform-Aufklärer einsetzte.

In Fragen der Exekution von *Todesstrafen* verhielt sich der König zurückhaltend. In der Regel übte er sein Begnadigungsrecht erst nach sorgfältigem Aktenstudium aus. Er verließ sich nicht als Regierungschef auf die Arbeit der Minister, wenn es um Tod und Leben ging. Vor Beginn des Krieges 1778/79 wies er die Justizverwaltung an: „Es soll auch in der ganzen Zeit kein Todesurteil vollzogen werden, sondern dergleichen Delinquenten, denen die Criminalgerichte die Todesstrafe zuerkannt haben, sollen so lange in die Festungen gebracht und aufbehalten werden, bis Ich wieder zurückkomme, alsdann Ich selbst erst zusehen will, ob sie den Tod würklich verdient haben oder nicht" (4. April 1778).

Seit dem Herbst 1785 verschärfte sich jedoch des Königs Grundhaltung im Zusammenhang mit Totschlag-Urteilen, die ihm nun doch im Hinblick auf die dringend notwendige Sicherheit der öffentlichen Ordnung zu mild und zu großzügig vorkamen. Einerseits wollte er entsprechend seinen Grundsätzen in die Rechtspflege nicht eingreifen; andererseits war er als tatsächlicher oberster Justiz- und Polizeiminister seines Staates für diese Aufsicht und die Strafschärfe mitverantwortlich. Als sich in einer Totschlagsache, wo sowohl der Vorsatz wie die Todesursache strittig waren, von der Criminal-Deputation" lediglich auf eine dreijährige Festungsarbeit erkannt worden war, riß ihm der Geduldsfaden. Er verlangte heftig die Todesstrafe (10. Oktober 1785). Es schien sich wiederum ein Justiz-Skandal anzubahnen. Doch bezeichnet es den Stand des rechtsstaatlichen Bewußtseins bei den obersten Juristen, daß der König sich nicht durchzusetzen vermochte. Seine Anweisung blieb unbeachtet. Wegen der eindeutigen Ergebnisse der Untersuchungen nahmen die Juristen des Berliner Kammergerichts die Meinung des Königs nicht für ernst. Sie verzögerten das Verfahren, wie auch in späteren Zeiten dies zum Handwerkszeug mancher Rechtswahrer gehörte. Am 4. September 1786 bestätigte dann König Friedrich Wilhelm II. das vorinstanzliche Urteil.

Auch andere Ereignisse der Spätzeit zeigen, daß sich die autokratische („absolutistische") Macht des Königs, bezogen auf das vielschichtige Gesamtgefüge des Staates, verringert hatte. Nimbus, Realität und spätere Geschichtsbilder klaffen auseinander.

Im März 1786 kommt er dennoch auf die zu milden Urteile der verschiedenen Justiz-Collegien zurück. Straßenräuber „auf öffentlicher Heerstraße" durften nicht mit zwei bis vier Monaten Festungshaft davonkommen; ewige Festung sei vielmehr angemessen. Die Richter mit ihrer ganz unverständlichen Milde („sind wohl nicht gescheid") seien verpflichtet, für die öffentliche Sicherheit des Publikums Sorge zu tragen. Gemeint war, daß nicht jeder krimineller Strolch nach kurzer Untersuchungshaft wieder freigelassen werden soll. Diese Vorhaltungen erwiesen sich angesichts der unverändert verbreiteten wüsten Raubmord-Kriminalität in den dünn besiedelten und waldreichen östlichen Provinzen als voll berechtigt. 1767 werden vom König kriegserprobte Husaren und Dragoner eingesetzt, um das „gesindel", woher es sich nur immer eingeschlichen hat, in den Wäldern der Neumark zu jagen.

Gegenüber bewiesenem Mord zeigt Friedrich eigentlich fast immer eine geradezu alttestamentliche Härte. Ein Beispiel: Ein sehr böser Handwerksgeselle erschlug das Kind seines Meisters rüde mit einem Hammer. Nachsichtige Richter verurteilten ihn keineswegs zum Tode, sondern nur zu einer lebenslänglichen Zuchthausstrafe. Friedrich äußerte sich indigniert. Aber ließ das Urteil laufen und verzichtete auf einen Machtspruch: „Das ist Nichts als ledige und Dumme Vohrwort [= Fürsprache]. Der Kerl hat ein Kind umgebracht, wenn er Soldat [wäre], So würde er ohne Prister executirt, und weillen diese Canaille ein Bürger ist, So macht man ihn melancholisch [= unzurechnungsfähig], um ihn zu retten. Schöne Justiz."

Andererseits tritt Friedrich aus seinem sozialen Rechtsgefühl heraus für *mildere Urteile* ein. Er korrigiert wiederum die oberen Gerichte in Strafsachen, wenn kalt-schematisch verurteilt wurde. Einen Schäfer der Neumark hatte das Küstriner Gericht zum Tode „mit dem Rade" verurteilt. Dieser Schäfer hatte in schwärmerischem Aberglauben seinen Sohn umgebracht, weil ja auch Abraham im Alten Testament seinen Sohn hatte opfern wollen. Mit modernem Durchblick schreibt der König den wohl stumpfen Richtern die fürsorgliche Randbemerkung auf das Aktenstück:

„Galgen und Rad bessern solche Narren nicht. Bringt den Kerl ins Tollhaus, und laßt ihn dort menschlich und vernünftig behandeln"[132].

Das entscheidende Kriterium in Friedrichs später pragmatischer Justizpolitik ist nicht die fortwährende Deklamation seiner Justiz-Grundsätze oder auch einzelne Justiz-Irrtümer, sondern das Ausmaß der hellwachen Aufsicht über die gesamte Justizlandschaft und über die tatsächlichen Leistungen der Juristen. Er bekämpfte „die Hydra der Rechtsverdrehung, die Habgier der Richter und Advokaten und die willkürliche Auslegung der Gesetze", so auch Johannes Kunisch. Da ist es ihm nun, wie die Beispiele zeigen, in Hunderten von Fällen gelungen, den von ihm immer betonten Grundsatz der Verhältnismäßigkeit von Verbrechen und Strafen über die wohl erwogen nicht aus der Hand gegebene Bestätigungspraxis zu bewahren und einzuschärfen.

Auch die 1754 endgültig verfügte *Abschaffung der Tortur* (Folter) konnte noch bei Sonderfällen aufgehoben werden, jedoch nur durch den Herrscher selbst. 1772 und 1777 genehmigte er ausnahmsweise für die Strafverfahren gegen Banden von Straßenräubern (Stargard/Pommern, Müncheberg bei Berlin) die Anwendung des Foltertroges, eines ausgehöhlten, mit einem Deckel verschließbaren trockenen Baumstammes, der den so gut wie überführten Gauner und Verbrecher zum Geständnis zwingen sollte. Doch waren das Sonderfälle, die es auch in jüngeren Zeit, bei besonders abscheulichen Verbrechen in Deutschland gegeben hat, wo redliche Richter am Werke waren.

Die Folter war übrigens weit über Preußen hinaus unter den Justizreformern der Aufklärung nicht unumstritten. Der König wußte das. Der Franzose La Bruyère, Anwalt und zugleich Literat, wandte sich andererseits scharf gegen die Fortdauer der Folter in Frankreich: „Die Folter ist eine absolut sichere Methode, um einen Unschuldigen von schwacher Gesundheit zu töten und einen Schuldigen von robuster Konstitution zu retten." Dies diskutierte man im In- und Ausland. Um so bedeutsamer war der Widerhall dieses Teiles der friderizianischen Justiz-Politik. Den Gerichten war nämlich damit das seit langem als kaum entbehrlich angesehene Mittel zum Finden der forensischen Wahrheit genommen, soweit nicht fernerhin besondere fest umgrenzte Ausnahmen galten. Das Geständnis als „Königin der Beweise" fehlte, wo immer man das Neue einführte, in der gesetzlichen Beweistheorie des Inquisitionsprozesses. Bei dem sog. halben Beweis, der bis dahin häufig zum trockenen oder blutigen Foltern geführt hatte, blieb es fortan zweifelhaft, ob der Beschuldigte (Inquisit) weiter in Haft behalten werden durfte, bis sich im Laufe der Zeit stärkere Beweise gegen ihn fanden – oder ob der Bösewicht nach dem Ableisten des uralten Reinigungseides endgültig freigelassen werden konnte. Im übrigen wurde nach Ermessen die Freiheit in dieser Zeit auch ohne Eid gewährt. Seit 1740 und 1754 versuchten nun die Juristen unter der Aufsicht von Friedrichs Justizkanzlern vielfach, der Schwierigkeiten von Fall zu Fall auf Grund der neuen landesherrlich gebotenen Rechtslage Herr zu werden. Es brauchte immerhin fünfunddreißig Jahre, bis in Göttingen, Rostock, Zürich (1775) und in Leipzig (1785) allgemein beachtete Werke erscheinen konnten. Das geschah erst, als Preußen der älteren kleinstaatlichen Perücken-Juristerei längst enteilt war.

Die Jahrhunderte lehren, daß der Erdbewohner die Menschenrechte braucht wie das tägliche Brot. Ist er der Willkür, auch einer vordergründig juristisch geordneten Willkür, ausgesetzt wie körperlichen Eingriffen zur Erzwingung von Geständnissen, ist sogleich ein entscheidendes existentielles Recht in Frage gestellt. Die atavistisch praktizierte Tortur stellt neben der Tötung (ohne Urteil) das Maximum solcher „Maßnahmen" dar. Friedrich wußte das bereits um 1740, auch hatte man es ihm erläutert. So widerte ihn dieses Stück Archaik und Mittelalter an, und er ließ es unter der Obacht der aufmerksamen Juristen abschaffen. Das ereignete sich verständlicherweise ohne Beschluß des Regensburger Reichstags. Die sogenannten Reichsgerichte (nicht in Karlsruhe, sondern in Wetzlar) schwiegen; die kaiserliche Regierung schwieg samt den unaufgeklärten Dynasten. Alle, die hinter dem Walde wohnten, gaben ihr Unverständnis zu erkennen. Die Glocke der Menschenrechte hatte erneut geläutet, – nach den Schlägen für die Toleranz und jenen gegen die Hexenverfolgungen.

Friedrich hielt, wie er sagte, in Strafrechtsfragen die Augen offen. Er ging mit den etwa fünfzehn bestätigten Todesurteilen pro Jahr einen Mittelweg zwischen der ihm nicht unvertrauten Spezialprävention (Besserung der Verurteilten) und dem Abschreckungszweck der Strafe bei Mord, Brandstiftung und schweren Raubfällen, wo er eher für verschärfte Strafen eintreten konnte. Doch drang auch, unendlich langsam, Menschlichkeit im Justizwesen voran. Bereits 1749 ordnete er an, daß bei öffentlichen Hinrichtungen der rechtskräftig Verurteilte vor der schrecklichen Radstrafe unbemerkt von den Henkersleuten erdrosselt werden sollte.

Ein gehöriges Stück Nachmittelalter blieb mithin noch bestehen, weil die Argumente der Praktiker nicht ohne weiteres zu widerlegen waren. Friedrich füllte in beiden Hälften seiner Regierungszeit den ihm zugänglichen Reformspielraum in der Gesetzgebung und in der Aufsicht über die Praxis aus, weil eben auch für ihn das aufgeklärte Naturrechtsdenken nicht auf allen Gebieten und mit einem Schlage durchzusetzen war. Mitteleuropa schaute gleichwohl auf ihn und seine spätere Justizpolitik. Das war kein schlechtes Ergebnis, zumal der Samen, den er noch ausstreuen konnte, dann aufgegangen ist.

Insofern ist die Behauptung Friedrich Meineckes nicht zutreffend, daß der König die Ziele der Humanität nicht in seine Programme der Staatsraison aufgenommen oder doch nur unvollkommen erfüllt habe. Das Gegenteil läßt sich beweisen: Das Mögliche wurde nicht nur angestrebt, sondern erreicht. Das Ideale seiner Aufklärungsgedanken behauptete sich nicht nur im Dialog und in den Schriften, sondern im täglichen Handeln, im Kampf mit dem Drachen der Gewohnheiten, im Widerstreit mit den alltäglichen Traditionen, mit den Verwaltern öffentlicher Aufgaben. Entscheidend aber bleibt, ob der Herrscher im Handeln die Grenzen einer obsolet gewordenen Tradition zeitgemäß zu transformieren vermochte, ohne das Kunstwerk des gewachsenen Staates im Kern, also in existenzgefährdender Weise zu beschädigen. Die große „Maschine" war gußeiserne Turmuhr und feine Taschenuhr zugleich. Der Umgang mit dem Recht, das öffentliche Sicherheit, Frieden und Freiheit umschloß, stand hier an erster Stelle des idealen und des realen Regierungsprogramms. Auch bedurften Relativismus und Opportunitätsdenken der ständigen Kontrolle und Korrektur. Das war kein Zwiespalt für Zwiespalt-Theoretiker, sondern es ist zeitlose Regierungsaufgabe, die ja in den Grenzen ihrer Zeit und nicht in denen des 19. oder eines anderen Jahrhunderts zu verstehen ist.

Vierzehntes Kapitel

Der König und seine Armee in Friedenszeiten[133]

Ein alt gewordener, ein ausgekämpfter Feldherr – er mag so berühmt sein wie der große Friedrich – hat immer etwas Unwirkliches, auch etwas Widersinniges an sich. Als Kronprinz Friedrich mit seinem Königs-Vater im Sommer 1734 am Oberrhein mit dem unverändert weithin berühmten Feldherrn Prinzen Eugen zusammentraf und sie ihn bei dem sinnlosen Kriege mit Frankreich wegen der Thronfolgefrage in Polen beobachteten, als bereits die Schwäche offenbar wurde, diesen Feldzug ohne schwere Verluste für das Haus Österreich und den hinfälligen Kaiser Karl VI. zu beenden, da fanden König und Kronprinz „beim Heere nur noch den Schatten des großen Eugen." Der Held hatte sich selbst überlebt. „Der Prinz scheute sich vor dem festen Philippsburg", berichtet Friedrich etwa ein Jahrzehnt später, „seinen wohlbefestigten Ruf dem Zufall einer achtzehnten Schlacht preiszugeben." Und wenig später, nach dem nächsten Desaster in Ungarn, rief der verzagte Kaiser seinem nun verstorbenen Generalissimus nach: „Ist denn das Glück des Staates mit dem Helden gestorben?"

Der Zufall des allgegenwärtigen Todes und auch der Zufall der alternden Generationen bestimmt nicht selten das Schicksal der Staaten. Wäre Friedrich im Sommer 1763 erschöpft von den unbändigen Anstrengungen des Krieges gestorben oder tödlich getroffen von einer seiner Krankheiten, so hätte Preußens Schicksal wahrscheinlich einen anderen Verlauf genommen, auch wenn Prinz Heinrich erst einmal an die Regierung gekommen wäre. Alles verlief anders. Illusionslos ging der König an die Reorganisation der Staatsfinanzen, an das Retablissement im Lande und in der Landesverteidigung. Und sogleich zeigte er Zug um Zug mit derselben Grantigkeit und Härte wie vordem, daß er die Waffen nicht rosten, die Offiziere nicht im Garnison-Trott verwahrlosen, die Festungen nicht verfallen lassen wollte. Er war, das sah man an den anderen Höfen, noch lange nicht der ausgekämpfte Feldherr, der sich selbst überlebt hatte. Er blieb „ganz Nerv" – und er wußte für sich, warum die Zeiten nach Hubertusburg zwar anders, doch nicht ungefährlicher geworden waren. Es gab genug Katzen, die das Mausen nicht lassen konnten.

Retablissement des Heeres

Von den drei Hauptbereichen, mit denen der König es zu tun hatte, besaß das Geldwesen die Dringlichkeit des Kurzfristigen; die Rekonstruktion der Armee war als mittelfristig einzustufen, und die radikale Stärkung der Landeskultur verstand er als langfristige Aufgabe des Staates in allen seinen Gliedern. Das Heer (denn eine Kriegsflotte würde es, wie er schrieb, auch weiterhin nicht geben) erforderte nun größte Anstrengungen im Hinblick auf die bekannte paradoxe Situation, einerseits nach einem Friedensschluß – gleichsam aufatmend – zu demobilisieren und zugleich andererseits weiter den bisherigen Rüstungs- und Mobilmachungsstand aufrecht zu erhalten.

Aus der ziemlich gleichen Lage heraus beauftragte Kaiserin Maria Theresia, wennschon undifferenziert, ihren verehrten Feldmarschall Daun in dem neuen Staatsrat, als Mitglied auf den einzigen Endzweck zu drängen, „aller meiner Erbländer Einkünfte, Ausgaben, besonders militaire, Hof- und anderer Stellen gründlich einzusehen, auf die möglichen Verbesserungen fürzudenken und Mir in allen Landes- und Militärangelegenheiten mit ihrem treuen Rate an die Hand zu gehen". Insbesondere komme es auf eine gründliche Kenntnis der „innerlichen Kriegsverfassungen" an, „welche einen Hauptgegenstand der Beratschlagung, wie solche aufrecht zu erhalten und zu verbessern sei, abgeben wird" (9. Dezember 1762). Dieses deutliche Schreiben der Allerchristlichen Majestät im Angesicht des Friedens und der Niederlage, zeigt die Wahrheit des Satzes, daß nach dem Krieg immer auch vor dem Krieg ist.

König Friedrich verfügte Anfang März 1763 einschließlich der Besatzungen in den Festungen und den starken Garnisonen und der sonstigen Ersatztruppenteile über etwa 215.000 Mann. Das war nun wirklich alles, was zwischen Königsberg in Preußen und Wesel am Niederrhein den bunten Rock trug. Von diesen Uniformierten wurden im Frühjahr 1763 sogleich 42.000 Inländer für die notleidenden Landwirtschaften entlassen. Außerdem mußten mit ihnen 37.000 Militär- und Proviant-Transport-Pferde abgegeben werden. Für einige Zeit, bis zur nächsten bedrohlichen politischen Krise, umfaßte die kriegsfähige Armee etwa 150.000 Mann. Damit stand sie hinter Österreich-Ungarn (297.000) und Rußland (224.000) an dritter Stelle in Europa, wenn die Zahlen nicht trügen. Für die Mächte mit maritimem Potential ist ohnehin anders zu rechnen. Seit 1764 und 1767, als in Polen und im Südosten neue dunkle Wetter aufzuziehen begannen, meinte der König etwa 140.000 Kampftruppen aufbringen zu können, wie er vertrauensvoll seinem Bruder Heinrich schrieb: „Man merkt sichtlich Fortschritte in der Disziplin, die sich von Jahr zu Jahr befestigt. In drei Jahren wird die Armee wieder die Festigkeit gewonnen haben, die sie vor dem Kriege besaß, und die männliche Sicherheit, die in den letzten Feldzügen verloren gegangen war" (PC 26, 123). Bis 1770 hoffte er, die Armee auf den alten Stand gebracht zu haben. Er verstand das

Militär als Defensiv-Truppe: „Wenn wir nicht ganz Europa zu bekämpfen haben, können wir die Grenzen so schützen, daß der friedliche Bürger, ruhig und ohne in seiner Häuslichkeit gestört zu werden, nicht wissen würde, daß die Nation sich schlägt, wenn er es nicht aus den Kriegsberichten erführe" (1768). Die Masse der Regimenter war nach einem strategisch durchdachten Plan über die Provinzen verteilt: Brandenburg mit Potsdam und Berlin stand voran (14); es folgten Pommern (5), Magdeburg (3), Schlesien (5), (Ost-)Preußen (4), Westfalen (3). Dazu kamen die Besatzungen der Festungen und der befestigten Häfen wie Kolberg und Emden. Der König arbeitete mit den je aktuellen statistischen Listen, deren Extrakte ihn auch auf den Besichtigungsreisen zu den Revuen in die Provinzen begleiteten. Nach der Erwerbung von Westpreußen mit einigen dortigen Regimentern wurde die Armee nicht mehr auffällig erweitert.

Im Jahre 1786 verfügte der König über ein immer noch ansehnliches, auch gefürchtetes Heer von brutto 194.000 Mann. Es wurde getragen von einer Bevölkerung von 5.230.000 (5.228.586) Bewohnern der Provinzen (Zivilbevölkerung). Das ganze Preußen umfaßte am Ende der Regierungszeit fast fünfeinhalb Millionen Menschen, die sich rasch vermehrten (1800: 6.220.000 Zivilbevölkerung). Das Heer setzte sich zusammen aus 55 Infanterie-Regimentern (mit 110 Bataillonen), 25 Grenadier-Bataillonen, 27 Garnison-Bataillonen, 4 Land-Regimentern, dem Feldjäger-Korps, dazu 35 Reiter-Regimentern (Kürassiere, Dragoner und Husaren), 234 Schwadronen, 4 Feldartillerie-Regimentern. Dazu kamen noch die Garnison-Artillerie, die Pioniere und Handwerker (Mineurs, Pontonniers und das Ingenieur-Korps). Im Kriegs- und Krisenfalle konnten mit den vorhandenen Kadern „Leichte Truppen" aufgestellt werden. Als äußerste erreichbare *Kriegsstärke* wurde im April 1763 die Zahl von 208.240 Köpfen errechnet.

Zum Nachkriegsstand der Armee gehörten ein Geschützbestand von 732 Kalibern (mit 14.427 Pferden), durchschnittlich 35.000 Pferden für die Kavallerie, die wie bisher in „Polen" (Podolien, Ukraine, Wolhynien) aufgekauft werden mußten, weil die preußische Pferdezucht nur einen kleinen Teil des Bedarfs, zumal in Kriegszeiten, zu decken in der Lage war. Außerdem spielte für den König bei der Ausrüstung die Einhaltung des Kostenrahmens eine erhebliche Rolle.

Die Wirtschaft des Staates wurde durch das relativ starke Heer nicht unerheblich belastet, wobei es in zahlreichen älteren Arbeiten an exakten Analysen fehlt und seit 1789 nachgeschriebene Behauptungen die soziale Wirklichkeit des Wirtschaftsstaates außer acht lassen. So ist es unzutreffend, daß Preußen mit durchschnittlich 100.000 eigenen Kantonisten bei der Bevölkerungszahl von 5,5 Millionen (Krünitz: 6 Millionen) einen wesentlich höheren Militär-Belastungsgrad als das im übrigen mehr als dreimal so starke Österreich (19 Millionen) gehabt habe; daß der Nationalreichtum der anderen durch ihre Kriege weit höher verschuldeten Staaten umfänglicher gewesen ist, wird dem Staat des Königs von Preußen eher auf der Haben-Seite anzurechnen sein. So muten die meisten angebotenen Tabellen mit den divergierenden Zahlen aus unkontrollierten Schätz-Quellen unzuverlässig an. Interessanter ist schon die sonst in der vergleichenden Debatte über „Militarisierungen" wenig beachtete Tatsache, „daß in Friedenszeiten etwa 7 Prozent der dienstbaren Mannschaft ausgehoben werden konnten" (R. Kroener, 1985, 1989). Ein Zweites kam hinzu. Die Wirtschaftspolitik des Königs blieb darauf gerichtet, in Friedenszeiten die eigene Volks- und Arbeitskraft möglichst zu schonen. So wurde nicht nur fast die Hälfte seiner Geworbenen aus dem Ausland geholt, sondern es gab auch umfassende Freistellungen für die in den Manufakturen tätige Bevölkerung und Beurlaubungen für die im Dienst stehenden in- und ausländischen Soldaten: eine Arbeitsarmee. In der Regel waren von einer Kompanie 60 Männer beurlaubt; sie konnten in der Landwirtschaft und anderswo arbeiten, gleichviel ob als Bauernsöhne und als Landarbeiter. So wurden mithin 70.000 Mann jeweils beurlaubt; dazu kamen an die 13.000 „Freiwächter", die in den Garnisonen vom Wachdienst freigestellt waren und Gelegenheitshandwerke arbeiteten. Es war der Exerzierkunst der Offiziere überlassen, wie sie trotz dieser Einschränkungen vor den Augen des Königs ihre Formationen mit aller Exactitude paradieren lassen konnten. Jedenfalls gehörte die Arbeits- und Wirtschaftsarmee, funktionierend, zu den Geheimnissen des Wirtschaftsaufstiegs seit 1763[134].

Invaliden, ,Alte Kameraden' und Hinterbliebene

Das relative Ansehen des Soldatenstandes, auch die nachwirkende erstaunliche Attraktivität der preußischen Werbungen in Kriegszeiten (unbeschadet der zeitweise hohen Zahl an Desertionen) hing entscheidend davon ab, ob es so etwas wie ein allgemeines Bewußtsein dafür gab, daß von seiten des Königs (und sekundär der Verwaltung) für die ausgedienten Kämpen und deren Angehörige gesorgt werden würde.

Bereits 1746 hatte der König per Zirkular-Reskript verlangt, daß sämtliche Kammern unbedingt mehr Invaliden im Zivildienst einstellen. 1747 wurden ihnen Listen von 391 Militärangehörigen zugeschickt, die lesen, schreiben und rechnen konnten und die nun als Polizei- und Heidereiter, als Kanzlei-Boten und als Beschäftigte im Post- und Salzwesen in Frage kämen. 1758 ließ er das wiederholen, und eigentlich in allen folgenden Jahren. 79 Invaliden legten die Prüfung vor dem Generaldirektorium ab und konnten in den Schuldienst übernommen werden. Keineswegs wurde jeder ausgediente Soldat Lehrer. Unablässig drang der König aber darauf, daß „seinen alten Kameraden" geholfen würde. Die Anekdoten-Sammlungen sind gefüllt mit Randbemerkungen hierzu. Im Herbst 1762 sandte man eine Anzahl Invaliden nach Preußen, wo man während der russischen Besetzung niemanden einstellen konnte.

Bei der Errichtung der Steuerverwaltung (Regie) wurden 1775 Steuerempfänger, Kontrolleure, Wiegemeister, Torschreiber und Brückenwärter in der Hauptsache mit ausgedienten Unteroffizieren besetzt. Wie weit das der Höflichkeit Schaden zufügte, mag dahingestellt sein. Allein die „Kaffee-Regie" beschäftigte 200 „Kaffee-Riecher", die sich natürlich ebenfalls nicht gerade beliebt machten. Aber 3.000 Invaliden konnten in der Kurmark als Militär-Kolonisten angesetzt werden, ebenso in der Neumark, in Pommern und im waldreichen Preußen. So konnten insgesamt wohl 10.000 Invaliden versorgt werden. Das war freilich nur ein Bruchteil der Invaliden; denn 1785 waren 5.900 Mann unversorgt, im Jahre 1786 waren es 6.500 Invaliden. Wer bis an die Altersgrenze diente, und das waren viele, schuf dem Staat ein Dauerproblem, und das nicht nur in der preußischen Armee.

Auch Witwen und Waisen blieben ganz überwiegend auf Fürsorge angewiesen. Der Schlesischen Landschaftskreditbank gab der König 1770 100.000 Taler, aus deren Zinsen den Waisenkindern von Offizieren Beihilfen gewährt wurden. Das geschah auch andernorts. Doch stand in erster Linie der Gedanke der Selbsthilfe, nicht der Wohlfahrts- und der Versorgungsstaat im Vordergrund. Auch fehlte es an Normen, und Ungerechtigkeiten kamen immer wieder vor. Vielen wurde aus dem Heer herausgeholfen; man dürfe die alten kranken und ausgedienten Soldaten in ihrem Elend nicht im Stich lassen. Die fahrbaren Feldlazarette entwickelten sich schließlich so weit, daß während des Siebenjährigen Krieges außerhalb der Schlachtfelder rund 200.000 Mann entlassen werden konnten (Dr. Cothenius). Auch wurden aus den Feldapotheken kostenlos Arzneien verabfolgt. Aber zweifellos konnte hier (und noch viele Jahrzehnte später) mehr geschehen.

Persönlichkeiten und Haudegen

Nach Kriegsende sah sich der König, je länger desto mehr, erheblichen „Kader-Problemen" gegenüber. Die lange Kampfzeit hatte die qualitätsvolle Führungsschicht zerschlissen; Krankheiten, Erschöpfung und Ranküne taten das ihrige. Die Armee steht und fällt jedoch mit den beispielgebenden, obschon nicht immer „menschlich" vorgehenden Gestalten oder Persönlichkeiten. Seydlitz und Zieten sind die überzeugenden Beispiele noch in der späten friderizianischen Armee, die im übertragenen Sinne ein buntes Bild abgab. Die nicht immer glückliche und gleichwohl um Modernisierung bemühte Reorganisations-Arbeit des Königs und seines Stabes hatte es mit zählebigen, am persönlichen Interesse klebenden Strukturen zu tun, wie der „Kompanie-Wirtschaft". Doch der Offizier als Unternehmer, wie er sich seit dem Dreißigjährigen Kriege herausgebildet hatte, wurde nun abgeschafft oder doch reduziert. Es waren damit auch erhebliche Nachteile im Hinblick auf die unmittelbare Auswahl geeigneter Mannschaften verbunden.

Während in der allgemeinen Heeresverwaltung bis 1786 vom König kaum Änderungen vorgenommen wurden, ist den Kompanie- und Schwadrons-Chefs die Ausländer-Werbung gänzlich und die Beurlaubung und Freistellung der Mannschaften zum Teil abgenommen worden, damit sie sich ihrer eigentlichen militärischen Aufgabe stärker widmen konnten. Die Verringerung der Einkünfte erregte erheblichen Unmut, mehr jedoch nicht.

Das *Kriegsdepartement* unter den Minister-Generalen *Carl Heinrich v. Wedel* (1761–1777), *Carl von der Osten-Sacken* (1777–1779) und *Lewin Rudolf von der Schulenburg* (1779–1788) vereinigte als eine Art Kriegsministerium in sich die Geheime Kriegskanzlei, die Marsch-, Einquartierungs- und Servissachen, das General-Proviant-Amt und die Magazine, die Salpeter-Sachen (Sprengstoff-Herstellung), die General-Adjutantur (d. h. die Verbindungsoffiziere zum König), den General-Inspekteur der Artillerie, den Chef des Ingenieurkorps und der Festungen, den General-Auditeur (Gerichtswesen), den General-Intendanten (Versorgungsfragen), den General-Quartiermeister (Stabsarbeiten), die Aufsicht über das Militärwaisenhaus in Potsdam sowie die Invaliden-Sachen (seit 1770). Diese Zentralisierung erwies sich als vorteilhaft, denn der König hatte es nun mit klaren Organisations-Verhältnissen zu tun. Dem dienten auch die bald nach dem Kriege eingerichteten sechs Infanterie- und fünf Kavallerie-Inspektionen. Sie waren gegen die Anciennität mit jüngeren erfahrenen Generälen besetzt, die unmittelbar unter dem König in den Provinzen für einheitliche Grundsätze bei der Ausrüstung und der Ausbildung sorgen sollten. Gleichzeitig kümmerte sich der König selbst um die Aufbringungen der Mannschaften, um die Einteilung der Formationen, um die Fechtweise und um die Versorgung. Insoweit bestand ein gewolltes duales System, welche dem starken Kontroll- und Informations-Bedürfnis des Königs entgegenkam.

Für den besser qualifizierten Nachwuchs gründete der König am 1. März 1765 in Berlin die Kriegsakademie (Académie des Nobles), anfänglich für zwanzig Kriegsschüler („Zöglinge"). Sie und das gesamte Offizierskorps wurden u. a. mit den Schriften des Königs instruiert und unterrichtet: die „Generalprinzipien des Krieges", die „Grundsätze der Lagerkunst und der Taktik" und den Instruktionen für die verschiedenen Waffengattungen.

1764, noch unter dem Eindruck des glücklich beendeten Krieges, waren die Potsdamer Paraden vor dem König eine europäische Sehenswürdigkeit. Der Schotte *James Boswell* (1740–1795) bestaunte das Exerzierreglement und die Disziplin der rasch wieder aufgefüllten Armee, in die von den heimgekehrten Gefangenen aus den Internierungs-Lagern Österreichs 300 Offiziere und 40.000 Mann sogleich wieder eingetreten waren, – ohne Personalgut-achterausschuß. Boswell berichtet: „Ich .... ging zur Parade. Ich sah den König. Es war ein großartiger Anblick. Er trug einen einfachen blauen Rock mit einem Stern sowie einen einfachen Hut mit einer weißen Feder. In seiner Hand trug er einen Stock. Die Sonne schien strahlend. Er stand vor seinem Schloß mit einer Miene eiserner Zuversicht, welche keinen Widerstand dul-dete. So wie ein Magnet die Nadeln oder ein Sturm die hochragenden Eichen bewegt, so erstarben die preußischen Offiziere in ehrfürchtiger Ergebenheit, wenn Friedrich der Große majestätisch in ihrer Mitte wandelte".

Die auswärtigen Regimenter besichtigte der König regelmäßig auf seinen *Revue-Reisen*. Die 1764 vorgesehene Reise nach der Hafen- und Hauptstadt Königsberg/Pr. mußte wegen der zunehmenden Thronwirren und revolutio-nären Unruhen im polnischen Nachbarstaat abgesagt werden. Seit 1773 nahm der König die Truppenschau und die unmittelbaren Verwaltungsgeschäfte für West- und Ostpreußen in Mockrau bei der Festung Graudenz ab. Alle Revuen waren mit scharfer Kritik, mit beglückendem Lob und mit Beförderungen verbunden, – je nachdem, welchen Eindruck des Königs Auge gewonnen hat-te. Er konnte sehr nachtragend sein. Wer ihm im Kriege aufgefallen war durch Plündern, Ängstlichkeit vor dem Feinde, Trunksucht, sexuelle Unordentlich-keiten, Mangel an Subordination, Unsolidität („keine Stänkereien"), hatte im Frieden nicht viel zu erwarten. Aber wer nicht ungünstig aufgefallen war, durfte seines Wohlwollens sicher sein: „Alte Offiziers sind ein Schatz, den man beym Regiment zu conservieren suchen muß. Ich werde zu seiner Zeit schon hier fortzuhelfen wißen", schreibt er dem Generalleutnant v. Wunsch auf ein Gesuch.

Überhaupt behielt sich der König die oberste Gewalt und Rechtsprechung in Fragen der Disziplinierung und überhaupt der moralischen Verbesserung des Offizierskorps und der gesamten Armee vor, wie er sich auch bis in sein Sterbejahr in allen Sachen „vom Kriege" die primäre Kompetenz zuschrieb. Dies schloß nicht aus, daß er aufmerksam zuhörte, wenn neue Techniken an-geboten wurden oder wenn ihm besuchende Offiziere anderer Armeen „Fal-sches" und „Richtiges" vortrugen.

Die Armee steht und fällt mit den beispielgebenden, den wenigen taktisch und strategisch klugen, jedoch nicht immer „menschlich" vorgehenden Ge-stalten. Das war in der späten friderizianischen Armee nicht anders, die im-mer im übertragenen Sinne ein buntes Bild abgab. Der König hielt bis 1781 hartnäckig an dem Offizier *Heinrich Wilhelm von Anhalt* fest, einem natürli-chen Enkel des Alten Dessauers, der professionell das Pionierwesen (Ge-niewesen) und die Kartographie für sich entdeckt hatte und alsbald vom Kö-nig beachtet worden war. Dieser vergaß ihm, einem der vielen Fürstensöhne des Hauses Anhalt in preußischen Militärdiensten, nicht, daß er 1761/62 die

„reitende Artillerie" geschaffen hatte, mit der die gefährliche numerische Unterlegenheit ausgeglichen werden konnte. Des Prinzen-Sprößlings grobe, überhebliche und jähzornige Art – unter Dynasten nicht selten – führte freilich zum Ausscheiden wertvoller Offiziere, was Friedrich abwägend hinnahm, weil er Anhalt für unverzichtbar hielt. Zuletzt nahm Anhalt noch Dienst in der Armee seiner Tante Katharina.

Unter den groben Kriegsgurgeln ragte auch der Berliner Gouverneur *v. Ramin* heraus, während andererseits der Urbrandenburger *v. Möllendorff*, vielfach ausgezeichnet, die besseren Traditionen im Offizierskorps verkörperte und vom Wohlwollen des Königs begleitet blieb. Ebenfalls ein Brandenburger war *Friedrich Christoph von Saldern* (1719–1785), der als Kommandeur der Magdeburger Infanterie-Inspektion und als Taktik-Spezialist zu überragendem Ansehen gelangte; die Spleenigkeit und die Marotten der adligen und nichtadligen Offiziere des 18. Jahrhunderts, vom König toleriert, sind, wie auch späterhin, demgegenüber unerheblich.

An die Stelle des vergrämt ausgeschiedenen Königs-Schwagers *Prinz Ferdinand von Braunschweig-Wolfenbüttel* trat dessen Neffe, der Erbprinz Karl Wilhelm Ferdinand, der nach Friedrichs Tod den Rang eines Feldmarschalls erlangte, freilich nicht des Glückes des militärischen Ruhmes seines Oheims teilhaftig wurde. Ihm schrieb er vertraulich: „Großer Gott, von welchen Wesen hängt das Schicksal der bejammernswerten Sterblichen ab. Ein König von Frankreich, der keine Ahnung von den Interessen seines Königreiches hat, ein König von Spanien, der verrückt ist, eine Königin von Portugal, die ihrem Beichtvater ausgeliefert ist, ein König von England, den Bute an der Leine führt, ein König von Neapel, der Freudenhäuser würdig ist, eine Herrscherin aller Reußen, die ebenso stolz gegen Europa als klein gegen ihre Liebhaber … Das sind Menschen, mit denen man zu tun hat und ohne deren Hilfe keine politische Action unternommen werden kann."

Herkunft

Ein Auszug aus der Liste der Generäle (Priesdorff, 1763–1786) zeigt, daß der König seine Stabsoffiziere zu Generälen erhob, wenn er über längere Zeit in Krieg und Frieden mit ihnen zufrieden gewesen ist. Diese Zufriedenheit konnte er noch unterstreichen durch die Höhe der Pension, durch Orden und Beförderungen. Unter Friedrich dienten etwa 192 Generäle. Von ihnen kamen 122 aus den preußischen Gebieten; 49 stammten aus dem nichtpreußischen deutschen Umland und 22 kamen aus dem Ausland (überwiegend aus Kurland). Das ergibt immerhin einen Anteil von 35 Prozent „Ausländern", die sich mühelos der Armee eingegliedert haben. Aus den Habsburger Landen und überhaupt dem katholischen Süden erreichte diesen Rang niemand.

Fünfzehntes Kapitel

Fortschritte im Landesausbau und die Staatsbevölkerung

Unbeschadet von den Arbeiten zur Beseitigung der Kriegsschäden im Rahmen des Retablissements betrieb Friedrich seit 1762 weiterhin die Staatssiedlung in den meisten Provinzen[135]. Dies waren gewissermaßen in der Perspektive die für das Land bedeutsamsten Aktivitäten neben den Anfängen der eigentlichen Industrialisierung. Wie bisher ließ er in- und ausländische Kolonisten zu Sonderrechten in den Dörfern, auf den wüsten Feldmarken und in den dafür vorbereiteten Städten ansetzen. Was bald nach dem Regierungsantritt in Ländern, in denen wirtschaftliche Not oder konfessionelle Unduldsamkeit herrschten, begonnen worden war, ist nun verstärkt und mit weit höherem finanziellen Einsatz fortgeführt worden. Denn die potenteren Nachbarstaaten versuchten in gleicher Weise Personengruppen für sich zu gewinnen. Aber Friedrichs weithin noch zu dünn besiedeltes Preußen mit der Mitte und dem Osten bot große Chancen für Zuwanderer, welche nicht zuletzt mit dem Lockruf der Toleranz und der Rechtssicherheit angesprochen werden konnten. Also wirkten weiterhin die Werber in den Werbe-Residenturen in großen westdeutschen Städten mit ihren Versprechungen und verwiesen auf die magische Gestalt eines Königs, auf den man sich wohl verlassen konnte: Die Reise- und Unterhaltskosten für künftige Kolonisten aus Baden (z. B. Fehrle) wurden erstattet, urbar gemachtes Land konnte sogleich aus den Ämtern heraus zugeteilt werden, Steuer-Freijahre wurden gewährt, keiner brauchte den womöglich lästigen Militärdienst zu fürchten (das galt auch für Kinder und Kindeskinder), und vor allem sollte jedermann seine Religion ungestört ausüben können. Nach Wunsch konnten die Pfarrer mitgebracht werden. Da war es gleich, ob man das Knie beugte in einem schlichten Bethaus oder in einer wieder ausgebauten Feldsteinkirche. Aber der Königs-Staat hatte auch Forderungen an seine Zuwanderer: Man erwartete Arbeitsamkeit, auch einen Grundbestand an christlicher Leitkultur und ein sich Einfügen in die preußische Gesellschaft. Erwünscht waren etwas Kapital (immerhin 200 Taler, „keine Bettler") und überhaupt die an sich selbstverständliche Bereitschaft, sich in die Rechtsordnung Brandenburg-Preußens einzuordnen. Hinsichtlich der Sprache ging man erst einmal davon aus, daß Zweisprachigkeit selbstverständlich war. Störende Elemente wünschte der König nicht. Viele der neuen Dörfer erhielten sogleich ausgebildete oder sonst geeignete Schulmeister. Einerseits waren die Ämter und der König darauf bedacht, möglichst viele Personen in dem Land anzusetzen; andererseits zeigte es sich vielerorts, was nicht überrascht, daß die Besitzer größerer Stellen sich als seßhafter erwiesen. Erstaunlicherweise hielten sich dennoch viele der Büdner-Siedlungen, der kleinen Etablissements oder der kleinen Gewerbesiedlungen (Teer-Schwelereien) als Siedlungskerne. Die großen Waldungen mit der nun beginnenden rationellen Forstwirtschaft gaben für viele dieser Zuwanderer Arbeitsplätze ab.

1769, beim Vorbereiten der Melioration des Rhin- und Dossebruchs zwischen Neustadt und Rathenow, forderte Friedrich nach ungünstigen Erfahrungen mit allzu ärmlichen Büdnern das Ansetzen von Bauern, „weil diese im Falle der Not blieben und Haus und Hof nicht so leicht verlassen". Aus vielen Gesprächen am Wegesrande hatte der Landesherr sich unterrichtet, wie er überhaupt ein starkes und fast ursprüngliches Faible für Landesausbau und Landwirtschaft besaß, ja, auf diesem Gebiet besonders glücklich war. Das Manufakturwesen mit seinen unvorhersehbaren Kapitalbewegungen war demgegenüber viel schwieriger zu handhaben und zu steuern. Je größer die Zahl der wiederbesetzten Feldmarken („neue Siedlungen") war, desto stärker stieg naturgemäß der Aufwand für Zuwanderer von weither. Die Hofstellen für die Salzburger in Ostpreußen verschlangen noch bis zu 500 und 600 Talern. Mit 100 oder 200 Talern konnte man nur Büdnerstellen bezahlen. In der Aufnahme des Kapitals für sein Siedelwerk zeigte sich Friedrich nicht wählerisch. Bei der „Kurmärkischen Landschaft", dem Kreditinstitut der Stände, ließ er die hohe Summe von 220.000 Talern entleihen. Keine Frage: wer sonst, wenn nicht die Stände, sollten hier mithelfen. Aber genau betrachtet wirkten nun die Stände an der Zersetzung ihrer älteren Sozialordnung mit und zerstörten damit die Grundlagen ihrer Existenz[136].

Die bevorzugten Gebiete der Staatssiedlung waren die Kur- und Neumark, Pommern und Magdeburg. Um 1746 zählte man in der Kurmark (ohne Neumark) bereits 94 Dörfer mehr als vor dem Dreißigjährigen Krieg. Dazu kamen nun die Siedlungen der friderizianischen Zeit, die auf rund 350 Orte zu veranschlagen sind, so daß allein Brandenburg in der Zeit von 1688 bis 1786 einen Zuwachs von rund 450 ländlichen Siedlungen verschiedener Größe zu verzeichnen hat. Die Zahl der angesetzten und nicht wieder abgewanderten Kolonisten überwiegend „ausländischer" Herkunft betrug in Stadt und Land 19.559 Familien, davon entfielen als Hauptanteil 14.383 Familien auf die Zeit von 1740 bis 1786 (nach den Angaben des Ministers von Hertzberg, 1787). Damit lag Brandenburg an zweiter Stelle der Provinzen, nach Ostpreußen nebst Litthauen (14.886 Familien), aber noch vor Schlesien (14.050 Familien). Es ist einleuchtend, daß allein diese Aktionen vor wie nach dem Großen Kriege einen mächtigen wirtschaftlichen Anschub bedeuteten.

Einen besonderen Rang in dieser Perspektive nahm Berlin ein[137]. Die an
Berlin gebundene Zuwanderung ging über die kommunalen Grenzen bereits
hinaus. Die gesamte Zuwanderung ist nicht genau berechenbar. Doch wird
mit rund 4.850 Familien wohl der größte Teil der nichtpreußischen Zuwanderer erfaßt. In dieser Zahl sind etwa 1.500 Familien (mit niedrigem Multipli-
kator gerechnet: 6.000 Personen) der Französischen Kolonie enthalten. Um
1755, noch vor Kriegsbeginn, zählte man 100.336 zivile Einwohner. 1790
hingegen waren es bereits 150.803 Zivil- und Militärpersonen.

Die Zuwanderung erwies sich als folgenreich für die gesamte Landeskultur, weil die Kolonisten andere Anbaumethoden oder die Möglichkeit neuer
Züchtungen mitbrachten. Differenzen zwischen Alteingesessenen mit einem
mehr oder weniger hohen Trägheitskoeffizienten und den munteren Kolonisten etwa aus der Pfalz, aus Lothringen oder aus Sachsen waren nicht ver-
wunderlich. Durch den Fortgang der Entwässerungsarbeiten, die Steigerung
der Erträge im Ackerbau (mehrjährig beackertes Land wurde nun Jahr um
Jahr bestellt) und durch die Edelkulturen (Tabakbau im unteren Odertal bei
der Uckermark) und durch Importe von Zuchtvieh konnte eine höhere Stufe
der Landeskultur erreicht werden. Ihre Ergebnisse, fortgesetzt im 19. und
20. Jahrhundert, sind noch heute in den deutsch gebliebenen Teilen Preußens
an den Einrichtungen, den Bauten und Wirtschaftsgewohnheiten abzulesen,
wenn man genau hinschaut. Aber auch in Schlesien oder Hinterpommern
leben viele Strukturen der friderizianischen Zeit fort, weil sie durchdacht
waren.

Die *Sozialstruktur* wurde also durch den unablässigen Zufluß der Kolonisten stark verändert. Neben der älteren provinzialen und staatlich überform-
ten Gesellschaft stand nun der „Kolonistenstaat". Der König und seine Verwaltung erweiterten ohne Revolution ihr Terrain auf der lokalen Ebene. Es
entwickelten sich verstärkt seit 1763 diese neuen privilegierten Gruppen mit
eigenen „Freiheiten". Das waren gewissermaßen erweiterte Immediatstände,
die also unmittelbar unter dem König und seiner Verwaltung standen, so wie
es immer beispielsweise in Brandenburg neben den Gutsherrschaften Imme-
diatbauern gegeben hat, ebenso in Ostpreußen. Es ist einleuchtend, daß dieser
Wandel an der Basis auf die Reform überhaupt des sozialständischen Aufbau-
es der Bevölkerung vor wie nach 1786 eingewirkt hat.

Zu den besonderen Leistungen dieser Landeskulturarbeit im 18. Jahrhundert gehören die von den Königen in eigener Initiative durchgeführten Projekte der Entwässerung in den Urstromtal-Gebieten in der Altmark, im Havelland, im Oderbruch, dann im Warthe- und Netzebruch sowie an zahlreichen anderen Stellen auch der westlichen Provinzen. Im Oderbruch, einem
Jahrhundertprojekt, konnten als Folge der Kanalbauten 130.000 Morgen Land
als Nutzfläche gewonnen werden. 1134 Familien aus aller Herren Länder

wurden in dreißig neuen Dörfern und sonstigen Siedlungen angesetzt. Als der König 1763 auf der „Bewallung", also den neuen Deichen stand, sagte er zu den Beamten und Arbeitern: „Hier habe ich im Frieden eine neue Provinz erobert"[138]. Jedesmal warf der König, wenn er nach Pommern und Westpreußen reiste, einen Blick auf den Fortgang der Meliorationen an Oder, Warthe und Netze.

Eine große Melioration folgte auf die andere. Jedes Jahr erörterte er, hier besonders wohlwollend, mit dem zuständigen Minister den Stand der Arbeiten. Nachdem in der Neumark und in Pommern die Hauptsache geleistet war, wurden anschließend im Dossebruch und Rhinluch 15.000 (3.750 ha) Morgen Land gewonnen und mit Königsgeldern 25 Siedlungen für etwa 1.500 Kleinbauern mit Hof und Acker aufgebaut. Wiederum war es der nun schon alte König, der im Juli 1779 die neuen Anlagen am Rande von Havelland und Ruppin besichtigte.

Der authentische Bericht des Fehrbelliner Ober-Amtsmannes Fromme zeigt Friedrich einzigartig „in Aktion": Der König war am frühen Morgen in Begleitung des Grafen Goetze von Sanssouci aufgebrochen und in flottem Trabe mit seiner Kutsche über Nauen, Königshorst und Fehrbellin auf den alten Damm in das Rhinluch gelangt, wo ihn der Beamte erwartete und wohl gleich am nächsten Tage getreulich alles über seinen König und ihren Dialog für seinen Onkel, den Dichter Gleim, berichtete: „Nun besorgte ich den Vorspann, richtete mich aber doch so ein, daß, sobald Ihro Majestät auf den (Rhinower) Bergen waren, ich auch da war. Als Ihro Majestät ausstiegen aus dem Wagen, ließen Sie sich einen Tubum [Fernrohr] geben und besahen die ganze Gegend, und sagten dann: Das ist wahr, das ist wider meine Erwartung! Das ist schön! Ihr seid ehrliche Leute gewesen! (Zu mir:) Sagt mir mal: Ist die Elbe weit von hier? – Fromme: Ihro Majestät, sie ist zwo Meilen von hier! Da liegt Werben in der Altenmark, dicht an der Elbe. – König: Das kann nicht sein! Gebt mir den Tubum noch einmal her. – Ja, ja; es ist doch wahr! Aber was ist das andere für ein Thurm? – Fromme: Ihro Majestät, es ist Havelberg. – König: Na! Kommt alle her! (Es waren der Amtsrath Klausius, der Bauinspector Menzelius und ich.) Hört einmal, der Fleck Bruch, hier links, soll auch noch urbar gemacht werden und, was hier rechts liegt, ebenfalls, soweit als der Bruch geht. Was steht für Holz drauf? – Fromme: Elsen und Eichen, Ihro Majestät! – König: Na! Die Elsen können gerodet werden, und die Eichen, die können stehen bleiben; die können die Leute verkaufen, oder sonst nutzen! Wenn's urbar ist, dann rechne ich so dreihundert Familien und fünfhundert Stück Kühe; nicht wahr? Nun antwortete keiner; zuletzt fing ich an und sagte: Ja, Ihro Majestät, vielleicht! – König: Hört mal, Ihr könnt mir sicher antworten: Es werden mehr oder weniger Familien! Das weiß ich wohl, das man das so ganz genau sogleich nicht sagen kann. Ich bin nicht dagewesen, kenne das Terrain nicht; sonst versteh ich's so gut wie Ihr, wieviel Familien angesetzt werden können. Bauinspector: Ihro Majestät, das Luch ist aber noch in großer Gemeinschaft [Gesamtbewirtschaftung]. – König: Das schadet nicht! Man muß eine Vertauschung machen oder ein Äquivalent dafür geben, wie sich's thun läßt am besten. Umsonst verlang ich's nicht. – (Zum Amtsrath Klausius:) Na! Hört mal, Ihr könnt's an meine Kammer schreiben, was ich urbar will gemacht haben; das Geld dazu geb ich! – (Zu mir:) Und Ihr geht nach Berlin und sagt es meinem Geheimen Rath Michaelis mündlich, was ich noch urbar will gemacht haben."

Der König besichtigte in eineinhalb Tagen das Gebiet von Fehrbellin über Neustadt und Rhinow, Rathenow (Übernachtung), Genthin und Brandenburg und rollte dann befriedigt nach Potsdam zurück. Nicht nur die Einwohner der fernen Provinzen konnten sich jedenfalls vielerorts auf seine kritische Visitation verlassen, sondern auch rundum in der Kurmark. Die Beamten sprachen mit ihm, wie dieser gesamte Bericht und viele andere Berichte zeigen, respektvoll und zugleich in der Regel klar und deutlich. Auf seine Art kontrollierte der König hier am Beispiel der Kolonisation unaufhörlich das, was einerseits die Minister des Generaldirektoriums berichteten und was andererseits am Objekt der Tagesarbeit der zuständige Beamte seinem Herrn immediat vorzutragen hatte[139].

Bevölkerungspolitik

Das gesamte Kolonisationswerk des Königs war ein Teil seiner genau berechneten Bevölkerungspolitik. In der Statistik der Menschen lag das Schicksal Preußens. 1768 spricht sich Friedrich über die volkswirtschaftlichen Grundlagen seiner Arbeit aus. Man könne nicht alles kontrollieren als Herrscher, aber man müsse solide Grundsätze aufstellen und dürfe von ihnen nicht abweichen. „Der erste Grundsatz, der allgemeinste und wahrste ist der, daß die wahre Kraft eines Staates in einer hohen Volkszahl liegt. Das hatte ihm bereits sein Vater vielleicht hundertmal vorgehalten. Nicht der Gebietsumfang sei entscheidend, wie der Vergleich zwischen Holland und Sibirien beweise, sondern die Zahl der fleißigen Einwohner. „Ich habe große Ausgaben gemacht, um fleißige Hände ins Land zu ziehen und die Arbeit zu fördern. Für 1769 will ich noch 20.000 Taler zur Ermunterung der Seidenindustrie ausgeben, und ich hoffe, dadurch einen so nützlichen Gewerbezweig fest begründet zu haben".

Bei alledem gebe es jedoch ein lästiges Problem. Die ansässigen Leute (hier im Nordosten) sind überwiegend schwer beweglich und eigensinnig. „Unser Volk ist schwerfällig und träge. Mit diesen zwei Fehlern hat die Regierung immerfort zu kämpfen. Durch Euren Antrieb bringt Ihr die Masse in

Bewegung, aber sie bleibt sofort stehen, sobald der Antrieb einen Augenblick nachläßt. Niemand lernt etwas anderes als den alten Brauch. Man liest wenig, kümmert sich wenig darum, wie es anderswo hergeht und erschrickt daher bei allem Neuen. Ich habe meinem Volke nichts als Gutes erwiesen, und doch glaubt es, ich wollte ihm das Messer an die Kehle setzen, sobald es sich um eine zweckmäßigere Form oder um eine notwendige Änderung handelt. In solchen Fällen bin ich meinen ehrlichen Absichten, der Stimme meines Gewissens und meiner langen Erfahrung gefolgt und ruhig meinen Weg gegangen."

Die Bevölkerungspolitik[140] in allen Provinzen und gegenüber den zuständigen Behörden folgte den Grundsätzen, die den Blick auf Quantitäten und Qualitäten der Zuwanderer einschlossen. Mit hergelaufenem Gesindel war niemand gedient. Nur war die Belastungsfähigkeit der Siedler nicht immer von vornherein für König und Beamte erkennbar. Friedrichs Vorgänger verbuchten erste Erfolge der Staatssiedlung. In seine Zeit fallen dann etwa 280.000 Kolonisten in den Staatsregionen. Etwa 27 Prozent von ihnen (76.000) konnten als gewerbetüchtige Personen in den Städten untergebracht werden. Tausend Klagen erreichten den König, denn diese Aktionen verliefen nicht reibungslos. Das mußte geschafft werden. Alles erreichte sein Ohr: die Schwerfälligkeit der Behörden, die Klagen über unzulängliche Geldzuweisungen aus den Kassen des Königs, die Widerstände der borniertenalteingesessenen Stadtbewohner mit ihren Xenophobien. Oft mußten die Zuwanderer auf ihre neuen Häuser länger als versprochen warten und bestürmten den König mit nicht unberechtigten Klagen. So ließ er stellenweise jahrelang Mietbeihilfen zahlen, um Spezialisten von der Rückwanderung nach Sachsen-Thüringen oder nach Süddeutschland abzuhalten. Nicht anders als heute. Waren die Grundstücksverhältnisse in manchen Städten zu verwickelt, so wurden vorstädtische Arbeiter-Kolonien angelegt. Auf harsche Enteignungen verzichtete Friedrich immer. Nach 1763, als der Kampf zwischen den Staaten mit den neuen Manufakturen um die Facharbeiter in Mitteleuropa härter geführt wurde, ist dann die Planung für die Ansiedlung verbessert worden. Auch konnte die Zahl der von der Militärwerbung befreiten Städte und Gebiete erweitert werden. Sie erfreuten sich denn auch eines rascheren Zuzuges. Modern gesprochen: Preußen wurde von einem Investitions-König regiert.

Das zweite Gebiet für die regelmäßige Förderung war die natürliche Reproduktion von Mann und Frau, von Burschen und Mädchen im Lande. So wurden beispielsweise kostenlos Erlaubnisscheine zum Heiraten an alle in den Kantonlisten (Wehrersatz) eingetragenen Mannschaften und an alle inländischen Soldaten erteilt, wenn sie es verlangten: „Das geschieht, um das Land zu bevölkern und die Art nicht aussterben zu lassen, die bewunderungswürdig ist" (1752). Der König betrieb eine aktive, durchdachte und insoweit nachhaltige Geburten-Förderungspolitik, und zwar weit erfolgreicher als viele seiner Nachfolger. Im wesentlichen war es immer der christliche Kulturraum, aus dem man Zuwanderer auswählte, deren Reproduktion erfreulicherweise sogleich im Lande einsetzte. 1747 gestatteten König und Behörden frischen Witwern kurzerhand, sich nach der unziemlich knappen Zeit von drei Monaten zu verheiraten; Witwen sollten nicht mehr als exakt neun Monate warten müssen. Beispiele für diese Formen der unbefangenen „Peuplierung" mit Inländern, heute ziemlich aus der Mode gekommen, ließen sich vermehren. Zuweilen ließ der König in seiner drastischen Art auch jemanden wissen: „Da kann er schön Jungens machen".

Das Ergebnis der Bevölkerungspolitik mußte Neid erwecken. Zwischen 1740 und 1800 nahm die Bevölkerung der Kurmark mit Berlin als Folge aller dieser Maßnahmen auf 243 Prozent zu. Der Zeitraum seit 1688, dem Todesjahr von Friedrichs Urgroßvater, weist sogar eine Steigerung auf 966 Prozent auf. Das war eine Verzehnfachung in rund 112 Jahren. Mit diesen Zuwachsraten steht Friedrichs erste Hauptstadt dann in der Spitzengruppe der nunmehrigen europäischen Hauptstädte. Ihr quantitatives und qualitatives Potential und dessen Bedeutung für das Prestige der Länder ist in der zeitgenössischen Reiseliteratur und in den Topographien mit der gleichen Spannung verfolgt worden, wie der einsame Friedrich es in seinen Statistiken aufmerksam beobachtete.

Sechzehntes Kapitel

Sozialstände: Der Adel, die Städte und Bürger und die Landbevölkerung

Die Politik Friedrichs gegenüber dem tatsächlich ersten Stande scheint widersprüchlich gewesen zu sein. Der Landesherr nahm eine andere Position ein als der oberste Befehlshaber des Heeres oder als der „aufgeklärte" Theoretiker eines als ideal gedachten Staatswesens. In Friedenszeiten ging Friedrich mit dem Adel fürsorglich um. In Kriegszeiten mußten die „Privilegien" mit Blut bezahlt werden. In seinem Verhalten lebte immer und wenig abgeschwächt etwas von der Schiedsrichterrolle der spätmittelalterlichen und frühneuzeitlichen Landesherren fort. Dieses patriarchalische Oberregiment schien nicht selten dem Durchsetzen einer „absolutistischen" Staatsidee entgegenzustehen. Die allgemeinen Gegensätze zwischen Fürst und „Adel" verloren nach 1740 an Schärfe, weil der aufgeklärte Fürst immer erneut den Ausgleich und nicht den Konflikt im Sinne hatte. So wurde der von Staatstheoretikern und älteren Historikern konstruierte, jedenfalls überbetonte Herrschaftsanspruch nur von Fall zu Fall und dann vor allem gegenüber dem Adel in den Berufsständen der hohen Amtsträger und Offiziere erhoben. Die Formen blieben in der Regel behutsam-landesväterlich. Sie unterschieden sich von den Zwängen, die Friedrich Wilhelm I. Kritik eingetragen hatten.

Der König hat häufig darüber nachgedacht, wie die Führungsqualitäten und der wirtschaftliche Status des Adels zu fördern seien. Die beiden Politischen Testamente zeigen unverblümt seine Sicht. Im Gegensatz zu den Äußerungen im Testament seines Vaters (1723) nimmt er den Adel *Ostpreußens* in Schutz[141]; er sei nicht falsch, habe vielmehr einen feinen und geschmeidigen Geist und zeichne sich in Heer und Verwaltung aus. Die *Pommern* zeigten in Sommern und Wintern einen schlichten und freimütigen Sinn, seien deshalb für die Diplomatie in der Regel ungeeignet. – Der Adel der *Kurmark* hingegen sei genußsüchtig und verfüge nicht über die Tugenden der Ostpreußen und Pommern. Der *magdeburgische* Adel habe einige bedeutende Männer hervorgebracht. – Der Adel *Niederschlesiens* sei vor 1740 schlecht erzogen worden, sei oberflächlich und scheue stetige Arbeit und stetigen Fleiß. Der Adel *Oberschlesiens* zeige dieselben Schwächen, kultiviere jedoch mehr Geist, wennschon er – stockkatholisch – noch wenig Anhänglichkeit an die preußische Regierung zeige (was bekanntlich noch lange anhielt). – Die

Edelleute des *Mindener* Landes und der *Grafschaft Mark* lieferten dem Staate trotz einer etwas groben Erziehung gute Untertanen, die sich dem Vaterlande nützlich machten. – Vom Adel der *Grafschaft Kleve* und dem *Niederrhein* hält Friedrich wenig: Viele seien dumm, wirr, im Rausche gezeugt und ohne angeborene oder erworbene Talente. Es sei die Pflicht des Herrschers, den würdigen Adel zu unterstützen, der Gut und Blut im Dienste des Staates geopfert habe, – als Säule des Staates. Verarmende Familien müßten gestützt werden, damit sie ihre Güter als Grundlage der Staatsarbeit behielten. Man könne milde regieren und müsse nur selten Strenge walten lassen. Sie alle seien ‚Preußen'. Er habe den gemeinschaftlichen Namen während des Ersten Schlesischen Krieges in Aufnahme gebracht. Jeder, aus welchem Stande auch immer, müsse wissen, daß er zu einem einzigen Staatsgebilde gehöre. Die Kadettenanstalten dienten dem ebenso wie die Verbote, im Ausland Militärdienste zu nehmen. Überhaupt müsse in erster Linie der Herrscher die Menschenkenntnis besitzen, um die Brauchbarkeit der Leute zu ergründen. Das Äußere sei nicht entscheidend: gutes Aussehen, gewinnendes Benehmen. Man wisse, wie leicht Schurken an die Finanzen kämen, langsame Generale in wichtige Militärpositionen, Leichtfüße durch Protektion in Staatsstellungen. Eine gute Auswahl bringe doppelten Vorteil für den Staat (1768). Nur beiläufig erwähnt der König die Möglichkeiten der Nobilitierung bürgerlicher Amtsträger. Aber die Instrumente der „Auszeichnungen und Vorrechte" wandte er unablässig an, um die Führungsschicht des Staates über die alteingesessenen Geschlechter hinaus zu verstärken.

Nobilitierungen

Das äußere Bild des Adels, welches sich hier in den Feinstrukturen von Provinz zu Provinz bot, lehrte den König trotz der Elogen, daß die menschliche Vielfalt im Charakter und in der Leistungskraft von Fall zu Fall bei seinen Entscheidungen zu berücksichtigen ist. Insoweit war er nicht jedermanns König. Der „Adel" war begehrt, wie Orden, Huld und Heirat. So zeigte er sich abwehrend, wenn man ihm mit naiven Begründungen um eine Nobilitierung anging und zugleich eine verbürgerlichte Gesinnung zeigte. Berühmt ist der scharfe Satz geworden, als der Oberst von Forcade sich für den Pfarrer Johann Christoph Wöllner (den späteren Minister), einen Schwipp-Schwager seiner Tochter, um einen Adelstitel bemühte: „Das gehet nicht an, ich nobilire, wenn einer sich durch den Degen Meriten erwirbt, aber der Wölner ist ein betriegerischer und intriganter Pfaffe, weiter nichts". Längst wußte er, daß Wöllner zum kleinen Hofstaat seines Neffen Friedrich Wilhelm mit allen zuhälterischen Delikatessen gehörte.

Überhaupt mochte er die Edelleute im Lande nicht unnütz vermehren, zumal ihm nicht entgangen war, daß in erworbenen Gebieten (u. a. Westpreußen) jedenfalls teilweise ein Adel ansässig war, dessen Ausmaß an klassischen preußischen Tugenden er füglich bezweifelte. Bis ins hohe Alter hielt er hartnäckig an dem Tugend-Katalog aus den Rheinsberger Zeiten des Bayard-Ordens fest.

So stand denn immer wieder die Leistung für den Staat in Krieg und Frieden in der Bewertung der Bittsteller vornan. Typisch fällt ein Entscheid aus, als der Artillerie-Major mit dem alten brandenburgischen Namen *Holtzendorff* (Sohn eines Generalchirurgus) um die „Renovierung" seines Adelsstandes bittet: „Er ist nichtmahlen Adel Man geweßen. Sein Vahter Wahr Regiments-Feldscher, aber weil er ein guhter officir ist, werde ihm der adel accordiren".

Das war insofern etwas Besonderes, als Holtzendorff noch nicht den Rang eines Generalmajors und nicht den Orden Pour le Mérite erlangt hatte. Den einfachen Adel gewannen in der Regel diejenigen, die den Generalsrang oder den Hohen Orden vom Schwarzen Adler verliehen bekommen hatten.

Konservation

Grundsätzlich suchte der König tatsächlich die Zahl der grundbesitzenden Adligen in seinen Kernprovinzen nicht zu verringern. So lehnte er – anders als sein an Domänen interessierter Vater – den Ankauf von Gütern mit Geldern des Staates ab, geschweige denn, daß er je auf die Idee gekommen wäre, den Grundbesitz seiner Staatsbürger, gleich welcher Herkunft und Vermögenslage, entschädigungslos zu enteignen oder ihnen mit juristischen Staats-Tricks zu entziehen. Vereinzelte Vorschläge bürokratischer Fiskalisten wies er empört zurück. In vollem Widerspruch zu den Bewegungen auf dem lebhaft florierenden Gütermarkt wiederholte er oftmals seit 1763: „Ich kaufe keine adliche gühter, denn ich habe Edelleute nöhtiger". „Ich will die Edelleute nicht auskaufen, er mögte guht wirtschaften, umb Sein guht zu meinteniren". – „Ich mach lieber Reiche Edelleute als Reiche (geistliche) Stifter haben". – Einem Kapitän von Ripperde, der um Hilfe bat, antwortete er: „Er muß eine Reiche Frau heirathen und mit ihr Geldt das guht liberiren". – Hilfe stellte er nach der unmittelbaren Kriegsschäden-Hilfe in Aussicht für machbare Verbesserungen (Meliorationen), nur selten jedoch vergab er Darlehn. Dann konnte er knurrig ablehnend werden, so gegenüber einer verwitweten Dame von Rochow, die ihn um die nicht ganz geringe Summe von 100.000 Reichstalern bat, um Schulden auf ihrem Gute zu tilgen: „Ich kann Sie nicht helfen, wann die Edelleute alles durch bringen und Liderlich Seindt, kan ich sie nicht helfen".

Hier erscheint als zentrale Leit-Vokabel in Tugendsachen „liederlich", die er auf fast jedermann anwendet, wo er überzeugt war, daß die Wirtschaftsführung oder Lebensform unseriöse Züge aufwies. Als ein Graf Rothenburg (auf Polnisch-Nettkow, Kreis Krossen) wegen angeblich schuldloser Verschuldung dem König mit dem Ansinnen begegnete, ihm einige Tausend Taler zu schenken, empfing er die Replik: „Er möchte sich schämen, da er zu leben hätte, zu prätendieren, ich sol ihm Geld geben, was vohr Rouinierte Familien destinieret ist, er möchte nur Vernünftig wirtschaften, So würde er genug haben, aber Brot Dieben gebe ich nichts". Die Konservation des Adels vollzog sich mithin in den deutlichen Grenzen, die durch die Einsicht des Herrschers in das allgemeine und besondere Wirtschaftsgeschehen gezogen waren.

Tugenden und Untugenden

Das Urteil bei der Bewertung der Individuen seines ersten Standes bestimmte sich von Leit-Vokabeln: keine Schulden, keine Lotterie-Lotterei, kein verfluchtes Branntwein-Trinken, kein Abstieg in bürgerliche Geldberufe, keine Überheblichkeiten gegenüber dem kleinen Manne, keine Personen-Schinderei, keine überflüssigen Reisen ins Ausland, keine des Unfleißes Bezichtigten im Hofdienst (Lehndorff), keine prätentiösen Sonderrechte vor Gericht, keine lästigen Zänkereien einzelner mehr oder weniger neurotischer Adliger untereinander (an den kleinabsolutistischen Vetter Markgraf Friedrich Wilhelm von Schwedt: „Ich bäthe ihn, mich doch zufrieden zu lassen und sich nicht mit allen Leuthen her zu zanken").

Zu den Untugenden rechnete er auch, in seinem Militär nicht gedient oder Preußens Fahnen vorzeitig verlassen zu haben, weil die Lustbarkeiten einer vermögensreichen Heirat winkten. Es war ihm bewußt, daß die „Indienstnahme" des Adels nur zu einem knappen Drittel, in manchen Regionen nur zu etwa 20 Prozent gelungen war. Alle kleinen Vorteile, die er gewährte, konnten an diesem, für ihn ziemlich ärgerlichen Gesamtzustand nichts ändern. Den bequem gewordenen, womöglich rundlichen und ungedienten Landjunker betrachtete er – zumal auf Reisen – mit Mißmut. Eine grundsätzliche Abneigung hegte er gegenüber „Grafen" im Staats- und Militärdienst, obwohl er im Zivildienst mit dem Minister Graf Schulenburg-Kehnert und einigen anderen sehr gute Erfahrungen gemacht hatte. Aber: „An die Grafen im Dienst ist nichts, halten niemals lange aus, er kann den Abschied kriegen".

Widersetzlichkeit

Die Abneigung beim Adel der verschiedenen Stufen, einen nicht unbeträchtlichen Teil des Lebens im harten Dienst zu verbringen anstelle einer mehr oder weniger barocken, oft fruchtbaren spätaristokratischen Existenz beruhte in besseren Fällen immer noch auf dem Bewußtsein alteuropäischer Grundherren-Freiheit. Man wird anzunehmen haben, daß dem König diese Mentalität grundsätzlich bekannt war. Sie war nicht zu brechen, sondern nur mit viel Diplomatie auf der Linie eines wohlwollenden Staatsbewußtseins zu halten und so langsam in seinem Sinne zu verbessern. So erreichte der vermeintliche Absolutist diesen Sektor der Gesellschaft nicht oder nur über seine wirtschaftlich und ideell grundierten Angebote.

Wer ihm aus der Sicht der Staatsraison in die Quere kam, der bekam seinen Randbemerkungs-Grobianismus voll zu hören. Als die Pommersche Ritterschaft sich beschwerte, daß ihr durch den Kolberger Festungsbau Arbeitskräfte der Landwirtschaft entzogen würden, erhielt sie 1773 die Antwort: „Einen bösen Brief. Sie sind unruhige mißvergnügte Leute, bei denen alle Meine Wohlthaten nichts fruchten wollen, die um so weniger sich zu beschweren Ursach haben, da Ich alles bei der Festung bezahle, denen Ich dahero sich in ihre Schranken zu halten wohlmeinend rathen kann und muß". In der Regel scheuchte ein solches Schreiben des Königs die Stände mit unangemessenen Sonderwünschen zu ihren Alltagsgeschäften zurück. Als nach 1772 einige der neuen westpreußischen Vasallen (Lehnsleuten) die Huldigung verweigerten, ließ er ihnen mitteilen: „Die Gühter von denen, die nicht haben huldigen wollen, müssen in Sequestro (interimistische Ämterverwaltung) besetzet werden. Dan werden sie von selber kommen, aber mit den Pohlen mus man durchgreifen, oder man richtet nicht aus".

Gerechtigkeit für alle und „Jedem das Seine" in den Grenzen der sozialen Billigkeit: Als ein Graf von Seeguth-Stanislawski, der in Ostpreußen zehn Güter besaß, ihm 1763/64 mit dem Ansinnen kam, ihn von der Quote der Reste der Kontributionen der russischen Okkupations-Armee zu befreien, empfing der die Resolution: „Das ist gegen alle Billigkeit, das die Reichen die nichts gegeben haben, die Armen, denen ist genommen worden, nicht helfen Sollen." Mit einem Wort: Staat und Gesellschaft hatten grundsätzlich Vorrang vor Standesinteressen.

Trotz einzelner Schärfen setzte Friedrich die aufgeregte Politik seines Vaters gegenüber den Oberständen nicht fort. Er wahrte seine Autorität, zuweilen bis zur „Herzlosigkeit". Doch insgesamt ging er behutsam vor. Das geschah weniger deshalb, weil er sich zu den dynastischen Aristokraten zu zählen hatte („Klasseninteresse"), sondern weil es unzweckmäßig war, die begrenzten Kräfte des Regierungs-Chefs in Pauschal-Konflikten, denen die übrige „Gesellschaft" ziemlich ratlos gegenüberstand, zu verschwenden. Früh erkannte er, daß das Verhalten eines Teils der potentiellen Führungsschicht von seinen Grundforderungen wenig beeinflußt blieb. In den kritischen Jahren des Krieges betätigten sich mindestens zwei Drittel des Adels im nichtmilitärischen Sektor; sie schauten dem Geschehen zu und empfingen die Nachrichten über ihre gefallenen oder verwundeten Verwandten, obschon sie in der Regel das Ordnungsgefüge sicherten und nicht, wie weit häufiger während des Dreißigjährigen Krieges, für längere Zeit Land und Leute verließen.

Daß es so etwas wie eine Adelskrise gab, blieb Friedrich zwar nicht verborgen, wurde aber als Dauerzustand empfunden. Einen revolutionären Ausweg konnte und wollte er nicht beschreiten; es hätte die militärische Basis zu sehr tangiert. Der Adel blieb ein Teil des Systems, mit dem er den „Staat" weiterhin zu stabilisieren hoffte. Die andere, engere Sicht des Adels oder doch der Nachdenklichen faßte ein Jahrhundert später Theodor Fontane („Der Stechlin") einsichtsvoll zusammen, indem er seinen Schnauzbart-Junker Dubslaw über den Großen Friedrich in sanfter Ironie meditieren läßt: „Er war für sich und das Land oder, wie er zu sagen liebte, „für den Staat". Aber daß wir alle als Stand und Kaste so recht etwas von ihm gehabt hätten, das ist eine Einbildung". Preußen war nicht Mecklenburg.

Soweit diese Gedanken sich im Handeln niederschlugen, liefen sie auf eine bessere „Erziehung" (Ritterakademie Liegnitz und anderes) und auf das Bewahren der imaginären Schranken zwischen Adel und Bürgertum hinaus. Eine administrativ grobe Gruppierung größerer Teile der Bevölkerung in einen „Wehrstand" und einen „Gewerbestand" mußte als Anachronismus erscheinen, wo verfügbares Kapital des Manufaktur- und Handels-Bürgertums bereits eingesetzt werden konnte, um dessen „Sozialprestige" von den verschiedensten Ansatzpunkten her nach dem Beispiel des ersten Standes anzuheben. Auch die nichtadlige Bevölkerung brachte längst „Amtsträger" hervor, die mit den adligen Staatsdienern erfolgreich in Wettbewerb traten. Die Haltung des Königs gegenüber seinem Adel zeichnete sich somit durch eine bis in viele Verästelungen hinein erkennbare Widersprüchlichkeit aus. Während er auf der einen Seite zu helfen suchte, schuf er auf der anderen Seite das moderne Staatsgefüge, in dem der Adel den alten Platz verlieren mußte. Dieser Abstieg der alten Führungsschichten in den sich stärker verstaatenden Gebietsherrschaften war eine europäische Erscheinung, der Preußen nicht ausweichen konnte. Eine strukturelle Reform des preußischen Provinzadels in seinen Abstufungen (zum Beispiel durch gesetzliche Eingriffe in das hergebrachte Erbrecht, eine andere Nobilitierungspraxis) lag außerhalb des Gesichtskreises Friedrichs. Seine Nachfolger umgingen im Grundsatz die Adelsfrage, obwohl die Dringlichkeit auch von den beruflichen Qualitäten her nicht übersehen werden konnte.

Städte

Der König hat das *Stadtreformwerk* seines Vaters fortgesetzt, Schärfen gemildert und das Wahlrecht der Magistrate gesichert. Er beobachtete Städte vom Kabinett aus und teilweise durch Augenschein auf Reisen und in Gesprächen, soweit es bei der Größe des Landes möglich war. In der Instruktion für das Generaldirektorium (1746) heißt es: „Nota. Es ist nicht genug, die Städte zu kennen, sondern es mus noch vohr ihre aufnahme gesorget werden und Mus die Industrie von denen presidenten [das heißt: der Kriegs- und Domänenkammern] darauf gerichtet seindt, diesser Stat ihren bihrhandel aufzuhelfen, der andern diese oder jene Manifactur zu Etabliren und auf die bürger ihre lebensart zu sehen, das Sie guht Wirtschaften, das die ausgaben bei denen Cämereien ordentlich angesetzet und zu der Stat besten angewandt werden, noch darüber, das Sie Ehrliche und brave burgemeisters haben, die Ihnen guht vohr Stehen und das der Stat aufnahme durch keiner art pregraviret [überbürdet] werde."

An diese Grundsätze einer wirtschaftspolitisch bestimmten Staatsaufsicht hat er sich gehalten, ohne Illusionen über die tatsächlichen Zustände. Die Städte waren in seiner Staats-Strategie Wirtschafts-, Finanzierungs- und Bau-Objekte. Die Frage der Verbesserung und Reglementierung der kommunalen Verfassungen erschien ihm in Theorie und Praxis als etwas Zweitrangiges gegenüber der Notwendigkeit, in den Städten „alles massiv bauen zu lassen, sowohl um Holz zu sparen, wie um Feuersbrünsten vorzubeugen …" (1752), ähnlich 1768, als er in kurzer Form die zu finanzierenden Bau-Aufgaben notierte: „Festungen, Meliorationen, Manufakturen, Kanäle, Trockenlegungen, Aufbau von (abgebrannten) Städten, deren Holzhäuser man durch steinerne ersetzt, alles, um die Verfassung des Staates solider zu machen." Die alten Freiheiten der Städte aller Provinzen (Berichte, Wahlrechte etc.) sollten ihnen im wesentlichen erhalten bleiben, sofern sie sich in die Staatspolitik einfügten. „Ich habe", schreibt er 1752, „den Städten in den alten Provinzen die Freiheit gelassen, ihren Magistrat zu wählen, und mich in diese Wahlen nur dann eingemischt, wenn sie Mißbrauch damit treiben und einzelne Familien zum Nachteil der anderen alle Gewalt an sich rissen. In Schlesien habe ich ihnen das Wahlrecht genommen, damit sie die Schöffenstühle nicht mit Leuten besetzen, die dem Hause Österreich ergeben sind. Mit der Zeit und sobald die gegenwärtige Generation ausgestorben ist, kann man den Schlesiern ihr Wahlrecht unbesorgt wiedergeben". Für die Landeshauptstädte wie Königsberg und Berlin bestanden Sonderregelungen. Wesentlich war, daß Friedrich zwischen dem allgemeinen fiskalischen und dem kommunalen Eigentum unterschied. Er hat an keine „Verstaatlichung" gedacht.

Die notwendige Kontrolle der Städte und Steuerräte vollzog sich im Rahmen der Staatsaufsicht. Über Routine-Visitationen hinausgehende konfliktreiche Eingriffe wurden nach Möglichkeit vermieden. Gegen die träge Mentalität der Steuerräte hat Friedrich angekämpft. Fortschritte wurden jedoch nur langsam erzielt. Gleichwohl hat man den Steuerrat (und die vergleichbaren Aufsichtsorgane) als positiv wirkende Errungenschaften der Verwaltung des 18. Jahrhunderts anzusehen. Sie erwiesen sich auch als Beförderer städtischer Fortschritte und bürgerschaftlicher Freiräume, besonders in mittleren und kleinen Städten. Der Beamte trat nicht nur als Repräsentant königlicher Gewalt auf. Er machte sich vielmehr, je länger er im Amte und leistungsfähiger war, Interessen der ihm unterstellten Städte zu eigen und vertrat diese in der Kriegs- und Domänenkammer, der er angehörte. So wurden die Städte moderat verwaltet und angeleitet. Man überließ sie nicht sich selbst, zumal die Landräte keine Eingriffsmöglichkeiten besaßen.

Eine Schwäche der Städtepolitik lag darin, daß die Einkünfte der Städte zu gering bemessen waren, daß größere Überschüsse aus städtischen Vermögen mitunter von den Kammern eingezogen wurden und dem Staats-Etat zuflossen. Dazu kamen die Sondersteuern für Garnisonierungen (Servis), die Friedrich selbst 1768 als sehr schädlich für das Anwachsen der Städte bezeichnet hat. Für diese Mängel tragen die beiden haushälterischen Könige die Verantwortung. Die direkten und indirekten Rückflüsse aus dem allgemeinen Staatsetat waren zwar nicht unerheblich. Sie wurden jedoch im Zusammenhang der Peuplierungspolitik, der Gewerbe- und der Manufakturpolitik schwerpunktmäßig eingesetzt. Wenn sich Friedrich von der Leistungsfähigkeit einer Stadt überzeugt hatte, konnte er durch Zuweisungen (Investitionen) im Gewerbesektor deren weiteres Schicksal (mitunter bis 1945) bestimmen, diesseits von Oder und Neiße bis zur Gegenwart, wenn die Kraft der Bürger nicht erlahmte oder Bodenschätze sich erschöpft hatten. Die prüfende Unterhaltung des Königs mit dem *Bürgermeister von Sprottau*[142] (7. September 1766) bezeugt beispielhaft sein Interesse am gesamten Gedeihen der Städte und zugleich seine Kontrolle der aufsichtführenden Verwaltung[143].

Gewiß gab es weiterhin in der Verwaltung *Mißstände*. In den Städten scheinen seit den dreißiger Jahren die Delikte abgenommen zu haben, nachdem Friedrich Wilhelm I. in Königsberg den Kriegsrat Schlubhut wegen Unterschlagung hatte hinrichten lassen (1731). Der Griff des kleinen Bediensteten in die Kasse, Defizite als Folge staatlich überzogener Forderungen – das kam weiterhin vor. Es wurde jedoch oftmals aufgedeckt und mit Freiheits- oder Geldstrafen geahndet.

Landbevölkerung

Die Landbevölkerung machte rund 72 Prozent der Gesamtbevölkerung aus, auf den Gesamtstaat bezogen. Sie stellte jedoch kein etwa einheitliches Bild dar. Es gab Gutsbesitzer, Freibauern, Köllmer, Erbzinsbauern in verschiedenen Abhängigkeiten, abhängige Kleinbauern (Pächter), Büdner, Häusler, Gärtner und die vielen neuen Kolonisten. Das sind nur einige. Armut und Reichtum waren dementsprechend unterschiedlich verteilt; die Milchbauern des Amtes Oranienburg zum Beispiel gehörten zu den reichsten Landwirten. Der König suchte seit 1749 mit aller Schärfe den Bauern als dem größten Stand ihre „Freiheit" zu erweitern und das Auskaufen zu behindern. Wegen der uneinheitlichen Sozialverhältnisse war das erst einmal als Proklamation sinnvoll. Das Gesetz gegen das Bauernlegen wurde immer wieder erneuert (1764), und die Bestimmungen sahen vor, daß die eingegangenen Bauernhöfe binnen eines bestimmten Zeitraumes wieder zu besetzen seien. Grundsatz war, daß das steuerfähige Bauernland vergrößert, jedoch nicht verkleinert werden durfte. Darum stritt und raisonnierte er. Mit der Umwandlung von Bauernstellen auf den Ämtern begann er, doch stieß er selbst bei seinen Amtleuten auf Widerstand. Sie fürchteten den Verlust der Arbeitskräfte als Folge des Rechts auf persönliche Freiheit ihrer Bauern. Bis buchstäblich wenige Tage vor seinem Tode ging der Kampf um die Freiheit der Landbevölkerung.

Der König suchte immer wieder das Gespräch mit den Landleuten. Als er eines Tages durch die östliche Mark Brandenburg fuhr, hörte er einen Hüfner sprechen: „Kommse, dann kommse nich, und kommse nich, dann kommse". Der neugierige Regierungschef fragte den Mann vor seinem Acker nach dem Sinn. Ihm war die knappe Antwort zuteil: „Na, de Duwen und de Arften" (= die Tauben und die Erbsen). Der König fuhr um eine Auskunft reicher weiter.

Separation

Aus eigenem Antrieb hat Friedrich den Gedanken der „Separation" in der Minister-Runde geäußert (11. Juni 1765). Gegen viele Einwände schuf er mit Hilfe des unentbehrlich gewordenen Ministers vom Hagen die Entwürfe für das Justizministerium, das den Rahmen der ersten für alle Provinzen des Staates geltenden Gesetze schaffen sollte. Man brauchte fast vier Jahre, um sich einen Überblick zu verschaffen. Beispielsweise sollten die Laßbauern (= Bauern minderen Rechtes) von der Gemeinheitsteilung nicht ausgeschlossen werden. Im Frühjahr 1770 kamen dann nach viel zu langer Verschleppung durch die Juristen aber doch die ersten Erfolgsmeldungen: 105 Gemeinheitsteilungen, 31 Gemarkenteilungen in der Grafschaft Mark und immerhin Verkäufe in Geldern und Moers. Nun kam die Sache in Gang; die Landbevölkerung fand Gefallen an der Separation der Gemeinheiten: 1772 waren es schon 382 Teilungen, darunter 98 im Herzogtum Magdeburg. Die große Agrarreform war in Bewegung gekommen.

Erheblich schwieriger war es, die gutsherrlichen Bindungen für die Bauern aufzulösen, die sich in Jahrhunderten verfestigt hatten. Die Domänenpächter-Familien erfreuten sich nicht so sehr der Fürsorge des Königs. Dieser wünschte nicht, mit dem adligen Eigenbesitz zu konkurrieren. Deshalb sanken die Domänen-Einkünfte. Um 1750 betrugen sie noch mehr als die Hälfte der Staatssteuern; um 1786 war es nur mehr ein Drittel. Ihre Bewirtschaftung durch Ämter und Kammern wurde jedoch intensiviert; es wurden auch Domänen als Güter ausgegeben. Aber dies kam den Domänenbesitzern zugute. So entwickelten sich die Güter der Karbes und anderer im Lande Lebus und in anderen Teilen der Mark so günstig, daß sie auch durch die Fortschritte der Landwirtschaft zu „Lokomotiven" wurden. Sie trugen dazu bei, links und rechts von der Oder die moderne Landwirtschaft mit großem Erfolg einzuführen. Friedrich sah dies mit Mißmut und wußte im Grunde weder aus noch ein – denn er war es, der die modernen Methoden im Ackerbau und in der Viehzucht begünstigte. Hinzu kam die Verringerung der Spanndienste auf einen Tag im Herzogtum Magdeburg. Wer nicht Dienst leisten wollte, der zahlte ein angemessenes Dienstgeld, woran es nicht fehlte. Ähnlich war es in der Kurmark, während in Pommern die ungemessenen Dienste die Landbevölkerung am längsten drückten. Selbst im fernen Ostpreußen war die Scharwerksleistung auf 60 Tage im Jahr festgesetzt; es gab Vergütungen.

Die Formen der „Leibeigenschaft" in Pommern erregten den König. Durch Kabinettsordre vom 16. April 1763 forderte er ultimativ die Abschaffung, wie auch in der Kurmark. Brenckenhoff setzte das grundsätzlich auf einer Versammlung der Stände in Stettin durch. Es ist natürlich immer noch die Frage, wann der Zeitpunkt der Freisprache festgesetzt wird.

In Oberschlesien scheiterte der in dieser Hinsicht ziemlich lahme Minister vom Hagen, und auch Friedrich selbst konnte nichts erreichen, denn die Verwaltung versagte. Immerhin waren auch in Schlesien 1774 die Stände grundsätzlich bereit und 1769 wurde die Erbuntertänigkeit eingeführt, sofern man auch hier den Weisungen aus Breslau folgen wollte.

Im übrigen befand sich die Lage der westfälischen „Eigenbehörigen" in einem ungünstigen Stand. Stellung, Dienst- und Kontributionspflichten belasteten den einzelnen. So war die Landbevölkerung im Westen teilweise stärker als in bestimmten Orten des Ostens gefordert, und der Zug von West nach Ost verlief durchaus unentschieden.

Die Politik um die Freiheit der Landbevölkerung insgesamt ist schwer und vielleicht für Friedrich am aufreibendsten gewesen. 1777 schreibt er, wie er trotz allem in der Frage der bäuerlichen Schollengebundenheit vorankommen will: „Von allen Lagen ist dies die unglücklichste und muß das menschliche Gefühl am tiefsten empören. Sicherlich ist kein Mensch dazu geboren, der Sklave von Seinesgleichen zu sein. Mit Recht verabscheut man diesen Mißbrauch und meint, man brauche nur zu wollen, um die barbarische Unsitte abzuschaffen; sie stützt sich auf alte Verträge zwischen den Grundherren und den Ansiedlern. Der Ackerbau ist auf der Bauern Frondienste zugeschnitten. Wollte man diese widerwärtige Einrichtung mit einem Schlage abschaffen, so würde man die ganze Landwirtschaft über den Haufen werfen. Der Adel müßte dann für einen Teil der Verluste, die er an seinen Einkünften erleidet, Entschädigungen erhalten." Gleichwohl hat Friedrich bis zu seinem Tode letztlich erfolgreich für die persönliche Freiheit der Bauern gestritten und auch hierin das Tor zur Neuzeit endgültig aufgestoßen.

Lebensbereiche

In der Austariertheit der Lebensbereiche, der Wirkungsmöglichkeiten des Staates, wie es der „Etat" demonstriert, war der Kernbereich des friderizianischen Systems erkennbar. Nach außen hin existierte er als Hülle noch lange, jedenfalls bis zur Reformzeit als Sozialschematismus. Im Innern war vieles in Unruhe und Aufbegehren begriffen. Über allem blieb der König als Symbol und Exekutor ziemlich mächtig, nach innen, und sehr mächtig nach außen. Es gab nicht die Gesamtgesellschaft betreffende Eingriffe nach innen; sie blieben die Ausnahme. Die Gesellschaft entwickelte sich fort. Und es gab nicht jene Verschwendung mit Schuldenmachen, an denen sich andere ruinierten. Das alles sahen jedenfalls die klügeren Minister. Deshalb folgten sie trotz vieler pragmatischer Bedenken im Einzelfall dem Herrscher, dessen Generallinie erfolgversprechend blieb, zumal, wenn man unter den anderen Mächten Umschau hielt.

Siebzehntes Kapitel

Wirtschaftspolitik: Arbeiten seit 1763[144]

Der Krieg trug auf seine Art zur Differenzierung und Modernisierung des Wirtschaftslebens bei. In der Sicht des Königs war sein Staat auch eine große Wirtschaftsmaschine. Diese Maschine verbrauchte Geld und Energie, sie konsumierte und sie produzierte. Die Regierung und die Verwaltung dienten dabei als ein großes, aber nicht das einzige Treibrad. Vieles wäre jedoch überhaupt nicht in Gang gekommen oder wieder zurückgefallen, wenn der König mit seinen Ministern und Räten nicht unablässig das Schwungrad angetrieben hätte. Zum Schwungrad gehörte das Militär. Niemand debattierte damals lange darüber, wenn Militär in Friedenszeiten für Bauarbeiten, Deicharbeiten, für die polizeiliche Sicherheit in terrorisierten Grenzgebieten, überhaupt in allen Notfällen eingesetzt wurde.

Bereits unter seinem Vater und Großvater überwachten Kommandanten und Gouverneure nicht nur in Festungsorten wie Magdeburg oder Spandau das öffentliche Leben. Sie waren in der Verfassungswirklichkeit zugleich Chefs der Sicherheits- und Ordnungspolizei. Verfügte eine Stadt über eine Oberschicht mit Selbstgefühl, so gab es Konflikte und Reibereien. Das Verhältnis des alten Fürsten Leopold von Anhalt-Dessau zum Rat der Elbestadt Magdeburg war traditionell schlecht. Friedrich hielt im Prinzip an dieser zusätzlichen Aufsicht in Festungsorten fest, während er andererseits mit modernen Manufaktur-Projekten die Bürgerschaften stärkte. Im übrigen konnten die Kammern oder notfalls Berlin mit Ministern oder dem König selbst bei den letztlich alltäglichen Streitfällen eingreifen. Es gehört wie heute zur menschlichen Gesellschaft, daß man sich auf den verschiedenen Ebenen von Kommune, Kreis, Provinz und Gesamtstaat unablässig nach Art des Homo sapiens streitet.

Dieser Staat mit seiner langen Vorgeschichte erwies sich in den Augen des Königs als ein „Kunstwerk", wo man nicht mit rauher Hand eingreifen durfte. Das gilt für alle wirtschaftlichen Knotenpunkte von Rhein und Ruhr über Elbe und Oder hinweg bis zur Weichsel und bis zum Pregel. Soll heißen: Jede „Reform" mußte gut überlegt sein. Es ist leicht, am Wirtschaftsleben korrekturkluge Kritik anzubringen, ohne den wirtschaftstheoretischen Unter- und Überbau und die Möglichkeiten Friedrichs in seiner Zeit zu bedenken. Mit Recht hat der Wirtschaftshistoriker Erich Born das friderizianische Wirtschaftssystem in Schutz genommen, wenn aus späterer ideologisch eingefärbter Sicht behauptet wurde, es hätten sich bessere Ergebnisse erzielen lassen können. Zu betrachten und zu verstehen sind die Leistungen eines Fürsten, der sein eigener Wirtschaftsminister war.

Die Staatskraft Nummer zwei oder vielleicht sogar Nummer eins war das Kapital. Ohne eine scharf geordnete Finanzgrundlage gibt es keinen Aufstieg. Die Finanzwirtschaft, die Münzwirtschaft eingeschlossen, beeinflußte in jedem Jahr strukturell das Wirtschaftsschicksal unter den Augen Friedrichs. Anderes in geringerem Umfange blieb dann Zufall, Glück und Tagespolitik.

Das in Preußen zwischen 1740, 1786 und 1800 im *Manufakturbereich*[145] angelegte Kapital ist zum größeren Teil den volkreicheren Städten zugute gekommen. Nach dem Taschenbuch des Geheimen Finanzrates Dodo Heinrich Freiherr von Knyphausen (1763–1775) ergibt es sich, daß im Wirtschaftsjahr 1769/70 9,6 Prozent der Produzenten aller Provinzen (mit Ausnahme des hier nicht aufgenommenen Schlesien) auf dem Lande ansässig waren. Zu diesem Zeitpunkt setzte der König seine Investitionen für Manufakturen und Gewerbe fast ausschließlich in Städten, Vorstädten und in sonstigen stadtähnlichen gewerblichen Siedlungen ein. Das war Ausdruck einer gezielten Investitionspolitik, von der sich Friedrich auch durch Defizite und Bankrotte und Betrügereien nicht abbringen ließ. Von den Unternehmern mit mehr als zehn Mitarbeitern waren nach dem Taschenbuch 42,6 Prozent (mit 45,9 Prozent der Beschäftigten) in der Kurmark, d. h. in der Hauptprovinz mit der werdenden Zentrallandschaft Berlin ansässig. Vergleicht man die Ost- mit den Westprovinzen (jeweils ohne Schlesien), so standen sich nach der Zahl der Unternehmen die beiden Gebiete wie 67 zu 33 gegenüber. Trotz der Unterschiede im Umfang der Gebiete war erkennbar, daß Kleve, Mark und Ravensberg nur einen kleineren Anteil beizutragen vermochten, obschon die Frühindustrialisierung dort rasche Fortschritte aufzuweisen hatte.

Der Minister *Ewald von Hertzberg*, welcher den König mit Kennerschaft beobachtete und über alle wesentlichen Beschlüsse des Königs Buch führte, schätzt (sogleich nach 1786), daß der König insgesamt zwischen 1763 und 1786 rund 40 Millionen Taler für die außerordentlichen Aufwendungen der Landeskultur, der alten und neuen Residenzbauten und der militärischen Sonderausgaben (Festungen, Kasernen etc.) verwendet habe. Das trieb alle Gewerke an. Für die Landeskultur im engeren Sinne wurden 24.399.838 Taler ausgegeben, ungerechnet die vielen Bauten des Hofbauamtes in Berlin (ca. 9 Millionen Taler) und die Kosten vor allem des letzten bedeutenden Schloßbaues in Potsdam (ca. 10,5 Millionen Taler)[146]. Nur Puristen können den grandiosen Abschluß des Neuen Palais im Westen des Parkes von Sanssouci für entbehrlich erklären. Neben dem in das Schloß einbezogenen Hoftheater, welches noch heute sinnvoll genutzt wird, hat diese Anlage mit Nebengebäu-

den den Staat und nicht einmal so sehr die Dynastie in mehr als zwei Jahrhunderten angemessen repräsentiert. Verglichen mit Wien oder Paris waren
es ohnehin bescheidene und sparsam errichtete Bauten, die den Vorzug hatten, den Staat nicht in höchste Verschuldungen getrieben zu haben.

Setzt man den von Hertzberg und anderen für die Kurmark genannten Anteil (2.774.778 Taler) jedoch in Beziehungen zur eben genannten Gesamt-
summe, so ergibt sich nur ein Anteil von 11,37 Prozent. Dieser Betrag ist von
Friedrich so gut wie vollständig für die Förderung der Manufakturen eingesetzt worden. Die entsprechenden Zuweisungen für die anderen Provinzen
enthalten höhere Anteile an den Landesmeliorations-, Festungsbau- und Sied-
lungsgeldern. Zieht man zu dem Grundbetrag für die Kurmark die Gelder für
die Berlin-Potsdamer Residenz- und Hausbauten hinzu, so errechnet sich ein
prozentualer Anteil an deren Förderungsmasse von ca. 50 Prozent. Das entspricht der herausragenden Stellung des Berliner Raumes, denn weit mehr als
Potsdam hat Friedrich Berlin gefördert. Und diese Summe, zu der noch weiteres aus externen und internen Staatskassen gerechnet werden könnte (Teile
der Ausgaben für das Militär, Teile der seit 1740 bereits aufgewendeten Gelder sowie erhebliche Privat- und Kreditkapitalien), war recht eigentlich das
Startkapital für die „Modernisierung" der Haupt- und Residenzstadt Berlin
als einer der bald größten Industriestädte Europas. Sie war nicht nur die
Hauptstadt des Mars, die Stätte eines bescheidenen Athen, sondern auch der
Ort des Merkur. Vor Friedrichs Augen gewann *Berlin* zum ersten Mal eine
beachtete und geachtete überragende Stellung[147]. Der Alte Fritz ritt durch die
Straßen und hatte Schwierigkeiten, sich in dem Gewirr der Neuanlagen zu-
rechtzufinden, so daß er unbefangen, wie er nun einmal sein konnte, die Gas-
senjungen um Rat fragte. Aber er kannte natürlich en bloc das große urbane
Objekt. Durch die unablässige Manufaktur-Förderung erweiterte sich das engere Einzugsgebiet zu den neuen Vorstädten hin. Handel und Wandel griffen
weit in die Provinzen aus. Manches ging nun schon völlig an ihm vorbei.
Aber die Jahresend-Statistiken für seine Taschenbücher studierte er mit der
Leidenschaft eines Ökonomen. Die Berliner und Potsdamer Woll-Manufaktu-
ren mit der Lohnspinnerei griffen nun bis nach Strehlen in Schlesien aus, be-
förderten Hinterpommern und die ärmlichen Städte der Neumark. In Kolberg
beispielsweise, der Hafenstadt, stieß die Anlage einer Manufaktur auf Schwierigkeiten, weil die dort verfügbaren Lohnarbeiter bereits für Berliner Betriebe
tätig waren[148]. Der künftigen Weltstadt Berlin wurde vorgegriffen mit weiteren Trabanten-Siedlungen, so den königlichen Spinnerorten im 30-Kilometer-
Radius an Havel, Spree und Dahme. In die stellenweise in einen Dornrös-
chenschlaf verfallene äußere Residenzlandschaft König Friedrichs I. in und
um Oranienburg oder Köpenick sind unter Friedrich die Zellen der neuen
wirtschaftlichen Zentrallandschaft eingebaut worden. Das Jagdschloß des ersten Königs draußen an der Spree in Fürstenwalde war gut für Gewerbe und

Manufaktur. Auch der Verbund mit den langsam wachsenden Militäreinrichtungen in Spandau und Potsdam[149] mit Produktionsstätten verstärkte sich sichtbar von Jahrzehnt zu Jahrzehnt.

Ein selbstbewußtes Bürgertum und nicht geduckte Gestalten einer „feudalen Misere", Großkaufleute und Kapitalisten, stiegen vor Friedrichs Augen und mit seiner Hilfe auf. Gesellschaftliche Dynamik läßt sich weit stärker als noch vor einem halben Jahrhundert vermutet, beobachten. Mit dem gewerbefixen „Berlinertum" entwickelte sich, jedenfalls für längere Zeit, ein eigener unprovinzieller Menschenschlag. Vieles, was Friedrich angeregt hatte, trug erst Früchte in dem Doppeljahrzehnt vor 1806, als die guten unter den von ihm erzogenen Köpfen Vorreformen ins Werk setzten. Es verbanden sich, keine Frage, damit auch in früherer und späterer Sicht düstere Züge im Sozialleben, wie sie sich bei einer solchen fast amerikanischen Entwicklung nicht vermeiden lassen. Um 1785 befand sich im Berliner Raum fast ein Drittel der Warenerzeugung Preußens[150]. Wer zu einem gerechten Urteil damals fähig war, der mußte unbefangen zugestehen, daß trotz dreier Kriege hier ein Herrscher mit seinen Helfern ein Wirtschafts- und Gesellschaftssystem unvergleichlich angehoben hatte.

In erster Linie suchte Friedrich die Gewerbezweige durch Schutzzölle und differenzierte Einfuhrverbote zu schützen. Das gelang nicht immer und nicht überall. Er pflegte zu sagen, daß er in dem überwiegenden Teil Preußens schlechte Böden habe; er müsse den Bäumen, die man pflanze, Zeit lassen, Wurzeln zu schlagen und stark zu werden. Oft hat er geklagt über die Trägheit, über den Mangel an Unternehmungsgeist. Andererseits half er, wo er nur helfen konnte, und hat sehr viel Geld für Manufakturen (Fabriken) ausgegeben, die nachher nicht den Ertrag brachten, den er sich erhofft hatte. Die einfachen Betrüger hat er in der Regel aussortieren können; schwieriger war es mit denen, die nach vier oder fünf Jahren unter Mitnahme von 50.000 Talern das Weite suchten. Manchmal nahmen sie auch mehr mit. In der Kunst der Menschenbeobachtung von Unternehmern mußte er zeitlebens zulernen. Aber bedeutungsvoll war es schon, wie er immerfort durch seine Agenten Fachleute aus dem Ausland anwarb und den Absatz seiner Erzeugnisse zu fördern verstand. Für einige Haus-Produktionen trat er anfangs als bester Kunde auf. Sein Kabinett diente manches Mal zugleich als Geschäftsbüro, von dem aus die machtpolitischen Weisungen oder die Produkt-Angebote ausgingen.

An Ehrgeiz fehlte es ihm auch hier nicht; von den Amtsträgern etwa des Generaldirektoriums ließ er sich nur ungern kritisieren (Fall des Kriegsrates Ursinus); andererseits wurde er nicht müde, die Grundsätze seiner Wirtschaftspolitik zu erklären, so dem Finanzfachmann de Launay, dem er wohlwollend schreibt: „Sie haben große Absichten, allein Sie greifen der Zeit voraus [….]. Sie kennen Meine Staaten. Mehrentheils ist der Boden sandig, trokken und undankbar; er bringt nicht genug Korn hervor, um alle seine Bewohner damit zu versehen, und die besseren Provinzen können die schlechteren nicht ganz damit versorgen. Die Weide ist [...] auch nicht hinreichend.

Das Vieh ist klein, mager und in geringer Anzahl; meine Unterthanen müssen es sich zum Theil aus Polen holen. Oel, Spezerei, Zucker, Kaffee und 100 andere Produkte müssen aus der Fremde importiert werden und ziehen ein ansehnliches Geld aus dem Lande. Wollte ich nun meinen Unterthanen gestatten, fremde Fabrikwaren, die freilich sehr nach ihrem Geschmack sein würden, zu importieren, was würde in kurzer Zeit, da der Luxus in allen Ländern die Oberhand gewonnen, aus ihnen werden. Sie würden bald alles für Wolle, Leinwand und Holz, unsere einzigen Exportartikel, eingenommene baare Geld ausgegeben haben [….]. Ich gestatte Privilegien (Monopole, Patente), ich habe viele Vorschüsse zu Etablissements gemacht, die sich leicht über eine Million Taler, die Akzise-Freiheiten ungerechnet, belaufen, und ich schätze mich noch dabei glücklich, wenn ich sie aufrechterhalten kann; ich lasse sie nicht aus den Augen, und wenn ich finde, daß ihr Gewinn zu ansehnlich wird, so hebe ich das Privilegium auf, damit Konkurrenz entstehe [...]. Lassen Sie das Volk über über meine Prohibitionen schreien und sorgen Sie nur, daß keine Contrebande gemacht werde. Mein Volk muß arbeiten und würde faul werden, wenn die Industrie keinen großen Absatz hätte."

Das Gesamtergebnis 1785 konnte sich auch in der Diversifikation durchaus sehen lassen. Fast die Hälfte der Produkte mit einem Drittel des Umsatzes entfiel auf die preußische Industrie. Es folgten Wolle, Seide und Baumwolle; zusammen 151.000 Beschäftigte von den 165.000 überhaupt in den industriösen Gewerben Tätigen. Im übrigen sagt Herzberg selber zu dem Stand von 1785, daß zahlreiche kleinere Betriebe fehlen.

Ich greife einige heraus, um die Mühewaltung des Königs zu zeigen. Die *Seidenindustrie*, in die unendlich viel Geld gesteckt worden ist, wollte nicht florieren. Mit Friedrichs Tode erlosch sie ziemlich bald. Es wäre besser gewesen, wenn man Rohseide in Italien gekauft hätte, um sie hier zu verarbeiten. – Die *Tuchindustrie* behauptete sich trotz aller Konjunktur-Einbrüche noch relativ gut. Sie bildete das Rückgrat (einschließlich der Militär- und sonstigen Konfektion) und ist erst in ihren letzten Ausläufern nach 1990 aus Brandenburg oder Sachsen-Anhalt verschwunden.

Die *Tabak-Industrie*, eigentlich ein klassisches dezentrales Manufaktur-Unternehmen, entwickelte sich im unteren Oderbruch aus kleinsten Anfängen, erlebte eine erste Blüte in den achtziger Jahren, wo man immerhin 140.000 Zentner aus einheimischen Gewächsen produzierte. Die *Zuckerindustrie* trat in den achtziger Jahren unter Friedrichs Mitwirkung ins Leben und machte in den beiden Zucker-Siedereien, die in Berlin entstanden waren, gut 2 Millionen Taler Umsatz.

Bergbau- und Hüttenwesen: Die schlesische Montan-Industrie schätzt Hertzberg auf 3.000 Arbeiter; es ist aber anzunehmen, daß diese Zahlen zu niedrig angesetzt sind, wenn man die vielen Kleinbetriebe hinzunimmt. Friedrich übernahm bekanntlich die Mehrzahl der brandenburgischen Eisen-Betriebe, sofern sie Munition herstellten (Neustadt/D. 1778, Peitz 1752/1778, Zehdenick 1772 und Pleiske Hammer 1778 usw.). In Eberswalde entstand mit Hilfe von angeworbenen Fachleuten aus Thüringen ein Messerschmiedewerk (1748 ff.), das ein Monopol des Königs besaß. Das Werk von Aron Hirsch & Sohn ist ebenso unterstützt worden wie die Spandauer und Potsdamer Gewehrfabriken. In der Woche konnten in beiden Städten (mit 195 bzw. 157 Stück) die Gewehre für ein ganzes Bataillon geschmiedet, gebohrt, grob geschliffen, dann in Potsdam poliert, geschäftet und mit Zündschlössern versehen und eingeschossen werden.

In Oberschlesien waren um 1750 vielerlei Öfen in Betrieb, aber kein Hochofen. Entscheidend wurde das Werk in Malapane, wo zwischen 1754/55 – kurz vor Beginn des Krieges – Hochofen und Frischfeueranlagen entstanden. Der König stattete nun Beamte und Arbeiter, die man zum Teil von weither holte, mit Hüttenfreiheiten und Wohnhäusern aus. Langsam entwickelte sich das Werk. 1768 wurde es vergrößert, 1775 wurden in Jedlitz ein Werk für Drahtzeug, ein Frischfeuer und ein Zanshammer aufgebaut. Zwischen 1768 und dann 1777 entsteht für sämtliche Werke eine „Hüttenordnung", die im Namen des Königs bis in das unerhörte „Klarsaufen" eingriff. 1777 nahm August Friedrich von Heinitz zusammen mit Friedrich Wilhelm von Reden (1778 ff.) die Arbeit auf. Die große Zähigkeit, mit der Heinitz den König bedrängte, führte schließlich dahin, ihm verweigerte Geldzuwendungen doch zu geben. Neben Malapane und Umgebung wurde nun der Tarnowitzer Blei- und Silberbergbau erweitert. So zottelte Heinitz den König hinter sich her; zum Schluß mahnte dieser Heinitz zur Eile, als wollte er noch einen ersten Erfolg erleben. Um 1778 begann auch dort die Periode der Verstaatlichungen.

Aber nicht nur Schlesien stand im Blickpunkt. Ganz im Westen, in der preußischen Grafschaft Mark mit den Stahlstädten Lüdenscheid, Iserlohn und Altena, war die Drahtzieherei sowie überhaupt die Stahlverarbeitung im Schwange. In Altena wurde 1780 von 800 Arbeitern Draht gefertigt. Das Zögern des Königs, das Gebiet für kantonfrei zu erklären, hat anfangs geschadet; dann setzte sich Heinitz durch, und in den achtziger Jahren kehrten die von der Werbung Gedrückten zurück. Die „Feuermaschine", auf die Friedrich seine Mansfelder Beamten hinwies (25. Mai 1780), konnte am 28. August 1785/88 auf dem Schacht bei Hettstedt (unweit Burg Arnstein) in Betrieb genommen werden – ein Markstein in der gewerblichen Entwicklung Preußens noch unter den Augen Friedrichs.

Der Heeresstraßenbau wurde zwischen 1766 und 1772 auf eine festere Grundlage gestellt. Von 1766 an ließ der König Straßen im Umkreis der Gruben anlegen. Der Umsatz der Steinkohlen, den Friedrich mit aller Kraft in einzelnen Städten beförderte, stieg nur langsam an. Aber 1786 konnten in Schlesien schon 5.740 gewerbliche Anlagen befeuert werden.

Salinenwesen

Mit Salz als Exportgut hoffte man, billig Geld in die Landeskassen zu bekommen. In die Saline Königsborn (bei Preußisch Unna), die der König nolens volens (1745, 1774) in fiskalische Verwaltung nehmen mußte, ist von ihm erheblich investiert worden (1734–1776: 150.437 Taler). 1765 wurden englische Pumpen beschafft. 1782 forderte Friedrich die Kammerdeputation in Hamm auf, sich auch dort um die Einführung einer Feuermaschine zu bemühen.

Das besondere Interesse von ihm aber galt der Saline in Schönebeck, da der Transport des Salzes von Unna zu teuer, Halle erschöpft und Lüneburg im Territorium der Welfen lag. Das Problem Schönebecks (gegr. 1705) lag in dem Mangel an Brennstoffen für die Pfannen. Der Herrscher baute einen Kanal in die neumärkischen Wälder hinein (Darmietzel-Kanal) und ließ das seit 1750 reichlich vorhandene Holz zur Schönebecker Elbe flößen. 1756 wies er vorläufig 100.000 Taler an; die Gesamtkosten beliefen sich schließlich auf etwa 353.500 Taler einschließlich des Gradierwerkes, durch das ein Viertel Prozent an Brennstoff eingespart wurde. Schönebeck florierte noch lange.

Steine und Erden

Rüdersdorf (östlich von Berlin) wurde 1769 vom König dem neugegründeten Bergwerks- und Hütten-Departement unterstellt. Wenige Jahre später erhielt es bereits ein Kgl. Bergamt. In den Brüchen arbeiteten 60 Arbeiter (1785). Die Hauptbedeutung lag aber im Kalkbrennen, das vor allem an fünf Orten erfolgte und die bis nach Hamburg und Sachsen lieferten. – 1752 gelang es dem König, in Sietkerode (Grafschaft Mansfeld) einen Steinmetzmeister anzuwerben, so daß von dort für Mühlen und Großbauten in Potsdam und Berlin Fliesen geordert und Mühlsteine herbeigeschafft werden konnten. Daß der König schlesischen Marmor wiederholt untersuchen ließ, auch größere Mengen bestellte, ist allen denjenigen bekannt, die irgendwann einmal durch die Säle seiner Schlösser schlurften.

Porzellan

Noch während des Krieges (1760) äußerte er gegenüber seinem vielseitigen Geschäftspartner Gotzkowsky, er wünsche sich, nach Kriegsende eine eigene Manufaktur zu besitzen. Gotzkowsky konnte bereits im Winter 1762/63 dem König einige Probestücke vorlegen. Er beschäftigte rd. 150 Arbeiter in der Leipziger Straße in Berlin. Als Gotzkowsky 1765 unrettbar in Schwierigkeiten geriet, übernahm der König selber das Unternehmen (225.000 Taler, nebst Schulden). Friedrich war nicht nur der kunstfertige Dirigent des Hauses, sondern auch der beste Kunde seiner Fabrik. Er verwertete viele seiner Erzeugnisse, um unaufdringlich Diplomatie zu betreiben, so gegenüber der Zarin Katharina II. (1769, 1772).

Diese Hinweise zeigen nur einen Teil der Eingriffe und Übernahmen Friedrichs, die er in seiner langen Regierungszeit vorgenommen hat. Wenn man eine allgemeine Gewerbe- und Industrie-Karte herstellen würde (sie gibt es noch nicht) so wären es weit mehr Standorte, um die er sich mit Erfolg bemühte. Erst dann wäre ein vollständiger Überblick mit einem Blick möglich.

Steuerwesen – „Regie"

Nach dem Siebenjährigen Krieg war der König bemüht, die unzweifelhaft vorhandenen Steuer-Schlupflöcher zu schließen und überhaupt ein neues Besteuerungssystem für die Akzise-Sätze zu schaffen. Die Eingriffe in das bestehende, weithin als bewährt empfundene Steuer-System sind fast immer bedenklich, – es sei denn, sie dienen der radikalen Vereinfachung. War das der Fall oder war der König in einer Zwangslage? Die Auflagen sollten, sagt er in seinem Testament von 1768, nur den wohlhabenden und reichen Bürger treffen. Es ist dies einer der Punkte, wo der König sich etwas vormacht. Die Tarifkommission der „Regie" setzte rund 20 Mehrbelastungen durch. Die Grenzen wurden stärker bewacht. Aber keine Grenze ist im 18. Jahrhundert dicht genug, als daß sie nicht dennoch Schlupflöcher hätte. Preußen war ein „Schmuggelstaat", freilich nur etwas stärker als bisher. 2.000 Stellen mußten geschaffen werden, davon etwa 200 von französischen Staatsbürgern. Die ganze „Regie" aber wurde vom Volke gehaßt oder mißmutig ertragen, und die zwanzig Jahre liegen wie ein Grauschleier über dem Land. Im übrigen zeitigte sie schwankende Ergebnisse; der Mehrertrag wäre ohne die französische Verwaltung auch zu erzielen gewesen. Der König mußte das zum Schluß einsehen, aber er wollte es nur ungern zugeben.

Von dem Tabak-Monopol (1765 ff.), nach französischem Muster eingeführt, wurden jährlich 1,6 Millionen Taler eingenommen. Der Reinertrag von anderem Genußmittel, dem Kaffee, belief sich lediglich auf 96.000 Taler und erzeugte mancherlei Verbitterung.

Der Protest gegen diese Steuerpolitik (Akzise) fand in Heinitz einen nachhaltigen Opponenten. Die ganze Regie-Verwaltung sei nicht auf das Wohl der Bürger, sondern lediglich auf die Vermehrung der Einkünfte gerichtet, auch wenn diese ebenfalls der Investition dienten. Heinitz setzte sich dann 1783 durch: Der König stellte keine Franzosen mehr ein. Besonders stieß ihm die Kritik auf, daß die Regie-Kosten im Verhältnis von 3 : 10, die Erträge der Regie aber nur im Verhältnis 3 : 7 angestiegen seien.

Handelspolitik

Man hat sich den König vorzustellen, sinnend über Königsberg, Kolberg, Stettin, Emden und deren Ausfuhr und Einfuhr. Aber er war nicht der einzige, der in ein fast undurchdringliches Gewirr von Schutzzöllen blickte. Es reichte für mehrere Räte im Generaldirektorium, hier kundig und jederzeit dem König gegenüber Auskunft erteilen zu können. Friedrich hielt sich an seine Grundsätze: Solange sich Preußen in der Ausbauphase befand, mußte es mit einem relativen Autarkie-Handel zu Rande kommen. Da mochten bestimmte Händler oder Kaufleute noch so verärgert sein und sich hinter die Beamten im Generaldirektorium stecken. Aber zu prüfen war jeder Vorschlag – und das kostete Zeit. Die Statistiken, die der König sorgfältig durchsah, mußten ihm jahrein, jahraus zugesandt werden. Sie wurden verglichen und reichten aus, ihn nicht hinters Licht zu führen. Der andere Schwachpunkt, den er ständig beklagte, war, daß es zu wenige Großkaufleute gab; wer Geld in großem Stile gemacht hatte, ging nach Ansicht Friedrichs den bequemeren Weg des Kaufs von Rentengütern. Das war, grob gesagt, die Ausgangssituation, vor der er Entscheidungen treffen mußte.

1749 (1. Oktober) verfaßte er zum Amtsantritt des französischen Schweizers Flesch, den er als Kaufmann ins Generaldirektorium berief, eine Denkschrift. Darin heißt es: „Ich glaube, man könnte den Holzhandel erweitern, wenn Großhändler in Stettin und Königsberg Schiffe bauen ließen und sie den Fremden verkauften. Wir können das Tuch billiger als bisher herstellen, wenn wir die Farben für die Färber direkt einkaufen und sie nicht aus zweiter Hand entnehmen. Wir können Leinöl hier machen, statt es von den Holländern zu kaufen, und wir können unsere Linnen nach Spanien ausführen, wo unsere Kaufleute den Vorteil, den die Engländer zur Zeit haben, zum Teil selbst gewinnen [...]. Die Waren, die wir unbedingt nötig haben und an denen strebsame Kaufleute einen großen Vorteil, sowohl beim Vertrieb im Lande wie beim Durchgangshandel machen könnten, sind Gewürze, französische Zuckerwaren, Schnupftabak, Pelzwaren und Drogen [...]. Es gibt andere Waren, die nur für den Durchgangshandel in Betracht kommen und bei denen unsere Kaufleute gleichfalls gewinnen können, aber um sie ausfindig zu machen, muß man Polen, Sachsen und das Reich kennenlernen, eine dankbare Aufgabe für einen unternehmenden Kaufmann [...]". Das waren die Grundsätze, und ihnen folgte er über alle Konflikte hinweg bis zu seinem Tode.

Alles war freilich auch eine Frage des verfügbaren Kapitals. Unmittelbar nach dem Siebenjährigen Krieg betrieb der König deshalb die Idee einer Bank-Gründung. Zuerst gründete er die Staatsbank mit 8 Millionen Talern aus dem Staatsschatz. Die König allein behielt die Aufsicht. Seit dem 18. Juni 1768 konnten Mündelgelder zinsbar bei der Bank angelegt werden. Der Reingewinn steigerte sich von Jahr zu Jahr und erreichte 1785/86 das beachtliche Ergebnis von 216.000 Talern.

Etwa gleichzeitig ließ der König in Berlin die Seehandlungs-Assekuranz-Gesellschaft (1 Million Taler auf Aktien) gründen. Aber erst die Seehandlungs-Gesellschaft (14. Oktober 1772) nahm einen beispiellosen Aufstieg. Im Gründungsprivileg verkündete der König, es solle „die See-Schiffahrt unter Preußischer Flagge fahren und die Häfen von Spanien und allen anderen Plätzen beschiffen [...]". Der Danziger Handel solle nach Möglichkeit nach Pillau, Königsberg und Elbing gezogen werden. Außerdem wurde in Neufahrwasser ein eigener Hafen gebaut. Der Handel mit den Polen und mit Spanien sollte aber im Vordergrund stehen. Über Spanien, dessen Flagge allein zu den Häfen der Karibik-Inseln zugelassen war, hoffte der König, die schlesische Leinwand abzusetzen. Er wollte nur halbwegs sichere Ort anlaufen. So lehnte er den Handel mit China schlankweg ab. Man sieht, wie er die Grundsätze in dem Schreiben an Flesch durch die Jahrzehnte verfolgte.

1781 verlor die Gesellschaft durch die betrügerischen Machenschaften des Ministers von Goerne das halbe Aktienkapital. Goerne kam nach Spandau, und die Güter in Polen wurden beschlagnahmt. Deshalb erlitt die Seehandlung zwar keinen allzu großen Schaden, aber den König beschwerte der Ärger, und sein Mißtrauen nahm wieder zu.

Kornhandel

Schließlich ist Friedrich auch der bedeutendste en Gros-Getreidehändler gewesen. Doch hierbei spielt der Gewinn keine Rolle, sondern lediglich der ausgeglichene Preis über die Jahre hinweg. Das ist erreicht worden. Selbst in der schweren Hungersnot 1771 stieg der Getreidepreis in Preußen nur auf wenig mehr als 2 Taler, während man in Augsburg bis zu 6 und 7 Taler zahlen mußte. Tausende von neuen Ansiedlern zogen damals aus bitterster Not von Sachsen und Böhmen in die preußischen Randgebiete.

Verkehrswesen

Das Verkehrswesen hat von vornherein das Interesse von Friedrich gefunden. Er tat zwar wenig für den modernen Ausbau der Straßen, wobei militärische Gründe wohl überwogen haben. Im Königreich Hannover wurden nach 1763 vermehrt Chausseen gebaut. Lediglich in Schlesien ließ er einige Straßen im Riesengebirge bauen, um den Abtransport der Leinenprodukte zu erleichtern. Andererseits wurde an Post-, Land- und Heerstraßen gebaut, aber in der Regel ohne durchgehende Pflasterung.

Die Wasserwege galten im 18. Jahrhundert noch als Hauptverkehrsadern. Sie wurden ausgebaut. Die Stapelrechte schaffte er bereits 1752 ab. Der Plauer Kanal (zwischen Elbe und Havel) und der wieder in Betrieb genommene Alte Finow-Kanal sorgten dafür, daß eine durchgehende Wasserverbindung von Magdeburg nach Stettin bestand. Schon 1747 wurde die Swine für die Durchfahrt geöffnet. Die Ungleichheit der Zölle veranlaßte einen Befehl des Königs zur völligen Beseitigung der Hindernisse zwischen Elbe und Oderkursen. Stettin lebte auf. In Preußen baute man nur etwa 20 Schiffe, obwohl der König zu helfen suchte. In ganz Pommern hingegen wurden an 21 Orten 99 Schiffe größerer Bauart für rd. 1 Million Taler fertiggestellt. 113 Schiffe hatte man in 6 Jahren in das Ausland verkaufen können (873.000 Taler).

In Westpreußen begrüßte der König bereits im Juni 1773 die ersten Schleppkähne auf dem Bromberger Kanal, nachdem er in seiner Ungeduld befohlen hatte, mit 6.000 Menschen bei Tag und Nacht zu arbeiten. Gleichzeitig wurde die Netze zwischen Nakel und Driesen erweitert. 1783 schließlich entstand zwischen der Nogat und Elbing der Kraftpfuhl-Kanal, so daß der Weizen an der Marienburg vorbei nach Elbing verschifft werden konnte.

Ergebnis

In der Summe zeigt die Wirtschafts- und Handelspolitik des Königs einige Schwächen. Doch insgesamt hat sie den Aufstieg Preußens aus einem weitgehenden Agrarstaat in einen modernen Industriestaat nachhaltig befördert. Friedrich gab alle nur denkbaren Anstöße, zu denen er in der Lage war. Er lehrte das „Kind" laufen. Die Bodenschätze und der Fleiß des qualitativen Handwerks und der großen Gewerbe schufen die Grundlagen für die Weltstellung des Staates und seiner Gesellschaft.

Der König und die Kapitalisten[151]

Die Erfahrungen mit den größeren Kaufleuten und Bank-Geschäftsleuten sind, in rascher Folge, ziemlich gemischt verlaufen. Er konnte in seiner Impulsivität scharfe Urteile abgeben und Kaufleuten von Berlin und Breslau, zumal nach dem Scheitern der ersten Bankpläne 1753 ff., Mangel an geschäftlicher Phantasie vorhalten. Nach dem großen Kriege, als die Bankenkrise mit zahlreichen Zusammenbrüchen von Amsterdam (Gebr. de Neufville), wo der gefährlichste Zusammenbruch am 25. Juli 1763 angezeigt wurde, auch Hamburg und bald darauf Berlin ergriff, sah sich der König mit höchster Eile genötigt, einerseits helfend – über viele Jahre hin – einzugreifen; andererseits bestärkten ihn die Ergebnisse der Untersuchungen seiner Beamten bei den notleidenden Firmen in verschiedenen negativen Urteilen; er hielt die Mehrzahl der Unternehmer, abgesehen von der gut geführten Monopolfirma Splittgerber und Daum und einigen jüdischen Silber- und Münz-Geschäftshäusern, für zu eigennützig und kurzsichtig, sagte ihnen krämerhafte Gesinnung nach und hielt sie überhaupt mehrheitlich für ungeeignet, an seinen Plänen mitzuwirken. Doch waren diese Projekte, mit der geförderten eigenen gewerblichen Produktion einen Außenhandel gewissermaßen weltweit aufzubauen, umstritten. Sie eilten den schlichten Tatsachen landauf, landab nicht selten voraus. Der König wollte, gestützt auf seine früh begonnene Wasserstraßenpolitik[152] die Abhängigkeit des Hinterlandes von den Seeplätzen, insbesondere von Hamburg beseitigen. Das bedeute den Bruch mit einer mehrhundertjährigen Tradition. Es mußte entsprechende Spannungen hervorrufen.

Nicht seine Brandenburger und Pommern waren dafür die geeigneten Partner, so dachte er, sondern bei Italienern und Franzosen; auch bei den mit den Märkten vertrauten Holländern und Engländern glaubte er weltläufige Spezialisten zu finden. Aber die Rechnung ist überwiegend nicht aufgegangen, so wie es ein Teil seiner Beamten hatte kommen sehen. Nach Osten gehen die Hallodrios, die das schnelle Geld mit üblen Tricks machen wollen. Das gilt für den Herrn Cazabigi aus Livorno, einen Finanzkünstler aus der klassischen Heimat der Wechselgeschäfte, der sich am Rande seiner Bankrotte dem König im Frühjahr 1763 mit einem Zahlenlotto-Plan andiente. Der König hat dann mit erheblichem Langmut die Projekte verfolgt und auch gefördert, die aus dem ursprünglichen Plan, einer Art von Finanzkonzern, erwachsen waren. Immerhin haben alle Beteiligten daran gelernt, bis des Königs wohl verläßlichster Minister vom Hagen am 1. Oktober 1766 mit einem ebenso niederschmetternden wie für den König peinlichen Gutachten den Staat vor weiteren Verlusten bewahrte. Der Rest, bis zum Tode des Finanz-Jongleurs 1772, war Schuldenabwicklung und Sache der Justizbehörden. Auch der etwa gleichzeitig tätige Holländer *Clement,* den der König im Handelsgeschäft (auf Aktien) mit Levante-Waren tätig werden ließ und ihn überdies zu seinem „Bankier" ernannt hatte. Wieder leisteten die hier vorsichtigeren Spitzenbeamten des Generaldirektoriums massiv Widerstand, konnten jedoch den Einfluß und die Geschäftstätigkeit (Noten und Girogeld der Hauptbank in Umlauf zu bringen, Banknoten einwechseln, Wechsel prüfen, Gold und Silber für die Münze beschaffen) nicht zurückdrängen. Ausländer werden tätig, Einheimische wurden beseite gedrängt. Ein erbitterter Kampf gegen die „ausländischen" Zentralisierungsbestrebungen fand unter den Augen des Königs statt, der im Sommer 1767 seine Gelder aus der Handels-Compagnie wegen zu geringer Erträge abzog, nachdem auch unmittelbare Eingriffe Friedrichs die enttäuschende Unrentabilität und die wirtschaftspolitisch schädlichen Aktionen Clements nicht hatten aufhalten können. Der Bankrott einer holländischen Firma im Frühjahr 1769 beschleunigte den Zusammenbruch des Clement'schen Imperiums, der seine Geschäfte „elend und jämmerlich, daher nur mit Schaden betrieben" habe. Wenig später kam es wie es in ähnlichen Fällen bereits gekommen war: Der König ließ seinen Bankier verhaften (wegen Vergeudung königlicher Gelder), und dieser starb bald darauf in der Berliner Hausvogtei als Untersuchungs-Häftling. Auf ein Pensionsgesuch der Witwe schrieb der König kurz und wütend: „das ist zu viehl, der Mann hat mihr bestohlen". Der König hatte 130.000 Taler verloren; der Staat besorgte die Liquidierung, besorgte die Entschädigung der Aktionäre und übernahm brauchbare Einrichtungen (Kaffeehandel, Seidenmagazin). Die Liaison Friedrichs mit spekulativ und unsolide vorgehenden, wennschon ideenreichen Unternehmern brachte ihn zu der schmerzlichen Einsicht, daß künstliche Gründungen in der Summe weniger erbrachten als das gedeihliche Reifenlassen der Geschäftstätigkeiten. Freilich standen diesen und anderen Mißerfolgen zahlreiche produktive und dauerhafte Maßnahmen gegenüber, wo nun die Schornsteine rauchten und seine Urteilskraft sich bewährt hatte.[153]

Es gibt kein Wirtschaftsleben ohne Brüche und Konjunkturen, ohne kaufmännische Fehler und ohne Folgen unberechenbarer Kapitalbewegungen. Friedrichs Wirtschaftspolitik entging diesem Schicksal nicht: Entscheidend sind die Bilanzen am Ende der Perioden oder Regierungen. Daß der König mit seiner Mischung von wagemutiger Munterkeit und mißtrauischem Eigensinn das denkbar Mögliche versucht hatte, ist nicht zu bestreiten.

Achtzehntes Kapitel

Oderland und Riesengebirge:
Preußisch Schlesien als Sonderprovinz

Besondere *Provinzialminister* standen unverändert an der Spitze der Immediat-Provinz[154]. Von 1742 bis 1753 dirigierte der Minister *Ludwig Wilhelm von Münchow*, von 1753 bis 1755 der von Friedrich weniger geschätzte *Joachim Ewald von Massow*, von 1755 bis 1769 der tatkräftige und zeitweilig gefürchtete Minister *Ernst Wilhelm von Schlabrendorff* und von 1770 bis 1807 der Minister *Karl Georg Heinrich von Hoym.* Die oberste Aufsicht über alle schlesischen Angelegenheiten bis hin zu Quisquilien behielt sich der König vor. Es wirkte wie eine Warnung. Alljährlich bereiste er den großen Teil der Provinz und führte viele Gespräche mit Beamten und Kaufleuten und dem einfachen Mann auf der Straße. Dem Sonderminister unterstanden die beiden neuen Kriegs- und Domänenkammern in Breslau und Glogau. Dort wurden Wirtschaft und Finanzen bearbeitet und in wesentlichen Fragen Bericht erstattet. Den Kammern wiederum unterstanden die Kreise, welche nunmehr angelehnt an die schlesischen Weichbilder eingerichtet worden waren. Wie sonst auch unterstanden die Städte der Aufsicht der Kammern. Sie waren in zehn Departements für die Steuerräte zusammengefaßt. Die *Steuerverfassung* ließ der König sogleich einführen. Das bedeutete für die Bürger, daß alle in die Stadt gebrachten oder dort erzeugten Waren der Akzise, einer Umsatzsteuer, unterworfen waren, daß auch auf Gärten, Wiesen, Äcker und vom Großvieh die Abgabe entrichtet wurde. Bei sehr kleinen Städten lohnte es sich nicht, an den Toren die Akzise zu erheben. Sie zahlten „Kontribution" und unterstanden dem Landrat. 31 der 160 Städte sanken damals zu Marktflecken ab.

Das *Gerichtswesen* hingegen wurde dem Berliner Justizminister Samuel von Cocceji unterstellt. Für alle Berichte der unteren Ebene schuf man als Berufungsinstanzen „Oberamtsregierungen" in Breslau und Glogau, 1744 in Oppeln (später in Brieg). Als untere Gerichte dienten die Fürstentümer, Standesherrschaften, die Landstände und die Räte der Städte. Die Polizei und Kirchenhoheit blieben bei allen diesen Grundherrschaften. Anders als in seinen älteren Provinzen verfuhr der König mit den ständischen Einrichtungen. Offenbar erblickte er in ihnen mehr oder minder gefährliche Mittelpunkte einer

Opposition und eines schlesischen Separatismus. So verwundert es nicht, daß er auch das Steuerbewilligungsrecht der Stände sogleich mißachtete.

Das eroberte und dann völkerrechtlich übernommene Land mußte militärisch gut gesichert werden. In Städten und Festungen sollten maximal 35.000 Mann unterhalten werden. In österreichischer Zeit gab es 3.500 Soldaten im Lande. Die Kantone nach preußischem Muster besorgten die Aushebung der Rekruten. Weil auch sonst in Preußen die Kasernen in den Städten nun nicht mehr ausreichten, mußten die Bürger Quartiere anbieten. Gegen Böhmen errichtete der König Befestigungen verschiedener Art. *Schweidnitz* im Vorfeld des Gebirges erhielt Fortifikationen. Die Festungen in *Neiße* und die große Bergfestung *Glatz* verstärkte er durch neue Forts. Auch *Cosel* diente im Süden als Festung. Bis 1786 wurde am Paß von *Silberberg* eine zweite schwere Bergfestung mit erheblichen Kosten errichtet, die noch heute den Besucher der preußischen Provinz mit grauen Mauern grüßt.

Auch Schlesien sollte stärker besiedelt werden. Doch gab es dort, anders als in der Mark oder in Ostpreußen, wenig geeignete Böden, von denen sich Kolonisten hätten ernähren können. Die Staatsländereien waren durch Verkäufe vor 1740 erheblich geschmälert worden. Aber der König wußte sich zu helfen. Er rief die protestantischen Tschechen ins Land rufen und ließ sie im Gebiet von Oppeln (Friedrichsgrätz), bei Strehlen (Hussinetz), Podiebrad und bei Groß Wartenberg (Tabor) ansetzen. Diese Kolonisten durften neben einer kleinen Landwirtschaft Gewerbe treiben. Entscheidend waren für den König, den Provinzialminister und die Kammerbeamten nicht die Nationalität oder die Konfession, sondern Fleiß, Ausdauer und Fertigkeit. Aus Mittel- und Westdeutschland holte man Eisenhüttenarbeiter. In den dichten Waldungen an den Hängen der Sudeten, im Katzbach- und Riesengebirge entstanden neue Siedlungen für Waldarbeiter, die sich dort mit Hilfe der Erträge der Bergwälder durchs Leben schlugen. Diese Anfänge in bedrückender Armut legten den Grund für die neue Landeskulturarbeit bis 1945. Auch Polen kamen ins Land, Evangelische aus dem nun bei der Kaiserin verbliebenen Teschener Gebiet. Sie zogen wie auch Juden und viele andere in das oberschlesische Gebiet, wo nunmehr die Industrialisierung begann. Neben dem Staate entstanden in einigen Grundherrschaften Gewerbesiedlungen mit Herrnhuter Pietisten: Gnadenfrei, Gnadenberg und Gnadenfeld. Eine Stadt gründete Friedrich: *Neusalz an der Oder*. Auch dort gab es einen Stadtteil mit den gottesfürchtigen, den fleißigen Herrnhutern.

Seit 1772 arbeitete der Herrscher mit seinen besseren Beamten am Aufbau und Ausbau der westpreußischen Gebiete. Schlesien trat etwas zurück. Der noch recht jugendliche Minister Hoym täuschte den König nicht selten mit geschönten Berichten über einen wirtschaftlichen Aufschwung an der oberen Oder. Wir wissen nicht, wie weit der König die Phrasen in den Berichten mancher seiner leitenden Amtsträger durchschaute. Eine Bemerkung im Testament von 1768 verweist darauf, daß er diese Schwächen in seinem Regierungssystem durchaus kannte und immer wieder erkannte, jedoch wegen des Mangels erstklassiger Fachleute darüber hinwegsehen mußte.

Grundsätzlich sollte die Wirtschaftspolitik in Schlesien seinen Leitgedanken folgen. Doch die festen sozialen Strukturen behinderten diese Absichten nicht unerheblich. Unbebaute Ackerflächen sollten unter den Pflug genommen werden, das Auskaufen der Bauernstellen durch den dort starken Großgrundbesitz suchte die Verwaltung nach Möglichkeit zu verhindern. Wie überall empfahl man das Anpflanzen von Futterkräutern, von Ölfrüchten, von Maulbeerbäumen (für die Seidenraupenzucht) und dann der Kartoffel. Die Landbevölkerung blieb in der Abhängigkeit von der Gutsherrschaft. Es bestand Schollenbindung, während der König bis in seine letzten Tage hinein die „Leibeigenschaft" zu beseitigen trachtete. Aber in Niederschlesien, dem stärker entwickelten und glücklicheren Landesteil, lebten in den Dörfern wohlhabende Bauern mit beträchtlicher Selbständigkeit. Auf den Domänengütern veranstalteten die Amtmänner Agrarexperimente, und sie durften die abhängigen Bauern nicht drücken. Der König fand in Schlesien etwas vor, was seine übrigen Provinzen nicht aufwiesen: große, ja übergroße Grundherrschaften der Katholischen Kirche, deren Besitz er nicht antastete. Das Wort „Enteignung" hatte im Denken Friedrichs nachweislich einen fatalen Klang.

Überblickt man die ländliche Sozialstruktur, wie sie dem Herrscher von der Kutsche aus entgegentrat, so gab es Freibauern ohne Abgaben, Zinsbauern mit geringen Geld- oder Naturalabgaben, Gärtner mit kleinen Grundstücken, Häusler mit oftmals elenden Wohnhütten und Freileute als Landarbeiter bei den Gütern. Gleichwohl waren die Belastungen hoch, denn viele sahen sich zu unangemessenen, witterungsabhängigen Zeiten dienstverpflichtet. Der Staat verlangte Fuhrdienste zum Festungsbau und für die vielfach beklagte Vorspannpflicht der pferdehaltenden Bauern; auch Beamte und der königliche Troß nutzten die Vorspannpflicht. Man hat errechnet, daß im Gegensatz zu anderen Provinzen in Schlesien nur ein Zehntel der Grundfläche wirtschaftlich ungenutzt war. Etwa jeder vierte Einwohner lebte bereits von den Manufakturen, dem Gewerbe und dem Handel; alle übrigen fanden ihre Nahrung beim Ackerbau.

Die großen schlesischen Wälder wurden nun von der friderizianischen Verwaltung vorteilhaft bewirtschaftet. Mit Edikten ging man gegen den wilden Einschlag vor, das Schlagen von Maiengrün zu Pfingsten und das althergebrachte Umhertragen von Sträuchern am Lätare-Sonntag war strictement verboten. Bereits im Rechnungsjahr 1745/46 klingelten in den Domänenkassen 687.000 Taler, doch kamen etwa zwei Drittel der Einnahmen aus den Gewinnen des lukrativen Salzmonopols.

An der Spitze von Handel und Gewerbe stand die *Leineweberei* in den Gebirgsdörfern und in einigen ausgebauten Manufakturen der Städte, wie beispielsweise in *Hirschberg.* Der König tat mit seinen Fachbeamten alles, um diese von ihrem Mutterland abgeschnittene Textilwirtschaft zu beleben. Staatliche Hilfen für Qualitätssteigerungen bei den Gewerbearten gab die Regierung. Kattun (Baumwolle), Gold- und Silberstoffe, Borten, Samt, Barchent belebten den Gewerbezweig. Doch blieb der Leinenhandel trotz oder wegen staatlicher Absatzsteuerung ein Sorgenkind des Herrschers. Immerhin gelang es, die Märkte in England, Spanien und Südamerika auf die Dauer zu beliefern, während der Schleichhandel über das Gebirge nach Böhmen hinein geringeren Umfang besaß. 1783 errechnete man für den Leinenhandel ungeachtet aller Absatzprobleme einen Gewinn von 3,5 Millionen Taler.

Die Wollindustrie förderte Minister Schlabrendorff seit 1763 mit Nachdruck. In dem Weinbauort Grünberg im Norden und in der reizvollen baumreichen Grafschaft Glatz erreichte man eine Steigerung des Absatzes um 25 bis 50 Prozent. Gleiches gilt für das Töpferei-Gewerbe in Bunzlau oder die überall in Preußen entstehenden Glashütten. Neun Hütten entstanden in Oberschlesien und zwei im Glatzer Bergland (Friedrichsgrund). Der Export aus Schlesien errechnete sich um 1750 auf 10 Millionen Taler. Das Gewicht der schlesischen Wirtschaft wird deutlich, wenn man den Zahlen entnimmt, daß an der Ausfuhr des Gesamtstaates das Oderland mit 45 Prozent und an der Einfuhr mit 44 Prozent beteiligt war.

Immer gab es infolge der Torheit und der *Korruption* der Menschen Rückschläge. Bürger der Städte bereiteten dem König bis zuletzt mit ihrer Trägheit Sorgen. In Pleß entstand eine gutgehende Fabrik für Strümpfe, auch gab es Tuch- und Zeugmachereien in Oppeln und weit unten in Tarnowitz. In anderen Orten wurden *Gelder des Staates* lässig in Spekulationsbauten verbraucht, so daß sich Unternehmer und Arbeiter wieder entfernten. Oftmals verblüffte er die zitternden Bürgermeister mit Hinweisen auf längst vergessen geglaubte Projekte. Wie er überhaupt als Wirtschaftskönig vor Unternehmern aufzutreten vermochte.

Das zeigte sich vor allem bei dem modernsten Wirtschaftszweig, der Schlesien einem großen Wandel unterwerfen sollte. 1741 gab es 12 Hochöfen und 27 Eisenhämmer im Lande. Insgesamt war das *Hüttenwesen* bereits in habsburgischer Zeit gut entwickelt worden. Auch gab es eine Messingfabrik im Kreise Cosel. 1755 entstand die neue Kreuzburger Eisenhütte, 1756 folgte die erste *Bergbauordnung,* mit der das Bergregal als Staatsmonopol auf die Steinkohle ausgedehnt wurde. Diese förderte man im niederschlesischen Waldenburger Revier in zwölf Gruben. Schlabrendorffs Förderung der Montanindustrie der fünfziger Jahre (20 Hochöfen, 46 Eisenhämmer) unterbrach der Siebenjährige Krieg. Aber 1768 begründete der König als Siebentes Departement ein Ministerium für das Bergwerks- und Hüttenwesen. Ihm wurden besondere Freiheiten zugebilligt, um den Minister vom Hagen, einen der tüchtigsten Verwaltungsleute des Königs, nicht an die kollegialische Mitberatung zu binden. Hagen sorgte noch vor Heinitz dafür, daß die Mineralogie und das Bergrecht reguläre Unterrichtsfächer an den preußischen Universitäten wurden. 1768 entstand eine Immediatkommission für die nun anstehende systematische Untersuchung der schlesischen Gebirge auf Bodenschätze und Industrieansiedlung hin. 1769 befahl der König, alle Bergwerkssachen zentral in Berlin zu bearbeiten. Im gleichen Jahr entstand das schlesische Oberbergamt in Reichenstein bzw. seit 1779 in Breslau. Schlesien wurde überhaupt infolge der weitsichtigen Arbeit des Königs und der dortigen Beamten zur starken Lokomotive für die Montan-Industrialisierung. Denn die nach klevischem Vorbild entstandene „Revidierte Bergordnung" von 1769 diente sogleich 1772 der Bergordnung für Magdeburg-Halberstadt-Mansfeld als Muster. Jeder Staatsbürger konnte nach Mineralien oder Steinkohlen schürfen, wenn ihm der Staat einen Schürfschein ausgestellt hatte.

Es gab zwar die Aufsicht der Bergämter, die besondere Strafgerichtsbarkeit im Bergbau und die Knappschaftsregister. Doch vieles vollzog sich als beaufsichtigte Selbstverwaltung, so daß der Staat nur zahlreiche und ziemlich hohe Abgaben bei erfolgreicher Tätigkeit kassierte. Die Bergleute genossen Freizügigkeit bei der Niederlassung, Befreiung vom Militärdienst, von Einquartierung, Kommunalabgaben und von der Gerichtsbarkeit des Grundherrn. Es fehlte nicht an Spannungen. Denn die Grundherrschaften wollten ihre Landarbeiter ungern in den Bergbau abwandern lassen. Den sich ausweitenden Bergwerken konnten oftmals nicht genügend Leute zugeführt werden. Etwas später ist dann der Loskauf der Erbuntertänigkeitsverhältnisse eingeführt worden. Dies alles zeigt, wie auch hier der „Kolonistenstaat" mit seinen besonderen Zonen eigenen Rechts die traditionelle Gesellschaftsordnung auflöste, ja aufsprengte. Nach dem Tode des Freiherrn vom Hagen 1771 gelang es dem König wenige Jahre später, den Sachsen Friedrich Anton von Heinitz als Chefminister für den Bergbau zu gewinnen. Heinitz war der beste Mann in Mittel- und Ostdeutschland, den man nach Preußen ziehen konnte. Es zeigt sich darin das Prestige Friedrichs und sein Qualitätsanspruch in Personalangelegenheiten. Mit Heinitz und mit dessen Neffen Friedrich Wilhelm Freiherrn von Rehden erreichte die preußische Bergbaupolitik einen ersten Höhepunkt. Der König sah es trotz mancher Streitfälle im einzelnen mit Wohlgefallen, und auch Heinitz blieb in einer tiefen pietistischen Frömmigkeit dem Herrscher zugetan. 1781 trat ein Dritter noch in jungen Jahren in die Bergbauverwaltung ein, der Oberbergrat Karl Freiherr vom Stein. Heinitz unterteilte das Bergwesen des Staates in vier Hauptdistrikte mit den Bezirken Berlin, Halle, Breslau und Dortmund. 1784 begann in Tarnowitz der Abbau von Bleierz in größerem Umfange. Heinitz war es auch, der die erste deutsche

Dampfmaschine in einem Bergwerk einsetzte. Hüttenanlagen gründete er in Gleiwitz und in Königshütte, wo man die ersten Koksöfen aufstellte. Von diesen schlesischen industriellen Erfahrungen ist dann das gesamte Berg- und Hüttenwesen Preußens aus der Verwaltung heraus modernisiert worden. Kurz vor dem Tode erhielt der König noch eine Denkschrift von Heinritz, die er billigte. Darin heißt es, der Bergbau sei nicht weniger wichtig als Handel und Landwirtschaft, die beiden anderen Säulen der Staatswirtschaft. So knauserig Friedrich mit seinen Tresorgeldern sein konnte, für den Bergbau gab er 1783 eine halbe Million Taler, weil er sicher war, daß hier die Zukunft seines Staates ebenfalls gesichert und in guten Händen war. Heinitz schaffte es mit unermüdlicher Arbeit und Kooperation, den preußisch-deutschen Bergbau und die Mineralienwirtschaft auf einen ersten Hochstand und damit auf eine entscheidende Stufe der Industrialisierung zu heben. Dies geschah unter den immer noch wachsamen Augen und Unterstützungen des Königs, der ihn förderte. In der gleichen Zeit 1782 schrieb *Heinitz* in sein Tagebuch über den Herrscher, der ihn immer wieder durch vielerlei Eigensinn bedrängt hatte, den er aber wie kaum ein anderer kannte: „Friedrich ist arbeitsam, zieht seine Schuldigkeit aller Erholung vor, besorgt zuvorderst seine Geschäfte und ist von Gott mit vorzüglichen Gaben dazu ausgerüstet. Er hat in seinem Stande nicht seinesgleichen, der die Enthaltsamkeit, Einförmigkeit hat, der seine Zeit so einzuteilen weiß. Man läßt ihm hierin nicht alle verdiente Gerechtigkeit widerfahren, und gleichwohl gehört ihm deshalb ein besonderer Vorzug vor anderen Regenten"[155].

Neunzehntes Kapitel

Der König auf Reisen

Die Inspektionsreise als Teil des friderizianischen Systems[156]

Die Reisen in Krieg und Frieden führten Friedrich nicht nach London, Paris oder Rom, von St. Petersburg und Warschau zu schweigen, oder Stockholm, wo seine Schwester dann als Königin und Witwe lebte. Er suchte nicht Krakau auf und nicht Wien, als nach 1763 friedlichere Jahre angebrochen waren. Kupferstich-Werke und Gesandten-Berichte mußten genügen. Die Provinzen Brandenburg-Preußens und deren Randgebiete zwischen Königsberg und Gumbinnen auf der einen Seite und Kleve, Mark und Ravensberg auf der anderen Seite wie überhaupt den Rhein kannte er seit der Konflikt-Zeit mit seinem Vater. 1734 besichtigte er beim Besuch der kaiserlichen die preußischen Truppen am Oberrhein, Südwestdeutschland und Franken. 1736 begleitete er Friedrich Wilhelm I. nach Magdeburg und nach Ostpreußen. 1738 fuhr man über das preußische Minden nach Wesel; 1739 ging der Kronprinz, schon mit erweiterter Selbständigkeit, erneut nach Ostpreußen, dem immer noch im Wiederaufbau begriffenen alten Herzogtum. Bei alledem vermißt man die „Grand Tour" nach Westeuropa, zu Höfen und Universitäten. Friedrichs frühe Reisen bestimmten sich bereits von der Außenpolitik und der Regierungspraxis her. Sein Vater hatte ihm 1722 ins Testament die Mahnung geschrieben: „Mein lieber Succeßor mus seine lender und Prowincen jerlich bereißen, wie ich gethan habe, da wierdt er seine Regimenter und Armeé officiers, Lender und leutte Kennen lernen und wierdt selber sehen, dass in alle seine Prowincen schöne verbeßerungen in Domenen aller Prowincen sein …". Kürzer gesagt: Das Auge des Herrn macht das Vieh fett.

Als der König am 31. Mai 1740 die *Regierung* antrat, wußte er genau, daß das ausgedehnte Staatsgebiet nur mit regelmäßigen Kontrollen zu überwachen und zu verbessern sein würde. Sicher gab es Bedenken bei Ministern und Räten, den Herrscher jährlich für sieben Wochen nicht im Mittelpunkt zu wissen. Nach den Inspektionen kehrte er jedoch immer schnell per Extrapost zurück, nicht selten auf Kosten seiner anfälligen Gesundheit. Fast alle Reisen verbanden sich mit „Revuen", mit mehrtägigen Manövern der in der Provinz stationierten Truppen. Friedrich unternahm die Fahrten als Oberbefehlshaber des Heeres, als oberster Verantwortlicher für die Verwaltung und die Kulturarbeit. Dazu kamen von Fall zu Fall zusätzliche Aufgaben und Aufträge der allgemeinen Information; man könnte auch sagen: von seiner immensen Neugier bestimmt.

Das *Reiseprogramm* ließ er in seinen Terminkalender eintragen. Immer schon war es das Amt der Könige, den Kalender zu verwalten. Friedrichs persönlicher Kalender, als Gerät der Erinnerung, des zyklisch Wiederkehrenden und der Erinnerung an die Zukunft lag griffbereit auf dem Schreibtisch. Danach wurde verfahren. Ein Abweichen gestattete er sich, zumal in dem umsorgten Schlesien, wenn dies die weiteren Termine nicht behinderte. Doch konnten sich die Einwohner auf Tag und Stunden einrichten. Der Plan wurde fast immer eingehalten. Er fuhr im Mai in das vordere Hinterpommern (24 Aufenthalte), für nur sechs Tage. Seit der Erwerbung Westpreußens (1772) ging er dann sogleich von Stargard i.P. nach Marienwerder und Graudenz (12. Juni). Im Juni folgte Magdeburg (29 Aufenthalte), häufig mit Abstechern zu seiner braunschweigischen Schwester. Im Juli erheiterte sich der König samt Hof und Gästen mit Theater und Konzert in Potsdam und Berlin. Im August und in der 1. Dekade des September fuhr er nach Schlesien, mit Glatz und den dortigen Heilquellen (34 Aufenthalte). Seltener reiste er nach Ostpreußen (vier Aufenthalte), in die Westprovinzen nebst Oldenburg-Emden (5 Aufenthalte) und in die Niederlande mit Amsterdam 1755 (zwei Aufenthalte). Es mögen 100 Inspektionsreisen zwischen 1740 und 1785 gewesen sein. Außerdem fanden ebenso regelmäßig kürzere Fahrten in Brandenburg und zwischen Berlin, Spandau und Potsdam statt. Die obersten Staats- und Provinzialbehörden ließen sich über alles Wesentliche seiner Reisen berichten, auch hielten viele seiner Gesprächspartner die Dialoge als besonderes Ereignis ihres Lebens sofort fest.

Vor der Reise ließ Friedrich von den Kabinettsräten Karten und Unterlagen (Akten für Streitfälle) bereitlegen. Seine Begleiter, zumal der rot gekleidete Kammerhusar, führten einige tausend Taler bei sich, die für Logis, kleine Belohnungen und Sozial-Ausgaben gedacht waren. Auf seinen eigenhändigen Stichwort-Zetteln erscheinen (z.B. für Schlesien): der Kirchenbau für beide Konfessionen; Weide für größere Schafherden in den Forsten; Fruchtwechsel und Melioration auf schlechten Böden; bessere Pflege der Wälder und Forsten; Aufbau neuer Produktionen in kleineren Städten wie Spiegel, Luxus-Möbel, Textil-Fabrikate; Apotheker auch für die kleinen Städte; „Alle Städte, wo sich Wälle finden, diese unnützen Verteidigungswerke können Gärten werden; zu wenig Gemüse in den Gärten der Bauern; Seidengewinnung;" „Notabene wieviel Butter macht man?; warum keinen Buchweizen?" Es mag Hunderte solcher, wohl bald vernichteter Zettel gegeben haben[157]. Entscheidend war, auch für Friedrichs Selbstverständnis dieser Reisen, das ebenso planvolle wie spontane Wahrnehmen der „kleinen Verantwortung" neben den großen zentralen Verantwortungen. Das Ergebnis bestand in einer höheren Effizienz der Leistung für den Staat und in dem ungewöhnlichen Charisma.

Wer eine Reise antritt, hat zu bedenken, ob er Geschenke mitbringen möchte. Daß Friedrich gerne und überraschend schenkte, ist bekannt. Auch konnte er dem Rufe entgegenwirken, allzu sparsam gegenüber der Bevölkerung aufzutreten. Der Fürst darf nicht geizig oder habgierig sein. Kleinere Beträge konnten auf einen Wink hin ausgezahlt werden. Für anderes genügte der Hinweis auf die zuständige Kammer. Von Sachgeschenken wissen wir gegenüber Damen und seinen besten Freunden. Wer während der Revue einen vorzüglichen Eindruck hinterließ, konnte spontan mit einer Beförderung rechnen, vor allem im Kriege auch mit einem Orden.

Schließlich ließ Friedrich vor jeder Fahrt einige Bücher einpacken. Zu allen Zeiten, auch mitten in den Feldzügen, verfügte er in seiner Bagage über vielleicht 40 Titel. Im Breslauer Stadtschloß stand einiges bereit oder während der Winteraufenthalte in Leipzig oder Meißen im dritten Kriege. Wahrscheinlich las er im rumpelnden Wagen. Man weiß es nicht.

Während der Reise. Zwei der Geheimen Kabinettsräte begleiteten den König im eigenen Wagen („Kariol") und empfingen den Chef an jedem Übernachtungsort. Am häufigsten erscheint der geheimnisumwitterte Brandenburger Eichel (sein „Kanzleramts-Minister"), der den verdienten „Schwarzen Adler" nie erhalten hat. Mit ihm setzte er die Arbeit am frühen Tage im Manöverlager, in Schlössern, Festungen oder auch Pfarrhäusern fort. Vor der Abfahrt erhielten die Kabinettsbeamten noch die am Vorabend eingesammelten, sofort von ihm mit Randbemerkungen erledigten Briefschaften, um sie dann umgehend mundiert zur Expedition zu bringen. Er verfügte im Quartier je über mehrere Portefeuilles für die Ordnung der aktuellen Schriftstücke. Dazu stellte man ihm sogleich ein „Schreibgeschirr" hin, was alles dann wieder in den Zweitwagen gebracht wurde. So regierte der Reisekönig in der Kutsche, aus der Kutsche heraus und im Quartier. Tempus fugit. „Feldjäger" dienten stets als Vorreiter, brachten während der Fahrt Depeschen, die er sogleich öffnete.

Zwölf kräftige Pferde standen, von Vorspann zu Vorspann, für seine Fahrten über Stock und Stein bereit. Friedrich benutzte nicht ohne Eigensinn eine große, starke und ziemlich alte Kutsche, die – wenn nötig schnellstens – über Nacht repariert werden mußte. Oft wurde die Geschwindigkeit so sehr beschleunigt, daß man am Ziel die beiden erschöpften Pagen aus den Sätteln der Begleitpferde heben mußte. Der König raste auch häufig genug durch die Wälder und Wiesen bei Nacht. Oft begleitete nur ein Förster diese Höllenfahrten, wie überhaupt dabei den König, der furchtlos war, keine „Geheimen" beschützten. Einige Leibhusaren sorgten im Vorfeld und je am Orte für Aufsicht und Ordnung. Jeder Irre hätte dem König einen Dolch in den Rücken rammen können. Doch das ist bereits ein Stück Perspektive aus dem unruhigeren nächsten Jahrhundert.

Mit dieser Reisegeschwindigkeit, einem kleinen Fürstenexpreß, fuhr er in eineinhalb Tagen von Breslau über Fürstenwalde nach Potsdam zurück. Das war mehr als die vierfache Geschwindigkeit seiner Vorgänger im Herrscheramte. Und er holte mit dieser seiner Zeitökonomie das Doppelte, vielleicht sogar das Dreifache aus der Regierung heraus, jedenfalls in Friedenszeiten, wo er sich überwiegend als Herr seiner Zeit betrachten durfte. In Kriegszeiten verblüffte er immer wieder einmal mit diesen genau berechneten Zeiten nebst genauer Orts-, Landes- und Kartenkenntnis die bequemeren Gegner. Das „Mirakel des Hauses Brandenburg" beruht auch auf diesem Phänomen.

Deshalb war der Leibkutscher Pfundt als Geschwindigkeits-Diktator ein mächtiger Reise-Mann an seiner Seite. Er war wohl mehr gehaßt als geliebt, weil er das Tempo und das Quartier nebst Provision bestimmte. Dem Königswagen folgte ein sechsspänniger Wagen mit dem Kabinett nebst Personal. Auf die Begleitung eines seiner Windspiele mußte er aus Zeitgründen verzichten. Aber wahrscheinlich gehörten bei längeren Reisen zum Begleitwagen ein Koch, einige Narkotika und Delikatessen neben dem üblichen frugalen Reiseproviant. Frisches feines Obst mußte wo immer greifbar sein. Es wurde ihm von den aufmerksamen Quartiers-Leuten von vornherein kredenzt.

Nach einem Schlaf von sechs Stunden, den die zwei Pagen allein im Vorzimmer bewachten, erhob er sich gegen vier Uhr, Kaffee und Früchte bereitete die Gastfamilie; der Kammerhusar half beim Ankleiden, die ungewichsten Stulpen-Stiefel mußten übers Knie gezogen werden und zuletzt schmückte sich der Reisende mit einem der dreispitzigen Hüte wie mit einem Symbol seines Königtums. Dann sauste die Kavalkade weiter. Wenn es der Körper zuließ, ritt er auf einem Handpferd im Besichtigungsgebiet wegen der größeren Perspektive und des ruhigeren Betrachtens in Nebenstraßen. Es gab, nicht nur in Schlesien, abseits der Hauptwege Fortschritte in der Landeskultur, und es bestand die graue Alltäglichkeit der Armut, der der Reiter nicht auswich. Sein facettenreicher Charakter eignete sich für diese Art von Reiseregierung auf Haupt- und Nebenwegen, die ihm einen befreienden Ausbruch aus den Forderungen des höfischen Protokolls verhieß.

Das *Gespräch* wurde aus der Kutsche heraus geführt, beim Wechsel der Pferde, bei der abendlichen, eher schlichten Tafel und offiziell am Sitz der Landesbehörden mit den Chefs und beigezogenen Fachleuten. Wurde es ihm zuviel, so schwieg er, von einer wohlwollenden oder abweichenden, abwehrenden Handbewegung begleitet, deren Deutung sogleich den Behörden mitgeteilt wurde. Stand er hingegen in Saft und Kraft, so konnte er kein Ende der Fragen finden: Stätten der eigenen Kriege, der Stand des lukrativen Tuch-

und Leinwand-Handels und der sonstigen Export-Gewerbe, die Reibereien der Behörden untereinander, die Heiraten unter den christlichen Konfessionen und Volksteilen und immer wieder die „grausamen Dienste" auf oberschlesischen Gütern. In Westfalen und Kleve interessierte ihn der althergebrachte Schuldenstand einiger Städte, dazu der Wiederaufbau kriegszerstörter Häuser in Hamm, Soest und Lippstadt. Und überall fragte er nach den Roggenpreisen, den Ernteaussichten oder den Deichbauarbeiten. In späteren Jahren fürchtete man sein etwas häufiger aufbrechendes reizbares Mißtrauen, die Aversionen und den sarkastischen Witz gegenüber jeder Form von Oberflächlichkeit bei Amtsträgern, gegenüber unproduktiven Höflingen und Kammerherren, auch gegenüber gekonnt fußfälligen Damen oder zur Korpulenz neigenden aktiven oder außer Dienst gestellten Offizieren, die er mit seinem scharfen Personal-Gedächtnis taxierte, physiognomisch bewertete und in genealogische Zusammenhänge brachte. Die alten Kriegsgurgeln an den Krügen, wo die Pferde getränkt oder gewechselt wurden, – sie umarmte er („Mein Gott, lebt er noch?") und ließ seine „großen blauen Farnaugen" mit Wohlwollen oder Mitleid auf ihnen ruhen, wie auf allen Invaliden, er, der nicht vergessen hatte, welche Opfer der harte Kriegsstil verursachte. Dann war ihm nicht zu Spott und Ironie zumute, obwohl er ziemlich rasch zum heiteren Sinn zurückfinden konnte. Der König wurde von nicht wenigen je länger, desto häufiger als eine Art Reliquie empfunden, obwohl er nicht durch Handauflegen heilte. Aber bald, seit 1745, empfand man ihn als eine Art von Wundermann, um den das Volk sich drängte. Der Herrscher ließ es zu, was Beobachter (1750) als ganz ungewöhnlich in Mitteleuropa vermerkten. Er wünschte als tätiger, verantwortlicher Staatsmensch gesehen zu werden. Doch wer begriff das? Also küßten sie Erreichbares von ihm, Männer im übrigen mehr als Frauen. Auch scheute er sich, den armen oder einfachen Untertanen zurückzuweisen, der ihm womöglich unverwandt ins Fensterchen der Kutsche schaute. Eine Art Dialektik ergab sich: Die Volksnähe schuf die besondere Distanz, die Aura, die Legende, das Singuläre. Zumal wenn man weiß, daß die Eigentümer grundherrschaftlicher Gerechtsame, die Standesherren, die gottseligen Prälaten und Äbte, die großmächtigen Stadtbürger dem gemeinen Volke gegenüber ziemlich schamlos kleine Gottesgnadenrechte einforderten.

So dienten die Reisen auch der sozialen *landesväterlichen Wohltätigkeit* für jene, deren Notlage der König eigenäugig und eigenhändig zu prüfen sich vorbehalten hatte. Die kleine, große Verantwortung. Bittschriften betrafen daneben in der Regel Rechtsprobleme zivilrechtlicher Art, denen sich der König unmittelbar oder weiterreichend annahm. Nicht selten bewegte ihn ein Affekt gegen die Subjektivitäten der zuweilen noch mit Stockprügeln arbeitenden Kammer-Bürokraten nebst Juristen. Dotationen (1.000 oder 2.000 Taler aus seinem Dispositionsfonds) sollten und mußten sogleich helfen. Zwei Begebenheiten sollen das erläutern. Beim Wechsel der Gespanne trat eine alte

Bäuerin an den Wagen. „Nun, Mütterchen, was wollt Ihr?" fragte er gut gestimmt. „Ach, nur Sie sehen und weiter nichts", versetzte sie treuherzig. Der König nahm einen Friedrichsdor aus der Tasche und gab ihn der Frau: „Liebe Mutter, seht, auf diesen Dingern sehe ich weit besser aus, und hier könnt Ihr mich ansehen, solange Ihr wollt und solange Ihr könnt – ich habe jetzt nicht Zeit, mich länger ansehen zu lassen."

In Magdeburg näherte sich beim Tränkehalt eine Jungfer dem Kutschenschlag. Sie bat den König um eine Unterstützung. Ihr Vater, ein braver Offizier, sei gestorben und habe sie mittellos hinterlassen. Der König meinte: „Du mußt heiraten, willst Du nicht?" Sie erwiderte: „Oh, ich wollte schon, aber ich habe keinen Bräutigam." „Schöne Mädchen wie Du", versetzte Friedrich, sie betrachtend, „finden Verehrer, ohne sie zu suchen." Während sie so sprachen, legte er seine Hand recht vertraulich sanft und fest auf das Busentuch des Mädchens, und die Bittstellerin küßte die Hand. Er nahm ihr Schriftstück und sagte: „Nun, geh nur, ich will für Dich sorgen." Dann erließ er eine Kabinettsorder, die lautete: Man solle der Tochter des verstorbenen Leutnants Soundso einen Brautschatz in Höhe von 2.000 Talern für wesentliche, ihm erzeigte Gefälligkeiten gewähren, wie er sie in dreißig Jahren nicht erfahren habe[158].

Fuhr die *Königskutsche* erwartet in eine Stadt ein, so begrüßten ihn, wie es das Bild Menzels zeigt (1853), die Honoratioren, Amtsträger und Einwohner teils ehrerbietig, teils neugierig-vertraut, wohl immer aber in dem Grundgefühl, daß der König für sie alle ist und, ganz für sich, denke und arbeite. Kam er auf einen Tag und länger zum Besuche, so schuf man mit Dekorationen, die er sich vor der ersten Reise (25. Juni 1740) nachdrücklich verbeten hatte: „Übrigens wollen Wir unterwegen in den Städten keine Zeremonien und Gelärme mit Aufzügen, Turmblasen, Schießen, Haranguieren (Ansprachen), Blumen- oder Kalmus- oder Grasstreuen ... leiden"; es solle schlicht wie es zu seines Vaters Zeiten, der fast incognito seine Siedlungen besuchte, gehalten werden. Doch es war nicht zu vermeiden, besonders nicht nach dem Frieden von 1763, als man ihn denn doch mit Pauken- und Trompetenschall, Ehrenpforten, Abfeuerung der Kanonen, Bürger-Kompanien mit klingendem Spiel, fliegenden Fahnen und Lorbeer- und Orangenblätter streuenden weiß-grün gekleideten Mädchen, mit Festreden und Glückwunschgedichten empfing (Glogau, 1763). Ähnlich in kleineren Städten mit längerem Aufenthalt. Schließlich mochte er eingesehen haben, daß es neben der Verwaltungsarbeit noch höhere Zwecke der Repräsentation gab: Der oberste Kriegsherr („Roi-Connétable") muß sich der Armee zeigen, regelmäßig und nicht vertreten durch sekundäre Ränge; er muß alte und neue Beförderte begrüßen, den Übungen beiwohnen, Lob und Tadel aussprechen, „sonst würde jeder nachlässig werden". „Rügen und Belohnungen sind ein Ansporn für Ehrgeiz und

Wetteifer". Gleiches gilt für die Zivilbehörden, die er neben Ministern und Kammer-Präsidenten examinierte, kontrollierte und die er berichten ließ[159].

Immer geht es um Geld, um die offiziell mit Edikt gestatteten Bittschriften (Suppliken). Nehmen diese in einer Region überhand, setzte er besondere Kommissionen ein, die an der Bürokratie oder den verklagten Grundherrschaften vorbei prüfen und immediat berichteten. Geld in großen Mengen mußte er geben und zusagen, wo es um abgebrannte Städte oder Häuser geht. Empfindlich reagierte er lebenslang bei problematischen *Pensionsforderungen*: „Dieses Land ist zu arm, um sich große Gehälter für Nichtstuer leisten zu können". Den Fleißigen und Tätigen müsse man einen anständigen Lebensunterhalt gewährleisten; wer über diese Gaben nicht verfüge, müsse darauf gefaßt sein, vom Staate nichts zu erhalten (1752 u. ö.). Zuerst Verdienst („Meriten"), dann Geld. Waren Kostenanschläge in fast krimineller Art zu hoch, wies er sie scharf zurück, so beim Neiße-Hochwasser 1783 (Keine Apothekerrechnungen, „sonst soll ihn der Teufel holen"). In Geldsachen verfügte er über eine weite Skala von Antworten, auf Reisen und im Kabinett. Hinhaltend: „Rom ist auch nicht an einem Tage erbaut worden". Oder: „Geduld, Geduld". Oder: Er müsse erst seinen Hof-Kämmerer fragen. – Ablehnend: „Dafür hat Buchholzen (Chef der Tresore) kein Geld!". – In Wirtschaftssachen, bei Importen: „Mein Schatz, das geht nicht!"- Export von Halbzeug, unwirsch, wegen Mißachtung seiner Veredlungs-Politik: „Das läßt sich nicht tun! Das kann nicht sein!".

Am Ende einer längeren Audienz berührte der Bürgerliche mit tiefer Verbeugung des Königs Rock, was dieser geschehen ließ, manchmal mißmutig zurückwies. Immer gab es eine Bewertung, das gute Schlußwort. Der Herrscher wünschte seinem Gegenüber dauernde Gesundheit oder ein „Gott bewahre Euch". Wem er ein Prädikat verlieh („er ist ein ehrlicher Mann!"), der konnte sich der Gnade des Königs lange erfreuen, umgeben von naiven Nutznießern und einigen geldgierigen Leuten. Und einer Bevölkerung, die weithin von der „Idee der Nahrung" beherrscht war und nichts von Märkten jenseits der eigenen Kirchtürme wußte. Wenn die Kutsche rollte, der König davonritt, hörte er wohl ein: „Es lebe der König" und quittierte es mit gnädigem Nicken des entblößten Hauptes.

Nach der Reise, in Potsdam, verarbeitete er den Ertrag. Sein Kabinett fertigte umgehend, in wenigen Tagen, die Weisungen aus. Auf seine Zusagen konnte sich der Einwohner Preußens ebenso verlassen wie auf die Regelung der Getreidepreise mit Hilfe der in den Provinzen vorhandenen Magazine; in manchen anderen deutschen Klein- und Mittelstaaten sah es damit trauriger aus, weil die Regierungen wegen hoher Schulden alles laufen ließen. Die Grenzen seiner Kompetenzen kannte er und hielt sie grundsätzlich ein: Er dürfe „der (schlesischen) Oberamtsregierung nicht vorgreifen"; seine Macht sei beschränkt, seine Gelder seien etatmäßig und durch den Kanon der Ausgaben und Zusagen festgelegt; mit Schulden ginge er nicht in das nächste Etatsjahr. Bestallungen höherer Beamter auf Grund der Vorstellung während der Reise, nahm er unmittelbar vor, und er schloß die intensive Instruktion, vor allem in Wirtschaftsfragen, in der Regel mit dem Abschiedsgruß: „Ich hoffe, Er wird nicht schlafen, wie andere, gehe Er in Gottes Namen".

So war er „Selbstherrscher" mit Durchsetzungskraft und, in der Innenpolitik, dennoch nicht „Alleinherrscher". Er blieb eingeschränkt durch soziale und wirtschaftliche Beziehungsfelder, durch Regional-Zustände und Mentalitäten in den primären und sekundären Führungsschichten; er sah sich gezügelt durch sein eigenes rechtsstaatliches Programm.

Bismarcks Großvater Mencken, der dem König bis zuletzt als Kabinettsrat diente und ihn deshalb genau beobachten konnte, beschrieb den „Selbstherrscher": „Keiner ist indessen hierin weiter gegangen als Friedrich II., der allein und ohne Ratgeber aus seinem Kabinette nicht nur das Ganze oder den allgemeinen Kreislauf der Staatsmaschine, sondern auch fast jedes einzelne Detail derselben dirigierte. ... Man sieht, wie ungeheuer der Umfang seiner Arbeitssphäre sein mußte; nur durch die ausgezeichneten Eigenschaften seines Geistes und durch unwandelbare Ordnung war es ihm möglich, die Last zu tragen, die er sich aufgebürdet hatte. Er hatte sich zuvorderst frühzeitig Grundsätze gebildet, unter welche er jedes Geschäft zu ordnen wußte oder unter welche das Geschäft sich biegen mußte. ... In seinen früheren Regierungsjahren war der daraus (der „unverrückten Ordnung") entstehende Nachteil weniger merklich und empfindlich, weil seine damals sanfteren Gefühle mehreres Zutrauen zu den Menschen und selbst zu seinen eigenen Kräften, verbunden mit seinem edlen Sinn für Wahrheit und Gerechtigkeit, ihn öfter zu einer Modifikation des Grundsatzes vermochten. ... Sinn für Wahrheit und Gerechtigkeit blieb ihm zwar bis zum letzten Lebenshauche, allein Rauhigkeit des Alters, Mißtrauen in die Menschen, von denen er häufig betrogen worden war, und die Furcht, sich bei sinkenden Kräften mehr Arbeit zuzuziehen, machten seine Grundsätze eisern, und er suchte die Wahrheit nicht mehr im Detail der Sache, sondern im Grundsatze. Ein zweites Mittel zur Bestreitung seiner Arbeit lag in der unglaublichen Tyrannei, die sein Geist über seinen Körper ausübte. Der Mensch ward ganz vom König unterdrückt. Empfänglich für jeden Genuß, wozu ein reizbarer Körper, eine gefühlvolle Seele, ein höchstverfeinerter Geist, eine blühende Einbildungskraft ihn aufforderten, wußte er allem Genuß zu entsagen und seinen Körper in eine Geschäftsordnung zu zwingen, die schlechterdings bis zur Kleinheit und Pedanterie getrieben werden mußte (die seinem großen Geist so sehr zuwider war), wenn sie das wirken sollte, was er dadurch wirken wollte und wirkte" (1797).

Diese Analyse trifft Grundlagen des Systems und der Persönlichkeit. Von den schwer beweglichen Zuständen sah sich der König, gleichsam kämpfend, von Fall zu Fall in die Defensive gedrängt, während sich zugleich überraschende Fortschritte vor allem in der Ökonomie, beim Durchsetzen seiner Staatsidee oder beim Abbau älterer Sozialzwänge ergaben, die die bürgerlichen Freiheiten unvernünftig beschränkten.

Für einen Herrscher des Nachmittelalters im Übergang zum Industrialisierungs-Jahrhundert, der de facto als Regierungschef arbeitete, verfügte Friedrich fast bis zuletzt über einen die Gesprächspartner in Erstaunen und Schrekken versetzenden Bestand an Informationen zur inneren Personal- und Landesverfassung, mit denen er auswählend umging. Er vermochte mit großer Genauigkeit auf Zeit zu „vergessen", und er vermochte Unerledigtes und alles landespolitisch Wesentliche nicht zu vergessen und mußte nicht wenige Amtsträger in ihrer Schaden stiftenden Saumseligkeit an vieles je Aktuelle erinnern. Doch waren eigensinnige Verschleppungen und der unbedenkliche Verschleiß von Dienststunden nicht zu vermeiden.

Sein Reiseprogramm als fester Bestandteil der Regierungsarbeit verschaffte ihm eine nicht nur beispielhafte Kenntnis von Land und Leuten, wie er dann auch umgekehrt als Hörender im Widerstreit von Eigensinn und Lernfähigkeit die Reaktionen seiner Gesprächspartner verarbeitete. Zuweilen genoß er die ihm entgegentretende engere Welt eines Bürgermeisters oder geschichtsbewußten Landesbewohners fast behaglich, im Beisein von Generälen, Prinzen und Kabinettsräten.

Im Vordergrund stand bei allen bohrenden Fragen jedoch die Qualität der Sachwalter der öffentlichen Ordnung. Das schloß jene Juristen ein, die ihm durch Weltfremdheit und Weitschweifigkeit auffielen, über deren Gebrechen in der Verwaltung ihn das Volk am Wegesrand unterrichtete (1785: „Daß des Königs Majestät gar kein Recht mehr im Lande hätten") und über die er sich dann, trotz einer gewissen Ratlosigkeit gegenüber den Labyrinthen der Justizverfassung, scharf äußerte („Man darf kein Erbarmen mit den Pflichtvergessenen haben", 1752), bis hin zu den internationales Aufsehen erregenden Justizreformen seit 1779/80 durch Carmer und Svarez. Ausbildung und Genie in den Führungsschichten entschieden, wie er dem schwachen Nachfolger einschärfte, über die Zukunft des Staates: „Wie aber auch der Verstand dieser Völker (in seinen Provinzen) sei, so wird ein geschickter Mann (als Regierungs-Chef) doch den Vorteil ziehen, wenn er seine Untertanen gut auswählt und jeden nach seinen Talenten verwendet. Das ist die eigentliche Kunst des Herrschers, und weil es unmöglich ist, jeden zu erkennen, muß er sich wenigstens über die informieren, die einen guten Ruf haben, mit ihnen sprechen und dann sehen, wie er sie gut einsetzt" (1768).

Landschaften und Orte im Blickfeld des Königs

Wenn man die Frage aufwirft, welche Teillandschaften oder Orte ihn neben den pflichtgemäß visitierten fünf Hauptprovinzen in der Mitte und im Osten bewegten, ihn auch beglückten, so sind es wohl jene, in denen die Aufbauarbeit deutliche Fortschritte zeigte. Protokolle der Gespräche in den Städten gibt es als amtliche Überlieferung in Mengen. Protokolle der Reisen selbst, der Betrachtungen des Herrschers in der Landschaft gibt es nur wenige. Den besten Bericht über das lange Gespräch zwischen Friedrich und dem Fehrbelliner Oberamtmann Fromme von 1779 aus dessen Feder gab der Onkel, der Halberstädter Dichter Gleim, noch zu Lebzeiten des Königs 1784 „zum Besten Armer Soldaten" heraus.

Allgemein betrachtet ist der König auch hier noch der König der alten Zeiten, der mit Erfolg gegen das Ödland ankämpft, gegen Moor, Heide, Gebüsch, Waldungen, der sich dem Unland nicht unterwirft und sich nicht der großen Stadt alter oder neuer Moderne als einer Wüste der Zivilisation klaglos anheimgibt. Aber Friedrich nähert sich bereits den Grenzbereichen, wollend und nicht wollend. Der Kolonisator ist zugleich der Reisende, als Visitierender, als Schauender, als die Arbeiter Anstoßender. Friedrichs Triumphe: Briefe an seine Korrespondenten in ihren intellektuellen Studierstuben „ohne Aar und Halm".

Im übrigen konnte der König auf diesen Inspektionsfahrten im nördlichen Brandenburg mit den einfachen Landleuten und Bürgern Plattdeutsch sprechen. Friedrich war hier „zu Hause", seit Jugendzeiten im Havelland, in Fehrbellin und Ruppin, aber auch mit einer eigentümlichen Affinität zur Domstadt Brandenburg, wo er es nie versäumte, in der Kurie seines Freundes Fouqué Station zu machen und ihn mit Geschenken zu beglücken. Ob er wohl wußte, daß hier 1157 nun endgültig die Markgrafschaft zur Markgrafschaft Brandenburg, zur Markgrafschaft seines Hauses, seiner askanischen Vorfahren erhoben worden ist?

Unter den ferneren Orten war es immer *Breslau*, die Stadt, möchte man meinen, der er immer glücklich zustrebte. Breslau war etwas gänzlich anderes als Kleve oder Königsberg oder Stettin oder auch Magdeburg. In Breslau erscheint er, der reale Piasten-Nachfahre, als der eigentliche dortige Landesfürst, nicht nur als der eilige, der zuweilen mürrische oder neugierige Kaleschen-Generalissimus. Dort reitet oder fährt er jahrein, jahraus mit immerhin respektablem Gefolge ein, dort hält er Hof, nach Möglichkeit präzise für zwei oder drei Wochen. Dort hat er seine „Pfalz", wie seine Vorfahren aus königlichen Wurzeln an allen Orten des Reiches; dort hat er nahebei seinen Dom auf der Sandinsel und seine andere, eigene Kirche, die des „evangelischen" Reformierten. Sorgfältig werden, bei allemal törichten Hitzigkeiten von Untertanen, die Proportionen gewahrt. Dort gibt es ein protokollarisch festes Programm mit Audienzen, wissenschaftlichen, theologischen und mäzenatischen Gesprächen. Dort regiert er seine Provinz. Dort veranstaltet er dann Abend für Abend Hofbälle für die Gesellschaft, für Schlesiens gemischte und absichtlich verschränkte, also nicht nur aristokratische Oberschicht: den Kirchenadel, die sonstige hohe Klerisei (wenn sie sich nicht krank meldete), die Generalität, die hohen Beamten, den Landadel, die reiche Kaufmannschaft und die erwünschten Gäste und Besucher aus der Fremde, womöglich aus Wien. Der König war dort Landesfürst und Privatmann. Er war Friedrich, der Mitteleuropäer, der Enkel der Sophie Charlotte. Er hielt Hof, rasch gesundet, charmant, witzig, allemal neugierig und andere auf sich neugierig machend. Er zeigte seine vielseitige Dynastennatur. Er war es auch, der die übermäßig lange vernutzte Uniform ablegend, nach den staubigen Revuen draußen auf dem Feld vor Neiße sich anders kleidete. Er trug dann Hofkleidung, schwarzseidene Anzüge. Ordentlich war er frisiert. Ein starker Ring mit einem Topas schmückte seine Hand.

Man tafelte dann mit 48 Gedecken im Breslauer Stadtschloß. Man speiste vom blau-goldenen Berliner Porzellan. Er riet wohl freundlich den Herren Schaffgotsch oder Henckel, sich dieses neue Service „Breslauer Stadtschloß" zu bestellen, und er vergaß nicht während der Reise des folgenden Jahres sie zu fragen, ob alles zu ihrer Zufriedenheit ausgeführt worden sei, von seiner Manufaktur. Der König als Reise-Unternehmer, als Reisender in Porzellan und Staats-Sachen.

Breslau also über alles, in heiteren und in ernsten Stunden. Aber mit dem Kaiser, dem jungen Joseph II., traf er sich, vorsichtshalber, denn doch nicht an der Oder, sondern am Gebirge, so erstmals im August 1769 in der prächtigen Barockstadt Neiße. Wie selbstverständlich beanspruchte er dort in der bischöflichen Residenz das Gastungsrecht des reisenden Landesfürsten. Das zweite Treffen als Gegenbesuch ereignete sich dann im September 1770 in Mährisch Neustadt, auf vertrautem Gelände. 1769 hatte sich der Erzherzog auf seine Reise machen dürfen, begleitet von allerlei törichten Reden der Mutter über das „Ungeheuer", den bösen Friedrich. Doch dieser Sohn hatte schon 1763 die Bilanz nach dem Desaster gezogen, in seinen politischen „Träumereien": „Die innere Stärke, die Gesetze, die strenge Achtung des Rechts, die geordneten Finanzen, das respektable Heer, die blühenden Gewerbe [nun auch wieder in Schlesien], der geachtete Herrscher – all das charakterisiert einen der bedeutendsten Höfe Europas besser als Bankette, Festtage, kostbare Stoffe, Diamanten, vergoldete Säle, Geschirre aus Gold, Schlittenrennen und so weiter ...". So stand ihm dieser preußische Staat vor Augen. Auch Staatskanzler Kaunitz, der ihn dorthin begleitete, beaufsichtigte und beraten sollte, konnte ihm nicht widersprechen. Befriedigt fuhr der König nach Breslau zurück. Er hatte Josephs Hinweis sehr wohl vernommen, daß es für Österreich das große Schlesien nicht mehr geben würde. Mißtrauisch blieb der König.

Zwanzigstes Kapitel

„Vicarius Christi": Friedrich und der „Preußische Staatsglauben"[160]

„Die Katholiken, die Lutheraner, die Reformierten, die Juden und eine Anzahl anderer christlicher Sekten wohnen in diesem Staat und leben dort in Frieden" (1752).

Es war von hohem, auch außerhalb Preußens beachtetem Wert, daß in einem evangelischen Landesstaat der Grundsatz der Toleranz wieder und wieder verkündet und zum Wohle der Untertanen durchgesetzt worden ist. Die Forderung – im Rahmen des Möglichen – war zu einem Teil der Staatsräson geworden. Der erbländische Herrschaftsraum der Habsburger, geistliche Fürstentümer und einige Reichsstädte gerieten in eine von dieser Seite her als überholt empfundene und öffentlich kritisierte Stellung. In politischer Hinsicht zeigten sich somit Friedrichs früh auf die konfessionelle und die humane Toleranz hin angelegte Schritte und Publikationen als wohlbedachte Schachzüge im Interesse Preußens. Gelähmt und gereizt blickten die Gegner auf die progressiven Neuheiten. Sie sahen sich unter dem Druck des Zeitgeistes und des Potsdamer Beispiels wenigstens teilweise genötigt, zögernd oder schließlich überstürzt, wie unter Kaiser Joseph II., einige Hindernisse auf dem Wege in freiere Zeiten fortzuräumen. Die Theorien der Aufklärung waren eine Seite, die energische Regierungspraxis war dann die andere Seite.

Friedrich hatte den Grundsatz der Toleranz über die Lektüre bereits vor 1740 (John Locke, Pierre Bayle, Voltaire und andere) aufgenommen. Dabei standen nicht so sehr die christliche Liebesforderung, sondern die aufklärerische Religionskritik und die auf Toleranz angelegte Geschichte des eigenen Hauses Pate. Nach 1740 setzte er unbeschadet seiner grundsätzlichen Skepsis die kirchengeschichtlichen und religionsphilosophischen Studien fort.

So verfügte er als Sohn des Jahrhunderts über ein starkes relativistisch durchsetztes Toleranzbewußtsein, dem er in Theorie und Praxis unablässig Ausdruck gab. Bekannt wurde bald die wie ein Programm wirkende Marginal-Resolution an das Geistliche Departement, die katholischen Schulen betreffend (22. Juni 1740): „Die Religionen müssen alle tolleriret werden, und mus der Fiscal nuhr das Auge darauf haben, daß keine der andern Abbruch tuhe, den hier mus ein jeder nach seiner Fasson selich werden." 1751 bemerkte er, seine Vorfahren als Herrscher hätten bereits eine gemäßigte und tolerante Kirchenpolitik betrieben; die lutherische und reformierte Bevölkerung wäre nach gleichem Recht behandelt worden; auch die katholische Kirche sei nicht verfolgt worden. Protestantische Gruppen (Pietisten, Zinzendorfer) hätten sich frei entfalten können; sein merkantilistisch begründetes Credo lautete: „Der falsche Glaubenseifer ist ein Tyrann, der die Provinzen entvölkert, die Duldsamkeit ist eine zärtliche Mutter, die sie hegt und blühen macht." Ähnlich äußerte er sich 1752 mit deutlichen vertraulichen Vorbehalten gegenüber Juden („Die Juden sind von allen diesen Sekten die gefährlichsten; denn sie schädigen den Handel der Christen und sind für den Staat nicht zu brauchen. Wir haben die Juden wegen des Kleinhandels mit Polen nötig, aber wir müssen verhindern, daß sie sich vermehren") und auch noch gegenüber den pro-österreichischen Jesuiten in Schlesien[161]. Die Zeit ging auch über diese Überheblichkeiten und Vorurteile hinweg, obwohl Friedrich wie gegenüber allen Ereignissen und Strukturen des Staates sein General-Mißtrauen bewahrte.

Im Politischen Testament von 1768 ist demzufolge seine Gelassenheit ausgeprägter: Lutheraner und Reformierte seien nicht in der Lage, dem Staat zu schaden. Innerhalb der Schranken, die dieser setze, könnten sie sich frei bewegen. Das gelte nun auch für die Katholiken, die von der Regierung nicht nur wie bisher zu dulden, sondern auch vor Verfolgungen und Ungerechtigkeiten zu schützen seien: „Es geht den Staat nichts an, welche metaphysische Anschauung im Menschenhirn wohnt; genug, wenn jedermann sich als guter Staatsbürger und Patriot benimmt"[162]. Jene Menschen, die sich im religiösen Fanatismus ergingen und dann allerdings die gesellschaftliche Ordnung störten, seien nur halbe Menschen, bemerkt er bei anderer Gelegenheit. Dort freilich befand sich die Bruchstelle für viele Konflikte.

So lauteten die Leitsätze der Toleranzpolitik. Er wollte sie auch auf sich angewandt sehen, weil seine private Lebensphilosophie sich kaum noch mit einer der Lehren der Hauptkonfessionen deckte. So suchte er in dem täglichen Streit mit Intoleranzen den Leitsätzen zu folgen, wennschon die geostrategische Lage der Staatsprovinzen ihn in der konfessionellen Innenpolitik vereinzelt zu personen- oder pressepolitischen Repressionen nötigte. Überdies blieb zu bedenken, wie in der Außenpolitik das Ansehen des Toleranz-Herrschers mit der Stellung eines Vorkämpfers der Protestanten im Reiche und in Mittel- und Westeuropa zu vereinen war. Es darf nicht übersehen werden, daß nicht nur in Preußen die Kräfte des landeskirchlichen und des ständisch-konfessionellen Regionalismus mit ihrer Fremdenfeindlichkeit in nicht einigen Jahrzehnten zu überwinden oder zu neutralisieren waren.

Zu den *Kulten und Gebräuchen* der christlichen Kirchen und Konfessionen stand Friedrich teils abwartend oder gleichgültig, teils nachdenklich, in jedem Falle wohl tolerant als Landesfürst. An Neugier hat es ihm jedenfalls

nicht gefehlt. Merkwürdig bleibt, daß er für die gewaltige und die volksbild-
nerische poetische Kraft des Kirchenliedes, beispielsweise der Lieder des
Berliner und Brandenburgers Paul Gerhardt, wenig Verständnis aufbrachte.
Sein eigenes poetisches und musisches Wissen, so differenziert es teilweise
war, reichte dafür nicht aus. Er spottete über „Nun ruhen alle Wälder ...",
weil er in einem solchen vielleicht begrenzten Falle als eine Art Trivialauf-
klärer der Feinheiten der deutschen Sprache nicht mächtig war. Dann wiederum sitzt er im Dom oder in der Schloßkapelle bei den Predigern Spalding
oder Sack, und er empfindet es, in welcher Stimmung auch immer, als Pflicht,
den Taufen des Hauses Hohenzollern beizuwohnen oder bei der Heimkehr
von langer Kriegesfahrt Dank-Gottesdiensten und Dankfesten die Ehre seiner
Anwesenheit zu geben (6. März 1763), wo sich in tiefem Ernste wohl auch
die Tränen ob des Unglückes, der Toten und der Leidens-Schicksale lösen.

Toleranz hieß somit für Friedrich in der täglichen Praxis, die „metaphysische Anschauung" vor kleinlichen Eingriffen der Behörden und der Kirchen
selbst zu bewahren. So gestattete er der starken Gruppe der Luther anhängen-
den Evangelischen sogleich 1740, alle jene Zeremonien und Kultgegenstände
wieder in die Gottesdienste einzuführen, die König Friedrich Wilhelm I., offenbar miserabel beraten, rigoros als „papistisch" untersagt und auf staubige
Kirchenböden oder in Archive verbannt hatte. Friedrich ließ sich in der täglichen Regierungsarbeit von der Vernunft und dem persönlichen Ermessen leiten. Er wandte sich freigeistig gegen einen Hofprediger als Aufseher des
Joachimsthalschen Gymnasiums („keinen Pfaffen, da kommt nichts mit heraus"). Oder er folgte dem Begehren der Bürger einer schlesischen Gemeinde,
die sich gegen das Aufzwingen eines fremden Predigers wandte („Sie sollen
die Leute nicht chicanieren, sie sollen ihnen den Priester geben, den sie haben wollen ..."). Nicht selten schützte er andererseits die Geistlichen gegen
Intoleranz, Überheblichkeit und Borniertheit von Gemeinden, Amtsbrüdern,
Patronen oder Ständen. Das war nötig. Als eine Gemeinde in Hinterpommern
verstört den Pfarrer fortgeschickt sehen wollte, weil dieser das Aufstehen des
Leibes am Tage des Jüngsten Gerichts in Zweifel gezogen hatte, entschied er
ungerührt: „Der Pfarrer bleibt. Wenn er am Jüngsten Tage nicht aufstehen
will, kann er ruhig liegen bleiben"[163].

Als *Glogauer Geistliche* sich weigerten, eine Verwandten-Ehe einzuseg-
nen, verfügte er nicht ohne Schärfe: „Wenn sie diese nicht Trauen wollen, so
sol das Pahr nuhr aufs Rathaus gehen, machen ihren Contract wie in Holand,
und ich declarire Kinder Ehlich geboren." Dabei konnte Friedrich in Sachen
enger Verwandten-Heiraten allen Konfessionen gegenüber recht grantig sein.

Der Beginn des Erweiterns der individuellen Grundrechte im Gefolge der
vom Aufklärungs- und Toleranzstaat angefochtenen kirchlichen Disziplinar-
Rechte ist vielfältig zu erkennen. Auch wirkte sich der allgemeine triviale

Toleranz-Gedanke bereits zugunsten freigeistiger Strömungen aus. So ließ er den Predigern der Herrschaft Neufchâtel (Schweiz) eine Rüge zugehen, weil sie den nun schon angesehenen Aufklärungsphilophen Rousseau verfolgten.

Den Druck der Bücher des sonderbaren philosophischen Materialisten la Mettrie, den er im übrigen trotz höfischer Dispute nicht sonderlich schätzte, verteidigte er gleichwohl mit dem Entscheid: „Was in Potsdam gedruckt wird, geschihet unter meinen augen und wen es vohr einigen Pfafen nicht gefelt, so verbittet man ihnen auch nicht, dergleichen Inpertinenzien zu drucken." Demgemäß ließ er die Verleger und Leser nicht nur in Deutschland wissen, daß es in Preußen – anders als im theresianischen Österreich – grundsätzlich erlaubt sei, „alle Bücher" herzustellen und damit zu handeln. Einer Zensur unterlag lediglich die staatspolitisch gefährliche Kritik. Der Ausbau des Militärwesens, der überregionalen Wirtschaft sowie die Staatssiedlung mit ausländischen Kolonisten wirkten sich toleranzpolitisch in Kammerbezirken und Garnison-Orten jedenfalls bei den sekundären Führungsschichten aus[164].

Die Voraussetzung einer erfolgreichen Besiedlung in Meliorationsgebieten war die öffentliche Toleranz. Man mußte bei den königlichen Behörden jederzeit klagen können und Gehör finden. Die Folge bestand in der konfessionellen Vielfalt. Hätte ein enger Geist eine konfessionell manipulierte Siedlungspolitik gefordert, so wäre das vom König und den meisten Amtsträgern als Absurdität verworfen worden. Berühmt ist deshalb auch die Antwort geworden, die er auf die kleinstädtische Frage gab, ob in Frankfurt ein Katholik das Bürgerrecht erwerben dürfte: „Alle Religionen sindt gleich und guth, wan nuhr die leute, so sie profesiren, Ehrliche leute seindt, und wen Türken und Heihden kämen und wollten das Land pöpliren, so wollen wir sie Mosqueen und Kirchen bauen"[165].

In der mit Evangelischen besetzten Grafschaft Hohnstein am Südharz ließ er für 60 Wollspinner katholischen Glaubens sogleich Schulhaus und Kirche bauen und wies dem Priester ein Gehalt aus der Domänenkasse an (1779). Im westfälischen Tecklenburg, wo nach der alten Landesordnung noch katholischer Gottesdienst absurderweise untersagt war, gestattete er die Messe in der dortigen Schloßkapelle, nachdem der neue (katholische) Eigentümer die nicht ganz geringe Summe von 100.000 Talern zur Förderung von Ort und Landschaft mitgebracht hatte. – So vermischten sich jeweils staats-, wirtschafts- und toleranzpolitische Motive und Beschlüsse.

Keine Frage: Die Römisch-Katholischen und die nach und nach einwandernden Juden sind als bisher behinderte Minderheiten Nutznießer dieser ununterbrochenen Kirchenpolitik geworden. Die Zahl der katholischen Feldprediger nahm zu. Das Ereignis des Baues der Berliner Hedwigskirche nebst der Bildung einer eigenen Parochie (1747–1773) wurde bis nach Rom hin und auch in Wien beachtet. Bald entstanden weitere Kirchen und Kapellen für die Katholiken beim Berliner Invalidenhaus, in Spandau und der Oderstadt Frankfurt (1776), aber auch im Hafenort Stettin und vor allem in Schlesien, wo das Fürstbistum Breslau als eigene Einrichtung fortlebte[166].

Der König wünschte sich in allen seinen Landen fromme, ruhige, stille, nachdenkliche, witzige, nicht unruhige und herrschsüchtige oder gar geldgierige Theologen, unabhängig von der Konfession. Der katholische Domprobst von Breslau und Berlin Abt Bastiani erfreute sich fast durchgehend seiner besonderen Wertschätzung, nachdem er in Rom mit Erfolg darauf gedrungen hatte, im Sinne der Politik des Königs einen Geistlichen aus der Familie von Schaffgotsch zum Breslauer Koadjutor zu bestätigen. Er schenkte Bastiani danach eine kostbare Tabattière nebst Handschreiben mit dem Satz: „Ungeachtet der katholischen Geistlichkeit der Gebrauch jeder Sinnlichkeit verboten ist, so wird doch der Geruch davon ausgenommen sein". Bastiani verstand sich als Preuße und als Anhänger des Königs. Deshalb wurde er im dritten Kriege brutal als Gefangener nach Wien verschleppt. Der König erwirkte die von ihm auch poetisch behandelte Freilassung und sagte ihm beim herzlichen Wiedersehen, sein Name würde nun im „Martyrologium Borussicum" verzeichnet werden. Bei anderer Gelegenheit scherzte der König, der treu katholische Bastiani könnte eigentlich auch Papst werden: „Wie würden Sie mich denn empfangen, wenn ich nach Rom käme, um Ihnen meine Aufwartung zu machen?" „Sire", antwortete der Abt, „ich würde sagen: ‚Laßt den schwarzen Adler herein, er soll mich mit seinen Flügeln schützen, aber mit seinem Schnabel verschonen!" Nach einer Verstimmung zwischen den beiden nach vielleicht zu hartem Spotte fragte ihn der König nach längerer Pause: „Seid Ihr noch taub?" „Sire", kam die rasche Antwort, die den Frieden wiederherstellte, „Gegen Eure Befehle bin ich es nie gewesen"[167]. Fast hat es den Anschein, daß der König Bastiani näher an sich heranließ als die meisten der evangelischen Geistlichen. Während einer der späten Tafelrunden peinigte Friedrich in leicht sadistischer Art den Abt, indem er ihn erkennbar nicht auf ein gewisses Örtchen entließ. Als sich Bastiani schließlich doch erhob, in hoher Not, und dem König nunmehr sein urologisches Leid klagte, verwies dieser ihn auf seine eigene Standhaftigkeit in solchen Dingen. Darauf Bastiani: „An Eurer Majestät ist alles groß, auch die Blase". Das war der Umgangston, den der Herrscher an guten Tagen und mit seinen vertrauten Leuten liebte.

Neue Freunde und Makler: die königlichen Jesuiten

In der für Außenstehende nicht leicht zu durchschauenden Kirchenpolitik des Königs spielten die kleinen Religionsgemeinschaften eine besondere Rolle. Sie wurden mehr als zuvor geschützt, je begünstigt. Im traditionellen Friedrich-Bild, das sich angelehnt an die bürgerlichen Hauptkonfessionen entwickelte, werden bestimmte Ereignisse nur beiläufig erwähnt. Dazu gehören die Beziehungen des Herrschers zu der Kongregation der Jesuiten, aber auch die Urteile über Minderheiten, zu Ungläubigen im weitesten Sinne und die alltägliche Berührung mit dem in Aberglauben und Unglauben dahinlebenden Volke.

Friedrichs wohlwollende und zuweilen weniger wohlwollende Neutralität gegenüber den Konfessionen ist auch zu verstehen vor dem Hintergrund seiner starken Mißbilligung der Kirchenpolitik nicht weniger deutscher und europäischer Fürsten, seinen Vater eingeschlossen. Seit 1740 sah er sich von juristischen Theoretikern und Praktikern des nun verbreiteten kirchenpolitischen „Territorialismus" umgeben, denen er folgen oder widerstreben konnte, je nach den Grundsätzen seines philosophischen (naturrechtlichen) Denkens und den Erfordernissen der praktischen Politik mit ihrem Vertrags-Hintergrund.

Mit diesen entwickelten Leitlinien einer toleranten Konfessionspolitik ging er seit der Übernahme von Schlesien an die *Jesuitenfrage* heran. Das geschah erst zögernd, dann konsequent. Man hatte, auch in Wien, eher mit einer starken Gegnerschaft gerechnet. So wurde zwar im Herbst 1741 die Eingabe der Breslauer Jesuiten ebenso wie die der Domherren erst einmal hinhaltend beantwortet, obwohl bereits als oberstes Kriterium das allgemeine Beste und die Sicherheit des Landes festgelegt waren. Ungeachtet einiger spektakulärer Äußerungen und interner Texte mit diffusem Charakter war sein staatliches Handeln abgekoppelt von solchen mehr literarischen Positionen, auch heiteren Übertreibungen. Das war nicht durchsetzbar. Der Realist behielt die Oberhand gegenüber den hoffnungsvollen Zertrümmerern des Aberglaubens. Die schönen Phrasen französischer Salon-Aufklärer wies er mehr oder weniger bestimmt zurück. Doch suchte er seinen Ruf eines grundsätzlich positiven Aufklärers nicht zu beschädigen. Einige Federführende der radikalen Richtung durchschauten den Herrscher, dessen Altersringe zugleich Ringe der praktischen Vernunft geworden waren.

Gewiß brauchte es einige Zeit, bis sich Friedrich ein sicheres Urteil über die Jesuiten-Niederlassungen in seinen Landen gebildet hatte. Der Breslau-Berliner Friedensvertrag (1742) verpflichtete den König von Preußen, die Jesuiten in Schlesien zu dulden und zu schützen. Er sah ihre kulturelle Bedeutung. Die Angriffe u. a. in der Berliner Öffentlichkeit gegen die „jesuitischen Machenschaften" (Friedrich Nicolai) ließen ihn ungerührt. Entscheidend war die Qualität des katholischen Religionsunterrichtes an den Schulen und die Erziehung des jungen katholischen Adels. Außerdem gab es eine breite seelsorgerische und karitative Arbeit der Ordensmänner bis hin zum Gefangenen-

und Hospitalbesuch. Das alles führte dazu, daß sich der König besonders seit 1763 u. a. des Grafen Julius Masini, seines Korrespondenzpartners, und zahlreicher anderer Jesuiten für viele Zwecke in Italien und vor allem in Rom bediente.

Als Papst Clemens XIV. auf Druck der bourbonischen Höfe die „Gesellschaft Jesu" aufhob (21. Juli 1773), war es Friedrich, der „seine" Jesuiten rettete, der an der Intoleranz katholischer Fürsten erneut Anstoß nahm, zumal er französische und sonstige Patres für seine Erziehungsanstalten dringend benötigte. Am 21. April 1774 schrieb er dem Breslauer Weihbischof Graf Moritz von Strachwitz, der anstelle des erneut geflohenen Bischofs Schaffgotsch die Pflichten des Breslauer Bischofs wahrnahm und mit dem die Verwaltung gut zusammenarbeitete, einen scharfen Brief. Seine allerhöchste Willensmeinung sei, daß die Jesuiten, „da sie doch einmal Priester sind, bei allen ihren Funktionen, welche ihnen als solchen zustehen, nach wie vor ebenso geschützt und gehandhabt werden sollen, als ob die gegen ihren Orden ergangene päpstliche Bulle niemals zum Vorschein gekommen wäre. Und hiernach werden Ihr Euch auf das Genaueste zu achten wissen."

Zwar willigte der König 1776 in die Aufhebung des Ordens durch den schwächlichen Papst ein, doch blieben in Preußen die Jesuiten als Weltpriester unter der Jurisdiktion der Bischöfe in Schulen und Seminaren teilweise tätig. 1784 erklärte er bei einem Besuch in seiner Festungsstadt Glatz: „Die Jesuiten sind von mir besonders dazu angestellt, junge Leute für meine katholische Geistlichkeit zu erziehen und zu bilden; weil ich diese einmal unterhalten muß, so will ich, sie soll aufgeklärt sein". Der Papst könne im übrigen ihn, den „Ketzer", nicht von den Pflichten eines Königs entbinden.

Ob der verschiedenen Gnadenerweise zeigten sich die schlesischen Ordensbrüder derart bewegt, daß sie den König die Schutzherrschaft über ihren von Rom gefährdeten Orden anboten. Friedrich lehnte das ab: Er könne nicht gut den Oberbefehl über eine fremde Truppe übernehmen, deren Vorgesetzter die Auflösung angeordnet habe. 1746 bereits widmeten die Jesuiten ihm ein Schauspiel, mit dem sie seine jüngsten Siege feierten. Das gab ihm zu denken. 1774 verfaßte ein Jesuit in Neiße ein Schauspiel für seine Schüler, das die Rettung des Ordens durch König Friedrich feierte. Als Joseph II. 1772 mit der brutalen Säkularisation der Klöster in seiner Habsburger-Monarchie begann, sprach sich der König sogleich (26. August) für das Erhalten des Besitzstandes der Katholischen Kirche in Schlesien aus. Er fand den sehr bewegten Beifall des Breslauer Weihbischofs und der meisten Katholiken im Lande, die denn auch beim Tode des Königs Ende August 1786 in die allgemeine betrübte Landestrauer aufrichtig einzustimmen vermochten, von einigen Magnaten abgesehen, denen des Königs und seiner Verwaltung Sozialpolitik die Ausbeutung ihrer Arbeitskräfte behinderte.

Über alles dies wurde in Europa gesprochen, und Goethe stieß im Süden Italiens auf die Ansicht, der König gebärde sich nur äußerlich als Ketzer, obschon er in Wirklichkeit ein guter Katholik sei. Der Papst habe ihm erlaubt, den Glaubenswechsel geheimzuhalten. Seinen Gottesdienst verrichte Friedrich heimlich in einer unterirdischen Kapelle, damit ihn das bestialische Volk der Preußen nicht erschlüge, falls der Glaubenswechsel ruchbar geworden wäre.

Wo hat es das sonst gegeben, die Kultur der Religion in der Freiheit des geordneten Staatswesens, und ein Regierungschef, der dies beschützt, von Mißverständnissen und Mißdeutungen umgeben und verfolgt. Allseitig verfolgt, wie das den Ungewöhnlichen widerfährt. Ein Regierungschef, der das Nicht-Mittelalter im Nachmittelalter für seinen Teil durchzusetzen versucht. Und dem die Jesuiten, im Verein mit einigen schweigsamen gelehrten Aufklärern, Beifall spenden, während ein Voltaire bereits Teile dieser Welt nicht mehr versteht. So werden von dem König die Religionen, mit und ohne Arabesken, als Teil der Kultur für das aufnahmebereite Individuum je der Gegenwart und einer fernen Zukunft verstanden, für die es sich – so mochte er denken – gelohnt hatte, gelebt zu haben.

Die Bischöfe und der Römische Heilige Stuhl

Die Kirchenverfassung mit alten und neuen Bestimmungen nötigte den König, die Rechte auch der nichtpreußischen katholischen Bischöfe auf dem Boden seiner Provinzen zu achten. Eingriffe in Staatsangelegenheiten wurden entweder zurückgewiesen oder in Verhandlungen geschlichtet. Die letztlich großzügige Politik Friedrichs und seiner Nachfolger ebnete jedoch den Streitfällen des 19. Jahrhunderts im Zusammenhang mit dem aufkommenden Nationalismus den Weg.

Die Päpste (Benedikt XIV., 1740–1758; Klemens XIII., 1758–1760; Klemens XIV., 1769–1774; Pius VI., 1775–1799) waren für Friedrich als König in erster Linie Kirchenfürsten, Staatsmänner sui generis, auch Diplomaten. Insofern legte er Wert auf gute Beziehungen, die nicht immer erwidert wurden. Man wußte nicht, wie man dem Preußen-König begegnen sollte. Die Breslauer Bischöfe vermittelten in der schwierigen Schlesien-Frage. – Kirchengeschichtlich konnte Friedrich die ältere Geschichte der Päpste nur mißbilligen, gelegentlich verspotten. In der Vorrede zu dem Auszug aus Fleurys vielbändiger Kirchengeschichte (1766), die er während der Belagerung von Schweidnitz 1762 las, schreibt er bekenntnishaft mit dem Blick auf die Fortschritte der Entwicklung seit Luthers Auftreten: „Die Protestanten zeichneten sich durch strenge Tugend (d. i. einer seiner Lieblingsbegriffe!) aus und zwangen dadurch den katholischen Klerus zu gesitteterem Lebenswandel.

Die Wunder hörten auf, es wurden weniger Heilige kanonisiert, der päpstliche Stuhl wurde nicht mehr durch den ruchlosen Wandel der Päpste befleckt. Die weltlichen Herrscher waren vor Bannstrahlen sicher, die Kirche nicht mehr so oft dem Interdikt ausgesetzt, die Völker nicht mehr ihrer Eide entbunden, und die Ablaßbriefe kamen außer Mode." Und: „Das war der Segen der Reformation. Vergleicht man ihn mit den Übeln, die sie im Gefolge hatten, so muß man allerdings gestehen, daß wir ihre Vorteile teuer genug erkauft haben. In ganz Europa gärte es jetzt. Die Laien prüften, was sie bisher angebetet hatten, die Bischöfe fürchteten, ihre Einkünfte zu verlieren, die Päpste zitterten um Macht und Ansehen." Und er kommt zu dem Schluß: „Wir sehen, daß die Kirchengeschichte ein Werk der Politik, des Ehrgeizes und des Eigennutzes der Priester ist. Statt Göttliches darin zu finden, trifft man in ihr nur auf schamlosen Mißbrauch mit dem höchsten Wesen, dessen sich die ehrwürdigen Betrüger als Deckmantel für ihre verbrecherischen Leidenschaften bedienen. Wir unterlassen es, diesem Bilde noch etwas hinzuzufügen, dem denkenden Leser haben wir genug gesagt, und Automaten wollen wir nichts vorbuchstabieren." Von diesen Auffassungen ging Friedrich im wesentlichen bis zu seinem Sterben nicht ab; er hatte sie sich auch mit Hilfe der Geschichtssicht des englischen Staatsmannes und Deisten Lord Bolingbroke (1672–1751) erarbeitet, dessen Schriften 1752 in Berlin in französischer Sprache erschienen waren.

Die jüdische Minderheit

Innerhalb der Einwanderungs- und Toleranzpolitik scheint der Umgang mit der jüdischen Minderheit eine Ausnahme gebildet zu haben[168]. Friedrich war auch Juden gegenüber wohl überwiegend von Mißtrauen erfüllt. Doch ist zu bedenken, daß viele Schichten und Personengruppen unter seinem herrscherlichen Mißtrauen zu leiden gehabt haben. In seinem Falle mag die vierschrötige Erziehung durch den mißtrauischen Vater ebenso eine Rolle gespielt haben wie die ausgesprochene Judenfeindschaft Voltaires und einiger anderer Geister der Aufklärung. Gleichwohl erstreckte sich dann der Grundsatz der Glaubens- und Gedankenfreiheit seit 1740 auf die eingewanderten und seit längerem bereits ansässigen Juden und die anderen religiösen Minderheiten. Ganz überwiegend blieb sich der König einerseits der wirtschaftlichen Vorteile durch die Manufaktur- und Bankjuden bewußt; andererseits fürchtete er den unkontrollierbaren Zwischenhandel der Handelsjuden zwischen dem Ausland und seinen Provinzen, in dem an den Grenzen nicht sicher zu beobachtenden Staate. Auch bestand ein Problem darin, daß die für die Juden günstige Abschwächung der Generalprivilegien von 1730 und 1750 eine soziale Emanzipation der Juden in den größeren Städten nach sich zog. Das hatte Folgen für das von Friedrich äußerlich aufrechterhaltene sozialständische

System vor allem in den östlichen und mittleren Provinzen. Von einem „Anti-
semitismus" kann man für diese Zeit nicht sprechen. Im übrigen stand Friedrich bereits in vierter Generation in der wieder aufgenommenen grundsätzlich
judenfreundlichen Politik des brandenburgischen Staates.

Der verbesserte Judenschutz, dem man zudem im Generaldirektorium
wohlwollend gegenüberstand, ist mit der neuen Judenschutz-Gesetzgebung
verwirklicht worden. Sie war teilweise großzügiger gestaltet als in anderen
deutschen Landesstaaten. Wegweisend wurde das „Revidierte Generalprivilegium und Reglement für die Judenschaft im Königreich Preußen" (17. April
1750). Die geistliche Rechtsprechung der Rabbiner wurde bestätigt, auch ihr
Schlichtungsrecht innerhalb der Gemeinden in Erb- und Ehesachen. Der König bekräftigte das umgehend mit einer wegweisenden Kabinettsordre
(25. Mai 1750). Die oberste Rechtsprechung liege ohnehin, meinte er, für alle
Staatsbürger bei den Gerichten. Damit bestand, mit Varianten in Schlesien,
Ostfriesland und Westpreußen, bis 1812 die Rechtssicherheit des Generalpri-
vilegs. 1776 wurde noch die drückende Haftung der Gesamtgemeinde für kri-
minelle Vergehen einzelner gemildert. In Westpreußen und anderswo wurden
die Landschulen mosaischer Konfession im Hinblick auf die Schulaufsicht
dem christlichen Bekenntnisse angeglichen. König und Regierung hielten
auch hier an den Prinzipien der Toleranz fest.

König und Amtsträgerschaft sahen sich von Jahrzehnt zu Jahrzehnt mehr
einer eigentümlichen Dialektik ausgesetzt. Der Zuzug der Juden nicht nur aus
Polen und Rußland mußte zwangsläufig in dem Maße zunehmen, wie sich
der ständig verbesserte Rechtsstatus und der allgemeine Nimbus des preußischen Staates in allen seinen Provinzen steigern würde. Auch mußten diese
wie die anderen Einwanderer wissen, daß sie zwischen Königsberg und Kleve im wesentlichen überall auf die gleichen Verwaltungseinrichtungen und
Rechtsgrundsätze treffen würden.

In *Schlesien* hatte Kaiser Karl VI. die Austreibung der gesamten unprivile-
gierten Judenschaft und wenig später auch die der Breslauer Juden verfügt
(14. Juni/10. Juli 1738). Maria Theresia verschärfte 1740 noch diese Beschlüsse. So erwies sich der Einzug Friedrichs in Schlesien und besonders in
Breslau für die dortigen Juden als Rettung in hoher Notlage. Die Judenschaft
setzte sich aus Untertanen fremder Länder (vor allem aus vermögenden polnischen Handelsjuden) und einem kleinen Teil Einheimischer zusammen. Der
neue Landesherr ordnete die unklaren Verhältnisse 1744, indem er den polnischen Handel vor allem mit Zug- und Schlachtvieh zuließ und die Breslauer
Gemeinde als „behördlich anerkannte Körperschaft" legalisierte. Sie wurde
von einem königlichen Landrabbiner geleitet. 1754, nur zehn Jahre später,
führte die Breslauer Regierung mit einem neuen Juden-Reglement die in
Preußen üblichen Judenklassen ein. Es gab nun offiziell Generalprivilegierte,

Privilegierte, Tolerierte, Fix-Entristen und Schutzgenossen. Damit bestand eine erhebliche Rechtssicherheit für alle Gemeinden. Synagogen, Betstuben und erste gemeindeeigene Friedhöfe konnten eingerichtet werden. Friedrich ließ den Provinzialminister Hoym auch auf diesem Sektor wirtschaften, obwohl er das Anwachsen der jüdischen Gemeinden nicht ohne Bedenken vermerkte.

Als die Breslauer christliche Kaufmannschaft 1777 die Gleichstellung jüdischer Kaufleute beklagte, empfing sie die deutliche Antwort der Breslauer Regierung: „Die Conservation der generalprilegierten Juden sei nicht allein den Privilegien des Rechts und der Billigkeit gemäß, sie sei auch zum besten des Ganzen, besonders zur Erhaltung und Beförderung der Landesfabriken notwendig". Schlesiens Aufstieg und Abstieg beruht nicht zuletzt auf der Beachtung der Grundsätze der friderizianischen Zeit.

Mißtrauisch betrachtete Friedrich lediglich die militärischen und sicherheitspolitischen Fragen in den gefährdeten Grenzgebieten und Festungen. Offenbar traute er jüdischen Wanderhändlern die Vermarktung von Nachrichten zu. Deshalb war das Wohnen in Festungsorten verboten („Der Jude Sol Sich so vohrd aus Magdeburg Paquén oder der Comandant wird Ihm heraus Schmeißen"). Obwohl es den Juden gegenüber, wie man finden kann, gelegentlich zu drastischen Ausfällen kam (1775: „Ich habe Juden genung in meinem Lande"), nahm ihre Zahl wenig gehindert rasch zu. Die Zahlen sprechen für sich. In der Zentralprovinz Berlin-Brandenburg ist denn auch zwischen 1750 und 1800 eine Zunahme um 62 Prozent (4.716 zu 7.637 Personen) zu verzeichnen. In Berlin nahm die jüdische Bvölkerung um 65 Prozent zu (2.188 zu 3.386 Personen). Das ist der Bestand allein einer brandenburgischen Mittelstadt. Als der Urgroßvater Friedrichs starb, gab es an der Spree kaum mehr als 100 Personen in der mosaischen Glaubensgemeinschaft. Um 1804, vor der Judenemanzipation durch den Reformkurs unter Hardenberg, vermerkt der Berliner Staatsstatistiker Bratring im Rückblick: „Welche Veränderungen hat die Toleranz der späteren Zeiten hierin hervorgebracht!" Aber es waren nicht Duldung und feste Toleranz allein.

Es ist keine Frage, daß die staatserhaltenden Leistungen vor allem der Berliner und Breslauer Finanz-, Handels- und Manufaktur-Juden während des dritten Krieges des Königs Entschlüsse nicht unbeeinflußt gelassen haben. Im Einklang mit seinen Grundsätzen der Staatssiedlungspolitik hielt er zwar daran fest, vor allem vermögende Personen mit Privilegien zu fördern und nach Möglichkeit auch Schutz-Juden in den größeren Städten dann zuzulassen, wenn sie „sehr reich" seien. Ärmere Juden sollten an den Grenzen zu Polen den Hausier-Handel betreiben, was denn auch in großem Umfange geschah. Jüdische Rittergutsbesitzer, die es bereits gab, und Akademie-Mitglieder (Ablehnung Moses Mendelssohns 1771) wollten sich in Friedrichs aristokratischem Staatsideal grundsätzlich nicht einfügen. Doch konnte er sich des Eindruckes nicht erwehren, daß die Entwicklung unaufhaltsam war.

Für diese seine Sicht ergab sich nach 1772 vor allem bei der Reduktion Polens im Netzedistrikt eine prekäre Situation, weil dort etwa 11.000 überwiegend arme Juden ansässig waren und er unerwünschte Folgen für die Ökonomie dieser Gebiete befürchtete. Er scheiterte. Die Zahl der Juden sollte bis auf 200 Personen verringert werden. Der als schädlich angesehene Grenzschmuggel sollte um 1780 in allen Grenzorten getroffen werden. Hier verdrängten einmal Erfordernisse der Grenzsicherung und ein besonderer mitunter überzogener Fiskalismus die Grundgedanken der Toleranzpolitik. Doch ein Staat mit exzessiver Toleranzpraxis ist fast ein Widerspruch in sich. Es war die an preußischen und sonstigen Universitäten humanitär-naturrechtlich erzogene höhere Amtsträgerschaft, die nun bereits das Toleranzgebot verantwortlich beachtete. Befehle aus Potsdam wurden unterschlagen oder erheblich gemildert, so daß sich die Ausweisungen in engen Grenzen bewegten und auch vor wie nach 1786 umgangen werden konnten. Das Selbstherrschertum stieß auch hier auf eine selbstbewußter werdende Bürokratie.

In der Verfasssungswirklichkeit gingen das Leben und die wirtschaftliche Existenz der vermögenden jüdischen Bürger weit über das bereits von sensiblen Zeitgenossen als unangemessen angesehene jüngere Generalreglement (1750) hinaus. Friedrich hat dann seit 1763 mit der Verleihung von „Generalprivilegien" (an 20 Unternehmer bis 1786) eine Oberschicht preußischer Juden und jüdischer Preußen entstehen lassen, deren Bedeutung für das wirtschaftliche und geistige Leben in allen Provinzen, vornehmlich aber in Berlin kaum zu überschätzen ist. So vollzog sich das Angleichen der Zuwandernden und unternehmerisch erfolgreichen Juden unter den Bedingungen einer hellwach vertretenen Staatsraison und einer Monarchie, in der die Toleranzpolitik und der Status der Juden eine von Ausländern in vielen weniger begünstigten Ländern beneidete Stellung eingenommen haben.

Das Rätsel um den ewigen Gott

Neben der Stellung des Königs zu den Hauptkonfessionen, neben seiner Aufsicht über Kirchen und Konfessionen als Summus Episcopus und als „Vicarius Christi" und schließlich neben dem eher unterschätzten Bewahren des christlichen Erbes in der Ethik und in seinem Herrscheramt steht bei Friedrich ein dunkler Glaube, den er in verschiedenen Formen seiner spöttischen und ernsten Skepsis in sich wirken läßt. Es hieße seine Intelligenz zu unterschätzen, daß ihm dieses Eingebundensein nicht bewußt gewesen ist. Die aufklärerische Kritik, ja zuweilen mit Radikal-Kritik an mancherlei kultischem Beiwerk, dessen Wert er mit den Jahren verschieden darstellte, verleitete manchen eiligen älteren Leser dazu, ihn einseitig zu sehen, ohne die volle Bandbreite seiner Reflexionen, Entlehnungen und Meditationen je für sich zu erfassen.

Durchgehend bewahrte der Privatmann Friedrich, den es in aller Ambivalenz immer gegeben hat, einen eigenen Glauben als Nothilfe der Kreatur, als ein Ignorabimus, auch als ein Ratloser vor der schweren Wand des Schicksals. So war das, was er wirklich für sich und einige der seinen gedacht hat, etwas Abgeschirmtes überwiegend im privaten Bereich[169].

Am 20. Mai 1771 schreibt er seiner Schwester Ulrike (1720–1782) nach Schweden einen sehr schönen, ernsten und fast etwas an Luthers Trostbriefe gemahnenden Text. Er hatte wenig zuvor im Oktober 1770 deren Sohn Karl in Sanssouci und Potsdam herzlich begrüßt. Der König von Schweden war am 12. Februar verstorben. Sein Tod hatte die sowohl energische wie geschwisterlich sensible Königin in Ratlosigkeit und Trauer gestürzt. Er, Friedrich, rede frei heraus, was er selten tue, allenfalls in Gedichten oder im Kreis der Geschwister. Der Zufall regiere die schreckliche Welt, und glücklicherweise verfüge man trotz allem Bösen über die Freistatt der Literatur, der Wissenschaften und der Künste. Er wisse, so spricht er in ruhigem Ernste Ulrike zu, daß auch er die geheimen Gesetze der Welt nie erforscht sehen würde; er wisse, daß als letzte Barriere vor der Existenz der Menschen als boshaften Tieren das *Gewissen des Individuums* steht. Mit der Sittlichkeit lassen sich die Leidenschaften etwas in Grenzen halten, auch wenn die Summe der Übel die Summe des Guten überwiegt. „Niemand hat uns gefragt", schreibt der nun Neunundfünfzigjährige, „ob wir zur Welt kommen wollen. Man setzt uns hinein, Gott weiß wie; wir leiden an Leib und Seele und sterben dann, ohne daß jemand uns sagen könnte, warum wir diese Verwandlungen durchmachen und in so viele grausame Lebenslagen kommen, nur um zu sterben und ins Grab zu sinken, tief empört über die alberne Rolle, die wir haben spielen müssen. Das sicherste ist, die irdischen Dinge mit philosophischer Gleichgültigkeit zu betrachten und die Welt als einen Durchgangsort anzusehen, als eine Herberge, in der wir nicht lange verweilen, alle Freude so tief auskosten, als wir vermögen, und sich gegen den Kummer ein dickes Polster anzulegen." Nach diesem Brief, in dem man Kaiser Marc Aurel sprechen hört, kam Königin Ulrike im Dezember 1771 für lange sieben Monate nach Potsdam, um sich von ihrem Bruder trostphilosophisch belehren und helfen zu lassen.

So bewegten sich Friedrichs religiöses Denken und Empfinden zwischen Skepsis und Glaube. In dem reinen religiösen Quietismus vermochte er sich nicht auf Dauer aufzuhalten. Doch kehrte er dahin, wie seine vertraulichen Briefe und Poeme zeigen, wie in eine letzte Herberge zurück.

Es ist unzutreffend und durch die Quellen nicht gedeckt, wie jüngst behauptet, daß Friedrich „den Odem, der ihm verliehen worden war, nicht einem Schöpferdank zu verdanken glaubte" (Johannes Kunisch). Tatsächlich schreibt der König nach der Niederschrift seines Persönlichen Testaments am 27. Dezember 1778 aus Breslau, wo er sich wegen der abklingenden Kriegsereignisse monatelang aufgehalten hatte, an seine vertraute Freundin, die *Kurfürstin Maria Antonia von Sachsen* (1724–1780) einen neuerlichen Brief zum Gottesproblem. Bereits im Mai 1778 hatte er ihr versichert, daß er sich anvertraut „der allmächtigen Hand Gottes, der mich führt und überlasse ich mich meinem Schicksal".

Nun in Breslau erweitert er sein Bekenntnis: „Jeder von uns wird mit einem unausrottbaren Charakter geboren, den die Natur oder vielmehr Gott uns gegeben hat. Unsere Leidenschaften, unsere Vorurteile und das Maß an Geist, das wir erhielten, bestimmen unser Tun. Es sind die unsichtbaren Triebfedern, deren sich die Vorsehung bedient, um unsere Handlungen zu leiten. Pater Malebranche [ein Schüler des Descartes, 1638–1715] war überzeugt, daß wir alles in Gott sehen, daß keine Erkenntnis, kein Gedanke uns ohne Erleuchtung von dem Urheber der Welt kommen könnte. Daß wir alles von ihm hätten und daß somit der Mensch nur eine Puppe sei, die durch Gottes Hand Leben und Bewegung erhielte. Die Ansicht der Kirchenväter [die Friedrich bereits in Rheinsberg studierte] stimmt in allem mit der meinigen Ansicht überein. Sie haben alle geglaubt, daß der Mensch das Gute nur durch eine Wirkung der himmlischen Gnade erhalten kann und daß nichts geschehen kann in einer Welt, die der ewige Baumeister geschaffen hat, als was seinem Willen gemäß ist." Friedrich bezeichnet sich dann noch, nicht im Spotte, als „wenigstens in dieser Hinsicht streng rechtgläubig". Im übrigen lebt in seiner persönlichen Arbeitsethik bis zuletzt das reformatorische Berufsethos, wo die tägliche und verantwortungsbewußte Erfüllung des Berufes unmittelbarer oder mittelbarer Gottesdienst ist. So wirken beim König, auch wenn er dies nicht hören mochte, unter anderem die Lehren der Pietisten der zweiten Generation fort. Jede soziale Verantwortung enthält zugleich eine christliche Verantwortung. Von den frühen Pietisten hat er auch, wohl über seinen Vater, die Begriffe wie Ordnung, Tugend und Pünktlichkeit wie selbstverständlich nach und nach übernommen. Bereits 1709 heißt es in einem viel gelesenen Realienbuch (Christoph Semmler): „Gott bestimmt dem Menschen Jahre, Tag und Stunden. Wir sollten alle Stunden unsers Lebens Gott zu Ehren und unsern Nechsten zu Dienst anwenden. Denn wir müssen Gott vor alle Stunden unsers Lebens Rechenschaft geben". Hier deckt sich der preußische Staatsglauben, den er nachdrücklich in der Außenwelt vertritt, mit seinem aus dem Individuum bestimmten religiösen Verhalten und Denken und auch der Lebenskunst des Ausharrens. Das genügte ihm. In den letzten Fragen könne er ohnehin zu keiner Entscheidung kommen; er wolle sich nach dem Tode, meint er in ratlos-sanfter Ironie, gegebenenfalls durch die Unsterblichkeit überraschen lassen. Oder in einem der vielen Gespräche über die „Seele" und

das Leben des Menschen nach dem Tode zu de Catt: „Wie eitel sind Sie",
sagte er, „Sie glauben, daß sich Gott um Sie kümmert? Er pfeift auf Sie und
auf mich. Mein Gebet lautet: O Gott, wenn es einen gibt, erbarme dich meiner Seele, wenn ich eine habe." Das eben war und blieb seine eigene Wahrheit. Alles andere wurde in den Bereich der Spekulationen verwiesen.

Aber der König war und blieb für die Öffentlichkeit eine vorsichtige „aufklärerische" Gestalt, ein Ideenträger. Er wußte, wie sehr das aufgeklärte Denken eingebettet war in Grundfragen der christlichen Theologie (Existenz der
Seele, Fortleben noch im Jenseits, die Erbsünde und das bestialisch Böse).
Dem widersetzte er sich nicht kurzerhand; er blieb vielmehr Stoiker und
glaubte u. a. nicht an die Machbarkeit der Geschichte. Sein Verstand ist, gibt
er zu, festgebannt in einem kleinen Kreis. Aber: er erkennt den Wert der Botschaft des Evangeliums, er erkennt die Lehre Jesu in gewissen Grenzen an:
sie ist ihm Sittenlehre und Moral. 1770 (18. Oktober) schreibt er seinem
Brieffreunde d'Alembert: „Wie kann der Baron v. Holbach mit Wahrheit sagen, die christliche Religion sei die Ursache von den Übeln des Menschengeschlechts? Er hätte, um sich richtiger auszudrücken, sagen sollen, Stolz und
Eigennutz der Menschen gebrauchen diese Religion zum Vorwande, die Welt
zu beunruhigen und ihre eigenen Leidenschaften zu befriedigen. – Wäre auch
im ganzen Evangelium nur das einzige Gebot: Was du willst, das dir die Leute tun sollen, das tue du ihnen auch, so muß man doch gestehen, daß auch
diese wenigen Worte die Quintessenz der ganzen christlichen Moral in sich
begreifen. Hat nicht Christus in seiner herrlichen Bergpredigt Verzeihung für
Beleidigungen, Liebe und Humanität gepredigt? ... Läßt man das Dogma des
Fatalismus zu, so gibt es weiter keine Moral, keine Tugend, und das ganze
Gebäude der menschlichen Gesellschaft bricht zusammen".

Einsamer König: Arbeit und Träume

Letztwillige Bestimmungen[170]

Für den Tod, den Eintretenden wie den geruhsam sich nähernden Schlafes Bruder, rüstete sich der König seit dem Frühjahr 1741, wo die schlesischen Schlachten immerhin einen Unglücksfall nahelegten. Unter dem 11. Januar 1752 schrieb er sein erstes *privates Testament,* noch ganz erfüllt in den entscheidenden Sätzen von dem Ehrgeiz der Macht, von künftiger Größe inmitten eines höchst unruhigen Europa. 1769 nun sieht er die ältere Fassung durch und nimmt im Schlußabschnitt eine Änderung vor, indem er seinen Staat mit den Augen eines Weltbürgers betrachtet: „Bis zum letzten Atemzuge werden meine Wünsche dem Glücke des Staates gelten. Möchte er stets mit Gerechtigkeit, Weisheit und Stärke regiert werden! Möchte er durch die Milde der Gesetze der glücklichste, in seinen Finanzen der bestverwaltete und durch ein Heer, das nur nach Ehre und edlem Waffenruhm trachtet, der am tapfersten verteidigte sein! Möchte er blühen bis an das Ende der Zeiten!"

Unverändert aber sind die Weisungen für das *Begräbnis:* „Gern und ohne Klage gebe ich meinen Lebensodem der wohltätigen Natur zurück, die ihn mir gütig verliehen hat, und meinen Leib den Elementen, aus denen er besteht. Ich habe als Philosoph gelebt und will als solcher begraben werden ohne Gepränge, ohne feierlichen Pomp. Ich will weder geöffnet noch einbalsamiert werden. Man bestatte mich in Sanssouci auf der Höhe der Terrassen in einer Gruft, die ich habe herrichten lassen". Weitere Bestimmungen über die Art des Leichenbegängnisses und der beiwohnenden Personen fehlen 1769. In dem kassierten Testament von 1752 hieß es noch: „Man bringe mich beim Schein einer Laterne, und ohne daß mir jemand folgt, nach Sanssouci und bestatte mich dort ganz schlicht auf der Höhe der Terrasse, rechterhand, wenn man hinaufsteigt, in einer Gruft, die ich mir habe herrichten lassen." 1769 wollte er nicht mehr ausschließen, daß Persönlichkeiten des Hofes, der Kirche oder des Heeres seinem Sarge in schlichten Formen folgten. Das Testament sorgte präzise für die Erbregelungen in der Familie und bei den engeren Bediensteten. Hier bewegt er sich auf dem traditionellen Terrain europäischer Fürsten, mit einer allerdings entscheidenden Ausnahme: Er verschärft noch die Bestimmungen über das Allodialvermögen im Gegensatz zu den Einkünften des Staates: „Kommen wir auf den Allodialnachlaß. Ich bin niemals geizig oder reich gewesen; ich habe also nicht über viel zu verfügen. Die Einkünfte des Staates habe ich stets als die Bundeslade betrachtet, die keine profane Hand anzutasten wagt. Die öffentlichen Einkünfte sind niemals für meinen eigenen Bedarf in Anspruch genommen worden. Meine persönlichen Ausgaben haben niemals mehr als 220.000 Taler im Jahre überschritten. Meine Verwaltung läßt mir also ein ruhiges Gewissen, und ich kann der Öffentlichkeit ohne Furcht Rechenschaft darüber ablegen". Aus den Schatull-Rechnungen, die veröffentlicht werden, läßt sich die Verwendung im einzelnen erkennen. Im älteren Testament von 1752 hatte der König noch sein monatliches Gehalt mit 10.000 Talern angegeben („Dispositionsfonds").

Das Testament von 1769 sicherte im übrigen der Königin als Witwe zusätzlich 10.000 Taler pro Jahr zu, verbunden mit dem Hinweis, daß ihr die Ehrerbietung einer Fürstin zukomme, „deren Tugend sich niemals verleugnet hat". Die höchste Erbdotation erhält sein Bruder Heinrich mit 200.000 Talern, 50 Eimern Ungarwein, einem schönen Kronleuchter aus Bergkristall in Potsdam, „dem grünen Diamanten, den ich am Finger trage, zwei Handpferden mit Zubehör und einem Gespann von sechs preußischen (Trakehner) Pferden". Bei dieser Bestimmung von 1769 beließ es Friedrich. Er wünschte nicht in der Einsamkeit zu sterben, vielmehr bis zuletzt von Staatsbeamten umgeben, den Kabinettsräten, solange er arbeiten konnte, und dem Kabinettsminister von Hertzberg, dem stärksten Vertrauten seiner späten Jahre.

Der „Alte Fritz"

Die Altersjahre Friedrichs verliefen, von den kurzen Zeiten der Mobilmachung und des Krieges 1778 abgesehen, in den Bahnen eines protokollarisch festgelegten Jahresprogramms. Die Effizienz und Rationalität lag unverändert in der Regelmäßigkeit. Nimmt man das Jahr *1781 als Beispiel*, so begann es, wie stets in Friedenszeiten, im Januar mit der Karnevalszeit rund um das Berliner Schloß. Leichte, jedenfalls immer noch überwindbare und nicht breit auszumalende Krankheiten wechseln mit Besuchen in der Familie ab. Die Königin lädt dann zum Essen ein, in der Regel im Berliner Stadtschloß oder draußen in Schönhausen. Im Schloß empfängt er die Diplomaten und hochgestellten Gäste, bevor er Ende Januar wieder nach Potsdam geht. Hier wie dort ist er der unabweisbaren täglichen Arbeit verpflichtet. Weisungen („Kabinettsordres") gehen Tag für Tag an die Oberbehörden in Berlin und in den Provinzen.

Im *Januar* nimmt der König mit vollständigem Wohlwollen drei Briefsammlungen des Konrektors Karl Philipp Moritz (1756–1793) zur Kenntnis und bedeutet ihm, daß die deutschen Schriftsteller bald an Würde und Glanz den auswärtigen den Rang streitig werden lassen (21. Januar).

Im *Februar* erhält die Akademie die fertiggestellte Büste Voltaires. In der Döbbelin'schen Schaubühne findet die Gedächtnisfeier für den am 15. Februar verstorbenen Gotthold Ephraim Lessing statt.

Der *März* bietet wenig Unterhaltung: Ein Gespräch mit dem französischen Obristen Durfort. Mit dem Komponisten und Cembalisten Friedrich Fasch (1736–1800) bespricht er dessen Arbeit als Hofkapellmeister und die Probleme der Vokalpolyphonie. Während dreier Tage konferiert er mit dem Minister Michaelis über die weitere Landeskulturarbeit.

Im *April* läßt er die Statue des vorzeitig verstorbenen berühmten Reitergenerals Seydlitz auf dem Berliner Wilhelmplatz aufstellen. Dort entsteht so etwas wie eine preußische Walhalla. Er unterzeichnet das Patent, wodurch das die neue Prozeßordnung enthaltende erste Buch des „Corpus Juris Fridericiani" als allgemeines Landesgesetz vorgeschrieben und bestätigt wird.

Seit Anfang *Mai* wohnt er wieder gewissermaßen hauptamtlich in Sanssouci. Es wird in den Kaminen geheizt. Die Köche müssen Delikates auf den Tisch bringen. Er besucht zwischendurch wiederholt Charlottenburg, dann die Revue der Berliner Regimenter im Tiergarten, besichtigt den verbesserten Wilhelmplatz und wirft auch ein Auge auf Spandau. Sämtliche Regimenter und überhaupt Zustände in der Berliner Landschaft werden inspiziert. Dasselbe schließt sich bei Magdeburg im Militär-Lager bei Körbelitz an. Bei schönem Wetter speist er mit seinen seltener gewordenen Besuchern und begleitenden Offizieren im Chinesischen Pavillon im Park von Sanssouci.

Anfang *Juni* beginnen gewohnt pünktlich die Ost-Inspektionen zuerst in Hinterpommern, dann ausführlicher in Westpreußen im Lager bei Mockrau-Graudenz. Er übernachtet, gewiß nachdenklich, auf der Rückfahrt im Kommandantenhause in der Festung Küstrin. Die alten Erlebnisse sind längst verarbeitet. Mitte des Monats empfängt er für fünf Tage die Minister der Innenverwaltung und anderer Oberbehörden für die jährliche Generalbesprechung. Des weiteren nimmt er die übliche Meldung in- und ausländischer Generäle und der Prinzen als Chef des Hauses entgegen.

Tageweise wohnt er wiederum im *Juli* im Neuen Palais, um den Aufführungen im Schloßtheater rasch von Saal zu Saal beiwohnen zu können, während er zugleich auf Anraten des Arztes der Brunnenkur obliegt. Seine Schwester Amalie, die „Braut in Christo", besucht ihn ebenso wie die Landgräfin Philippine von Hessen-Kassel (1745–1800), seine Nichte aus dem Hause Schwedt.

In der zweiten Hälfte des *August* reist er nach Schlesien. Dort besichtigt er etwa dreißig Städte, kontrolliert die Bauarbeiten bei den Festungen Glatz und Silberberg. Im Breslauer Stadtschloß führt er lange kurzweilige Gespräche mit dem dort ansässigen Philosophen Garve, über die dieser später berichtet.

Der *September* sieht ihn dann bei verschiedenen Manövern der schweren Artillerie auf dem Berliner Wedding und bei sonstigen Übungen im Herbste, während ihn unverändert nicht immer heitere Nachrichten aus der neuen und der alten Welt in Sanssouci erreichen. Hat er denn gut gespeist, so plagen ihn nicht selten Koliken. Er mochte vom stark gewürzten Essen nicht lassen. Ringsum beginnen die alten Freunde zu sterben. Bis zum 25. Dezember arbeitet er durch den stürmischen *Oktober* und den grauen *November* hindurch in Potsdam, nur durch einige geistliche und weltliche Freunde erheitert. Die Brüder suchen ihn auf, und die Familie erlebt mit ihm die ersten Jahre des Großneffen Friedrich Wilhelm (III.). Das Jahr ist vergangen, er lebt wiederum für einige Zeit in der Nähe der Königin, eröffnet mit ihr den insoweit beschwingten Karneval (28. Dezember), in karmesinrotem Kleide; er geht zur Oper, speist zum Jahreswechsel erneut mehrmals mit Königin Elisabeth Christine, sucht dann auch den schnauzbärtigen alten General Zieten in seinem kleinen Palais am Wilhelmplatz auf (Chodowieckis Stich) und erlebt stoisch die Taufe des übernächsten Königs, wohl wissend, daß seine Tage nun wirklich gezählt sind. Sind sie es?

Zwölf wie immer dicht gefüllte Monate des Jahres. Flüchtete sich Friedrich im Alter in die Vergangenheit? Wie viele der ins biblische Alter Gekommenen blickte er nun öfter zurück. Doch das tat er früh und immer in Hunderten von Briefen. Das besondere an ihm war unverändert, daß er seine jetzt „historische Existenz" zu erleben, ja zeitweilig zu genießen verstand. Das waren dann die Bilder der immer noch erträglichen Jugend, der heiteren, längst verblichenen Freunde, der von Tragik umwölkten Familie, die frühen Neigungen, überhaupt die goldene Welt der Aufklärer in der ersten Hälfte des Jahrhunderts, die wenigen Reisen in das Reich. Doch flüchtete er nie aus dem harten Tagesgeschäft, das wache Illusionslosigkeiten verlangt, in Traumwelten, die Geist und Seele täuschend schmeicheln. Er blieb „ganz nerv", blieb grantig, war kantig, war wach und zach, eigensinnig schauend und bauend. Er wußte – Hunderte von Malen ausgesprochen – von den Lektionen und bitteren Schlägen seines Lebens her, wie rasch es unter Staaten zu gehen pflegt, daß man nicht mehr ernst genommen wird, wo dann die Konjunkturen vergehen, wiewohl eben noch die wärmende Sonne des Ansehens zu leuchten scheint.

Seit dem *Frühjahr 1786* zeigte sich unabweisbarer, daß die Kräfte des Königs nunmehr in raschem Abnehmen begriffen waren. Er hielt sich an die Erfahrung: „Man ist in der Welt nur glücklich, indem man sich beschäftigt". Und er glaubte unverändert, daß er auf seine von außen als störrisch empfundene Handlungsweise – mit Freundlichkeit, Härte und Toleranz – die Bewohner der Provinzen und Lande „glücklich machen" könne, „soweit es die menschliche Natur zuläßt und die schwachen Kräfte, die ich aufwenden kann, es erlauben." So also, zwischen weisem Wohlwollen, Zuspruch und auch galliger Heftigkeit bewegte er sich im letzten Jahr. Es entsprach seiner früh gewonnenen Einsicht in das Wesen des Menschen. Die seit 1760 leise auftretenden Gebrechen verstärkten den Hang zur Skepsis und zur Weltflucht. Sie erklären manches Unrecht des letztlich unverdrossen, ja auf seine Art glücklich arbeitenden Regierungschefs. Die Urteilskraft blieb auch in den achtziger Jahren ungeschwächt; der Minister Hertzberg bezeugt es. Das Gedächtnis wurde, auch im Irrtum, gefürchtet. Den wesentlichen Inhalt kompakter Aktenberge vermochte er mit wacher Phantasie wie im Traume zu memorieren.

Doch allemal bestand kein Mangel an Besuchern. Dieser blau gekleidete kleine Fürst galt nun für eine europäische Sehenswürdigkeit. Wer einen Staat erfahren oder gar erforschen will, der die Verfassung einer klassischen Monarchie aufweist, muß den Blick auf den Monarchen und sein Umfeld richten. Die alten Kriegskameraden, auch die rauhen Kampfgurgeln, erfreuten sich seiner Fürsorge, wo immer es ging. Chodowieckis Stiche zeigen es. Trotz aller Reizbarkeit auf der Rheinsberger Seite bleibt *Prinz Heinrich* sein enger und äußerlich respektvoller politischer Gesprächspartner. Er wohnte alljährlich und noch im Frühjahr 1786 in Sanssouci und hoffte verständlicherweise, beim Nachfolger unentbehrlich zu sein.

Anfang *August* 1785 empfing der König den Marquis Lafayette; bald darauf ließ er den ersten preußischen Handelsvertrag mit den Vereinigten Staaten von Nordamerika abschließen. In dieser Zeit war es auch, seit 1784, daß der englische Maler Cunningham (1742–1795) die beiden großen Ölbilder, vor allem das weltberühmte der Rückkehr des Königs vom Manöver, gemalt hat. Bald darauf erschienen die Stiche von Clemens als verbesserte Ausgaben. Es scheint so, daß Cunningham die hauptsächlichste Anregung bei der letzten großen schlesischen Revue im September 1785 erhalten hat[171].

Im *Januar 1786* begrüßte der König seinen Verbündeten, den *Herzog Karl August von Sachsen-Weimar.* Er überreichte ihm den Schwarzen Adlerorden. Seinen Offizieren des engeren Generalstabes gab er im Februar ein Diner. Die Königin verfolgte mit zunehmender Unruhe und mit nicht nur vordergründiger Sorge sein Befinden aus der nahen Ferne des Schönhauser Schlosses. Im *April*, als die Forsythien blühten, ritt er denn von Husaren begleitet, mehrmals aus, um am Stadtschloß an der Havel das Exerzieren der Garnison unbewegt zu beobachten. Seit Anfang *Mai* mußten die Kabinettsbeamten schon kurz nach vier Uhr früh, also zu nachtschlafender Zeit, zum Dienst erscheinen: „Die Zeit, die ich noch habe, muß ich benutzen; sie gehört nicht mir, sondern dem Staat", bemerkte er entschuldigend[172].

Der Tod schaute häufiger nach ihm. Wartend schritt dieser durch die Soldatenstraßen von Potsdam und auf den Parkwegen von Sanssouci. Friedrich sprach über ihn wie über einen guten Bekannten mit seinen Besuchern, eher literarisch, auch wie über ein reinigendes Gewitter: heiter, unaufdringlich, unempfindlich, zuweilen mit alter Kaltblütigkeit: „Ich sehe den Tod nahen, aber ich werde mich bis zum letzten Augenblick mit den Staatsgeschäften abgeben und bei der Arbeit sterben" (so zu dem nach Paris berichtenden Grafen Esterno).

Von weither besuchten Verehrer und Verächter seine Residenz und beobachteten das Schauspiel seines Sterbens, das keines ist. Denn der König verbarg so weit wie möglich seine Schmerzen. Die Symptome der Endkrankheit (seit dem 18. September 1785) blieben sich gleich. Die Ärzte konnten nur mildernd eingreifen. Er litt am „Stickfluß" (Lungenödem: Flüssigkeit in der Lunge mit hochgradiger Kurzatmigkeit und Erstickungsgefühl). Dazu traten Gichtanfälle, immer wieder Hustenreiz, die gefährlichen Wassereinlagerungen in den Beinen, Koliken und überhaupt starke Beschwerden im Unterleib. Viele rechneten frühzeitig mit seinem Ableben, aber erst einmal – starb er nicht.

Von der *Kunst der Ärzte,* die er in seinem unruhigen Eigensinn mehrfach wechselte (u. a. Cothenius, Selle, Zimmermann-Braunschweig, Frese, Wundarzt Engel, und dann Erster Generalchirurgicus Theden) hielt er nicht viel, was deren Tätigkeit nicht eben erleichterte. Im übrigen verstand er von der Medizin im allgemeinen und Medikamenten im besonderen ziemlich viel und überraschte damit seine Gesprächspartner. „Arzt hilf dir selbst!" Friedrich wäre nicht so alt geworden, wenn er nicht gelernt hätte, auf die Signale aus seinem zweiten Ich zu hören. Der herbei gebetene Dr. Zimmermann, hoch angesehen und alter Freund des Königs, bemerkte später: „Es ist wahr, und ich weiß es schon lange, der König hat keinen Glauben an Arzneykunst und Aerzte. Er hielt von jeher unsere ganze Kunst für Quacksalberey: Dafür wird er sich noch mehr halten als jemals, weil sie ihn nicht heilen kann … Hat der König auch den unbezwingbarsten Unglauben an alle Aerzte, wie ich nicht zweifle, so hab ich doch einen großen Glauben an den König". Doch das half nun wenig, trotz der Patienten-Besuche, die Zimmermann seit dem 24. Juni nun täglich zweimal vornimmt. Die Königin berichtete fast täglich auf Grund vertraulicher Nachrichten ihrem Bruder Ferdinand in Braunschweig von dem Befinden ihres Mannes, den sie gleichwohl nicht und nie mehr zu sehen bekommt. Auf Anregung Zimmermanns läßt der König den Militärarzt und Lazarett-Theoretiker Dr. Fritze aus Halberstadt kommen. Er bespricht mit ihm, dem Kritiker, ausführlich Vorschläge und Maßregeln zur Verbesserung des gesamten Lazarettwesens, die dann nach und nach umgesetzt werden (19. Juli).

Bis zum 11. Juli dauern die Beratungen Zimmermanns. Er verordnet vor allem Löwenzahn-Extrakt. Warum keiner der Ärzte Digitalis empfahl, bleibt unbekannt. Herrscher und Arzt ergingen sich täglich in belebenden und bewegenden Gesprächen, die der Mediziner in seinem Tagebuch festgehalten hat. Dann aber gibt der König ihm das Zeichen zum Abschied, nachdem er ihn noch fürstlich mit 2.000 Talern hatte honorieren lassen: „Nun nahm der König seinen Hut mit unbeschreiblicher Würde, Huld und Freundlichkeit ab, neigte sein Haupt und sprach: ‚Adieu, mein guter, mein lieber Herr Zimmermann. Vergessen Sie den guten alten Mann nicht, den Sie hier gesehen haben!' Meine Brust war wie zerrissen. Es schien mir, ich müsse auf der Stelle ersticken. Ich ging nach der tiefsten Verbeugung nur um einen Schritt zurück; stand sodann aber noch gerade vor dem König, stieß einige Worte der zärtlichsten Rührung aus, beugte mich noch einmal, so tief ich konnte, eilte mit blutendem Herzen nach dem Vorzimmer und verging fast vor Betäubung, Wehmut und Schmerz".

Auch Zimmermann wußte es; Friedrich schrieb es noch am 10. August 1786 stoisch-einsichtig seiner Schwester Philippine Charlotte: „... die Wahrheit ist, daß er mir nicht helfen konnte".

Graf Mirabeau, der zehn Tage früher zu seinem dritten Beobachtungs-Besuch in Potsdam eintraf, erneut mit dem König sprach, sagte nach der Visite gut zugespitzt: „Seine Krankheit hätte ausgereicht, um zehn Männer umzubringen". Und: „Es ist unmöglich, sich einen frischeren Kopf, eine liebenswürdigere Unterhaltung zu denken, aber ich bin ihrer nicht froh geworden. Die ungemeine Mühe, die ihm das Atmen machte, hat mich mehr beengt als ihn. Es ist ein sehr rührendes Schauspiel, einen großen Mann im Zustand des Leidens zu sehen. Nichts hat mich so ergriffen, als dieser Mann, der so hoch steht über dem Rang, in den das Schicksal ihn gestellt, nachdem es ihn eigens dafür geschaffen, ihn auszufüllen".

Graf Hertzberg, der Kabinettsminister, hat am 25. Januar 1787 in seiner Akademierede und auch in Briefen über die letzten Wochen des Königs authentisch berichtet. Er weilte auf Befehl seit dem 9. Juli in Sanssouci und konnte überhaupt seinen Chef am besten beurteilen: „Ich kann mit den Herren Graf Schwerin, Goertz, Luccesini und Pinto, die wir ihn damals täglich drei bis vier Stunden sahen, sagen, daß er – obgleich so geschwollen und von der Wassersucht angegriffen, daß er sich nicht allein auf seinem Stuhl bewegen konnte, worin er Tage und Nächte zubrachte, ohne die Bequemlichkeiten eines Bettes ertragen zu können, und obwohl er sichtbar ganz außerordentlich litt – daß er dennoch nie das geringste Zeichen von Schmerz oder Unbehaglichkeit blicken ließ, sondern immer seine heitere, zufriedene und ruhige Miene behielt, und ohne je von seinem Zustande oder vom Tode zu reden, uns immer auf das angenehmste und vertraulichste über die Zeitläufte, die Literatur, die alte und neue Geschichte und vorzüglich über den Landbau und die Kultur der Gärten, welche er noch immer anlegen ließ, unterhielt."

Hertzberg berichtet über die fortwährende *Staatsarbeit,* die der König trotz der Tage und Stunden der Schwäche wie selbstverständlich wahrnahm, so daß sein Zeitplan nach Möglichkeit eingehalten wurde.

Abends und morgens las er sogleich die Depeschen seiner Gesandten, die militärischen und die Zivilberichte der Generäle und der Minister. Am Morgen gegen vier oder fünf Uhr, nun früher als sonst, je nach der Menge der Geschäfte, ließ er, inzwischen angekleidet, die drei Kabinettssekretäre, einen nach dem anderen, zu sich hereinkommen. Er diktierte einem von ihnen die Antworten für die Geschäftsträger im Ausland (mit Kopien an Hertzberg), den beiden anderen Sekretären aber die Antworten in Kriegs-, Finanz- und Militärsachen wie auch die Entscheide auf die unendliche Menge der Bittschriften von Privatpersonen. Das geschah mit einer solchen Genauigkeit und Ordnung, besonders bei den ungemein komplizierten diplomatischen Berichten, daß dann seine Mitarbeiter bei der Expedierung im nahegelegenen Haus des Kgl. Kabinetts nur die Titel, die Formalitäten und das Datum hinzuzusetzen hatten. Diese Arbeit beendete er um sieben oder acht Uhr. Dann ließ er Generalleutnant v. Rohdich hereinkommen, den Kommandanten von Potsdam und nach ihm seine Adjutanten, welche die Befehle für die Garnison erhielten.

Danach sah er auf einige Augenblicke den Wundarzt und zuweilen einen weiteren Arzt, um das Nötigste für seinen Zustand zu besprechen. Um 11 Uhr kamen die Freunde um den Minister Hertzberg, und man unterhielt sich über Gott und die Welt, die Politik und die Gesellschaft. Bei alledem blieb der König immer wieder einmal seine Gästen gegenüber zu Scherzen aufgelegt.

Um 12 Uhr, pünktlich, entließ er die Gruppe und nahm für sich das Mittagessen ein. Die Speisen, die er sich wünschte, besprach er mit dem Oberkoch, auf Sparsamkeit, wie auf Abwechslung bedacht; an die 48 Küchenzettel haben sich erhalten, mit den Menüs, bis in die ersten Tage des Sterbemonats hinein. Friedrich bezeichnete mit einem kräftigen Kreuz diejenigen delikaten Speisen, die das besondere Wohlgefallen seines Gaumens erregt hatten. Daß er in seinem trüben Gesundheitszustand dann zuweilen von wildem Hunger überfallen wurde und die Diätvorschriften der Ärzte sträflich mißachtete, wird nur derjenige hämisch zu rügen haben, der mit Problemen des menschlichen Körpers nicht vertraut ist.

Nach dem Essen unterzeichnete er alle inzwischen ausgefertigten Briefschaften, die ihm ein Kabinettssekretär brachte; manches versah er noch mit handschriftlichen Zusätzen. Dann saß er wohl eine Stunde auf der Terrasse, wie ihn Menzel zeichnete. Gegen fünf Uhr ließ er wiederum seine kleine Tafelrunde kommen. Er behielt die Herren bis acht Uhr bei sich. Eine Hündin strich um seine Füße. Dann trug ihm der Vorleser Dantal einiges aus den Werken der Alten vor, wobei der Zuhörende manchmal einschlummerte.

Schließlich nahm er noch die neuesten Depeschen zur Kenntnis, ward umgekleidet und begab sich in den Lehnstuhl zur nur sechs oder sieben Stunden umfassenden Schlaf- und Wachruhe. Noch am 15. August diktierte er „richtig durchdachte Depeschen, das sie dem erfahrensten Minister würden Ehre gemacht haben", bemerkt Hertzberg in seinem Bericht.

Am 15. und 16. Juni empfing er die Minister zur letzten Chef-Besprechung, um die Entwürfe für alle größeren inneren Arbeiten des nächsten Etat-Jahres mit ihnen zu erörtern. Die Minister von Hoym (Schlesien), von Werder (Kurmark) und der Geheime Rat Schütz aus Pommern fanden den König zu besonderen Gesprächen bereit. Sie betrafen die Meliorationen, die Dörfer für Kolonisten und die Anlage neuer Fabriken. Alle, die ihn beobachteten, rühmen die Klarheit seines Geistes, die den zerfallenden Körper zu überwölben vermochte.

Am 1. August richtete er mit Nachdruck an den Ostpreußischen Kammerpräsidenten in Gumbinnen die in die Zukunft weisende Ordre: „Es ist ferner die Frage, ob nicht alle Bauern in meinen Ämtern aus der *Leibeigenschaft* gesetzt und als Eigentümer auf ihren Gütern angesetzt werden können?" Bis zum 15. August empfingen mithin die Kabinettssekretäre, unter ihnen seit dem 26. März 1782 *Anastasius Ludwig Mencken*, seine Entscheidungen und Befehle. Dann begann die Hand zu zittern. Am Tage darauf trat Bewußtlosigkeit ein. Der Staat hielt gleichsam den Atem an. So mochten manche irrig meinen. In Wirklichkeit war jeder seinen Pflichten unterworfen. Preußen-Potsdam war zu dieser Zeit kein Ort für sentimentale oder politisch durchsichtige Legenden, wohl aber ahnten viele, schmerzlich bewegt, das bevorstehende Ereignis. Der König sagte noch, als eine Uhr nahe schlug, er wolle am Morgen wiederum um vier Uhr aufstehen. Eineinhalb Stunden zuvor trat der Tod ein[173].

Am *17. August 1786* umfaßte der Staatsschatz des Königsreichs Preußen einschließlich sämtlicher Zentral-Tresore 51.302.010 Millionen Taler. Kein König oder Kurfürst oder sonstiger Regent Brandenburg-Preußens hinterließ seinem Nachfolger eine finanziell geordnetere Staatsverwaltung als der kinderlose König Friedrich. Auf diesem Wege glaubte er, den schlimmen Zufällen, die er auf seinen energieärmeren Nachfolger zukommen sah, für einige Zeit vorgebeugt zu haben. Dem Staat eine feste Stütze zu geben – dem galten seine letzten Gedanken[174].

Vom Sterben und der Grabstätte

Man kennt den Luxus des Todes der Großen und das Elend des Sterbens der Einsamen und Verlassenen. Niemand stellt die Frage, warum der König von Preußen, ein nun weltbekannter Mann, in solchen Umständen dahingegangen ist. Niemand bedenkt, warum aus seiner großen, in und um Berlin ansässigen Familie (neun Damen, sechs Herren, dazu die braunschweigische Verwandtschaft und die Hofdamen) niemand gegen den bekannten, im übrigen allgemein und zu allen Zeiten in morbidem Zustand verbreiteten Eigensinn des Königs und die ebenfalls bekannte Alters-Scham dem Sterbenden angemessen geholfen hat. Das war unentschuldbar. Der einzigen, die dem Bruder in seiner Hinfälligkeit mit dem Arzt Zimmermann zu helfen versucht hatte, seiner braunschweigischen Schwester Philippine Charlotte, widmete Friedrich denn auch dankbar seinen überhaupt letzten Brief. Der hannoversche Arzt habe ihm nicht helfen können: „Die Alten müssen den jungen Leuten Raum machen, damit jedes Menschenalter seinen Platz finde; und wenn man recht überlegt, was das Leben ist, so ist es nichts, als daß man seine Mitbürger sterben und geboren werden sieht" (10. August).

Welches könnten die Ursachen dieses schmählichen Versagens gewesen sein? War die Ängstlichkeit in der Familie, bei den Ärzten, bei den anderen nahestehenden Freunden so groß und eingelebt, daß niemand es wagte, den Ring der gewollten Einsamkeit aufzubrechen, fast gewaltsam, mit einem „Nein, so geht das nicht, Majestät"? War Prinz Heinrich, den der König bis zuletzt umwarb und förderte, und der den älteren Bruder – wie von ihm angekündigt – nun buchstäblich sterben wußte und hätte sterben sehen können, seelisch-psychisch nicht in der Lage, Friedrich über alle Verletzungen hinweg die Hand zu reichen? Den Versuch zu unternehmen, gelassen mit ihm zu sprechen, ihn zu hygienischen oder medizinischen Korrekturen zu bewegen, bei ihm zu bleiben, unter Vorwänden? Offenbar nicht. Statt dessen Rheinsberg, mit seinem sonderbaren anderen Milieu. Wollte man, nach außen nichtwollend, den König so und nicht anders sterben lassen? War er, den Ratlosen, zu einem hoffnungslosen Fall von Todesverlorenheit geworden? Gab es in der ganzen Familie von Berlin bis Schwedt keine kraftvolle, jugendliche, gewandte Frau Prinzessin, die sein Vertrauen erworben haben könnte, die kundig war in der Krankenverpflegung, die einer solchen Tragödie hätte entgegenwirken können, womöglich in geheimer ständiger Beratung mit den ohnehin beauftragten letzten Ärzten? Wenn schon nicht Maria, dann eine Martha, die dem Sterbenden den Schweiß von der Stirn wischte. Doch nicht ein biederer Kammerhusar, doch nicht allein flüsternde Lakaien. Was sind das für Mediziner gewesen, die den Kranken nicht mit den einfachsten Grundsätzen der Hygiene und Fürsorge auf sein Sterben vorbereiteten, wie es bereits in den Berliner Spitälern praktiziert wurde? Konnte ein grundsätzlich doch weltpraktisch kundiger Mann wie der anwesende Minister Hertzberg, der gleichsam eine Blanko-Vollmacht seines Fürsten besaß, alles überblicken konnte, nicht ganz anders eingreifen? Fragen über Fragen. Mußte man in der elenden Einsamkeit, Fliegen wegwischend, sterben, wie im übrigen auch der Neffe 1797, den die Kgl. Familie ebenso töricht verenden ließ im Marmorpalais, mitleidlos, nur und noch von der Gräfin Lichtenau behütet? Da gibt es kein gleichgültiges Verstehen der überschlauen Historiker und der sonstigen, mit allerlei Theorien über die Inszenierungen des Weltgeistes. Es ist das zeitlose Versagen gegenüber dem mitmenschlichen Beistand. Kein gesellschaftliches Philosophem vermag dies abzuschwächen. Wieviel menschlicher, sinnhafter vollzog sich das Sterben des Vorgängers 1740, im Beisein des Kronprinzen, das Sterben der Königin Luise 1810, der Tod Friedrich Wilhelms III. 1840 im Kreis der Familie, traditionell, von keinem Sturm des Progresses erreicht.

Friedrich, der tausendfach Familiensinn gezeigt hatte, fand, als ihm Blut und Kräfte schwanden, keine Gegenliebe, keine Caritas, nur Starrsinn, furchtsames Abwarten und den kalten Klatsch-Chronisten Mirabeau, der fast gespenstisch rundum die Gerüchte sammelte.

Als Friedrich seinen Atem ausgehaucht hatte, schien alles weitere eine Frage der rechten Totenfeier, der zu vergebenden Ämter, der Landestrauer, aber doch auch des Nachlasses zu sein, für den sich immer sogleich Neugierige und Erwerbsüchtige zu finden pflegen. Mehr noch als der großgewachsene Neffe fühlte sich Friedrichs Minister von Hertzberg als der eigentliche Hüter des Erbes, der Leistung und des Ansehens. Doch vermochte er nicht zu verhindern, daß wenig befugte Hände zugriffen. Die ersten Inventare der vom neuen König beauftragten Herren Beyer und Woellner befanden u. a., daß in den Königswohnungen, vor allem in Sanssouci und im Potsdamer Stadtschloß (entgegen den üblichen übertreibenden Legenden), ein vergleichsweise kleiner Bestand an allerlei Preziosen zu verzeichnen war: u. a. 120 Dosen (edle Tabatièren) im Weinbergschlößchen (insgesamt 124), dazu 26 Ringe unterschiedlichen Wertes, 3 Uhren, 6 kunstvolle Stöcke, dazu viele unmontierte Dosen aus dem vom König über alles geschätzten schlesischen Halbedelstein Chrysopas, nach dem er mehrfach hatte graben und suchen lassen. Im großen Speisesaal des Stadtschlosses fand sich auf einem Tische ein Gehstock mit emaillierter kunstvoller goldener Krücke, der dann vielleicht der Königin-Witwe vom Neffen überlassen wurde. Sie soll ihn als Stütze ihres Alters in Wehmut bis ans Ende benutzt haben (Nicolai).

Für die Zeremonien nach seinem Ableben und die einsame Grabstätte am Weinbergschlößchen glaubte der König das Notwendige wohlgeordnet zu haben. Der Minister Hertzberg, welcher sein Sterben und seine Todestage beobachtet und protokollarisch aufgenommen hat, dann die Kabinettsbeamten, der Kammerhusar und schließlich der Nachfolger Friedrich Wilhelm (II.) verfügten über verläßliche Anweisungen. Auch der Großneffe Friedrich Wilhelm (III.) stand dann mit dem Vater an der Totenstatt. Doch entgegen dem testamentarischen Wunsch ließ der Neffe den Onkel in der Potsdamer Garnisonkirche an der Seite des Sarges König Friedrich Wilhelms I. beisetzen.

Von diesen *Bestimmungen des Testaments* von 1749[175] wichen der Nachfolger und seine Berater, Minister Hertzberg und der künftige Minister Woellner, in auffälliger Weise ab. Die Königin zog der Neffe nicht zu Rate. Daß die Weisungen des Königs als Teil eines freimaurerisch beeinflußten Totenkultes zu verstehen seien, ist ideologiegeschichtlich als eine zu weit hergeholte Deduktion anzusehen. Es wurde erneut von Johannes Kunisch abgelehnt. Das Zeugnis dreier Militärärzte aus der Garnison über den einwandfreien Zustand seines Körpers, welche die Untersuchung auf Befehl des neuen Königs mit Waschung und Autopsie vorgenommen hatten [17. August] ist seit langem bekannt. Es wird aber bis in die neueste Literatur und Lehrmeinung hinein gleichgültig ignoriert. Friedrichs Präambel des Testaments von der Natürlichkeit des Sterbens läßt jedenfalls keine Schlüsse auf sein konstantes Verhältnis zu einem Schöpfergott oder zu einem womöglich getilgten Offenbarungsglauben zu. In früheren Jahren verlangte er für die Prinzenerziehung, daß man den Zögling lehren möge, „wie alle Gott anbeten, nur auf unterschiedliche Weise". Ignorabimus. Der illusionslose Deist behält sich die Freiheit der Grabstätten-Entscheidung vor. Es mag sein, daß der starke Eindruck, den Friedrich von Kleve (Bergendal) als dem Refugium des Johann Moritz von Nassau-Siegen 1740 empfangen hatte, seine Entscheidung beeinflußt hat. Friedrich forderte Respekt vor des bedrängten Menschen Flehgebärde.

Der neue König Friedrich Wilhelm[176] entschied sich nach kurzem Bedenken und wohl auf den Rat des Ministers Hertzberg hin, entgegen dem Wunsch seines Onkels eine Trauerzeremonie veranstalten zu lassen. Dies war nicht nur in den europäischen Dynastien üblich.

Verglichen mit dem schwarzprächtigen *Trauer-Begängnis* seines Großvaters Friedrich 1713 ergab sich jedoch eine preußisch-sparsame Feierlichkeit. Friedrichs Architekten Karl von Gontard und Heinrich Ludwig Manger hatten sie auszurichten[177]. Im Audienzsaal des Potsdamer Stadtschlosses wurde das „Castrum Doloris" aufgestellt. Die Trauerfeier in der Garnisonkirche am 9. September und dann die Gedächtnisgottesdienste im Lande standen unter dem vom neuen König ausgegebenen Worte des Alten Testaments: „Ich habe Dir einen Namen gemacht, wie die Großen auf Erden Namen haben". Die Predigt des Oberkonsistorialrats August Friedrich Wilhelm Sack, dessen Vater Friedrich bevorzugt zu Familienereignissen mit geistlichem Beistand herangezogen hatte, ließ den Lutheraner erkennen: Alles „sei Gottes Werk an ihm, nur durch Gottes Gnade ist der Mensch das, was er ist".

Der Wunsch des Königs, seine Gebeine und sein Memorial auf der *Höhe von Sanssouci* demnächst beigesetzt zu wissen, ging erst am 17. August 1991, 205 Jahre nach dem Ableben, in Erfüllung. Der Bundeskanzler der Bundesrepublik Deutschland war anwesend. Nachdem Barbaren die Garnisonkirche zerstört und dann eingeebnet hatten, gedachte der Staat erneut des Mannes, der mehr Fundamente für ihn gelegt hatte, als es sich ferne Nachfahren vorstellen konnten.

Zweiundzwanzigstes Kapitel

Nachleben und Mythos

Die Größe des Herrschers Friedrich und seine Wirkungsmacht in der Geschichte beruhen wie bei einigen Vorgängern auf der politischen und militärischen Genialität, auf einer Standhaftigkeit bis zum gewaltsamen oder natürlichen Ausklang, aber vor allem doch darauf, wie das allgemeine Ergebnis der Regierung weit bedeutender war und im Nachleben so empfunden wurde, als jenes, was sich an Taten aus dem überbetonten Ehrgeiz dem Erinnernden erhalten hat. Häufig vergrößert sich der Ruhm wiederum nach dem Tode und nach dem Abschied von der bloßen Macht, welche die im Zeitgeist befangenen Menschen blenden, täuschen und auch bedrücken kann. Fremde Größe wird von jenen benutzt, die einer Abhängigkeit unterworfen sind. Man hält die herausragende Gestalt gleichsam fest in Wort und Bild, wenn sich das Mittelmaß oder gar die elende Trivialität der allfälligen Unterdrückung wieder auszubreiten vermochte.

So auch bei Friedrich, nach dessen Tod die Fragenden das Unvollständige und die Kälte der Welt – bis nach Süditalien – zu spüren meinten. Man beging fortan (und begeht noch) Jubiläen seines Lebens. Hartnäckig behauptete sich der Mythos in einfachen Schriften und mit Hilfe der schmerzlichen erhebenden Lust an Bildern aus seinem Leben. Es waren die bewegenden Kriegstaten, die ins Wunderbare verklärt wurden. Die Generation, die ihn noch erlebte, starb zwischen 1810 und 1830 aus. Die Söhne, Töchter und Enkel lebten fast während des langen 19. Jahrhunderts als Traditionsträger. Grabsteine und Friedhöfe, mit angestaubten Bändern geschmückte Tafeln in Kirchen hielten Namen der Gefallenen, der sonst Getöteten und der still gestorbenen Teilnehmer aus der „großen Zeit" fest. Das geht den zeitweiligen Bilderstürmen zum Trotz mancherorts bis in die Gegenwart in den zerteilten Alt-Provinzen Preußens. So lange ist es nicht her. Der Volksschullehrer oder ein Professor auf seinen Exkursionen zeigt den uralten Maulbeerbaum an der Kirchwand.

Nicht nur Kriegs-Erinnerung, die denn doch verblaßt, bestimmt Nachleben und Mythos, sondern das Bewußtsein, daß sich mit der eigentümlichen Gestalt Friedrichs das Leben der Vorfahren, das eigene Leben, womöglich das gesamte Leben und Treiben in Recht und Ordnung verbesserte und erneuerte, daß die Nation und die Staatsbewohner überhaupt den Weg in die Zukunft erfuhren. Vieles ist versunken, dieses nicht.

Nachleben im Bild

Die dauerhaften Folgen des Friedrich-Bildes[178] gingen von den wohl hunderttausend und mehr Abbildungen aus, die sich ohne Zutun des Königs in Mitteleuropa und schließlich in vielen Ländern der Welt verbreitet haben. Alle Formen der Reproduktionen waren und sind vertreten: der Kupferstich an der Spitze, verbreitet von den Werkstätten vor allem süddeutscher Reichsstädte, getragen von protestantischen Mehrheiten. Dann die preiswerten Holzstiche und etwas später die Lithographien. Doch bediente man überhaupt Parteien und Höfe mit einfach gedruckten Produkten, mit denen sich das heroische, antikisierende oder sentimentale Geschichtsbild verbreiten ließ. Für jedermann löst sich die Geschichte bildhaft unterhaltend und belehrend in Geschichten auf, ohne daß kritische Anstrengung gefordert wurde.

Friedrich benutzte daneben satirische Publikationen, um die internationale Öffentlichkeit in seinem Sinne zu beeinflussen. Andere, in Paris und London, rühmten seine Kriegstaten. Die Potsdamer und Berliner Schlösser wiesen zu seinen Lebzeiten keine rühmenden Darstellungen auf. Der Unterschied zu anderen Potentaten ist auffällig. Die Schlachten der Schlesischen Kriege findet man in den Bild-Beständen österreichischer Museen. Eine Ausnahme bilden die wenigen von ihm in Auftrag gegebenen Illustrationen zu seiner Geschichte des Hauses Brandenburg (1751). Mit dem sich ausbreitenden Ruhm seit 1763 entstand alsbald eine Literatur, die über das Fürstenporträt hinaus die Anekdote brachte, welche ihrerseits des Bildes bedurfte. Der Analphabet verstand es, wenn er Friedrich erblickte, wie er den ungerechten Richter entfernte.

Mit dem Tod des Königs jedoch wuchs das Bedürfnis nach dem Sichtbaren rasch an. Alles war darzustellen: Die Sterbeszene, die Apotheose und auch das Denkmalhafte, bis hin zur schlichten Illustration in Schul- und Tugendbüchern. In der Zeit von 1786 bis 1806 wird das bis dahin bereits differenziert erfaßbare Leben des Königs in hochwertigen Folgen dargestellt. Das berühmte Blatt Daniel Chodowieckis, „Ziethen sitzend vor seinem König", entstand noch zu dessen Lebzeiten im Frühjahr 1786. Es war der Witwe Ziethens zugeeignet und sollte den am 26. Januar 1786 verstorbenen berühmten Wustrauer Husarenführer nachhaltig ehren. Chodowiecki steht unter den Berliner Graphikern zusammen mit dem späteren Adolph von Menzel an der Spitze der qualifizierten Friedrich-Illustratoren. Die Frühromantik ist insoweit auch eine produktive Zeit der Friedrich-Entdeckung und Wiederentdeckung gewesen. Bild und Text wirkten geschwisterlich zusammen.

Der „Alte Fritz" in der Anekdote

Einige hundert Bücher und Zeitungstexte sind mit Anekdoten und Schwän-
ken aus Friedrichs Leben bestritten worden. Das Ende dieser Gattung ist nicht
abzusehen, zumal manches gut, ja bestens erfunden worden ist. Vieles stammt
aus den Erinnerungen in Krieg und Frieden, die bald nach 1786 erschienen
sind. Die ersten Sammlungen der Anekdoten (1786, 1789) erfreuten sich bald
großer Beliebtheit. Auch dienten die Geschichten dramatisiert dazu, den König selbst in Uniform auf die Bühne zu bringen. An der Spitze dieser Bilder
stehen die Kupferstiche Chodowieckis, der bereits 1777 das Bild des zur
Wachtparade reitenden Königs schuf. Es ist kaum zählbar oft wiederholt und
abgewandelt worden. Weiteres folgte aus der Werkstatt des Danzigers, der
zum Berliner wurde: Soldatentypen (kriegsgefangene Russen nach der
Schlacht bei Zorndorf). Um 1777 vollzieht sich in der Historienmalerei und
den graphischen Künsten der Wandel zu verbesserten Staffagen und einem
realistischen Umgang mit den Ereignissen. Chodowiecki zeigt den Tod des
Feldmarschalls Schwerin bei Prag, des Sonnenburger Markgrafen Wilhelm
vor Prag (1744), des Prinzen Franz von Braunschweig-Bevern bei Hochkirch
(1758) oder Tod und Bestattung des Dichters Ewald von Kleist nach der
Schlacht von Kunersdorf (1759).

Die „brandenburgischen Kriegsszenen" (1787) und die Anekdoten-Bilder
im „Gothaischen Kalender" (1789) leiteten dann im Zusammenhang mit Archenholtz' „Geschichte des Siebenjährigen Krieges in Deutschland" die teils
anekdotenhaften, teils historischen Bildserien der Zeit bis 1806 ein. Nun erscheinen als beliebte und wiederholte Themen u. a. die Hinrichtung Kattes in
Küstrin (1789), die Vermählung des Kronprinzen 1733 (1793), der Kronprinz
in Rheinsberg, erleuchtet von den hellen Strahlen der Aufklärung (1802), der
Abschied, tränenreich, Friedrichs von seinem dahinsterbenden Vater (1793),
die stattliche Huldigung zu Breslau 1741 (1794), der König 1750 siegesge-
wiß am Sarge seines Urgroßvaters: „Messieurs, der hat viel getan" (1789).
Und dann natürlich Friedrich II. 1758 triste nach der verlorenen Schlacht bei
Kolin (1801), Friedrich und der unverwüstliche Zieten nach der Schlacht von
Leuthen (1793, 1799, 1801 u. ö.). Besonders gern wurde als herausragende
Anekdote die vermeintliche Begegnung des Königs mit Offizieren im Schloß
von Lissa dargestellt (1794, 1801 ff.). Zu den dekorativen Bildern dieser Zeit
gehört die Serie von Daniel Berger (um 1800). Chodowieckis vielleicht po-
pulärstes Bild „Friedrich und Ziethen. Laßt ihn schlafen, er hat lang genug
für uns gewacht" (1798, 1800) gelangte als dessen Beitrag in die vom Großneffen Friedrich Wilhelm III. angeregte „Galerie vaterländisch-historischer
Darstellungen" in der Berliner Akademie-Ausstellung 1800. Die seit 1786
auf den Markt gebrachten Stiche zu Tod und Apotheose des Königs dürften
kaum seinen Beifall gefunden haben, wo ihm doch in guten Tagen Personen-

kult zuwider war. So beflügelte jedenfalls das friderizianische Bild die Phantasie der Künstler und des Volkes.

Zur historischen Größe gehört der Schatz unwahrer und halbwahrer Legenden. Auf die Länge der Zeit wünscht sich der schlichte Konsument nirgendwo, das Bild in das oft langweiligere reale Geschehen übersetzt zu sehen. Vielmehr gehen die literarische Verwertbarkeit und das urtümliche Bedürfnis nach geschichtlichen Illusionen ineinander über.

Es ist nicht zutreffend, daß der König nach der Rückkehr aus dem bitteren Kriege im März 1763 für sich allein in der Charlottenburger Schloßkapelle das Graunsche Tedeum habe aufführen lassen. Das geschah erst im Juli 1763 mit einem festlichen Konzert für seinen Philosophen-Freund d'Alembert. – Auch der Streit um die „Mühle von Sanssouci" mit dem Hinweis auf die Allmacht des Berliner Kammergerichts ist Fabelei; die Müller dort erhielten Pacht-Ermäßigung, und der König erfreute sich des Symbols der Gewerbe und des dekorativen Baues. – Zu den nachgeschriebenen Legenden gehört auch, daß Friedrich den Siebenjährigen Krieg für Preußen heraufbeschworen habe, indem er sich mit unvorsichtigen Satiren die Feindschaft der Zarin Elisabeth, der Kaiser-Königin und der Marquise de Pompadour aufgeladen hatte. Alles Legenden, – von Friedrichs Feinden teilweise am eigenen Hofe verbreitet. So gibt es auch viele Bösartigkeiten aus dem Umfeld des Prinzen Heinrich, die bis in die Gegenwart arglos oder arglistig weitergetragen werden.

Manche Geschichten enthalten jedoch einen nachprüfbaren wahren Kern. Als der Kaffee 1781 als Folge der Herrschaft französischer Steuerbeamter zum Ärger einfacher Landesbewohner teurer geworden war, entstand am Werderschen Markt in Berlin ein Auflauf. Man las an einer Hausecke ein angeschlagenes Papier, als der König von der Jägerstraße her angeritten kam. Ihn begleitete nur ein Heiduck. Man begrüßte ihn, indem man die Mützen abnahm, bestaunte und begaffte ihn, nicht ohne leises Erschrecken. Der Heiduck, hinübergeschickt, um den Inhalt des Plakates zu erfahren, berichtete: „Sie haben etwas auf Euere Majestät angeschlagen." Friedrich, neugierig wie immer, ritt näher und erblickte sich, wie er in kläglicher Haltung auf einem Fußschemel saß, mit einer Kaffeemühle zwischen den Knien, mit der einen Hand mahlend, mit der anderen Hand die herausfallenden kostbaren Bohnen auflesend. Da winkte er mit der Hand, sie sollten das Spottbild „niedriger hängen", daß die Leute sich nicht den Hals so ausrecken müßten. Im allgemeinen Jubel über seinen Zuruf wurde die Karikatur zerrissen, während der König weiterritt.

Für die Berliner Bevölkerung und überhaupt die Deutschen war der König nun seit langem der „Alte Fritz" geworden. Der Lübecker bzw. Münchener Thomas Mann, nicht unbedingt ein Friedrich-Spezialist, bezeichnet in seinem auf die Kriegslage bezogenen Essay „Friedrich und die große Koalition" (1916) den Beinamen Friedrichs als „schauerlich". Andere haben es unbedacht nachgeschrieben. Doch auf diesem historischen Parkett ist schon mancher ausgeglitten. Der Beiname ist in jener Zeit anerkennend und vertraulich, gelegentlich despektierlich empfunden worden. Als 1777 im Deutschen Theater in Berlin das Schauspiel des Leutnants von Bonin „Ein Patriot" gegeben wurde, hieß der König „unser alter Fritz". Ein subalterner Obrist von Scheele erblickte darin eine Art von Majestätsbeleidigung. Deshalb zürnte er lauthals bei dem bekannten Schauspieldirektor Döbbelin. Als der König davon erfuhr, äußerte er nicht ohne Mißmut: „Der Scheele muß bei den Schlachten von Roßbach und Leuthen nicht dabei gewesen sein. Sonst wüsste er gewiß, dass ich schon mit zwanzig Jahren der ‚alte Fritz' hieß, und jünger wird man nicht mit den Jahren." So entstehen Schreibtisch-Legenden, wenn sich Geschichte mühelos mit einem großen Namen verhunzen läßt.

Die Phantasie des Volkes und der Literaten entwickelte den Schatz der Anekdoten weiter, bis hin zum Unanständigen (Soldaten-Witze) und höchst Trivialen. Daneben mischten sich Friedrich-Sentenzen ein, die den Randbemerkungen auf den vielen Eingaben und auf sonstigen Akten entstammten, die ihm Tag um Tag vorgelegt worden waren. So zeigt er sich allezeit als sein eigener Anekdoten-Produzent. Als die üblicherweise überheblichen Ehefrauen zweier höherer Beamter ihn mit der Bitte um einen Allerhöchsten Entscheid behelligten, welcher Dame im gesellschaftlichen Leben der Vorrang gebühre, schrieb er auf den Rand: „Die größere Närrin geht voran!"

Zu den wahren Geschichten, die dann sagenhaft weitergetragen wurden, gehört auch Friedrichs hochgemutes Gefühl der Unverwundbarkeit. Er hat es nicht nur nach der Schlacht bei Soor gegenüber seinem Kammerdiener Fredersdorf erwähnt (9. Oktober 1745), sondern auch allemal dann, wenn ihn im furchtbaren Getümmel eine Blessur traf, aber wunderbarerweise nie den Körper durchschlug[179]. „Finden Sie es nicht seltsam, daß ich in so vielen Schlachten nie einen Schuß bekommen habe?" – sagt er zu de Catt nach Hochkirch. Es ist erkennbar, daß diese nicht zu verbergende Unverwundbarkeit ein starkes Substrat bereits für den Mythos zu Lebzeiten bildete. Im Schwank wurde der König vergrößert und auch wiederum verkleinert. Man findet ihn als den Unterlegenen, der gewissermaßen als Ausgleich zu dem vom Vater her gefürchteten Krückstock und dem Korporalstock Schläge empfangen muß; auch ist er einer, der sich vom kleinen Manne oder einfachen Soldaten überlistet sieht und der als Genosse des aus arger Not meisterlich Stehlenden einbezogen wird.

Der König reitet zwischen Hölle und Himmel. Ihn trägt der Königsschimmel Condé. Dieser steht jetzt, nach Irrfahrten, präpariert im Veterinärmedizinischen Institut der Freien Universität Berlin. Am Eingang zum Himmel, wo

er einreiten wollte, verwehrte ihm Petrus – wie man sich in Westfalen erzählte – den Zugang. Man könne den „Luttersken Kerl nicht bruken", auch Gott
Vater hielte ihn „to slech för'n Himmel". Also ließ Friedrich seine Armee
kehrtmachen, worauf Petrus und der Herrgott kapitulierten; denn sonst würde
der Auszug aller Preußen den Himmel von den besten Leuten entvölkern[180].

Aus Pommern wird überliefert, die Bauern, denen er stärker als vordem
Recht und Beschwerde sicherte und Aussichten auf etwas bessere Zeiten gab,
seien nach dem 18. August 1786 erschüttert gewesen; einer von ihnen habe
sie über den Fortbestand der Monarchie mit dem Satz getröstet: „I nu, der
neue Herr darf sich ja nur aufsetzen und zupeitschen." Und im preußischen
Harz soll etwa gleichzeitig ein Bauer ausgerufen haben: „Herr Gott, wer wird
nun die Welt regieren!"[181].

Nicht nur der brandenburgisch-preußische Adel feierte in manchen seiner
Schlösser einen regelrechten Friedrich-Kult, mit Wandbildern und Tapeten.
In *Wolfshagen* (Prignitz: Bernhard von Barsewisch, Torsten Foelsch) gab und
gibt es eine Überlieferung von Bildnissen, die das Leben des Königs, zumal
die Schlacht von Leuthen zeigen. Die Bilder an den Wänden in zwei Räumen
scheinen unmittelbar unter dem Eindruck des Todes des Königs von kunstfer-
tiger Hand (Bernhard Rode 1725–1797) geschaffen worden zu sein und haben die trüben Zeitläufte zum Teil sichtbar überstanden.

Theodor Fontane beobachtete seit 1850, Friedrich sei noch immer der
Herrgott der Bauern. Sie sprächen über ihn als lebe er noch. Ähnlich empfand man seinen Tod in nicht wenigen Teilen des Heiligen Römischen Reiches und Europas. Das ereignete sich überall dort, wo man unter kleinlichen
und unduldsamen Regenten litt. Im Herbst 1786 vermied es der Reisende
Goethe in Süditalien, von des fernen Königs Tod zu sprechen, um sich nicht
verhaßt zu machen. Er war es auch, der – bei mancher Einsicht in das eigen-
tümliche Wesen des Verstorbenen – die Grundstimmung der Zeit in einer Zei-
le verfestigte: „ihm schauten alle Völker der Welt mit traurigen Blicken
nach"[182].

Epilog: Ein Herrscherleben vor den Revolutionen

Götter der Antike

Im Ersten Buch der Selbstbetrachtungen des Kaisers Marc Aurel (121–180 n. Chr.), dem vom König früh und oft gelesenen Autor, betrachtet der antike Philosoph die Wege seiner Erziehung. Er bezeichnet sie als den Menschen und den Göttern verdankt. In den Selbstbetrachtungen heißt es: „Von meinem Erzieher lernte ich, weder ein Anhänger der ‚Grünen‘ noch der ‚Blauen‘, weder der Gladiatoren mit rundem noch mit langem Schild zu werden, hart im Ertragen und anspruchslos zu sein, selbst Hand anzulegen, mich nicht zu zersplittern und nichts auf Verleumdungen zu geben". Es folgen die anderen Grundsätze und Nützlichkeiten, die den tapferen Stoiker auszeichnen. Friedrich las das neben Cicero und dem Lucretius in Rheinsberg und später während vieler beschaulicher und stürmischer Stunden. Er las es in der Nachfolge der alten Kaiser und Könige, der Heerführer und Staatsmänner, deren Beste er als Vorbilder empfand und immer erneut genannt, ja für sich beschworen hat.

Man hat Friedrich zeitweilig bevorzugt als von den philosophischen Lehren der Werke Christian Wolffs beeinflußt in Anspruch genommen. Aber auch Leibniz oder den Leipziger Thomasius las er, dazu die Franzosen des Jahrhunderts. Doch sein Verständnis für Philosophie prägte sich wohl am stärksten mit den lebenspraktischen Betrachtungen der antiken Stoiker, durch Ciceros berühmte Schrift „De officiis" und eben durch die immerwährende Lektüre des Marc Aurel. Die antiken Autoren besaß er in Rheinsberg in einer Sammlung, die ihn über Frankreich erreicht hatte. Nicht Entwürfe für die großen Systeme bewegten ihn vorrangig, sondern die Frage, wie sich der Mensch, wie sich der Fürst in der Praxis des Lebens bis zur Stille der letzten Stunde einzurichten habe. Davon sind die Schriften und die Bekenntnisse durchdrungen. In seiner durchgehenden Skepsis, in seinem Schicksals-Verständnis ist er modern, bis in die Gegenwart hinein. Die immer begrenzte Ordnung der Welt ist ihm geläufig. So hat man sein eigenes philosophisches Nicht-System wohl als eine „Philosophie der Tröstung" bezeichnet (Eduard Spranger). In der eklektizistischen Staatsphilosophie hingegen sah er sich in Schrift und Gegenwart genötigt, den Standpunkt der Staatsraison zu vertreten. Es galt ihm als täglich erfahrbar, daß die Bürger letztlich unmündig, unaufgeklärt und voller emotionaler Vorurteile seien. Diese radikale Skepsis brach bei den verschiedenen Gelegenheiten durch, wenn er bekundete, der Untertan oder Staatsbürger sei vorläufig nicht für die schwer erträgliche Wahrheit, vielmehr „für den Irrtum gemacht". Die meisten Menschen seien nicht stark genug, auch ohne religiöse ‚Vorurteile' und den damit verbundenen Kanon ihre Pflichten im gesellschaftlichen Leben zu erfüllen. Die radikale Aufklärung, gegen die Vorurteile des Volkes gerichtet, sei so gesehen unnütz und sogar schädlich. Nur eine hauchdünne Führungsschicht nahm er davon aus. Lebenslang bewegte er sich bewertend und bewachend zwischen diesen beiden Ebenen.

Zur Historischen Größe[183]

Die Leistung, aus der sich das Ruhmesprädikat „Historischer Größe" ergibt, wird nicht am Schreibtisch des Historikers oder sonstiger Schreibender oder auf öffentlichen Plätzen Redender festgestellt, sondern es ergibt sich aus einem Bestand historischer Tatsachen. Es ist erkennbar und es bleibt sichtbar, auch jeweils nach dem Abstand zu den Hauptereignissen. Der Fundus an solchen Quellen erwies sich bei Friedrich von früh an und nach der Zäsur von 1786 als umfassend genug, um diesen König aus dem Üblichen herauszuheben. Das geschah immer in Streit und Widerstreit. Das Überragende gegenüber Standard-Existenzen in der monarchischen Periode mag lange Zeit zu historiographischen Abhängigkeiten geführt haben. Das ist es überwiegend nicht mehr, was heutige Autoren bewegt, Friedrich den Großen in verschiedenen Perspektiven möglichst gerecht, verstehend und nicht ideologisch oder plakativ zu beleuchten.

Es wird wohl überwiegend für die Nachlebenden schwer zu verstehen sein, was die *Geworfenheit* in eine dynastische Existenz für den klassischen Aristokraten des 18. Jahrhunderts bedeutet hat. Mit allgemeinen soziologischen Formeln ist wenig geholfen. Daß hier ein ungewöhnliches Amalgam von „Gemüt und Verstand" (Carl von Clausewitz) zutage getreten ist, hilft auch im Vergleich nicht weiter. Das Geheimnis der Persönlichkeit besteht in dem Bestand der Talente, Begabungen, auch der psychischen Probleme. Seltener, wie bei Friedrich, finden sich in der bedeutenden „Historischen Existenz" über die klar erkennbaren Eigenschaften des Charakters wie Entschlossenheit, Standhaftigkeit (Constantia) und Tapferkeit (Fortitudo) hinaus jene schon selteneren Fähigkeiten wie starke Luzidität (Sensitivität), andauernde Bereitschaft zur Verantwortung und überhaupt das unumgängliche produktive Talent des raschen Auspendelns und Ausgleichens der Gemüts- und Geistesschwankungen inmitten überbordender Staatsaktivitäten.

Um die „Historische Existenz" zu erfassen, muß man nicht nach dämonischen Geheimnissen fahnden oder sich mit Begriffen der modernen Psychologie abgeben, um weiteres Licht in scheinbare Dunkelheiten zu bringen. Die Quellen der Geschichte, für ein Mirakel wie Friedrich überreichlich sprudelnd, reichen aus, wenn man sie zur Kenntnis nehmen will. Denn Friedrich selbst hat den Historikern späterer Jahrhunderte wie kaum ein anderer Herrscher sein Geschichtsverständnis und nicht unerhebliche Teile seines Selbstverständnisses ausgebreitet.

Die Vorlesungen *Jacob Burckhardts* zur Eigenart der bedeutenden Gestalten in der Geschichte (aus der Zeit um 1870) benennen als diejenigen, die aus einer vorhandenen Macht heraus ihr Sonderdasein entwickeln konnten, Alexander den Großen, Karl den Großen, Peter den Großen und Friedrich den Großen. Unter den Eigenschaften sind die Macht und Leichtigkeit in allen geistigen Funktionen hervorzuheben, und zwar im Erkennen wie im Handeln, in der Analyse wie in der Synthese. Dazu aber bedürfe es noch der Seelenstärke, um im Sturme zu fahren: „Schicksale von Völkern und Staaten, Richtungen von ganzen Zivilisationen können daran hangen", bemerkt Burckhardt in einem berühmten Diktum „daß ein außerordentlicher Mensch gewisse Seelenspannungen und Anstrengungen ersten Ranges in gewissen Zeiten aushalten könne. Alle seitherige mitteleuropäische Geschichte ist davon bedingt, daß Friedrich der Große dies von 1759 bis 1763 in supremem Grade konnte. Alles Zusammenaddieren gewöhnlicher Köpfe und Gemüter nach der Zahl kann dies nicht ersetzen".

Das Tun der herausragenden Persönlichkeit erweckt in Gegenwart oder Vergangenheit ein so starkes beherrschendes Dasein, daß man sich ohne deren Dazwischenkunft den Ablauf der Geschichte nicht als existierend vorstellen kann, – soweit man der Geschichte auch nur im groben kundig ist. Je größer der Abstand zur historischen Persönlichkeit geworden ist, je mehr sie unter den gebildeten Völkern als ein hoher Besitz anerkannt ist, auch Monumente in der Öffentlichkeit die Seelen erheben, desto nachhaltiger wird die belehrende Bedeutung, aber auch der Verlust als Folge zeitweiliger Unterdrückung in Diktaturen als Teil des gemeinsamen Schicksals empfunden. Dann wird, wenn die graue Welle sich zurückgezogen hat, versucht, das Versäumte nachzuholen. Phasen der Defizite wechseln mit solchen der Opulenz. Das ist an der Friedrich-Literatur des 20. Jahrhunderts vielschichtig zu beobachten.

Gegen diese Welt der zutreffend beschriebenen historischen Empfindungen und wohl auch unvermeidlichen „Einschätzungen" wendet sich der nur wenig jüngere Kenner des Burckhardt'schen Werkes, Friedrich Nietzsche. Nüchtern fragend, sucht er das Problem der Größe inmitten einer Welt der Persönlichkeits-Geschichten zu betrachten. Der Blick auf den „schwefelgelben Bismarck" und andere erhabene Größen, denen auch Fontane die schärferen Fragezeichen widmet, mag ihn dazu angeregt haben. Auch Goethes Skepsis dürfte Nietzsche den einen oder anderen Hinweis vermittelt haben. Im August 1805 schreibt er dem Theologen Friedrich Weitze: „Es gibt eine dämonische, ja diabolische Größe. Es ist Unrecht, sich immer die Größe als etwas an sich existierendes zu denken und nicht viel mehr als Begreifung des Eindrucks, der auf uns gemacht wird …". „Aber", meint er im Roman der Wanderjahre, „es ist ja überhaupt kein echter Genuß [vorhanden] als da, wo man erst schwindeln muß" [I, 3]. Womit kurz und knapp die Frage der zulässigen und unzulässigen Heroisierung und Romantisierung angesprochen ist.

Nietzsches Frage (im Bewußtsein ihrer Unlösbarkeit und Ambivalenz) meint die Janusköpfigkeit, die schillernden Heiligenscheine und daneben den Umgang mit existentiellen Erbärmlichkeiten. So warnt er die Historiker-Kollegen, sich eingeschlossen, die Abstände nach beiden Seiten hin zu übertreiben, gleichviel, ob das naiv, in vorrangig politisch-didaktischer Absicht oder in der Freude über vermeintliche neue Einsichten geschieht.

Die wenig beachtete Stelle aus den Fragmenten des moralischen Anti-Moralisten verdient im Hinblick auf die zahlreichen Überzeugungstäter in der Kernaussage mehr noch als Burckhardts häufig zitierte Worte an das Licht geholt zu werden: „Man ist auch ungerecht", schreibt er im Sommer 1877, „wenn man die großen Männer zu g r o ß findet und die Dinge in der Welt zu tief. Wer dem Leben die tiefste Bedeutung geben will, umspinnt die Welt mit Fabeln; wir sind alle noch tief hinein verstrickt, so freisinnig wir uns auch vorkommen mögen. Es giebt eine starke Neigung, uralt angeboren, die Abstände zu übertreiben, die Farben zu stark aufzutragen, das Glänzendere als das Wahrscheinlichere zu nehmen. Die Kraft [der Darstellung] zeigt sich vornehmlich in diesem allzuscharfen Accentuiren; aber die Kraft in der Mäßigung ist die höhere, Gerechtigkeit ist schwerer als Hingebung und Liebe [und ,Schande']". Das Folgende wirkt dann wie ein geheimer Kurz-Kommentar auch zu Friedrichs ,Anti-Machiavel': „Wenn einer sogenannte schlechte Handlungen durch Loslösung von den hergebrachten Urtheilen und Aufstellung der Unverantwortlichkeit rechtfertigte, dürfen wir sagen: ,nur rein theoretisch darf er so etwas aufstellen, nicht aber praktisch danach handeln?' Oder: ,als Denker hat er das Recht, aber er darf nicht Böses thun'. In wie weit darf sich das Individuum lösen von seiner Vergangenheit? So weit es kann? Und wenn es einsieht, daß in dieser Vergangenheit falsche Urtheile, Rücksichten auf grobe Nützlichkeit wirkten? Daß der Heiligenschein um das Gute, der Schwefelglanz [!] um das Böse dabei verschwindet? Wenn die stärksten Motive, aus der Ehre und Schande des Mitmenschen entnommen, nicht mehr wirken, weil er die Wahrheit diesem Urtheile entgegenstellen kann?" Dies alles erscheint auch heute als radikale Skepsis des Urteils, die derjenigen Friedrichs nicht unverwandt zu sein scheint.

Im Grunde rät auch Nietzsche, ‚den Menschen' in seiner historischen Existenz unbeeindruckt von der Fachpsychologie als ein immer beschränktes Kulturwesen zu sehen, in das man nichts hineinlegt, was nicht von seinen frei oder unfrei empfundenen Handlungen begründbar ist. Der Erkenntnisgewinn einer Biographie verringert sich in dem Maße, in dem Kategorien der idealistischen oder sonstigen Philosophie oder womöglich der modernen Naturwissenschaften etc. die stringente ‚handlungstheoretische' Betrachtung beeinträchtigen.

Recht oder Macht

Ein dankbares Thema, ja für manche Biographen ist es eine Art Anstoß gewesen, den leuchtenden Persönlichkeiten nachzuspüren, ob und wie weit sie sich in den allgemeinen und zeitüblichen Kategorien des sittlichen Handelns bewegt haben. „Es hat immer Menschen gegeben, welche an allem, was groß und schön war, Flecken aufsuchten, oder sie anhefteten, und diese haben sich immer vor der Nachwelt verächtlich gemacht". Das bemerkt der Historiker in der Romantik *Barthold Friedrich Niebuhr* (1776–1831) nicht unbeeinflußt von Goethes Gedankenwelt 1814 in Berlin in seiner damals aktuellen Schrift „Preußens Recht gegen den sächsischen Hof".

Neben der redlichen und verläßlichen Historiographie, auf die sich auch in Jahrhunderten mit geminderten Urteilskräften nicht verzichten läßt, stehen jene Schriften aus der weiten Welt munterer Geister, die das glauben, was sie sagen oder was ihnen womöglich von Parteigängern der Unfreiheit anbefohlen wurde. Die historiographischen Reflexionen, bis hin zu den zeitgebundenen Meditationen berühmter Schriftsteller, mögen amüsant sein; sie sind nur ein Beitrag zu einer „Diskussion ohne Ende", die künftige Speicherplatten füllt. Sinnvoller als die Lektüre der Theorie-Konstrukte, zu denen der Historiker Golo Mann das Nötige gesagt hat, ist es allemal, Tacitus oder Cicero, das heißt, die Quellen unmittelbar zu lesen. Goethe: „Bilde, Künstler! Rede nicht! Nur ein Hauch sei dein Gedicht."

„Widersprüche" und Ambivalenzen

Es ist eine Banalität bei einer Gestalt wie Friedrich, die „Widersprüche" im Handeln und Denken mehr als berichtend herauszuheben. Es gibt keine historische politisch-militärisch handelnde Persönlichkeit, die mit den Ereignissen oder den eigenen Postulaten nicht in Gegensatz geraten wäre. Das geschieht bald stärker, bald schwächer und ist oft dem Zufall ausgesetzt. Den Zurückblickenden fehlt es nicht selten an Gelassenheit, wenn und wo man sich von dem je kleinen Ereignis gefangennehmen läßt. Auch wird der nicht schwer nachzuvollziehende Gedanke von den Späteren nur ungern vernommen, den auch Burckhardt äußert, daß man sich den präsumtiven Vorrat der Natur und der Weltgeschichte an handlungsfähigen großen, das heißt unersetzlichen und einzigartigen Persönlichkeiten in einer Welt wachsender Quantitäten nicht allzu verbreitet vorzustellen hat. Das gilt dann ebenso für das 18. Jahrhundert.

War Friedrich ein Fürst, der seine Erfolge dadurch erzielte, daß er methodisch planend vorgegangen ist, um den Zufällen des Regierungs-Lebens zu entgehen? Die Antwort wird lauten müssen, daß er mit Plan-Vorstellungen arbeitete, insbesondere innenpolitisch, jedoch verbunden mit der Fähigkeit – blitzgescheit und schnell – der Umdisposition; das verband sich damit, einen mißlichen Zustand kurzfristig als Übergang hinzunehmen, – bis auf weiteres. Seine Skepsis sicherte ihm die Überlegenheit, indem er unberechenbar in der Unberechenbarkeit handelte, wohl wissend, daß nur ein Teil der Dinge rundum zu gestalten ist. So war er biegsam und voller Eigensinn zugleich.

Der König wäre nicht der geworden, der er bald gewesen ist, wenn er nicht diesen hohen Kommunikationsgrad, die Fähigkeit der Anverwandlung, des Prüfens und Verwerfens gehabt hätte. Das fast rechnerhafte Erfassen der Situation und der Entscheid waren verbunden mit dem gespannten Zuwarten, ob es sich als richtig erweisen würde. Instinktiv und von Beispielen der Alten her mochte er begriffen haben, daß politischer Erfolg und Lebensdurchquerung auf dem vorsichtigen Anwenden der Grundsätze im Einzelfall beruhen. Doch solches konnte und wollte er nicht auf allen Positionen durchhalten. Es hätte das Steuern im schweren Wasser erheblich erschwert, ihm wohl ein Mindestmaß an Glaubwürdigkeit genommen. Täglich – die Texte in den Politischen Korrespondenzen zeigen es – vermochte er zu intervenieren, trieb er seine Umgebung mit Festigkeit und Überzeugungskraft zu überraschendem Handeln an.

Nur der vordergründige Betrachter meint *Widersprüchliches* in seinem Handeln als roten Faden zu erkennen. Vielmehr stellt es sich als ein geschlossenes offenes System dar, gewissermaßen mit Leitern für das Jahr, mit Leitlinien für den Monat, mit Leitsätzen für den Tag – und nicht ganz selten mit der radikalen Wendung um 180 Grad in der Minute.

Dieser gegebenenfalls gewaltige Sprengstoff wurde jedoch nur selten verwendet oder gar verschwendet. Das Neue konnte allzu leicht mit den Fehlern des Alten behaftet sein. Die Ergebnisse fremder Reformen warnten den skeptischen Realisten. Dafür gab und gibt es Beispiele zuhauf. Schaffte man, wie geschehen, in früher Humanität Todesstrafe und Folter ab, entleerte man die Gefängnisse (wie in der Toskana), so ergab sich als Quintessenz: „Die Ge-

fängnisse sind leer, aber die Verbrecher spazieren auf den Straßen". Das mußte sich dort Großherzog Leopold II. sagen lassen. Der alte König in Potsdam
erkannte dies deutlicher als der hoffnungsvollere Herrscher im Süden. Nicht
zufällig wiederholte er bei jeder internen Gelegenheit die Grundeinsicht:
‚Mensch und Welt bleiben sich gleich‘. Schon Luther hat ähnliches gesagt.

Seine Skepsis trieb er jedoch nicht bis zur Handlungsunfähigkeit. Er glaubte an den noch in den Anfängen stehenden Ordnungs-Staat, den ein guter
Landesvater regiere und der eine ordentliche, (noch) kaum korrupte Bürokratie stetig verfeinere und kontrolliere. Die große Maschine, nun einmal ange-
worfen und unaufhaltsam geworden, produzierte unter seinem Namen und
auf seinen Wink hin Edikte und Mandate, Reskripte und Circulare, Verordnungen und Gesetze, Resolutionen und Patente, Notificationen und Publican-
da, für den schon nicht mehr nur frühmodernen Verwaltungsstaat, vielmehr
für den vergleichsweise bereits hochmodernen Versorgungsstaat. Er umschloß
beides: noch Elemente des späten Nachmittelalters und des neuzeitlichen
Fürstenstaates, in dem sich auf den unteren Ebenen vorparlamentarische
Strukturen kräftig regten. Der Streik, der Ausstand, sogar der Aufstand waren
nichts Unbekanntes mehr. Auch ein Herrscher wie Friedrich, geschützt bald
durch Nimbus und Aura, hatte Rücksicht zu nehmen – und er nahm Rücksicht – nicht zuletzt im Aufbegehren, und mehr, als es Schul- und Lehrbücher
verraten.

Das war der *andere Friedrich*, der sich selbst nicht als so singulär verstand,
wie er dann gestaltet worden ist. Der sich eingebunden, einbezogen in das
Bewußtsein einer neuen Zeit fühlen mußte, die nun fast drei Jahrhunderte
umfaßte, in der bereits etliches gestürzt und still oder laut verändert und frei-
weg ausgesprochen wurde, allemal mit neu-alten Sinnlichkeiten, Erkenntnissen und den steinalten Brutalitäten. Für einen kraftvollen Geist wie Friedrich
gab es da keine Schubkästen mit epochalen Aufschriften wie Renaissance,
Aufklärung oder Säkularisation und Barock und mit den Hinweisen auf die
ohnehin rasch veraltenden Novitäten. Für ihn war das eine große, etwa zehn
Generationen umfassende, noch überschaubare Periode, wo die in Europa an-
sässige Menschheit mit und ohne Zögern ins Licht tritt, behindert von Mächten der Finsternis, die weichen werden, wo sich denn freies Denken entfalten
kann. Man mußte nur – unabweislich für einen klugen Fürsten – mitdenken,
mithandeln und mitkämpfen, um dann mit anderen Frieden zu stiften. Und
man muß die Augen aufhalten, früher als andere, um geistige und materielle
Hilfstruppen zu gewinnen, wo man selber noch mit schwachen Bataillonen
ausgestattet ist. Also sah man sich genötigt, in der schwer regierbar wirkenden Welt mit mehr als fünf Bällen zu spielen, keinen Tag im Wohlleben aus-
lassend. Dann wäre das Spiel in fremde Hände übergegangen, wie es anderswo zu beobachten war. Nein, nicht ein stilles Haus am Kanal in Delft, nicht

ein abgelegenes Jagdhaus am Niederrhein und nicht ein Pensionisten-Dasein nebst Tafelrunde auf einem sandigen Weinberg der Insel Potsdam boten sich als Ausweg an. Das waren läßliche, tröstende Gegen-Träume unter der Last des Tages und unter den Schwächen des Körpers. Die Realität hier und heute für Staat und Dynastie, sie hieß, Machterhalt und Rechts-Versorgung, hieß Arbeit für das Ganze bis an das Ende der Tage.

Der „letzte König"

Der berühmte englische Historiker Thomas Carlyle, der in der langen Kette englischer Friedrich-Forscher immer noch eine herausragende Position einnimmt, hat den Preußenherrscher als den „letzten König" bezeichnet. Die Vergleiche mögen ihn darin bestärkt haben und eigentlich konnte er bis heute nicht widerlegt werden. Nur wenigen Herrschern wird man nachsagen können, daß sie sowohl Mitspieler als auch nachdenkliche Zuschauer je im politischen Drama ihres Regenten-Zeitalters gewesen seien. Als Handelnder aus der eigenen Zeit auch nur einen Schritt herauszutreten und dies in Schrift und Wort öffentlich zu zeigen, erregt Anstoß, Befremden und Widerstand. Dabei stellt sich die allgemeine Frage, ob es überhaupt einen Punkt gibt innerhalb eines Zeitalters, von dem aus man dieses in seine leitenden Tendenzen beurteilen kann. Friedrichs vielfältiges Doppelleben schloß den Akteur und den zuschauenden Analytiker seiner Zeit ein. Das zeigt sich an seinen Politischen Testamenten, den Nebenschriften und überhaupt seinem literarischen Werk. Er hat versucht, gleichsam über Zeit und Raum hinweg post festum die Standorte der Herrscher Brandenburg-Preußens bis in seine eigene Regierung hinein mit den verfügbaren Quellen zu skizzieren. Dies geschah auch mit der doppelten Absicht, über seinen ausgeprägten literarischen Ehrgeiz hinaus für seine Dynastie verwendbare lehrreiche Fürstenspiegel zu schaffen. Zugleich wollte er denen, die diese nicht nur preußische Geschichte fernerhin betrachten würden, einige primäre Quellen zumindest für seine Zeit an die Hand geben. Zum schriftstellerischen Lebenswerk gehören jene wohl mehr als dreitausend persönlichen Briefe an die Geschwister, die sonstigen Verwandten und an die Freunde, in denen sich Interessen des hochgestellten Fürsten, des Zuschauers der Tagestorheiten und des auch an Voltaire geschulten Historikers unaufhörlich vermischten. Und doch war auch dies in erheblichem Maße ein Teil der diplomatischen Arbeit für seinen Staat gewesen. Denn dieses sowohl nachmittelalterliche als auch in steter Modernisierung begriffene Staatswesen umschloß noch immer in spätpatrimonialen Formen neben den Institutionen der Gesamtheit die Territorien mit ihren Ständen, die Domänen, die Schlösser, die vielfältigen Herrschaftsrechte und althergebrachte Einkünfte, unbeschadet ihres Charakters als Haus- oder Staatsgut im Sinne dann des 19. Jahrhunderts. Als Exponent der nunmehr stärker staatsverpflichteten Dynastie verfügte der Monarch gleichwohl, wie seine Verwandtschaft auch, über „Privateigentum", das in privatrechtlicher Erbfolge weitergereicht werden konnte. Diese Janusköpfigkeit des Herrschers galt theoretisch und praktisch dann auch für den engeren Kreis der Mitglieder der Dynastie der Hohenzollern, wiewohl deren Staatsverständnis teilweise und zeitweilig ein anderes, ein noch traditionelles und trivialeres gewesen ist.

Die neue und vertiefte und auch verschichtete Staatsauffassung hat Friedrichs Verhältnis zu seiner Verwandtschaft, zu den Haus- und Dynastie-Fragen geprägt. Es ist wohl etwas zu kraß formuliert, von einer „nur widerwilligen Anerkennung dynastisch-familiärer Bindungen" und einer sehr kühlen Distanz zu ihnen (Theodor Schieder) zu sprechen. Die normativen Aussagen ergeben nicht die gesamte Verfassungswirklichkeit. So waren in der Gestalt Friedrichs der Staatslenker und der reichsfürstliche Dynast, der „oberste Kriegsherr", aber auch der immer noch den nachmittelalterlichen Lehnrechten verpflichtete Landesvater und der Sachwalter einer modernen Pflege des Rechtswesens eine fruchtbare Symbiose eingegangen. Am Ende seines Regierungsweges erschien dieser merkwürdige König den europäischen Beobachtern als ein Herrscher, in dessen Handeln beharrliches Voranschreiten und geduldige Standhaftigkeit zu berechenbaren Faktoren im Konzert der Mächte geworden waren. Die Eigenständigkeit der Landesstaaten unter dem löchrigen Schirm des Reiches fand in Friedrich geradezu einen Verfechter, ohne daß er seinen Staat in einem künftigen Reiche in einer ausschlaggebenden Rolle hätte erkennen können.

Das eigentümliche, von der bedeutenden Individualität geprägte Doppelleben (genauer gesagt: Mehrfachleben) des Königs in seinen Verhältnissen zu Staat, Hof und Haus führte zu singulären Erscheinungen im praktischen Verfassungsleben. Das wich ab von seinen Vorgängern und auch im Vergleich mit den anderen Herrschern seines Zeitalters. So wurden aller Theorie spottend ältere und jüngere Formen des Regenten-Daseins von ihm mit Gleichmut und Virtuosität, mit Machtbewußtsein und Bereitschaft zum Machtverzicht praktiziert. Ausklang und Neubeginn verschränkten sich mithin unaufhörlich. Die Bedingungen und Formen der Monarchie, in Brandenburg-Preußen und den akquirierten Territorien herangewachsen, waren nicht in wenigen Jahrzehnten auszuwechseln oder im Hinblick auf bestimmte Ideale der Aufklärung zu nivellieren oder zu vereinheitlichen. Dies hätte auch in radikaler Form außerhalb der Absichten des Königs gelegen. Er konnte warten und er konnte das Wachsende beobachten.

In diese Gestalt Friedrichs darf nicht Moderneres hineingedacht werden als das, was bei ihm und bei den Männern seines Umfeldes nachweisbar ist. Gleichwohl ist es im Hinblick auf das Thema der Modernität oder der „Progressivität" nicht zu bezweifeln, daß hier bis zuletzt ein starker, kritischer, bei aller Subjektivität unbestechlich der politisch-sozialen Umweltanalyse verpflichteter Geist tätig war. Ein „Klassen-Interesse", wie manche möchten oder schrieben, ist nur auf dem Wege späterer zeitferner Sinngebung festzumachen. In seiner Lebensarbeit war das Staatsinteresse beherrschend. Die Wünsche und Interessen der Haus- und Hofsphäre oder sozialer Gruppen blieben demgegenüber im Rang erheblich nachgeordnet, soweit es ihm die allgemeine Erdenschwere gestattete.

Keine Frage: Dieser Preußenkönig bewährte sich von Anfang an auch als ein König der Künste, besonders der Baukunst, der Musik, der geistigen Welten. Doch waren das zwar notwendige und vergleichsweise erstaunliche Tätigkeiten, aber nur Nebenleistungen eines herausragenden Dynasten. Der Erfolg seiner Regierungszeit bestand darin, daß er den nun befestigten Staat samt seiner Gesellschaft mit Machiavelli, vor allem aber gegen Machiavelli ein bedeutsames Stück vorangebracht hat – in die aufgeklärtere Zeit hinein.

Der zweifellos größte der Preußenherrscher brauchte deshalb von niemand „erneut auf den Sockel" gehoben zu werden (Ingrid Mittenzwei), allenfalls von jenen, die ihn von seinem angestammten Ort abgerückt und die um Objektivität bemühte Erinnerung auszulöschen versucht hatten. Keine „undurchdringliche Zeitbarriere" (Theodor Schieder) verstellt den Blick auf die in vieler Hinsicht seit langem aus den Quellen erarbeitete Position Friedrichs in der Historie. Immer war er von der Parteien Haß und Gunst umdrängt: Ein der Machterhaltung verpflichteter Staatslenker, ein Monarch im Widerstreit von Irrtum und Einsicht, von Skepsis und Zuversicht, von Starrsinn und Wendigkeit in Krieg und Frieden. Erfolgreich behauptete er sich in den Stürmen seines Teiles der ebenso unberechenbaren wie archetypisch determinierten Weltgeschichte.

Die Aufbahrung des Königs im Stadtschloss zu Potsdam

II. Anhang

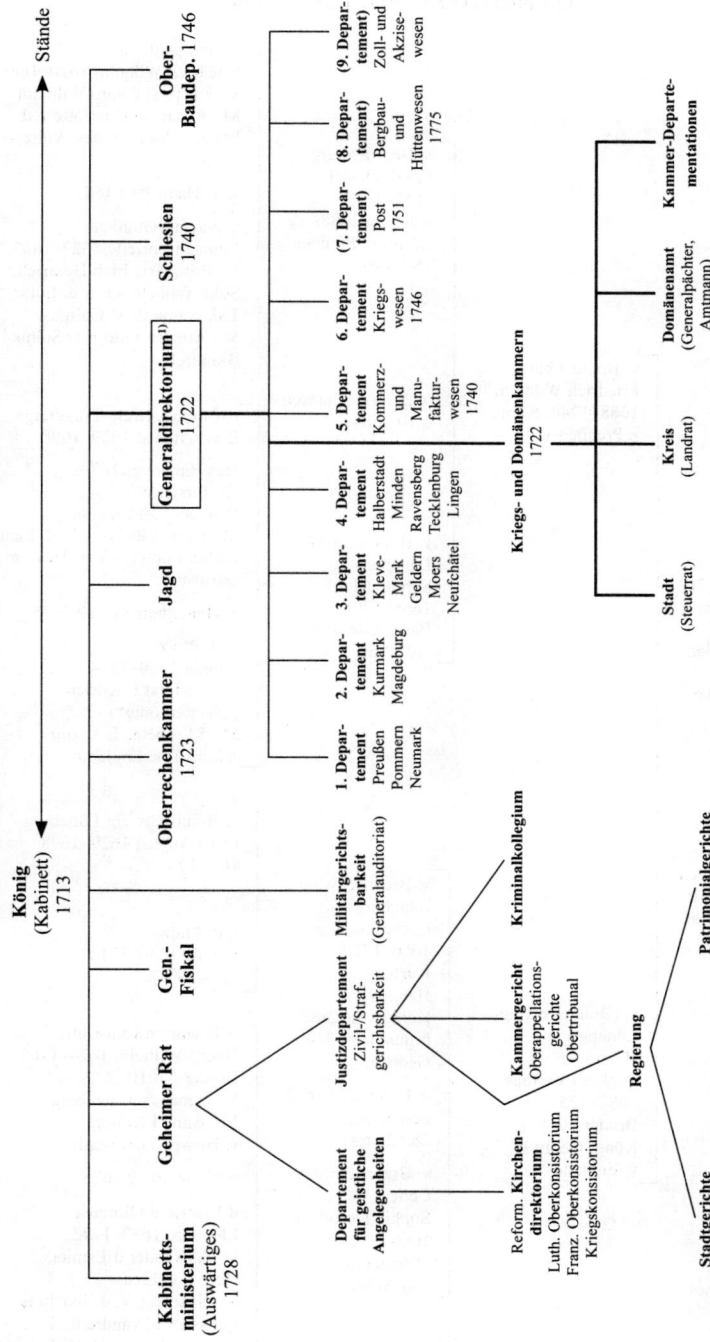

Verwaltung des Preußischen Staates 1713–1786

1) Die Gliederung des Generaldirektoriums in obige Departements ist idealisiert. Bereits in den 60er Jahren ersetzen Sachbezeichnungen die Bezifferung der Departements. Insbesondere eine Zählung von Dep. 7–9 hat es nicht gegeben.
Die ersten vier Departements hatten anfangs auch Sachkompetenzen, die sich dann z. T. in den Fachdepartements verselbständigten. Die regionalen wie fachlichen Zuständigkeitsbereiche änderten sich vor allem seit den 60er Jahren mehrfach.

Ahnentafel: Friedrich der Große

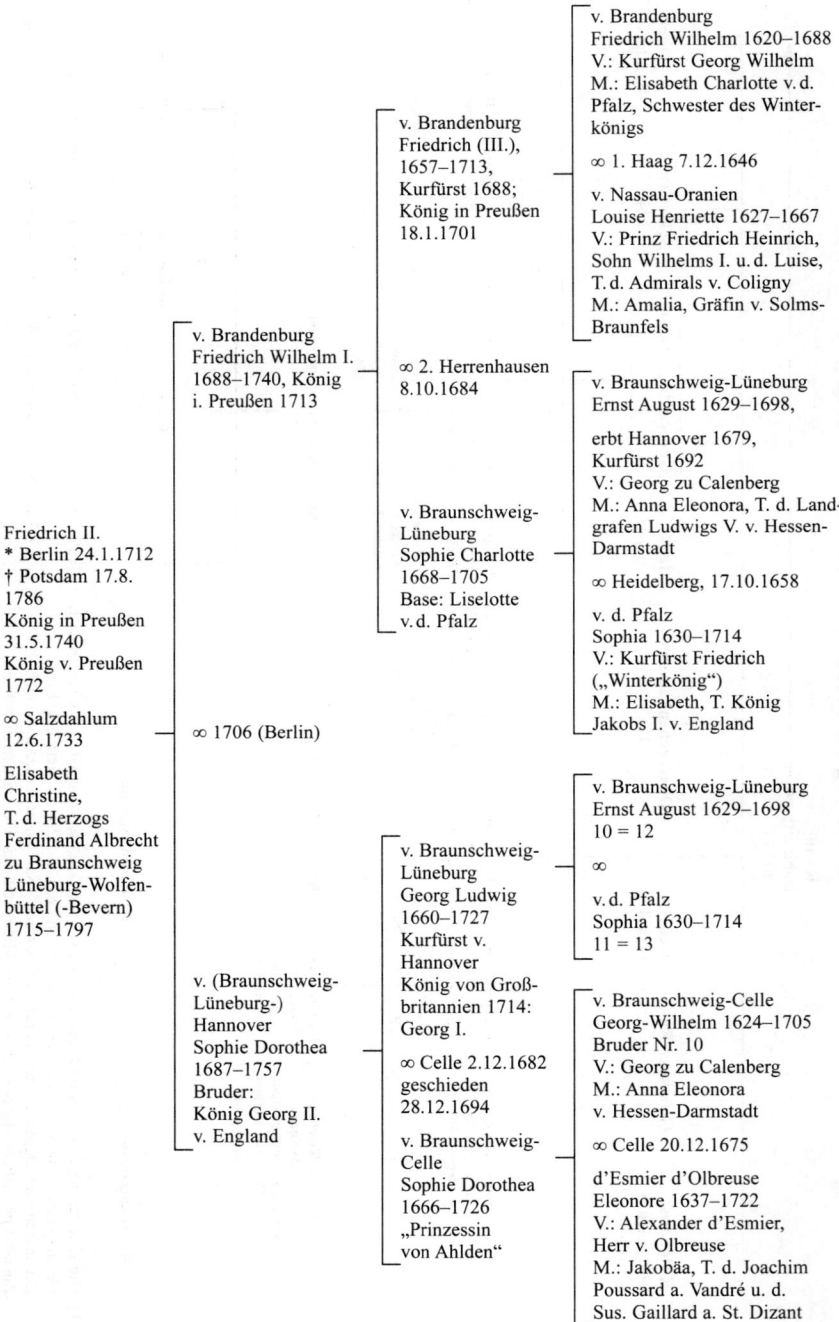

Friedrich II.
* Berlin 24.1.1712
† Potsdam 17.8.
1786
König in Preußen
31.5.1740
König v. Preußen
1772

∞ Salzdahlum
12.6.1733

Elisabeth
Christine,
T. d. Herzogs
Ferdinand Albrecht
zu Braunschweig
Lüneburg-Wolfen-
büttel (-Bevern)
1715–1797

∞ 1706 (Berlin)

v. Brandenburg
Friedrich Wilhelm I.
1688–1740, König
i. Preußen 1713

v. (Braunschweig-
Lüneburg-)
Hannover
Sophie Dorothea
1687–1757
Bruder:
König Georg II.
v. England

v. Brandenburg
Friedrich (III.),
1657–1713,
Kurfürst 1688;
König in Preußen
18.1.1701

∞ 2. Herrenhausen
8.10.1684

v. Braunschweig-
Lüneburg
Sophie Charlotte
1668–1705
Base: Liselotte
v. d. Pfalz

v. Braunschweig-
Lüneburg
Georg Ludwig
1660–1727
Kurfürst v.
Hannover
König von Groß-
britannien 1714:
Georg I.

∞ Celle 2.12.1682
geschieden
28.12.1694

v. Braunschweig-
Celle
Sophie Dorothea
1666–1726
„Prinzessin
von Ahlden"

v. Brandenburg
Friedrich Wilhelm 1620–1688
V.: Kurfürst Georg Wilhelm
M.: Elisabeth Charlotte v. d.
Pfalz, Schwester des Winter-
königs

∞ 1. Haag 7.12.1646

v. Nassau-Oranien
Louise Henriette 1627–1667
V.: Prinz Friedrich Heinrich,
Sohn Wilhelms I. u. d. Luise,
T. d. Admirals v. Coligny
M.: Amalia, Gräfin v. Solms-
Braunfels

v. Braunschweig-Lüneburg
Ernst August 1629–1698,

erbt Hannover 1679,
Kurfürst 1692
V.: Georg zu Calenberg
M.: Anna Eleonora, T. d. Land-
grafen Ludwigs V. v. Hessen-
Darmstadt

∞ Heidelberg, 17.10.1658

v. d. Pfalz
Sophia 1630–1714
V.: Kurfürst Friedrich
(„Winterkönig")
M.: Elisabeth, T. König
Jakobs I. v. England

v. Braunschweig-Lüneburg
Ernst August 1629–1698
10 = 12

∞

v. d. Pfalz
Sophia 1630–1714
11 = 13

v. Braunschweig-Celle
Georg-Wilhelm 1624–1705
Bruder Nr. 10
V.: Georg zu Calenberg
M.: Anna Eleonora
v. Hessen-Darmstadt

∞ Celle 20.12.1675

d'Esmier d'Olbreuse
Eleonore 1637–1722
V.: Alexander d'Esmier,
Herr v. Olbreuse
M.: Jakobäa, T. d. Joachim
Poussard a. Vandré u. d.
Sus. Gaillard a. St. Dizant

Anmerkungen

[1] König Friedrich Wilhelm I.: *G. Jochums*, Bibliographie Friedrich Wilhelms I. Schrifttum von 1688 bis 2005, 2005. – Archivalien: *J. Kloosterhuis* (Hg.), Archivarbeit in Preußen, 2000, S. 95 ff., 143 (Vz. 391). – Ältere Übersicht über den Nachlaß und die Nachlässe der engeren Familie: Bestandsübersicht Hausarchiv, 1936, Rep. 46 (dort die Verweise auf weitere Bestände und die ältere Spezialliteratur). – Nicht ersetzt: *Fr. Förster*, Friedrich Wilhelm I., Bde 1–3, Potsdam 1834 f. – *C. Hinrichs*, Bd. 1, 1941; 4. Aufl. (Nachdruck, mit zwei weiteren Kapiteln) 1974. – *Fr. Beck* und *J. H. Schoeps* (Hg.), Der Soldatenkönig, 2003. – Straffer Überblick: *W. Neugebauer*, Die Hohenzollern, 1, 1996, S. 191–225, 239 f. (Lit.).

[2] Charakter: „Vulkanische Naturanlage", so *G. Oestreich*, Friedrich Wilhelm I., 1977, S. 9–11, 15–17.

[3] Vorfahren, Charakterumwandlung des Phänotyps: *C. Hinrichs*, Das Ahnenerbe Friedrich Wilhelms I. (1938), 1964, S. 73–90. – *H. Banniza von Bazan* und *R. Müller*, Ahnentafeln, Bd. 1, 1943, S. 199 ff. – *E Brandenburg*, Die Ahnentafel Friedrichs des Großen, 1934, S. 125 ff.; *ders.*, Die Ahnen Augusts des Starken, 1937, S. 9 f.

[4] Erziehungskrise des Kronprinzen: *E. Bratuschek*, Die Erziehung Friedrichs des Großen, 1885. – *M. Lehmann*, Friedrich der Große und die Prädestination. In: HZ 67 (1891), S. 475–485. – *Fr. Arnheim*, Hof, 1912, S. 1–44. – *G. B. Volz*, Die Krisis in der Jugend Friedrichs des Großen. In: HZ 118 (1917), S. 377–417. – Betonung der negativen Elemente (keine „mütterliche Zuwendung und Wärme") bei *J. Kunisch*, Friedrich, 2004, S. 12 ff. Erziehungsbrüche: *Fr. Arnheim*, Ein Memoirenfragment der Kgn. Luise Ulrike von Schweden über ihre Jugendzeit ... In: FBPG 5 (1893), S. 580–583. Frühe Briefe des Kronprinzen u. a. bei *M. Hein* (Hg.), Briefe, 1, 1914, S. 14 f. – Breiter Überblick über die Quellen: *R. Koser*, Friedrich, 4, 1913, S. 4 f.: „In der Jugend mit Biersuppe erzogen" (27.8.1879). – Friedrichs frugale Erinnerungen: *J. D. E. Preuß*, Friedrich 1, 1832, S. 6 ff.

[5] Krise 1730: Die ältere Lit. bei *G. Jochums*, Bibliographie, 2005, S. 117–123. – (*Fr. C. v. Moser*): Königlicher Kabinetts-Justiz-Mord vom Jahre 1730. In: Patriot. Archiv f. Deutschland, Bd. 3, 1785, S. 141–146; Bd. 4, 1786, S. 451–458. Zusammenfassungen: *Eb. Schmidt*, Friedrich der Große als Kronprinz vor dem Kriegsgericht, 1980. – *G. Heinrich*, Katte, Fontane und der König, 2005, S. 31–43. – Zuletzt ausführlich *J. Kloosterhuis*, Katte ... In: FBPG, N. F. 15 (2005), S. 27–65, 161–223 (mit Quellenanhang). – Zu den Reaktionen an den europäischen Höfen: *G. Zimmermann* und *H. Branig*, Fürsprache. Monarchenbriefe zum Kronprinzenprozeß ..., Berlin-Dahlem 1965.

[6] Arbeit in der Küstriner Kammer; Tamsel: *J. D. E. Preuß*, Friedrich, 1, 1832, S. 57 ff. – *C. Hinrichs*, Hille und Reinhard, 1963, S. 161–170. – AB, Behördenorganisation, Bd. 5, S. 136. – *A. Berney*, Friedrich, 1934, S. 21–24, 228 f. – *C. Hinrichs*, Kronprinzenprozeß, 1936, S. 169–184, 195. – Zuletzt: *J. Kunisch*, Friedrich, 2004,

S. 47–56, 561. – Die Quellen bei *M. Hein* (Hrsg.), Briefe, 1914, S. 19 f. (8.9.1731). – *Fr. v. Oppeln-Bronikowski* in *G. B. Volz* (Hrsg.), Gespräche, 1919, S. 12–18 (Gespräch mit dem Gr. Schulenburg). – Tamsel: *G. B. Volz*, Friedrich, 1928, S. 3–35.

[7] Elisabeth Christine: *E. v. Adlersfeld-Ballestrem*, Elisabeth Christine, Königin von Preußen, 1910; ... Rez. in: FBPG 23 (1911), S. 277. – *F. Bornhak*, Die Fürstinnen in Brandenburg-Preußen, 1889, S. 361–409. – *G. B. Volz*, Friedrich der Große u. Wilhelmine von Bayreuth, Bd. 1, 1924, S. 72, 76, 84, 86, 89 („Man kann voraussehen, dass es eine sehr schlechte Ehe geben wird"), S. 90, 102 f., 123 Anm. 3, 160 („Sie ist gescheiter als du glaubst": Wilhelmine), 202–204, 207, 219 („Sie ist wirklich herzensgut"), 269(!). – *G. B. Volz*, Friedrich der Große, 1928, S. 36–53. – *K. E. Schmidt-Lötzen* (Hrsg.), Lehndorff, Tagebücher, Bd. 1, 1921, S. 57 ff. – *R. Koser*, Friedrich, 1, S. 82 ff. – Friedrich der Große (Katalog), 1986, S. 33–37. – *K. Feuerstein-Praßer*, Die preußischen Königinnen, 2000, S. 159–197. *J. Kunisch*, Friedrich, 2004, S. 58–64, 562. – *E. Poseck*, Kronprinzessin, 1952. – *G. B. Volz*, Aus der Welt Friedrichs des Großen, 1922, S. 7 ff.

[8] Ruppiner Jahre, Regiment: *Becher*, Kronprinz Friedrich als Regimentschef 1732–1740, 1892. – Danach *R. Koser*, Friedrich, 1, 1913, S. 88 ff.; 4, S. 21–24. – An Wilhelmine: *G. B. Volz* (Hg.), Wilhelmine 1, 1924, S. 101–103.

[9] Rheinsberger Jahre, Musenhof, Bildungsglück: Ausführlich und solide *R. Koser*, Friedrich 1, 1913, S. 101 ff. – *J. Kunisch*, Friedrich, 2004, S. 72 ff., 566 f. (dort die ältere Lit.). – *Th. Schieder*, Friedrich, 1983, S. 102 ff. – *E. G. Schulz*, Philosophie und Rechtsauffassung, 1986, S. 45–55. – *M. Fontius*, Aufklärung, 1999, S. 7–86. – Das aufschlußreiche Rheinsberger Gespräch über seine familiäre Situation (Manteuffel-Seckendorff, Juli 36) bei *Oppeln-Bronikowski* (wie Anm. 6), S. 19–22.

[10] *W. Hubatsch*, Verwaltung, 1973, S. 27–31. – Antimachiavell: Anti-Machiavell. Oder Prüfung der Regeln Nic. Machiavells: Von der Regierungskunst eines Fürsten. Mit historischen und politischen Anmerckungen. XIV, 268 S., Göttingen 1741 (= deutsche Erstausgabe). – Zu den Ausgaben jetzt: *G. Knoll*, Probleme eines Verzeichnisses der bis ca. 1800 erschienenen Drucke von Werken Friedrichs II. In: *M. Fontius* (Hg.): Friedrich II. und die europäische Aufklärung, Berlin 1999, S. 90 ff. – *W. v. Sommerfeld*, Die äußere Entstehungsgeschichte des ,Antimachiavell' Friedrichs des Großen. In: FBPG 19 (1916), S. 457–470, mit der unzutreffenden Behauptung: „So ist es geschehen, dass damals und bis tief in das 19. Jh. hinein der ,Antimachiavel' nur in den von Voltaire bearbeiteten Fassungen der Öffentlichkeit bekannt geworden ist." – *W. Biesterfeld*, Fürstenspiegel. In: *Ziechmann*, Panorama, 1985, S. 498 f., 934. – *Th. Schieder*, Friedrich der Große, 1983, S. 102–122.

[11] „Alles wird gut gehen": *R. Koser*, Aus den letzten Tagen König Friedrich Wilhelms I. In: Hohenzollern-Jb, 8 (1904), S. 23–32. – *Ders.*, Friedrich 1, S. 178–182; 4, S. 31. – *C. Hinrichs*, S. 44–62. – *G. B. Volz*, Spiegel, 1, S. 84–92. – Friedrich an Voltaire: 27.6.40. – *Fr. v. Oppeln-Bronikowski*, Baumeister, 1934, S. 318–332.

[12] „Mein Vater ist groß": Der Kg. an Voltaire in: *C. Hinrichs*, Der allgegenwärtige König, 3. Aufl., 1943, S. 158. – Anordnungen für das Leichenbegängnis: *H. v. Caemmerer*, Testamente, 1915, S. 392–395.

[13] Friedrich der Große, Lebenszeugnisse und jüngere Biographien. Der Teilnachlaß Friedrichs und der Königin: Bestandsübersicht Hausarchiv 1936, Rep. 47 (= Küstriner

Akten, Katte-Prozeß; Verweise auf weitere Bestände und ältere Spezialliteratur). – Neben dem Berliner Staatsarchiv und der Staatsbibliothek Preußischer Kulturbesitz sind vor allem die Archive der ehem. Preußischen Archivverwaltung in den Provinzhauptstädten sowie das Landeshauptarchiv Potsdam beizuziehen. – Bibliographien: *W. Weber*, Friedrich der Große und seine Zeit, Berlin 1912 (642 Titel). *E.* und *H. Henning*, Bibliographie Friedrich der Große, 1988. Verläßliches Verzeichnis. – Umfassendes Literaturverzeichnis bei *J. Ziechmann* (Hg.), 1985, S. 931–983. – Zusammenfassend: Acta Borussica, 1–31, Berlin 1892–1981. – *R. Koser,* Friedrich, 1–4, 1913. – *Ders.* und *P. Seidel,* Die äußere Erscheinung Friedrichs des Großen, In: Hohenzollern-Jb. 1 (1897), S. 87–112. – *O. Graf zu Stolberg-Wernigerode,* Friedrich II. v. Pr. In: NDB 5 (1971), S. 536–558. – *K. O. v. Aretin,* Friedrich der Große, 1985. – *W. Treue* (Hg.), Preußens Großer König, 1986. – *G. Heinrich,* Geschichte Preußens, 2. Aufl. 1984, S. 193–254. – *Ders.,* Friedrich der Große. Zum Bild des Preußenherrschers nach 200 Jahren (1786–1986). In: Geschichte und nationale Identität, hg. *W. Hubrich,* 2. Aufl. 1987, S. 49–68. – Umfassend für die Lebenswelt Friedrichs: *J. Ziechmann* (Hg.), Panorama, 1985. – *Th. Schieder,* Friedrich der Große, 1983. – *Fr. Benninghoven, H. Börsch-Suppan* u. *I. Gundermann,* Friedrich der Große (Katalog), 1986. – *J. Kunisch* (Hg.), Annalecta Fridericiana (= Beih. 4 zur Zeitschrift für Historische Forschung), 1987. – *Ders., Friedrich,* 2004. – *G. Heinrich,* Friedrich der Große. In: *P. Bahners* und *G. Roellecke* (Hrsg.), Preußische Stile, 2001, S. 274–293. – Regelmäßige Berichterstattung in den FBPG (Bd. 1, 1888 ff., mit kurzen Unterbrechungen, bisher 73 Bde.).

¹⁴ Regierungsantritt 1740: *C. Hinrichs,* Der allgegenwärtige König, 1940 (1943), S. 33 ff. (Briefe von Bielfeld, des Königs an Wilhelmine, Voltaire, Protokoll der Übergaben der Regierung vom 31.5., erste Maßnahmen: Kornverteilung aus dem Magazinen für Berlin, Ansprachen an die Generäle und Minister, Doppelgleisigkeit der Berichte der Diplomaten, S. 68). – *G. Mendelssohn Bartholdy,* König, 1912, S. 102 ff. – *A. Berney,* Friedrich, 1934, S. 113 ff. (Außenpolitik). – *R. Koser,* Friedrich, 1, 1913, S. 185 ff. – Huldigungsreisen: *W. Hubatsch,* Verwaltung, 1973, S. 39 f., 252 (= Quellen).

¹⁵ An Voltaire: *H. Pleschinski* (Hg.), Voltaire, Nr. 57. – Über die Anfänge und den Hof: Bericht des Hofrats König. In: *Volz,* Spiegel, 1, S. 103–128, 129 f. – Rüstungsstand (1740): Preußens Militär im Vergleich, siehe die Tabelle bei *J. Luh,* Kriegskunst, 2004, S. 17 zu 1745: 135.000. Die Aufrüstung und Mobilmachung durfte rund 135.000 Mann umfaßt haben. Frankreich: 145.000 (400.000?), Österreich: 200.000, England: 53.000, Rußland: rd. 250.000.

¹⁶ Außenpolitik: Quellen *J. D. E. Preuß,* Friedrich, 1, S. 157 ff. – *R. Koser,* Friedrich,4, S. 33 f. – Zuletzt *Th. Schieder,* Friedrich, S. 103 ff., 510–516. – *J. Kunisch,* Friedrich der Große. In: Analecta, S. 39 ff. – *P. Baumgart,* Friedrich der Große als europäische Gestalt, ebd., S. 9–31. – *J. Kunisch,* Friedrich, 2004, S. 159 ff.

¹⁷ Eichel und Podewils: Eichel: NDB 4 (1959), S. 368 f. (*J. Schultze*). – Podewils: ADB 23 (1888), S. 344 f. (*R. Koser*). – Das Familienbild Podewils (A. Pesne um 1750) seit 1998 im Stadtmuseum Berlin. – Kürzere Biographien: *Rößler-Franz,* Biograph. Wörterbuch, 1952, S. 682 f. – Quellen: *R. Koser,* Friedrich, 4, S. 51 f. – Charakteristiken Dritter: *G. B. Volz,* Spiegel, 1, 1913, S. 160.

[18] Aktion gegen den Bischof von Lüttich: *R. Koser*, Friedrich, 2, 1913, S. 224–232; 4, S. 34 f. Bericht an Voltaire: *H. Pleschinski*, Voltaire, 1992, S. 194 ff., 198 f.

[19] Eichel, Geheimnisse: *J. Schultze*, August Friedrich Eichel. In: Mitteldeutsche Lebensbilder 5, 1930, S. 86–102. – *G. B. Volz*, Spiegel, 1, 1913, S. 302 (Lehndorff).

[20] Schlesien: *P. Baumgart*, Schlesien in der Politik Friedrichs des Großen. In: W. Treue (Hg), S. 161–172; *Ders.*, Die Annektion und Eingliederung Schlesiens in den friderizianischen Staat. In: *Ders.* (Hg.), Expansion und Integration. Zur Eingliederung neu gewonnener Gebiete in den preußischen Staat, 1984. – *H.-W. Bergerhausen*, Friedensrecht und Toleranz …, 1999, S. 24 ff. (Lit.).

[21] Konferenzen: Vorbereitung des Ersten Schlesischen Krieges: *G. B. Volz,* Das Rheinsberger Protokoll vom 29. Oktober 1740. In: FBPG 29 (1916), S. 67–93. – PC 1, S. 74–78, 90 ff. – Frühe Pläne 1735: *E. Lavisse*, Jugend, 2, S. 26 ff.

[22] Verhalten in Schlesien, Religionsfrage: *R. Koser*, Friedrich, 1, 1913, S. 255–257. – *H.-W. Bergerhausen*, Friedensrecht und Toleranz, 1999, S. 42 ff. – *H. Jessen* (Hg.), Augenzeugenberichte, 1972, S. 133–138.

[23] Attentat 27.2.1741: Friedrich hielt den Überfall bei Baumgarten in einer Skizze fest, vgl. Friedrich der Große (Katalog), 1986, S. 79 f. Das Attentat des österreichischen Generals Lentulus war durch Spione vorbereitet. Es kostete einen Landesdeputierten und seinen Dragoner das Leben, weil die Mörder in einer Kutsche den König vermuteten, während dieser sich mit Husaren den Weg freikämpfte. – *H. Jessen* (Hg.), Augenzeugenberichte, 1972, S. 138–141.

[24] „Ruhmesgöttin": An Podewils: PC 1, S. 201 f., Nr. 299 = *O. Bardong* (Hg.), Friedrich, Nr. 74, S. 95 f. – Ein Porträt des Königs vom Marquis Beauvan: *R. Koser*, Friedrich, 1, 1913, S. 213 f. – *G. B. Volz*, Spiegel, 1, 1927, S. 151–160.

[25] „Ich bin nur König, wenn ich frei bin": *Mendelssohn Bartholdy*, König, 1912, S. 132. – *O. Bardong* (Hg.), Friedrich, 1982, S. 96 f.

[26] Frühjahrsfeldzug 1741: Der erste Schlesische Krieg 1740–1742. Hg. vom Großen Generalstabe …, Berlin 1890. – Rez. mit Korrekturen und Ergänzungen: HZ 66 (1891), S. 530–535 (*H. Fechner*). – *R. Koser*, Friedrich, 1, 1913, S. 304 ff.; 4, S. *38 f.* *K. v. Priesdorff*, 1, S. 124.129 (Feldmarschall F. M. von Schwerin). – Bilder: Friedrich d. Gr. (Katalog), 1986, S. 346–348, vgl. S. 82–84. – *O. Groehler*, Kriege, 1966, S. 30–32. – Traditionelle Geschichtsbilder („selbstsüchtige Raubgier des Königs"): *J. Kunisch*, Friedrich, 2004, S. 177 ff., 183 f. – Die Verlustzahlen sind strittig.

[27] Friedrich an August Wilhelm: *G. A. Volz* (Hg.), August Wilhelm, 1927, S. 47 f., Nr. 36 (8.4.). – Nach der Schlacht schreibt er: „… Kurz wir sind die betrübtesten Sieger, die du dir vorstellen kannst, Gott behüte uns vor einer zweiten, so blutigen und mörderischen Schlacht wie bei Mollwitz! Das Herz blutet mir, wenn ich daran denke" (Nr. 38).

[28] Der König auf dem Schlachtfeld: Schwerins Bericht bei *G. B. Volz*, Spiegel, 1, 1927, S. 169 f. – Spätere Tradition: *H. Jessen* (Hg.), Augenzeugenberichte, 1972, S. 142–147.

[29] Berichte über das Leben des Königs nach Mollwitz: *J. D. E. Preuß*, Friedrich, 1, 1832, S. 182. – *G. B. Volz*, Spiegel, 1, 1927, S. 171–173. – Der Anführer der französi-

schen Kriegspartei (Belle-Isle) über den König: *H. Jessen* (Hg.), Augenzeugenberichte, 1972, S. 150–152 (mit Quellenhinweis).

[30] Breslauer Feste: *G. B. Volz,* Spiegel, 1, 1927, S. 163–169 (1.–6. Januar 1741).

[31] Verhalten der Bevölkerung: *C. Grünhagen,* Geschichte Schlesiens, 2, 1886, S. 407. – *H. W. Bergerhausen,* Friedensrecht und Toleranz, 1999, S. 47 ff. Die Berichte über die Bevölkerung sind durchaus uneinheitlich.

[32] Erbrechte, Rechtslage Schlesiens: Der Außenminister Rüdiger von Ilgen war der Anreger der Sammlung der Rechts-Quellen: PC 1, S. 89–91, 132 f., 135, 159. – *Preuß.* Staatsschriften, 1, S. 41–271 (dort der Abdruck der älteren Schriftsätze und Drucke der Staatsjuristen). – Die Titel bereits bei *J. D. E. Preuß,* Friedrich, 1, 1832, S. 164–170. – *R. Koser,* Friedrich, 1, 1913, S. 235, 241 ff. – Solide in der Argumentation: *C. Grünhagen,* Geschichte des Ersten Schlesischen Krieges, Bd. 1, 1881. – Die Konfessionsfrage, gründlich erörtert: *H. W. Bergerhausen,* Friedensrecht und Toleranz, 1999, S. 52–55 u. ö. – *P. Baumgart,* Die Annektion und Eingliederung Schlesiens, 1984, S. 81–118.

[33] Kämpfe in Mähren, Böhmen, Chotusitz: *H. v. Petersdorff,* Friedrich, 1925, S. 124 ff. – *R. Koser,* Friedrich, 1, 1913, S. 384–389; 4, S. 42 ff. – *O. Groehler,* Kriege, 1966, S. 40 f. Friedrich an Jordan: „Unser Verlust wird auf 1.000 bis 2.000 Mann geschätzt, der des Feindes auf 6–7.000" –. Es würde bald Frieden geben: Oeuvre 17, S. 131, Nr. 135 = *M. Hein,* Briefe, 1, S. 206–208.= *O. Bardong,* Friedrich, 1982, Nr. 83–85. – Friedrichs Bericht: *J. G. Droysen,* Kriegsberichte, S. 336 = Schlesische Zeitung, 23. Mai 1742.

[34] Der Breslauer Vorfrieden und Berliner Frieden (28.7.1742): Das Friedensbedürfnis ging wohl von beiden Seiten aus: *R. Koser,* Friedrich, 1, 1913, S. 392 ff.; 4, S. 43. – Druck der Verträge: Preußische Staatsschriften, 1, 1877, S. 328 ff. – Unverändert mit nützlichen Hinweisen: *J. D. E. Preuß,* Friedrich, 1, 1832, S. 191–196. – Friedrich in der (Dom-)Kirche „Auf dem Sande": *R. Koser,* S. 393. – Zur kirchenrechtlichen Seite der schwierigen Friedensverhandlungen detailliert: *H. W. Bergerhausen,* Friedensrecht und Toleranz, 1999, S. 65–74.

[35] Politik 1744: Dettingen (27.6.1743): PC 2, S. 388 ff. – *R. Koser,* Friedrich 1, 1913, S. 423 f., 442 ff.

[36] 1744, Ostfriesland: *W. Hubatsch,* Verwaltung 1973, S. 85 ff. – Die älteren Quellen und Literatur bei *R. Koser,* 4, S. 61.

[37] Zur Lage im Frühjahr 1745: *R. Koser,* Friedrich, 1, 1913, S. 471 ff. – PC 4, 96, 110, 121 ff., 132–137, 144, 147–150. – Zu Podewils (27.4.1745): *Mendelssohn Bartholdy,* König, 1912, S. 176 f. „Die Stirn von Erz" bei *R. Koser,* 1, S. 488.

[38] Hohenfriedeberg: Die Quelle bei *R. Koser,* Friedrich, 1, 1913, S. 492–500; 4, S. 47. – *J. Kunisch,* Friedrich, 2004, S. 210–213. – Die Zahlen bei *O. Groehler,* Kriege, 1966, S. 58–60. – Jüngste Spezialdarstellung: *W. Rohdich,* Hohenfriedeberg, 4.6.1745, 1997. – *H. Jessen* (Hg.), Augenzeugenberichte, 1972, S. 201–205.

[39] „Wie die Löwen gekämpft": *Mendelssohn Bartholdy,* König, 1912, S. 177 f.

[40] „Wahnwitz": *Mendelssohn Bartholdy,* König, 1912, S. 180. – Berichte über die Exzesse der Österreicher (Freitruppen): PC 4, S. 190 f.

[41] Schlacht bei Soor: *J. Richter*, Fredersdorf, 1926, S. 53 f. „Denke Dir, wie wir uns geschlagen haben, achtzehn gegen fünfzig! Meine ganze Equipage zum Teufel, Annemari (Pferd) in der Schlacht ist tot gehauen, der Champion muß auch tot sein; Eichel (Kabinettssekretär), Müller (Geheimrat), der Dechiffreur und Lesser (Feldmedikus und Leibarzt) sind noch nicht aufgefunden. Wann das Unglück einmal will, dann fället es allemal auf den Hals. Der Köppen (ab 1751 offiziell Kriegszahlmeister) muß mir 10.000 Taler schicken". – *Rödenbeck*, 1, S. 119, 125 f. – Beste, verläßliche Darstellung: *J. G. Droysen*, Friedrich der Große, 2, 1876, S. 554–564. – *Stabenow*, Die Schlacht bei Soor, 1901. – *R. Koser*, Friedrich, 1, 1913, S. 510–518; 4, S. 48. – PC 4, 1880, S. 290, 293, an Fürst Leopold von Anhalt-Dessau: „Die Reaktion von unserer Bataille, so ich selber gemacht, ist so wahr, dass ich nichts daran zusetzen noch abnehmen kann. Unsere Leute, Cavallerie und Infanterie, seind unüberwindlich"). – Zahlen bei *O. Groehler*, Kriege, 1966, S. 63 f. (wohl unzulänglich). – Zuletzt *J. Kunisch*, Friedrich, 2004, S. 213–216.

[42] Kesselsdorf: PC, 4, 1880, S. 375–384. – *Mendelssohn Bartholdy*, König, 1912, S. 189–192 (Unterredung mit Darget: „Sachsen habe ich außer stand gesetzt, mir zu schaden. Das Land hat 14.775.000 Taler Schulden, und durch die Defensiv-Allianz, die ich mit Sachsen abgeschlossen habe, habe ich es für mich zu einem Bollwerk gegen Österreich gemacht"). – *J. G. Droysen*, Friedrich der Große, 2, S. 624–634. – *R. Koser*, Friedrich, 1, 1913, S. 528–531. – *K. Hahn*, Sachsen als Kriegsschauplatz. In: NASächs. Gesch. 31 (1910), S. 209–271. – *A. Brabant*, Kesselsdorf und Maxen, Dresden 1912.

[43] Dresden, Manneszucht und Gutartigkeit: *R. Koser*, Friedrich, 1, 1913, S. 537 ff. – Gespräch mit Darget: *Mendelssohn Bartholdy*, König, 1912, S. 189–192. – Keine Trophäen entnommen aus den Kgl. Schlössern (Kronbesitz): Fr. an Maupertuis: *M. Hein*, Briefe, 1, Nr. 202. – Der 18. Dezember (Bericht G. v. Wulfwenstierna): *G. B. Volz*, Gespräche, 1919, S. 36–40.

[44] Sachsens Geheimpolitik: *J. D. E. Preuß*, Friedrich, 1, 1832, S. 210 ff. – *R. Koser*, Friedrich, 1, 1913, S. 460–462, 477 f. – Friedrich d. Gr. (Katalog), 1986, S. 92 f., Nr. 73–75. – Gründliche Darstellung nach den verfügbaren Quellen: *J. G. Droysen*, Friedrich, 1876, S. 438, 446, 461, Anm. 2, 463. (Relativ besser als bei R. Koser). – *J. Richter*, Fredersdorf, 1926, S. 101 ff., 219. – Der Friedensschluß in Dresden: PC 4, S. 260–391.

[45] Sehnsucht nach Berlin-Potsdam, Gesundheit: An Fredersdorf (30.11. und 6.12.1745), ebd. Nr. 16 und 98. – Der Gesundheitszustand 1746 und im allgemeinen: *R. Koser*, Friedrich, 2, 1913, S. 20 f.; 4, S. 51. – *H. J. Neumann*, Friedrich, 2000, S. 52 ff.: „Die Disziplin des Königs war stärker als alle seine Leiden, die Hingaben an sein Amt vermochte nur der Tod zu brechen" (56). – Nachrichten über den Gesundheitszustand im braunschweigischen Briefwechsel: *E. v. Adlersfeld-Ballestrem*, Elisabeth Christine, 1908, S. 119 ff.

[46] Außenpolitik 1746 ff.: *R. Koser*, Friedrich, 2, 1913, S. 4 ff.; 4, S. 50 f. – *M. Braubach*, Versailles und Wien von Ludwig XIV. bis Kaunitz, 1952. – *W. Mediger*, Moskaus Weg, 1952. – *H. Duchhardt*, Balance of power, 1997. – *L. Schilling*, Kaunitz, 1994.

[47] Erbschaften: *R. Dietrich* (Hg.), Testamente, 1986, S. 367, 657. – *G. Heinrich*, Friedrich d. Gr. und Mecklenburg, 1997, S. 127 ff., 130 f.

48 GStAPK: Abschr. Gen.-Dir. Pommern, Edikte 88a, Vol. 8.

49 GStAPK: Gen.Dir. Dep. XLII 5b, Vol. 2 (Immediatbericht nebst Marginal); Druck: AB, Behörd. Bd. 16, 2, Nr. 493.

50 *J. Ziechmann,* Das Geld. In: Ziechmann, Panorama, 1986, S. 591–602, vgl. 335–348. – Graumann (1708–1762): NDB 7 (1966), S. 8 f. (*A. Suhle*). – *Fr. Frhr. v. Schroetter,* Die Münzverwaltung Fr. d. Gr. in: Hohenzollern Jb.15 (1911), S. 91–99. – *Ders.,* Münzwesen (AB, 1904–1924). – Friedrich über seine Münzpolitik: *R. Dietrich* (Hg.), Testamente, 1986, S. 269 (1752), vgl. 473. – Goethe zum Gelde: *R. Dobel,* Goethe-Zitate, 1991, Sp. 253 f. – *Mylius,* 1, Sp. 127–131; Repertorium zum NCCM, 1775, 141 f.

51 Friedrich und Voltaire: Zuletzt *J. Kunisch,* Friedrich, 2004, S. 94 ff., 316 ff., 587 (Lit.). – Briefauswahl: *W. Mönch,* Voltaire und Fr. d. Gr., 1943; ders., Voltaires Briefwechsel mit Fr. d. Gr. und Katharina II. (= kommentierte Auswahl), 1944, S. 140 ff. (Mönch, S. 148: „Sowohl Voltaire als auch der König hatten ihr gerüttelt Maß Schuld an dem Zusammenbruch ihrer Freundschaft. Jeder von ihnen aber schob dem anderen die tragisch empfundene Schuld an der Zerrüttung ihres Verhältnisses zu." – Raubdruck der Gedichte: *M. Türck,* Voltaire und die Veröffentlichung der Gedichte Fr. d. Gr. In: FBPG 13 (1900), S. 48–73. – Voltaires Angriffe gegen Friedrich, vgl. auch Goethe: *G. B. Volz,* Sittliche Ankläger, 1929, S. 20–22. – *Lehndorff,* Tagebücher, Bd. 1, 1921, S. 435: „Von Voltaire lese ich ‚das Privatleben des Königs, was so recht den gemeinen Charakter dieses berühmten Schriftstellers beweist. Erstaunlich ist es, welcher Freiheit sich in unserm Lande Schriftsteller wie auch Buchhändler erfreuen, indem solche Machwerke öffentlich verkauft werden dürfen" (20. Juni 1784). – Goethe an Charlotte von Stein (Artemis-Gedenkausgabe) 1948 ff., Bd. 18, S. 772.

52 *Chr. Mervaud,* Voltaire et Frédéric II: Une dramaturgie des lumière 1736–1778, Oxford, 1985; *dies.,* Der Briefwechsel mit Voltaire. In: *J. Ziechmann* (Hg.), Panorama, S. 259–265.

53 Goethe (über Voltaire): „Denn im Grunde, so geistreich alles sein mag, ist der Welt doch nichts damit (mit Freiheiten und Frechheiten Voltaires) gedient; es lässt sich nichts darauf gründen. Ja, es kann sogar von der größten Schädlichkeit sein, indem es die Menschen verwirrt und ihnen den nötigen Halt nimmt" (zu Eckermann, 15.10. 1825).

54 *S. Badstübner-Gröger,* Bibliographie zur Kunstgeschichte von Berlin und Potsdam, 1968. – Künste: *H. Börsch-Supan,* Die Kunst in Brandenburg-Preußen, 1980, S. 118. – *P. Seidel,* Friedrich d. Gr. und die Bildende Kunst, 1922, S. 1 ff. – *H.J. Giersberg,* Friedrich als Bauherr, 1986 (Lit.). – *H. Börsch-Supan,* Das Porträt als Historienbild. Menzels Bildnisse friderizianische Generale. In: FBPG NF. 14, (2004), S. 113–121. – *W. Kurth,* Sanssouci, 1962; 1965. – *H. Drescher* u. *S. Badstübner-Gröger,* Das Neue Palais in Potsdam, 1991. – *Johann Georg Prinz von Hohenzollern* (Hg.), Friedrich der Große, Sammler und Mäzen, 1992. – *J. Ziechmann* (Hg.), Panorama, 1985, S. 129–200 (*H. Reuther, W. Kehn, J. v. Simson, K. Parlaska, B. Hinz, H. Schulze, R. Reith, W.-D. Könenkamp, H. Börsch-Supan*).– Die Ausstellung in der Berliner Akademie der Künste (24.1.1912) in Gegenwart des Kaisers, des Hofes, der Regierung, mit Doppelposten in friderizianischen Kostümen. Dem Kaiser wurde die Prachtausgabe des Seidel'schen Werkes überreicht, vgl. den Bericht in: Deutsche Zei-

tung, Nr. 23: „Unter Fanfarenklängen verließen die Majestäten die Ausstellung". – Friedrich der Große (Katalog), 1986, S. 138–146.

⁵⁵ Höfische Gesellschaft. Allgemein: *U. Daniel*, Hoftheater. Zur Geschichte des Theaters und der Höfe im 18. Jahrhundert und 19. Jahrhundert, Stuttgart 1995. – *R. Koser*, Vom Berliner Hofe um 1750. In: Hohenzollern Jb. 7 (1903), S. 1–37. – *K. E. Schmidt-Lötzen* (Hg.), Dreißig Jahre am Hof Friedrichs des Großen. Aus den Tagebüchern des Reichsgrafen Ernst Ahasverus Heinrich von Lehndorff, Gotha 1907; Fortsetzung 1775–1806, Gotha 1921. – *F. Arnheim,* Der Hof Friedrichs des Großen, 1912. – Schwichelts Hofdarstellung von 1742: *G. B. Volz*, Spiegel, 1, Berlin 1926, S. 176–206 u. ö. – *W. Neugebauer,* Hof und politisches System in Brandenburg-Preußen: Das 18. Jahrhundert. In: JGMOD 46 (2000), S. 139–169. – Berliner Festtage: *G. B. Volz,* Friedrich der Große. Bilder aus seiner Zeit, 1928, S. 130–141; 142–179. – *J. Ziechmann,* Höfisches Leben. In: Ders., Panorama, 1985, S. 503–507; Musik: S. 292–311 (*P. Rummenhöller*); Friedrich der Große (Katalog), 1986, S. 128–134 (Abb.).

⁵⁶ Tafelrunde: Friedrich der Große (Katalog), 1986, S. 146–148. – *J. Kunisch*, Friedrich, 2004, S. 300–328.

⁵⁷ Der König als Autor: *H. Droysen*, Nachlaß, 1911. – Zuletzt: *G. Knoll*, Totengespräch, 2000, S. 79 ff. – Arbeit mit den Vorlesern: *J. Kunisch*, Friedrich, 2004, S. 300 ff. – Friedrich als Literat: In: *J. Ziechmann* (Hg.), Panorama, 1986, S. 243–270 (*G.-L. Fink, G. Müller, J. Ziechmann, Chr. Mervaud, L. Lombard*).

⁵⁸ Chef der Dynastie: *R. Dietrich* (Hg.), Testamente, 1986, S. 316 f. (= Die Prinzen von Geblüt), S. 448 f. (= Die Erziehung des Thronfolgers); 1768: 694 f. (= Über die Erziehung eines Prinzen und die Vormundschaften). – „Friedrichs Ehedrama": *G. B. Volz,* Friedrich, 1928, S. 36–53; 55–60. – Über die Thronfolge: *J. Kunisch*, Friedrich, 2004, S. 224 ff., 578.

⁵⁹ Die „Katastrophe des Thronfolgers": *G. B. Volz,* Bilder, 1928, S. 29–39. – Tod in tiefer Verzweiflung in Oranienburg: *G. B. Volz,* Briefwechsel, 1927, S. 296, 299 f. – *G. Mamlock,* Krankheit und Tod des Prinzen August Wilhelm. In: FBPG 17 (1904), S. 574–580 (Schlaganfall; andere Lesart: Gehirntumor). – *K. v. Priesdorff,* 1, Nr. 292.

⁶⁰ Ende der Dynastie: Am 21.6.1758 überträgt der König dem Feldmarschall von Kalckstein (1682–2.6.1759), der einer seiner Erzieher bis 1729 gewesen ist, die Aufsicht über die Erziehung der unmündigen Söhne des verstorbenen Pr. August Wilhelm. Zu den Mühen des Königs mit seiner Dynastie: *J. Kunisch*, Friedrich der Große, Friedrich Wilhelm II. und das Problem der dynastischen Kontinuität im Haus Hohenzollern. In: *Ders.* (Hg.), Persönlichkeiten, 1988, S. 1–27; ähnlich: Friedrich, 2004, S. 224–250. – Extreme Skepsis des Königs in einem Brief an die Schwester Ulrike: „Aber unserer armen Familie scheint kein langes Leben beschieden zu sein. Meiner Ansbacher Schwester geht es sehr schlecht; meiner Braunschweiger Schwester und ich haben fast keine Zähne mehr; meine Schwedter Schwester ist wassersüchtig; die arme Amalie kann sich trotz ihrer Aachener Kur nicht erholen; mein Bruder Heinrich ist Hypochonder; mein Bruder Ferdinand ist nur hin und wieder gesund. – Kurz, ich glaube, in zehn Jahren ist keiner mehr von uns am Leben" (8.9.1764: *Volz*, Briefe, 2, S. 143 f.). Von den acht Geschwistern Friedrichs überlebten ihn drei. Unberechtigt waren die Bedenken nicht.

⁶¹ Siebenjähriger Krieg: Ältere Quellen zusammengefaßt: *Preuß,* Friedrich, 2, S. 4 ff. und *R. Koser,* Friedrich, 4, 1913, S. 74–92. – *Dahlmann-Waitz,* 9. Aufl. 1931, S. 729–742. – *W. Mediger,* Russlands Weg nach Europa, 1952. – *L. Schilling,* Kaunitz und das Renversement des Alliances, 1994; *Ders.,* Wie revolutionär war die diplomatische Revolution? Überlegungen zum Zäsurcharakter des Bündniswechsels von 1756. In: FBPG NF 6 (1996), S. 163–202. – Kaunitz: NDB 11 (1977), S. 363–369 (*K. O. Frhr. von Aretin*). – Kriegführung: *E. Opitz,* in: *J. Ziechmann,* Panorama, 1986, S. 667–676. – *J. Kunisch* (Hg.), Aufklärung und Kriegserfahrung. Klassische Zeitzeugen zum Siebenjährigen Krieg, 1996. – Friedrich der Große (Katalog), 1986, S. 169–224, 354–373. – *J. Kunisch,* Friedrich, 2004, S. 329–441, 588–596 (Lit.).

⁶² Keine Friedenszusicherung in Wien: *R. Koser,* Friedrich, 2, 1913, S. 355 f., 366, 370, 373 f. – *J. Kunisch,* Friedrich, 2004, S. 331: Der Plan des Staatskanzlers [Kaunitz] war also von Anfang an auf die Formierung einer großen Allianz gerichtet, deren Kriegsziel nicht nur auf die Wiedereroberung von Schlesien und Glatz gerichtet war, sondern darüber hinaus auf die „Réduction de la maison de Brandenbourg à son état primitif de petite puissance très sécondaire".

⁶³ Reichsexekution Regensburg: Bei der Abstimmung (14.9.) stand Hannover im Kurfürstenkollegium allein. Im Fürstenrat stimmten 26 evangelische Stände für Brandenburg-Preußen, 60 für das Haus Habsburg-Lothringen, unter ihnen Mecklenburg-Schwerin, Pfalz-Zweibrücken, Hessen-Darmstadt, Holstein-Gottorp, Schwarzburg und Brandenburg-Ansbach: *R. Koser,* Friedrich, 2, 1913, S. 438–440. – *G. Schumann,* Brand.-Ansbach, 1980, S. 214 f.

⁶⁴ Preußens Rüstungsstand 1755/56: Heeresverwaltung: *W. Hubatsch,* Verwaltung, 1973, S. 123–135; 1756 umfaßte die Armee 95 Bataillone, 211 Schwadronen und 23 Garnisonbataillone. Während der Mobilmachung wurden 39 weitere Bataillone gebildet. Insgesamt standen ca. 158.000 Mann unter Waffen; davon waren 127.000 Mann Feldtruppen. 35.000 Mann befanden sich in Schlesien. – Leichte Abweichungen bei *O. Groehler,* Kriege, 1966, S. 80 f.: Preußen: 153.700 Mann, dazu 122 schwere Kanonen und 252 leichte Geschütze; Österreich: 177.500 Mann; Rußland: 172.440 Mann Feldtruppen, 12.937 Artillerie, 43.732 Kosaken; Frankreich: 213.000; Sachsen: 20.000; England: 91.000 insgesamt; Schweden: 48.000; Polen: 16.000. – *J. Ziechmann* (Hg.), Panorama, 1986, S. 393–424 (*B. R. Kroener; U. Marwitz; H. Bleckwenn:* Preußisch Dunkelblau etc. seit 1745 England, 1765 Österreich, 1775 Frankreich). – Bevölkerungsstand: *R. Koser,* Zur Bevölkerungstatistik des preuß. Staates von 1740 bis 1756. In: FBPG 7 (1895), S. 540–548; 8 (1896), S. 253. – Im Vergleich: *J. Luh,* Kriegskunst, 2004, S. 27 ff.; Diversifikation der Heeresgruppen: 1759, S. 31.

⁶⁵ Lobositz: *R. Kose*r, Friedrich, 2, 1913, S. 414–421. – *O. Groehler,* Kriege, 1966, S. 86 f. Nach seinem Bericht (an Generalleutnant Prinz Moritz von Anhalt-Dessau) vom 2.10. hat der König das Schlachtfeld nicht verlassen, wie pejorativ behauptet wird; vgl. *Mendelssohn Bartholdy,* Der König, 1912, S. 296–298 = *O Bardong,* Friedrich, 1982, S. 375 f. – Prag und Kolin: *R. Koser,* Friedrich, 2, 1913, S. 445–500. – *J. Kunisch,* Friedrich, 2004, S. 358–368. – In Lobositz und Prag (1756/57) griff die preußische Infanterie erfolgreich mit dem bloßen Bajonett an: *J. Luh,* Kriegskunst, 2004, S. 152 f.

⁶⁶ Roßbach und die Folgen: *J. Kunisch,* Friedrich, 2004, S. 375–377. – *O. Groehler,* Kriege, 1966, S. 104–107. – *G. B. Volz,* Aus der Welt Friedrichs des Großen,

1922, S. 149–164 (= Spottgedichte nach Roßbach). – Der Brief an Wilhelmine (5.11.) zuletzt bei *O. Bardong*, 1982, S. 392. – *Mendelssohn Bartholdy*, Der König, 1912, S. 318–320. – Die ausführlichste Beschreibung der Schlacht immer noch bei *R. Koser*, Friedrich, 2, 1913, S. 537–545 (Voltaire). – Friedrich der Große (Katalog), 1986, S. 184 f. – Manneszucht und Ritterlichkeit im preußischen Heere: *J. Luh*, Kriegskunst, 2004, S. 178, 207.

67 Leuthen-Parchwitz: *R. Koser*, Friedrich, 2, 1913, S. 549–561; 4, S. 84. – *J. Kunisch*, Friedrich, 2004, S. 379–383 (Karte), 593. – *R. Koser*, Vor und nach der Schlacht bei Leuthen. Die Parchwitzer Rede und der Abend im Lissaer Schloß. In: FBPG 1 (1888), S. 605–618. – Ernst Fr. Rudolf v. Barsewisch, Tagebuchnotiz über die Rede des Königs: *G. B. Volz*, Spiegel, 2, 1927, S. 50 f. – *Ders.*, Friedrich d. Gr., 1928, S. 69–78 = FBPG 35 (1922), S. 119–127. – Der Brief an den Lordmarshall George Keith nach Leuthen bei *M. Betke*, Briefe [...] an seine Freunde, 1942, S. 321. – Einsatz von schwerem Feldgeschütz zur Überraschung der Österreicher: *J. Luh*, Kriegskunst, 2004, S. 167.

68 Groß Jägersdorf: *J. D. E. Preuß*, Friedrich, 2, 1833, S. 116 f., 148 ff., 155 ff. – *O. Groehler*, Kriege, 1966, S. 99 f. spricht irrig von einer Niederlage. – *J. L. H. Keep*, Die russische Armee im Siebenjährigen Krieg. In: *B. Kroener* (Hg.), Europa im Zeitalter Friedrichs des Großen, S. 133–169. – *W. Neugebauer*, Zwischen Preußen und Rußland. Rußland, Ostpreußen und die Stände im Siebenjährigen Krieg. In: *E. Helmuth*, u. a. (Hg.), Preußen um 1800, 1999, S. 43–76. – *H. Delbrück*, Lewaldt und Apraxin 1757 in Ostpreußen. In: Jb. f. d. deutsche Armee und Marine, 67 (1888), S. 153–169, 258–273 (= Quellen). – Die Briefe Friedrichs an den Feldmarschall Lewaldt (1685–1768) bei *K. v. Priesdorff*, Bd. 1, Nr. 270, S. 213–216. – Starke Erfolge der russischen schweren Artillerie gegenüber den angreifenden preußischen Schwadronen: *J. Luh*, Kriegskunst, 2004, S. 170.

69 Kriegsverlauf 1758 mit Olmütz und Zorndorf: *J. D. E. Preuß*, Friedrich, 2, 1833, S. 149 ff. – Die älteren Quellen und Darstellungen bei *R. Koser*, Friedrich, 4, 1913, S. 85 f. Verlust bei Olmütz, Aufgabe der Belagerung: *O. Herrmann*, Olmütz (1758). In: FBPG 23 (1911), S. 527–539. – Zorndorf: *O. Groehler*, Kriege, 1966, S. 118–120 (= „36.800 Preußen gegen 44.300 Russen"). – Die immer noch beste Schilderung des Zorndorfer Massakers bei *R. Koser*, Friedrich, 2, 1913, S. 595–607. – Friedrich der Große (Katalog), 1986, S. 198 f. – *J. Kunisch*, Friedrich, 2004, S. 387–392. – Die Weisung des Königs vor Zorndorf (25.8.) für den Fall seines Todes: *Mendelssohn Bartholdy*, Der König, 1912, S. 331; die Siegesnachricht an die todkranke Wilhelmine S. 332. – *O. Herrmann*, Zur Schlacht bei Zorndorf. In: FBPG 24 (1911), S. 547–566 (= gründliche Auseinandersetzung mit der älteren Lit., mit Hinweisen auf die maßlose Zerstörungswut der russischen leichten Truppen). – Die Höhe der Verluste auf beiden Seiten erklärt sich aus der Häufigkeit des Bajonett-Angriffs: *J. Luh*, Kriegskunst, 2004, S. 153.

70 Hochkirch: *J. D. E. Preuß*, Friedrich, 2, 1833, S. 170 f. – *O. Groehler*, Kriege, 1966, S. 122 f. (30.000 Preußen; 78.000 Österreicher). – Augenzeugenbericht des Feldpredigers Küster: *Mendelssohn Bartholdy*, Der König, 1912, S. 333–339. – Genaue Schilderung bei *R. Koser*, Friedrich, 2, 1913, S. 610–615.

71 Kriegsverlauf 1759, Kunersdorf: Die Quellen bei *R. Koser*, Friedrich, 4, 1913, S. 87 f. – *O. Groehler*, Kriege, 1966, S. 134–138. – *J. Kunisch*, Friedrich, 2004,

S. 401–409. – *G. B. Volz*, Friedrich d. Gr. nach der Schlacht bei Kunersdorf: in: FBPG 28 (1926), S. 328–335. – Die Briefe des Königs nach der Schlacht bei *O. Bardong*, 1982, S. 403–405 (teilweise gekürzt). – *M. Laubert*, Die Schlacht bei Kunersdorf nach dem Generalstabswerk. In: FBPG 25 (1912), S. 91–116. – Es kämpften 49.500 Preußen gegen 79.000 Verbündete. – Zuletzt: *R. Michael*, Kunersdorf, 1759. Prestige- oder Vernichtungsschlacht. In: Militärgeschichte 9 (1999), S. 79–88. – W. *Biesterfeld*, Christoph August Tiedge, Elegie auf dem Schlachtfeld bei Kunersdorf. In: *J. Ziechmann* (Hg.): Friderizianische Miniaturen 3 (1991), S. 223–226. – Abbildungen: Friedrich der Große (Katalog), 1986, S. 204–209. – Die Briefe nach der Schlacht: PC 18, S. 481, Nr. 11335; Nr. 11342, S. 5 f. – Die Briefe an d'Argens aus Madlitz und Fürstenwalde: *Preuß*, Werke (Oeuvre), 1857, Bd. 19, Nr. 64 und Nr. 67.

[72] Prinz Ferdinand, Krefeld und Minden: *O. Groehler*, Kriege, 1966, S. 124 f. (Krefeld), 142 f. (Bergen u. Minden). – In Krefeld kämpften 35.500 Verbündete gegen 47.000 Franzosen, welche Verluste in Höhe von 4.200 Mann erlitten, während Ferdinand nur 1.600 Mann berechnete. Bei Minden kämpften 40.000 Verbündete gegen 65.000 Franzosen, die 5.000 Mann verloren und sich zurückziehen mußten.

[73] Kriegsverlauf 1760: *J. D. E. Preuß*, Friedrich, 2, 1833, S. 238 ff. – *R. Koser*, Friedrich, 3, 1913, S. 51 ff. – Im Mai 1760 verfügte Friedrich über 40.000 Mann in Sachsen (Hauptarmee), 35.000 Mann in Niederschlesien, in Sagan an der Oder (Corps Prinz Heinrich), 16.000 Mann zum Schutze Mittelschlesiens bei Landeshut (Corps Fouqué), 6.250 Soldaten in Pommern (Corps Stutterheim) und 4.000 Mann in Westdeutschland (Armee Ferdinands von Braunschweig). Insgesamt zählte die preußisch-deutsch-englische Bundesarmee fast 200.000 (mit Garnisontruppen). Die gegnerischen Alliierten zählten numerisch jedoch 370.000 Mann, die zwischen Bayern und Ostpreußen verstreut aufgestellt waren (*Groehler*, S. 148 f.).

[74] Dresden, Belagerung: *St. Hertzig*, Die Kanonade vom 14. Juli 1760 und der Wiederaufbau der Dresdener Innenstadt. In: Sachsen und Dresden im Siebenjährigen Krieg, 2002, S. 42–50. – *R. Koser*, Friedrich, 3, 1913, S. 74. Der Verlust von Dresden wog schwerer für den König als ein verlorenes Gefecht.

[75] Liegnitz: *J. D. F. Preuß*, 2, 248 ff. – *R. Koser*, Friedrich, 4, S. 88 f. – *O. Groehler*, Kriege, 1966, S. 150 f. (rd. 30.000 Preußen gegen 90.000 Österreicher). – *J. Kunisch*, Friedrich, 2004, S. 417–419. – Der Bericht Eichels an Lichnowski: *Mendelssohn Bartholdy*, Der König, 1912, S. 357 f. – Friedrich der Große (Katalog), 1986, S. 212. – Friedrich an d'Alembert: Vollständig bei *R. Fester*, Bd. 1, Nr. 176 (= PPrStA 86, Nr. 454, S. 112–114).

[76] September-Oktober 1760: *J. D. E. Preuß*, Friedrich, 2, 1833, S. 253–261. – *R. Koser*, Friedrich, 3, 1913, S. 83 ff. – Die Einzelheiten der Berliner Kapitulation bei *K. H. S. Rödenbeck*, Tagebuch, 1840, S. 41 ff. – *H. de Catt*, Gespräche, 1940, S. 500–503: „Wird die Nachwelt es sich vorstellen können, dass man die Gemächer der Königin und des Königs zu Aborten machte, wo man den Schmutz ablud? Könnte man denken, dass mehrere Wohnungen zu Pferdeställen bestimmt wurden und sollte man endlich glauben, dass der Groll sich bis auf die Standbilder erstreckte, die völlig verstümmelt wurden? Die Goten, diese Barbaren, begingen in Rom dieselben Ausschreitungen." Täter waren die Brühl'schen Dragoner und Reichstruppen unter dem Kommando des Reichsgrafen v. Lacy. – Wittenberg: *Friedrich*, Gesch. d. Siebenjährigen

Krieges (ed. *Volz*), Bd. 4, S. 63. – *Ch. S. Georgi*, Wittenbergische Klagegeschichte […], Wittenberg 1760.

[77] Hubertusburg, Marwitz: *R. Koser*, 3, S. 109; 4, S. 90. – Plünderung durch das Freibataillon Quintus Icilius. – Ausschreitungen der Alliierten in Sachsen: *Görtler*. In: Neues Archiv f. Sächs. Geschichte 29, S. 5 f. – Die Zerstörung von Zittau durch Daun und Karl von Lothringen in Gegenwart Xavers von Sachsen (10 Millionen Taler Schaden) 1757, Beschießung von Dresden 1760, vergebliche Belagerung, Plünderungen der Verteidiger, konfessioneller Fanatismus der katholischen Soldaten gegenüber den evangelischen Kurrentschülern in der Stadt (1,2 Mill. Taler Schaden), Kontributionen Sachsens im Winter 60/61, Bilanz 1763: bereits nüchtern und quellennah *C. W. Böttiger*, Geschichte des Kurstaates u. Königreiches Sachsen, Bd. 2, 1831, S. 326–346. – Über das Ausmaß der Kontributionen in Mecklenburg: *G. Heinrich*, Friedrich der Große und Mecklenburg. Geschichte einer Mesalliance. In: *H. Bei der Wieden* u. *T. Schmidt* (Hg.), Mecklenburg und seine Nachbarn, 1997, S. 127–148: Summe der Kriegsschäden, nach Schweriner Berechnungen rd. 15 Mill. Taler, vgl. S. 145, Anm. 30.

[78] Winterschlacht bei Torgau/Elbe: *J. D. E. Preuß,* Friedrich, 2, S. 364 ff. – *R. Koser,* 3, S. 88–98; 4, S. 89. – Die Verluste beider Seiten auch bei *K. H. S Rödenbeck*, Tagebuch, 1841, Bd. 3, S. 56–58. – Schlachtplan 1847 in: Friedrich der Große (Katalog), 1986, S. 213 f. – *J. Kunisch*, Friedrich, 2004, S. 420–422 (Karte). – *O. Groehler*, Kriege, 1966, S. 152–154 (Karte). – *C. Jany*, Einige Bemerkungen zur Schlacht bei Torgau. In: FBPG 53 (1941), S. 155–162 (= Gaudis Bericht). – *Th. Lindner*, Die Peripathie des Siebenjährigen Krieges. Der Herbstfeldzug 1760 in Sachsen und der Winterfeldzug 1760/61 in Hessen, Berlin 1993. – Die Briefe an Voltaire (31.10.), d'Argens (5.11.), an Finckenstein (6.11.) sowie die weiteren Briefe aus der Winterzeit bei *R. Fester*, Bd. 1, 1927, S. 237 ff., Nr. 176 ff. – Die Edition von *O. Bardong*, 1982, S. 407 ff. ist lückenhaft bei wesentlichen Stücken: Brief an Premierminister Pitt (7.11. 60), dort Nr. 250 (= PC 20, S. 63, Nr, 12474). – *V. Schobeß*, Leibgarde, 2006, S. 152–154. – Zusammenfassung jetzt bei *E. Kessel*, Ende, 2007, S. 11 ff., 23–56, 509–512.

[79] Winter 1760/61, Lager von Meißen; Leipzig: *Rödenbeck*, S. 58–60. – Brief des Königs an seine Schwester Amalie (Meißen, 15.4.1761): GStA PK, BPH Rep. 47, Nr. 114: „Niemals haben wir größeren Wagnissen und größeren Zufällen entgegenzugehen gehabt als in diesem Feldzug". – *E. Kessel*, Ende, 2007, S. 163 ff. – Kriegsarmut: 1760 war auch die Not der Armen so gestiegen, daß aus der Armenkasse der Berliner Französischen Gemeinde 367 Brote bezahlt werden konnten. Im Vorjahr konnte man noch 600 Brote ausgeben. – Kunzendorf u. Bunzelwitz: *E. Kessel*, Friedrich der Große im Lager von Bunzelwitz. In: *E. Kessel*, Militärgeschichte […], S. 285–302. – *R. Koser*, Friedrich, 3, 1913, S. 115–117. – Jetzt maßgebend: *E. Kessel*, Ende, 2007, S. 240 ff., 253.

[80] Wellinghusen am 15./16.7.1761, Abzug der friderizianischen Regimenter: 92.000 Franzosen gegen 53.000 Mann unter Hg. Ferdinand v. Braunschweig: Hb. d. Histor. Stätten Nordrhein-Westfalen, 1970, S. 732. – Quellen und genaue Zahlenangaben bei *E. Kessel*, Ende, 2007, S. 437–447, 563–565; es kämpften 53.000 alliierte Truppen gegen 92.000 Franzosen. Die Armee Ferdinands verlor nur 1.515 Mann (Gesamtverlust), die Franzosen mit ihren beiden Armeeteilen hingegen 3.494 Mann (Gesamtverlust).

[81] Türken und Tataren: *R. Koser*, 3, S. 123 f., 4, S. 91. – Danach *E. Kessel*, Ende, 2007, S. 596 f., 601.

[82] Anfang 1762, Überdruß in Wien: Kaunitz an Starhemberg: „Die innerlichen Kräfte wollen nicht mehr zureichen, die ungeheuer großen Kriegserfordernisse länger zu bestreiten …", vgl. *Arneth*, Theresia, Bd. 6, S. 275. – Maria Theresia kündigt den Zusammenbruch in einem Schreiben an Kaunitz an: „Ich habe es nicht gewagt, mein Billet an Sie zu richten, da ich Ihren Eifer und Ihre Erregbarkeit kenne. Aber das Übel ist nicht so klein, und wir werden gar sehr in Verlegenheit sein, die Stellungen von Kometau, Altenberg, Frauenstein, Dippoldiswalde, Plauen, Dresden und Neustadt zu behaupten. Das verlangt siebzig- bis achtzigtausend Mann; wie aber dieselben zu erhalten? Sie wissen, was unsere Stellungen uns kosten. Den Ruin der Armee. Gegenwärtig wird das noch viel schlechter als damals sein, indem es jetzt weder Holz noch Baracken gibt (8 als Unterkunft) und die Verhaue weggeräumt sind. Ich will nichts von der Gesamtkraft der Truppen und ihrer Beschaffenheit, nichts von den Generalen und von dem Mangel an Lebensmitteln sagen. Alles das macht mich zittern und jeder Tag verschlechtert unsere Lage." (*H. Jessen*, Augenzeugenberichte, 1972, S. 402). Auch Daun drängte auf Frieden. – Allgemeine Geldknappheit, „Theresia bezahlte ihre Heere fast ganz mit Papier": *C. W. Böttiger*, Sachsen, S. 342. – Auf die Bedeutung der Türkenfrage im Zusammenhang der österreichischen Gesamtstrategie macht jetzt wieder aufmerksam: *J. Luh*, Kriegskunst, 2004, S. 121 ff.

[83] Kriegskassen gefüllt: *R. Koser*, 3, S. 135–138; 4, S. 91. – Mit genauen Quellenhinweisen: *E. Kessel*, Ende, 2007, S. 603–608. – Überblick: *J. Luh*, Kriegskunst, 2004, S. 20 f. Bei Kriegsende befanden sich etwa 30 Millionen (= 20 Millionen Hartgeld) in den preußischen Kassen – genug, um ein weiteres Kriegsjahr zu bestehen. Hingegen hoher Schuldenstand: in Österreich 275 Millionen Gulden (1765), England 1.943 Milliarden Gulden, Frankreich 2.324 Milliarden Livre (1763). Der Druck auf die Regierungen war trotz der stärkeren Volkswirtschaften enorm.

[84] Generalleutnant Hans Jürgen v. Massow († 24.7.1761): *K. v. Priesdorff*, 1, S. 228–230: „Seine Tätigkeit kann nicht genug anerkannt werden". – Ausrüstungsgegenstände im Bild: Marksteine, 2001, S. 161–175.

[85] Rüstungsgüter-Importe: *H. Rachel* u. *P. Wallich*, Großkaufleute, Bd. 2, S. 218 ff., 243 ff., 296 ff, 300, 303, 304 ff., 313, 315 f., 319 f., 432 ff., 437 ff. – Rüstungsgüter-Importe: Die wichtigsten Lieferanten, auf die sich der König unmittelbar verlassen konnte, waren der Kriegsrat und Akzise-Pächter Heinrich Carl (Graf v.) Schimmelmann und der Geh. Finanzrat v. Hagen, die im In- und Ausland (Hamburg, Holland, Schottland, Norwegen) Getreide kauften und es auf eigene Kosten in die preuß. Hauptmagazine Magdeburg, Stettin, Frankfurt/O., Dresden, Torgau und Breslau schaffen ließen.

[86] Truppenstärke 1762: Verläßliche Zahlenangaben bereits bei *J. Fr. Seyfarth*, Lebens- und Regierungsgeschichte Friedrichs des Andern, Bd. 4, Leipzig 1789 (materialreich). – *R. Koser*, 4, S. 90. – *O. Groehler*, Kriege, 1966, S. 161–165 (tendenziös). – Am Ende des Kriegsjahres 1761 scheint Friedrich nur über 30.000 Mann, Prinz Heinrich über 25.000 Mann und der Prinz von Württemberg über 5.000 Mann verfügt zu haben. Im Frühjahr zählte er jedoch wieder über 120.000 Mann (ohne Garnisontruppen), insgesamt mit den Bataillonen des Prinzen Ferdinand und den russischen Corps über 210.000 Mann.

[87] Tod der Zarin Elisabeth: *J. D. E. Preuß*, 2, S. 307 ff. – *G. Küntzel*, Friedrich der Große am Ausgang des Siebenjährigen Krieges [...] In: FBPG 13 (1900), S. 75–122. – *J. Kunisch*, Friedrich, 2004, S. 427 f. – E. Kessel, Ende, 2007, S. 597 ff. – *K. W. Fr. v. Hülsen*, Unter Friedrich dem Großen. Aus den Memoiren des Ältervaters 1752–1773, Berlin 1890 (nicht vor 1789 geschrieben). *H. Jessen*, Augenzeugenberichte, 1972, S. 389–395. – Der Kurier aus St. Petersburg traf am 19. Januar in Berlin ein; der dänische Gesandte empfing die Nachricht jedoch in Berlin am 16. Januar. Der König erhielt die Meldung in Breslau per Eilkurier ebenfalls am 19. Januar und schrieb umgehend an Prinz Heinrich (PC 21, S. 190 f.); an Ferdinand von Braunschweig: „Der Himmel fängt an sich aufzuklären, mein Lieber, guten Mut!" (ebd. S. 328).

[88] Friedrich an Mitchell, Tod der Zarin Elisabeth: *R. Koser*, 3, S. 125 ff. – Friedrich der Große (Katalog), 1986, S. 219.

[89] Mirakel: Schr. Friedrichs an Heinrich (14.12.1759); die Skepsis Heinrichs: Friedrich d. Gr. (Katalog), 1986, S. 208 f.

[90] Außenpolitische Entscheidungen und Beziehungen in der Krise 1761/62: *T. Hayter*, England, Hannover, Preußen. Gesellschaftliche und wirtschaftliche Grundlagen der britischen Beteiligung an Operationen auf dem Kontinent während des Siebenjährigen Krieges. In: *B. R. Kroener* (Hg.) Europa, 1989, S. 171–192. – Unangemessen kritisch: *W. Pyta*; Von der Entente Cordiale zur Aufkündigung der Bündnispartnerschaft. Die preuß.-brit. Allianzbeziehungen [...] 1758–1762. In: FBPG NF 10 (2000), S. 41 ff. – Schweden: *K.-R. Böhme*, Schwedens Teilnahme am Siebenjähr. Krieg [...] In: *B. R. Kroener* (wie oben), S. 193–195, 208–211.

[91] Burkersdorf und die taktische Position des russischen Korps: Ein Plan des Gefechts: GStA PK XI. HA, Atlas15 T., VI. – Breite Erzählung: *R. Koser*, Friedrich, 3, 1913, S. 145 f. – *E. Kessel*, Ende, 2007, S. 648–664 (Preußen, Gesamtverlust: ca. 1.500 Mann; Daun: Gesamtverlust mit Deserteuren ca. 2.000 Mann, 13 Geschütze). – Die Quellen etc., S. 973–980. – Der Schlacht-Bericht Dauns (Erstdruck: Hamburgischer Correspondent, Nr. 124, 131) bei *H. Jessen*, Augenzeugenberichte, 1972, S. 399–401.

[92] Belagerung von Schweidnitz: *E. Kessel*, Ende, 2007, 669–712 (Karte 21). – Der Belagerungsbericht bei *K. Ihlenfeld*, Preußischer Choral, 1934 (1941), S. 53 f. – Ausführliche Darstellungen bei *R. Koser*, Friedrich, 3, 1913, S. 149 f. – 1757, 1759 und 1761 lehnte sich Friedrich mit seiner schlesischen Hauptarmee an die Festung an. In der Stadt wurden 16 mobile Backöfen stationiert; deswegen war der zeitweilige Verlust sehr schwer zu verschmerzen. Außerdem befand sich dort ein Hauptlazarett, auf das man nicht verzichten konnte. Deshalb wurde hier besonders verbissen gekämpft; eine Skizze der Festung bei *J. Luh*, Kriegskunst, 2004, Abb. S. 20. – Prinz Heinrich von Preußen. Ein Europäer in Rheinsberg (Katalog), 2002, S. 81–111 (*J. Luh, M. Kaiser*). – *E. Kessel*, Freiberg, 1987, S. 303–326 (teilweise identisch mit dem Text in dem damals verloren geglaubten Manuskript). – Der Streifzug Kleists nach Franken: *E. Kessel*, Ende, S. 823–828.

[93] Zusammenbruch des Willens zum Kriege: *R. Koser*, Friedrich, 3, 1913, S. 154 ff. – *E. Kessel*, Ende, 2007, S. 931–935. – Noch zu beachten: *G. Küntzel*, Friedrich der Große am Ausgang des Siebenjährigen Krieges und sein Bündnis mit Rußland. In: FBPG 13 (1900), S. 75–122.

94 Friede von Hubertusburg: Friedrich der Große (Katalog), 1986, S. 221 f. – *R. Koser*, Friedrich, 3, 1913, S. 154–161; Quellen in Bd. 4, 1913, S. 92. – *E. Kessel*, Ende, 2007, S. 941–947. – Der Vertragstext: Pr. Staatsverträge Bd. 1. – Die Briefe Friedrichs an seine Freunde in diesen Wochen (an Keith, 28.1.1763: „Eine große Gefahr ist überstanden ..."), an den Pr. Heinrich (2.2.), an Luise Dorothea von Sachsen-Gotha (19.2. über die Zustände in Dresden-Sachsen), wiederum an Heinrich (19.2., 24.2.: „Katze ...") bei *M. Baetke*, Briefe, 1942, S. 271 f., 338 f.

95 Goethe zum Kriege: Überwiegend gesammelt bei *G. B. Volz*, Spiegel, 3, 1927, S. 3–11, hier S. 10.

96 Friedrichs „Fortune" als das eigentliche „Mirakel": *E. Kessel*, Ende, 2007, S. 949–960, mit dem Schlußsatz: „Alle Ausdauer in der Verteidigung aber wäre vergebens gewesen, wenn sich ihr nicht die Feldherrenqualität des großen Königs zugesellt hätte, die alle Gegner vom kühnen Kriegsbeginn an durch ihre moralische Überlegenheit im Bann hielt". – *G. Heinrich*, Geschichte Preußens, 1984, S. 219 f. – *J. Kunisch*, Mirakel, 1978, S. 93 f. – *Ders.*, Friedrich, 2004, S. 430–437. – *W. Petter*, Zur Kriegskunst im Zeitalter Friedrichs des Großen. In: *B. R. Kroener* (Hg.), Europa ..., 1989, S. 145–168.

97 Großbritannien: Archenholtz: *J. Ziechmann* (Hg.), Panorama, 1985, S. 797–807 (*E. Sagarra*). – *M. Schlenke*, England, 1963.

98 Ungarn: *J. Ziechmann* (Hg.), Panorama, 1985, S. 794–797 (*K. Benda*). – *J. Zacher*, Idegen hadakban (= In fremden Heeren), Budapest 1984.

99 Maria Theresia: Österreich in theresianischer Zeit: *J. Ziechmann* (Hg.), Panorama, 1985, S. 773–793 (*H. Reinalter*). – *A. Ritter v. Arneth*, Maria Theresia, Bde 1–10, 1863–1879. – *W. Jessen*, Augenzeugenberichte, 1972, S. 407 f.

100 Konferenz der Landräte: die „unheimliche Arbeit": Landräte-Konferenz in Berlin: *C. Hinrichs*: Der allgegenwärtige König, 1943, S. 293–295. Erste Maßnahmen bereits seit Januar: AB, Behörd. 12, Nr. 399 f., 404, 408, 410. – Zusammenfassend: *W. Hubatsch*, Friedrich d. Gr. u. die preuß. Verwaltung, 1973, S. 146 ff. – *R. Koser*, 4, S. 93 ff. – *J. Ziechmann*, Panorama, 1985, S. 436–441, 934 (*R. Schütz*).

101 Wechsel der Spitzenbeamten: Der König wechselte, was er generell ungern tat, am 27. Mai 1763 den Präsidenten der Kurmärkischen Kriegs- und Domänenkammer Ernst Ludwig von der Gröben wegen mannigfaltiger Unordnungen in seinem Bereich gegen den Geh. Etats-Minister (GD) Jul. Aug. Fr. v. d. Horst (1723–1791) aus, der dieses Amt bis 1766 bekleidete und 1774 aus den Diensten des Generaldirektoriums wegen Krankheit ausschied. – *C. Hinrichs*, Der allgegenwärtige König, 1943, S. 295; keine Biographie.

102 „Der Mensch muß arbeiten": In Varianten an Voltaire (31.10.60; 7.9.76): „Es ist nicht nötig, dass ich lebe, aber wohl, dass ich handle". – Friedrich im Rückblick in den „Denkwürdigkeiten": *G. B. Volz* (Hg.), Werke, 5, 1913, S. 3 f., 56 f.

103 5.000 Gebäude, Wirtschafts- und Finanzkrise: *R. Koser*, 4, 1913, S. 98 oben. – *St. Skalweit*, Die Berliner Wirtschaftskrise von 1763, 1937. – Konjunkturanbruch und Teuerung 1771/72 in der Sicht Nicolais: *H. Möller*, Aufklärung in Preußen, 1974, S. 332. – *H. Rachel* u. *P. Wallich*, Großkaufleute, Bd. 2, S. 479 ff., 530 ff., bes. 533.

[104] Zustände in den Regionen: Neumark: *G. Heinrich*, Die Neumark und der Siebenjährige Krieg, 2006, S. 215–225. – *W. Hubatsch*, Friedrich d. Gr. u. d. preuß. Verwaltung, 1973, S. 262 (Lit.). – *J. Schultze*, Brandenburg, 5, 1969, S. 85 ff. – Pommern: *B. v. Knobelsdorff-Brenkenhoff.* Zu Brenkenhoffs Tätigkeit auf dem Gebiet der Landeskultur in Vorder- und Hinterpommern 1762–1780. In: Baltische Studien 70 (1984), S. 113–136. – Schlesien: *H. Fechner*, Die Fabrikengründungen in Schlesien nach dem Siebenjährigen Kriege … In: Zs. d. Vereins f. d. Gesch. Schlesiens, 57 (1901), S. 25. – *Ders.*, Gesch. d. schlesischen Berg-Hüttenwesens in der Zeit Friedrichs des Großen, Friedrich Wilhelms II. u. Friedrich Wilhelms III., 1741–1806, Berlin 1903.

[105] Heynitz 1777: NDB 9 (1972), S. 96–98 (*W. Schellhas*). – Grundlegend: *O. Steinicke*, F. A. v. Heinitz: In: FBPG 15 (1902), S. 421–470, hier S. 461 (Tgb. vom 20.1.1783). – Zur Überlieferung der Rechtfertigungsschrift über das 4. und 5. Departement: *Ders.*, FBPG 22 (1909), S. 183–191. – *R. Koser*, Friedrich, 4, 1913, S. 99. – *W. Weber*, Bergbau und Hüttenwesen, 1976. – *W. Treue*, Preußens Wirtschaft, 1992, S. 483 ff. – *W. Sachse*, Bibliographie zur preuß. Gewerbestatistik 1750–1850, 1981.

[106] Madame …: Neben den verschiedenen, teilweise erheblich selektierten Brief-Ausgaben von *M. Hein, G. B. Volz* u. a. sind heranzuziehen: *M. Baetke*, Briefe Friedrichs d. Gr. an seine Freunde, Jena 1942. – *G. B. Volz*, Aus der Welt Friedrichs d. Gr., 1922 (u. a. über Kgin. Juliane von Dänemark. – *H Droysen*, Der Briefwechsel Friedrichs d. Gr. mit der Gräfin Camas und dem Baron Fouqué, 1967, S. 1 ff., 13 ff. – Kritisch *J. Ziechmann* (Hg.), Panorama, 1985, S. 265–269 (*L. Lombard).* – Siehe auch die Bibliographie: Friedrich (*Henning*).

[107] Rußland als Friedrichs General-Problem (seit 1764): *K. Zernack*, Polen in der Geschichte Preußens, 1992, S. 423 ff. (Lit.). – *M. Hellmann*, Die Friedensschlüsse von Nystadt (1721) und Teschen (1779) als Etappen des Vordringens Rußlands nach Europa. In: Hist. Jb. 97/98 (1978), S. 270–288. – *J. Ziechmann* (Hg.), Panorama, 1985, S. 887–897 (*G. Robel*). – *O. Behre*, Statistik, 1905, S. 456 (= Westpreußen einschließlich des Netze-Bezirkes, ohne Marienwerder, zählte 1774: 488.936 Ew.). Zahlreiche falsche Angaben in der Lit. – Das Ermland zählte 1774: 97.015 Ew., die fortan zur Bevölkerung Ostpreußens gerechnet wurden. – *H. Roos*, Polen von 1668–1795, 1968, S. 745–747 (mit unzutreffenden Einwohnerzahlen).

[108] Preußens Politik im Zugzwang: *G. B. Volz*, Prinz Heinrich v. Preußen und die preuß. Politik vor der 1. Teilung Polens. In: FBPG 18 (1906), S. 151–201 (solide). – *M. Laubert,* Polenpolitik, 2. Aufl. 1944, S. 9 ff. – *R. Koser*, Friedrich, 2, 1913, S. 316–332; 4, S. 102–104 (mit verläßlichen Analysen, entgegen jüngeren geschichtspolitischen Traktaten). – *M. G. Müller*, Die Teilung Polens 1772–1793–1795, Diss. 1984. – Die Rolle des Prinzen Heinrich in jüngerer Sicht: zusammenfassend *Ch. V. Easum*, in: NDB 8 (1969), S. 382–385; die Lit. u. a. *Priesdorff* 1, S. 315–320. – Ausführlich: Katalog der Prinz Heinrich-Ausstellung (Rheinsberg 2002), 2002 (Lit.). – Friedrichs Gesamtpolitik: *Fr. Althoff*, Gleichgewicht, 1995, S. 66 ff. – Die entscheidenden Verhandlungen in PC 31 (1771/72), Nr. 19868 ff. (Pommerellen), Nr. 20591 (u. a. Glatz), Nr. 20680.

[109] Testament 1768: *G. B. Volz* u. *v. Oppeln-Bronikowski*, Testamente, 1922, S. 232 u. S. 67 f. (1752). –

[110] Die „Gültigkeit des Rechts": *J. Kunisch*, Friedrich, 2004, S. 483 ff. – An Voltaire (9.10.1773): *H. Pleschinski*, Voltaire, S. 487.

[111] Der König besichtigt als Teil der Revue-Reise Westpreußen (ohne Ermland) vom 30. Mai–10. Juni 1773. In Marienwerder (4. Juni ff.) bespricht er im Schloß mit den Präsidenten Roden und Domhardt die neuen Einrichtungen und fährt dann seit dem 8. über Culm, Fordon (bei Graudenz), Bromberg und Driesen zurück. Seine ersten grundlegenden Weisungen, der Bericht Rodens (7.6.) und der Bericht für seinen Bruder Heinrich (12.6.) u. a. bei *Mendelssohn Bartholdy*, Der König, 1912, S. 436–339. – Die Deklaration der Inbesitznahme nebst Denkmünze, Domhardt sowie die sofortige Einrichtung des Justizwesens zuletzt in: Friedrich d. Gr. (Katalog), 1986, S. 259–262. – Marienwerder: *Preuß*, 4, 1834, S. 58 ff. – *M. Bär*, Bd. 1, 1909, S. 23 f.

[112] Westpreußen (in der Aufbau-Periode): Die Quellen für die Arbeit Friedrichs und seine Verwaltung im wesentlichen gedruckt bei *M. Bär*, Westpreußen, Bde 1 u. 2, Leipzig 1909. – Die übrige ältere Literatur bei *H. Neumeyer*, Westpreußen, 1993. – Forschungsstand und ebenfalls umfassende Literaturhinweise: *W. Neugebauer*, Adelsständische Tradition und absolutistische Herrschaft. Zur politischen Kultur Westpreußens nach 1772. In: Nord-Ostarchiv NF 6 (1997), S. 629–647. – *J. Hackmann*, Ostpreußen und Westpreußen in dt. u. poln. Sicht, Wiesbaden 1996, S. 57 ff.

[113] Bericht an Heinrich: PC 32, S. 249 f., Nr. 21 014; *Fester*, Auswahl, 1, 1927, Nr. 223.

[114] Erfolgsbericht an Voltaire: *H. Pleschinski*, 1992, Nr. 213. – *R. Fester*, Auswahl, 1, 1927, Nr. 227.

[115] Bromberger Kanal: *M. Bär*, Bd. 1, 1909, S. 350–357. – *G. Heinrich*, Friedrich d. Gr. und die preuß. Wasserstraßenpolitik, 1994, S. 119–122.

[116] Glaubensrichtungen: *J. P. Ravens*, Staat und katholische Kirche in Preußens polnischen Teilungsgebieten 1772–1806, Wiesbaden 1963. – *M. Bär*, Bd. 1, 1909, S. 532 ff., 550 ff. – *M. Lehmann*, Preußen und die katholische Kirche, Bd. 5, S. 702 (August 1776: Verminderung der katholischen Feiertage. 26.3.1783 ergeht eine Kabinettsorder des Königs an die Justizregierung, nach Wegen zu suchen, die Zahl der „Müßiggänger" zu verringern).

[117] Fürstbistum Ermland: *M. Bär*, Bd. 2, 1909, S. 127, 231, 313, 384 (1780: Herstellung einer guten Ordnung „bei Meiner kathol. Geistlichkeit in Westpreußen"); Bd. 1, S. 217: Der König übernahm erhebliche Schulden des Bischofs von Ermland: 50.000 Taler.

[118] Kosten der Landeskulturarbeit unter Friedrich: Im Todesjahr des Königs trug die reorganisierte Provinz 833.000 Taler zum Gesamtetat bei. Aus ihm wurde auch das westpreußische „Militärwesen" bezahlt. Der Überschuß kam der Provinz zugute. Für die Zeit von 1773–1786 errechnet sich eine Investition (einschließl. der Arbeiten an den Befestigungen) in Höhe von 7.452.498 Tlr., vgl. *M. Bär*, Bd. 1, 1909, S. 262–268, 575 ff. – *H. Neumeyer*, Westpreußen, 1993, S. 307 f., 327–329.

[119] Erbfolgekrieg: *A. Unzer*, Der Friede von Teschen, 1903. – *G. B. Volz*, Friedrich d. Gr. und der bayerische Erbfolgekrieg. In: FBPG 44 (1932), S. 264–301. – *K. O. Frhr. v. Aretin*, Heiliges Römisches Reich 1776–1806, Bde 1 u. 2, 1967. – *J. Kunisch*, Friedrich, 2004, S. 503 ff., 602–604 (Lit.). Gründlich und verläßlich: *V. Press*, Bayern

am Scheideweg, 2000, S. 289–325. – Die Rede des Königs an seine Generale (5.4.1778) bei *J. D. E. Preuß*, 4, 1834, S. 97; danach bei *G. Winter*, 2, 1910, S. 415 f. – *Fr. Althoff,* Gleichgewicht, 1995, S. 138 ff., 154 ff.

[120] Die Krise vor Kriegsbeginn, Briefwechsel: Die Briefe bei *F. Walter* (Hg.), Maria Theresia, S. 430 ff. – *A. Beer*, Die Sendung Tuguts in das preußische Hauptquartier und der Friede von Teschen. In: HZ 38 (1877), S. 403–476. – *G. B. Volz*, Erbfolgekrieg, 1932, S. 264–301. – Die „Betrachtungen über die Maßnahmen für einen neuen Krieg mit Österreich, falls dieses wie 1778 streng defensiv bleibt (28. September 1779)" bei *G. B. Volz* (Hg.), Werke, Bd. 5, 1913, S. 140–150. (= strategische Überlegungen); ebd. (S. 99–133): „Der Bayerische Erbfolgekrieg".

[121] Der Friede von Teschen: Friedrichs Darstellung bei *G. B. Volz*, Werke, Bd. 5, S. 129–131 (mit der Kritik des Königs an der unglücklichen Strategie des Wiener Hofes). *K. O. Frhr. v. Aretin*, Europa und der Frieden von Teschen, 1986, S. 325–336. – *M. Hellmann*, Teschen (1779), 1978, S. 270–288. – Starke Mängel im Medizinalwesen: *J. Luh*, Kriegskunst, 2004, S. 67 f.

[122] Die Armee 1778/79: Einseitig *Chr. Duffy*, Friedrich, 1978, S. 326–329. – *J. Kunisch*, Friedrich, 1986, S. 393. – *R. Koser*, Prinz Heinrich und Generalleutnant v. Möllendorff im Bayerischen Erbfolgekrieg. In: FBPG 23 (1910), S. 509–526. – *Ders.*, Friedrich, 3, 1913, S. 399–406. – Armee-Reformen: *Colmar Frhr. v. d. Goltz*, Von Rossbach bis Jena, 1906, S. 227 ff.

[123] Fürstenbund und Reichsverfassung: Zuletzt *J. Kunisch*, Friedrich, 2004, S. 516 ff. – *R. Koser*, Bd. 3, 1913, S. 485–507. – *V. Press*, Friedrich der Große als Reichspolitiker. In: *Ders.*, Das Alte Reich, 2000, S. 260–288. – *D. Stievermann*, Der Fürstenbund von 1785 und das Reich. In: *V. Press* (Hg.), Alternativen zur Reichsverfassung in der Frühen Neuzeit, 1995, S. 209–226. – Friedrichs Texte „Über die Politik" und die Anweisungen für die Minister bei *Volz*, Werke, Bd. 5, 1913, S. 153–160. – Friedrichs Mißtrauen gegenüber dem „Unruhestifter" Joseph II.: Brief an Prinz Heinrich (14.2.85): *Fester,* Friedrich, Bd. 1, 1927, Nr. 262, S. 318 f. – *Fr. Althoff,* Gleichgewicht, 1995, S. 238 ff.

[124] Obere Verwaltungsorganisation: Oberbaudepartement 1770: *R. Strecke*, „Dem Geist der neuen Verfassung gemäß". Vom Oberbaudepartement zur Oberbaudeputation. In: *J. Kloosterhuis* (Hg.), GStAPK (wie Anm. 38), S. 75–102. – Ausbau von Berlin u. Potsdam: *W. Treue*, Wirtschafts- u. Technikgeschichte Preußens, 1984, S. 151–156. – Die ältere Lit. bei *W. Hubatsch*, Verwaltung, 1973, S. 146 ff. 268 ff. – *W. Neugebauer*, Zentralprovinz, 2001, S. 108 ff., 111 ff. (Verwaltungsrealität um 1770). – *Ders.*, Das Preußische Kabinett in Potsdam. In: JBLG 44 (1993), S. 69–115 (grundlegend). – Ministerrevue: *C. Hinrichs*, König, 1943. – Provinzialminister: *W. Hubatsch*, S. 242.

[125] Innenpolitische Balance: Zur Kabinettsregierung und ihren Formen *W. Hubatsch,* Verwaltung, 1973, S. 222 ff. – *H.-M. Sieg*, Staatsdienst, 2003, S. 90 ff., 124 ff., 327 ff. – Die Position des Königs in der Frage der Staatsdienerschaft des Monarchen hat er wiederholt festgelegt: um 1739 im „Antimachiavell" (*Volz,* Werke, Bd. 7, S. 6), in der Geschichte Brandenburgs um 1746 (Bd. 1, S. 117), in der „Rechtfertigung meines politischen Verhaltens", Juli 1757" (Bd. 3, S. 209), im Schreiben an Maria Antonia von Sachsen, 8.3.1766 (Bd. 12, S. 152), dann noch in „Regierungsformen und

Herrscherpflichten", 1777 (Bd. 7, S. 226, 235). – „Selbstdisziplinierung der absoluten Gewalt": *G. Birtsch*, Der Idealtyp des aufgeklärten Herrschers. Friedrich der Große, Karl Friedrich von Baden und Joseph II. im Vergleich. In: Aufklärung 2 (1987), S. 9–47.

[126] Politisches Testament 1752: Pflichten des Herrschers: *Dietrich*, 1986, S. 255 ff. – *G. B. Volz* u. *Fr. v. Oppeln-Bronikowski* (Hg.) Testamente, 1922, S. 42 f.

[127] Staatsgesinnung, Freie Meinung: *U. Scheuner*, Staatsgedanke, 1965, S. 25 ff. – *H. M. Sieg*, Staatsdienst, Staatsdenken und Dienstgesinnung in Brandenburg-Preußen im 18. Jahrhundert (1713–1806), 2003, bes. S. 211 ff., 288 ff.

[128] Beamtenschaft: Zuletzt *H. M. Sieg*, Staatsdienst, 2003, S. 25 ff. – Klassiker: *O. Hintze*, Der österreichische und der preußische Beamtenstaat, 1962, S. 321 ff. – Korruption: *H. v. Friedberg*, Friedrich d. Gr. und der Prozeß Görne von 1782. In: HZ 29 (1890), S. 1–43.

[129] Rechtsentwicklung: *O. Hintze*, Preußens Entwicklung zum Rechtsstaat, Ges. Abh. 3, 1967, S. 97–163. – *D. Merten*, Friedrich d. Gr. und Montesquieu. Zu den Anfängen des Rechtsstaats im 18. Jahrhundert. In: Festschrift *C. H. Ule*, Köln usw. 1987, S. 187–208. – *Ders.*, Die Justiz in den Polit. Testamenten brand.-preuß. Souveräne. In: Festschrift R. Morsey, Berlin 1992, S. 13–46. – *H. Conrad*, Staatsgedanke u. Staatspraxis des aufgeklärten Absolutismus, Opladen 1971, S. 11 ff. – *J. Kunisch,* Friedrich 2004, S. 290 ff., – 300, 584–586. – *G. Kleinheyer,* Friedrich der Große und die Rechtspflege. In: Festschrift *H. Fr. Gaul,* 1997, S. 301–315. – Friedrichs Grundideen zur Rechtspflege: *G. B. Volz* und *Fr. v. Oppeln-Bronikowski* (Hg.), Testamente, 1922, S. 4 f. (1752: „Ich habe mich entschlossen, niemals in den Lauf des gerichtlichen Verfahrens einzugreifen; denn in den Gerichtshöfen sollen die Gesetze sprechen und der Herrscher soll schweigen"); 118 f. (1768: „Wenn man auch der Hydra der Rechtsverdrehung ein paar Köpfe abschlägt, wachsen ihr doch neue. Die Raubgier erscheint in neuer Maske, und die Gesetze werden durch willkürliche Auslegung umgangen ... Sicherheit für Besitz und Eigentum: das ist die Grundlage jeder Gesellschaft und jeder guten Regierung. Dies Gesetz gilt für den Herrscher wie für den letzten Untertan. Er muß darüber wachen, dass es befolgt wird, und er muß die Beamten, die dagegen verstoßen, mit äußerster Strenge bestrafen").

[130] Müller-Arnold-Prozeß: Die auf den König bezogenen Quellen in: Acta Borussica, Behördenorganisation, Bd. 16,2, Nr. 448, 450 f., 455 f. – *M. Diesselhorst*, Die Prozesse des Müllers Arnold und das Eingreifen Friedrichs des Großen, Göttingen 1984 (= Quellenanhang). – Abbildungen: Friedrich der Große (Katalog), S. 280–283. – In der Sicht der Berliner Hofgesellschaft: *A. v. Lehndorff*, Tagebücher, Bd. 1, 1921, S. 125–131. – In den erhaltenen Privatbriefen schweigt der König von der Affäre.

[131] ALR, Reformabsolutismus: Allgemeines Gesetzbuch für die Preußischen Staaten, 5 Bde., Berlin 1791/92 (2. Ausgabe 1792). – Allgemeine Gerichtsordnung für die Preußischen Staaten, T. 1–3, Berlin 1795/96. – C. G. Svarez, Unterricht über die Gesetze für die Einwohner der Preußischen Staaten ..., Berlin u. Stettin 1793. – *G. Birtsch* u. *D. Willoweit* (Hg.), Reformabsolutismus und ständische Gesellschaft, Berlin 1998 (= FBPG, NF, Beih. 3); darin: *A. Schwennicke*, Der Einfluß der Stände ... S. 113–129. *D. Willoweit*, Johann Heinrich Kasimir v. Carmer u. die preuß. Justizreform im Zeitalter Friedrichs d. Gr. In: *J. Kunisch* (Hg.), Persönlichkeiten ... 1988,

S. 153–174. – *I. Gundermann* (Hg.), Allgemeines Landrecht für die preuß. Staaten 1794 (= Katalog zur Ausstellung des Geheimen Staatsarchivs PK), 1994 (nebst Einleitung). – Acta Borussica, Behördenorganisation, Bd. 16,2 (Anm. 67), S. 584–587 (= Immediat-Instruktion für Großkanzler v. Carmer, 25.12.1779). – Vergleich Preußen – Österreich: *Fr. Wieacker*, Privatrechtsgeschichte der Neuzeit, 1952, S. 202 f.

[132] Tollhaus: *G. Borchardt*, Herrschen und Dienen, 2, 1937, S. 69.

[133] Militärwesen, Zusammenfassungen: *C. Jany*, Armee, Bd. 1, 1928. – *G. C. Craig*, Armee, 1980, S. 26 ff. – *Chr. Duffy*, Preußens Heer, 1980. – Einzelfragen: *W. v. Schultz*, Die preußischen Werbungen unter Friedrich Wilhelm I. und Friedrich dem Großen, 1887, S. 8–18 (betr. Mecklenburg). – *C. Jany*, Die Kantonverfassung Friedrich Wilhelms I. in: FBPG 38 (1926), S. 225–272. – *J. Kloosterhuis*, Bauern, Bürger und Soldaten ..., Regesten, 1992. – Marksteine, 2001, S. 157 ff. (*J. Luh* u. *K.-P. Märta*).

[134] Mirabeau, Rüstung und Realität: *A. Stern*, Mirabeau in Berlin. In: FBPG 3 (1890), S. 300. – *R. Krauel*, Die neue Ausgabe der Briefe Mirabeaus über den preußischen Hof. In: FBPG 13 (1900), S. 542–551.

[135] Die Staatssiedlung bis 1786: *M. Behaim-Schwarzbach*, Hohenzollernsche Kolonisationen, 1874. – *O. Gebhard*, Friederizianische Pfälzerkolonisation in Brandenburg und Pommern, Stettin 1939. – *W. Hubatsch*, Verwaltung, 1973, S. 99–109, 146 ff., 261–264, 268–273. – *G. Heinrich* u. a., Kolonistenzuzug und Staatssiedlung 1688–1786, 1974. – *Ders.*, Toleranz als Staatsraison. In: Festschr. *Otto Büsch*, 1988, S. 20–54. – Folgen der verstärkten „Peuplierung": *Ders.*, Spätmerkantilismus, S. 311 ff. (Lit.). – Leben der Landbevölkerung: Marksteine, 2001, S. 287–308.

[136] Ländliche Sozialverfassung: *G. Heinrich*, Der Adel in Brandenburg-Preußen, 1965, S. 259–314. – Berlin-Brandenburg: Marksteine, 2001, S. 201 (*Fr. Göse*), 202 f.; Minister: 204 f.; *Arnim-Boitzenburg* 207–216; Lebenswelt und Herrenhäuser 217–286.

[137] Die Zuwanderung nach Berlin und Umgebung unter Friedrich: *R. Koser*, Bevölkerungsstatistik des preußischen Staates von 1756–1786. In: FBPG 16 (1903), S. 583–589. – *O. Behre*, Statistik, 1905, S. 136 ff., 179 ff., 408–410. – *E. Kaeber*, Bürgerbücher, 1935.

[138] Oderbruch: *P. F. Mengel*, Das Oderbruch, 1930, Bd. 1, S. 109 ff., 126, 136, 213 ff. –

[139] Rhinluch, 1779: *Th. Fontane*, Grafschaft Ruppin, zuletzt u. a. München 1960, S. 376 f. – Königshorst: *G. Heinrich*, „Drei Kerls von guten Leuten aussuchen, welche die Mägde heyraten". In: Festschrift *L. Enders* ... 1997, S. 191–208.

[140] Testament von 1768: *R. Dietrich* (Hg.), Testamente, 1986, S. 595, 597, 617 ff. – *O. Behre*, Statistik, 1905, S. 186 ff.

[141] Adel: *R. Dietrich*, a. a. O., S. 587–593. – *J. Ziechmann* (Hg.), Panorama, 1986, S. 507–510 (*G. Cornu*). – Umfassende Analyse: *Fr. Göse*, Rittergut – Garnison – Residenz, 2005, S. 135 ff. (mit umfassendem Lit. Verz.). – *G. Heinrich*, Staatsdienst und Rittergut. Die Geschichte der Familie v. Dewitz in Brandenburg, Mecklenburg und Pommern. 1990. – *Fr. Göse*, Landstände und Militär. Die Haltung der kur- und neumärkischen Standesrepräsentanten zum brandenburg-preußischen Militärsystem

im ausgehenden 17. und 18. Jahrhundert. In: *St. Kroll* u. *K. Krüger*, Militär und ländliche Gesellschaft in der frühen Neuzeit, 2000, S. 181–222. – *P.-M. Hahn*, Magnifizenz und dynastische Legitimation ..., 1998, S. 9–56. – *H. C. Johnson*, Frederick the Great and his Officials, 1975. – *W. Neugebauer*, Der Adel in Preußen im 18. Jahrhundert ..., 2001, S. 49–76. – *R. Schiller*, „Edelleute müssen Güther haben, Bürger müssen die Elle gebrauchen"..., 1998, S. 257–286. – *E. Schwenke*, Friedrich der Große und der Adel, 1911. – *P. Baumgart* (Hg.), Ständetum und Staatsbildung in Brandenburg-Preußen, 1983. – *R. Straubel*, Beamte und Personalpolitik im altpreußischen Staat ..., 1998.

[142] Sprottau als Beispiel: *C. Hinrichs*, Der allgegenwärtige König, 2. Aufl. 1943, S. 268–271.

[143] Städte: Acta Borussica, Behördenorganisation, Bd. 16,2, Nr. 420 f., 424, 479 (1779). – *G. Heinrich*, Der preußische Spätmerkantilismus und die Manufakturstädte in den mittleren und östlichen Staatsprovinzen (1740–1806). In: *V. Press* (Hg.), Städtewesen ..., 1983, S. 301–322, hier S. 307 f. – *Ders.*, Staatsaufsicht und Städtefreiheit in Brandenburg-Preußen ... In: *W. Rausch* (Hg.), Die Städte Mitteleuropas ..., 1981, S. 155–172. – *Ders.*, Der preuß. Spätmerkantilismus und die Manufakturstädte in der mittleren u. östlichen Staatsprovinzen (1740–1805). In: V. Press (Hrsg.): Städtewesen und Merkantilismus in Mitteleuropa, Köln, Wien 1983, S. 301–322.

[144] Manufakturen und Gewerbe: Grundlegend *K. E. Born*, Wirtschaft und Gesellschaft im Denken Friedrichs des Großen, 1979, S. 3 ff. – *W. Treue*, Preußens Wirtschaft, 1992, S. 483–494. *H. Rachel* u. *P. Wallich*, Großkaufleute, 2, 1967, S. 209 ff., 299 ff. – *K. H. Kaufhold*, Wirtschaft, 1983, S. 79–81. – *H. Fechner*, Die Wirkungen des preußischen Merkantilismus in Schlesien. In: VSWG 7 (1909), S. 315–323. – *E. Herzfeld*, Preußische Manufakturen, 1994. – Materialreich, aber einseitig im Urteil: *H. Krüger*, Manufakturen, 1959. – Quellen u.a.: *O. Hintze*, Seidenindustrie, 1–3, 1892 ff. – *C. Hinrichs*, Wollindustrie, 1933.

[145] *H. Hoffmann*, Handwerk und Manufaktur in Preußen 1769, 1969 (Taschenbuch-Edition!). – Instruktives Beispiel für Aufstieg und Abstieg in friderizianischer Zeit: Dieselbe, Zur Geschichte der Berliner Fayence-Manufakturen von 1678 bis 1779. In: Jb. f. Wirtschaftsgeschichte (Sonderband), Berlin 1986, S. 49–65. – *G. Schade*, Berliner Porzellan, 1978. – Marksteine, 2001, S. 195–200, 275–286. – *A. Siebeneicker*, Offizianten und Ouvriers. Sozialgeschiche der Kgl. Porzellan-Manufaktur ... 1763–1880, 2001, S. 23 ff. – *W. Baer*, J. E. Gotzkowsky, 1986, S. 11–270.

[146] Hertzberg, Schloßbauten: Marksteine, 2001, S. 175–180. – *H. J. Giersberg* u. *A. Schendel*, Potsdamer Veduten, 1991.

[147] Berlin als Investitionsobjekt Friedrichs: *H. Schulz*, Berlin 1650–1800, 1987, S. 163 ff., 255 ff. – *G. Heinrich* u. *R. A. Moeschl*, Kulturatlas, 2007, S. 18–21. – *H. Rachel*, Das Berliner Wirtschaftsleben im Zeitalter des Frühkkapitalismus, Berlin 1931. – *H. Rachel* und *P. Wallich*, Großkaufleute, 2, 1967. – *Friedrich Holtze* (Hg.), Chronistische Aufzeichnungen eines Berliners 1704–1758, 1899. – Russen-Überfall: *J. E. Gotzkowsky*, Geschichte eines patriotischen Kaufmanns, 1870. – *H. Granier*, Die Russen und Österreicher in Berlin im Oktober 1760, In: Hohenzollern-Jb. 2 (1898), S. 113–145.

148 Kolberg: Deutsches Städtebuch, Bd. 1: Nordostdeutschland, 1939, S. 190–193.
– E. *Kessel*, Zur Geschichte des Feldzuges von 1761 in Pommern und der dritten Belagerung von Kolberg während des Siebenjährigen Krieges. In: Balt. Studien, NF 38 (1936). S. 317–342. – H. *Klaje*, Die Russen vor Kolberg. Zur Erinnerung an die Belagerung vor 150 Jahren 1760, Kolberg 1910.

149 Spandau als Festung und Zufluchtsort: *A. Theissen* und *A. Wirtgen* (Hg.), Militärstadt Spandau, Berlin 1998 (darin: *K.-R. Woche*, Garnisonstadt Spandau von den Anfängen bis zum Ersten Weltkrieg, S. 135 ff.; vgl. S. 195–223 (= Inventar der Ausstellung).

150 *W. Stribrny*, Friedrich der Große und die preußischen Provinzen. In: U. March (Hg.), Besinnung auf Friedrich den Großen, Kiel 1987, S. 69–78. – *O. Behre*, Statistik, 1905, S. 102 (die höchsten Prokopf-Einnahmen erzielten Magdeburg-Halberstadt, gefolgt von der Kurmark mit Berlin und dann erst Kleve-Mark). – Die Export-Tabelle bei *F. W. A. Bratring*, Statistisch-topographische Beschreibung, 1965, Bd. 1, S. 184–190. – Der Aufstieg der Wirtschaft (Bank, Rüstung, Produktion und Handel) mit ständiger Unterstützung und wechselseitiger Beratung mit dem König spiegelt sich in den Zahlen von Splittgerber und Daum wider, vgl. *H. Rachel* u. *P. Wallich*, Großkaufleute, 1965, Bd. 2, S. 209–225.

151 Aufstieg der Produktionsorte: Allgemein *W. Treue*, Preußens Wirtschaft 1740–1756, 1992, S. 455–458 (Lit.), 479–494. – *Ders.*, Zwischen Siebenjährigem Krieg und Reformen. In: Gebhardt, Handbuch, Bd. 2, 3. Nachdruck 1994, S. 532 ff. – *Ders.*, Wirtschaft und Technik, 1984, S. 151–161.

152 Der König und die Wirtschaft der Westprovinzen: *J. H. Sonntag*, Die preußische Wirtschaftspolitik in Ostfriesland 1744–1806, Aurich 1987. – *St. Reekers*, Beiträge zur statistischen Darstellung der gewerblichen Wirtschaft Westfalens um 1800, 1964–1986. – *Fr. Schulte*, Die Entwicklung der gewerblichen Wirtschaft in Rheinland-Westfalen im 18. Jhdt., 1959. – *G. Heinrich*, „Die isolierte Provinz". In: K. Flink, Kleve im 17. Jahrhundert, Kleve 1980, S. 20–31 (Lit.). – AB, Seidenindustrie, Bd. 1, 1892, S. 435 f., 595 f., 600, 633 (betr. Krefeld).

153 Landwirtschaft und Landeskultur: Eine Auswahl der Kabinettordres des Königs bei *R. Stadelmann*, Landeskultur, 2, 1882, S. 8 ff., 243–656. – Zahlreiche unmittelbare und mittelbare Weisungen des Königs, in: *Mylius*, CCM, III, 531, 717, 885 ff., 1005 ff. u. ö. – *O. Behre*, Statistik, 1905, S. 228 ff., 241 f., 262–280 (Getreidepreise), 284 ff. (Viehstand) u. ö. – *J. Ziechmann* (Hg.), Panorama, 1986, S. 319–324 (*Cornu*). – Neuere Untersuchungen fehlen.

154 Schlesien: *J. E. Troschel*, Reise von Berlin über Breslau nach dem schlesischen Gebirge im Sommer 1783, Berlin 1784. – *H. Weczerka* (Hg.): Schlesien (Hb. d. Histor. Stätten; Kröner Bd. 316), Stuttgart 1977 (Bibl., Lit.). – *H. Aubin* u. a. (Hg.), Geschichte Schlesiens, Bd. 2, 1973. – *C. Grünhagen*, Schlesien unter Friedrich d. Gr., Bde 1 u. 2, 1890/92. – *P. Baumgart* (Hg.), Kontinuität und Wandel Schlesiens zwischen Österreich und Preußen, Sigmaringen 1990. – *Ders.*, Schlesien als eigenständige Provinz im altpreußischen Staat (1740–1806). In: *N. Conrads* (Hg.), Schlesien, 1994, S. 345–464. – *H. Jessen*, Schlesiens Trauer beim Tode Friedrichs des Großen. In: Zs. des Vereins für schlesische Geschichte 70 (1936), S. 1–21. – *P. Baumgart*, Schlesien als preußische Provinz zwischen Annektion, Reform und Revolution (1741–

1848). In: *G. Heinrich* u. a. (Hgg.), Verwaltungsgeschichte Ostdeutschlands, 1992, S. 833 ff. – *E. Pfeiffer*, Die Revue-Reisen Friedrichs des Großen, 1904. – Vgl. auch Anm. 30–34.

[155] Aufbau der Montan-Industrie unter den Augen des Königs: Die ältere Lit. bei *W. Weber*, Friedrich Anton von Heynitz und die Reform des preußischen Berg- und Hüttenwesens. In: *J. Kunisch* (Hg.), Persönlichkeiten, 1988, S. 121–134. – Der König in Malapane und Jedlitza (20.5.1779), Gespräch mit dem Landrat: *C. Hinrichs*, Der allgegenwärtige König, 1943, S. 250 f. – *K. Fuchs*, Die Entwicklung Oberschlesiens als preuß. Berg- und Hüttenrevier, 1970. – *Ders.*, Friedrich Wilhelm Graf von Reden. In: Zs. f. Unternehmensgeschichte 97 (1982), S. 1 ff.

[156] *C. Hinrichs*, Der allgegenwärtige König, 1940 (1943), S. 105 ff. – *E. Pfeiffer*, Revue-Reisen, 1904. – *D. Thiebault*, Friedrich der Große und sein Hof, Paris 1804. – *B. Frank*, Friedrich (1930), S. 230.

[157] *C. Hinrichs*, a. a. O., S. 122–124.

[158] Begegnungen auf Reisen: *A. Kohout*, Friedrich der Große als Humorist, 1908, S. 245 f.

[159] Keine Festreden: *C. Hinrichs*, a. a. O., S. 108 ff., 111–118.

[160] Gleichheit der Religionen: *A. Möller*, Toleranz als „zärtliche Mutter", 1999, S. 325, 262. – *G. Hornig, M. Saul*, Der Wandel der religiösen Vorstellungen. – Friedrich II. und die religiösen Strömungen in seiner Zeit. In: *J. Ziechmann* (Hg.), Panorama, 1985, S. 52–62, 62–67. – Schlesien als Paradigma: *H. W. Bergerhausen*, Friedensrecht, 1999, S. 13 ff., 24, Anm. 46–52, 269 ff. – *G. Heinrich*, Religionstoleranz, 1986, S. 83–102. – *G. Birtsch*, Der Idealtyp des aufgeklärten Herrschers. Friedrich der Große, Karl Friedrich von Baden und Joseph II. im Vergleich. In: Aufklärung 2 (1987), S. 9–47. – *M. Fontius* (Hg.), Friedrich II. und die europäische Aufklärung, 1999. – Ohne Belege, in protestantischer Sicht: *St. Hirzel*, Des großen Königs Weg zu Gott, Stuttgart 1936.

[161] *R. Dietrich* (Hg.), Testamente, 1986, S. 113–117.

[162] *R. Dietrich* (Hg.), Testamente, 1986, S. 601 f. Der Abschnitt über die Religionen ist im zweiten großen Testament kürzer ausgefallen, abgesehen von den üblichen Sicherheits-Überlegungen für Schlesien. Entscheidend ist der Satz: „Diese drei Religionen können in Frieden leben, vorausgesetzt, dass man allen Streitigkeiten streng entgegentritt, alte widersinnige Dispute offen ins lächerliche zieht, scholastische wie absurde, und dass man alle, die die verschiedenen Kulte befolgen, mit absoluter Gleichberechtigung behandelt".

[163] Die Zitate bei *G. Borchardt*. Herrschen und Dienen, 1937, S. 50–66; *Ders.*, Randbemerkungen, 1942, S. 38–90. – *W. Hofmann*, „Flegels", 1986, S. 325–330. – Anekdoten: *R. Schneider*, Anekdoten von Friedrich dem Großen, 1940, S. 43–48. – Satiren gegen den Klerus beide Konfessionen: *A. Kohut*, Friedrich d. Gr. als Humorist, 1908, S. 63–81. – *O. Behre*, Statistik, 1905, S. 297–311.

[164] Zensur, Pressewesen: *J. Ziechmann*, Panorama, 1985, S. 424–436 (*M. Welke*). – *G. Borchardt*, Herrschen und Dienen, 1937, S. 77.

[165] „Moscheen bauen lassen" (Juni 1740): *G. Borchardt*, Herrschen und Dienen, 1937, S. 79 f.

[166] Religiöse u. weltliche Toleranz: *H. W. Bergerhausen*, Friedensrecht, 1999, S. 24–36. – Friedrichs Toleranzdenken empfing durch seine Erziehung und durch die Geschichte immer wieder Anregungen, so auch durch die Idee einer Union der protestantischen Konfessionen, wie sie Leibniz im Einverständnis mit seinem Großvater und dessen Frau Sophie Charlotte betrieben hatte. 1726 erschien im Haag: *Brandt*: Histoire de la Réformation des Pays Bas. Dort findet sich Bd. 1, S. 252 ein Brief Kaiser Maximilians II. (1564–1576) an Lazarus Schwend, in dem gegen jede Gewalt in religiösen Angelegenheiten Stellung bezogen wird; man sei in der Nachfolge Christi allein auf das Wort Gottes angewiesen. „Übrigens sollte diese tolle Generation nach so langer Erfahrung eingesehen haben, dass diese Sache nicht durch grausame Strafen beendigt werden kann und dass das nicht eine Krankheit ist, die sich durch Brennen und Schneiden heilen lässt. Kurz, diese Prozeduren missfallen mir sehr, und ich werde sie nie billigen, ich müsste denn die Vernunft verlieren. Mögen die Spanier und die Franzosen tun, was ihnen beliebt, eines Tages müssen sie für alle ihre Handlungen Gott, dem gerechten Richter, Rechenschaft ablegen. Ich für meine Person werde immer mit Gottes Gnade ehrenwert, christlich gerecht und treu handeln, überzeugt, dass Gott mich zu seinem Ruhme wird arbeiten lassen, um dem Menschengeschlecht in allen meinen Plänen und Handlungen nützlich zu sein" (Übersetzung *Dilthey*, 1886, S. 159, S. 113). – Friedrich in der protestantischen Tradition: *W. Gericke*, Glaubenszeugnisse, 1977, S. 84 f.

[167] Katholische Kirche, Jesuiten: Allgemein: TRE 16 (1987), S. 665 f. – Die gründliche Untersuchung von *H. W. Bergerhausen*, Friedensrecht, 1999, S. 47 ff. (am Beispiel Schlesiens), dort die ältere Lit. – „Die Geistlichkeit". In: *J. Ziechmann* (Hg.), Panorama, 1985, S. 511–528 (*U. Krolzik; E. Sagarra*). – *E. Gagliardi*, Friedrich d. Gr. als Kunstmäcen und Gönner der Jesuiten. In: Deutschland (Monatsschr.), Bd. 4 (1904/05), S. 324–433. – Grundlegend: *H. Hoffmann*, Friedrich II. v. Preußen und die Aufhebung der Gesellschaft Jesu, Rom 1969. – Umgang mit der Geistlichkeit: *W. Hofmann*, „Flegels", 1986, S. 338–373. – Frühe Zusammenfassung: Schlesische Provinzialblätter 103 (1836), S. 10–30. – *G. Winter* (Hg.), Friedrich, 2, 1910, S. 359 (24.10.1773); 364 (21.4.1774, an den Breslauer Weihbischof Gr. Strachwitz); 367 (28.7.1774); 390 (27.9.1775, an den Bischof von Ermland scharf ermahnend). – Kein Unterschied zwischen katholischen und evangelischen Untertanen durch die unparteiischen Kammern der neuen Provinzen: *G. Winter*, S. 337 (7.6.1772). – Die Aufforderung an die Katholische Kirche (Bastiani) zur Toleranz: *G. Winter*, S. 353, l (8.10.1773); dort der Satz: „In einigen Tagen soll die Kirche (in Breslau) gesegnet, eingeweiht und der Mummenschanz (et y célébré Jean de blanc) gefeiert werden. Glauben die Leute jetzt noch nicht an meine Toleranz, so sind sie sehr schwierig. Weder in Bamberg, Würzburg, Salzburg noch in (Wien) wird eine lutherische oder kalvinistische Kirche gebaut werden. Ihr andern habt, wer Ihr auch immer sein möget, immer noch die Wut des hitzigen Fiebers des Fanatismus in Euch: Ihr seid nur halbe Menschen."

[168] Judenpolitik in Schlesien: *K. Schwerin*, Die Juden im wirtschaftlichen und kulturellen Leben Schlesiens. In: Jb. d. schles. Friedrich-Wilhelms-Universität 25 (1985), S. 98 ff. – *P. Maser*, Breslauer Judentum im Zeitalter der Emanzipation. In: ebd. 29 (1988), S. 157–176, besonders 162 f. – Allgemein: *S. Stern*, Der preußische Staat und die Juden, Teil 3, Abt. 1 und 2, 1971. – *P. Baumgart*, Absoluter Staat und Judenemanzipation in Brandenburg-Preußen. In: JGMOD 13/14 (1965), S. 60–87. – Ders., Die Stellung der jüdischen Minorität im Staat des aufgeklärten Absolutismus. In: Kairos

22 (1980), S. 226–245. – Die Zahl der Juden in Berlin und der Kurmark nahm von 1700 (277) über 1750 (3.872) bis 1790 (5.634) um etwa das Zwanzigfache zu; in der Neumark verdoppelte sich zwischen 1750 und 1804 die Zahl der Juden (944: 1969). Fremde Juden konnten, wenn sie ein Vermögen von 10.000 Talern ins Land brachten, rechtsverbindlich angesetzt werden. Den Schutz der religiösen Toleranz genossen unter Friedrich alle Juden; einzelne verdienstvolle Familien besaßen um 1786 bereits das Bürgerrecht von Berlin, vgl. *F. W. A. Bratring*, Topographie, 1968, S. 50 f., 1125. – Vgl. auch das Repertorium zu Mylius, NCCM 1751–1775, Berlin 1775, Sp. 110–113, wo sich die Probleme der Zivilisation und Assimilation in der Sicht der Bürokratie und damit partiell des Königs darstellen.

[169] Friedrichs Privat-Religion: Erziehung des Thronfolgers: *R. Dietrich* (Hg.), Testamente, 1986, S. 455–687. – Keine Beachtung der relativierenden Quellen: *A. Berney*, Friedrich, 1934, S. 270–273. – *W. Gericke*, Glaubenszeugnisse, S. 68 ff., 85.

[170] Die beiden privaten Testamente Friedrichs: *H. v. Caemmerer*, Testamente, 1915, S. 444–461, 461–465. – Übersetzung bei *G. B. Volz*, Werke, Bd. 7, 1913, S. 276–286, 287–291. Nicht bei Dietrich.

[171] Cunningham (1742–1795): Abb. Der beiden Ölbilder u. a. bei G. B. Volz, Friedrich der Große im Bilde seiner Zeit, 1926, Tf. 30 f. vgl. S. 28. Das Cunningham-Bild der Rückkehr vom Manöver stammt von 1785/86. – Dazu *R. Danke*, „In diesem Hause wohnte Max Liebermann". In: Der Bär von Berlin, 15 (1966), S. 99–132, besonders S. 108 ff., Anm. 12. – Gestochen von Clemens u. a., vgl. *E. v. Campe*, Die graphischen Porträts Fr. d. Gr., Erg. 1970, S. 11, beste Variante Nr. 153b. – Danach zahlreiche lithographische und sonstige Auflagen, u. a. von *F. Heisler* (Berlin, um 1850).

Die beste Erläuterung zu dem von Chodowiecki kritisierten Bild von Cunningham findet sich bei *A. Hildebrand*, Das Bildnis Friedrichs des Großen, 1940, S. 123–125 u. Taf. 48; es wird, gegen *G. B. Volz*, der 21.–23. September 1784 als Zeitpunkt der Herbstmanöver behauptet. Doch ist das Bild als zeitliche und personale Kombination entstanden, wennschon vieles dafür spricht, daß Cunningham die hauptsächliche Anregung bei der letzten großen schlesischen Revue (20.–25.9.1785) empfangen hat. Dort waren die meisten der gezeigten Personen anwesend, die auf den späteren Kupferstichen mit ihren immer wieder reproduzierten Deckblättern gezeigt werden. Vgl. *K. H. S. Rödenbeck*, Tagebuch, Bd. 3, Berlin 1842, S. 332–337. – Der Bericht des Marquis Bouillé nach dem Erstdruck (1828) u. a. bei *G. Winter*, Friedrich d. Gr., Bd. 2, Leipzig 1910, S. 506–513. – Die Erläuterung zum Clemens-Kupferstich zuletzt bei *H. v. Sydow-Zirkwitz*, Fridericus-Stiche, Frankfrurt/M. 1986, S. 108–110 (mit dem wichtigen Zitat aus dem Briefe Chodowieckis an die Gräfin Solms-Laubach). Hildebrand spricht von vier verschiedenen Platten und auch (gleichzeitigen, seltenen) Farbdrucken. – Die besten phototechnischen Reproduktionen finden sich in dem Jubiläumswerk: *P. Seidel* u. *A. Ammensdorffer*, Friedrich d. Gr. in der Kunst. Katalog der Ausstellung 1912, Berlin 1912. – Friedrich der Große (Katalog), 1986, S. 313 f. – Nach gesicherter Überlieferung hielt sich erstmals der englische Cavalier Cunningham vom 2. bis 5. August 1783 in Potsdam auf. Er wurde wahrscheinlich auch vom König in Sanssouci empfangen.

[172] Die Berichte und Quellen über die Krankheiten sach- und fachkundig dargestellt: *H. J. Neumann*, Friedrich der Große, 2000, S. 218–232 (Li.). – *G. Wolff*, Fried-

rich d. Gr., Krankheit und Tod, Mannheim 2000. – *Ritter v. Zimmermann*, Über Friedrich d. Gr. und meine Unterredungen mit Ihm kurz vor seinem Tode, Leipzig 1788. – Zahlreiche Nachdrucke. Sonstige Berichte: *G. B. Volz* (Hg.), Spiegel, 3, 1927, S. 215–258 (*Esterno*). – *J. D. E. Preuß*, Friedrich, 4, 1834, S. 175–276. Dort die scharfe, quellengegründete Zurückweisung des Berliner Stimmungsberichtes vom Sterbetage Mirabeaus, den Friedrich-Gegner noch heute zitieren: „die grundloseste Unwahrheit". – *H. Jessen* (Hg.), Augenzeugenberichte, 1972, S. 478 f.

173 Lebensende: Acta Borussica, Behördenorganisation, Bd. 16,2, Nr. 624 ff., 641 („keine Sklaven"), 644 (Tod). – Im Privattestament (Übersetzung *G. B. Volz*), Werke, Bd. 7, S. 287–291, lautet der Schlußsatz: „Bis zu meinem letzten Atemzuge werden meine Wünsche dem Glück des Staates gelten. Möchte er stets mit Gerechtigkeit, Weisheit und Stärke regiert werden! Möchte er durch die Milde der Gesetze der glücklichste, in seinen Finanzen der bestverwaltete und durch ein Heer, das nur nach Ehre und edlem Waffenruhm trachtet, der am tapfersten verteidigte sein! Möchte er blühen bis an das Ende der Zeiten!"

174 Gefüllter Staatsschatz: AB, Behördenorganisation, 16,2, Nr. 643. – *R. Koser*, Die preußischen Finanzen von 1763–1786, in: FBPG 16 (1904), S. 445–476.

175 *H. v. Caemmerer*, Testamente, 1915, S. 462.

176 Regierungsantritt des Nachfolgers: GStAPK, Berlin-Dahlem, Rep. 96; Kabinettsorder Friedrich Wilhelms II. – AB, Behördenorganisation, Bd. 16,2, Nr. 644. – *G. Heinrich*, Friedrich Wilhelm II. v. Preußen, Bürgerkönig in der Zeitenwende. In: Friedrich Wilhelm II. und die Künste, 1997, S. 23–33.

177 Beisetzung Friedrichs: *Fr. Agramente y Cortijo*, Friedrich d. Gr. Die letzten Lebensjahre, Berlin 1928. – *R. Koser*, Friedrich, 3, 1913, S. 548 (9.9.), 4, S. 118. – *Kletschke*, Letzte Stunden und Leichenbegängnis Friedrichs II., 1786. – *K. A. S. Rödenbeck*, Tagebuch, Bd. 3, 1842, S. 363 f. Das Testament von 1769: *H. v. Caemmerer*, Testamente, 1915, S. 461–465. – *H. J. Giersberg*, Die Ruhestätte Friedrichs des Großen zu Sanssouci, 1991 (über Tod, Testamente, Gruft und Königssärge). – *H. L. Manger*, Baugeschichte, Bd. 2, 1789, S. 504–532. – *F. Laaske*, Die Trauerfeierlichkeiten Friedrichs d. Gr., 1912, S. 12 ff. – *F. S. G. Sack*, Gedächtnispredigten auf ....Friedrich den Zweyten ... Berlin o. J. [1786].

178 Nachleben, Legenden, früher Königskult: *E. Helmuth*, Die „Wiedergeburt" Friedrichs des Großen und der „Tod fürs Vaterland". Zum patriotischen Selbstverständnis in Preußen in der zweiten Hälfte des 18. Jahrhunderts. In: Aufklärung 10 (1998). – *Friedrich Nicolai*, Anekdoten von Königs Friedrich II. und von einigen Personen, die um ihn waren, Berlin u. Stettin, 1788–1792. – *H. Möller*, Aufklärung in Preußen, 1974, S. 330–362 (keine „Stilisierung eines goldenen Zeitalters"). – *G. B. Volz*, Aus der Welt Friedrichs des Großen, 1922, S. 165–178 (= Die friderizianischen Anekdoten-Bilder). – Friedrich der Große (Katalog), 1986, S. 341–397: Nachleben im Bild (*H. Börsch-Supan*).

179 Glaube an die relative Unverwundbarkeit: *J. Richter*, Fredersdorf, 1926, S. 58 (9.10.1745); in der Schlacht bei Soor wurde dem Pferd des Königs durch eine Granate der Kopf abgerissen. – Kaltblütigkeit: *W. Hofmann*, „Flegels", 1986, S. 385–387.

[180] Einzug in den Olymp, Kupferstiche: *G. Heinrich*, Friedrich der Große, 1978, S. 155–184. – „Friedrichs des Zweiten Ankunft im Elysium", Kupferstich (Radierung) von *G. W. Hoffmann*, 1788, mit Erläuterungsblatt der dargestellten Personen. Neben dem Hause Hohenzollern erscheinen u. a. Alexander, Marc Aurel, Caesar, Plato, der sein Buch über die beste Regierungsform zerreißt, weil er den erblickt,der sein Ideal noch übertroffen und die weiseste Regierungsform errichtet hat. Die Generale Zieten, Seydlitz und Schwerin eilen ihrem großen König entgegen; Abb. in Katalog, Friedrich d. Gr. 1986, S. 393 f. (*H. Börsch-Supan*).

[181] Sage und Volksverbundenheit: *H. Möller*, Aufklärung, 1974, S. 332 u.ö. – *W. Hofmann*, „Flegels", 1986, S. 392–399 (1800). – *G. B. Volz*, Spiegel, Bd. 3, 1927, S. 6–11 (Goethe); 74–80 (Herder); 103–111(Schiller);120–126 (Schubart); 257 ff. – *Ders.*, Friedrich d. Gr., Bilder, 1928, S. 215 (Anekdoten und Sagen-Kritik).

[182] Goethe: „Mit traurigen Blicken ...", *Volz*, a.a.O., S. 79 f. – *Lichtenberg* über Wilhelm v. Humboldt: „Wenn es anders unter dieser Regierung (Friedrich Wilhelm II.) so geht, wie unter Friedrich II., dass nur allein Geistesvorzüge zu hohen Stellen führen, so wird er dereinst eine große Rolle spielen ..." (= L., Schriften und Briefe, Bd. 4, 1967, S. 740).

[183] Größe: *J. Burckhardt*, Weltgeschichtliche Betrachtungen, Krefeld, 1947, S. 221 ff., 244–248, 258 ff. – *Th. Schieder*, Friedrich, 1983, S. 473 ff., 488–491, 528 f. – *W. Bußmann*, Friedrich der Große im Wandel des europäischen Urteils. Zuletzt in: W. B., Wandel und Kontinuität in Politik und Geschichte, Boppard, 1973, S. 255 ff. – *P. Baumgart*, Friedrich der Große als europäische Gestalt, 1988, S. 931.

Zeittafel

1701 Kurfürst Friedrich III. von Brandenburg-Preußen krönt sich in Königsberg zum König in Preußen.

1712 *Friedrich* wird am 24. Januar im Berliner Schloß als viertes Kind des Kronprinzenpaares Friedrich Wilhelm (1688–1740) und Sophie Dorothea (1687–1757) geboren. Neun weitere Kinder folgen bis 1730.

1713 Friedrich Wilhelm I. tritt als „König in Preußen" am 25. Februar die Regierung an.

1714 Der Hofmaler Antoine Pesne malt den zweijährigen Friedrich mit seiner fünfjährigen Schwester Wilhelmine im Auftrage der Königin. Der Prinz trägt eine Trommel (Schloß Charlottenburg).

1715 Die Bevölkerung Brandenburg-Preußens (einschließlich der aktiven Militärbevölkerung) umfaßt rund 1.700.000; 1740 sind es 2.381.700 Personen.

1716 Jacques Egide Duhan de Jandun (1685–1746) wird am 31. Januar zum Erzieher („informator") des Kronprinzen ernannt (–1727). Erzieherinnen sind im Auftrag der Königin Frau von Rocoulle und deren Tochter Martha Duval.

1717 Zar Peter der Große besucht Berlin und Potsdam (19.–23.9.), erregt Aufsehen bei Hofe, ebenso die Zarin Katharina mit ihrem sarmatischen Gefolge. – Prinz Eugen erobert Belgrad. Der Kaiser verweigert seine Zustimmung zur Erwerbung Stettins, verlangt jedoch die Bezahlung der Römermonate (Reichssteuer) zum Türkenkrieg.

1718 Albrecht Conrad Graf Finck von Finckenstein (1660–1735) übernimmt (gemeinsam mit Christoph Wilhelm von Kalckstein) die Aufsicht über die Erziehung des Kronprinzen (Oberhofmeister); die Söhne des Generals sind Spielgefährten des Kronprinzen. Von ihnen dient Karl Wilhelm (1714–1800) seit 1735 vier Königen als Diplomat und Kabinettsminister.

1719 Friedrich erhält Musikunterricht durch den Domorganisten Heyne.

1720 Preußen gewinnt im Frieden von Stockholm Vorpommern bis zur Peene mit Stettin; es zahlt 2 Millionen Taler.

1721 Beginn des „Retablissements" in Ostpreußen.

1722 Geburt des Prinzen August Wilhelm (9. August), Vater des späteren Königs Friedrich Wilhelm II. (1744–1797).

1723 Innere Staatsreform: Zivil- und Militärbehörden werden im „Generaldirektorium" zusammengefaßt.

1724 Ausbau der Medizinalanstalten in Berlin.

1725   Oberste Medizinalbehörde: Obercollegium medicum.

1726   Gründung der Charité. – Bildnis (Bayreuth): „Friedrich II., wie er in seinem
        14. Jahre Wache steht vor dem Palais seines Vaters". – Beginn des Vater-Sohn-
        Konfliktes. Reglement für die Infanterie (1.3.).

1727   Kriegsrüstungen in der Mittelmark, in Magdeburg und in Wesel.

1728   Friedrich beobachtet an der Seite seines Vaters das galante Leben am Hofe
        Augusts des Starken in Dresden. Er begegnet der Gräfin Orzelska, besucht
        erstmals eine Oper und lernt den Flötisten J. J. Quantz kennen. Danach setzt
        eine gesundheitliche Krise ein.

1729   Der König sucht einen „bon ami" für den Kronprinzen, um dessen Befinden er
        sich sorgt. – Krankheit und Resignationsgedanken des Vaters, der sich „über
        alles ergerdt".

1730   Friedrich versucht in Steinsfurt (bei Heilbronn), dem König zu entfliehen
        (4.8.). Er wird mit dem beteiligten Leutnant Hans Hermann von Katte (1704–
        1730) arretiert und über Wesel nach Küstrin/Oder gebracht. Katte wird hin-
        gerichtet (6.11.), nachdem der König den Spruch des Kriegsgerichts (Schloß
        Köpenick) verschärft hatte („Desertion"). Friedrich arbeitet auf der Kriegs-
        und Domänenkammer Küstrin (19.11.1730–4.4.1732).

1731   Friedrich schreibt an Karl Dubislav von Natzmer über sein politisches Pro-
        gramm.

1732   Der Kronprinz übernimmt das Infanterie-Regiment von der Goltz in Nauen
        und Neuruppin. – Er nimmt den Geiger Graun als Konzertmeister in seinen
        Dienst. – Rußland, Österreich und Preußen verständigen sich über die polni-
        sche Thronfolge. – Mehr als 15.000 aus Salzburg verdrängte Protestanten
        kommen nach Preußen.

1733   Gegen seinen Willen wird der Kronprinz mit Elisabeth Christine von
        Braunschweig-Bevern verheiratet. – Mit dem Kanton-System beginnt eine
        neue Ordnung des Wehrersatzes und der Rekrutenbildung.

1734   Friedrich trifft am Oberrhein den Kaiserlichen Feldherrn Prinz Eugen. – Das
        Rheinsberger Schloß wird durch Kemmeter, seit 1737 durch Knobelsdorff für
        den kronprinzlichen Hof umgebaut. Über die Reise nach Süddeutschland mit
        seinem Vater hinterläßt der Kronprinz ein (erstes) Tagebuch. – Der König
        überträgt dem Kronprinzen, dessen Bedeutung und Regierungsfähigkeit ihm
        während der dreimonatigen Heerfahrt und seiner schweren Krankheit deutlich
        geworden ist, Unterschriften-Vollmacht in Justiz- und anderen Sachen und läßt
        ihn von sofort an regelmäßig mit politischen Akten versorgen (25.10. ff.).

                                    1735

Außenpolitik, Kriege: Kämpfe in Polen und Polnisch-Preußen (Westpreußen). In
Ost-Preußen: „Ich habe seine guten Seiten und andererseits auch sein nacktes Elend
gesehen. Entschließt sich der König nicht, gegen Neujahr die Magazine zu öffnen, so

können Sie darauf rechnen, daß die halbe Bevölkerung verhungert; so schlecht ist die Ernte in den beiden letzten Jahren gewesen." In Königsberg trifft der Kronprinz mehrfach mit König Stanislaus von Polen zusammen: „Heute war ich in der Schloßkirche ..., dann bei der Parade, zu der ich getragen wurde ... Bei der Rückkehr begegne ich ein paar hundert Berittnen, lauter Polen, die ihre Pferde Kunststücke machen ließen; die Pferde sämtlich von vorzüglicher Rasse und von den größten Schmutzfinken der Welt geritten. Kurz darauf kam König Stanislaus in Kattes Wagen aus der Messe. Wir haben uns große Reverenzen gemacht ... ich hielt den Polen eine Ansprache, an der nichts fehlte und versicherte ihnen, mein Vater, der König, sei sehr für ihre Freiheit eingenommen und wünschte nichts mehr, als daß sie während des Aufenthalts in seinen Staaten zufrieden sein möchten" (9.10.).

Jahresablauf, Reisen: Berlin und Potsdam; überwiegend in Neuruppin beim Regiment, das der Kronprinz bei der Berliner Generalrevue vorführt (4.6.); Ernennung zum Generalmajor (29.6.). – „Der Kronprinz soll nach Berlin kommen, die Kronprinzessin über den Tod ihres Vaters zu trösten" (7.9.). – Pommern und Preußen: Soldin – Köslin – Marienwerder – Mohrungen – Bartenstein – Wehlau – Königsberg – Elbing – Danzig – Preußisch Stargard – Berlin (23.9.–30.10.). – König und Kronprinz besichtigen in Halberstadt die vom Rhein zurückkehrenden Regimenter (22.11.).

Kunst, Kultur: In Neuruppin („Ruppin") entsteht auf den Wallanlagen der Apollo-Tempel im Amalthea-Garten als Stätte literarischer und geselliger Muße (Knobelsdorff). – Der Kapellmeister und Komponist Carl Heinrich *Graun* (1704–1759) übernimmt die Leitung der Rheinsberger Hofkapelle und bleibt lebenslang in preußischen Diensten.

Korrespondenzen, Gäste: Wiederholt v. Manteuffel, der Chefminister v. Grumbkow.

Zur Lage: „Um recht politisch zu verfahren, muß man alle Punkte seiner Religion aufs genauste prüfen und sich vom Zweifel leiten lassen, um Irrtum und Vorurteile zu meiden und der Wahrheit auf die Spur zu kommen. Hat man hierauf das gewählt, was einem als das Richtigste und Vernünftigste vom Standpunkt des gesunden Menschenverstandes erscheint, so muß man frühzeitig daran glauben und sich im übrigen auf die Barmherzigkeit des Schöpfers verlassen" (an Grumbkow, 10.11.).

1736

Außenpolitik, Kriege: Truppenbewegungen in Ungarn gegen die vermutete Expansion der Türken. – Maria Theresia, Erzherzogin von Österreich und designierte Königin von Ungarn, heiratet Herzog Franz Stephan von Lothringen. Der kaiserliche Heerführer Prinz Eugen von Savoyen stirbt (21.4.). – Der König, wütend über die kaiserliche Politik, die den verbündeten Preußen Werbung in den Niederlanden verbietet und Gelder schuldet: „So lange man uns nötig hat, so lange flattiret man; so bald man aber glaubet, der Hilfe nicht mehr zu gebrauchen, so ziehet man die Maske ab und weiß von keiner Erkenntlichkeit ... die Lumpen!" (6.2.). – Regierungs-Konferenzen zum beschleunigten Aufbau Ostpreußens: bessere Bauten, geringere Belastung der

Amts-Bauern (27.7.). – Ausbau der Festung Magdeburg (Dessau, 19.2.). – Ausbau der Salpeter-Produktion (Sprengstoff) bei Magdeburg (13./18.3.).

Jahresablauf, Reisen: Berlin (24.1.). – Dann überwiegend (Neu-)Ruppin, unterbrochen von der Teilnahme mit dem Regiment in Berlin. – Erstmals in Rheinsberg (7.6. ff.). – Revue in Magdeburg mit dem König (16.–24.6.). – (Ost-)Preußen: Gumbinnen, Wehlau, Königsberg, überwiegend mit dem Vater (3.7.–8.8.). – Rheinsberg (nebst Ruppin; –7.12.), dann Berlin in der Königs-Familie.

Kunst, Kultur: Der König besichtigt das umgebaute Schloß Rheinsberg (4.–6.9.). – Die kleine Kapelle des Kronprinzen wird nun sogleich auf 17 Musiker erweitert. – Erste Theater-Aufführungen am Grienerick-See.

Dynastie: Der Kronprinz an seinen ehemaligen Lehrer Duhan über das weiterhin gespannte Verhältnis zu seinem Vater: „Die Bande des Blutes gebieten mir Stillschweigen über ein Thema, über das ich manches zu sagen hätte, ein Thema, bei dem die spitzfindige Unterscheidung zwischen dem Haß auf die schlechte Handlung und der Liebe zu dem, der sie begeht, hinfällig werden könnte" (2.10.).

Korrespondenzen, Gäste: König Stanislaus von Polen (19.4.). – Erster Brief an Voltaire (8.8.). – Ständige Gäste: Jordan, Fouqué u. a. – Besuch der Herzogs-Familie von Mecklenburg-Strelitz („Mirokesen"), von der Land-Residenz Mirow aus in Rheinsberg (17.11.).

Zur Lage: An Grumbkow: „Ich bin Ihnen sehr verpflichtet für die Wünsche, die Sie mir für meine Fortpflanzung aussprechen, und wenn ich dieselbe Bestimmung habe wie die Hirsche – die gegenwärtig in der Brunftzeit sind –, so könnte jetzt in neun Monaten geschehen, was Sie mir wünschen. Ich weiß nicht, ob es ein Glück oder Unglück für unsere Neffen und Großneffen sein würde; die Königreiche finden immer Nachfolger, und es ist ganz ohne Beispiel, daß ein Thron leer geblieben ist" (23.9.).

1737

Außenpolitik, Kriege: Fortdauer der geringschätzigen Politik der Westmächte und des Kaiserhauses gegenüber den preußischen Ansprüchen auf Jülich und Berg. – Verwirrung und Intrigen würden nun nach Ansicht Friedrichs in Wien einsetzen. Der Französische Gesandte Marquis de La Chétardie besucht den Kronprinzen in Rheinsberg (21.8.). Rußland setzt in Polen die Wahl seines Kandidaten Friedrich August II. von Sachsen (1696–1763) durch.

Herrschaft in Rheinsberg: Der Kronprinz erwirbt für seine Rheinsberger Herrschaft das Gut Zernikow (mit Geldern des Vaters).

Jahresablauf, Reisen: Aufenthalte überwiegend in Rheinsberg, in Ruppin, Berlin und Potsdam (auf Geheiß des Vaters). – In Berlin unterrichtet sich Friedrich bei dem Minister v. Grumbkow, mit dem er korrespondiert, über die politische Lage (12.12.).

Kunst und Kultur: Knobelsdorff malt den König (3.5. ff.). Der Kronprinz läßt durch den Baron Keyserlingk die Verbindung zu Voltaire herstellen (Juli/August). Die Universität Göttingen wird eröffnet.

Dynastie: Der König besucht die Verwandtschaft der Markgrafen in der Residenz Schwedt (10.7.) und reist weiter nach Stettin, um Fortschritte im Ausbau von Hafen und Festung zu besichtigen. – Die Kronprinzessin wohnt von Mai/Juni bis August/September und im November/Dezember (wie bisher) bei der Königin.

Korrespondenzen, Gäste: In Rheinsberg besuchen das Kronprinzenpaar Prinz Leopold von Anhalt-Dessau, Ferdinand von Braunschweig sowie Knobelsdorff.

1738

Außenpolitik, Kriege: In dem polnischen Thronfolgekrieg (1733–1735) verliert Österreich gegen Frankreich, Spanien und Sardinien fast ganz Italien und Lothringen.

Jahresablauf, Reisen: Aufenthalte in Rheinsberg, Ruppin, Nauen, Berlin und Potsdam. – Den König begleitet er nach Kleve, Wesel, Schloß Moyland und Braunschweig (6.7.–15.8.).

Kunst und Kultur: Häufigere Korrespondenzen mit Voltaire, der einen Teil der Texte Friedrichs zur politischen Lage Europas erhält. – Der Bach-Sohn Carl Philipp Emanuel wird nach Rheinsberg gerufen; er kann jedoch aus Etatsgründen erst 1740 angestellt werden. – In Braunschweig läßt sich der Kronprinz in den Freimaurer-Orden aufnehmen (14./18.8.). – Weiterhin wechselnde Stimmungen des Königs gegenüber dem Kronprinzen und anderen Familienangehörigen. – Krankheit des Königs (24.6.); die Familie in Potsdam.

Korrespondenzen, Gäste: Werke: „Betrachtungen über den gegenwärtigen Zustand Europas". – Plan einer anonymen Flugschrift, um auf die Außenpolitik der Westmächte einzuwirken.

1739

Außenpolitik: Der Streit um die bevorstehende Nachfolge im Herzogtum Jülich-Berg spitzt sich zu. Diplomatische Absprachen Preußens mit Frankreich bleiben ohne Wert.

Innenpolitik, Wirtschaft: „Seit Grumbkows Tode ist dort [in Berlin] alles verändert. Sein Ableben hat bei uns den politischen wie den häuslichen Frieden wiederhergestellt". – In Ostpreußen schenkt der König dem Kronprinzen das Gestüt Trakehnen: „Das bringt mir mit der Zeit 18.000 Taler Einkünfte" (27.7.).

Jahresablauf, Reisen: Berlin (1.1.–9.2.); Rheinsberg und Neuruppin (12.2.–17.5.); Berlin und Rheinsberg (21.5.–9.7.); Ostpreußen (18.7.–15.8.); danach im Wechsel Rheinsberg, Ruppin und Berlin.

Kunst und Kultur: Regelmäßige Lektüre der Schriften des Niccolò Machiavelli; Niederschrift in Rheinsberg des „Anti-Machiavell", den Voltaire durchsieht. In Berlin wird die Dreifaltigkeitskirche in Gegenwart von König und Kronprinz eingeweiht. Der italienische Schriftsteller Francesco Algarotti begeistert den Kronprinzen für die Architektur Italiens.

Dynastie: Die Kronprinzessin wohnt ständig neben dem Kronprinzen in Rheinsberg. Sie wird, entgegen den Wünschen ihres Schwiegervaters, nicht schwanger.

Korrespondenzen, Gäste: Freiherr von Bielfeld: „Friedrich ist in allem ausgezeichnet. Er tanzt schön, mit Leichtigkeit und Grazie, und er ist ein Freund jedes anständigen Vergnügens, mit Ausnahme der Jagd, die in seinen Augen Geist und Zeit tötend und, wie er sagt, nicht viel nützlicher ist als das Ausfegen eines Kamins" (30.10.).

1740

Außenpolitik, Kriege: König Friedrich Wilhelm I. stirbt im Potsdamer Stadtschloß (31.5.). – Friedrich übernimmt den Staat mit 2,2 Millionen Einwohnern und einem Münz-Schatz von ca. 8 Millionen Talern sowie einer minimalen Staatsschuld. – Kaiser Karl VI. stirbt in Wien (20.10.). Seine Tochter Maria Theresia folgt ihm als Königin von Ungarn und Erzherzogin von Österreich. Der Österreichische Erbfolgekrieg beginnt. – Engländer und Franzosen kämpfen in Nordamerika um ihre kolonialen Gebiete. – Kaiserin Anna von Rußland stirbt (28.10.). – Beginn des 1. Schlesischen Krieges; Ausmarsch der Berliner Garnison (24.11.). Gleichzeitig Defensiv-Allianz zwischen Preußen und Rußland.

Innenpolitik, Wirtschaft: Abschaffung der Tortur (Folter) mit Ausnahme der Aufklärung von Staatsverbrechen und von Mordtaten terroristischer Banden (3.6.). Der König ermahnt die Amtsträger im Geistlichen Departement: „Die Religionen müssen alle tolleriret werden und mus der Fiscal nuhr das Auge darauf haben, daß keine der andern Abruch tuhe, den hier mus ein jeder nach seiner Fasson selich werden" (22.6.). – Im Generaldirektorium wird ein V. Departement für Kommerzien und Fabriken eingerichtet. – Erlaß des Königs zum Regierungsantritt (28.6.). – Ausbau des Hafens von Swinemünde. – Toleranzedikte, um Ausländer anzuwerben. – Not im Lande: Einkauf von Roggen für die Getreide-Magazine (27.9. ff.).

Jahresablauf, Reisen: Januar bis Ende Mai: Rheinsberg, (Neu-)Ruppin, Berlin (Palais) – Potsdam (27.5. ff.). – Regierung von Charlottenburg aus; dort erste Minister-Revue (14.6.). – Ostpreußen, Hinterpommern (7.–24.7.). – Franken und Westdeutschland: Straßburg (23.8.), Speyer, Wesel, Hamm, Lippstadt, Herford, Minden, Salzdahlum, Magdeburg (Erbhuldigungen; 15.8.–23.9.). –27./28.10. Kronrat in Rheinsberg mit Außenminister Podewils und Feldmarschall Schwerin. Abschied von der Königin im Stadtschloß (10.–12.12.). – Abreise nach Niederschlesien in die Schweidnitzer Vorstadt von Breslau (13.–31.12.).

Kunst und Kultur: Erste Begegnung mit Voltaire (11.9.; Schloß Moyland bei Wesel). – Der Philosoph Christian Wolff wird nach Halle zurückberufen. – Einladung an Maupertuis, der mit dem König nach Berlin reist (14.9.). – Knobelsdorff Oberintendant der königlichen Schlösser, Häuser und Gärten. – Friedrich arbeitet am Antimachiavell in Ruppin, Rheinsberg und Berlin und schickt die letzten Kapitel an Voltaire (3.2.). – Erweiterung der Hoforchester: Graun Hofkapellmeister, Carl Philipp Emanuel Bach Kammercembalist.

Dynastie: Wohnungen in den Schlössern Rheinsberg und Charlottenburg (bis 13.12.). – Befürchtete Desertion des Markgrafen Heinrich Friedrich von Schwedt.

Korrespondenzen, Gäste: Voltaire kommt als Agent der Pariser Regierung nach Berlin und Rheinsberg (19.11.–2.12.).

Zur Lage: „Der Augenblick zur völligen Umgestaltung des alten politischen Systems ist gekommen."

1741

Außenpolitik, Kriege: Die Armee umfaßt nunmehr 117.000 Mann. – Österreich unterliegt in der Schlacht bei Mollwitz (10.4.). Frankreich garantiert Friedrich den Besitz Niederschlesiens mit Breslau. – Die schlesischen Stände huldigen in Breslau dem Hohenzollern und Nachfahren der Liegnitzer Herzöge als „souveränem und oberstem Herzog" in Schlesien (7.11.). – Der König zum Dankgottesdienst in der Breslauer Stiftskirche (5.11.). – Die Festung Glogau wird gestürmt (9.3.). Breslau wird militärisch besetzt (10.8.).

Innenpolitik, Wirtschaft: Samuel von Cocceji (1679–1755) beginnt im Herbst die Neuordnung der Rechtsverhältnisse in Schlesien. – Instruktion zur Freiheit des evangelischen Gottesdienstes und zum Schutz der Katholiken in Schlesien (22.1.). – Planung der neuen Kanalverbindungen zwischen Oder, Havel und Elbe. – Bessere Behandlung der böhmischen Emigranten („meine Unterthanen") in Schlesien (11.3.).

Jahresablauf, Reisen: Rückkehr aus Schlesien (29.1.), Berlin (–4.2.), Ruppin (–9.2.). – Schlesien (19.2.–10.11.): Der König überlebt den Überfall in Baumgarten am Eulengebirge (27.2.). – Dann wechseln Berlin, Charlottenburg, Potsdam.

Kunst und Kultur: Der Mathematiker Leonhard Euler (1701–1773) folgt Friedrichs Wunsch und arbeitet mit großem Erfolg an der Akademie der Wissenschaften. – Beginn der Bauarbeiten für die Königliche Oper in Berlin und den Neuen Flügel am Schloß Charlottenburg (Knobelsdorff mit Ideen Friedrichs). – J. J. Quantz (1697–1773) wird verpflichtet (3.000 Taler); Sonder-Honorare für jede Komposition und jede für den König gefertigte Flöte.

Dynastie: Fürstenbesuch aus Württemberg, Ansbach, Anhalt, Braunschweig. Heirat des König-Bruders August Wilhelm mit Luise von Braunschweig-Bevern, der Schwester der Gemahlin Friedrichs.

Zur Lage: „Ich bin nur König, solange ich frei bin. Falle ich, so soll meine Leiche nach römischer Art verbrannt und die Asche in einer Urne in Rheinsberg beigesetzt werden. In diesem Falle soll ferner Knobelsdorff ein Denkmal errichten wie das des Horaz in Tusculum (1.3.).

1742

Außenpolitik, Kriege: Österreich unterliegt in der Schlacht bei Chotusitz (17.5.). Frankreichs Truppen werden vor Frauenberg von den Österreichern zersprengt

(7./8.6.). England erzwingt den Friedensschluß mit Preußen. Im Präliminarfrieden (Breslau, 11.6.) und im Frieden von Berlin (28.7.) überläßt die Königin von Ungarn und Böhmen dem Königreich Preußen Ober- und Niederschlesien nebst der Grafschaft Glatz, behält jedoch die Fürstentümer Jägerndorf, Teschen und Troppau.

Innenpolitik, Wirtschaft: Patent betreffend das weltliche und geistliche Justizwesen in Niederschlesien (15.1.). Regulierung des evangelischen Kirchenwesens in Schlesien (13.9.). – Einrichtung der preußischen Verwaltung in Schlesien. Die Kammern in Breslau und Glogau nehmen die Arbeit auf. Graf Münchow wird Erster Provinzialminister. – „Edikt wegen Anlegung der Plantagen von Maulbeerbäumen" (12.11.).

Jahresablauf, Reisen: Abreise zu den Kriegsschauplätzen in Sachsen, Böhmen und Schlesien (18.1.). Berlin, Charlottenburg und Potsdam (12.7.–15.8.). – Magdeburg, Minden, Aachen, Wesel, Bielefeld, Schloß Salzdahlum bei Braunschweig (10.8.–12.9.). – Schlesien: Festung Glogau, Breslau, Neiße, Schweidnitz, Jauer, Liegnitz (16.9.–1.10.). – Berlin, Charlottenburg (Ruppin, Rheinsberg 13./14.), Potsdam (2.10.–31.12.).

Kunst und Kultur: Erneute Patente für ausländische Künstler, Ouvriers und Fabrikanten. – Knobelsdorff beginnt den Berliner Tiergarten zu gestalten, arbeitet an den Erweiterungen in Charlottenburg, Monbijou und am Neubau des Opernhauses. Dort wird Grauns „Cleopatra" zur Eröffnung gegeben. – In Breslau wohnt der König ostentativ der Friedenspredigt des Kardinals Sinzendorff in der Stiftskirche bei (8.7.).

Dynastie: Prinz Heinrich begleitet den König (18.1. ff.). – Prinz August Wilhelm (Bruder) und Herzog Ferdinand von Braunschweig begleiten den König in Schlesien (7.4. ff.). Ferdinand erhält den Schwarzen Adlerorden (30.6.).

Korrespondenzen, Gäste: Ferdinand von Braunschweig (10.1.), Markgraf und Markgräfin von Schwedt (Anfang Januar), Dompropst Schaffgotsch aus Breslau (17.5.), Landgraf Wilhelm von Hessen-Kassel (26.5.). – Voltaire reist ab nach Brüssel (12.10.). – Politische Gespräche mit Marschall Moritz von Sachsen (9.2., 30.3.).

Zur Lage: „Im Publikum macht man sich gewöhnlich eine abergläubische Vorstellung von den Umwälzungen der Staaten; steht man aber selbst hinter den Kulissen, so sieht man, wie meistens die bezauberndsten Szenen auf sehr gewöhnliche Weise und mittelst ganz gemeiner Kerle in Bewegung gesetzt werden, die in ihrem wirklichen Zustande nur den Unwillen der Zuschauer erregen" (zu Voltaire, 3.2.). – Der König an seine Frau nach der Schlacht bei Chotusitz: „Gnädige Frau, Wir befinden uns Gott sei Dank alle außerordentlich wohl und haben die Österreicher ordentlich geschlagen. Der Sieg ist größer und vollständiger als der bei Mollwitz. Wir haben unsterblichen Ruhm für unsere Truppen erfochten. Wir haben nur geringe Verluste, der Feind dagegen sehr bedeutende gehabt" (17.5.).

1743

Außenpolitik, Kriege: Kämpfe zwischen Maria Theresia und dem Kaiser Karl VII. an Donau und Main. – Bei Dettingen (27.6.) wird ein französisches Heer zum Rückzug gezwungen. – Der König besichtigt mit dem Feldmarschall Graf Seckendorff in

Wendingen (bei Ansbach) das Lager der kaiserlichen Truppen. – In Rußland wird der auf England orientierte Graf Alexei Bestushew Vizekanzler der Zarin Elisabeth. – Die bisherige Führungsgruppe nach Sibirien verbannt.

Innenpolitik, Wirtschaft: Steuerwesen: Kontributions-Verfassung für das „Erb-Herzogtum" Schlesien und die Grafschaft Glatz (23.4.). – Die Arbeiten für den Ausbau des Finow- und des Plauer Kanals (Elbe – Oder) beginnen (1743–1746). – Rüstung: Zwei Drittel der Rekruten sollen durch Werbungen in nicht-preußischen Landen beschafft werden. – In Breslau setzt Friedrich den Prälaten Schaffgotsch als Koadjutor des Kardinalerzbischofs Sinzendorff ein. – Dietloff von Arnim(-Boitzenburg) wird Justizminister für Schlesien.

Jahresablauf, Reisen: Nach der Schlesien-Reise (–1.4.) Berlin – Potsdam – Charlottenburg; Magdeburg (17.–25.6.); Schlesien (18.7.–12.8.); Franken (über Dessau – Halle – Nürnberg: 10.9.–24.9.); Berlin – Potsdam, Brandenburg/H., Charlottenburg (25.9.–31.12.).

Kunst und Kultur: Einweihung des Neuen Flügels von Charlottenburg in Gegenwart der Königin und der Prinzessinnen (29.8.). – Der Saal im Opernhaus wird mit der Oper „La Clemenza de Tito" eröffnet (12.10.). – Idee des Schlosses „Sans souci" (24.8.).

Dynastie: Starke Differenzen mit den markgräflichen Höfen in Bayreuth und Ansbach. – Treffen der gesamten Berliner Familie in Charlottenburg (2.6., u. a. 5.11., 2.12.). Der König läßt sich regelmäßig auf seinen Staatsreisen von seinem Bruder Heinrich, Ferdinand von Braunschweig und Georg Wilhelm von Hessen-Darmstadt (1723–1782) begleiten. „Wenn der König nach Berlin kam, so war gewöhnlich seine Gemahlin Tags vorher von Schönhausen auch in Berlin eingetroffen, und Beide speisten dann in Monbijou bei der Königin Mutter" (16.8., Rödenbeck).

Korrespondenzen, Gäste: u. a. Graf Rothenburg, Kardinal Sinzendorff, Voltaire (30.8.–12.10.).

Zur Lage: „In Meinem Lande Seindt alle Religionen frei, also Sol ihnen die Schule verstattet werden" (betr. Katholische Schule in Krefeld, 6.4.). – An den Kardinalbischof von Breslau: „Der Heilige Geist und Ich sind überein gekommen, daß der Prälat Schaffgotsch Coadjutor von Breslau sein soll, und die von Ihren Domherren, die sich dem widersetzen, sollen als Leute betrachtet werden, die dem Wiener Hofe und dem Teufel ergeben sind, und die den höchsten Grad der Verdammnis verdienen, weil sie dem Heiligen Geist Widerstand leisten" (17.12.).

1744

Außenpolitik, Kriege: Ostfriesland mit Emden fällt auf dem Erbwege an Preußen. Der König ergreift erneut die Partei des wittelsbachischen Kaisers Karl VII. Wiederum Abschluß einer Allianz mit Frankreich. Bündnis mit Bayern, der Pfalz und Hessen. Den 2. Schlesischen Krieg eröffnet Friedrich mit dem Einmarsch in Böhmen. Sein Heer umfaßt nunmehr 124.000 Mann. – Eroberung von Prag (16.9.) und Verlust von Böhmen (bis Jahresende); die preußische Infanterie verliert durch Desertion,

Krankheiten und Verluste im Gefecht ein Viertel des Bestandes (15.000 Mann). Reorganisation in Schlesien im Winter 1744/45.

Innenpolitik, Wirtschaft: Der König befiehlt, unter Aufsicht von Fredersdorf den silbernen Trompetenchor und sonstiges Silbergerät heimlich auf dem Schiff in die Münze zu schaffen, um es einschmelzen zu lassen (12./44.).

Jahresablauf, Reisen: Berlin – Potsdam; Rheinsberg (20.–22.2.); Schlesien (13.2.–28.3.); Berlin – Potsdam; Pyrmont (über Wolfenbüttel, 20.5.–9.6.); Berlin, Charlottenburg, Schönhausen; Böhmen – Schlesien (14.8.–24.12.); Berlin, Potsdam (25.–31.12.).

Kunst und Kultur: Reorganisation und Belebung der Akademie der Wissenschaften, die im Berliner Stadtschloß tagt (23.1. ff.). – Erweiterung des Stadtschlosses in Potsdam (Knobelsdorff, Hildebrandt). – Die italienische Sängerin Barbarina tritt zum ersten Mal im Schloß auf (13.2.). Johann Gottlieb Gleditsch (1714–1786) erhält als Botaniker einen Ruf an die Akademie der Wissenschaften und wird 1746 Leiter des Botanischen Gartens. Er untersucht die Sexualität der Pflanzen, lehrt bis zu seinem Tode an der Forsthochschule. – Weisung, den Sanssouci-Weinberg zu terrassieren (10.8.).

Dynastie: Der spätere Thronfolger Friedrich Wilhelm (II.) geboren (25.9.). – Die Fürstin von Anhalt-Zerbst besucht den König mit ihrer Tochter (Katharina) auf dem Wege nach Petersburg. – Herzog Friedrich von Württemberg wird in Berlin mit dem schlesischen Fürstentum Oels belehnt. – Herzog Karl Eugen von Württemberg wird mit Elisabeth Friederike von Brandenburg-Bayreuth verlobt. – Der König schreibt für ihn, der sich unter der Obhut seiner Mutter zur Erziehung in Berlin befand, den „Fürstenspiegel" (von den Pflichten des Monarchen). Dieser, der am 5.2. die kaiserliche Volljährigkeitserklärung vom König im Berliner Stadtschloß empfangen hatte, erhält am 6.2. die Empfehlungen für seine Regierung, die er sofort antrat.– Des Königs Schwester Luise Ulrike heiratet den schwedischen Thronfolger. – Prinz Heinrich erhält Rheinsberg. Prinz August Wilhelm: „Prinz von Preußen". – Markgraf Friedrich Wilhelm von Brandenburg-Sonnenburg fällt vor Prag (12.9.). Beisetzung im Berliner Dom (2.10.).

Korrespondenzen, Gäste: Prinz Heinrich (6.4. ff.), der russische Vizekanzler Graf Bestushew; der Breslauer Koadjutor wird Fürst. – Scharfe Ermahnungen an seinen Verbündeten König Ludwig XV. von Frankreich wegen der Mißerfolge seiner Generale (12.7.). – Befehl an General Otto v. Schwerin, die preußischen Husaren zur Manneszucht anzuhalten und keine Exzesse zu begehen (10.8.).

Zur Lage: Nota bene: „Ihr solet also mit dergleichen lateinischen Rubruquen sparsamer sein und, wenn Ihr etwas berichtet oder zur Unterschrift schicket, hübsch Teutsch schreiben, solches auch denen Secretarien der Kanzlei bekannt machen" (gegen das unverständliche „arabisch" der Juristen, 7.8.).

1745

Außenpolitik, Kriege: Quadrupel-Allianz: England, Holland, Österreich und Sachsen-Polen verbünden sich (8.1.). – Kaiser Karl VII. stirbt (20.1.). Die Kaiserin Maria

Theresia läßt in Leipzig mit Sachsen insgeheim die Aufteilung aller Länder des Königs von Preußen verabreden (18.5.). Ihre Truppen und die des Kurfürsten von Sachsen unterliegen in den Schlachten bei Hohenfriedeberg (4.6.; Prinz Karl von Lothringen als Feldherr der Kaiserin wird vernichtend geschlagen: 15.000 gegen 4.751 (905 Gefallene) Mann Verluste, Soor (30.9.), Hennersdorf und Kesselsdorf (15.12.). Die erbeuteten Fahnen und Standarten werden in die Berliner Garnisonkirche gebracht (11.11.). – England löst sich bereits im Sommer aus der Koalition und vergleicht sich mit Preußen (26.8.). – Der König zum Dank-Gottesdienst in der Dresdner Frauenkirche (26.12.). – Der 2. Frieden von Dresden bestätigt den Besitz Schlesiens (25.12.). Friedrich anerkennt den Gemahl Maria Theresias als Kaiser Franz I.; Wahl zum Römischen König (18.9.). – Illumination Berlins zur Rückkehr des Königs (28.12./11.1.1746).

Innenpolitik, Wirtschaft: Zum Schutz der einheimischen Seiden-Industrie wird die Einfuhr auswärtiger Sammet-Stoffe behindert (23.2.). – Verbot der Ausfuhr von jungen Maulbeerbäumen nach Braunschweig (3.11.). – Justiz: Der König befiehlt den Ministern v. Cocceji, v. Broch und v. Arnim, alle Anstrengungen zu unternehmen, die Prozesse in seinen Staaten zu verkürzen. – Rüstungsindustrie, Nachschub: Nach der Flucht des Prinzen Karl von Lothringen erbeuten die Truppen des Königs bei Görlitz 28.000 Tonnen Mehl, 100.000 Zentner Heu und das gesamte Magazin (24.11.). Ein wegen Diebstahls von 2 Blechplatten verhafteter Klempner wird auf Befehl des Königs freigelassen: „… nicht wehrt, einen Menschen nachher Spandau zu Schaffen" (15.10.).

Jahresablauf, Reisen: In Berlin und Potsdam (–15.3.), danach Schlesien (15.3.–9.6.), Böhmen (13.6.–20.10.), Berlin und Potsdam; Niederschlesien und Oberlausitz (11.11.–14.12.), Meißen, Dresden (15.–26.12.), Eröffnung des Karnevals in Berlin (29.12.), Charlottenburg und Stadtschloß (30./31.12.).

Kunst und Kultur: Beginn der Bauten am Potsdamer Weinbergschloß Sanssouci (13.1.); Ausführung: Kgl. Baudirektor Fr. W. Dieterichs. – Finanzplan des Königs für alle Bauten in Berlin-Potsdam und Ankauf von Dresdner Porzellan etc. – Festliche Empfänge (Tedeum im Dom, Illuminationen, Elogen des erfolgreichen Königs in Berlin (19., 28.12. ff.). – Friedrich weist die Intervention der Francke'schen Anstalten in Halle brüsk zurück, den dortigen Komödianten Vorstellungen in der Stadt zu untersagen (14., 19.2., 10.3.). Die evangelischen und katholischen Geistlichen sollen keinem Bürger seiner Staaten aus eigener Autorität den Gebrauch des Abendmahls verweigern (10.3.). Nach der Schlacht bei Soor (30.9.) bittet der als Folge eines Überfalls auf das Lager ausgeplünderte König seinen alten Lehrer Duhan de Jandun, ihm so rasch wie möglich eine neue Reise-Bibliothek zu beschaffen: Erwünscht seien die Werke von Boileau, Bossuet, Cicero, fast alles von Voltaire, Horaz, Gresset, Rousseau, Montesquieu u. a. m. (2.10.).

Dynastie: Die Prinzen August Wilhelm und Heinrich gehen zu den Truppen in Böhmen (24.4.). – Prinz Heinrich an den Pocken erkrankt, Besuch des Königs (16./17.9.). – Herzog Franz von Braunschweig (1732–1758), der Bruder des bei Soor gefallenen Herzogs Albrecht (1725–30.9.1745) und der Königin Elisabeth Christine, erhält dessen Regiment.

Korrespondenzen, Gäste: Der russische Kanzler Bestushew. – Friedrich besucht eine Gesellschaft des Breslauer Kardinals Sinzendorff (28.7.). – Der russische Vizekanzler Woronzow (20./21.7.). – Lordmarschall Keith (17.11.). – Der König tafelt bei einem kurzen Besuch in Berlin mit Podewils, Fr. L. Fel. v. Borcke, General v. Hake, Maupertius, Duhan sowie Hg. Friedrich Wilhelm von Holstein-Beck.

Zur Lage: „Ich habe den Rubikon überschritten, und ich will entweder meine Stellung behaupten oder ich will, daß alles zugrunde gehe und der preußische Name mit mir begraben werde" (an Podewils, 27.4.). – „Von den Österreichern fürchte ich nichts; das ist meine Antwort auf Ihre Bemerkung über die Schwäche meiner Garantien [in Dresden] für den Besitz Schlesiens. Sie haben Angst vor meiner Armee, sie fürchten mein Glück. Ich glaube, ich kann sicher sein, daß sie mich während der zwölf Lebensjahre [sc. 1757!], auf die ich noch rechne, in Ruhe lassen werden. Mein Gott, soll ich denn nie mein Leben genießen? Und dann liegt die wahre Größe doch sehr viel mehr darin, für das Glück meiner Untertanen als für die Ruhe Europas zu sorgen!" (ca. 20.12., Dresden, an Podewils). – An Fredersdorf: „... ich gedenke so viel geldt und Porzel zu bringen, daß ich darvohr Meine bagage ersetze. Saksen zwischen Dresden und Meißen ist völich Ruiniret, das übrige nicht. Hier ist vih und getreide wek, und die armee mus noch wieder zurüke marschiren! Mihr jammeren die tohten und blessirten unentlich, aber doch ist besser, bei Dresden, als bei berlin. Der friden Sihet wieder Weitläufig aus; gott weiß, was werden wirdt. Gottbewahre Dihr! Fch!" (16.12.).

1746

Außenpolitik, Kriege: Zwischenkriegszeit. – Preußen bleibt mit Rußland vorerst durch eine „Defensiv-Alliance" verbunden. – Verschlechterung der Beziehungen zu England. – Der Frieden (von Dresden) wird offiziell in Berlin verkündet und mit einem neuerlichen Tedeum im Dom gefeiert (12./16.1.).

Innenpolitik, Wirtschaft: Das neue VI. Departement (Militärsachen = Kriegsministerium) im Generaldirektorium erhält als Chef Heinrich Christoph v. Katte. – Der Justiz-Kanzler Samuel v. Cocceji bekommt vom König den Auftrag, ein „Deutsches allgemeines Landrecht" zu schaffen.

Jahresablauf, Reisen: Potsdam, Berlin, Potsdam; Wolfenbüttel, Pyrmont, Brunnenkur (13.5.–15.6.); Potsdam, Berlin, Oranienburg, Rheinsberg, Neuruppin, Nauen, Potsdam, Schlesien (26.7.–10.8.); Potsdam (Krankheit), Charlottenburg, Berlin (im Wechsel). – Karneval (25.–31.12.).

Kunst und Kultur: Der König besichtigt mit Knobelsdorff die Fortschritte beim Ausbau Charlottenburgs (11.1.). Dorthin bittet er seine auswärtigen Gäste (u. a. die Herzöge von Braunschweig) zu Tisch. – Darget wird Spezial-Sekretär des Königs und liest in der Akademie dessen Eloge auf den verstorbenen Duhan vor (18./24.1.). – Maupertuis wird Präsident der Akademie (1.2.). – Friedrich schreibt „Die Geschichte meiner Zeit". Der König schenkt der Katholischen Kirche den Platz für den Bau der (Hedwigs-)Kirche (31.11.). – Belehrender Brief an Maria Theresia zur Toleranzfrage:

„Von Meinen Untertanen fordere Ich weiter nichts als bürgerlichen Gehorsam und Treue" (18.6.).

Dynastie: Scharfer Brief an die Schwester Wilhelmine (16.4.). Herzog Ferdinand von Braunschweig (17.4.). – Die Königin Elisabeth Christine zieht nach Charlottenburg (10.5.). – Treffen der verbündeten Fürsten in Pyrmont (17.5. ff.). – Besuch des Prinzen Heinrich in Rheinsberg (8.–15.7.). Familienfeste in Charlottenburg (27./28.6. und 2.12.).

Korrespondenten, Gäste: Regelmäßige Gespräche mit dem englischen Gesandten Villiers (22.2. ff.). Maupertuis (20.9.), Schaffgotsch und Minister v. Blumenthal (12.10.). – General v. Fouqué kommt aus Glatz (26.11.1746–2.2.1747).

Zur Lage: Weisung an den Gesandten in Paris: Der König wünsche keinen Kalten Krieg mit Österreich („Schikanen-Krieg", 8.2.). – „Die große Kunst im Kriege ist, allen Ereignissen zuvorzukommen, die große Kunst des Feldherrn, im voraus alle seine Hilfsquellen bereit zu halten, um im Augenblicke der Entscheidung niemals in seinem Entschlusse behindert zu sein" (3.11.; an den Marschall von Frankreich Moritz von Sachsen).

1747

Außenpolitik, Kriege: Preußen und Schweden schließen ein Bündnis (29.5.). – Seeschlacht bei Cap Finistère zwischen Franzosen und Engländern (14.5.).

Innenpolitik, Wirtschaft: Herzog Friedrich Wilhelm von Holstein-Beck wird Gouverneur von Berlin (7.8.). – Die neue Prozeßordnung tritt in Kraft. – Cocceji wird Großkanzler (7.3.). – Der Berliner Chemiker Markgraf entdeckt den Zuckergehalt der Runkelrübe. In Berlin beginnt die erste Seidenmanufaktur zu arbeiten. – In fast allen Provinzen wird an der inneren Kolonisation mit Eifer gearbeitet. Neue Privilegien und Edikte. – Die Arbeiten an der Entwässerung des Nieder-Oderbruchs aufgenommen.

Jahresablauf, Reisen: Berlin, Charlottenburg, Potsdam (im Wechsel); Stettin – Pommern (über Neuruppin und Rheinsberg: 7.7.–15.7.); Berlin, Potsdam; Schlesien (28.8.–15.9.); Potsdam, Berlin. – Krankheit, Schlaganfall, Nierenkolik (13.2. ff.). – Der König bedient sich fortan des Arztes Hofrat Cothenius aus Halberstadt (13.12.).

Kunst, Kultur und Wissenschaft: Johann Sebastian Bach spielt am 7.5. vor dem König im Potsdamer Stadtschloß. – Sanssouci wird eingeweiht (1.5.). Die Rheinsberger Bibliothek wird nach Sanssouci gebracht (Juli). – Zahlreiche Bauten in Berlin. Der neue Dom am Lustgarten, Kasernen, Invalidenhaus, Zucker-Siedereien, Palais der Prinzessin Amalie. Der König besichtigt in der Werkstatt Adam die für Sanssouci bestimmten Statuen. – Weitere Neubauten: Das Haus der Kriegsinvaliden, die neue Petri-Kirche und die Anfänge der Hedwigs-Kathedrale. – Maschinensammlung und -werkstätte in der Berliner „Ökonomisch-Mathematischen Realschule". – Schriften des Königs: Arbeiten an den „Denkwürdigkeiten zur Geschichte des Hauses Brandenburg", der Komödie „Die Schule der Welt". – Monbijou wird umgebaut. – Nach der Zeichnung des Königs entstehen zwei Pracht-Kutschen in hellrot-silber für die Fahrten in Berlin: „Magnific" und in grün-silber für Potsdam (2.3.).

Dynastie: Friedrich Wilhelm (II.) bezieht Räume im Berliner Stadtschloß (30.11.). – Fürst Leopold von Anhalt-Dessau stirbt (5.4.). – Die Markgräfin von Brandenburg-Schwedt besucht den König (30.5.–21.6.). – Markgräfin Wilhelmine von Brandenburg-Bayreuth, wie bereits häufiger (15.8.).

Korrespondenzen, Gäste: Der Breslauer Koadjutor Graf Schaffgotsch (5.1.). – Algarotti kommt aus Dresden zurück und geht mit Maupertuis zum König (18./19.3.). Algarotti wird Kammerherr und erhält für seinen klugen Beirat in Kunstsachen den Orden pour le mérite (11./22.4.). – Marschall Keith wird preußischer Feldmarschall (16.–20.9.). – Der sardinische Gesandte, General Christoph Daniel von der Schulenburg, in Potsdam und Berlin (26.9.). – Abt Bastiani (6.–17.10.). – General Fouqué (aus Glatz, 27.11.). – Feldmarschall Schwerin (22.12.–9.1.1748).

Zur Lage: „So halten sie mich in Wien für einen eingefleischten Feind ihres Hauses, in London gelte ich für unruhiger, ehrgeiziger, reicher als ich bin, Bestuschew bildet sich ein, ich sei rachsüchtig, und in Versailles glaubt man, daß ich meinen Vorteil vernachlässige. Sie sind sämtlich im Irrtum, das Schlimme ist nur, daß derartige Irrtümer unangenehme Folgen haben können" (an Podewils, 7.2.).

1748

Außenpolitik, Kriege: Der Frieden von Aachen (18.10.) zwischen Österreich einerseits und Frankreich und den Seemächten andererseits bestätigt den Erwerb Schlesiens. – Dem preußisch- schwedischen Bündnis tritt Frankreich bei (24.1.). Der König unterhält fortan (mit Hilfe von Eichel und Fredersdorf) u. a. einen geheimen Kundschafter beim österreichischen Gesandten Bernes.

Innenpolitik, Wirtschaft: Über die Minister und Finanzräte im Generaldirektorium: „Wenn Sie fleißig arbeiten, so können sie ihre arbeit des morgens in Curenten Sachen [laufenden Geschäften] in 3 Stunden verrichten; wenn Sie sich aber Historien vertzehlen, tzeitungen lesen, So ist der gantze Tag nicht lang genung" [20.5.]. Der Kandidat des Königs, Schaffgotsch, wird vom Papst als Bischof von Breslau bestätigt (5.2.). – Lockerung der Erbuntertänigkeit der Landbevölkerung in Schlesien (10.12.). – General Walrawe kommt aus Neiße und wird als Agent verhaftet (10.2.). Das Berliner Invalidenhaus erhält eine umfassende Instruktion (31.8.).

Jahresablauf, Reisen: Berlin, Potsdam; Magdeburg (25.6.–28.6.); Stettin (7.7.–11.7.); Berlin, Potsdam, Charlottenburg; Schlesien (1.9.–17.9.); Potsdam, Berlin.

Kunst und Kultur: Der Maler Vanloo kommt aus Paris und stellt sich in den Dienst des Königs (7.3.). – Die Tänzerin Barbarina tritt wiederholt vor dem König auf (19.4. ff.). – Umbau des Theaters im Potsdamer Stadtschloß (30.4. ff.). – Besuch des Invalidenhauses (12.12.). – In Berlin wird ein erstes Küster- und Schulmeister-Seminar begründet. – Für den jüngeren Bruder Heinrich entsteht in der Nähe der Oper ein Palais (Knobelsdorff). – Der Vorleser Darget verliest regelmäßig neue Texte und Poeme des Königs in der Akademie. Lamettrie wird Mitglied der Akademie (4.7.).

Schriften: Abschluß der Arbeiten an den „Denkwürdigkeiten zur Geschichte des Hauses Brandenburg", der Komödie „Die Schule der Welt" und der „Hauptgrundsätze des Krieges".

Dynastie: Geburtstagsfeier mit der Königin-Mutter, dann mit der Königin im Stadtschloß (24, 1.). – Besuch des kranken Prinzen von Preußen (31.8.). In Charlottenburg findet ein großes Hoffest statt (7.–12.9.). – Das Gehalt für die Sängerin Astrua wird um 500 Taler erhöht, ihr Bruder erhält die Zusage einer geistlichen Pfründe. – Für eine Hochzeit in Bayreuth läßt sich der König neue Kleider anfertigen: „ein jeder Rok, mit dem was darzugehöret, Sol nicht mehr als 500 Thaler Kosten. Der eine Dunkelblau samt mit Drapd'argent West und aufschläge auf alle Nähte gestickt, mus die Stikerei darnach eingerichtet werden. Der blauhe hele ungeschorene wird nuhr forne gestiket, die Weste und aufschläge von Gelb- und Silber-Stof; der mus leichte gestiket werden. also vohr die 2 (Röcke) gebe ich 1.000 Thaler und *nicht* mehr! Frch" (8.8.).

Korrespondenzen, Gäste: u.a. Lamettrie und Algarotti (12.2.). – Abt Bastiani (14.10.–1.11.).

Zur Lage: „Sollen wir so dumm sein wie die Menschen? Sie nähren sich von Sehnsuchtswünschen, ersättigen sich an Traum und Wahn, und indes sie ihre Zeit mit leeren Entwürfen verlieren, faßt sie der Tod, ehe sie sich's versehen, und führt sie samt all ihren Plänen von hinnen. Wir wollen weiser sein, nicht einem Schatten nachrennen, sondern die Sache selbst ergreifen" (die Lieblingshündin Friedrichs, Biche, an Folichon, den Schoßhund seiner Schwester Wilhelmine, Potsdam, im Mai).

1749

Außenpolitik, Kriege: Scharfe Kritik des Königs an Sachsen: „Die Schulden des sächsischen Hofes wachsen von Tag zu Tag beträchtlich, während der Premier-Minister [Graf Brühl] fortwährend sein Vermögen vergrößert und sich einen großen Güterkomplex in Polen erwirbt, um sich für gewisse Fälle eine gute Zuflucht offen zu halten" (6.7.). – Österreich beginnt eine Verwaltungs- und Verfassungsreform nach preußischen Vorbildern in [West-]Schlesien (Graf Haugwitz).

Innenpolitik, Wirtschaft: Der König übernimmt die unmittelbare Leitung im Departement für Handel und Gewerbe im Generaldirektorium, um eine klare, auf viel Export und wenig Import abgestellte Wirtschaftspolitik durchzusetzen. – Edikt wegen des Zuzugs polnischer Kolonisten nach Schlesien. – Bauernschutzpolitik. – Versuche, den landbesitzenden Adel als Reservoir des Offizierskorps in seinem Besitz vor Auskäufen zu schützen. – Der König gewährt gegen Privileg-Gebühr weiteren vermögenden Schutzjuden die Ansiedlung in Berlin (7.7.). – Genehmigung zur Scheidung von Eheleuten wegen Altersunterschied und Unverträglichkeit (12.7.). – Scharfe Aufforderung an alle Behörden, die „barbarischen Strafen" gegenüber Untertanen, insbesondere den Bauern in Ämtern und Adelsdörfern zu unterlassen und sich trotz „Gerichts- und Fronzwang" so zu verhalten, „wie sich unter gesitteten Völkern gebühret" (8.11.). – Feldmarschall Keith wird Gouverneur in Berlin (1.11.).

Jahresablauf, Reisen: Berlin, Potsdam [im Wechsel]; Schlesien (28.4.–13.5.); Potsdam, Berlin. – Beginn des Carnevals und der Opern-Saison (2.12.).

Kunst und Kultur: Besichtigung der Palais-Bauten in Berlin (16.8.). – Hof-Feste in Sanssouci (19.–22.8.).

Dynastie: Prinz Heinrich speist zum ersten Male wieder beim König (1.8.). – Seinen Geburtstag begeht der König, wie üblich, bei seiner Mutter und der Königin.

Korrespondenzen, Gäste: Bischof Schaffgotsch von Breslau erhält den Schwarzen Adlerorden (18.1.). – Algarotti kommt mit neuer Kunstliteratur aus Italien zurück (14.2.). – Moritz von Sachsen (13.–16.7.).

Zur Lage: „Unterscheiden Sie den Staatsmann vom Philosophen, und lassen Sie sich sagen, daß man aus Vernunftgründen Krieg führen, aus Pflicht ein Staatsmann und aus Neigung ein Philosoph sein kann. Die wenigsten haben sich ihre Stellung in der Welt selbst ausgesucht. Geburt oder irgendein anderer Zufall entscheidet über ihren Stand; daher gibt es so viele schlechte Schuhmacher, Priester, Minister und Fürsten" (an Voltaire, 13.2.).

1750

Außenpolitik, Kriege: Preußen verlangt vergeblich die Meistbegünstigungsklausel für die Eingangszölle auf schlesische Leinwand in Spanien (8.8., 14.9.). – Die Fürbitte für den Römischen Kaiser soll in den Kirchen „Meiner teutschen Provintzien" nach und nach abgeschafft werden (24.6.).

Innenpolitik, Wirtschaft: Scharfe Kritik am Generaldirektorium wegen der „Nonchalance" bei der Ansetzung von Kolonisten in Brandenburg (25.9.). – Die Judenschaft in allen Provinzen erhält ein Generalprivilegium. – Reform des Münzwesens. – Asiatische Handelskompanie in Emden. – Gründung der Berliner Porzellanmanufaktur. – Förderung der Seiden-Manufakturen, Maulbeerbäume (21.1.). – Die verhaßte schlesische Gräfin von Geßler wird mit Zustimmung des Königs wegen Mißhandlung des Gesindes zum Tode durch das Schwert verurteilt (1751). Sie flieht nach Polen.

Jahresablauf, Reisen: Berlin, Potsdam (bei der Königin: 4., 16., 24. 25.1.). – Frühjahrsmanöver in Tempelhof (15.–22.5.). – Minister-Besprechung (25.5.). – Inspektionsreise durch Pommern und Danzig nach Königsberg i. Pr. (2.6.–20.6.). – Herbstmanöver und Inspektion: über Küstrin nach Schlesien (2.–20.9.). – Potsdam, Berlin (–31.12.).

Kunst und Kultur: Weiterer Ausbau Potsdams zur zweiten Residenz. – Kasernenbauten in Berlin (Jacobstraße); Palais der Prinzessin Amalie (später Russische Botschaft). – Voltaire erhält den Orden Pour le mérite (15.10.). – Der König läßt eine Auswahl seiner eigenen Werke in einer dreibändigen Ausgabe im Berliner Stadtschloß drucken (u. a. Palladion, Oden und Episteln an die Freunde, „Über die Gründe, Gesetze einzuführen oder abzuschaffen").

Dynastie: Die Erbprinzessin Caroline von Hessen-Darmstadt in Sanssouci (7.7.). – Wilhelmine von Bayreuth nebst Mann (9.8. u. ö.). – Cothenius wird Königlicher Leibarzt mit Sitz in Potsdam (1.9.). – Hofmarschall Graf Wülknitz empfängt für den Fürsten Joseph Friedrich von Hohenzollern die Belehnung mit der Erzkämmererwürde (7.12.).

Korrespondenzen, Gäste: Voltaires Aufenthalt in Berlin und Potsdam belastet das Verhältnis zum König. – Fürst Leopold von Anhalt-Dessau (d. J.) bis Anfang Februar beim König. – Graf Rothenburg stirbt (29.12.).

Zur Lage: „Das Heerwesen ist mir zu wichtig, um irgend jemand zu schonen. Gehen meine Brüder mit gutem Beispiel voran, so freue ich mich unendlich; ist es nicht der Fall, so vergesse ich für einen Augenblick alle Verwandtschaft und tue meine Pflicht, nämlich: Ich halte zu meinen Lebzeiten alles in Ordnung. Nach meinem Tode magst Du nach Gutdünken verfahren, und wenn Du das Prinzip und das System verläßt, das mein Vater bei uns eingeführt hat, wirst Du als erster die Folgen verspüren" (an Prinz August Wilhelm, April).

1751

Außenpolitik, Kriege: Preußen und Frankreich schließen einen Subsidien-Vertrag (2.1.). – Englische Kolonial-Truppen überfallen erfolgreich den französischen Handelsplatz Arkot in Indien (11.11.). – Erneute Krise zwischen England und Preußen. – Der König von Schweden, Schwager des Königs, stirbt (5.4.).

Innenpolitik, Wirtschaft: In Schlesien wird das gesamte Oberamtskollegium nach einer Untersuchung des Justiz-Commissarius v. Fürst wegen Unfähigkeit entlassen. – Neues Münzedikt (14.7.). – Beförderung des Handels von Emden nach China (Asiatische Handels-Compagnie). – Friedrich verweigert dem pommerschen Adel, „in Handelsstädten Comptoirs für sich anzulegen" und sich damit vom „anständigen Kriegswesen" zu entfernen (18.1.). – Mit dem Justiz-Großkanzler Cocceji wird in Potsdam die Rechtsreform erörtert. – Der König beschenkt Soldaten-Witwen und -Waisen in Potsdam, Arme sowie Frauen und Kinder der Soldaten der Garde-Regimenter in Berlin zu Beginn der Adventszeit, woraus sich ein Brauch entwickelt.

Jahresablauf, Reisen: Berlin, Potsdam (Krankheiten); Magdeburg – Braunschweig – Minden – Emden – Wesel – Lippstadt – Halberstadt (31.5.–23.6.); Potsdam, Berlin; Schlesien (25.8.–14.9.); Potsdam, Berlin (–31.12.).

Kunst, Kultur: Das Trauerspiel über den Tod Cäsars (Voltaire) wird im Potsdamer Schloßtheater von Angehörigen des königlichen Hauses aufgeführt (15.10.). – Stadtschloß Potsdam: Der König läßt die Kapelle abreißen und statt dessen prächtige Zimmer einrichten (24.3.). In Berlin beginnt die Vossische Zeitung zu erscheinen.

Dynastie: Fürst Leopold (d. J.) von Anhalt-Dessau (preußischer Feldmarschall) stirbt (16.12.). – Der König gibt für den Herzog Karl von Braunschweig, seinen Schwager, nach dessen Jagd im Grunewald, ein Essen in Charlottenburg.

Korrespondenzen, Gäste: Abt Bastiani in Potsdam (9.2.). – Feldmarschall Schwerin (30.12.–30.1.). – Lord Hamilton (29.7.). – Fouqué kommt aus Glatz (12.12.).

Zur Lage: „Voltaire hat sich wie ein niederträchtiger Narr betragen; Maupertuis hat er heftig angegriffen und so viele Unanständigkeiten begangen, daß ich ihn, bezwänge sein Geist mich nicht immer noch, herauswerfen müßte. Nun habe ich es mit Charakteren aller Art (im Staatsleben) versucht. Ich komme immer wieder zu den Menschen von Verdienst zurück. Nur bei denen findet sich zuverlässige Tüchtigkeit, eine garso seltene Eigenschaft" (an Wilhelmine, 29.12.).

1752

Außenpolitik, Kriege: Spannungen zwischen England und Preußen wegen Anleihe für Schlesien. – Der König läßt den Bruder eines österreichischen Ministers in Berlin, der große Mengen norditalienischen Falschgeldes in Preußen verbreiten wollte, zum Schaden Preußens, dezent ausweisen (22.2.).

Innenpolitik, Wirtschaft: Kolonisten-Edikt für Schlesien. – Der König fordert von den Spezial-Finanzräten (5. Dep. Generaldirektorium) sorgfältigere Durchsicht der Importlisten der Kammerbezirke aus allen Provinzen, weitere „Fabriquen" in hiesigen Landen zu etablieren (11.8.). – Fünf Präsidenten der Kriegs- und Domänen-Kammern werden unmittelbar in Potsdam instruiert (29.11.). – Es folgen die Chefs der Verwaltung und der militärischen Sicherheit in Schlesien, Münchow und Fouqué (10.11.).

Jahresablauf, Reisen: Berlin, Potsdam, Magdeburg (1.6.–6.6.); Pommern und Neumark (12.6.–18.6.); Berlin, Potsdam, Charlottenburg; Schlesien (2.9.–18.9.); Potsdam, Berlin. – Bei dem Brande der neuen Münze in der Nacht vom 4. zum 5.10. leitet der König die Löscharbeiten. – Potsdam; dann Berlin, Karneval (8.–31.12.); Oper „Didone" (25.12.). In Schweidnitz Unterredung mit den Ältesten der Kaufmannschaft (17.10.).

Kunst und Kultur: Die Akademie der Wissenschaften hält ihre 1. Sitzung in den neuen Räumen im Kgl. Stall auf der Dorotheenstadt (= Unter den Linden).

Bauten: Der König erhält von Lord Burlington barocke Zeichnungen und Stiche u. a. von Chiswick House. Französische Kirche in Potsdam (Knobelsdorff) sowie das Potsdamer Berliner Tor. – Abschluß der Arbeiten am Potsdamer Stadtschloß (1744 ff.) nach Skizzen und Anweisungen des Königs. – Beginn der Verschönerungsarbeiten in der Stadt Potsdam. Baureglement. Immediatbauten nach internationalen Vorbildern. – Besuch beim kranken Akademie-Präsidenten Maupertuis (2.11.).

Dynastie: Persönliches Testament Friedrichs. Privatrechtliche Erbfolge und staatliche Sukzession werden scharf getrennt (11.1.). An den Prinzen von Preußen (über Tod und Autopsie): „Was mich betrifft, so habe ich es verboten, mich nach dem Tode zu öffnen. Es ist genug, daß man bei Lebzeiten den Leuten Stoff zu Witzeleien gibt, und es ist viel, mit seiner Milz, seiner Leber und seiner Lunge nach dem Tod Komödie spielen zu lassen (März)". Leichenschau fand statt. – Während des Sommers verfaßt Friedrich sein 1. Politisches Testament. – Tod von „Biche": „Ich war beschämt, daß der Tod eines Hundes mir so nahe geht, aber das häusliche Leben, das ich führe, und die Treue des armen Tieres hatten es mir ans Herz wachsen lassen" (an Wilhelmine, 29.12.).

Korrespondenzen, Gäste: Erste Konflikte des Königs mit Voltaire wegen dessen Finanzspekulationen und Streitsucht. – *Gäste:* Feldmarschall Keith, General Fouqué, Algarotti, Maupertuis, Prinz Moritz von Anhalt-Dessau, Graf Hacke, Minister v. Katte, General v. Itzenplitz; Generale v. Zieten, v. Forcade und v. Pfuhl; er besucht den Breslauer Fürst-Bischof Schaffgotsch in dessen Garten vor dem Ohlauer Tore (8.9.).

Zur Lage: „Es ist die erste Pflicht eines Bürgers, seinem Vaterlande zu dienen; diese Pflicht habe ich in allen verschiedenen Lagen meines Lebens zu erfüllen gesucht. Mit dem höchsten Amte betraut, habe ich Gelegenheiten und Mittel gehabt (seit 12 Jahren), mich meinen Mitbürgern nützlich zu machen. Meine Liebe zu ihnen läßt mich wünschen, ihnen auch noch nach meinem Tode einigen Dienst zu erweisen ... Ich unternehme es, meinen Nachfolgern die Klippen zu zeigen, die sie zu vermeiden haben, und die Häfen, in denen sie Zuflucht finden können ..." (Sommer 1752, 1. Politisches Testament). „Hier ist nichts als Krig und Krigesgeschrei, und ich preparire mihr, auf allen fällen geschikt zu seindt" (an Fredersdorf, ca. 15.11.).

1753

Außenpolitik, Kriege: In Österreich steigt Wenzel Anton Graf von Kaunitz-Rietberg (1711–1794) zum Staatskanzler auf (13.5.); die Rückgewinnung Schlesiens sei das eigentliche Ziel jeder österreichischen Außenpolitik; Reorganisation der Staatskanzlei; Arbeit an einem Bündnis mit Frankreich. – Friedrich erhält über seinen Dresdner Mittelsmann Kenntnis vom Text des österreichisch-russischen Geheimabkommens von 1746, das gegen Preußen gerichtet war. – Die Zarin Elisabeth beschließt im Staatsrat, sich jeder Vergrößerung Preußens zu widersetzen (1.5.).

Innenpolitik, Wirtschaft: Der langjährige Justizminister Georg Dietloff v. Arnim (-Boitzenburg) stirbt (20.10.); der König hebt hervor, daß es schwer fallen werde, „einen so ehrlichen Mann als der ministre Arnim wäre", im ganzen Lande zu finden. – Handelspolitische Auseinandersetzungen mit Österreich und Sachsen. – In Emden wird die Bengalische Kompanie errichtet. – In Minden entsteht neben Schönebeck und Unna eine weitere Saline. – Die „Generalprinzipien vom Krieg" (1748) werden als geheime Dienstvorschrift in deutscher Sprache für die Offiziere gedruckt. – Bei den Manövern bei Spandau wird erstmals die „schiefe Schlachtordnung" einexerziert (3.9.).

Jahresablauf, Reisen: Schlesien (1.5.–13.5.). – Ministerrevue in Potsdam (24./25.5.). – Pommern und Preußen nebst Lager Kalkhof bei Königsberg (1.–14.6.). – Manöver und Audienzen in Döberitz, Spandau, Reinickendorf und Berlin (10.7.–28.7.). – Lager Döberitz (1.–12.9.). – Berlin, Schlesien (26.10.–5.11.). – Karneval in Berlin (27.12.–30.1.1754).

Kunst und Kultur: In Potsdam werden die Kolonnaden und die Neptungrotte errichtet. Weitere Bauten: Wohn- und Stallgebäude, Lazarett für die Leibgarde zu Pferde, Französische Kirche, Obelisk auf dem Markt, Bürgerhäuser (z. T. nach Skizzen des Königs, 1748 ff.). – G. W. v. Knobelsdorff, Intendant der Schlösser etc., stirbt in Berlin (16.9.); in der Akademie wird des Königs Nekrolog verlesen (24.1.1754). – Konflikt mit Voltaire („der boshafteste und undankbarste Mensch auf Erden"), der überstürzt abreist und dem in Frankfurt/M. Manuskripte und Geschenke des Königs abgenommen werden. – Der König hat für verschiedene Projekte der Goldmacherei nur Spott, aber auch Neugier und Geld verschämt übrig (an Fredersdorf, 15.9.).

Dynastie: Carl Philipp Emanuel Bach spielt auf einem von dem Künstler Hohlfeld erfundenen Klavier bei der Königin (28.10.). – Zur Feier ihres Geburtstages vereinigt sich die Familie nebst Bayreuther Verwandtschaft (8.11.).

Korrespondenzen, Gäste: Maupertuis, Darget (26.6.), Feldmarschall Schwerin, Bischof Schaffgotsch und Abt Bastiani (16.–22.11.).

Zur Lage: „Seit der Narr (Voltaire) nicht mehr hier ist, lebt alles in Eintracht und Frieden. Ich wünschte, Europa machte es ebenso. Ich wollte, man könnte die unruhigen Geister der Politik ebenso behandeln, wie einen aus Rand und Band geratenen Dichter. Aber, lieber Lord, wir Könige haben für unsere Dummheiten das Privileg der Straflosigkeit ... Die Politik ist ein schlimmes Gewerbe; bei denen, die sich mit ihr einlassen, drängt sie sich in jede Handlung ein ... Dabei fällt mir ein, daß sich der Kardinal von Richelieu eines Tages einfallen ließ, ein Trauerspiel zu dichten. Es hieß *Europa* und fiel durch, obgleich der Dichter Minister war" (an den Minister-Residenten in Paris Earl Marischal Keith, 13.7.).

1754

Außenpolitik, Kriege: Der allgemeine Kolonialkrieg zwischen Frankreich und England beginnt („French and Indian War"). – Gefecht von Ohio zwischen Franzosen und virginischen Milizen unter George Washington (28.5.). – England legt die Grundlagen für sein Kolonialreich in Amerika und Indien. – Preußen verstärkt seine Rüstungen. – Der schottische Lord-Marschall Keith erhält nach seiner Rückkehr aus Paris die Statthalterschaft Neuchâtels.

Innenpolitik, Wirtschaft: Die Oder-Zölle werden den Elbzöllen angeglichen. – Der König fordert das Generaldirektorium auf, in allen Provinzen die Handels- und Poststraßen mit Obst-, Maulbeer- oder Weidenbäumen zu bepflanzen (7.5.). – Die Kammer in Stettin wird aufgefordert, mittels Kommissaren den Klagen neuer Kolonisten über Unterdrückung durch Magistrate und Particuliers im Umfeld von Stargard scharf nachzugehen (6.6.). – Kritik an der schlampigen Forstwirtschaft; Aufwuchs und Ausschlag müssen in genauem Verhältnis stehen (16./30.7.).

Jahresablauf, Reisen: Berlin, Potsdam; Minister-Revue (14.–16.5.); Pommern (31.5.–4.6.); Magdeburg (10.6.–15.6.); Halle – Bayreuth – Leipzig – Oranienbaum (16.–23.6.); Berlin, Charlottenburg, Potsdam, Spandau; Schlesien (5.9.–20.9.); Potsdam, Berlin (–31.12.); Karneval (20.12. ff.).

Kunst und Kultur: In der Akademie wird des Königs Eloge auf Knobelsdorff vorgelesen (24.1.). – Im Park von Sanssouci entstehen die Bildergalerie und das Chinesische Teehaus (Knobelsdorff, Büring); Pläne für das Neue Palais. – Für Minden-Ravensberg wird eine verbesserte Schulordnung erlassen. – Akademie: Der Mathematiker Maupertuis kehrt aus Paris nach Potsdam zurück (26.6.). – Musik: Graun: „Semiramide" und Passionsmusik; Friedrich „Montezuma". Intermezzo: Bertholdino mit

Paganini (30.3. ff.). – Die Schuchsche Schauspielertruppe in Potsdam und Berlin. – Graun spielt im Herbst vor dem König in Potsdam (22.10.–3.12.). – Der König läßt in Paris (Händler Mettra) das Bild „Leda mit dem Schwan" in beschädigtem Zustand billigst erwerben (an Fredersdorf, Ende Nov.).

Dynastie: Prinz Friedrich Wilhelm (II.) ist volljährig und erhält den Offiziersdegen (28.1.) und siedelt mit seinem Erzieher Graf Borcke nach Potsdam über (19.8.). – Der Erbprinz von Brandenburg-Ansbach (1736–1806) wird in Berlin mit der Prinzessin Karoline von Sachsen-Gotha (1735–1791, kinderlos) vermählt. Zustimmung des Königs (durch Fredersdorf erbeten) zu den Neujahrsgeschenken für die Geschwister: Philippine in Braunschweig bestellt wieder Berliner Silber (bei Lieberkühn): „Die Princessin Amalie, K. H., Bittet um Bahr-geldt. Princessin Heinrich, K. H., Freuet sich noch, wann sie das vorjährige präsent von Ew. K. M., ansiehet, und wird mit dem zu Frieden sein, was Ew. Konigl. Maj. Allergnädigst choisir (aussuchen) werden. Ihre K. Hoheit Printz Ferdinand werden Silberne teller angenehm sein …" (15.10.).

Korrespondenzen, Gäste: Feldmarschall Schwerin, Fouqué (–28.2., 14.11. ff.), Podewils (12.–22.7.), der Breslauer Koadjutor Fürst Schaffgotsch (–10.2.), Abt Bastiani (–13.2.). – Ende der Tafelrunde in der bisherigen Zusammensetzung.

Zur Lage: Über die Staatskorruption in Frankreich (an Wilhelmine): „Eine Quelle der Übel … ist ohne Frage, die der Reichtum in dem Lande gewährt. Man achtet die Leute, die Vermögen haben und große Ausgaben machen: niemand fragt, durch welche Niederträchtigkeit sie ihre Reichtümer erworben haben. Daraus entsteht dann wieder die Sucht, sich zu bereichern, die Verachtung von Ehre und Tugend und eine allgemeine Sittenverderbnis … die kleine Zahl ehrenhafter Männer genügt nicht, die unglücklichen Folgen einer langjährigen schlechten inneren Verwaltung wieder gut zu machen. Um dieser Unordnung zu steuern, wäre große Energie, strenge Bestrafung der Schuldigen und vor allem überwiegende Geltendmachung des Verdienstes [= der Leistung] gegenüber dem Reichtum und der Geburt vonnöten" (26.12.). – „Hier brennen mihr die Sollen (Berlin), daß ich wieder wek Komme. Ich bin so verdrißlich und So ergerlich über 100 unangenehme tzeitungen und historien, daß ich alles überdrüßig bin!" (an Fredersdorf, 17.10.).

1755

Außenpolitik, Kriege: Ein Subsidienvertrag zwischen England und Rußland bedroht Preußens Ostflanke und entwertet das noch bestehende Bündnis mit Frankreich. – Der König besucht die westlichen Provinzen und incognito Holland (11.–27.6.). – König Georg von England bringt in Herrenhausen bei Hannover einen Trinkspruch auf den König von Preußen, seinen künftigen Verbündeten aus (6.9.). – Bündnisangebot Englands (26.11.).

Innenpolitik, Wirtschaft: Fortsetzung der Reformen auf den Domänenämtern. – Anzahl der etablierten Bauern und Edelleute soll in Ostpreußen gleich bleiben (14.7.). – Der König rügt auf das schärfste das pflichtwidrige Verhalten von Landräten, Amtleuten, Kammer-Beamten und Adligen, die entgegen den üblichen Reglements in den benachbarten Kreisen die Bauern und Untertanen übel und gewissenlos unterdrücken und bis aufs Blut aussaugen; solche korrupten Landräte in der Kurmark seien sogleich zu cassieren und durch „würdige und ehrliche Leute" zu ersetzen, weil das „allgemeine Beste" gegenüber den Einzelinteressen zu bevorzugen sei. Die Pachtanschläge der Domänenämter in den mittleren und östlichen Provinzen sollen nach Hufen berechnet werden, die Amtleute sollen statt der Spanndienste auf Dienst-Gelder setzen (3./13.1.1755). – In Berlin stirbt der Justizreformer Großkanzler v. Cocceji (4.10.), als „Justizdiktator" befehdet, aber vom Vertrauen des Königs getragen.

Jahresablauf, Reisen: Berlin, Potsdam (1.1.–28.5.). – Minister-Revue (27.–28.5.). – Pommern (28.5.–2.6.); Magdeburg (5.6.–8.6.). – Westprovinzen mit Minden, Bielefeld, Lingen, Emden, Wesel (Nijmwegen, Utrecht, Amsterdam), Hamm, Lippstadt, Hameln (9.–27.6.); bei Utrecht Begegnung mit Henri de Catt (1725–1795), einem gebildeten Genfer Reformierten, der seit März 1758 dem König als Vorleser und Privatsekretär dient. – Potsdam, Berlin, Spandau; Schlesien, Manöver in Neiße und Umgebung (3.–19.9.); Potsdam, Berlin. – Jahresendabrechnung mit den Ministern Schulenburg, Groeben, Aschersleben, Rothenburg (15.–18.12.). Karneval.

Kunst und Kultur: Die Bildergalerie in Potsdam-Sanssouci fertiggestellt. – Neue Fassade der Potsdamer Nikolai-Kirche (Friedrich; 1795 beseitigt). Tägliche Konzerte beim gichtkranken König; er spielt Flöte und Porporino singt (16.–28.2.). – Konzerte in Potsdam (29.7.–3.8., 28./29.8., 21.–23.10.). Der König läßt durch Fredersdorf den Pariser Kunsthändler Mettra ersuchen festzustellen, ob wegen des bevorstehenden Krieges zwischen England und Frankreich die Gemäldesammlung der Madame Lacé zu kaufen und zu welchem Preis sie zu haben sei (27.4.).

Dynastie: Der König stürzt in Berlin, als er seine Mutter empfängt, mit dem Pferde und verletzt sich schwer im Gesicht (28.7.); die Königinmutter und Prinzessin Amalie besuchen ihn noch am gleichen Abend in Sanssouci (28.–31.7.); – Er bleibt malade (bis 6.8.). – Die Königin bei der Probe von „Tod Jesu" (Graun) im Berliner Dom (25.3.). – Ferdinand von Braunschweig wird Gouverneur von Magdeburg und Chef des Regiments Bonin (9.6.). – Markgraf Friedrich Wilhelm von Schwedt wird vom König wegen Renitenz und querulatorischen Verhaltens erneut unter Vormundschaft gestellt. – Prinz Ferdinand (jüngster Königsbruder) wird mit der Prinzessin Luise von Brandenburg-Schwedt vermählt. Er bezieht das Schulenburgsche Palais, das spätere Reichskanzler-Palais, in der Berliner Wilhelmstraße, (11.9.). – Prinz Ferdinand von Braunschweig erhält monatlich 1500 Thr. (Fredersdorf an den König, 22.1.). – Wütendes Schreiben des Königs an Fredersdorf: „die Stal-rechnung ist zu grob! Ich habe 24 Pferde mehr wie Sonsten. (Das macht:) Ration à 4 Thaler = 96 Thaler! Das übrige ist *gestolen*! Das essen (Festessen in Berlin) ist nicht 100 Thaler wehrt gewesen, also (sind) mit dem Goldenen Servis (Prunkessen) 150 Thaler gestohlen! Den tag vom bal [Ball] 50 Thaler gestohlen! das übrige gehet an" (23.1.)

Korrespondenzen, Gäste: Lord Stanhope (28.6.), Kabinettsminister Podewils (8.7., 17.–23.12.), Chasot (9.–22.2.), d'Argens (2.–18.10.), Schaffgotsch (24.11.), Herzog Ferdinand von Braunschweig (29.12.1755–27.2.1756). – An Fredersdorf: „Du Kanst nich pinkeln und ich Kan nicht gehen (Poadagra), wihr Seindt allebeide nicht mehr Nutz, als daß uns der Schinder holet!" (8.4.).

Zur Lage: „Rußland fährt ununterbrochen fort, Truppen in Livland und Kurland zusammenzuziehen" und sammelt Kriegsschiffe in den baltischen Häfen. – Österreich rüstet mit Truppen und Magazinen in Böhmen und Mähren. Der Londoner Hof drängt zum Abschluß eines Neutralitätsvertrages für Deutschland. Dann dürfte in dem bevorstehenden Kriege keine fremde Macht ihre Truppen in Deutschland einrücken lassen. Er werde 50.000 Russen den Weg nach Mitteleuropa verlegen (an Knyphausen in Paris, 23.12.1755, 24.1.1756).

1756

Außenpolitik, Kriege: Westminster-Konvention. England und Preußen verpflichten sich, nichts Feindseliges gegen die Gebiete der anderen Macht zu unternehmen; Preußen sichert (in dem bevorstehenden Krieg) die Gebiete des Kurfürstentums Hannover, England garantiert im Gegenzug den territorialen Besitzstand Friedrichs. Dieser unterschätzt den Ernst der Gefahr und die Reichweite der Verschwörung, die Koalition seiner Gegner Österreich, Rußland und nunmehr Frankreich und Schweden. Preußen verfügt über 143.000 Mann Kampftruppen, beginnt den Krieg (28.8.) mit dem *Einmarsch in Sachsen,* um den (festgeschriebenen) Ring der Feinde zu zersprengen.

Erster Sieg der Preußen bei *Lobositz* (1.10.). – Die sächsischen Truppen (ca. 14.000 Mann) kapitulieren bei Pirna (17.10.). Zahlreiche Streitschriften und Volkslieder. Entwurf eines Manifestes gegen Österreich (18.7. ff.). – Drei Anfragen in Wien (18.7., 11./12.9.). – Unterredung mit dem Kabinettsminister Podewils; dieser rät zur Defensive (–21.7.). – Vier Denkschriften für England (26.7., 29.10., 20.11.). – Instruktion für Feldmarschall Schwerin für den Krieg in Schlesien (2.8.). – Bericht des Königs an Schwerin über das Treffen in Lobositz (2.10.).

Innenpolitik, Wirtschaft: Hungersnot in Hinterpommern; scharfe Weisung des Königs wegen der „Weitläufigkeiten" der Kammer-Bürokratie bei der Versorgung der Bevölkerung (5.3.–9.4.). – Verbot des Branntweinbrennens (weil „viele Leute ihre Gesundheit ruinieren und damit ihren Tod beschleunigen"); höhere Steuern auf Importe (25.5.).

Jahresablauf, Reisen: Berlin und Potsdam (1.1.–5.6.). – Minister-Revue (31.5.–1.6.). – Pommern (5.6.–9.6.). – Magdeburg (14.–19.6.). – Potsdam, Berlin, Spandau; Abschied von der Königin und Königinmutter im Schloß Monbijou (19.8.). – Abmarsch nach Sachsen und Böhmen. Nach den Kämpfen in Böhmen nimmt der König mit dem Hauptquartier seine Wohnung in Dresden im Gräflich Brühl'schen Palais (14.11.1756–4.1.1757), nachdem der König von Polen(-Sachsen) nach Warschau gereist war (18.10.). – Friedrich besucht in Dresden die Gottesdienste beider Konfessionen regelmäßig. Er veranstaltet Konzerte und besucht die verwundeten Offiziere. Den Berliner Karneval läßt er ausfallen.

Kunst, Kultur, Wissenschaft: Theater, Tanz und Solo-Gesang vor dem König und dem engeren Hof (April und Mai). – Während der König Sachsen besetzt, gibt die Schuch'sche Schauspielertruppe mit Seiltänzern die erste Vorstellung in Berlin (13.9.). – Die Musiker Quantz und Benda werden zu täglichen Konzerten nach Dresden gerufen (21.11. ff.).

Dynastie: Friedrichs Schwester Amalie besucht ihren Bruder in Potsdam (6.4.) und wird als Äbtissin im Stift Quedlinburg feierlich inthronisiert (11.4.). – Die volljährigen kgl. Prinzen werden für den Winter nach Dresden gerufen.

Korrespondenten, Gäste: Herzog von Nivernois aus Paris (21.–26.2., 23./24.3.); Gespräche über Krieg und Frieden. – Der Englische Gesandte Lord Mitchell (9.5. ff.). – Maupertuis (4.6.). – Überwiegend außenpolitische und militärische Korrespondenzen.

Zur Lage: Preußische Demarche in Wien. Der Gesandte solle der Kaiserin in der Privataudienz sagen, „daß ich von verschiedenen Seiten Nachricht über die Bewegungen ihrer Truppen in Böhmen und Mähren sowie über die Zahl der dorthin marschierenden Regimenter erhalten und die Kaiserin fragen lasse, ob diese Rüstungen geschehen, um mich anzugreifen" (18.7.). – „Ich bringe künftiges Jahr mit Schwerin (im Süden) 120.000 Mann gegen die Österreicher ins Feld: Wenn die andern 140.000 haben, so ist es der Welt Ende. Also, was das angehet, werden wir wohl mit sie fertig, nur muß ich mit meiner Cavalerie solche Versüren machen, das ich die Reiterei immer an den Ort hinbringe, wor ich was decidieren kann; das wird alles ausmachen. Dann, kömmt der Feind, ich schlage ihn und kann ich nicht nachsetzen, so ist nur ein unnützes Blutbad, das nichts decidiret, und das muß nicht seind, sondern jede Bataille, so wir liefern, muß ein großer Schritt vorwärts zum Verderben des Feindes werden ..." (an den Generalstabschef v. Winterfeldt, 29.12.).

1757

Außenpolitik, Kriege: Rußland tritt offiziell der Allianz Österreich-Frankreich bei (–11.1.). – England und Preußen bekräftigen ihr Defensiv-Bündnis (11.1.). – Der Regensburger Reichstag beschließt den Reichskrieg gegen Preußen (17./29.1.). – Französische Truppen rücken in die Westprovinzen ein, Schweden wendet sich gegen Preußen. – Vor *Prag* (6.5.) fechten 64.800 Preußen erfolgreich gegen 76.600 Österreicher. Feldmarschall Schwerin fällt. Die Schlacht bei *Kolin* (18.6.) geht mit hohen Verlusten verloren, nachdem 32.000 Preußen 60.000 Österreicher angegriffen hatten. An den Marquis d'Argens: „In so heillosen Zeiten muß man sich mit Eingeweiden von Eisen und einem ehernen Herzen versehen, um alle Empfindsamkeit los zu werden. Jetzt ist die Zeit zum Stoizismus". – Konflikt mit dem Prinzen von Preußen, der die Armee verläßt. – In Ostpreußen ziehen sich die Russen nach der Schlacht bei Groß Jägerndorf (30.8.) nach hohen Verlusten vorerst auf ihre Grenzen zurück. – Die Konvention von Zeven (8.9.) zwischen Franzosen und hannoverschen Truppen bringt Friedrich strategisch in Verlegenheit. Bei *Roßbach* (bei Naumburg, 4.11.) besiegen und vertreiben 22.360 Preußen 41.000 Franzosen und Reichstruppen. Erheblicher Widerhall im Reich. Ungünstiger Kriegsverlauf in Schlesien (22.11.). Bei *Leuthen* wagt der König die Schlacht (5.12.) und schlägt in fünf Stunden in der Winterkälte 66.000 Österreicher, Sachsen und Württemberger mit seinen 39.000 Preußen, von denen er 6.382 Mann verliert, während der Verlust des Gegners ca. 22.000 Mann nebst 4.000 Wagen, 131 Kanonen und 51 Fahnen beträgt. Friedrich gewinnt Breslau zurück und bietet der Kaiserin (vergeblich) Frieden an. – Der König betreibt im Winter die Rüstungen vom Breslauer Stadtschloß aus.

Innenpolitik, Wirtschaft: Kartoffelanbau, selbst auf kleinsten Flächen, „die sich sonderlich aber der kleinste Mann zu nutze machen kann" (Breslau, 5.4.). – Er fordert das Generaldirektorium auf, „bei den jetzigen mißlichen Konjunkturen" in den mittleren und östlichen Provinzen (ohne Schlesien) auf deren Kosten Landmilizen aufzustellen (ca. 23.000 Mann). – In Mittelschlesien läßt der König hundert Bauernfamilien aus Mähren ansiedeln („gut gesinnte evangelische Leute", 25.5.1757).

Jahresablauf, Reisen: Dresden (1.–4.1.). – Berlin, Potsdam (4.–13.1.). – Sachsen, Oberlausitz, Böhmen, Schlesien, Breslau (14.1.–31.12.). – Kein Karneval in Berlin.

Kunst, Kultur, Wissenschaft: Der König befiehlt den Sänger Porporino zu den Konzerten nach Dresden (24.2.). – Anläßlich des Geburtstages der alten Königin Sophie Dorothea wird auf dem Schloßtheater in Berlin gespielt: „Il Philosopho di campagna" (27.2.). – Der Hofmaler Antoine Pesne verstirbt in Berlin (5.8.). – Der König führt ein längeres Gespräch mit dem Gelehrten Gottsched in Leipzig (15./26.10.). – Die königliche Kapelle geht nach Breslau (29.12.), wo sich das Winterquartier des Königs befindet.

Dynastie: Die Königin-Mutter stirbt in Monbijou (28.6.) und wird feierlich im Dom beigesetzt (4.7.). – Prinzessin Amalie, Äbtissin von Quedlinburg, wohnt im Schloß in Berlin (7.7. ff.). – Der Hof flieht wegen des Herannahens feindlicher Streifscharen (Haddick) nach Spandau und Magdeburg (16.–28.10.). – Die Königin wohnt nunmehr im Marschall'schen Palais in der Wilhelmstraße (18.5.–11.8.).

Korrespondenzen, Gäste: Kabinettsminister Finckenstein in Berlin zum Gespräch (12.1.). Besuch des Königs bei Louise Dorothea von Sachsen-Gotha (15.9.). – General v. Seydlitz erhält nach Roßbach den Schwarzen Adlerorden (5.11.). – Ferdinand von Braunschweig erhält das Kommando der mit Preußen verbündeten Armee, residiert in Magdeburg (9.–21.11.). – Gesandter Mitchell, d'Argens in Breslau (Dezember).

Zur Lage: Der König ermächtigt „in der kritischen Lage, in der unsere Angelegenheiten sind", in einer „Geheimen Instruktion" den Kabinettsminister Gf. Finck von Finckenstein für den Fall seiner Gefangenschaft oder seines Todes die Familie, den Staatsschatz unter Bedeckung durch die Berliner Garnison nach Küstrin oder Magdeburg zu schaffen. Das Silber ist sofort einzuschmelzen. Die Staatsgeschäfte müssen ohne die geringste Veränderung ihren Gang gehen. Keine Provinz darf für seine Freilassung geopfert werden (10. Januar 1757). – Nach Leuthen: „Wir haben soeben die Österreicher vollständig geschlagen. Ich marschiere morgen nach Breslau, um die Stadt zurückzuerobern. Wir haben eine wundervolle Menge von Fahnen und Kanonen und Gefangenen. Wir haben im ganzen nur 2.000 Mann Tote und Verwundete; ich schätze den Verlust der Feinde auf über 10.000 Mann" (5.12., an die Schwester Wilhelmine).

1758

Außenpolitik, Kriege: Subsidienvertrag mit England (11.4.): Jährlich 670.000 Pfund Sterling zum Besten der gemeinsamen Sache; Gelöbnis, keinen einseitigen Waffenstillstand oder Frieden zu schließen; 50.000 Mann Hilfsvölker für den preußischen General Prinz Ferdinand von Braunschweig, der nun erfolgreich in Nordwestdeutschland operiert. Weitere Denkschriften des Königs für William Pitt d. Ä. – Instruktion für Prinz Heinrich als Befehlshaber einer 2. Armee (11.3.). – Winterkrieg: Franzosen brandschatzen Halberstadt und Bremen (11./16.1.); Russen besetzen Tilsit und Königsberg, heften ihren Adler an öffentliche Gebäude (31.1.). – Der russische Großkanzler Bestuchew wird gestürzt und verhaftet. – Frankreich räumt große Teile Norddeutschlands (März; Ode Friedrichs an Prinz Ferdinand). – Sieg der Verbündeten über eine französische Armee bei *Krefeld* (23.6.). – Die Russen vor der Festung Küstrin, die Österreicher wieder in der Festung Olmütz. – Die Preußen besiegen die Russen unter Fermor bei *Zorndorf* (25.8.), welche 20.590 Mann, 103 Kanonen und 27 Fahnen verlieren und an die pommersche Küste retirieren. – Schweden werden aus der nördlichen Kurmark bedrängt (28.9.). – Schwere Schlappe der Preußen bei *Hochkirch* (Oberlausitz) durch einen Überfall der Österreicher unter Feldmarschall Daun und Laudon (90.000 gegen 42.000 Preußen); der König verliert ca. 10.000 Mann, 101 Kanonen, 30 Fahnen sowie Teile der Bagage; Feldmarschall Jakob v. Keith und der Bruder der Königin, Prinz Franz von Braunschweig, fallen; die Kaiserlichen verlieren fast 6.000 Mann, darunter 5 Generale (14.10.). Tod der Bayreuther Lieblingsschwester Wilhelmine (14.10.). Starke Erschütterung Friedrichs, der in Niederschlesien Position einnimmt. Rückzüge der Feinde: Die Belagerungen und Blockaden von Kolberg, Neiße, Cosel und Dresden (Daun) werden aufgehoben, die Armeen ziehen in ihre Winterquartiere.

Innenpolitik, Wirtschaft: Friedrichs Kriegsschatz (13,5 Millionen Taler) ist bereits im Mai erschöpft. Aber die preußischen Steuern, Kontributionen aus Sachsen und Mecklenburg und die englischen Hilfsgelder (670.000 Pfund Sterling jährlich; 11.4.) halten die Kriegsmaschinerie am Laufen.

Jahresablauf, Reisen: Breslau, Schlesien, Böhmen (1.1. ff.). – In die Neumark und die Lausitz (18.8.–8.9.) – Oberlausitz, Sachsen, Schlesien (8.9.–30.12.).

Kunst und Kultur: Der König verfaßt im Breslauer Stadtschloß Betrachtungen zur gegenwärtigen Kriegskunst (21.12.) und eine Trauer-Ode auf den Lord-Marschall Keith.

Dynastie: Die Königin kehrt aus Magdeburg nach Berlin zurück (5.1.). – Prinzessin Ferdinand (von Schwedt) mit der Herzogin Dorothee (Schwester) von Württemberg in Breslau. Der König empfängt dort im Winter die Verwandtschaft. Sein Bruder August Wilhelm stirbt in Oranienburg (12.6.). – Die Königin kommt mit der verwitweten Herzogin Antoinette Amalie nebst zwei Töchtern zusammen, und sie besuchen Potsdam und Sanssouci (31.7.). – Markgräfin Sophie flieht aus Schwedt nach Strelitz (August/September).

Korrespondenzen, Gäste: Prinz Ferdinand, Graf Finckenstein, der Arzt Cothenius; Henri de Catt beginnt als Vorleser (13.3.). – Der englische Sonderbotschafter Generalmajor York in Grüssau (10.4.). – Herzog August Wilhelm von Bevern aus der Gefangenschaft zurück (6.4.). – Der Gesandte Hollands Verelst in Breslau, Rüstungsgespräche (26.12.). – Ferdinand von Braunschweig wird zum Feldmarschall befördert (9.12.).

Zur Lage: An Wilhelmine aus dem Breslauer Winterquartier: „Welche Menschen-
opfer, welch furchtbare Schlächterei! Ich denke nur mit Schauder daran. Was man
auch dabei empfindet, man muß ein steinernes Herz haben und sich auf Blutvergießen
und Gemetzel gefaßt machen, die das Vorurteil heroisch nennt, die aber aus der Nähe
gesehen entsetzlich sind" (8.2.). – „Wir sprachen viel über die Kenntnis der Menschen, ihre Falschheit. Nichts erregt ihn mehr als Lügner, er verabscheut sie. ,Wenn
man mich hintergeht', sagte er, ,lese ich Marc Aurel'" *(*Henri de Catt, Tagebücher,
26.4.). – Zum Ruhm: „Ach, zum Teufel, ein schöner Ruhm! Siegen und sterben! …
Ein schöner Ruhm: Städte in Asche, verbrannte Dörfer, unglückliche Einwohner! Reden wir nicht mehr davon. Die Haare stehen mir zu Berge" (ebd., S. 67, 3.9., nach
Zorndorf).

1759

Außenpolitik, Kriege: Englische Truppen erobern Québec im September und bringen Kanada in ihre Hand. In zwei Seeschlachten (20.11.) wird die französische Flotte
von dem englichen Admiral Hawke vernichtet. Gefechte in der Ostsee zwischen
schwedischen und preußischen Kriegsschiffen. Das preußische Heer ließ sich nicht
vollständig auffüllen. Am 1.1. waren die Reiterregimenter nur zur Hälfte besetzt,
5.000 Pferde mußten beschafft werden; Friedrich kann, außer den Festungstruppen,
mit nur 110.000 Mann rechnen; ihm fehlen mindestens 22.000 Soldaten.

1. März (an d'Argens): „Ich weiß nicht, welches mein Los sein wird und welchen
Ausgang die Dinge nehmen werden. Ich werde alles tun, was in meiner Macht liegt,
um mich zu behaupten, und wenn ich unterliege, wird es der Feind teuer bezahlen.
Der Tod des Königs von Spanien (Ferdinand VI.) könnte mir vielleicht 30–40.000
Mann vom Halse schaffen; aber das genügt nicht, um mir Luft zu machen. Bedenken
Sie, daß ich 300.000 Mann gegen mich haben werde, denen ich nur 150.000 entgegenstellen kann. Dieser Krieg ist entsetzlich; er wird von Tat zu Tag barbarischer und
unmenschlicher. Unser verfeinertes Jahrhundert ist noch sehr roh oder, besser gesagt,
der Mensch ist ein wildes Tier, sobald er sich den Ausbrüchen seiner zügellosen Leidenschaften überläßt".

Der König verfaßt die propagandistische Spottschrift: „Päpstliche Breve an den
Feldmarschall Daun" (30.1.). Preußen besetzt große Teile von Schwedisch-Vorpommern (3.–21.1.). Russische Magazine in Polen werden vernichtet. Im Mai verteidigt
der König erfolgreich Mittel- und Oberschlesien, während Prinz Heinrich in Sachsen
und Franken operiert. Der König läßt die Reitende Artillerie einführen. General v. Wedel wird von den Russen bei Kay geschlagen (24.7.), Russen und Franzosen vereini-
gen sich in der Nähe von Frankfurt. Friedrich macht sein Testament (10.7.), zieht in
Eilmärschen mit dem Haupttheer an die Oder, überschreitet sie beim Reitweiner Sporn
und kämpft am 12. August mit 49.900 Mann gegen 79.000 Feinde bei *Kunersdorf.* Er
muß das Schlachtfeld fluchtartig räumen. In dem blutigen Gemetzel verliert Friedrich
534 Offiziere und 17.961 Mann; Russen und Österreicher verlieren 670 Offiziere und
15.506 Gemeine. „Ich glaube, daß alles verloren ist". General Soltikoff schreibt am
folgenden Tag der Kaiserin Elisabeth: „Der König von Preußen pflegt seine Niederlage."

Innenpolitik, Wirtschaft: In Berlin werden von den „Münzjuden" die Münzverfälschungen gesteigert. Englisches und anderes Geld wird umgeprägt.

Jahresablauf, Reisen: Breslau, Schlesien (1.1.–31.7.); Neumark, Niederlausitz (11.–20.9.); Schlesien, Sachsen (21.9.–31.12.). – Kein Karneval.

Kunst und Kultur: Maupertuis stirbt in Basel (27.7.); seine Frau wird Oberhofmeisterin der Prinzessin Amalie (7.11.). – Der Komponist Graun stirbt im Unglücksjahr (8.8.). – Schriften des Königs: Schreiben der Marquise von Pompadour an die Königin von Ungarn (Satire).

Dynastie: Prinz Heinrich wieder in Schlesien (18.1.). – Der König nach dem Debakel von Kunersdorf tageweis erkrankt (14.–18.8.). – Der Hof flieht nach Magdeburg (15.8.); andere gehen in die sichere Festung Stettin (15.8.). Der König leidet erneut an Gicht, muß getragen werden (17.10.–17.11.).

Korrespondenzen, Gäste: An Voltaire für seine Auftraggeber bestimmt (17.9.). – An Finckenstein in Berlin, Kapitulation von Maxen (22.11.). – Gast: Der Erbprinz von Braunschweig (25.12.1759–19.1.1760).

Zur Lage: Nach Kunersdorf an den Prinzen Heinrich: „... Ich verkündige Ihnen das Mirakel des Hauses Brandenburg, der Feind zieht sich (aus logistischen Gründen) nach Süden zurück" (1.9.). – „Dieser Feldzug ist der schwierigste von allen; aber man muß gegen Strom schwimmen und gegen die sich immer erneuernde Hydra von Feinden kämpfen, bis wir den letzten die Köpfe abgeschlage haben. Der Plan ist schön, aber die Ausführung mühevoll und hart" (an den nunmehr durch mehrere höchst hilfreiche Siege ausgezeichneten Feldmarschall Prinzen Ferdinand von Braunschweig, 12.9.).

1760

Außenpolitik, Kriege: Die österreichisch-russische Defensiv-Allianz wird in Petersburg erneuert; für den Fall eines Gewinns von Schlesien mit Glatz verspricht die Kaiserin dem Zarenreich das begehrte Ostpreußen. – England besiegt die Franzosen in Indien bei Wandiwash; Frankreich verzichtet bereits auf Kanada (9.9.). Trotz einer Niederlage bei *Landeshut* (23.6.), der Eroberung der Festung *Glatz* durch Laudon (26.7.) schlägt der König die Österreicher bei *Liegnitz* (15.8.) und *Torgau* (3.11.). – Hoffnungen auf ein Bündnis mit den Türken erfüllen sich nicht (9.7.). – Russen dringen bis Schwedt (22.1.) vor. Sie plündern das Schloß und verwüsten die Neumark; der Hof zieht sich in die Festung Magdeburg zurück (18.3.); Russen und Österreicher besetzen vorübergehend Berlin und Charlottenburg mit Kavallerie (9.–12.10.). Plünderungen in Charlottenburg und Niederschönhausen.

Innenpolitik, Wirtschaft: Der König läßt durch seine Agenten in Polen vor allem und in Rußland gutes Geld aufkaufen, um es dann in der Berliner Münze durch seine Münzpächter umprägen zu lassen. Damit ist dann auch gegen Ende 1760 der Feldzug des Jahres 1761 finanziell gesichert (13 Millionen Taler). Die Versorgung der Teil-Armeen mit Waffen, Munition und Nahrung läuft über Flüsse und Landstraßen befriedigend.

Jahresablauf: Bis Anfang August in Sachsen (Freiberg, Meißen) und in der Oberlausitz; Niederschlesien und Nord-Sachsen (13.10.–31.12.). Während des Winters (8.12.1760–17.3.; 20.3.–1.5.1761) führt Friedrich von Leipzig und Meißen aus die Staatsgeschäfte.

Kunst und Kultur: Begegnung mit Christian Fürchtegott Gellert (1715–1769) in Leipzig. – Friedrich nimmt Lessing, der als Sekretär des Generals von Tauentzien in Breslau arbeitet, nicht in seinen Dienst. Henri de Catt wird Mitglied der Akademie (7.11.).

Dynastie: Markgraf Friedrich Wilhelm von Schwedt und sein Schwiegersohn Herzog Friedrich Eugen von Württemberg werden von den Russen gefangen (22.2.). – Der Hof flieht erneut nach Magdeburg (18./19.3.). – Prinz Heinrich mehrfach erkrankt. König Georg II. von Großbritannien stirbt (25.10.).

Korrespondenzen, Gäste: Der englische Gesandte Mitchell (8.12. ff.), Graf Finckenstein, d'Argens und die Kapelle (mit Fasch) ab 8. bzw.12.12. in Leipzig.

Zur Lage: Aus den Schriften: „Mitten unter so vielen Widerwärtigkeiten habe ich keine andere Stütze als meine Philosophie: Sie ist der Stab, auf den ich mich stütze, und mein Trost in diesen unruhigen Zeiten, wo alles drunter und drüber geht". An Prinz Heinrich: „Siegen oder Sterben ist in meiner jetzigen Lage mein Wahlspruch. Alle anderen Entschlüsse mögen in andern Fällen gut sein, aber nicht in dem jetzigen". – „Eben haben wir die Österreicher geschlagen; sie und wir haben eine große Menge Leute verloren. Dieser Sieg (Torgau) wird uns den Winter über einige Ruhe verschaffen, und das ist alles … Ich habe einen Schuß bekommen, der mich oben an der Brust gestreift hat; es ist aber nur eine Quetschung, ein wenig Schmerz ohne Gefahr, und das wird mich nicht abhalten, wie gewöhnlich tätig zu sein" (an d'Argens, 5.11.). Der König hielt sich für kugelfest (so an Fredersdorf).

1761

Außenpolitik, Kriege: In England wird Lord Bute als Nachfolger von William Pitt d. Ä. Premierminister. Der Englisch-Preußische Subsidienvertrag wird nicht erneuert. Friedrich finanziert den kommenden Feldzug vor allem aus Kontributionen der besetzten Länder Sachsen und Mecklenburg und mit Hilfe weitgespannter Münzoperationen seiner Berliner Münzpächter. – Eine Ermäßigung der Lasten für Sachsen lehnt er im Gespräch mit Frhr. von Fritsch in Meißen ab: „Meinen Ländern geht es noch übler; macht Frieden" (21./22.3.).

Friedrich verfügt nur noch über 100.000 Mann kampffähige Truppen, was den Feinden insgesamt nicht erkennbar ist. Im Lager von Bunzelwitz (Mittelschlesien) verteidigt er sich im August mit 50.000 Mann gegen 150.000 Österreicher und Russen. Die Festungen Schweidnitz (1.10.) und Kolberg (16.12.) fallen in die Hand seiner Gegner. – Mitteilung des Königs an die englische Regierung, er würde nur einen Frieden auf der Grundlage des Besitzstandes von 1756 unterzeichnen und kein einziges Dorf abtreten. – Ein von Wien betriebener Mordanschlag auf den König durch Baron Warkotsch scheitert (29.11.). – In Westdeutschland Gefechte bei Langensalza (10.2.), bei Saalfeld (8 Kanonen, 400 Mann gefangen oder tot) und bei Vellinghausen (13./16.7.). – Schweidnitz fällt im Sturm durch Laudon (1.10.), ebenso wie Kolberg (16.12.). – Epidemie im Heer der Kaiserin.

Innenpolitik, Wirtschaft: Publikandum wegen der Marodeurs, die das Land mit Räuberei und Diebstahl überziehen. – Die Firma Splitgerber & Daum übernimmt die Besorgung von holländischem Pulver, von Lunten und englischem Blei gegen Kommission.

Jahresablauf, Reisen: In Sachsen und der Oberlausitz bis Mitte Mai; West-Schlesien (Kunzendorf, Ottmachau, Strehlen, Bunzelwitz), Sachsen, dann Breslau als Winterquartier (9.–31.12.).

Kunst und Kultur: In Berlin wird das Palais Ephraim durch Dieterichs errichtet.

Dynastie: Prinz Heinrich von Braunschweig, der Neffe der Königin, stirbt an seiner Verwundung (8.8.). – Weitere Anordnungen des Königs für den Fall seines Todes (Leipzig, 17.3.).

Korrespondenzen, Gäste: Der tartarische Gesandte Mustapha Aga in Strehlen (15.–30.11.) und in Breslau. Er bietet dem König ein Bündnis an (Subsidiengelder gegen ein Hilfskorps von 16.000 Mann).

Zur Lage: „Ich muß Beschimpfungen und Barbareien erdulden, welche sozusagen unter meinen Augen begangen werden: aber ich habe gelernt zu leiden, ohne ungeduldig zu werden". An Prinz Heinrich: „Wie wir uns bis jetzt gut gehalten haben, so müssen wir das Werk krönen und noch einen 6. Feldzug auf die bereits durchgekämpften fünf folgen lassen. Ich hoffe, daß Sie als guter Patriot Ihre Kräfte zur Verfügung stellen werden" (20.3.). – Das Jahr endet in Düsternis. Der König fordert seinen General, den Markgrafen Karl (von Sonnenburg, 1705–1762) auf, dem österreichischen General Laudon eine scharfe Klage zuzustellen wegen der barbarischen Kriegführung, „indem Sie gegen alle Gesetze und Kriegesgebräuche, so in der Welt bekannt wären, die sonst als heilig gehaltene, zwischen Armeen getroffene Convention und Kartells nach eigenem Gefallen und wie Sie es von Ihrer alleinigen Convenance zu sein glaubeten, brächen, auch den Krieg mehrentheils wie barbarische Völker führeten, so daß fast nur allein und nichts anderes fehlete, als daß Sie die Kriegsgefangene in eine völlige Sclaverei setzeten und auf solchem Fuß sich gegen solche betrügen. Hierbei jetzo derer gewaltsamen Mittel nicht zu gedenken, welcher Sie sich Ihres Ortes gebrauchet, um viele von unseren dortigen kriegsgefangenen Leuten mit Drohungen, Schlägen und anderen härtesten Tractamenten zu zwingen, bei Ihnen Dienste zu nehmen." Wenn die Österreicher ihr völkerrechtswidriges Verhalten nicht abstellten, sehe sich Preußen gezwungen, zu den gleichen rechtlichen Repressalien zu greifen.

1762

Außenpolitik, Kriege: Der Tod der Zarin Elisabeth (5.1.) und der Regierungsantritt Peters III., der Friedrich verehrt, schafft Bewegungsfreiheit in der höchst kritischen militärischen Situation. Friedrich: „Mirakel des Hauses Brandenburg". Den Friedens- und Freundschaftsvertrag des Zaren bestätigt nach dessen Sturz und Ermordung die

Zarin Katharina II. – England bricht die diplomatischen Beziehungen mit Preußen ab. Erfolge im Westen bei Wilhelmstal und Lutterberg (24.6./23.7.). Erfolge in Schlesien: Burkersdorf (21.7.); die Russen verlassen Schlesien (22.7.); die Festung Schweidnitz wird zurückerobert (9.10.); Freiberg: Prinz Heinrich schlägt mit nur 22.000 Preußen 27.000 Feinde (29.10.); Österreich gibt Sachsen auf. Friedensverhandlungen (29.11. ff.). Ende des Krieges: Preußen verliert 42.000 Mann an Toten. Die Verluste seiner Gegner im Gesamtkonflikt sind etwas höher. Der Bevölkerungsrückgang („Verlust") in allen Staatsprovinzen beläuft sich auf etwa 378.000.

Innenpolitik, Wirtschaft: General-Instruktion des Geheimen Finanzrates v. Brenkenhoff (20.4.) für den Wiederaufbau in Pommern: U. a. Verlustlisten, Errichtung der abgebrannten Dörfer, Erlaß von Kontributionsrückständen, „wenn die Edelleute dann Meiner Willensmeinung wegen gänzlicher Abschaffung der Leibeigenschaft und der ungemessenen Dienste bei ihren Unterthanen Genüge thun"; dann Verteilung von 8.000 Wispel Saatkorn (aus Danzig, via Stettin), jedoch nur für die Notleidenden und nicht zum Verschleudern und Verkaufen; Geld könne er vor Friedensschluß nicht zahlen (20.4.). – Anwerbung von Fabrikanten für Ostpreußen (7.12.).

Jahresablauf: Im Stadtschloß in Breslau (1.1.–15.5.). – Weiter in Schlesien; im Lager der Russen (30.6.). – In Sachsen, Torgau, Meißen und Leipzig (5.11.–31.12.).

Kunst und Kultur: Der König bestellt bei der Meißner Manufaktur das Vestunen-Tafel-Service und fügt eine eigene Dekorationszeichnung bei. – Friedrich gewährt Rousseau Zuflucht in Neuchâtel (Neuenburg): „Contrat social". – Großes Tedeum wegen des bevorstehenden Friedens im Berliner Dom.

Dynastie: Prinzessin Philippine von Schwedt, die spätere Landgräfin von Hessen-Kassel, wird eingesegnet. Die Königin auf Reisen (14.6.–27.6.). General Markgraf Karl stirbt in Breslau (22.6.). – Die Nachricht vom Tode Zar Peters III. trifft in Berlin ein (23.7.). – Prinz Ferdinand wird Herrenmeister des Johanniterordens (13.9.). – Prinz Heinrich in Leipzig beim König (14.12.).

Korrespondenzen, Gäste: Finckenstein und Hertzberg zu Beratungen über den Frieden regelmäßig beim König in Breslau und Leipzig, ebenso der englische Gesandte Mitchell. – Der russische Gesandte Graf Woronzoff (31.5.–11.6.). – Der russische General Tschernitscheff zur Entgegennahme von Geschenken (30.3.–1.4.; Schwarzer Adlerorden).

Zur Lage: „Ich schreibe alles, was geschieht, den geschaffenen Wesen, den notwendigen Wirkungen von Nebenursachen zu, und ich demütige mich schweigend vor jenem anbetungswürdigen Wesen, indem ich meine Unwissenheit über seine Wege bekenne, die mir zu enthüllen seiner göttlichen Weisheit nicht gefallen hat ... Adieu, liebe Braut Jesu Christi ..." (an die Schwester Amalie, 7.11.). – „... Was unsere hiesige Lage angeht, so werden Sie sehr überrascht sein, wenn ich Ihnen sage, daß (Feldmarschall) Daun mit seinem ganzen Armeekorps sich nach dem Erfolg, den wir am 16. [Juli] über ihn hatten, gänzlich hinter die Berge im Glazer Land zurückgezogen hat und sich dort ganz ruhig und regungslos hält ... (an Feldmarschall Prinz Ferdinand von Braunschweig, 4.9.).

1763

Außenpolitik, Kriege: Im Frieden von Paris muß Frankreich den größten Teil seines Kolonialreiches an England abgeben. Der Vetter des Königs, Georg III. von England, reguliert die Verwaltung französischer Gebiete in Nordamerika.

Im Frieden von *Hubertusburg* (15.2.) einigen sich Preußen und Österreich auf den Status quo. Die Stellung Preußens als kleinste europäische Großmacht wird bestätigt. „Wert, Würde und Starrsinn der Preußen" (Goethe) haben sich durchgesetzt.

Innenpolitik, Wirtschaft: Beginn des Retablissements (30.3.). – Spinnschulen in Schlesien (Sept. ff.). – Mit dem Generallandschulreglement (J. J. Hecker) werden grundsätzlich die allgemeine Schulpflicht vom 5. bis zum 13. Lebensjahr, die Schul-organisation, die Lehrerausbildung nebst Lehrplänen bestimmt. Wirtschaft: Mit den ersten Münz-Edikten (21.4., 18.5.) wird mit der Stabilisierung des Geldes begonnen. – Der König übernimmt und erweitert in Berlin die Porzellanmanufaktur (Gotzkow-ski, Leipziger Straße) auf eigene Rechnung. – Johann Christoph Wöllner veröffent-licht in Berlin: Franz Home: Grundsätze des Ackerbaues (Edinburg). – Der König beginnt im Juni, seine Verbindlichkeiten bei der Kurmärkischen Landschaft, die an der Kriegsfinanzierung teilhatte, zu ordnen und abzuzahlen.

Jahresablauf, Reisen: Friedrich kehrt als gealterter Mann aus Sachsen zurück, be-sucht das Schlachtfeld von Kunersdorf (30.3.) und wird anschließend in Berlin emp-fangen und gefeiert. Illuminationen. – Audienz der kurmärkischen Landräte, um den Wiederaufbau (Retablissement) zu besprechen (1.4.). Musterung der Artillerie im Tiergarten (6.4.). Er erscheint zur Cour bei der Königin Elisabeth Christine (8.4.) so-wie in der Folgezeit bei seinen Geschwistern und wiederholt bei der Königin. – Sei-nen Chef-Unterhändler in Hubertusburg v. Hertzberg ernennt er zum Staatsminister (5.4.). – Der König empfängt in den folgenden Wochen die Generalität und die Mini-ster in Potsdam. Inspektionsreise nach Pommern und in die Neumark (20.–26.5.). Im Juni inspiziert er Magdeburg und die westlichen Provinzen (2.6.–20.6.). Ziesenis malt Friedrich im Schloß Salzdahlum. Besichtigung der Schlachtorte bei Minden, Herford, Bielefeld, Vellinghausen und Krefeld. Dort besucht er die Manufaktur des Kommer-zienrates von der Leyen (10.5.), wohnt in Kleve (12.–15.6.) und besucht das Grab des Fürsten Wilhelm von Oranien.

Kunst und Kultur: Beginn der Arbeit an der Geschichte des Siebenjährigen Krie-ges. In Potsdam wird der Bau des Neuen Palais vorbereitet. Am Schloß Niederschön-hausen (Elisabeth Christine) errichtet Bouman d. Ä. einen Anbau. Die Schuchsche Schauspielertruppe (Breslau) spielt im Juni in Potsdam. Die Antikensammlung des Königs wird nach Kriegsverlusten aus Bayreuther Beständen ergänzt (15.7.). In Berlin bei der Aufführung des „Tartuffe" (29.9.). Auf dem Ball der Königin im Berliner Stadtschloß (1.10.). Zahlreiche Theateraufführungen in Potsdam und Berlin (Novem-ber). – Abschluß der Darstellung der Geschichte des Siebenjährigen Krieges (17.12.)

Dynastie: Prinz Heinrich trifft in Berlin ein (5.1.). – Ferdinand von Braunschweig in Leipzig (1.2. ff.). – Die Königin kommt aus Magdeburg zurück (16.2.). – Friedens-schluß- Zusammenkunft des Königs mit dem Kurprinzen von Sachsen in Moritzburg

(15.3.). – Der König wird in Berlin bei der Königin von der gesamten Familie begrüßt (30.3.).

Korrespondenzen, Gäste: Der preußische Gesandte in London geht zum König nach Torgau (12.3.). – Der König teilt den auswärtigen Mitgliedern der Familie und sämtlichen Gesandten sowie dem Marquis d'Argens den Frieden in Europa mit. D'Alembert besucht den König in Kleve (13.6.) und in Sanssouci (21.6. bis 25.8.).

Zur Lage: „Nun ist also, Gott sei Dank, der Friede in Europa wiederhergestellt. Möchte er lange dauern, und möge die Nachwelt nie mehr eine Vorstellung gleicher Szenen zu sehen bekommen, wie wir sie seit zwei Jahren gehabt haben". – „Ich arbeite hier im Stillen an der inneren Einrichtung der Provinzen, die Hauptverfügungen wegen der Armee sind schon getroffen. Seine Majestät von Polen [der Kurfürst von Sachsen] sind noch nicht wiederhergestellt, dero Gesundheit ist noch schwankend. In den Augen der Sachsen ist die Rückkehr ihres Königs ein allgemeines Unglück, eine noch grausamere Landplage als Krieg und Hungersnot. Aber bekümmert Sie und mich Sachsen, sein König, sein Minister [Graf Brühl] und die ganze Bande?! Ich strebe nach Beruhigung meines Geistes und nach einer kleinen Entledigung von Geschäften, um mir frohe Tage zu machen, indessen meine Leidenschaften still sind, über mich selbst nachzudenken ..." (an d'Argens, 1.3.).

1764

Außenpolitik, Kriege: In Polen wird nach einem Interregnum Stanislaw II. August (Poniatowski) zum König gewählt (1764–1795). – Preußen und Rußland treffen im Rahmen ihres Bündnisses eine Absprache über die zu erhaltenden Regierungssysteme in Schweden und Polen. – Erzherzog Joseph II. wird zum Kaiser gewählt und gekrönt (3.4.).

Innenpolitik, Wirtschaft: Staat und Statistik: Der König fordert genaue Statistiken über sämtliche Kriegsverluste (14.8.); prompte Einsendung der Tabellen, Androhung des Gehaltsabzuges bei Säumigkeit. Anzufertigen sind besonders Übersichten über die Verschuldung in Stadt und Land; Münzreform (29.3.). – Edikt gegen das Hausieren und gegen Wechselgeschäfte der Juden auf dem platten Lande (17.11.). – v. Hagen wird anstelle v. Borckes Minister. Das Wasserbaudepartement der Kriegs- und Domänenkammer in Kleve beginnt mit dem Ausbau der preußischen Teile des Rheines. – Aufnahme der Arbeiten am Oderbruch im Gespräch mit Weisungen für den Kammerpräsidenten v. Horst (ca. 13.7.).

Jahresablauf, Reisen: Berlin – Potsdam (1.1.–20.3.). – Inspektionsreise nach Schlesien (21.3.–4. 4): Besuch der Festungsbauten in Glogau, Schweidnitz und Glatz. Revue bei Magdeburg (4.–9.6.). – Berlin und Potsdam. – Schlesien: 16 Orte und Festungen (20.8.–14.9.). – Potsdam – Berlin, Karneval (15.–31.12.).

Kunst und Kultur: Unterredung des Königs mit d'Alembert (Februar). Casanova kommt nach Berlin und Potsdam, der König empfängt ihn (28.6.). – Der Herzog von Braunschweig mit der Herzogin und Prinzessin Elisabeth wohnen in Sanssouci (9.7.–25.7.); der König wohnt derweilen im Chinesischen Pavillon. – Der Venezianer Algarotti, dem König seit 25 Jahren als Anreger in Bausachen und Mitglied der Tafelrunde eng verbunden, stirbt in Pisa. Der König läßt ein Epitaph anbringen: „Algarottus non omnis" (Hier liegt Algarotti, doch nicht ganz). Fünf Theater-Aufführungen in Sanssouci (Juli). – Pöllnitz wird „Directeur des Spectacles" (28.10.). – Der König läßt die Prinzen Friedrich und Wilhelm von Braunschweig zu Mitgliedern der Akademie ernennen.

Dynastie: Der König besucht mehrfach die Königin (4., 8., 24., 25.1.; 26.12.). – Herzog Ferdinand von Braunschweig (8.1.–24.2.; 9.6.). – Treffen der Prinzen und Prinzessinnen von Braunschweig und der Königin in Charlottenburg (17.7.), anläßlich der Vermählung des Prinzen von Preußen mit Elisabeth Christine Ulrike von Braunschweig; er wünsche baldmöglichst viele Nachkommen und warnt dringend vor „Mätressen".

Korrespondenzen, Gäste: Unterredung mit Lambert (Februar). – General v. Seydlitz, Russ. Großkanzler Gf. Woronzow. – Die russischen Fürsten Czartoryski und Repnin (7.10.). – Fürst Leopold III. von Anhalt-Dessau (Oktober).

Zur Lage: „Macht unsere Neugier einmal unsere Vernunft verwegen genug, um sich auf die Finsternis der Metaphysik einzulassen, so verirren wir uns in dieser Dunkelheit, da wir keinen Stab, auf den wir uns stützen können, und keine Fackel haben, die uns Licht brächte".

1765

Außenpolitik, Kriege: England erläßt das „Stempelsteuer-Gesetz" für die Kolonien und provoziert den Boykott englischer Importe. – England und Preußen normalisieren ihre diplomatischen Beziehungen. – Kaiser Franz I. stirbt. Joseph II. tritt die Nachfolge an.

Innenpolitik, Wirtschaft: In Berlin wird die Giro- und Lehnsbank begründet (20.7.), weitere Bankkontore in Breslau und anderen Städten. Einführung der Finanztaschenbücher mit der Übersicht der Staatseinnahmen und Großausgaben pro Anno. Tabakwaren werden einem staatlichen Monopol unterworfen. Begründung der Levantinischen Compagnie. – Einfuhrverbot für sächsische Porzellane (7.5.).

Jahresablauf, Reisen: Berlin (–30.1.). – Potsdam, Stadtschloß (–23.4.), Sanssouci, im Wechsel mit dem Stadtschloß und Charlottenburg (–24.5.). – Minister-Konferenz (10./11.6.). – Sanssouci, Stadtschloß und Charlottenburg (–28.7.). – Schlesien (6 Wochen, 13 Städte; Badekur in Landeck 5.–24.8.), längster Aufenthalt (29.7.–13.9.). – Potsdam und Sanssouci (–21.12.), dann Berlin – Stadtschloß (diverse Essen mit der Königin sowie Angehörigen der Dynastie und Diplomaten, –31.12.).

Kunst und Kultur: Friedrich Nicolai läßt als zentrale Zeitschrift der Aufklärung in Berlin die „Allgemeine deutsche Bibliothek" erscheinen. – Bibliothekar Stosch wird Direktor der Kunst- und Naturalien-Kabinette und erhält die Aufsicht über das Medaillen- und Antiken-Kabinett, als Teil der künftigen Museen (23.7.).

Dynastie: Zahlreiche Gichtanfälle (in allen Gliedern) des Königs. – Der König sendet seinen Leibarzt Cothenius nach Schwedt zur kranken Markgräfin (22.4.). – Die Malerin Theerbusch beginnt die Bilder der Prinzessin Amalie und der Königin

(23./25.4.). – Tod der Mgfn. Sophie (13.11.). Der König nimmt sich deren Tochter Philippine an.

Korrespondenzen, Gäste: Fürst Woronzow (8.1.); Fürst Schöneich-Carolath, Gesandter für Warschau (18.1.–30.6.); Abt Bastiani (3.2.–19.5.); Erbprinz Peter von Kurland (13.–15., 22.–24.2., bleibt bis Ende Mai); Graf Buckingham, englischer Gesandter für St. Petersburg (25.–27.2.); polnischer Krontruchsess Branicki (2.3.); Prof. Thiébault (19.3.) wird 18.4. Akademiemitglied. Der Philosoph Claude Adrien Helvétius (1715–1771) in Potsdam (5.–19.5.); Herzog von York (10.8.); Graf Krockow aus Schlesien (21.12.–ca. 30.6.1766).

Zur Lage: „O diese gräßliche Gesindel, / Das Börsenspekulanten heißt! / Spitzbuben mit dem Diebwerksbündel, / Auswurf von eklem Höllengeist! / Es überkommt uns schon ein Schwindel, / Wenn man auf ihre Namen weist".

1766

Außenpolitik, Kriege: „Das Bündnis mit den Russen genügt mir; denn wenn ich selbst in Kriegszeiten keine Hilfe daraus erhalten sollte, so erlange ich jedenfalls doch den Vorteil, daß sich dieses mit mir verbündete Volk nicht gegen mich erklären wird. Das genügt mir …, so daß ich den Frieden erhalten kann. Ein Bündnis mit England ist nur dann möglich, wenn diese Verbindung mich zu nichts verpflichtet, was die Ruhe Deutschlands stören kann" (an den Grafen Solms in Petersburg, 25.3.). – Nach dem Tode des polnischen Königs Stanislaus Lesczynski fällt Lothringen auch formell an Frankreich.

Innenpolitik, Wirtschaft: Einführung einer neuen Steuerverwaltung (Regie, 6.3.) mit wechselndem Erfolg: Hohe Besteuerung der Genußmittel; Steuerbefreiung für notwendige Nahrungsmittel (wie Mehl). Für die Verarbeitung des Tabaks errichtet der König eine „General-Tabaks-Administration". Entdeckung des Wasserstoffs. Ausbau der Kurmark: Anlage von weiteren Vorwerken, Ausgleich der Kriegsverluste der Bevölkerung, Steigerung der Getreideproduktion (3.7.). – Aufstieg des Bergbaues unter staatlicher Aufsicht: Revidierte Bergordnung (Direktionsprinzip). – Der König wendet sich an den Großkanzler v. Jariges wegen der immer mehr überhandnehmenden Münzdefraudationen, wegen rascherer Untersuchung durch den Fiskal (Staatsanwalt) Schmidt.

Kunst und Kultur: G. E. Lessing: „Laokoon oder über die Grenzen der Malerei und Poesie". – Leonhard Euler verläßt Berlin und reist nach Petersburg. – Prinz Heinrich bezieht sein neues Palais Unter den Linden (14.1.).

Jahresablauf, Reisen: Berlin (1.1.–2.2.). – Potsdam (2.2.–19.5.). – Spandau, Charlottenburg, Berlin (19.5.–24.5.). – Pommern, Stargard (25.5.–29.5.). – Revue bei Magdeburg, Salzdahlum, Brandenburg/H. (2.6.–10.6.). – Potsdam, Berlin. – Schlesien, 14 Orte (14.8.–7.9.). – Über Sprottau, Cottbus, Baruth, Trebbin nach Potsdam (8./9.9.). – Potsdam, Charlottenburg, Berlin (10.9.–31.12.).

Dynastie: Prinzessin Wilhelmine (1751–1820), Nichte des Königs, im folgenden Jahr mit dem Prinzen von Nassau-Oranien vermählt, wird vom König weiterhin erzogen (Potsdam 15.7.–15.8.). – Prinzessin Amalie bezieht ihr neues Palais Unter den Linden und der König hilft bei der Ausstattung.

Korrespondenzen, Gäste: Schlesiens Provinzialminister Schlabrendorff in Potsdam (14.–29.3.). – Marquia Conflans, Marechal de France (April). – Herzog Ferdinand von Braunschweig erhält den erbetenen Abschied (12.5. /22.6.). – Minister-Revue in Potsdam (11.–12.6.). – Kaiser Joseph II. In Torgau (Kursachsen), Minister Graf Kamecke begrüßt am Schlachtort im Namen des Königs (–27.6.). – Empfang für den russischen Gesandten in Dresden, Graf Beloschki in Charlottenburg; Konzert mit den neuen Sängern. – Der König besucht u. a. den kranken General v. Hülsen in Berlin (17.12.). – Abt Bastiani aus Schlesien kommt als Gast der neuen Tafelrunde (31.11.).

Zur Lage: „Die Funken von Religionshaß, die sich vor dem Kriege oft von neuem zeigten, sind erloschen und der Geist der Toleranz gewinnt mit jedem Tage in der allgemeinen Denkart der Einwohner" (an Voltaire, 1.9.). – Landrat v. Wobeser bittet um Ersatz des ihm beim Küstriner Bombardement entstandenen Schadens. – Marginal-Resolution: „Am jüngsten Tag kriegt ein jeder alles wieder, was er in diesem Leben verloren hat".

1767

Außenpolitik, Kriege: Rußland und Preußen schließen einen Rückversicherungsvertrag zur Absicherung ihres Vorgehens in der Wahlmonarchie Polen. Preußen nimmt eine Vermehrung des Heeres vor.

Innenpolitik, Wirtschaft: Minister-Revue in Potsdam (10.–13.6.). – Kabinettsordre an den Großkanzler von Jariges wegen der Verkürzung der Prozesse (24.8.). – Der Bankier und Unternehmer Gotzkowski wegen Insolvenz verhaftet (12.3.).

Jahresablauf, Reisen: Das Frühjahr in Berlin und Potsdam. – Im Mai Revuen und Besichtigungen in Spandau, Charlottenburg, Tiergarten und Berlin; Besuche bei den kranken Generälen v. Hülsen und v. Zieten. – Pommern (25.5.–30.5.). – Magdeburg-Körbelitz (2.–7.6.). – Minister-Revue in Potsdam (10.–13.6.). – Zahlreiche Besprechungen mit dem Schlesien-Minister v. Schlabrendorff in Sanssouci (31.6.–7.7.). – Ausgedehnte Besichtigungen und Gespräche in Nieder- und Oberschlesien (10.8.–6.9.). – Zum Jahresende (19.–31.12.) arbeitet und repräsentiert der König wie üblich im Berliner Stadtschloß, speist bei der Königin und empfängt die gesamte Familie zur „Confidenztafel" (31.).

Kunst und Kultur: In Hamburg und Berlin wird Lessings „Minna von Barnhelm" aufgeführt. – J. G. Herder: „Fragmente über die neuere deutsche Literatur". – In Berlin stirbt der von Friedrich geschätzte Bevölkerungs-Statistiker und Konsistorialrat Süßmilch. – Der König prüft den Benediktiner-Pater Pernetti und stellt ihn als Bibliothekar an der Kgl. Bibliothek an (1.7.). – Der König veranlaßt, daß die Kaiserin Katharina II. als Mitglied in die Berliner Akademie aufgenommen wird (10.9.). – Gedenkrede auf den Tod des jungen Neffen des Königs, Prinz Heinrich, (Dezember) in der Akademie, für dessen Leichenpredigt der König den Text ausgesucht hatte.

Dynastie: Wenn die verwandten Fürsten u. a. aus den Häusern Braunschweig, Brandenburg-Bayreuth, Württemberg, Anhalt-Dessau, Niederlande-Oranien nach Potsdam und Berlin kommen, geht die Königin regelmäßig aus Schönhausen nach Berlin. – Der von Friedrich sehr geschätzte Neffe Prinz Heinrich stirbt an den Pocken im Gutshaus von Protzen bei Neuruppin (26.5.). – Totenfeier im Berliner Dom (9.6.). – Fürst Friedrich Erdmann von Anhalt-Köthen, französischer Generalleutnant, wird mit der Herrschaft Pless in Oberschlesien belehnt (7.10.). – Vermählung der Prinzessin Wilhelmine von Preußen mit Prinz Wilhelm, Erbstatthalter der Niederlande (3.–12.10.).

Korrespondenzen, Gäste: General von Buddenbrock (14.6.–22.7., Sanssouci). Minister von Schlabrendorff aus Schlesien (1.–5.7.). – Marquis d'Argens (Juni). – Der König krank (ca. 1.11.–4.12.).

Zur Lage: „Der Selbstlose zieht Ehre und Ruf den Vorteilen des Reichtums vor, Billigkeit und Gerechtigkeit den Trieben zügelloser Begehrlichkeit, die Wohlfahrt von Staat und Gesellschaft dem Eigennutz und dem Vorteil der Familie, das Heil und die Erhaltung des Vaterlandes der Selbsterhaltung, den Gütern, der Gesundheit, dem Leben". – Abhandlung zum Lobe der Faulheit (4.8.): „Ferner ist es auch wahr, daß das menschliche Leben ein Kinderspiel ist, wo muthwillige Knaben wieder aufrichten, was andere niedergerissen haben, oder zernichten, was andere aufbauten; wo Schulknaben, unruhiger und hitziger als die übrige Menge, die Ruhe der Gesellschaft (!) stören; wo gefräßige Küchenjungen ihren Kameraden das Fleisch stehlen und ihnen nur die Knochen lassen. Wären diese Lärmstifter als Faule geboren, so würde, meiner Meinung nach, die menschliche Gesellschaft nichts dabei verloren haben" (an d'Alembert, 4.10.).

1768

Außenpolitik, Kriege: Zunahme der Unruhen in Polen. Ein russisch-polnisches Bündnis soll Wiederherstellung und Schutz der Kardinalrechte sichern. Mit der Konföderation von Bar wird der aggressiven Politik Rußlands in Polen entgegengearbeitet. Krieg zwischen Rußland und dem Osmanischen Reich.

Innenpolitik, Wirtschaft: Friedrich erklärt in seinem zweiten Politischen Testament seinen Verzicht auf eine Kriegsflotte, betont jedoch das Interesse an einer aktiven Teilnahme am Überseehandel. Er begründet als VII. Department im Generaldirektorium die Verwaltung für das Bergwerks- und Hüttenwesen: Gründung des Westfälischen Oberbergamtes; Förderung der Eisenverarbeitung in der Grafschaft Mark; Friedrich Anton v. Heinitz (1725–1802) und dessen Mitarbeiter bauen ab 1777 das schlesische Berg- und Hüttenwesen nach modernen Erkenntnissen aus; in Gleiwitz, bei Malapane und Königshütte entstehen größere Werke. Unter Friedrich Wilhelm v. Reden wird in Schlesien Silber und Blei im Großbetrieb gewonnen. Steuerreform: Die Grundsteuer (Kontribution) wird (seit 1735/39) mit Hilfe von Neuvermessung und Bodengüte-Bewertung gerechter verteilt. – Der Geh. Staats-, Kriegs- u. Kabinettsrat Eichel stirbt (3.2.).

Jahresablauf, Reisen: Charlottenburg und Berlin (–22.1.), Potsdam (–27.3.), Sanssouci (–19.5.), Charlottenburg und Berlin (–23.5.), Pommern (–27.5.), Sanssouci,

Ministerrevue (29.–31.5.), Magdeburg – Hannover – Minden – Bielefeld – Lippstadt, Hamm – Wesel – Cleve – Loo (–16., Besuch beim Erbstatthalter) – über Emmerich nach Braunschweig – Salzdahlum (18.–20.). – Neues Palais (20.6.–20.8.). – Schlesien (21.8.–12.9., 9 Stadtaufenthalte. – Potsdam und Berlin (8.–31.12.); 18. Beginn des Karnevals; Opern: „Catone in Utica" und „Orpheo e Euridice" (Graun).

Kunst und Kultur: Einweihung des „Neuen Schlosses" von Sanssouci (18.7.). – Der Bildhauer Cavaceppi modelliert die Büste des Königs (Ende Juniff.). – J. H. d'Alembert (1728–1777), ab 1765 am Berliner Observatorium tätig, bestellt moderne Instrumente in Augsburg (28.2.). Er läßt ein Mathematik-Buch in Berlin erscheinen (1765–1772). Die Döbbelin'sche Theater-Gesellschaft führt erstmals Lessings „Minna von Barnhelm" auf (21.3.). – Der König beschenkt die Generale v. Stechow u. v. Seydlitz mit Tafelservices.

Dynastie: Bei der Königin (10., 18.1.; 18., 25.12.).

Korrespondenzen, Gäste: General Tschernitschew (2./3.10.). – Fürst Schöneich-Carolath (bis 28.1.). – Graf Sinzendorff, Comthur des Malteser-Ordens (9.–23.3.); der holländische Gesandte für St. Petersburg, Graf Rechteren (22.3.–1.4.); d'Argens in Sanssouci (1.4.–15.7.); Prinz Heinrich (15.–17.5., 23.–27.7.); Graf Finckenstein (24.6.–18.8.); die polnische Gräfin Storzewska (August); General Fouqué (16.–19.9.); die russischen Diplomaten Graf Tschernitschew und Fürst Woronzoff (24.9.; 25.9.–4.10.). d'Argens ersucht um seinen Abschied (26.9.). Minister vom Hagen (5.–11.10.).

Zur Lage: „Es ist ein Unglück für das Menschengeschlecht, daß die Menschen nicht ruhig bleiben können. Führen sie ein glückliches Leben, so beunruhigen sie sich selbst, schaffen sich Verlegenheiten und stürzen sich in Geschäfte".

1769

Außenpolitik, Kriege: In Neiße (Schlesien) führt Friedrich mit Kaiser Joseph II. politische Gespräche über die Interessenlage in Ost- und Südosteuropa. – Das russisch-preußische Bündnis von 1764 wird erneuert. Beide Mächte garantieren sich den Gebietsstand und unterstützen den polnischen Wahlkönig Poniatowski. Friedrich unterstützt nunmehr das Projekt des Grafen Lynar (2.2.), mit einer Reduktion Polens, die Österreich und Preußen begünstigen würde, dem befürchteten Vorstoß Rußlands nach Europa Hindernisse in den Weg zu legen.

Innenpolitik, Wirtschaft: Minister Ludwig Ph. vom Hagen (1724–1771) erhält wegen besonderer Verdienste um die innere Staatsverwaltung den Schwarzen Adlerorden (–3.6.). – Der Gesandte in Berlin, Fr. W. v. Derschau (1723–1779) wird Chef-Minister im Generaldirektorium, Generalpostmeister und oberster Inspekteur der Kolonisationsarbeiten (1.4.). – Fischfang-Compagnie in Emden (4.8.). – Kolonistensiedlung im Fürstentum Halberstadt (Edikt). – Bergordnung für die Gruben in Schlesien. – An den Kammerpräsidenten von Hoyen (Cleve, Februar): Zu fördern seien die Salzwerke in Unna, die Kohlenwerke und Fabriken in Iserlohn; die Befehle des Königs und des Generaldirektoriums seien prompt auszuführen, „sonst kommt nichts zustande"; die faulen, schlechten Leute unter den Kriegsräten solle er anzeigen, er würde sie (insbesondere bei Fehlern in der Kassenführung) gleich und ohne Mitleid entlassen. „Ich hoffe, Er wird nicht schlafen wie andere. Gehe er in Gottes Namen! …“. Mit Brenkkenhoff lange Gespräche über die anstehenden Siedlungsprojekte im Warthebruch und in Pommern (23.12.–21.1.).

Jahresablauf, Reisen: Berlin und Potsdam (1.1.–25.5.); Berliner Revuen (29.4., 20.–23.5.). – Pommern, Stettin (über Küstrin, 25.–29.5.). – Magdeburg, Salzdahlum, Antoinettenruh (2.–9.6.). – Potsdam, überwiegend Neues Palais (–12.8.). – Schlesien, 11 Städte und Orte als Aufenthalte (12.8.–5.9.). – Potsdam und Berlin (–31.12.).

Kunst und Kultur: Das Neue Palais fertiggestellt (Büring, Gontard). In Potsdam entsteht der Neubau des Großen Militärwaisenhauses (Gontard). – Auf dem Berliner Wilhelmsplatz wird die Statue des Feldmarschalls Schwerin aufgestellt (28.4.). – Erstdruck der Schrift Über die Erziehung (1777): „Lettre sur l'éducation“.

Gäste, Korrespondenzen: An die Kurfürstin Maria Antonia von Sachsen (8.8.): „Aber um Gottes Willen! Nichts von Salomon. Dieser König war weise, und ich bin es kaum, er hatte einen Harem mit tausend Frauen … ich habe nur eine, und das ist schon zu viel für mich. Er opferte den Götzen, und ich habe niemals ein Knie vor Baal gebeugt …“. – Die polnische Gräfin Skorzewska (18.2.–16.3.). – Der Bischof von Ermland, Fürst Krasicki, trifft sich wiederholt mit dem König (29.3. ff.). – Bastiani stößt zur Tafelrunde (30.3. ff.). – Der jüngere Graf La Rochefoucauld (Oktober). – Herzog von Devonshire (14.10.). – Prinz Georg von Anhalt-Dessau (1748–1811) berichtet nach einer Rußland-Reise über den Zustand der russischen Armee (4.11.). – Kurfürstin-Witwe Maria Antonia von Sachsen (1724–1780; 20.–25.10.). – Bastiani leistet dem König im Winter Gesellschaft (23.12.–ca. 15.4.).

Dynastie: Nach der Scheidung seiner ersten Ehe verlobt sich der Prinz von Preußen mit der Prinzessin Friederike Luise von Hessen-Darmstadt (21.6.). – Der König lädt die Landgräfin Karoline von Hessen-Darmstadt, deren Tochter (s. o.), seine Schwester Amalie, seine Brüder Heinrich und Ferdinand sowie den Markgrafen von Ansbach zu sich in das Neue Palais ein (18.–27.7.), sieben Oratorien, Theaterstücke und Konzerte. – Der Ansbacher Markgraf wird Chef des Regiments Bayreuth-Dragoner (5.8.). – Herzog Ferdinand von Braunschweig besucht die Königin, seine Tante, in Schönhausen (24.8.–5.9.), während der König in Schlesien inspiziert. – Der König läßt sein Persönliches Testament (9.1.) im Archiv niederlegen (10.1.).

Zur Lage: Anfang des Persönlichen Testaments: „Unser Leben führt uns mit raschen Schritten von der Geburt bis zum Tode. In dieser kurzen Spanne ist es die Bestimmung des Menschen, für das Wohl der Gemeinschaft, deren Mitglied er ist, zu arbeiten“.

1770

Außenpolitik, Kriege: In Mährisch-Neustadt (3.–7.9.) intensive Gespräche mit Kaiser Joseph II. und Staatskanzler Kaunitz. – Den König begleiteten: Prinz Friedrich Wilhelm von Preußen, Prinz Ferdinand, Prinz Leopold von Braunschweig, Generalleutnant v. Lentulus, die Flügeladjutanten und Majore v. Kleist, v. Vietinghoff, braunschweigische Offiziere, der vielseitige Kartograph, Diplomat und vertraute Hofmeister in der Familie des Prinzen Ferdinand, Friedrich Wilhelm Carl Graf Schmettau (1742–1806) sowie weitere Offiziere und Diplomaten.

Innenpolitik, Wirtschaft: Im Zusammenhang mit der Einführung der rationellen Forstwirtschaft entsteht ein besonderes Forstdepartement im Generaldirektorium. – J. G. Gleditsch wird vom König und dem zuständigen Minister v. d. Schulenburg-Kehnert beauftragt, Vorlesungen für Forstleute zu halten (nebst Mathematik und Exkursionen). – In Berlin wird das Bergwerksinstitut begründet. – Auf Geheiß des Königs errichtet der Minister v. Hagen das Oberbaudepartement (17.4.).

Jahresablauf, Reisen: Berlin (–24.1.), – Potsdam, Stadtschloß (–22.4.), Sanssouci (tageweise Spandau, Charlottenburg und Berlin –24.5.). – Pommern (25.–29.5.). – Ministerrevue (30.5.–1.6.). Neues Palais und Sanssouci. – Magdeburg-Körbelitz, Braunschweig, Salzdahlum (2.–9.6.). – Neues Palais, Sanssouci (7 Aufführungen, 9.6.–15.8.). – Schlesien (Schloß- und Stadtaufenthalte, 15.8.–11.9.). – Potsdam, Neues Palais und Sanssouci (13.9.–20.12.), dann Berlin.

Kunst und Kultur: In Sanssouci entstehen der Antiken- und der Freundschaftstempel beim Neuen Palais. – Kant wird als Ordentlicher Professor für Metaphysik und Logik in Königsberg bestallt. – Der König schreibt über Tugend, Erziehung und Moral an den Prediger Steinbart in Züllichau (16.3.). Publikation: „Zwiegespräch über die Moral": „Was ist Tugend? Eine glückliche Gemütslage, die uns treibt, die Pflichten gegen die Gesellschaft zu unsrem eignem Vorteil zu erfüllen".

Dynastie: Nach den Feiern der Geburtstage des Prinzen Heinrich und der Königin in Gegenwart ihres Gemahls (18./24.1.) im Palais des Prinzen Heinrich und im Berliner Stadtschloß schreibt der König das bittere Poem „Codicill" über die Schwächen und Blickverengungen der Regenten seiner Gegenwart. – Anläßlich der Geburt des Thronfolgers Friedrich Wilhelm (III.) besucht er die Wöchnerin und die Landgräfin von Hessen-Darmstadt. Der Prinz möge „die Eigenschaften haben, die er haben soll, und, anstatt eine Geißel der Menschheit zu sein, ihr Wohltäter werden" (26.9.).

Korrespondenzen, Gäste: Besuch beim General v. Zieten, am Wilhelmplatz, der wegen Viehseuche-Schadens auf seinem Gute Wustrau die hohe Summe von 10.000 Talern Remission erhält; die Generale Buddenbrock, Lentulus und Wylich erhalten den Schwarzen Adlerorden (12.1.); Graf Hoym, Minister für Schlesien (20.–24.1.); Tschernitschew aus London (30.1.–8.2.); Graf Krockow (25.3.–ca. 30.6.); Generalchirurgus Schmuckert in Potsdam (27.3.–11.4.); Fürst Lobkowitz, kaiserlicher Gesandter in St. Petersburg, reist am 12. April ab; Graf Finckenstein (15.6.–10.7.), ebenso Prittwitz (–1.7.), Buddenbrock (–9.8.); Quintus Icilius (21.–28.7.); der russische Generalstabschef (11.–18.8.). – Während des Fürstentreffens (3.–7.9.) führte der König ein Gespräch mit dem „geistreichen" Fürsten Herzog Karl Joseph von Arenberg-Ligne, Kaiserlichem General-Feldzeugmeister, den Friedrich unversehens bezauberte durch heitere Dialoge (Erstdruck 1789; Volz, 1919, 146–151). – Die Kurfürstinwitwe Maria Antonia von Sachsen (26.9.); Prinz Heinrich aus St. Petersburg zurück (12.10.);

der Jurist v. Fürst wird Großkanzler (14.11.); Graf Krockow (15.11.–ca. 30.6.1771); Abt Bastiani (15.11.–ca. 30.4.1771); Graf Finckenstein (16.–28.11.); Zedlitz wird vom König zum Minister für Kultur und Bildung erhoben (18.11.).

Zur Lage: „Da uns weder äußere Dinge noch jene Glücksfälle, welche die bewegliche Weltbühne abwechselnd vorführt und zerstört, wahre Glückseligkeit gewähren können, so muß man die letztere einzig in sich selbst suchen. Es gibt keine andere, ich wiederhole es, als die Seelenruhe". – An Voltaire: „Man muß Schonung gegen das haben, was das Publikum verehrt, und Niemand Ärgernis geben. Hält man sich für weiser als andere Leute, so muß man doch aus Gefälligkeit oder aus Mitleiden mit ihrer Schwäche ihre Vorurteile nicht antasten" (7.7.).

1771

Außenpolitik, Kriege: Verhandlungen zwischen Österreich und Preußen über eine Verkleinerung Polens zugunsten der Teilungsmächte. – Prinz Heinrich in St. Petersburg; er berichtet seinem Bruder über seine Polen-Gespräche: Die Kaiserin fragte ihn: „Warum sollten nicht alle anderen auch etwas nehmen?"

Innenpolitik, Wirtschaft: Allgemeine Finanzkrise, Mißernten. – Der König läßt aus den Kornmagazinen Getreide verteilen. – Beginn der Werbung für den Kartoffelanbau. – Fruchtwechsel nach englischem Vorbild wird eingeführt. – Der König beauftragt Carl Abraham Gerhard (1738–1821), in Berlin eine Ausbildungsstätte für Bergbauanwärter einzurichten; 1781/82 veröffentlicht er als Leiter der Bergakademie eine Geschichte des gesamten Mineralreichs; systematische Erschließung der Bodenschätze.

Jahresablauf, Reisen: Bis zum 31.1. wohnt der König im Berliner Stadtschloß, gibt Audienzen und speist mit der Familie. Ende März zieht er aus dem Potsdamer Schloß nach Sanssouci um. Im April und Mai arbeitet der König bis auf die Berlin – Spandauer Revuen in Sanssouci, wo er König Gustav III. von Schweden empfängt (22.–25.4.). – Die pommerschen Regimenter werden bei Stargard besichtigt. (25.–28.5.); dem folgt die Minister-Revue in Sanssouci (31.5.–4.6.). – Die Westreise geht über Manöver bei Körbelitz bis Schloß Salzdahlum bei Wolfenbüttel (2.–8.6.). – Nach dem Theater-Sommer mit 4 Stücken (14.–31.7.) und Gesprächen mit Prinz Heinrich über die Polen-Frage (7.–24.7.) reist der König in Begleitung seines Bruders und des Prinzen von Preußen nach Schlesien (15.8.–4.9.). – Seit dem 14.12. hält der König in Berlin Hof, speist mehrmals bei der Königin, in Begleitung der verwitweten Königin Ulrike von Schweden, der übrigen Familie und eröffnet den Karneval im Opernhaus (15.12.), wo die Oper „Britannicus" des verstorbenen Graun (27.10.) gegeben wird.

Kunst, Kultur und Wissenschaft: Gründung des Französischen Theaters in Berlin (21.10.). – Das Bild des verstorbenen Minister v. Hagen (Anna Dorothea Therbusch) wird auf Befehl des Königs im Audienzsaal des Generaldirektoriums (Schloß Berlin) feierlich aufgestellt, als Paradebeispiel des uneigennützigsten, bis in den Tod hinein getreuen Chefministers.

Korrespondenzen, Gäste: Der langjährige Korrespondenz- und Gesprächspartner d'Argens stirbt in Toulon (12.1.). – Der sächsische Konferenz-Minister Fritsch beim König (28.9.–1.10.). – General Buddenbrock (31.10.–5.12.). – Der russische Admiral Arff (26.11.). – Abt Bastiani aus Breslau, bleibt beim König (7.12.–ca. 30.4.). – Graf Krockow (31.12., bleibt bis Ende Juni 1772).

Dynastie: Herzogin Karoline Louise von Kurland kommt in Potsdam an (23.7.). – Der Erbprinz von Braunschweig (13.–29.9.). – Friedrichs Schwester, die verwitwete Königin von Schweden, Ulrike, trifft sich mit ihm in Berlin (3.12.). – Der König zu Tisch bei seiner Frau (15., 22., 29.12.). – Tod des Mgfn. Friedrich Wilhelm von Schwedt (5.3.).

Zur Lage: „Indem wir zuwarten, werden wir jeden Augenblick, den der Friede fortdauert, neue Kräfte sammeln, und wenn Rußland und Österreich sich gegenseitig entkräften, so glaube ich, daß mehr für die neutrale Macht (sc. Preußen) zu gewinnen sein wird als für die kriegführenden Mächte; zum mindesten werde ich meine Neutralität mit Ehren aufrecht erhalten" (an Prinz Heinrich, der in St. Petersburg verhandelte, 24.1.1771).

1772

Außenpolitik, Kriege: Reduktion Polens, Vertrag der drei Ostmächte (15.1.–5.8.). – Preußen erhält Westpreußen ohne Danzig und Thorn, dazu das Ermland und den Netzedistrikt; Friedrich König „in" Preußen; die verwaltungspolitische und wirtschaftliche Einbeziehung der übernommenen Gebiete beginnt sogleich mit starker Anteilnahme des Königs: Die Verwaltung wird ermahnt, „mit denen Untertanen nicht auf dem harten polnischen Fuß umzugehen, weil S. K. M. alle Sklaverei und Leibeigenschaft abschaffen und die Untertanen als freie Leute angesehen und behandelt wissen wollen" (7.6., Marienwerder); auch sei zwischen katholischen und evangelischen Untertanen „nicht der allermindeste Unterschied" zu machen.

Innenpolitik, Wirtschaft: Justizordnung für Westpreußen (28.9.). – Der Bromberger Kanalbau wird begonnen und mit Hilfe von 6.000 Soldaten in zwei Jahren vollendet. Gründung der Preußischen Seehandlung als zentrale Handels- und Investitionsbank (14.10.). Neue Bergordnungen für Magdeburg, Halberstadt und Nebengebiete (7.12.).

Jahresablauf, Reisen: Berlin und Potsdam-Stadtschloß (–20.2.); Neues Palais (–30.2.); Sanssouci, Charlottenburg und Berlin (–25.5.). – Magdeburg (–27.5.). – Pommern, Westpreußen mit Stargard, Neustettin, Marienwerder, Kulm, Fordon bei Graudenz, Bromberg, Driesen, Warthebruch-Besichtigung (30.5.–10.6.). – Im Juli Neues Palais und Sanssouci: vier Aufführungen im Schloßtheater: „Phädra", „Mahomet", „Misanthrope", „Démocrite". – Sanssouci, (–14.8.), dann Schlesien mit Goldberg (abgebrannt), Lager Wenig-Mohnau (–4.9.). – Potsdam (–22.12.), Berlin, Karneval, Opern: „Greci in Tauride", „Mérope". – In der Berliner Winterzeit ist Friedrich regelmäßig zu Tisch bei der Königin (wöchentlich).

Kunst und Kultur: In der Akademie wird des Königs „Discours sur l'utilité des sciences et des artes" vorgetragen (–27.1.).

Dynastie: „Ich arbeite für Sie, aber Sie müssen daran denken zu erhalten, was ich gestalte, und wenn Sie träge und gleichgiltig sind, so werden Sie unter Ihren Händen zerrinnen sehen, was ich mit so viel Mühe gesammelt habe" (28.9. an den Neffen Friedrich Wilhelm). – Ulrike, die verwitwete Königin von Schweden, beim König (30.3.–16.4.). Große Einladung: Ulrike von Schweden, Prinz Ferdinand, Prinzessin Amalie, die Herzogsfamilie von Braunschweig, Prinzessin Philippine von Schwedt, Prittwitz, Buddenbrock, Abt Bastiani, Prinz Heinrich (1.7.–13.7.); französische Schauspielertruppe, Feier des Geburtstages der Schwester Ulrike.

Korrespondenzen, Gäste: Brenckenhoff reist mit neuen Instruktionen in die Neumark ab (25.1.). – Der polnische Gesandte Graf Kwilecki, der englische Gesandte Harris und der bayerische Gesandte Schwachheim beim König (27.2.). – Graf Finkkenstein (29.6.–24.7.). – Der Landgraf Georg Wilhelm von Hessen-Darmstadt mit seinen Söhnen trifft ein (6.9.). – Finckenstein beim König (1.–11.10.). – Der preußische Gesandte in St. Petersburg, Graf Solms, erhält den Schwarzen Adlerorden (30.10.). – Abt Bastiani (23.11., bleibt bis Mitte Mai 1773 beim König). – Der Bischof von Ermland, Krasicki (27.12., bleibt bis Anfang Februar).

Zur Lage: „Ich habe dieses [West-]Preußen gesehen, das ich gewissermaßen aus Ihrer Hand empfangen habe. Es ist eine sehr gute und sehr vorteilhafte Erwerbung, sowohl was die politische Lage des Staates als die Finanzen angeht" (an Heinrich, 12.6.).

1773

Außenpolitik, Kriege: Der polnische Reichstag wird einberufen und bestätigt die Gebietsabtretungen an die Teilungsmächte; Österreich erhält Galizien, Rußland die Lande östlich der Düna und des Dnepr. – An Voltaire: „Fast ganz Europa glaubt, die Teilung von Polen sei eine Folge der listigen Politik, die man mir zuschreibt; das ist aber so falsch wie nur irgend etwas in der Welt. Ich schlug vergeblich verschiedene Auskunftswege vor und man mußte endlich Zuflucht zu dieser Teilung nehmen, um Krieg zu verhindern" (9.10.).

Innenpolitik, Wirtschaft: Weisungen an den Großkanzler Fürst in Sachen Justizreform und Rechtspflege (29.–3.12.). – Instruktion für die Justizverwaltung in Westpreußen (21.9.); Gebietsaustausch zwischen den Kriegs- und Domänenkammern von Königsberg und nunmehr Marienwerder (für Westpreußen). – In zahlreichen Kabinettsordres werden die Behörden aufgefordert, Invaliden in Unterbedienungen zu verwenden; die Bürokratie (Regie) dürfte mit dergleichen Leuten „nicht so unbarmherzig verfahren" (16.2., 1.5., 24. u. 28.6., 3.12.). – Der König spricht nach Durchsicht der Berichte und Nachweise vom Zustande des Rechnungswesens der Oberrechenkammer für „Fleiß und accuratesse" seine völlige Zufriedenheit aus (1.1.). – Der Klevische Kammerpräsident von Ostau wird für seine soeben eingegangenen Berichte (3.4.1.) gelobt und daran erinnert, die gegen 1756 noch mangelnde Menschenzahl, vor allem in Wesel zu beheben und den Anbau und die Urbarmachung der noch vorhandenen wüsten Ländereien nach den für sehr gut befundenen Vorschlägen zu betreiben (11.1.). Die Ökonomische Enzyklopädie von J. G. Krünitz beginnt in Berlin zu erscheinen. –

Chr. A. Theden (1714–1797), Generalchirurgus, veröffentlicht den grundlegenden „Unterricht" für die militärärztliche Ausbildung. – J. E. Silberschlag, der im Auftrag des Königs Vorlesungen zur Wasserbaukunst hält, veröffentlicht: „Abhandlung der Hydrotechnik oder des Wasserbaues" (Leipzig 1772/73).

Jahresablauf, Reisen: Lager Körbelitz bei Magdeburg und Zusammenkunft mit der Herzogin von Braunschweig, der Schwester des Königs (24.–29.5.). – In Pommern und Westpreußen (31.5.–14.6.). – Ein ostpreußisches Regiment, das bei Zorndorf 1758 versagte, erhält (unter Tränen) den „Regimentsmarsch" zurück. – Minister-Revue in Potsdam (13./14.–17.6.). – Schlesien: Glogau – Schweidnitz – Silberberg – Glatz – Neiße – Breslau – Lager Großschmieden (15.8.–4.9.). – Sanssouci, Stadtschloß (tageweise Charlottenburg, Wedding, Berlin –22.12.), dann Berlin, Karneval (24.12.): Opern „Arminio" und „Demophonte".

Kunst und Kultur: Der Bau der Hedwigskirche in Berlin wird vollendet. – Kasernen am Kupfergraben (Boumann d. Ä.). – Quantz ist noch einmal Gast des Königs (20.3.); nach dessen Tod (12.6.) vollendet Friedrich seine letzte Komposition. – In Reckahn bei Brandenburg/H. läßt Eberhard v. Rochow (1734–1805) den Mustertyp einer ländlichen Volksschule errichten (jährlich 1300 Besucher aus dem In- und Ausland).

Dynastie: Prinzessin Philippine von Brandenburg-Schwedt heiratet den Landgrafen von Hessen-Kassel. (10.1.). – Keine Cour bei der Königin.

Korrespondenzen, Gäste: Abt Bastiani, Buddenbrock, Prittwitz, Finckenstein, Graf Arnim-Kopenhagen.

Zur Lage: „Ich verliere mit jedem Tag einen Teil meiner Existenz und nähere mich unvermerkt der Behausung, aus der noch niemand mit Nachrichten zurückgekommen ist".

1774

Außenpolitik, Kriege: Der König von Frankreich, Ludwig XV., stirbt; sein Enkel Ludwig XVI. wird Nachfolger. – Ende des russisch-türkischen Krieges.

Innenpolitik, Wirtschaft: Der König befiehlt dem Breslauer Weihbischof, die Jesuiten entgegen der päpstlichen Bulle in allen ihren Funktionen zu schützen (21.4.; 11.12.). – Auf Antrag zu Konzession und Geld für eine Rum-Fabrik: „Ich wills den teufel thun, ich wünsche, daß das giftig garstige Zeug gar nicht da wäre und getrunken würde". – Der Justizminister Carmer überreicht den Entwurf zur Verbesserung der Prozeßordnung. – Der Bromberger Kanal wird eröffnet (5.9.). – Zuckersiederei in Bromberg (Westpreußen).

Jahresablauf, Reisen: Lager Körbelitz bei Magdeburg (25.–28.5.). – In Pommern und Westpreußen (30.5.–11.6.); Verhandlungen in Marienburg und Marienwerder über den Aufbau der Provinz. – Schlesien (15.8.–3.9.). – Sanssouci (9.–30.), Berlin (31.12.), Karneval: Fasch dirigiert die Opern „Semiramide" und „Europa galante".

Kunst und Kultur: Beginn der Bauarbeiten an der Berliner Königlichen Bibliothek („Kommode"); Komödienhaus (Gendarmenmarkt), Spittelkolonnaden. – Der König kauft dem Maler Calau fünf Gemälde für die „große Gallerie" ab (–12.2.). – „Götz von Berlichingen" (Goethe) wird durch die Koch'sche Truppe in Potsdam aufgeführt (–12.4.). – Ein Teil des Parkes von Sanssouci wird „in englischem Geschmack" angelegt (17.6. ff.). –

Dynastie: Die Landgräfin Caroline von Hessen-Darmstadt stirbt (30.3.). – Der Präsident der Oberrechenkammer Roden erhält den Auftrag, den Prinzen von Preußen im Finanzwesen zu unterrichten (22.12.). – Während des Karnevals etc. in Berlin (20.12.–23.1.) speist der König wiederholt mit seiner Frau, der Prinzessin Amalie und dem Bruder Heinrich. – Friedrich Wilhelm (III.) zieht in das Potsdamer Stadtschloß (16.11. ff.).

Korrespondenzen, Gäste: Ermland-Bischof Krasicki (22.12.–1.5.). – Der Breslauer Abt Bastiani (1.10.–31.3.). – „Er sprach über sehr viele verschiedene Dinge, mit einer Leichtigkeit und Freiheit, welche das gerade Gegenteil von dem waren, was ich erwartet hatte" (Lord Conway nach einer Audienz; 15.6.–19.7.).

Zur Lage: Genie-Frage: „Die Zeiten, wo Völker einen Turenne, Condé, Colbert, Bossuet, Bayle und Corneille hervorbringen, folgen nicht dicht aufeinander. Zu derartigem Aufschwung müssen die Geister durch alles vorbereitet werden. Er ist gewissermaßen eine Kraftanstrengung der Natur, eine Vergeudung ihrer Fruchtbarkeit und ihres Überflusses, von der sie sich wieder erholen muß. Kein Herrscher kann zur Herkunft einer so glänzenden Epoche etwas beitragen. Die Natur selbst muß den Genies ihren Platz in der Welt derart anweisen, daß sie ihre Begabung in ihrer Lebenstellung auswirken können".

1775

Außenpolitik, Kriege: Handelsvertrag zwischen Preußen und Polen. – Im Unabhängigkeitskrieg der Amerikaner gegen England unterstützt der König die Freiheitsbewegung in der Neuen Welt.

Innenpolitik, Wirtschaft: Der König wendet sich mit scharfen Worten zugunsten der Schonung der Untertanen an die Pommersche Kammer: „… Überhaupt ist des S. K. M. Allerhöchster Willensmeinung ganz und gar entgegen, daß mit Dero Unterthanen so hart verfahren und sie um solcher geringen Schuld oder (Abgaben-)Reste willen gleich von Haus oder Hof getrieben werden sollen, wie im gegenwärtigen Fall es geschehen, zumal der (Instmann) Rietz noch dazu stockblind ist und Frau und Kinder hat. Allerhöchst Dieselben empfehlen demnach Dero Pommerschen Kammer hiedurch alles Ernstes, mit den armen Unterthanen mehr menschlich, nicht aber so hart pommersch umzugehen, auch auf die Beamten ein genaues Augenmerk zu haben, daß sie die Unterthanen mit mehrerm Glimpf behandeln und das gewöhnliche rüde Verfahren einstellen, widrigenfalls S. K. M. darunter ein sehr nachdrückliches Exempel statuieren werden." Kammerbeamte und Pächter haben sich diese Willensmeinung des Königs „sehr scharf einzuprägen" (8.9.). – Graf Schulenburg-Kehnert wird zusätzlich Minister für das VIII. Departement im Gdir. – „Neue Verordnung" (Verkürzung der Prozesse); 2. Edikt (11.9.). – Besprechungen mit den Juristen Fürst und Carmer über den beschleunigten Fortgang der Justizreform (4.1.). – Audienz der Vertreter der Kurmärkischen Landschaft nebst ständischem Kreditinstitut (18.1.). – Beginn der rationellen Forstwirtschaft in allen Provinzen: „Forst-Ordnung für Ost-Preußen und Litthauen" (3.12.).

Jahresablauf, Reisen: Erhebliche gesundheitliche Probleme bis Mitte April (Gicht, Fieber, Geschwüre). – Beim Ritt über Spandau durch Charlottenburg stürzt der König mit dem Pferde, das ihm aufs Kreuz fällt (19.5.). – Manöver-Inspektion in Berlin und Körbelitz (20.–28.5.). – Pommern, Graudenz, Lager bei Mockerau (1.–13.6.). – Bäder mit Wasser aus (Bad) Freienwalde. – Minister-Revue in Sanssouci (13.–16.6.). – Schlesien (14.8.–3.9.). – Bis zum Jahresende in Potsdam.

Kunst und Kultur: Der Berliner Gendarmenmarkt wird durch zwei Kirchen geschmückt (Unger). – Der König bestellt den Freiherrn von Arnim zum Intendanten der Kgl. Oper. – Johann Friedrich Reichardt leitet die Kgl. Hofkapelle. – Der König wird Mitglied der Petersburger Akademie (17.11.). – Der brandenburgische Schulreformer E. v. Rochow veröffentlicht: „Stoff zum Denken über wichtige Angelegenheiten des Menschen"; „Der Kinderfreund. Ein Lesebuch zum Gebrauch in Landschule" (1776).

Dynastie: Festlichkeiten anläßlich der Verlobung des russischen Großfürsten Paul (I.) mit Dorothea von Württemberg (21.7.–5.8.).

Korrespondenzen, Gäste: Bischof Krasicki, Prinz Heinrich, Finckenstein, Buddenbrock, Prittwitz, Erbprinz von Braunschweig, der Amerikaner Carmichael (21.11.–6.12. in Berlin und Potsdam).

Zur Lage: „Deutschland wird nicht eher Geschmack bekommen, als bis man die klassischen Schriftsteller der Griechen, Römer und Franzosen mit Nachdenken studiert".

1776

Außenpolitik, Kriege: Unabhängigkeitserklärung der 13 vereinigten Staaten von Nordamerika.

Innenpolitik, Wirtschaft: Zweites Edikt über die Verkürzung der Prozesse (11.9.). – Die Chemiker F. C. Achard und vor allem A. S. Markgraf entwickeln in Berlin das industrielle Verfahren zur Rübenzuckergewinnung; Markgrafs Chemische Schriften erscheinen seit 1761 in Berlin; der jüngere Achard (1753–1828) wird bereits 1776 Mitglied der Akademie und experimentiert in deren Laboratorium. – Arbeiten an der Ruhr (Grafschaft Mark) für den gewerblichen Schiffsverkehr. – Entwässerung des Wartbruchs begonnen.

Jahresablauf, Reisen: Berlin, dann Potsdam und Sanssouci (–26.4.). – Charlottenburg und Berliner Revuen (26.–28.4.). – Potsdam, Berliner Revuen (20.–23.5.). – Magdeburger Garnison im Lager bei Körbelitz (25.–29.5.). – Pommern und Westpreußen (1.6.–13.6.). – Minister-Besprechung in Sanssouci (13.–16.6.). – Tafel bei der

Königin (24.7.); Schlesien (14.8.–3.9.). – Potsdam, Berlin, vier Aufführungen im Neuen Palais.

Kunst und Kultur: Nach dem Ende des Karnevals tritt Kapellmeister Reichardt („Directeur des spectacles“) sein Amt an (19.1.). – Spittelkolonnaden in Berlin (Becherer). – Bauten in der Leipziger Straße und am Dönhoff'schen Palais.

Dynastie: Der König empfängt zusammen mit der Königin den Sohn der Zarin Katharina, Paul Peter, mit großer Prachtentfaltung; Verlobung im Schloß mit der Prinzessin Sophie Dorothee von Württemberg; Festlichkeiten an der Spree und im Tiergarten (21.7.–5.8.).

Korrespondenz, Gäste: u.a. in Sanssouci Großkanzler v. Fürst, Justizminister v. Carmer; die Ständevertreter der Kurmark zu einem halbprivaten Gespräch; Leopold von Braunschweig (mehrmals); die Prinzen von Württemberg, die Generale v. Hordt u. v. Prittwitz(-Quilitz); regelmäßig den Kabinettsminister v. Finckenstein; Informations-Audienzen für den Engl. Gesandten Harris, den Dän. Gesandten Baron v. Rosenkron, den Russ. Gesandten Dänemarks Generalmajor v. Ahlefeld und den Russ. Gesandten Fürst Dolgurucky; die Minister v. Derschau u. Gaudi (Kolonisations-Sachen).

Zur Lage: „Ergo sum: Mein Geist und mein Körper müssen sich nach ihrer Pflicht richten. Es ist nicht notwendig, daß ich lebe, wohl aber, daß ich tätig bin“ (an Voltaire, 7.9.). – „Die Hauptsache ist: zu hindern, daß der Geist sich beständig auf einen einzigen Gegenstand hefte. Dieser Gegenstand ist, wie Sie sehr richtig sagen, viel umfassender, als man denkt; Alles, was ihn umgibt, ist dunkel, ist sehr geschickt, die Blendwerke der Welt zu vernichten, uns von dieser Herberge, wo wir nur einkehren, los zu machen, uns an unsere kurze Dauer zu erinnern, den Stolz der Eigenliebe zu demüthigen, und zugleich uns von unserem Nichts zu überzeugen“ (an d'Alembert, 29.11.).

1777

Außenpolitik, Kriege: Tod des Kurfürsten Max Joseph von Bayern; Beginn der Krise wegen der Erbansprüche des Hauses Habsburg auf Bayern. – In Nordamerika führen die Generäle Friedrich Wilhelm v. Steuben und Lafayette die freien Amerikaner gegen die englischen Kolonialtruppen an.

Innenpolitik, Wirtschaft: Der König verstärkt die Arbeiten an der inneren Kolonisation in Brandenburg, Westpreußen und anderen Provinzen durch hohe Investitionen. – F. A. Heinitz (1725–1802) Chef des Berg- und Hüttenwesens. – Der Herrscher rügt die Arbeit der Justizminister sämtlicher Provinzen: „... daß in Meinen Augen ein armer Bauer ebensoviel gilt als der vornehmste Graf und der reichste Edelmann, und ist das Recht sowohl für vornehme als geringe Leute“. Die Prozesse seien zu beschleunigen. – Der König weist Brenckenhoff darauf hin, daß enteignete Wassermühlenbesitzer zu entschädigen seien (30.10.). – Zu den internen Behördenskandalen im Zusammenhang mit den Subventionen für die Seidenindustrie läßt der König den Minister v. Borcke wegen angeblich leichtsinnig gezahlter Vorschüsse scharfe Ungnade fühlen. Borcke verteidigt sich mit einem längeren Immediatbericht, muß jedoch sein bisheriges Aufgabenfeld abgeben. Friedrich hält an seiner Abneigung gegenüber einigen Angehörigen der Borcke'schen Familie fest (15.11.). – Der Herrscher rügt den Stettiner Kavallerie-Obristen Graf Friedrich Albrecht v. Lottum, welcher große Weinlieferungen (238 Taler, mehrere Fuder) bei den Kaufleuten nicht bezahlt hat: „Er sollte sich doch was schämen, das käme aus solcher unordentlichen Wirthschaft heraus. Hätte das Exempel von seinem Bruder vor sich, soll sich doch darin spiegeln und einmal anfangen, ordentlich zu wirthschaften, oder wenn das nicht geschähe und würde ferner so liederlich wirthschaften, so würde ich ihn auf die Festung setzen" (19.3.).

Jahresablauf, Reisen: Potsdam, Stadtschloß (1.–7.1.). – Berlin, Stadtschloß (7.–19.1.). – Potsdam, Stadtschloß (19.1.–31.3.), dann Sanssouci (–25.5.). – Pommern, Westpreußen (2.–12.6.). – Potsdam, Schlösser: Krankheiten, Brunnenkur, Minister-Konferenz (17.–19.6.), keine Aufführungen, zusätzlich Blattrose am Bein (3.8.). – Abfahrt nach Schlesien: 15 Städte und Örtlichkeiten als Aufenthalte (14.8.–3.9.). – Sanssouci, Potsdam (4.9.–20.12.), dann Berlin, Karneval: Opern „Rodelinde" und „Artemisia" nebst Tafel-Gesprächen mit der Königin (21./28.) im Stadtschloß.

Kunst und Kultur: Heinrich v. Kleist in Frankfurt/Oder geboren. – Berlin: Königskolonnaden und Königsbrücke (Gontard und Bouman). – Der Feldwebel im Ersten Bataillon Garde Adrian wird Oberkastellan des Berliner Schlosses. – Christian Wilhelm von Dohm (1751–1820) wird Kriegsrat und Archivar (24.11.).

Dynastie: Der König speist im Januar bei der Königin (12.1., und 21./28.12.). – Prinz Heinrich erkrankt in Braunschweig schwer (6.2.–6.4.). – Von März bis Mitte August leidet der König unter verschiedenen Geschwüren (Blattrose). Am 26.9. wird der König operiert. Anfang September leidet er unter einer Blutvergiftung, der Körper ist wiederum mit Geschwüren bedeckt gewesen (6.9.).

Korrespondenzen, Gäste: Gedanken zur Aufklärung: „Geht man auf den Ursprung der bürgerlichen Gesellschaft zurück, so ist es augenscheinlich, daß der Herrscher keinerlei Recht über die Denkart der Bürger hat". – Der König führt ein Gespräch mit dem sächsischen Gesandten Graf Zinzendorff (29. 7). Finckenstein, Prittwitz in Potsdam (24.7.). – Carl Graf Osten-Sacken wird Kriegsminister (1777–1779). – Heinitz Minister (7.9.). – Die Gräfinnen Sacken, Schwerin und Frau von Heinitz leisten dem König Gesellschaft (3.–9.11.). – Brenckenhoff in Potsdam (16.–25.12.).

Zur Lage: „Was die eigentliche monarchische Regierungsform betrifft, so ist sie die schlimmste oder die beste von allen, je nachdem sie verwaltet wird. ... Damit er [der Monarch] sie [die Pflichten] nie aus den Augen lasse, muß er sich erinnern, daß er ein Mensch ist, wie der geringste seiner Untertanen. Wenn er der erste Richter, der erste General, der erste Finanzier, der erste Minister der Gesellschaft ist, so soll er dies alles nicht bloß vorstellen, sondern alle damit verbundenen Pflichten erfüllen. Er ist nichts, als der erste Diener des Staates und ist verbunden, mit aller Rechtschaffenheit, Weisheit und Uneigennützigkeit zu verfahren, als wenn er jeden Augenblick seinen Mitbürgern über seine Staatsverwaltung Rechenschaft ablegen sollte. So ist er strafwürdig, wenn er das Geld seines Volkes, welches durch die Auflagen [Steuern und sonstige Abgaben] einkommt, in Aufwand, in Pomp und zu Ausschweifungen verschwendet; er, der auf die guten Sitten wachen soll, welche die Aufseherinnen der Gesetze sind, er, der die Nationalerziehung vervollkommnen und nicht sie durch böse

Exempel verderben soll. Die Erhaltung der guten Sitten in ihrer Reinheit ist einer von den wichtigsten Gegenständen" (Regierungsformen und Herrscherpflichten, Berlin 1777).

1778

Außenpolitik, Kriege: Frankreich greift in den amerikanischen Unabhängigkeitskrieg ein. – Preußen schützt Bayern; österreichische Truppen besetzen Niederbayern und die Oberpfalz (11.1.). – Mobilmachung, Abreise nach Schlesien (6.4.), einzelne Gefechte in den Grenzgebieten Schlesiens und Böhmens ("Kartoffelkrieg"). Im Oktober Ende der Kriegshandlungen. Österreich besetzt Oberbayern und die Oberpfalz. – Thugut kommt mit einem Brief der Kaiserin Maria Theresia nach Wölfsdorf (17.7.).

Innenpolitik, Wirtschaft: Die Feldkriegskassen-Etats werden für zwei Armeen für den bevorstehenden Feldzug nebst allen logistischen Erfordernissen geordnet (16.2.). Weisung an den Großkanzler v. Fürst, den Herrscher während des Kriegstrubels nicht mit Justizsachen zu behelligen und vor allem keine Todesurteile zu vollziehen, weil „ich Selbst erst zusehen will, ob sie den Tod wirklich verdient haben oder nicht". Ähnliche Befehle ergehen an sämtliche Ober- und Mittelbehörden (4.4.). – Der König rügt gegenüber dem Etatsminister v. der Schulenburg die überaus schlechte Wirtschaft bei der Tabak-Administration (2.3.). – Strenge Rüge an die Klevische Regierung wegen mehrerer Verwaltungsmißstände. – Erste Hebammen-Ordnung.

Jahresablauf, Reisen: Berlin (–23.1.), dann Potsdam, Stadtschloß (–5.4.). – Vorzeitig Böhmen und Schlesien; Krieg (6.4.–31.12.), seit dem 4.11. im Breslauer Stadtschloß. Dort Regierung und Friedensverhandlungen. Mehrere Unterredungen mit dem sächsischen Gesandten Graf Zinzendorff. – Der russische General en chef Fürst Repnin hat mehrere Gespräche mit dem König (17., 19., 23.12.).

Kunst, Kultur und Wissenschaft: Friedrichs Gedenkschrift auf Voltaire wird in der Akademie verlesen. – Der König ermahnt äußerst mißfällig die Universität zu Halle, daß sie sich der Feuerordnung widersetzt und den Studenten den Gebrauch der Fackeln bei ihren Schlittenfahrten in engen Gassen zwischen hölzernen Häusern nicht verbieten will; die Studenten seien dort, um etwas Rechtschaffenes zu lernen und sich zu vernünftigen Menschen zu bilden, nicht aber, um ihre Zeit unnützerweise mit Schlittenfahrten hinzubringen. Die Universität habe sich den Ordres des Prinzen von Anhalt-Bernburg (Gouverneur) zu fügen und das Fahren mit Fackeln zu untersagen (13.1.). – Goethe mit Herzog Carl August von Sachsen-Weimar in Berlin und Potsdam (15.–23.5.): Sie besichtigen die Kgl. Porzellan-Manufaktur, besuchen den Maler Anton Graff und den Kupferstecher Chodowiecki und gehen abends in das Theater (16.5.). Am folgenden Tage hören sie abends in der Nikolai-Kirche eine Predigt Spaldings, speisen gut beim Prinzen Heinrich. Goethe vernimmt mißfällig, wie über den König „seine eigenen Lumpenhunde räsonieren". Sie besuchen das Zeughaus (18.5.), den Minister v. Zedlitz und das Manöver der Garnison sowie den Philosophen und Handelsherrn Moses Mendelssohn (19.5.). In Potsdam schauen sie sich die Parade der Truppen, Garnisonkirche und die Gewehrfabrik an (22.5.). Houdon fertigt die Büste „Voltaire". Auf Wunsch des Königs veröffentlicht der preußische Offizier Simon Lefebvre (Berliner Akademie-Mitglied) seine Untersuchungen zur Nivellier-Kunst (Maastricht 1778). – Kriegszensur: In den „Berlinischen Nachrichten" (Nr. 133) wird das Verbot „feindlicher Zeitungen" verkündet.

Dynastie: Der König speist wiederholt bei seiner Frau (4., 11.1. und öfter). – Besuch, wie üblich, bei seinen Geschwistern Amalie und Heinrich im Januar. – Feier des Geburtstages der Herzogin Philippine Charlotte von Braunschweig im Kreise der Familie (13.3.). – Prinz Heinrich als General in Sachsen und Böhmen (1.7.–3. 10; Abschiedsgesuch). – Friedrich Wilhelm, der Prinz von Preußen, und der Bruder Prinz Ferdinand um die Jahreswende beim König in Breslau. – Gicht des Königs (Nov. und Dez.).

Korrespondenzen, Gäste: Lordmarschall Keith stirbt in Potsdam (25.5.). – Lambert stirbt in Paris (30.5.). – Finckenstein und Hertzberg beraten den König (20.7. ff. bis 24.8.).

Zur Lage: „Niemand wünscht mehr als ich den Frieden und das gute Einvernehmen unter den Mächten Europas aufrecht zu erhalten. Aber alles hat seine Grenzen, und es gibt so schwierige Fälle, daß der gute Wille allein nicht genügt, die Lage in voller Ruhe aufrecht zu erhalten". Und: „Es handelt sich darum, zu wissen, ob ein Kaiser nach seinem Willen über die Reichslehen verfügen kann. Bejaht man diese Frage, so werden diese Lehen Pfründen nach türkischer Art, die nur auf Lebenszeit gelten, und über die der Sultan nach dem Tode des Besitzers verfügen kann. Das aber widerspricht den Gesetzen, Gewohnheiten und Gebräuchen des Römischen Reiches" (an Kaiser Joseph II., 14.4.1778).

1779

Außenpolitik, Kriege: Der Bayerische Erbfolgekrieg endet mit dem Frieden von *Teschen* (13.5.) Das Haus Wittelsbach behauptet sich mit Friedrichs Hilfe in Bayern; die preußischen Erbansprüche in Ansbach und Bayreuth werden verbrieft. – Frankreich und Rußland unterstützen Preußens Position.

Innenpolitik, Wirtschaft: Preußische Bergbaufachleute in England. – Friedrichs Machtspruch im Müller-Arnold-Prozeß verstößt gegen das von ihm bisher beachtete Nichteinmischungsprinzip. Folge: Neuordnung des Justizwesens, Beschleunigung der Kodifikationsarbeiten. – Carmer wird Justiz-Großkanzler (25.12.); er bekommt 4.265 Taler Gehalt. – Der König besichtigt die neuen Kolonien im Rhinluch bei Neustadt, Rathenow (23.–24.7.) und berichtete in Rathenow von dem Erlebten; u. a. auch von der Schlacht von Fehrbellin (1675), deren Einzelheiten er als Kronprinz von Ruppin sich von einem kundigen alten Mann erklären ließ, so daß er sehr zufrieden war: „Als ich nun wieder nach Hause reiste, dacht ich, du mußt doch deinen Spaß mit dem Alten haben! Da fragte ich ihn: Vater, wißt Ihr denn nicht, warum die beiden Herrn sich miteinander gestritten haben? O ja, Eure königliche Hoheiten, dat will ick Se wohl seggen. As unse Kurförste is jung gewest, hät he in Utrecht studiert, und da is de König von Schweden as Prinz ohk gewest. Da hebben nun de beede Herrn sick vertörnt, hebben sick in den Haaren gelegen, und dit is nu de Picke davon."

Jahresablauf, Reisen: Breslau (1.1.–4.2.), dann Schweidnitz, Reichenbach, Festung Silberberg (–4.3.), zurück nach Breslau (6.3.–25.5.), Oberschlesien-Inspektion (18.–21.5.). – Berlin, Charlottenburg (27.5.–2.6.). – Sanssouci (2.6.–30.11.), dann Stadtschloß und Berlin (7.–31.12.); Karneval: Opern „Rodelinde" und „Artemisia".

Kunst und Kultur: Lessing: „Nathan der Weise". – Friedrich beendet die Schriften „Denkwürdigkeiten vom Hubertusburger Frieden bis zum Ende der Polnischen Teilung" und „Der Bayerische Erbfolgekrieg". „Briefe über die Vaterlandsliebe" (Breslau).

Dynastie: Erbprinz Friedrich von Braunschweig beim König (15.3.), ebenso Fürst Lebrecht von Anhalt-Köthen. – Bei der Königin wird Grauns „Tod Jesu" aufgeführt (26.3.). – Unmittelbar nach der Rückkehr aus Schlesien speist der König bei der Königin Elisabeth Christine (28.5.). – Die Königin und die nunmehr in Berlin wieder vereinte Familie trifft sich in Charlottenburg (30.5.–2.6.). – Festessen der Geschwister Amalie und Ferdinand (ohne Heinrich und die Königin) mit den Braunschweiger Verwandten beim König in Sanssouci (25.8. ff.).

Korrespondenzen, Gäste: Generale v. Buddenbrock, v. Möllendorf, Prinz Friedrich von Braunschweig, Min. v. Finckenstein, Kolonisator Brenckendorf, Prinz Karl von Hessen, General v. Saldern und v. Thümen, Gf. Solms, Gesandter am Russ. Hofe, Prinz Friedrich Ludwig von Württemberg, Dän. General Gf. Chasot.

Zur Lage: Präferenz in der Duldsamkeit: „Daß die Schulmeister auf dem Lande die Religion und die Moral den jungen Leuten lehren, ist recht gut, und müssen sie davon nicht abgehen, damit die Leute bei der Religion hübsch bleiben und nicht zur katholischen übergehen; denn die evangelische Religion ist die beste und weit besser als die katholische" (an den Minister Zedlitz, 5.9.). – „Mecklenburgische Familien nach Westpreußen" … damit „auch mitunter gute teutsche Leute da wohnen" (an Domhardt, 1.9.).

1780

Außenpolitik, Kriege: Kaiserin Maria Theresia stirbt (Wien, 29.11.), ohne ihrem Sohn Joseph II. die Alleinherrschaft überlassen zu haben. – Kaiser Joseph und Kaiserin Katharina II. von Rußland treffen sich in Mohilew (2.–10.6.).

Innenpolitik, Wirtschaft: Der König weist von Körbelitz aus den Kammerpräsidenten v. Alvensleben in Magdeburg an, für das Herzogtum und die Randgebiete ein Pfandbrief-Institut zu gründen, um den Zins zu senken, die Edelleute zu nötigen, ordentlicher zu wirtschaften, um deren Besitzstand bei ihren Gütern zu konservieren.

Justiz: C. G. Svarez wird als Bearbeiter der Rechtsreform aus Schlesien nach Berlin berufen. Es beginnt die vom König immer schärfer verlangte Kodifikation des Preußischen Landrechts.

Wirtschaft: Kabinettsordre an den Minister v. Heinitz über die Bedeutung der Steinkohle und die allgemeine Einführung der Dampfmaschine, die „in den Bergwerken dazu gebraucht werden kann, um das Wasser herauszubringen" (25.5.).

Jahresablauf, Reisen: Berlin (–31.1.). – Potsdam, Schloß (–24.4.), Sanssouci (–25.4., tageweise Schloß Charlottenburg, Berlin-Revue, Spandau). – Magdeburg (25.–28.5.). – Ministerrevue in Sanssouci (17.–20.6.). Aufenthalt in Sanssouci (–15.8.). – Schlesien (neun Örtlichkeiten und Städte, 15.8.–2.9.). – Sanssouci (tageweise Berlin, Wedding, –19.11.), dann Stadtschloß (23.11.), – Berlin, Karneval (28.11.): Opern; „Arnide" mit der neuen Sängerin Gervasio und „Fratelli nemici" (Graun).

Kunst und Kultur: Die Türme der Deutschen und Französischen Kirche am Berliner Gendarmenmarkt werden begonnen (Gontard). Friedrich läßt in der Hedwigskirche in Berlin eine Seelenmesse für seinen Freund-Feind Voltaire lesen (30.5.). – Kant: „Grundlegung zur Metaphysik der Sitten". – Friedrichs Betrachtung der deutschen Literatur: „De la littérature Allemande" …, die Aufsehen erregt.

Dynastie: Prinzessin Amalie bezieht ihr zweites Palais in der Wilhelmstraße (19.3.) und der Bruder besucht sie dort.

Korrespondenzen, Gäste: Der König trennt sich von seinem Vorleser de Catt, der ihn zum Akademie-Mitglied erheben läßt. – Gesprächspartner im Laufe des Jahres: Formey (Sekretär der Akademie), Bernoulli (Astronom) u. Achard (Chemie); ständige Besucher v. Finckenstein, v. Schwerin (Stallmeister), v. Chasot; Russ. General v. Soltikof; von der dynastischen Verwandtschaft u. a. Ferdinand von Braunschweig, Friedrich von Braunschweig; die Minister Hertzberg u. Heinitz.

Zur Lage: Als der Fürst Ligne dem König etwas Verbindliches sagte, antwortete dieser: „Sie sehen nur meine schöne Seite; fragen Sie aber nur die Herren Generale nach meinem Eigensinn und meinen Launen, so werden Sie ein anderes Lied anstimmen" (9.7.). – „Das ist das Schicksal der alten Leute. Ich verliere mein Namengedächtnis; die Lebhaftigkeit meines Geistes nimmt ab, meine Füße sind in schlechtem Zustand; meine Augen werden blöde; ich habe Verdruß, so gut wie alle andere Menschen, aber diese ganz Litanei von Schwachsinn und Unannehmlichkeit hält mich nicht ab froh zu sein, und meine Miene soll noch lächeln, wenn man mich begräbt" (an d'Alembert, 4.8.).

1780

Ein Jahresablauf im einzelnen

Januar: Der König residiert bis zum 26. Januar im *Berliner Schloß*. Karneval. Gespräche mit Berliner Akademie-Mitgliedern. Bericht an d'Alembert.

Januar 1: Order an den Minister von Zedlitz. Da dieser sich weigere, in der Sache der Bestrafung der Justiz-Bediensteten in der Arnoldischen Sache ein Urteil abzufassen, spreche er das Urteil: zwei Räte seien wegen erwiesener Unparteilichkeit aus dem Arrest zu entlassen; die anderen an dem Fehlurteil beteiligten sechs Beamten sollten auf die Festung Spandau für ein Jahr. Der Müller Arnold sei zu entschädigen und soll „völlig in integrum restituiret werden". Marginal: „Ficfaquereien bei den Herren, weiter nichts".

Januar 9: Der König bespricht mit dem Minister v. d. Schulenburg-Kehnert den Mobilmachungsplan für seine Armeen.

Januar 17: Verbesserungen in der Rechtspflege bei Prozessen zwischen Grundherrschaften und Untertanen.

Januar 18: Die königliche Familie begeht den Geburtstag des Prinzen Heinrich in dessen Palais.

Januar 24: Der Geburtstag des Königs wird mit großer Cour und Tafel im Stadtschloß begangen. Es sind u. a. anwesend Herzog Eugen von Württemberg und Oberst Prinz Hohenlohe.

Januar 26–April 23: Der König residiert im *Potsdamer Stadtschloß*. Er verzichtet auf die Dienste de Catts als Vorleser. Dessen Nachfolger wird der Abbé Duval-Payran. Der Gesandte in Dresden v. Alvensleben ist häufig Gast (Febr. 1–März 18).

Februar 5: Der König ordnet eine Justiz-Visitation beim Magistrat und Stadtgericht von Berlin an. Alle, die Grund zur Klage zu haben vermeinen, können solche bei dem Visitations-Kommissar ohne Zeitverlust einreichen. Zusätzlich nehmen vom 1. März an zwei Referendare Gesuche und Eingaben besonders derjenigen an, die diese nicht selbst anfertigen können.

März 2: Friedrich an *d'Alembert*: „Die Gesetze sind dazu da, daß sie die Schwachen vor der Unterdrückung durch die Mächtigen beschützen sollen, und sie werden überall beachtet werden, wenn man genaue Obacht auf diejenigen hielte, durch welche die Gesetze sprechen und handeln. Es ist nicht immer hinlänglich zu warnen; bisweilen sind auch Beispiele von Strenge nötig, um eine so große Menge von Räten in ihrer Schuldigkeit zu halten". Die Regenten dürfen nicht dulden, „daß man ihren Namen und ihr Ansehen dazu mißbraucht, um Ungerechtigkeit zu begehen. Aus diesem Grunde bin ich genötigt, über diejenigen zu wachen, denen die Handhabung der Gerechtigkeit übertragen ist, weil ein ungerechter Richter ärger ist als ein Straßenräuber. Allen Bürgern ihr Eigentum zu sichern und sie so glücklich machen, als es die Natur des Menschen gestattet, diese Pflicht hat jeder, der das Oberhaupt einer Gesellschaft ist; und ich bestrebe mich, diese Pflicht aufs Beste zu erfüllen". Der Machtspruch des Königs (Dezember 11, 1779) hatte in Petersburg und Paris und bald auch in weiten Teilen Europas großes Aufsehen erregt.

März: Der König führt in diesem Monat Gespräche mit dem (Außen-)Minister *v. Finckenstein*, dem Oberstallmeister *v. Schwerin*, dem dänischen Generalleutnant *v. Chasot* (dessen Söhne nunmehr in preußische Dienste genommen werden) und mit dem Abbé *Duval du Preyrau*.

März 20: Instruktion für den neuen Staats- und Justizminister in Schlesien, *v. Dankkelman*.

April 6: Der König erläßt eine neue Instruktion für die Infanterie-Regimenter.

April 6: Erste Kabinettsordre an *Carmer,* Beginn der Justizreform: Neue Prozeßordnung, neue Gesetz-Sammlung, aber „man muß daher immer mit auf die uralten Gebräuche in den Provinzen mit sehen, daß solche nicht übern Haufen gehen" (AB).

April 14: Zweite Kabinettsordre an *Carmer:* Der König fordert, 1. daß „die Justiz-Collegia auf einen bessern Fuß eingerichtet, mit geschickten und ehrlichen Männern besetzt, 2. daß die Prozeßordnung von unnützen Formalitäten gereinigt, die Prozesse in einem Jahr zu Ende bringen möglich gemacht, und 3. die bisher noch zu sehr zerstreute unbestimmte und zweideutige Gesetze mit möglichster Praecision und Deutlichkeit bestimmt und gesammelt werden sollen". Der Nachwuchs solle durch scharfe Examina und ein mehrjähriges Referendariat qualifiziert werden. Er wolle von den Juristen der Justiz-Collegien „einen jeden nach Würden ehren und belohnen", sie aber hart bestrafen lassen, wenn „sie ihr Amt, welches zur Beschützung der Unschuld und Aufrechterhaltung der Gerechtigkeit bestimmt ist, zur Unterdrückung und Vernichtung derselben mißbrauchen sollten". Die Advokaten sollten die Richter an ihre Pflicht erinnern, sie kontrollieren und für die Sicherheit der Klienten sorgen. Die Gesetze aber sollten nicht „durch ihre Dunkelheit und Zweideutigkeit zu weitläufigen Disputen der Rechtsgelehrten Anlaß geben". Die alten Gesetze seien zu sammeln, ein *neues Gesetzbuch* aber zu schaffen: „Es muß also nur das Wesentliche (aus dem Römischen Rechte) mit dem Naturgesetz und der heutigen Verfassung Übereinstimmende aus demselben abstrahiert, das Unnütze weglassen, Unsere eigenen Landes-Gesetze am gehörigen Orte eingeschaltet, und solchergestalt ein subsidiarisches Gesetzbuch, zu welchem der Richter beim Mangel der Provinzial-Gesetze reccuriren kann, angefertigt werden". Dazu solle der Großkanzler „die geschicktesten und redlichsten Leute … aufsuchen, die verschiedenen Arten der Ausarbeitungen unter sie verteilen, sie sodann in ein Collegium zusammen ziehen und alles mit gemeinschaftlichem Rat regu-liren". Carmer hat später diese Weisung des Königs, mit der die große Justiz-Reform begann, „als das Fundamental-Gesetz über die neue formale und materiale Gesetzgebung" gerühmt.

April: Friedrich arbeitet an der Abhandlung *„Über die deutsche Literatur".* Man müsse mit der Vervollkommnung der Sprache beginnen, Klarheit sei die erste Regel. „Wir werden unsere klassischen Schriftsteller haben; jeder wird sie lesen, um davon Nutzen zu haben; unsere Nachbarn werden deutsch lernen; die Höfe werden es mit Vergnügen sprechen; und es kann kommen, daß unsere fein und vollendet gewordene Sprache sich aus Vorliebe für unsere guten Schriftsteller von einem Ende Europas bis zum anderen verbreitet … ich bin wie Moses, ich sehe das gelobte Land von ferne, aber ich werde es nicht betreten …".

April 24–Mai 31: Der König residiert in *Sanssouci* und unternimmt im Mai die üblichen Fahrten zu den Revuen in Berlin-Tiergarten (6. u. 7.), nach Potsdam (17./18.), Berlin (20.–23.) und Magdeburg (25.–28.).

Mai 5–7: Der Fürst von *Anhalt-Köthen* zu Besuch.

Mai 9: *Luccesini* wird Kammerherr.

Mai 10: Familienfeier beim Prinzen *Friedrich Wilhelm* (II.) in Potsdam. Taufe der Prinzessin Friederike Christine Auguste (der späteren Kurfürstin von Hessen) in Abwesenheit der Königin.

Mai 17./18.: Der König besichtigt in Potsdam Regimenter aus Brandenburg/H. und Treuenbrietzen.

Mai 18: Der König bittet den *General v. Zieten*, sich nicht zur Potsdamer Revue zu bemühen: „wenn man solange als Ihr mit Ruhm gedient hat, alsdann kann man, in dergleichen Vorfällen, sich ohne alles Bedenken der Vorrechte eines Veterans bei den Römern bedienen".

Mai 21: Zu Hohen-Karzig stirbt des Königs bedeutendster Fachmann für die Binnenkolonisation, *Franz Balthasar Schönberg von Brenckenhoff,* nachdem er am gleichen Tage in einer „Letzten Rechtfertigung" auf die Verluste seines Vermögens im Dienste des Staates hingewiesen hatte.

Mai 25: Kabinettsordre an den Minister v. Heinitz über die Bedeutung der Steinkohle und die anstehende allgemeine Einführung der *Dampfmaschine* („Feuer-Maschine"), die „in den Bergwerken dazu gebraucht werden kann, um das Wasser herauszubringen".

Mai 30: In der Hedwigskirche zu Berlin wird mit des Königs Zustimmung eine Seelenmesse für *Voltaire* gehalten („... ob ich gleich keinen Begriff von einer unsterblichen Seele habe").

Mai 31–Juni 14: Revue-Reise mit dem Fürsten *Karl von Anhalt-Köthen* über Küstrin, Stargard in Pommern nach Graudenz – Lager Mockerau (8.–10.6.). Rückreise über Dolgelin und Müncheberg (13.6.).

Juni 2: Der König empfängt in Stargard eine Deputation der Landstände von Pommern. Den Gesprächen wohnt Fürst Lebrecht von Anhalt-Köthen bei.

Juni 17–20: Die Minister des Generaldirektoriums und die beiden Kabinetts-Minister finden sich zur Jahresbesprechung der Etats („Minister-Revue") in Sanssouci ein. Der Minister Graf Finckenstein bleibt beim König (–7. August), während Prittwitz bis 11. Juli zur Tafelrunde gehört.

Juli 4: An das Justizdepartement ergeht Kabinettsordre, in der sich der Herrscher erneut gegen „Machtsprüche" in der Rechtspflege erklärt. Am 7. August verlangt er vom Großkanzler Carmer ein Edikt gegen das überflüssige Prozessieren, zu dem schlechte Advokaten das Volk in allen Schichten aufwiegeln.

Juli 9 ff.: Der österreichische Feldmarschall Fürst Charles Joseph v. Ligne, sein Sohn Prinz Karl und der Abbé de Lille besuchen den König für eine Woche (Bericht). Außerdem werden u. a. empfangen: Der Komponist Fasch, General von Buddenbrock, der russische General Samoilow (18.–20.), Herzog Ferdinand von Braunschweig (22.–4.8.) und der russische General en chef Soltikow (5.–8.8.).

August 1–15: Potsdam. Fortsetzung der Brunnen-Kur (–3.). Abreise nach Schlesien, über Fürstenwalde, Crossen, Glogau (16.), Schweidnitz (17.–19.), Festung Silberberg (19.–20.), Festungen Glatz und Neiße (21.–25.), Breslau (26.–28.), Militärlager bei Arnoldsmühle, mit der Spezialrevue (29.8.–2.9.). Den König begleitet neben dem üblichen Gefolge Generalmajor de Courbiere.

September 3: Rückkehr nach Sanssouci bzw. Potsdam, wo er sich bis zum 23. Dezember aufhält.

September 11/12: Zu den Artillerie-Manövern auf dem Berliner Wedding. In Potsdam empfängt der König Herzog Ferdinand von Braunschweig, Fürst Lebrecht von

Anhalt-Köthen (18.), Prinzessin Amalie und die andere Schwester Herzogin Philippine von Braunschweig (26.) sowie den Minister Graf Finckenstein (28.9.–2.10.).

September 30: An den Geheimen Rat Tarrach ergeht eine grundlegende Kabinettsordre zur Förderung der Fabriken und Manufakturen.

Oktober 2–19: Der König leidet an Gicht-Anfällen, nimmt die Dienstgeschäfte jedoch wahr. Prittwitz und Buddenbrock als zeitweilige Gäste des Königs (bis 23. Dezember).

November 4: Der Prinz von Preußen berichtet über seine (Ausbildungs-)Reise nach St. Petersburg. Anschließend berät sich der König mit Außenminister Hertzberg (4.–11.).

November 30: In den Berliner Zeitungen wird die neue, im Herbst fertiggestellte Schrift des Königs angekündigt („De la Littérature Allemande").

Dezember 2.–22: Der Komponist Fasch wiederholt beim König.

Dezember 24.–31: Beginn des Karnevals: Empfänge. Opern: „Armide" mit der neuen Sängerin Gervasio; „Fratelli nemici" (Graun). Zu Tisch bei der Königin (24.). Im Schloß gibt der König u. a. Audienzen für den Pfälzischen Residenten, den Mediziner Formey (26.). – Die Stabsoffiziere der Kriegsschule in Berlin unter der Führung der Hauptleute Tempelhof und Geier werden zu einem längeren Instruktionsgespräch befohlen (31.). Hohe Dotation für General von Ramin. Besuch, wie gewöhnlich, der Wachtparaden. – Der König bewohnt seine Räume im Schloß und speist auch im Januar wiederholt bei der Königin und im Palais seiner Schwester Amalie.

1781

Außenpolitik, Kriege: Preußen schließt sich der gegen England gerichteten „Bewaffneten Neutralität" an. – Kaiser Joseph II. trifft Absprachen mit der Zarin Katharina über das gemeinsame Vorgehen in Polen und in der orientalischen Frage. – Friedrich sieht sich für den Fall eines Konfliktes ohne verläßliche Verbündete, während man in Petersburg und Wien seinen Tod und den Verfall der Macht Preußens ins Kalkül zieht. Gleichwohl erneuert man das Russen-Bündnis (30.8.).

Innenpolitik: Die neue Prozeßordnung „Corpus juris Fridericianum" wird verkündet (1.–26.4.). – Errichtung einer Gesetz-Kommission für die Rechtskodifikation nebst Instruktion (29.5.).

Wirtschaft: Der Schiffbau auf den Werften in Emden, Stettin, Pillau und Königsberg verzeichnet hohe Auftragszahlen. – In Berlin wird die erste Jenny-Spinnmaschine eingesetzt. – Das umstrittene Monopol auf Kaffee wird durchgesetzt.

Tagesablauf, Reisen: Berlin, Potsdam (1.1.–25.6.); Magdeburg und Körbelitz (–28.5.). – Potsdam, Charlottenburg (28.–31.5.). – Pommern, Westpreußen (1.–10.6.). – Sanssouci, Neues Palais (13.6.–15.8.); Ministerrevue (14.6.–19.6.). – Schlesien (15.8.–2.9.). – Potsdam (–25.12.); Berlin, Karneval.

Kunst und Kultur: Friedrich spricht sich gegenüber Karl Philipp Moritz günstig und ermutigend über dessen Schriften aus (21.1.). – Er schenkt der Akademie die Büste Voltaires (8.2.). – In Breslau Gespräche mit dem Philosophen Garve (25.–29.8.).

Dynastie: Prinzessin Amalie, die Herzogin von Braunschweig, Landgräfin Philippine von Hessen-Kassel (a. d. H. Schwedt) und ihre Schwester Dorothee von Württemberg besuchen den König in Potsdam (25.7.); Philippine bei ihm (2.–6.8.). – Die Königin residiert in Berlin (24.9.).

Korrespondenzen, Gäste: An d'Alembert: „In der Welt ist alles Thorheit, nur der Frohsinn ausgenommen (12.8.). – Audienz des Schweizer Historikers Johannes von Müller (1752–1809); der König lehnt seine Übernahme in den Staatsdienst ab. Grund: „Allein unsern Deutschen ist das Übel eigen, das man Wortdurchfall nennt" (24.2.); der Komponist Fasch, Herzog Ferdinand von Braunschweig (23.5.); General Graf v. Borcke (21.6.–5.7.); der russische Generalmajor Graf Romanzow und Generalleutnant Graf Bruce (26.6. ff.); Graf Finckenstein (9.–20.10.); Fasch bleibt bis zum Karneval um den König; Prinz Heinrich (1.12. ff.).

Zur Lage: „Ich sehe den Faden meiner Tage sich in den Händen der Parzen kürzen, ohne daß mich das rührt. Die tägliche Erfahrung ist eine Schule, die uns den Wechsel unseres Seins lehrt ... Wir gewinnen Mut mit stoischem Blicke die gänzliche Auflösung des Stoffe, woraus wir bestehen, zu betrachten ... Der Krieg kostet unermeßliche Summen: die Fürsten borgen; dann kommt ein neuer Krieg und neue Schulden; man muß sie bezahlen, aber es fehlt an Geldquellen. Was soll man machen? Nichts bleibt übrig, als der Geistlichkeit ihre Reichtümer abzunehmen; und die Not zwingt die Monarchen, dies einzige Mittel, das ihnen übrig bleibt, zu ergreifen". So bediene sich die göttliche Vorsehung eines Mittels, um abscheulichen Aberglauben der Kirche und die Mönche zu vernichten (an d'Alembert, 14.6.).

1782

Außenpolitik, Kriege: England anerkennt die Unabhängigkeit Nordamerikas. – Preußen bleibt gefährdet. An den Bruder Heinrich: „Der Kaiser (Joseph II.) hat dieselben Ziele wie seine Mutter. Auch er erstrebt einen Bund der ersten Mächte Europas gegen uns" (3.10.). „Preußen braucht unbedingt Verbündete, weniger um auf ihre Hilfe rechnen zu können, als um sie zu hindern, ihm zu schaden. Zur Zeit hat Preußen keine Auswahl unter seinen Verbündeten" (9.11.).

Innenpolitik, Wirtschaft: Die Navigations-Schule in Emden wird eröffnet. – Allgemeine Handwerksordnung. – Der König ernennt General Möllendorf zum Gouverneur von Berlin (8.12.). – Entwurf einer Instruktion für die Artillerie (10.5.). Der König empfängt Anastasius Ludwig Mencken und übernimmt ihn als Kabinettsrat (26.3.).

Jahresablauf, Reisen: Berlin (–22.). – Potsdam, Schloß (–4.4.). – Sanssouci nebst Charlottenburg. Spandau, Berlin (–25.5.). – Magdeburg-Körbelitz (–28.5.). – Pommern, Westpreußen (1.–12.6.). – Sanssouci und Neues Palais, Brunnenkur, Minister-Konferenz (15.–18.6.), zwei Aufführungen „Opéra comique", Berlin (–15.8.). – Schlesien (15.8.–2.9.). – Sanssouci nebst Berlin-Wedding (–9.11.), Stadtschloß (–24.12.), Berlin, Karneval, Opern „Artaserse" und „Silla".

Kunst und Kultur: Joh. Elert Bode (1747–1826), seit 1733 am Observatorium tätig, veröffentlicht einen verbesserten Himmelsatlas. 1783 erscheint seine „auf den Horizont von Berlin entworfene neue Weltkarte".

Korrespondenzen, Gäste: Den König besuchen und treffen in Potsdam, Berlin und während der Reisen: u. a. Minister Finckenstein (10.–21.3.), u. ö. der Komponist Fasch (25.3.–7.4.), Fürst Karl von Anhalt-Köthen (1730–1789); (20.4.–ca. 15.5.), Kabinettsminister E. v. Hertzberg (22.–29.6.), der Spanische Gesandte Las Casas und der Schwedische Gesandte Graf von Ehrenwerd (11.8. Berlin u. ö.); Audienz des russischen Fürsten Narischkin (20.9.); außerdem zu verschiedener Zeit die Minister Heinitz, Schulenburg, Werder, Hertzberg, Finckenstein, der Holländische Gesandte Rheden, Graf Solms, der Mediziner Formey, die Englischen Gesandten Stepney und Elliot, Abt Denina aus Turin (wird Akademie-Mitglied, 7.11.), der Französische Gesandte des d'Esterno (23.10. ff.), Finanzrat Schütze (7.–14.12.). – Graf Friedrich von Stolberg schreibt (an Münter): „Ich hätte ihm [dem König] gern in den großen Adlerblick hineingesehen, es soll eine Augenprobe und eine Probe des Selbstgefühles seyn, ihm in die großen Augen hineinsehen zu können" (23.9.). Zur Tafelrunde gehören, wie üblich der Breslauer Abt Bastiani und Damen und Herren der dynastischen Verwandtschaft.

Dynastie: Die Schwester des Königs, Ulrike von Schweden, stirbt in Stockholm (16.7.); den König erreicht die Nachricht bereits am 27.7.– Die Erben des Bürgermeisters Lietzmann in (Neu-)Ruppin erhalten nach Mahnungen eine vergessene Schuld des Königs aus seiner Kronprinzenzeit (527 = 1682 Taler), nebst Zinsen seit 1738, erstattet. Es bezeigt den Wohlstand der Ratsbürger der Garnisonstadt, daß sie dem Kronprinzen gegen seinen Vater aushelfen konnten. – Friedrich leidet in den Frühjahrsmonaten erneut unter starken Gichtanfällen; Brunnenkur, wie üblich, im Juni. – Diätverstöße führen zu gefahrvollen Magenkrämpfen (1.12.). – Zu Tisch bei der Königin (25., 29.12.). Karneval (27.12. ff.).

Zur Lage: „Man beklagt sich hier über die Rechtspflege, über die Fesseln, die dem Handel auferlegt werden, und über die Laune des Herrschers. Aber wo gibt es einen Staat, wo man nicht klagt? Gott erhalte den König! Wir leben ruhig unter seinen Fittichen und kennen keine Günstlingswirtschaft" (Lehndorff, 16.12.). – „Der Handel mit Negern ist mir stets als eine Schmach für die Menschheit erschienen. Niemals werde ich ihn gestatten oder durch eine Handlung meinerseits begünstigen" (18.4.). – An d'Alembert: „Frechheit empört, Schwäche rührt; nur feige Seelen rächen sich an überwundenen Feinden, und ich gehöre nicht dazu. Ruhig lasse ich die Hure von Babylon auf ihren sieben Bergen thronen. Vertauscht der Papst nur seine Lehrsätze gegen Moral und predigt Barmherzigkeit, so werde ich ebensowenig sein Feind sein wie der Feind des Dalai Lama, der da thronet zu Tibet …" (23.1.). – „Für das Ende des Jahrhunderts bleibt nichts übrig als die Physik, in der merkwürdige Untersuchungen angestellt werden" (an d'Alembert, 8.9.).

1783

Außenpolitik: Europäische Friedensschlüsse: England, Frankreich und Spanien vergleichen sich in Versailles. – In England übernimmt William Pitt d. J. das Ministerium. – Rußlands Expansion zeitigt Fortschritte: Die Krim wird erobert. Die Expansionsprojekte Josephs II. in Richtung Bayern und auf dem Balkan nehmen Gestalt an. Friedrich betreibt auf diplomatischen Wegen Gegenaktionen. – Danzig (als polnische Exklave) wird von Preußen blockiert.

Innenpolitik, Wirtschaft: Ein Edikt rügt die Unsitte des „blauen Montags" im Handwerk (15.4.). – Die Berliner Textilindustrie beschäftigt nunmehr als Ergebnis der friderizianischen Wirtschaftspolitik den größten Teil der Industriearbeiter Preußens. – Der König bewilligt den Aufbau von Dampfmaschinen nach englischem Muster zur Wasserhaltung im Bergbau (zuerst in Hettstedt/Harz).

Jahresablauf, Reisen: Militär: Der König besucht Revuen und Manöver in Berlin, Körbelitz (bei Magdeburg; 25.–28.5.), Graudenz und Mockerau (6.–8.6.) und Schlesien (16.8.–1.9.). Der Herrscher untersagt erneut (über die geistlichen Oberbehörden in Schlesien) den Fußfall bei dem Überreichen von Bittschriften: „… daß die gemeinen Leute, wenn sie Bittschriften zu überreichen haben, oder auch bei anderer Gelegenheit, vor Höchstdemselben auf die Erde niederfallen (denn das können sie wohl vor Gott thun) und wenn sie was abzugeben haben, so können sie das so thun, ohne dabei nieder zu fallen …". Zu Weihnachten werden, wie üblich, in Potsdam mehrere tausend Thaler an Soldaten-Witwen und Arme im Namen des Königs (als Daseinsfürsorge) ausgezahlt.

Kunst, Kultur und Wissenschaft: Als zentrale Zeitschrift der bürgerlichen Aufklärung beginnt in Berlin unter den Augen des Königs die „Berlinische Monatsschrift" (Gedike und Biester) zu erscheinen. – Der König unterrichtet sich in Gesprächen mit dem Rektor des Joachimsthalschen Gymnasiums J. H. L. Meierotto (1742–1800) und anderen über den Qualitätsstand des Schulwesens: „Der König sprach erst Deutsch, und sobald er nur hörte, daß ich Französisch verstände und auch spräche, immer Französisch; außer wenn er schlecht Deutsch zum Beispiel und zum Korrigieren scherzend sprach. Er war sehr gnädig, ging sehr ins Genaue in Ansehung des Gymnasii und besonders der Rhetorik. Übrigens war das Gespräch sehr mannigfaltig, aber doch hauptsächlich über deutsche Literatur, wo sein Herz dann ein schwer zu bekehrendes Königsherz war. Hätte ich auch Schüchternheit gehabt, die ich doch selbst beim Französisch sprechen nicht habe, so hätte sie verschwinden müssen, bei der Laune und Lustigkeit des Königs. Es ist ein Greis von seltener Lebhaftigkeit, von erstaunlicher Belesenheit und Gedächtnis und von einem so originellen Witz, wie gewiß wenige im Privatstande geboren werden" (Brief an einen Freund, bald nach dem 22. 1.). – In Ostpreußen will der König ein Denkmal „zu Copernikus Ehren" aufstellen lassen. Der König verfügte mithin über eine klare Vorstellung der Bedeutung und Herkunft des berühmten ermländischen Domherrn, Astronomen, Arztes, Kartographen und Währungstheoretikers deutscher Zunge (1473–1543). – Der neue Bibliotheksbau in Berlin („Commode") ist fertiggestellt (Boumann).

Dynastie: Entgegen den Göttinger Gerüchten (Lichtenberg) hat der König keinen Schlaganfall Ende Juni erlitten. – Fortdauerndes Leiden in Armen und Beinen an der

Gicht. – Das neunte legitime Kind des Prinzen von Preußen (Wilhelm) wird in Potsdam in Gegenwart des Königs getauft (10.7.). – Friedrich empfängt im Juli und im September die braunschweigische Verwandtschaft.

Korrespondenzen, Gäste: In *Potsdam* besuchen den König u. a. die Minister v. Werder (23.2.), v. Hoym, v. Heinitz, v. Hertzberg, Finck v. Finckenstein, die sämtlichen Minister des Generaldirektoriums zur Jahressitzung (17.–21.6.), General v. Prittwitz, der dänische Feldmarschall Prinz Karl von Hessen, Herzog Friedrich von York, Graf Hoym, der Französische Gesandte in Stockholm de Pons, der Englische Gesandte in Neapel Hamilton, der Berliner Pädagoge Meierotto, der Mediziner Formey, der Cavalier und Maler Cunningham (2.–5.8.), Fasch und Bastiani sowie die Damen und Herren der dynastischen Verwandtschaft.

Zur Lage: Lebenskunst: An Heinrich: „Mir scheint der Mensch mehr zum Handeln als zum Erkennen geschaffen zu sein. Die Endursachen entziehen sich der beharrlichsten Forschung. Die Hälfte unseres Lebens bringen wir damit zu, uns von den Irrtümern unserer Vorfahren frei zu machen, aber wir lassen zugleich die Wahrheit auf dem Grunde des Brunnens, aus dem sich die Nachwelt nicht herausziehen wird" (30.9.).

1784

Außenpolitik, Kriege: Preußen sucht in dem Streit der niederländischen „Generalstaaten" mit dem oranischen Erbstatthalter zu vermitteln (29.2.). – Prinz Heinrich, der Bruder des Königs, reist in diplomatischer und eigener Mission in die Schweiz und nach Frankreich (5.7. ff.) und berichtet im Potsdamer Stadtschloß über seine Reise (1.12.). – Kaiser Joseph II. beginnt einen Konflikt mit den Niederlanden wegen der Öffnung der Schelde (25.8. ff.). – Rußland und Preußen vergleichen sich im Danziger Handelskonflikt (7.9.). – Der König überreicht seinen Außenministern Finckenstein und Hertzberg den eigenhändig geschriebenen Entwurf für einen deutschen „Fürstenbund" (24.10.); Friedrichs Preußen widersetzt sich erfolgreich dem neuerlichen Plan des Kaisers, das ganze Bayern tauschweise zu übernehmen.

Innenpolitik, Wirtschaft: „Betrachtungen über die Finanzverwaltung" („Reflexions sur l'administration des finances pour le gouvernement Prussien"); Staatseinnahmen 21.730.000 Taler; Überschuß 7.120.000; als Kriegsrücklage festzulegen. Wer das Geld des Volkes verschwendet, ist ein Straßenräuber (20.10.). – Edikt für den Bauernstand: Er wolle der Renitenz und Prozeßsucht der Untertanen auf der einen und der Grausamkeit und Unbilligkeit der Herrschaften auf der anderen Seite ein Ziel setzen (12.12.). – Bei Tarnowitz in Schlesien wird das erste Erz zutage gefördert (16.6.). In der Grafschaft Mark (Unna, Dortmund) beginnt der Freiherr vom Stein unter den wachsamen Augen des Königs seine Bergbau- und Eisenindustrie fördernde Tätigkeit. – In der Medizinalverwaltung wünscht der König keine Juristen zu sehen, sondern nur vernünftige Mediziner (1.2.).

Jahresablauf, Reisen: Berlin und Potsdam (1.1.–25.5.). – Magdeburg und Körbelitz (25.–28.5.). – Sanssouci, dann Revue-Reise nach Pommern und Westpreußen (1.–

12.6.). – Minister-Revue in Potsdam (17.–19.6.). – Schlesien, über Crossen, Glogau, Schweidnitz, Silberberg, Glatz, Cosel, Neiße, Brieg, Breslau, in das Lager bei Gohlau und zurück (15.8.–1.9.). Scharfe Kritik gegenüber dem General v. Tauentzien an den Zuständen der Armee in Schlesien (7.9.). – Berlin, Sanssouci und Stadtschloß Potsdam (1.9.–24.12.). Begegnung mit dem General v. Zieten bei der Paroleausgabe im Berliner Stadtschloß („Mein lieber alter Papa Zieten, setze er sich doch"); Schenkungen an die Armen (25.12.). – Beginn des Karnevals (25.12. ff.); zu Tisch bei der Königin (26.12.).

Kunst, Kultur, Wissenschaft: Kant verbindet die Beantwortung der Frage „Was ist Aufklärung?" mit einer rechtsphilosophischen Würdigung der Regierung des Königs von Preußen. – Nach der Revue in Schlesien empfängt er in Breslau den Philosophen Garve zu einem längeren Gespräch (24.8.). – Er besichtigt die Turmbauten auf dem Berliner Gendarmenmarkt und hält anschließend „große Cour" mit der Königin im Stadtschloß für Diplomaten und Staatsgäste (9.9.). – Der Sänger Tambolini singt vor dem Könige (15.11.).

Dynastie: Geburtstagsfeiern im Januar, bei der Königin zu Tisch (4.1.). Audienz des Verlegers Friedrich Nicolai sowie des neuen Kgl. Bibliothekars Biesters (10.1.) und weiterer Gelehrter und Literaten. – Der König empfängt die Prinzen von Augustenburg, verfaßt die Instruktion für den Erzieher des Prinzen Friedrich Wilhelm (III.). – Der Herzog von Braunschweig in Potsdam und Berlin (14.–25.5.). – Prinz Ludwig von Württemberg mit Gemahlin und dem Fürsten Czatoryski (ihrem Vater) in Potsdam (ca. 30.12.–15./19.2.1785).

Korrespondenzen, Gäste: Das Mitglied der Tafelrunde Chasot (23.1.–14.4.). Generalleutnant Marquis de Bouillé (1.8.–6.8., –24.8.), begleitet den König bei den Manövern. Herzog Peter von Kurland (2.–11.9.); Prinz Friedrich von Braunschweig (13.9.–16.10.). – Der Komponist Fasch (25.9.–2.10.). – Der Bischof von Cujawien, Graf Ribinski, in Potsdam (5.–12.10.). – Der neue Vorleser Dantal liest zur Probe (23.10. ff.). – Abt Bastiani kommt wie üblich Anfang November 1784 und bleibt bis Ende Januar 1785.

Zur Lage: Friedrich faßt zusammen: Die europäische Politik sei zu einem „Chaos" geworden. Kaiser Josephs II. Versuche, weiterhin gegen Preußen in der bayerischen Erbfolge einen Gewinn zu erzielen. „In seiner Überzeugung, der König [von Preußen] sei der schlimmste Feind seiner ehrgeizigen Pläne, hat der Kaiser sich vorgenommen, ihm Rußland abspenstig zu machen, um ihm einen so wichtigen Bundesgenossen zu rauben und ihn derart zu isolieren, daß er für die österreichische Monarchie nicht mehr gefährlich werden könne." Dort sei er gescheitert, denn die von der russischen Angriffslust bedrohte Türkei stünde mit Frankreich im Bunde. Doch sei Frankreich in seiner unentschuldbaren Schwäche kein geeigneter Bündnispartner für Preußen. Das Bündnis mit Rußland würde ich vielmehr trotz der in Schwermut versunkenen Zarin Katharina revitalisieren. „Der Großfürst [Paul Petrowitsch] hält unerschütterlich zu Preußen. Es hieße also sehr übereilt handeln, wenn man ein nützliches Bündnis bräche, um ein anderes mit einer so heruntergekommenen Macht wie Frankreich anzuknüpfen. Das Staatswohl und die bleibenden Interessen Preußens würden notwendig den Ränken der Höflinge und Weiber in Versailles preisgegeben, und unsere Wohlfahrt hinge ganz von den Launen der Königin von Frankreich und von den Kabalen

der Hofschranzen Ludwigs XVI. ab. ... O Richelieu, o Mazarin, o Ludwig XIV., was
sagt ihr? Könntet ihr die Schande eurer Nachfolger sehen und erfahren!" („Über die
Politik", November 1784).

1785

Außenpolitik, Kriege: Deutscher Fürstenbund unter preußischer Führung. Friedrich
durchkreuzt die Pläne Österreichs eines Tausches auf Kosten Bayerns zusammen besonders mit Anhalt-Dessau, Baden, Sachsen-Weimar, Hannover und Sachsen-Dresden.
– Handels- und Freundschaftsvertrag Preußens mit Nordamerika.

Innenpolitik, Wirtschaft: Scharfe Kritik an den Straf-Juristen: „Wer einen andern
ums Leben bringt, muß notwendig wieder am Leben bestraft werden". Die Juristen
haben „für die öffentliche Sicherheit des Publikums bessere Aufmerksamkeit zu tragen" (9.3.). Der Justizminister Carmer übersendet dem König die 2. Abteilung des
„Allgemeinen Gesetzbuches" im Entwurf (22.3.). – Die erste Dampfmaschine des
Watt'schen Modells wird in Preußen eingesetzt. – Zuckersiederei in Minden. In Berlin
ist ein Drittel der preußischen Warenerzeugung konzentriert.

Jahresablauf, Reisen: Im Januar besucht der König den General Zieten, mehrmals
die Königin, seine Schwester Amalie, begeht den Geburtstag des Prinzen Heinrich in
dessen Palais (18.1.). – Im Februar, März und April arbeitet er trotz mehrerer Gichtanfälle, die ihn am Schreiben hindern, und Fiebertagen im Potsdamer Stadtschloß, wo
ihm Dantal aus den Werken der Antike und der französischen Aufklärung regelmäßig
vorliest. – Im März empfängt er den Minister Finckenstein, den Dänischen Gesandten
v. Baudissin, Prinz Friedrich von Braunschweig und den Oberstallmeister v. Schwerin. – In Sanssouci (ab 25.4.) empfängt der König die Minister v. Heinitz, v.d. Schulenburg, v. Werder, die Generale v. Möllendorf, v. Langefeld, v. Wartenberg und den
Fürsten von Anhalt-Köthen. – Militär-Revuen in Berlin und Lager Körbelitz (bei
Magdeburg) im Mai, Lager Mockerau bei Graudenz im Juni und im August in Schlesien. Dort hält er am 24. August bei strömendem Regen vor den Regimentern aus,
ohne den Pelz abzulegen. Letzte Revue in Schlesien, in Gegenwart des Herzogs von
York, Karl Augusts von Sachsen-Weimar, des Lords Cornwallis, des Marquis de la
Fayette u.a. (Bild Cunningham). Letzter Besuch in Berlin (9./10.9.), Besichtigung der
Bauten, Artillerie-Manöver auf dem Wedding. – Schlaganfall. – Die Herbst-Manöver
in Potsdam in Gegenwart zahlreicher fremder Offiziere hält General v. Rodich ab. Der
König gibt täglich in Sanssouci vor Generalen die Parole aus. – Umzug in das Stadt-
schloß (8.11.), wo er Herzog Ferdinand von Braunschweig sowie Minister, Generale
und Diplomaten regelmäßig empfängt, jedoch auf den üblichen Besuch der Berliner
Karnevals-Saison verzichtet.

Kunst, Kultur und Wissenschaft: Die Turmbauten auf dem Berliner Gendarmenmarkt (Friedrich; Gontard) werden fertiggestellt. – Neubauten in der Berliner Charité,
Schloß Bellevue (Bouman d.J.) wird ausgebaut. – In Berlin soll ein Denkmal für berühmte Männer des Geisteslebens (Leibniz, Sulzer, d'Alembert u.a.) errichtet werden
(vor dem Bibliotheksgebäude). – Das Ober-Collegium Medicum in Berlin begeht sein
hundertjähriges Stiftungsfest. Kant: „Grundlegung einer Metaphysik der Sitten".

Dynastie: Der König sieht die Königin nicht mehr. – Er konzentriert sich auf politische und familiäre Gespräche und Korrespondenzen mit Prinz Heinrich (u. a. 26.–30.7.). – Gesundheit: Heftige Gichtanfälle machen ihm das Schreiben unmöglich (26./27.3.); Brunnenkur (22.6.–15.7.). – Ernstere Krankheit (18.9.–24.10.). – Die Königin wird von ihm, vom Prinzen Ferdinand und dem Herzog Ferdinand von Braunschweig auf dem laufenden gehalten.

Korrespondenzen, Gäste: Den Herrscher besuchen Persönlichkeiten aus aller Welt: Der dänische Gesandte v. Baudissin, Prinz Friedrich von Braunschweig, Oberstallmeister v. Schwerin (März). – In Sanssouci (ab 25.4.). Empfängt er die Minister v. Heinitz, v. d. Schulenburg, v. Werder, die Generäle v. Möllendorf, v. Langefeld, v. Wartenberg und den Fürsten von Anhalt-Köthen. Im Potsdamer Stadtschloß (8.11.) Herzog Ferdinand von Braunschweig sowie Minister, Generäle und wie üblich die Diplomaten.

Zur Lage: Zu den Greifenberger Bürgern, die ihm für den Wiederaufbau ihrer abgebrannten Innenstadt danken wollten: „Sie haben nicht Ursach, sich deswegen bei mir zu bedanken, es ist meine Schuldigkeit, dafür bin ich da." – Ende August in Schlesien, als der Breslauer Professor Garve gegen einen Ausdruck des Königs protestiert: „Als Eure Majestät gestern in die Stadt kamen, und alles Volk zusammenlief, um seinen großen König zu sehen, das war nicht ‚Canaille'!" Die Antwort des Stoikers lautete: „Setze Er einen alten Affen aufs Pferd und lasse Er ihn durch die Straßen reiten, so wird das Volk ebenso zusammenlaufen".

1786

Der Staat: Die *Zivilbevölkerung* des Staates (Ost- und Westpreußen, Pommern, Neumark, Kurmark, Schlesien, Magdeburg, Halberstadt, Minden-Ravensberg, Kleve-Mark und Moers-Geldern, Ostfriesland, Neufchâtel) umfaßt 5.277.281 Menschen; dazu kommen 194.086 *Militärpersonen*, von denen jedoch nur 143.000 besoldet bei den Fahnen behalten werden (außer den großen Übungszeiten: „Generalrevue"). Dazu gehören *14 Kriegsschiffe* mit rd. 500 Seeleuten. – Der *Staatsschatz:* 51.302.010 Mill. Taler (17.8.); die *Staatsschuld* belief sich auf rd. 12,5 Mill. Taler. – Die reine *Staatseinnahme* wird 1786 auf rd. 20 Mill. Taler berechnet.

Innenpolitik, Wirtschaft: Gegen den Widerstand der ostpreußischen Stände bekräftigt der König die 1784 verfügte Aufnahme der ländlichen Rechtsverhältnisse in Urbarien (8.1.). – Die Minister sollen stärker für die öffentliche Sicherheit des Publikums sorgen (9.3.). – Keine Gnade für korrupte Beamte in Ostpreußen (29.4.). – Akzise-Überschüsse in Kleve-Mark dürfen nicht „verfressen", sondern nur zum Besten der Provinz angewendet werden (28.7.). – Der König wird 1787 „eine gute Summe" für die Manufakturen der Tuche geben, damit Maschinen wie in England eingeführt werden können (29.7.). – Er läßt durch den Minister Heinitz eine Übersicht über alle preußischen Mineralvorkommen anfertigen, nebst einem Bericht über die „Feuermaschine" bei Hettstedt (Berlin, 1786). – Neue Bauern im Bruch bei Tilsit „müssen ihre Güter alle eigentümlich haben, weil sie keine Sclaven seyn sollen" (1.8.). – Der König läßt noch im Juli 300 Widder und Schafe aus Spanien kaufen und befiehlt in heiterer Gelassenheit, einige davon „nach Sanssouci zum Besuch kommen zu lassen". – In der Kurmark werden u. a. 93 Invaliden als Büdner auf Befehl des Königs angesetzt (26.1.).

Jahresablauf, Reisen: Potsdam (1.1.–17.8.), in Sanssouci ab 1.5.– Der Arzt Selle behandelt den König (16.1. ff.). – (Abschieds-)Diner für die Offiziere des Generalstabes (18.2.). – Ausritte (22., 25.4., 22.6., 4.7.). – Minister-Revue (16./17.6.). Mit dem Blick auf den herannahenden Tod unterrichtet Friedrich die Minister in Berlin, den Minister für Schlesien v. Hoym und die Offiziere für die Revuen in Schlesien unmittelbar über ihre Aufgaben. Hohe Offiziere vertreten den König auf den Revuen. Drei Offiziere leiten die schlesische Revue mit den General-Inspekteuren (Bericht in der Audienz am 13.8.). – Der König diktiert und unterschreibt das Geschäftsschriftgut bis einen Tag vor seinem Tode (16.8.). – Er entwirft noch die Disposition für ein Manöver der Potsdamer Garnison für General v. Rodich (15.8.). – Am 12. August ergehen seine Anweisungen für die Landeskultur in Schlesien und Ostpreußen.

Kunst, Kultur, Wissenschaft: Der König ernennt den Minister v. Heinitz zum Oberaufseher der Akademie (25.1.). – Der Hofbildhauer Tassaert fertigt die Statue des Feldmarschalls v. Keith (5.5.). – Im Dom wird Händels „Messias" aufgeführt (19.5.). – Moses Mendelssohn stirbt in seinem Haus Spandauer Straße 68 (4.1.).

Dynastie: Die Angehörigen des Hauses Braunschweig: Prinz Friedrich (im Frühjahr, 13.3., zuletzt 21.–23.6.). – Letzte Besuche des Prinzen Heinrich (8.–11.3., 13.–20.6.). Teure Geschenke an die Landgräfin von Hessen (KPM-Service, Porträt). – Die Königin verfolgt in ihren Briefen an Herzog Ferdinand von Braunschweig die Morbidität ihres Mannes mit großer Aufmerksamkeit und wird genau informiert. Die gewöhnliche Abendgesellschaft beim Könige findet statt und wird für die nächste Woche angesagt (4./11.8.). – Cour bei der Königin in Schönhausen (16.8.), während sein Leben in Sanssouci erlischt (17.8.).

Korrespondenzen, Gäste: In den letzten Monaten empfängt der Herrscher noch elf Staatsgäste und Besucher, unter ihnen den französischen Beobachter Graf Mirabeau und den Arzt Zimmermann. Gicht, Wassersucht und Herzasthma waren nicht zu heilen. Der Mediziner Geheimrat Formey (22.1.); Herzog Carl August von Sachsen-Weimar, Schwarzer Adlerorden (19., 21.1.); Graf Mirabeau (25.1.); der englische Minister Lord Whitewoth; v. Heinitz (5.2.); Minister Graf Finckenstein und der preußische Gesandte in Wien Graf Podewils (7.2.; 12.–17.4.); Minister v. Heinitz (23.2.); der Komponist Fasch (26.3.–27.4.; 28.5.–29.6.); General v. Möllendorf (Berlin) und die Minister v. Werder und v. der Schulenburg (12.–15.5.); Generalleutnant v. Pfuel (28.5.: Schwarzer Adlerorden); der Arzt Zimmermann (24.6.–11.7.; 33 Konsultationen); die Leitenden Beamten Schütz (Stettin) und Domhardt-Bromberg (31.5.–6.6.; zusätzlich v. Heinitz: Landeskultur-Projekte); Minister Graf Finckenstein mit den russischen Gesandten Graf v. Romanzow und Fürst Dolgoruky (Abruf; 25.6.); mehrere Ärzte, Dr. Fritze (19.7.: Lazarettwesen); Minister v. Hertzberg, der zuletzt noch ein Berliner Tafelservice als Ausdruck hoher Wertschätzung erhält (3.8.); Hertzberg bleibt vom 9.7.–18.8. in Potsdam; Oberstallmeister Graf v. Schwerin (31.7.); Minister v. Hoym-Breslau (4.–9.8.) und General (v.) Anhalt (ca. 11.8.).

Zur Lage: Nach der Abreise des hannöverschen Arztes Georg Ritter v. Zimmermann (4.7.) schreibt Friedrich seiner Schwester Philippine Charlotte in Braunschweig: „Die Wahrheit ist aber, daß er mir nicht helfen konnte. Die Alten müssen den jungen Leuten Raum machen, damit jedes Menschenalter seinen Platz finde; und wenn man es recht überlegt, was das Leben ist, so ist es nichts [anderes], als daß man seine Mitbürger sterben und geboren werden sieht" (10.8.).

Tod des Königs: Am 15.8. findet der letzte Kabinettsvortrag statt. Am 17.8. stirbt Friedrich in Potsdam (20 Minuten nach 2 Uhr). Der Leichnam wird im Stadtschloß aufgebahrt (17.8.), dann in die Garnisonkirche überführt (18.8.), wo auch die Trauerfeier stattfindet und eine von Reichhardt komponierte Trauerode aufgeführt wird (9.9.). – Gedächtnispredigten werden vor allem in den Kirchen von Berlin, Potsdam und Charlottenburg gehalten (10.9.).

Farbtafeln

Abbildung 1: König Friedrich Wilhelm I.
Gemälde von Antoine Pesne, Öl auf Leinwand
(um 1733)

Abbildung 2: Sophie Dorothea, Königin von Preußen
Gemälde von Antoine Pesne, Öl auf Leinwand
(1737)

Abbildung 3: König Friedrich II. von Preußen als Kind
Heliogravure nach einem Gemälde von
Friedrich Wilhelm Weidemann

Abbildung 4: Friedrich der Große als Kronprinz
Gemälde von Antoine Pesne, Öl auf Leinwand
(1739)

Abbildung 5: Königin Elisabeth Christine
Gemälde von Antoine Pesne, Öl auf Leinwand
(um 1740)

Abbildung 6: Friedrich der Große auf Reisen
Gemäldeskizze/Papier auf Leinwand aufgezogen
von Adolph von Menzel (1853)

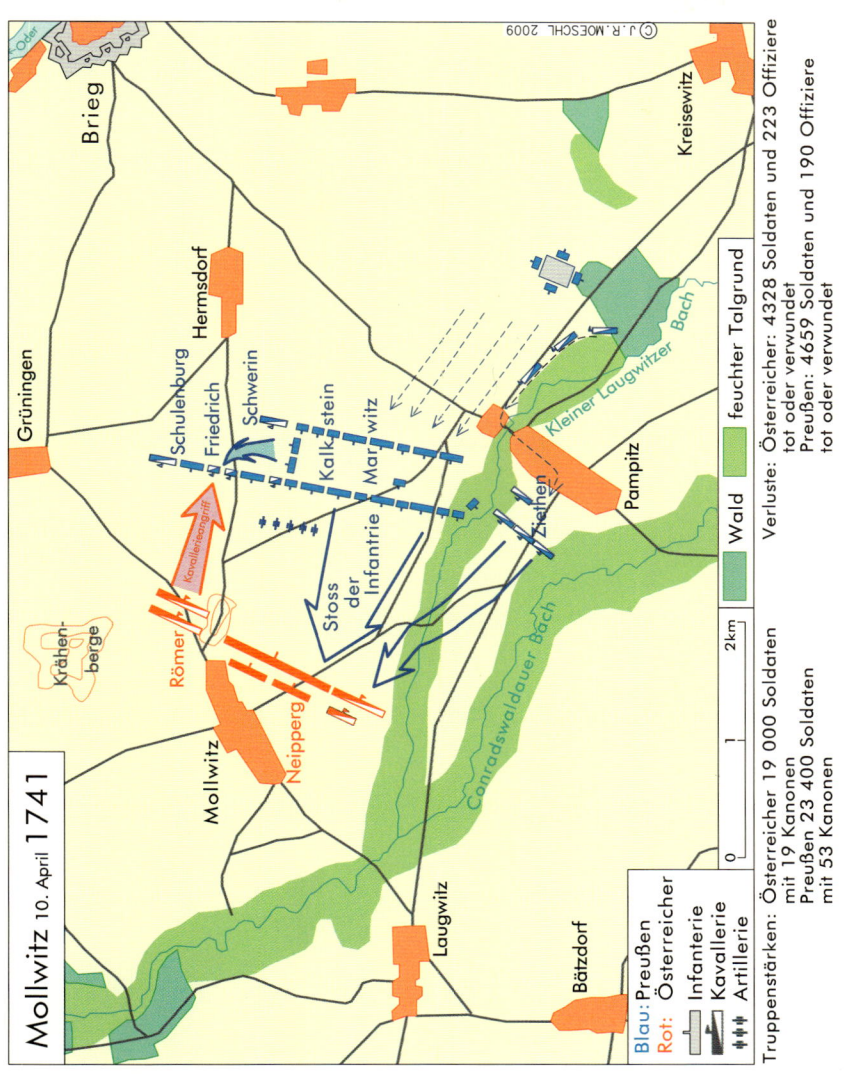

Mollwitz 10. April **1741**

Brieg
Grüningen
Hermsdorf
Schulenburg
Friedrich
Schwerin
Kalkstein
Marwitz
Stoss der Infanterie
Kavallerieangriff
Römer
Ziethen
Neipperg
Mollwitz
Krähen- berge
Laugwitz
Bätzdorf
Conradswaldauer Bach
Kleiner Laugwitzer Bach
Pampitz
Kreisewitz
Oder

© J.R. MOESCHL 2009

Blau: Preußen
Rot: Österreicher

Infanterie
Kavallerie
Artillerie

Wald
feuchter Talgrund

0   1   2 km

Truppenstärken: Österreicher 19 000 Soldaten
mit 19 Kanonen
Preußen 23 400 Soldaten
mit 53 Kanonen

Verluste: Österreicher: 4328 Soldaten und 223 Offiziere
tot oder verwundet
Preußen: 4659 Soldaten und 190 Offiziere
tot oder verwundet

Abbildung 7: Mollwitz 10. April 1741

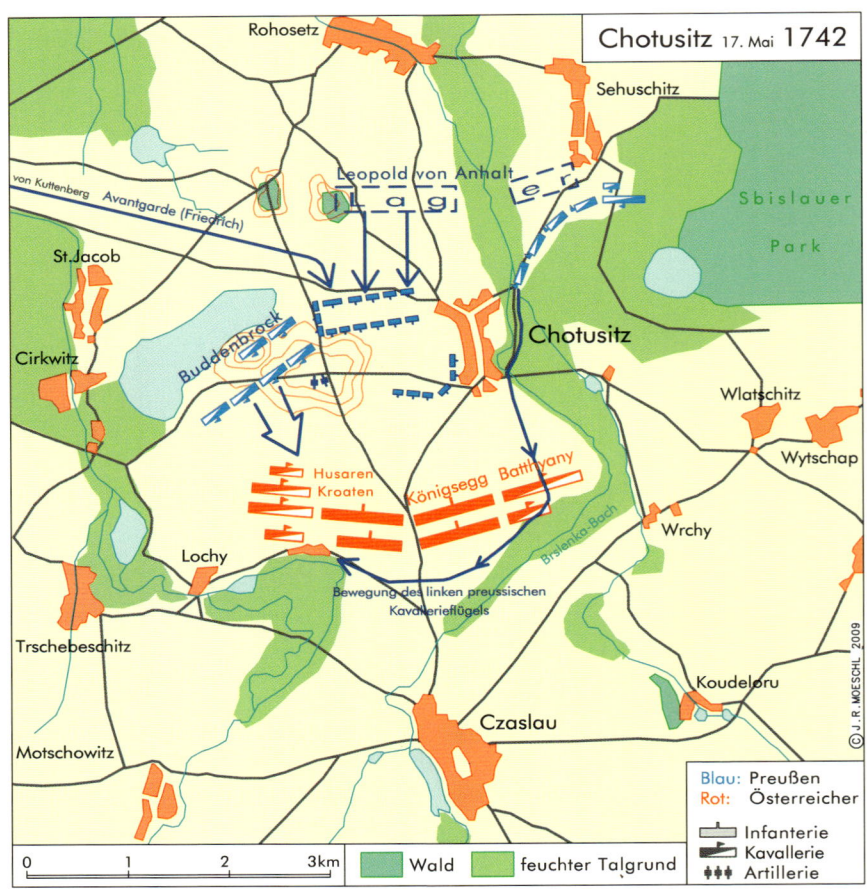

Abbildung 8: Chotusitz, 17. Mai 1742

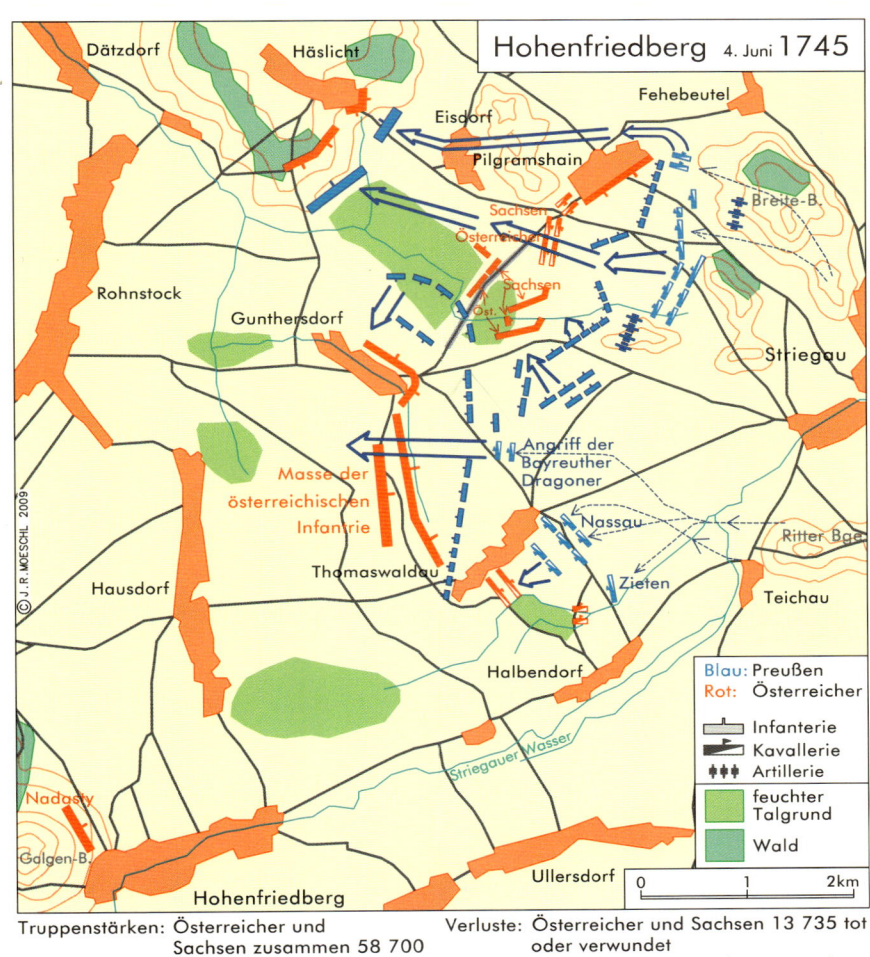

Abbildung 9: Hohenfriedberg, 4. Juni 1745

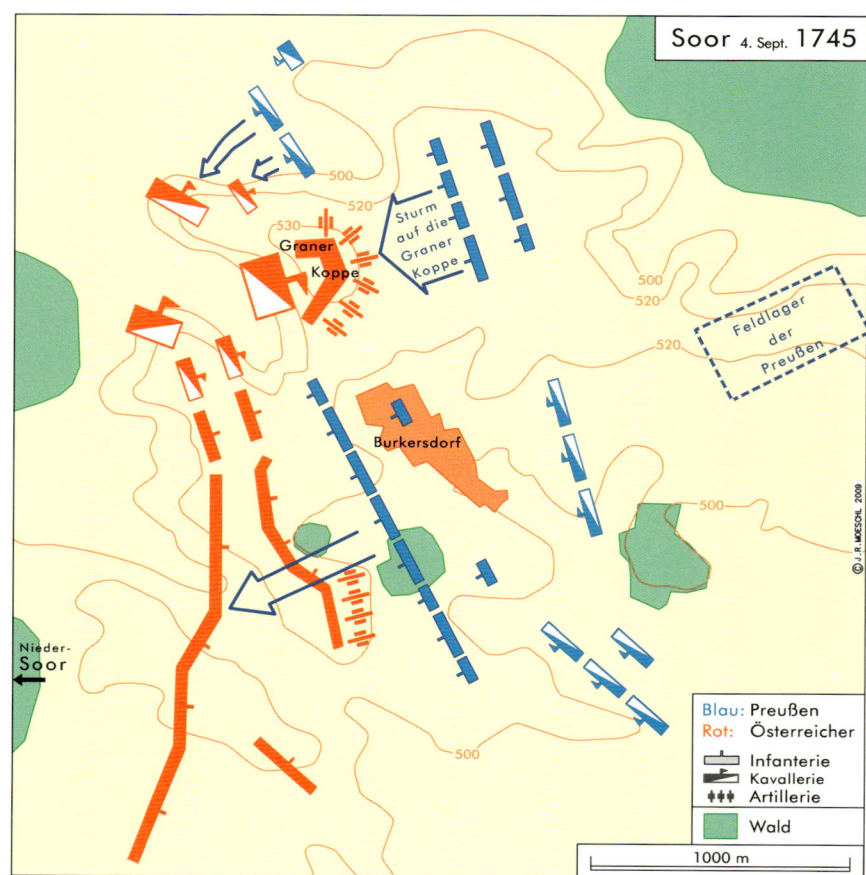

Soor 4. Sept. 1745

500
520
530
Graner
Koppe
Sturm auf die Graner Koppe
500
520
520
Feldlager der Preußen
Burkersdorf
500
Nieder-Soor
500

© J. R. MOESCHL 2009

Blau: Preußen
Rot: Österreicher

Infanterie
Kavallerie
Artillerie

Wald

1000 m

Truppenstärken: Österreicher und Sachsen 39 327   Verluste: Österreicher und Sachsen 7 444 tot oder verwundet
Preußen 22 562   Preußen: 3 911 tot oder verwundet

Abbildung 10: Soor, 4. September 1745

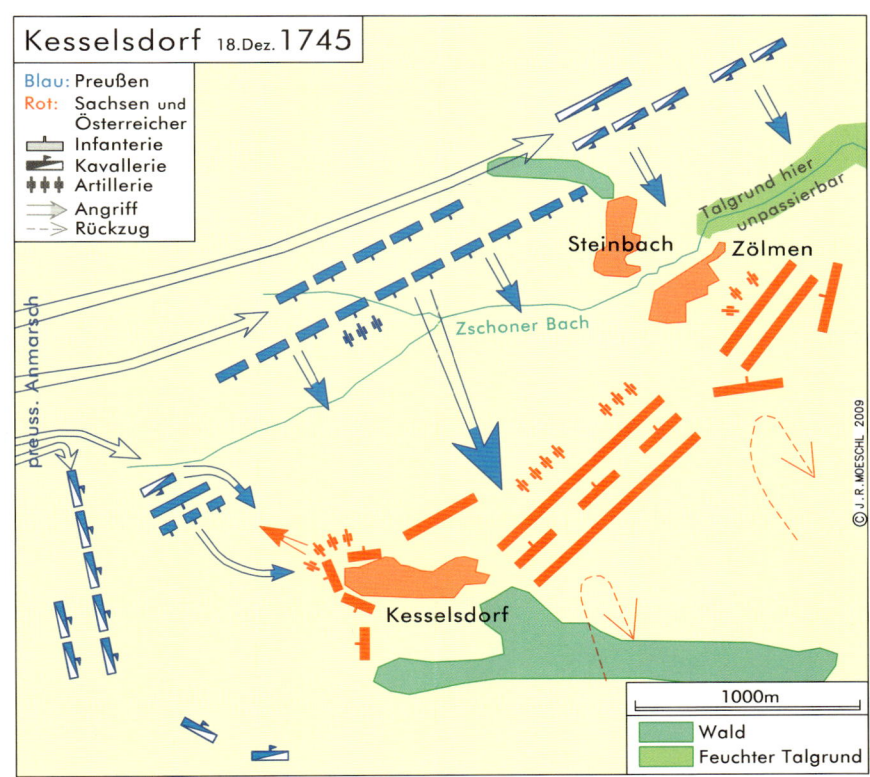

Kesselsdorf 18. Dez. 1745

Blau: Preußen
Rot: Sachsen und Österreicher
Infanterie
Kavallerie
Artillerie
Angriff
Rückzug

preuss. Anmarsch

Talgrund hier unpassierbar

Steinbach

Zölmen

Zschoner Bach

Kesselsdorf

© J. R. MOESCHL 2009

1000m

Wald

Feuchter Talgrund

Truppenstärken: Sachsen und Österreicher 31 000
Preußen 30 000

Verluste: Sachsen und Österreicher, tot oder
verwundet: 14 000
Preußen, tot oder verwundet: 5000

Abbildung 11: Kesselsdorf, 18. Dezember 1745

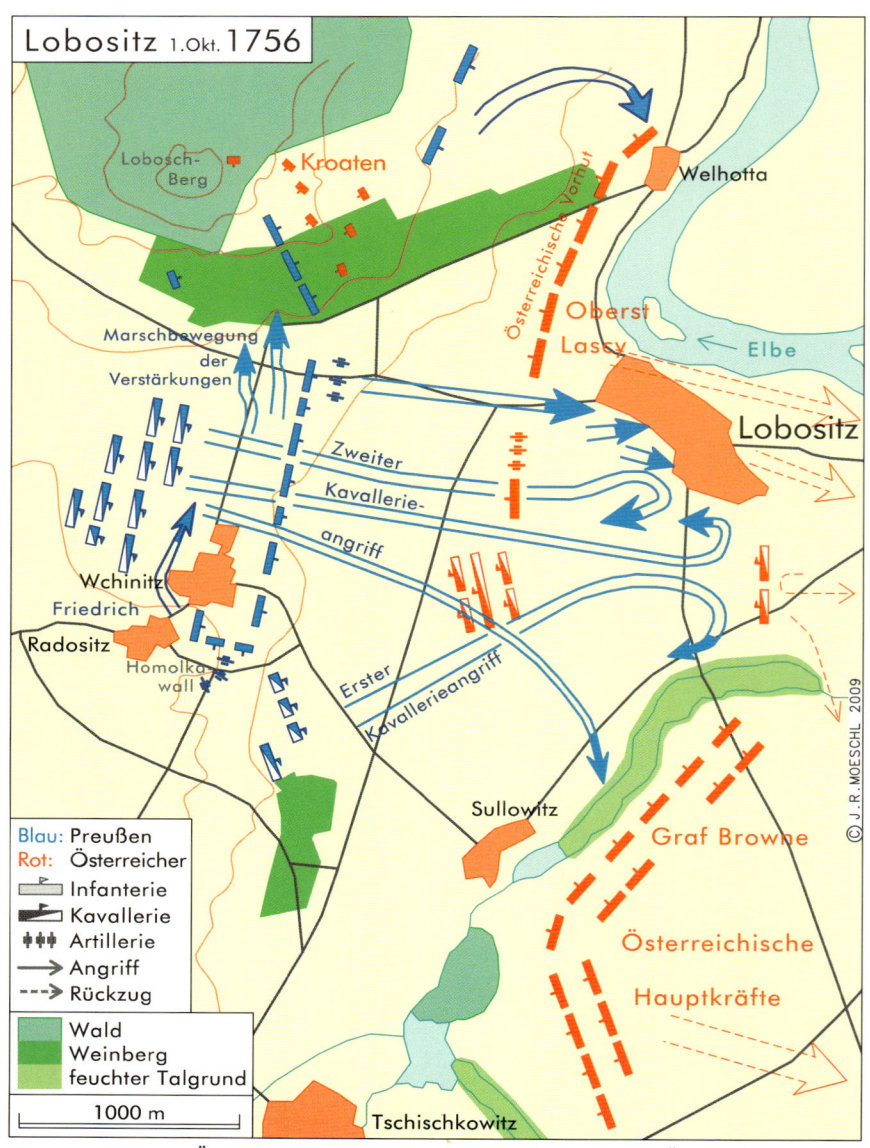

Truppenstärken: Österreicher 34 000   Verluste: Österreicher 2 863
                Preußen 28 749   Preußen 2 906

Abbildung 12: Lobositz, 1. Oktober 1756

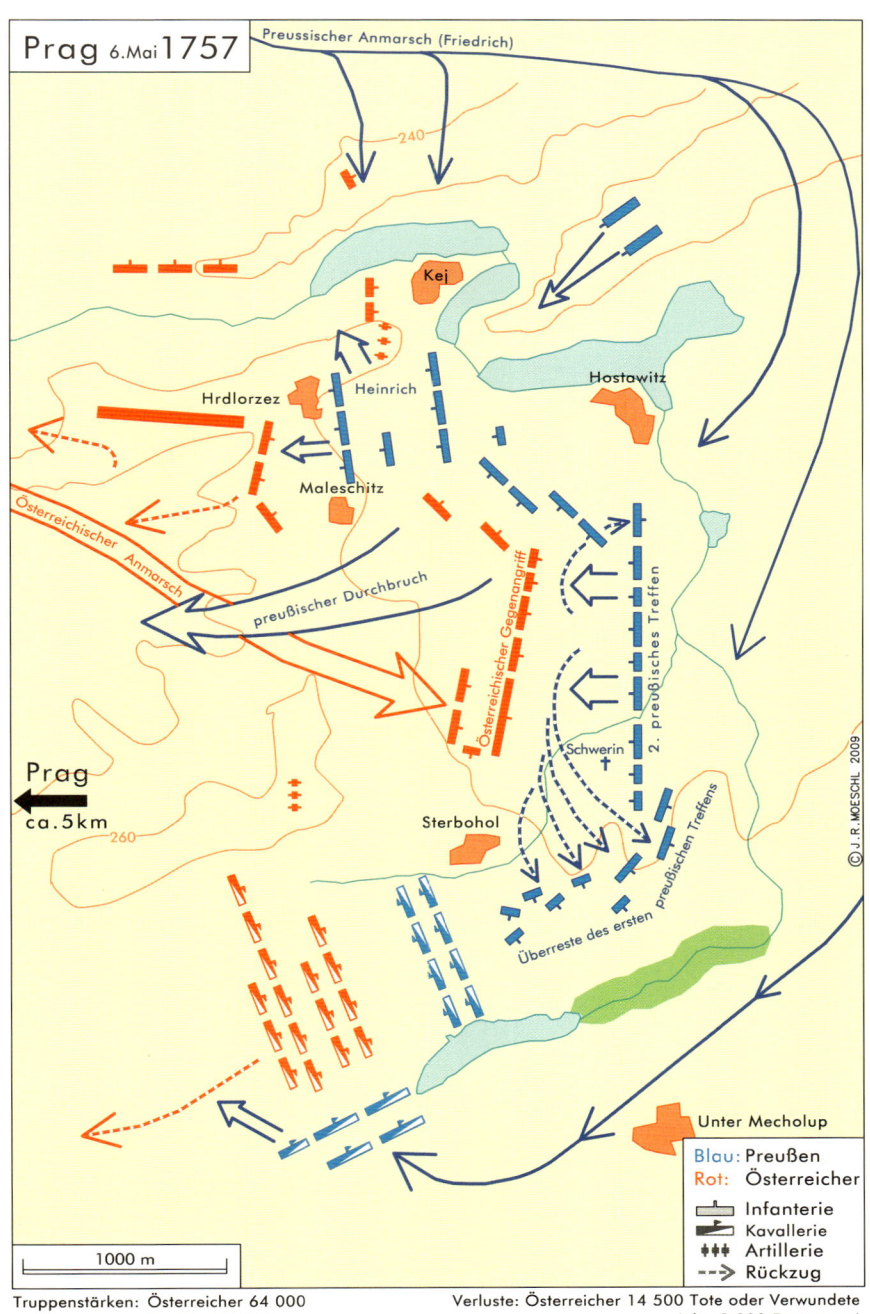

Prag 6.Mai 1757

Preussischer Anmarsch (Friedrich)

Kej

Hostawitz

Hrdlorzez

Heinrich

Maleschitz

Österreichischer Anmarsch

preußischer Durchbruch

Österreichischer Gegenangriff

2. preußisches Treffen

Schwerin †

Prag
ca. 5km

Sterbohol

Überreste des ersten preußischen Treffens

© J.R.MOESCHL 2009

Unter Mecholup

Blau: Preußen
Rot: Österreicher

Infanterie
Kavallerie
Artillerie
Rückzug

1000 m

Truppenstärken: Österreicher 64 000
Preußen 61 000

Verluste: Österreicher 14 500 Tote oder Verwundete
(plus 2 000 Deserteure)
Preußen: 13 400 (plus 4 000 Gefangene)

Abbildung 13: Prag, 6. Mai 1757

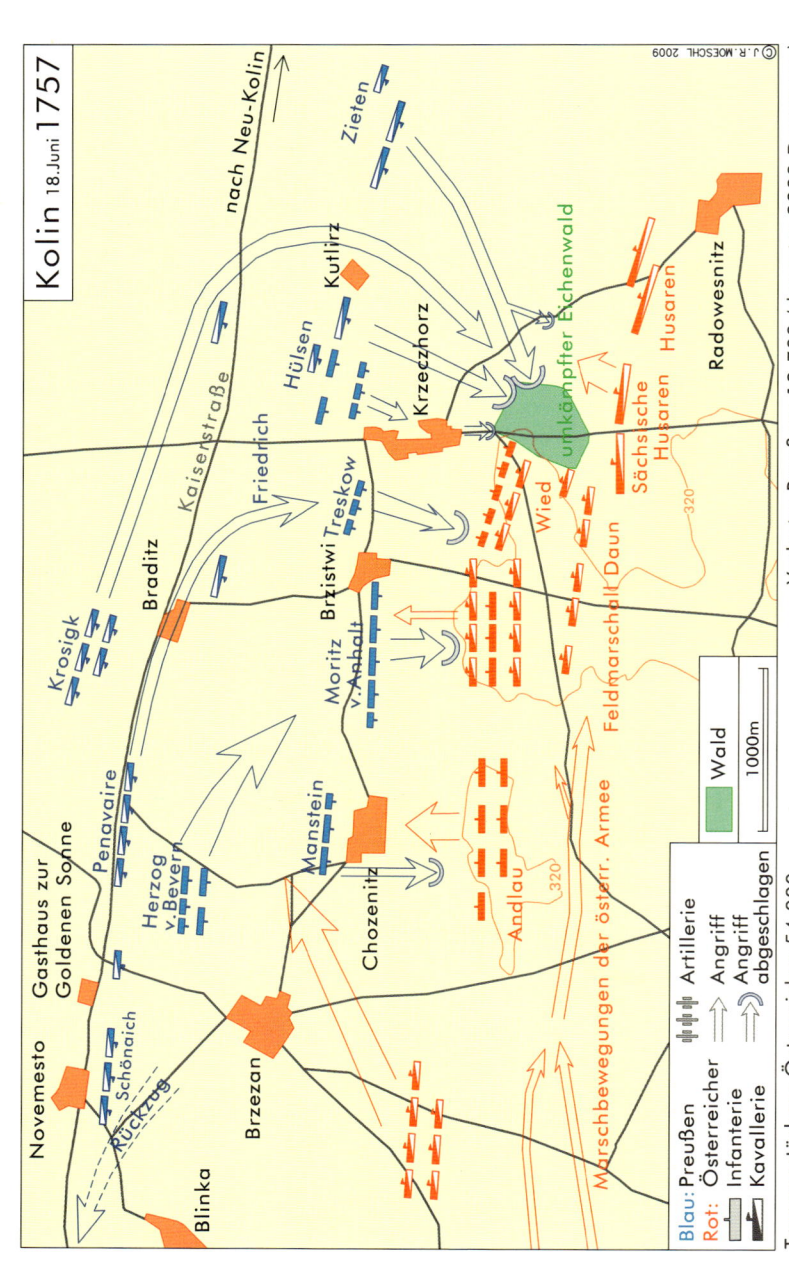

Kolin 18.Juni 1757

nach Neu-Kolin

Zieten

Kutlirz

Hülsen

Krzeczhorz

Kaiserstraße

Friedrich

unkämpfter Eichenwald

Husaren

Radowesnitz

Bradltz

Krosigk

Brzistwi Treskow

Wied

Sächsische Husaren

Moritz v.Anhalt

Feldmarschall Daun

Penavaire

Manstein

320

Herzog v.Bevern

Andlau

320

Chozenitz

Marschbewegungen der österr. Armee

Novemesto

Gasthaus zur Goldenen Sonne

Schönaich

Rückzug

Blinka

Brzezan

© J.R.MOESCHL 2009

Blau: Preußen: Österreicher
Rot: Österreicher
Infanterie
Kavallerie

Artillerie
Angriff
Angriff abgeschlagen

Wald

1000m

Truppenstärken: Österreicher 54 000
Preußen 35 000

Verluste: Preußen: 13 700 (darunter 3000 Deserteure)
Österreicher 9000, davon 1300 Tote

Abbildung 14: Kolin, 18. Juni 1757

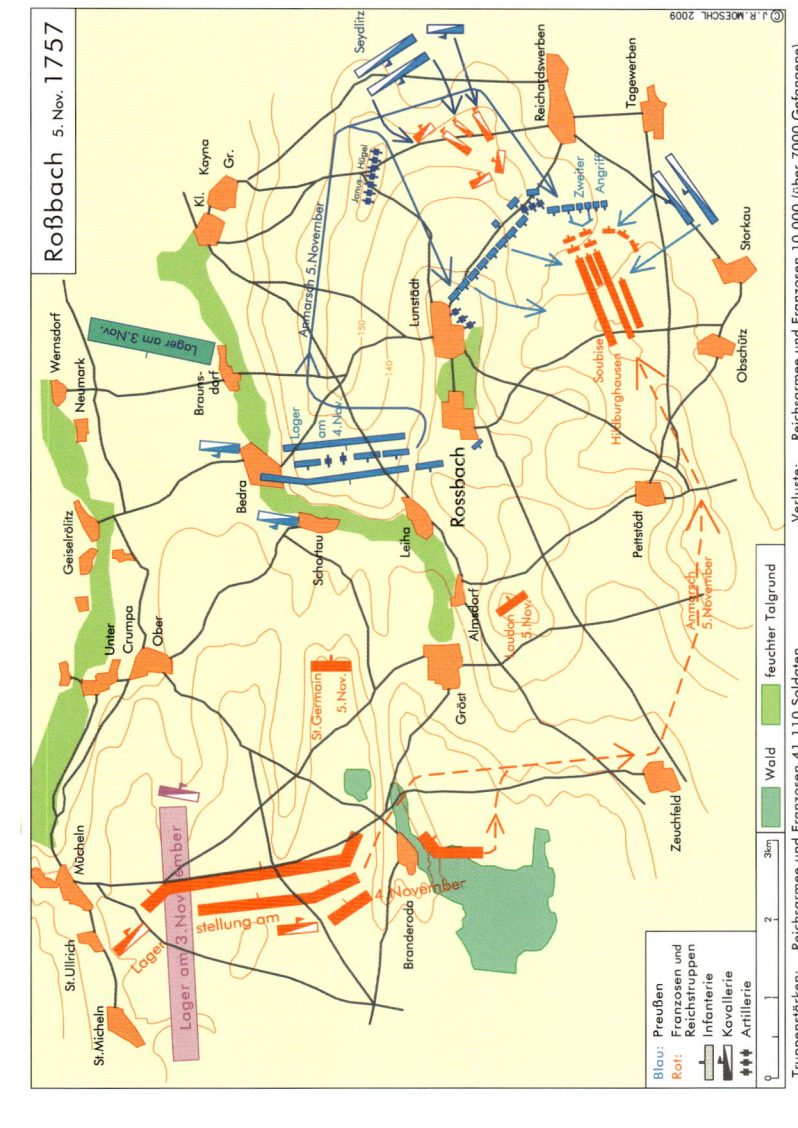

Abbildung 15: Roßbach, 5. November 1757

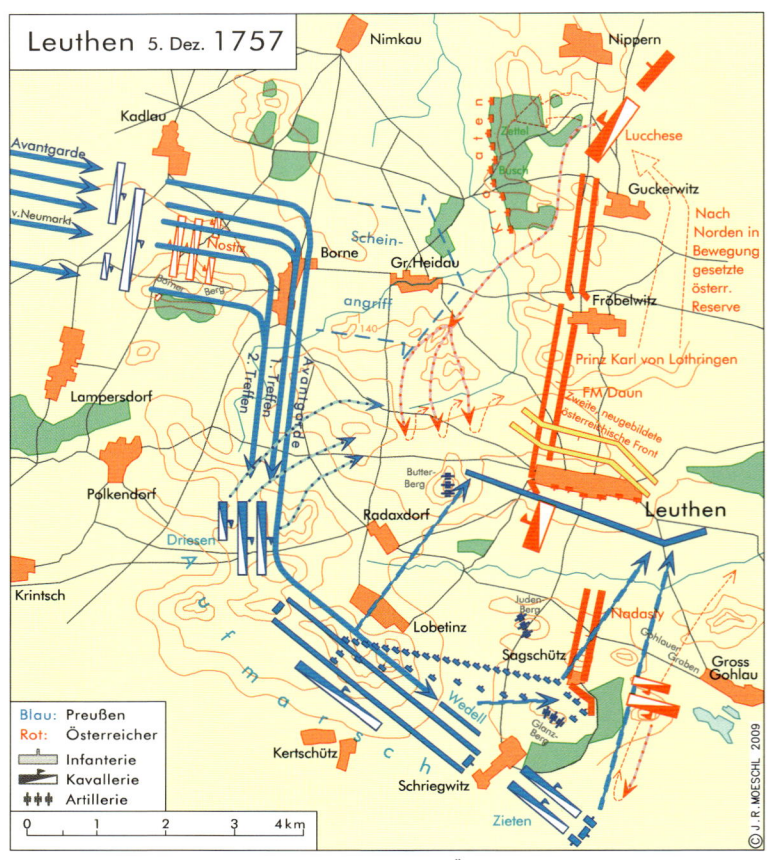

Abbildung 16: Leuthen, 5. Dezember 1757

Truppenstärken:
Österreicher 66 000 Soldaten, 167 Kanonen
Preußen 39 000 Soldaten, 210 Kanonen

Verluste: Österreicher 22 000 (3000 Tote,
7000 Verwundete, 12 000 Gefangene.)
Preußen: 6244 (1144 Tote,
5018 Verwundete, 85 Gefangene)

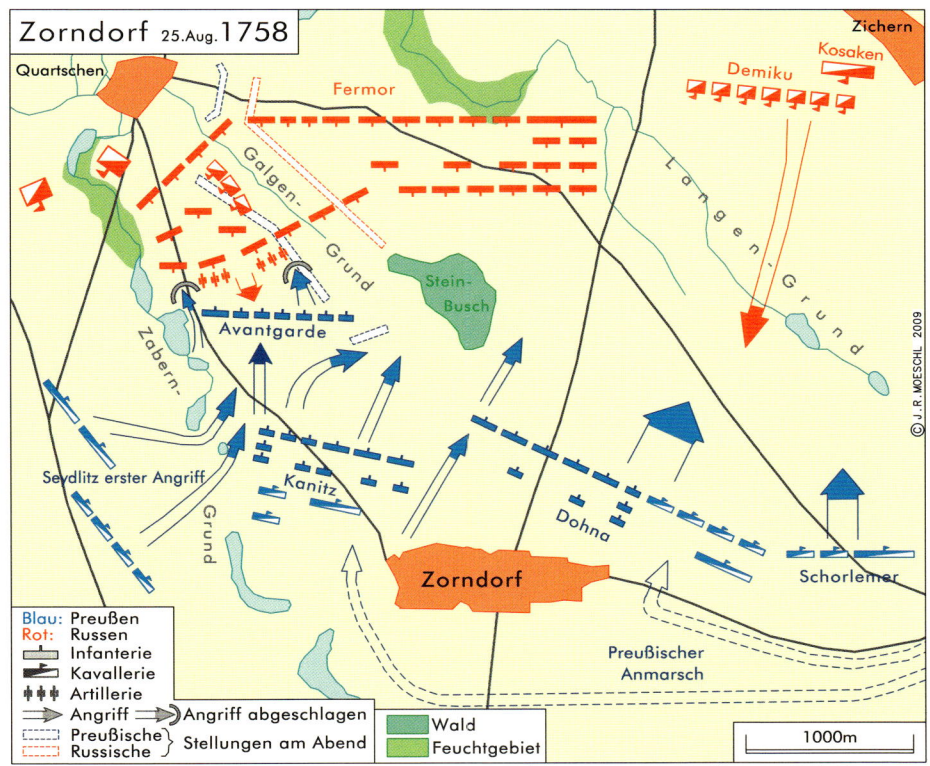

Abbildung 17: Zorndorf, 25. August 1758

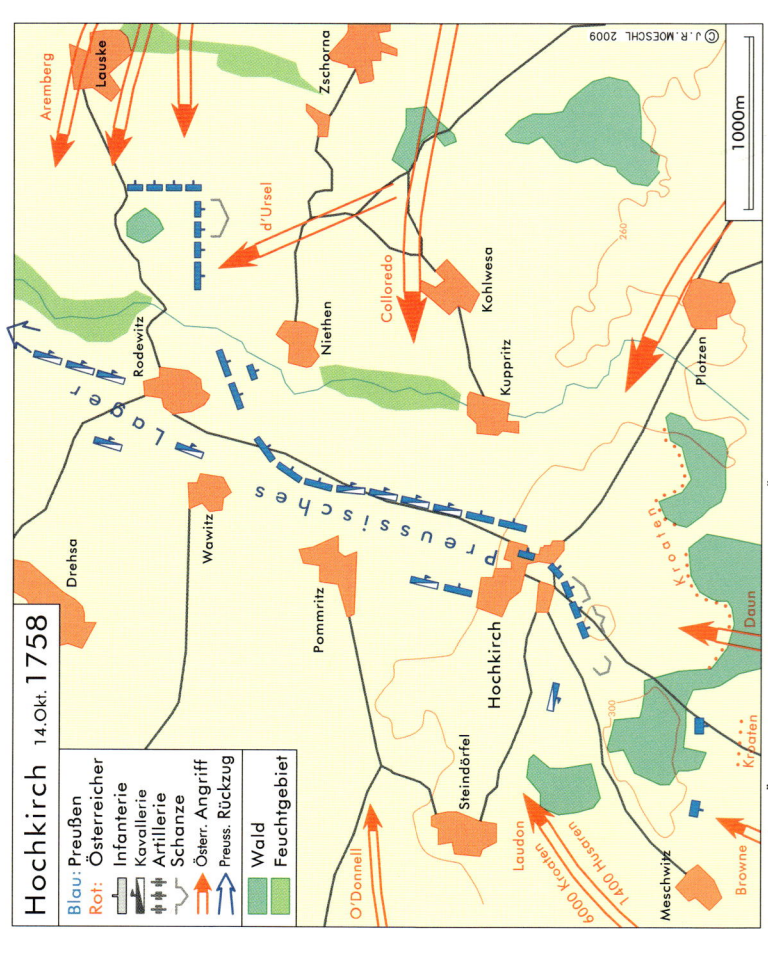

Abbildung 18: Hochkirch, 14. Oktober 1758

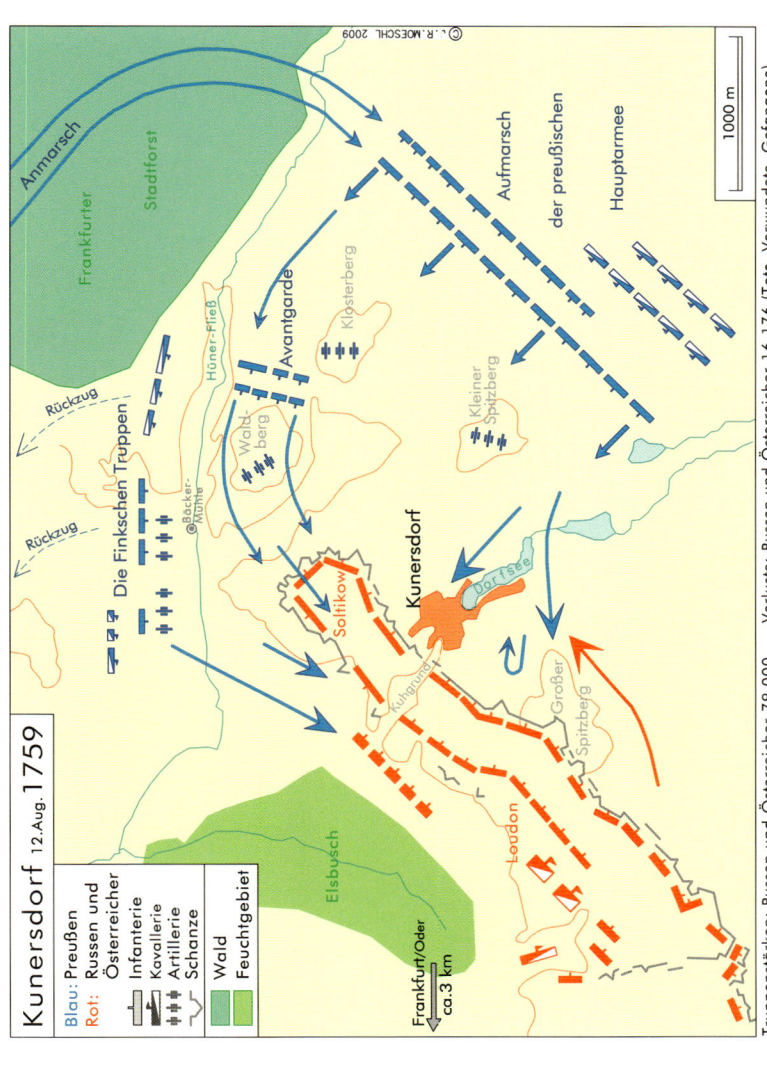

Kunersdorf 12.Aug.1759

Blau: Preußen
Rot: Russen und Österreicher

⚔ Infanterie
⚔ Kavallerie
⚔ Artillerie
⚔ Schanze

Wald
Feuchtgebiet

Anmarsch

Frankfurter Stadtforst

Rückzug

Rückzug

Die Finkschen Truppen

Bäcker-Mühle

Hüner-Fließ

Wald-berg

Klosterberg

Avantgarde

Kleiner Spitzberg

Aufmarsch

der preußischen

Hauptarmee

Soltikow

Kunersdorf

Dorf-See

Kuhgrund

Großer Spitzberg

Loudon

Elsbusch

Frankfurt/Oder
ca.3 km

1000 m

Truppenstärken: Russen und Österreicher 79 000
Preußen 49 000

Verluste: Russen und Österreicher 16 176 (Tote, Verwundete, Gefangene)
Preußen: ca. 18 500 Mann (16049 Tote, 172 Geschütze, 26 Fahnen, 2 Standarten)

Abbildung 19: Kunersdorf, 12. August 1759

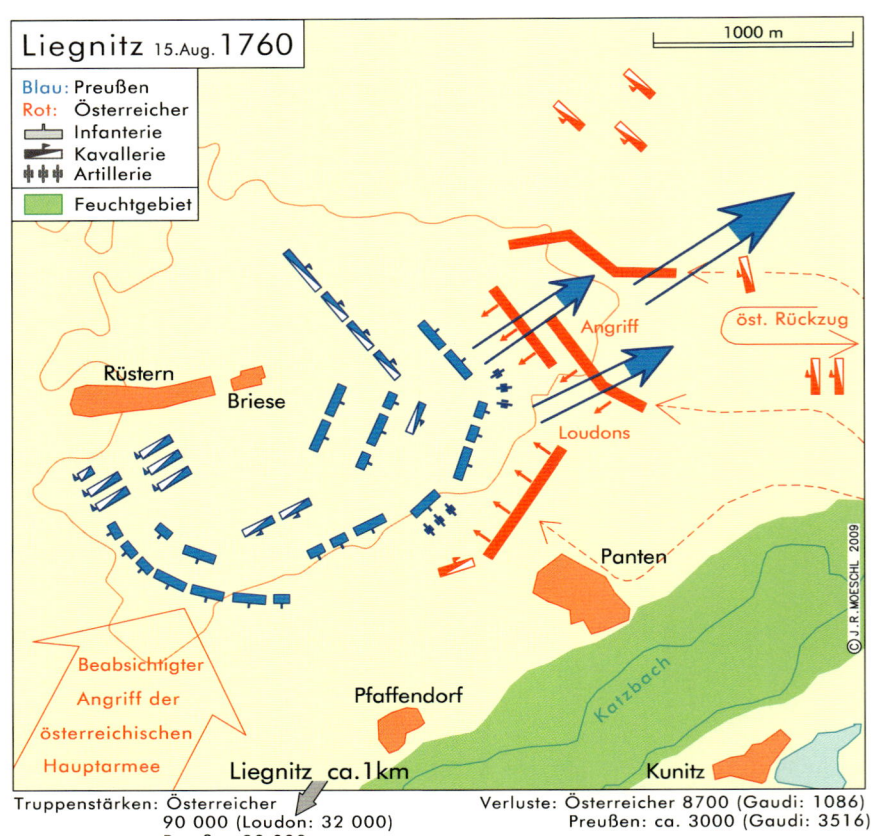

Abbildung 20: Liegnitz, 15. August 1760

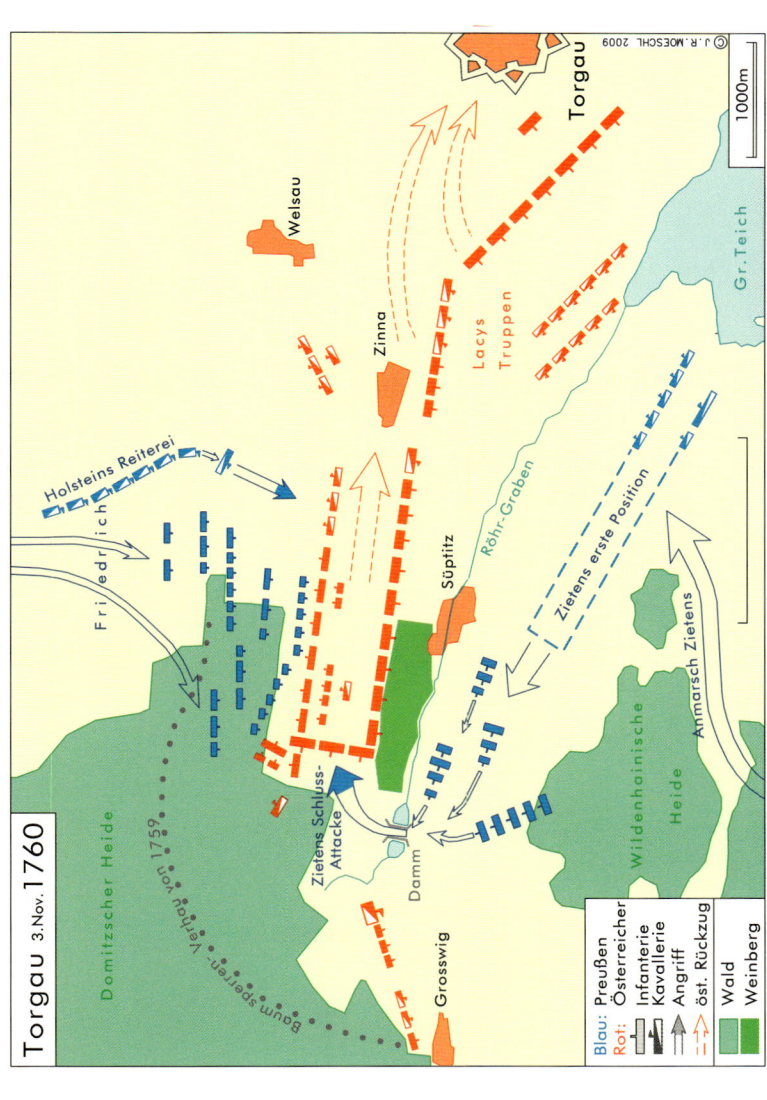

Torgau 3.Nov. 1760

Holsteins Reiterei

Friedrich

Zinna

Welsau

Lacys Truppen

Torgau

Gr.Teich

Süptitz

Röhr-Graben

Zietens erste Position

Anmarsch Zietens

Zietens Schluss-Attacke

Damm

Grosswig

Domitzscher Heide

Wildenhainische Heide

Baumsperren - Verhau von 1759

Blau: Preußen
Rot: Österreicher
Infanterie
Kavallerie
Angriff
öst. Rückzug
Wald
Weinberg

© J.R.MOESCHL 2009

1000m

Truppenstärken: Preußen 48 000 (Gaudi: 44 000)
Österreicher 52 000 (Gaudi: 65 000)

Verluste: Preußen 16 751, darunter ca. 3000 Gefangene
(Tempelhof: ca. 4000 Gefangene)
Österreicher 15 200 Mann (Gaudi 16 000, darunter
ca. 7000 Gefangene; 49 Geschütze)

Abbildung 21: Torgau, 3. November 1760

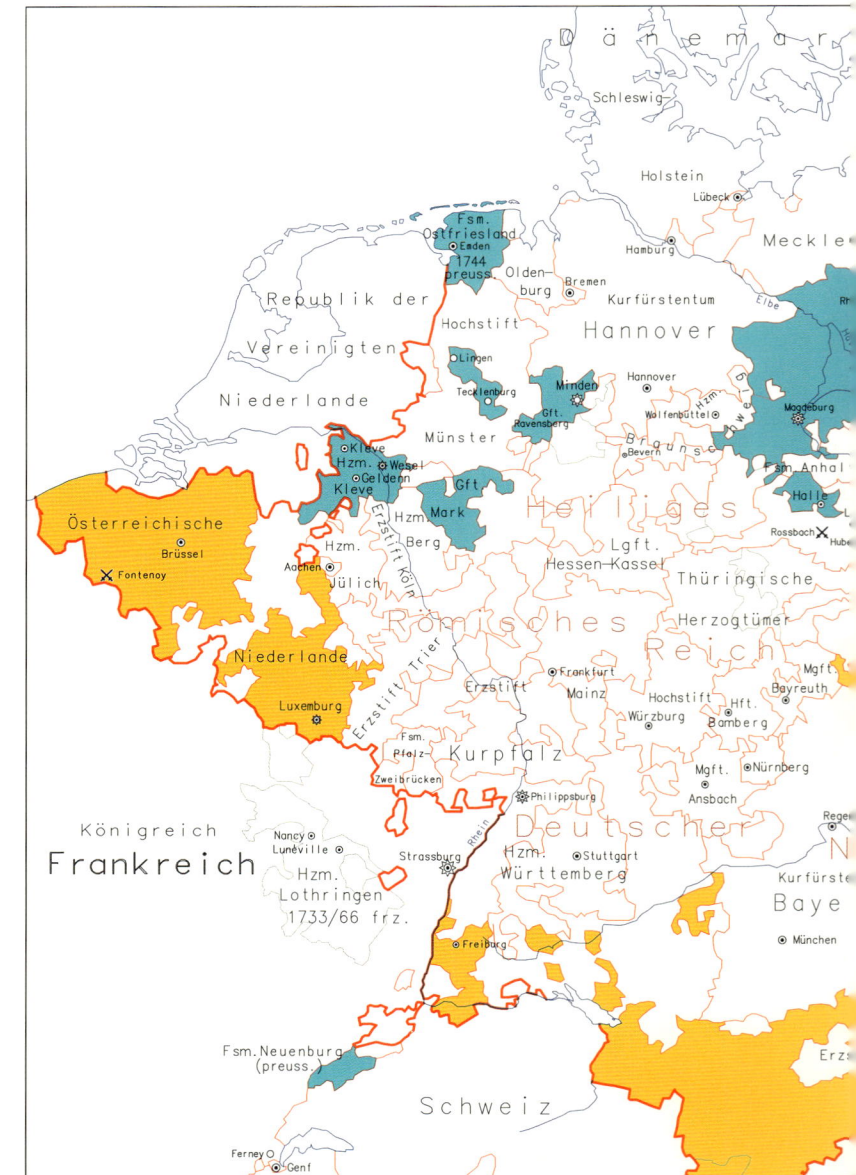

Abbildung 22: Übersichtskarte Mitteleuropa

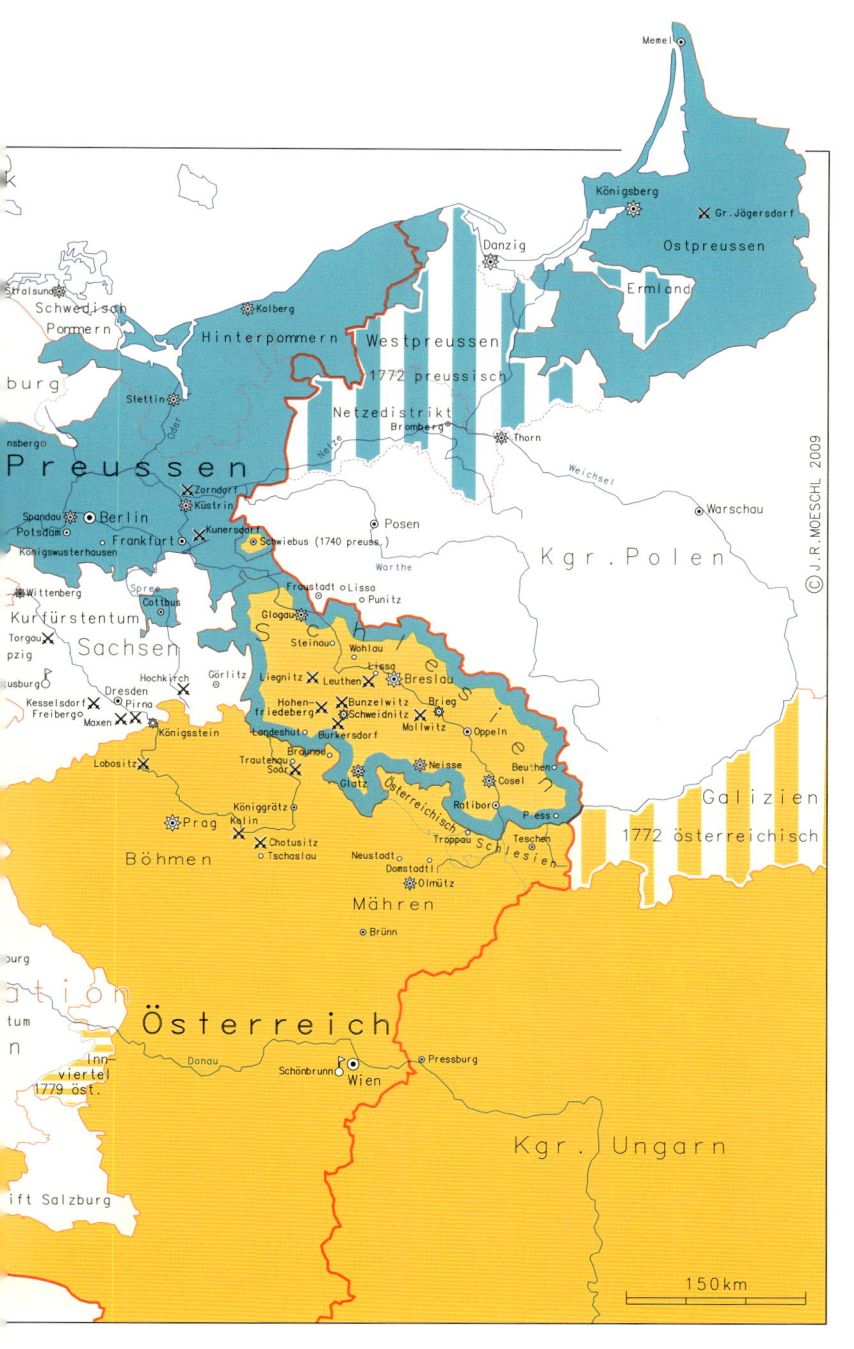

Memel

Königsberg

Gr. Jägersdorf

Ostpreussen

Ermland

Danzig

Schwedisch
Pommern

Kolberg

Hinterpommern

Westpreussen

1772 preussisch

Stralsund

Stettin

Netzedistrikt

Bromberg

Thorn

Weichsel

Warschau

Oder

Preussen

Zorndorf

Küstrin

Spandau

Berlin

Kunersdorf

Posen

Kgr. Polen

Potsdam

Frankfurt

Königswusterhausen

Schwiebus (1740 preuss.)

Warthe

© J.R. MOESCHL 2009

Wittenberg

Spree

Cottbus

Fraustadt

Lisso

Punitz

Kurfürstentum

Torgau

Glogau

Steinau

Wohlau

pzig

Sachsen

Schlesien

Lissa

usburg

Hochkirch

Görlitz

Liegnitz

Leuthen

Breslau

Kesselsdorf

Dresden

Pirna

Hohen-
friedeberg

Bunzelwitz

Schweidnitz

Brieg

Freiberg

Maxen

Burkersdorf

Mollwitz

Oppeln

Königstein

Landeshut

Lobositz

Trautenau

Sodr

Neisse

Beuthen

Braunau

Cosel

Königgrätz

Kalin

Glatz

Österreichisch

Ratibor

P.esso

Teschen

Prag

Chotusitz

Troppau

Schlesien

Böhmen

Tschaslau

Neustadt

Domstadtl

Olmütz

Galizien

1772 österreichisch

Mähren

Brünn

...ation

Österreich

...tum

Inn-

Donau

Schönbrunn

Pressburg

...viertel

Wien

1779 öst.

Kgr. Ungarn

...ift Salzburg

150km

Abbildungsnachweise

Quellen und Literatur

Abkürzungen: FBPG: Forschungen zur Brandenburgischen und Preußischen Geschichte, mit regelmäßiger Berichterstattung (1888 ff.). – GStAPK: Geheimes Staatsarchiv Preußischer Kulturbesitz (Berlin-Dahlem). – GWU: Geschichte in Wissenschaft und Unterricht.– HZ: Historische Zeitschrift. – JBLG: Jahrbuch für brandenburgische Landesgeschichte. – JGMOD: Jahrbuch für die Geschichte Mittel- und Ostdeutschlands. – NDr: Nachdruck. – UTB: Uni-Taschenbücher. – ZHF: Zeitschrift für Historische Forschung. – Eine Auswahl mit besonderer Beachtung der jüngeren Forschung seit ca. 1988. (Druckwerke)

1. Bibliographien

Badstübner-Gröger, S.: Bibliographie zur Kunstgeschichte von Berlin und Potsdam, Berlin 1968.

Baumgart, W.: Bücherverzeichnis zur deutschen Geschichte, 14. Aufl., München 2001, S. 177 ff., 203–206.

Dahlmann-Waitz: Quellenkunde zur deutschen Geschichte, 1931, S. 730–743.

Geßner, D./*Giersberg,* H. J./*Röhm,* H.: Schlösser und Gärten in Potsdam und Umgebung. Bibliographie, Potsdam 1998.

Henning, E. u. H.: Bibliographie Friedrich der Große. 1786–1986. Das Schrifttum des deutschen Sprachraums und der Übersetzungen aus Fremdsprachen, Berlin/New York 1988.

Leithäuser, G.: Verzeichnis sämtlicher Ausgaben und Übersetzungen der Werke Friedrichs des Großen, Königs von Preußen. In: Miscellaneen zur Geschichte König Friedrichs des Großen, hrsg. v. d. Kgl. Preuß. Archivverwaltung, Berlin 1878, S. 1–101.

Sembritzki, Joh.: Die Poesien Friedrich des Großen. Chronologisch-bibliographische Übersicht der Ausgaben von 1760 und 1761 und ihrer Übersetzungen. In: FBPG 25 (1913), S. 565–573.

Zopf, H./*Heinrich,* G.: Berlin-Bibliographie (bis 1960), Berlin 1965.

Siehe auch Knoll, G.

2. Monographien und Aufsätze. Quellenwerke

Acta Borussica. Denkmäler der preußischen Staatsverwaltung im 18. Jahrhundert. Bde. 1–31, Berlin 1892–1981.

Agramonte y Cortijo, F.: Friedrich der Große. Die letzten Lebensjahre, Berlin 1928.

Aretin, K. O. Frhr. v.: Heiliges Römisches Reich. 1786–1806. Reichsverfassung und Staatssouveränität. Tl. 1.2., Wiesbaden 1967.

– Wenzel Anton Graf v. Kaunitz. In: NDB 11 (1977), S. 363–369 (Lit.).

– Das Alte Reich 1648–1806. Bd. 3: Das Reich und der österreichisch-preußische Gegensatz (1745–1806), Stuttgart 1997.

– Friedrich der Große. Größe und Grenzen des Preußenkönigs, Freiburg (usw.) 1985. – Plotho. In: NDB 20 (2001), S. 350 f.

Arneth, A. Ritter v.: Geschichte Maria Theresias. Bd. 1–10, Wien 1863–1879 (Ndr. Osnabrück 1971).

Arnheim, F.: Der Hof Friedrichs des Großen. Tl. 1: Der Hof des Kronprinzen, Berlin 1912.

Atorf, L.: Der König und das Korn. Die Getreidehandelspolitik als Fundament des brandenburg-preußischen Aufstiegs zur europäischen Großmacht, Berlin 1999.

Bär, M.: Westpreußen unter Friedrich dem Großen, Bd. 1.2., Leipzig 1909–1910.

Baer, W., I. u. a.: Von Gotzkowsky zur KPM, Berlin 1986.

Bangert, D. E.: Die russisch-österreichische militärische Zusammenarbeit im Siebenjährigen Krieg in den Jahren 1758–1759, Boppard a. Rh. 1971.

Barsewisch, E. Fr. Rud. v.: Von Rossbach bis Freiberg 1757–1763, Krefeld 1959 (NDr. Olms).

Baumgart, P.: Naturrechtliche Vorstellungen in der Staatsauffassung Friedrichs des Großen. In: H. Thieme (Hg.): Humanismus und Naturrecht in Berlin-Brandenburg-Preußen, Berlin/New York 1979, S. 143–154.

– Epochen der preußischen Monarchie im 18. Jahrhundert. In: Zeitschrift f. Histor. Forschung (1979), S. 287–316.

– Ständetum und Staatsbildung in Brandenburg-Preußen, Berlin/New York 1983.

– Kronprinzenopposition. Zum Verhältnis Friedrichs zu seinem Vater Friedrich Wilhelm I. In: H. Duchhardt (Hg.): Franken und das Reich, Köln/Wien 1986, S. 5–23.

– Die Annexion und Eingliederung Schlesiens in den friderizianischen Staat. In: Expansion und Integration. Zur Eingliederung neu gewonnener Gebiete in den preußischen Staat (= Forschungen zur Brandenburg-preußischen Geschichte. Bd. 5), Köln/Wien 1984.

– Fridericiana. Neue Literatur aus Anlaß des 200. Todestages Friedrichs II. von Preußen. In: HZ 245 (1987), S. 363–388.

– Absolutismus ein Mythos? Aufgeklärter Absolutismus ein Widerspruch? Reflexionen zu einem kontroversen Thema gegenwärtiger Frühneuzeitforschung. In: Zeitschrift für Historische Forschung 27 (2000), S. 573–589.

– Brandenburg-Preußen unter dem Ancien régime. Ausgewählte Abhandlungen. Hg. von Fr.-L. Kroll, Berlin 2008.

Benninghoven, F./*Börsch-Supan*, H./*Gundermann*, I.: Friedrich der Große (Ausstellungskatalog), Berlin 1986.

Bergerhausen, H.-W.: Friedensrecht und Toleranz. Zur Politik des preußischen Staates gegenüber der katholischen Kirche in Schlesien 1740–1806 (= Quellen und Forschungen zur Brandenburgischen und Preußischen Geschichte, Bd. 18), Berlin 1999.

Berney, A.: Friedrich der Große. Entwicklungsgeschichte eines Staatsmannes (bis 1755), Tübingen 1934.

Blastenbrei, P.: Der König und das Geld. Studien zur Finanzpolitik Friedrichs II. von Preußen. In: FBPG 6 (1996), S. 55–82.

Bleckwenn, H.: Unter dem Preußen-Adler. Das brandenburg-preußische Heer 1640–1807, München 1978.

Bled, J. P.: Friedrich der Große. Aus dem Französischen, Düsseldorf 2006.

Bliß, W. (u. a.): Atlas Friedrichs des Großen. Die friderizianische Zeit im Spiegel alter Karten, Braunschweig 2005.

Börsch-Supan, H.: Der Maler Antoine Pesne. Franzose und Preuße, Friedberg 1986.

– Zu einem bisher unbekannten Bildnis Friedrich des Großen von Antoine Pesne. In: Jb. Stadtmuseum Berlin 1995, S. 268–278.

Born, K. E.: Wirtschaft und Gesellschaft im Denken Friedrichs des Großen (= Abhandlungen der geistes- und sozialwisssenschaftlichen Klasse der Akademie der Wissenschaften und Literatur Mainz 1979, H. 9), Wiesbaden 1979.

Brandes, Georg: Voltaire, Bd. 1, Berlin 1923, S. 282 f.

Bratuschek, E.: Die Erziehung Friedrichs des Großen, Berlin 1885.

Braubach, M.: Vom Westfälischen Frieden bis zur Französischen Revolution. In: Gebhardt, Handbuch der Deutschen Geschichte. 9. Aufl., Stuttgart 1970, S. 241–359.

Brunner, O.: Vom Gottesgnadentum zum monarchistischen Prinzip. In: Neue Wege der Verfassungs- und Sozialgeschichte, 3. Aufl., Göttingen 1980, S. 160–186.

Büsch, O./*Neugebauer,* W. (Hg.): Moderne Preußische Geschichte 1648–1947. Eine Anthologie. Bde. 1–3, Berlin/New York 1981.

Caemmerer, H. v.: Die Testamente der Kurfürsten von Brandenburg und der beiden ersten Könige von Preußen, München/Leipzig 1915.

Campe, E. v.: Die graphischen Porträts Friedrichs des Großen aus seiner Zeit und ihre Vorbilder, Teil 1.2., München 1958 f.

Conrad, H. (Hg.): Recht und Verfassung des Reiches in der Zeit Maria Theresias, Köln 1964.

Craig, G. A.: Die preußisch-deutsche Armee 1640–1945. Staat im Staate, Stuttgart 1960.

Dietrich, R. (Hg.): Die Politischen Testamente der Hohenzollern, Köln/Wien 1986.

Dilthey, W.: Friedrich der Große und die deutsche Aufklärung (= Gesammelte Schriften, Bd. 3), Leipzig/Berlin 1927.

Disselhorst, M.: Die Prozesse des Müllers Arnold und das Eingreifen Friedrichs des Großen, Göttingen 1984.

Dohna, Ursula Gräfin zu: Die Gärten Friedrich des Großen und seiner Geschwister, Berlin 2000.

Dollinger, H.: Preußen. Eine Kulturgeschichte in Bildern und Dokumenten, München 1980.

– Friedrich II. von Preußen. Sein Bild im Wandel von zwei Jahrhunderten, München 1986.

Droysen, H.: Beiträge zu einer Bibliographie der prosaischen Schriften Friedrichs des Großen. 1 u. 2. Progr., Berlin 1904/05.

– Histoire de la dissertation: Sur la littérature allemande, publiée à Berlin en 1780. Ein Beitrag zur Charakteristik des Staatsministers Gr. v. Hertzberg (Progr.), Berlin 1908, S. 1–21.

– Friedrich Wilhelm I., Friedrich der Große und der Philosoph Christian Wolff. In: FBPG 23 (1919), S. 1–34.

– Friedrichs des Großen literarischer Nachlaß (Progr.), Berlin 1911, S. 4–38.

– Tageskalender Friedrichs des Großen. Tl. 1: 1732–1740; Tl. 2: 1740–1763. In: FBPG 25 (1912), S. 417–493 u. 29 (1916), S. 95–157.

Droysen, I. G.: Geschichte der preußischen Politik. Tle 1–5, Berlin (usw.) 1855–1886.

Duchhardt, H.: Absolutismus – Abschied von einem Epochenbegriff? In: HZ 258 (1994), S. 113–122.

– Ballance of Power und Pentarchie. Internationale Beziehungen 1700–1785, Paderborn 1997.

Duffy, Chr.: Friedrich der Große. Ein Soldatenleben, Augsburg 1994 (Karten).

Easum, Ch. V.: Prinz Heinrich von Preußen, Göttingen 1958.

Eggeling, T.: Studien zum friderizianischen Rokoko, Berlin 1980.

Endres, R.: Die Eheabreden zwischen Preußen und den märkischen Markgrafen im 18. Jahrhundert. In: Jahrbuch für fränk. Landesforschung 25 (1965), S. 43–87.

– Versuche Wiens zur Einflussnahme auf Kronprinz Friedrich von Preußen. In: Jb. f. fränk. Landesforschung 29 (1969), S. 1–17.

Etzin, F.: Die Freiheit der öffentlichen Meinung unter der Regierung Friedrichs des Großen. In: FBPG 33 (1920), S. 89–129, 293–326.

Eumundts, D. (Hg.): Immanuel Kant und die Berliner Aufklärung, Wiesbaden 2000.

Fechner, H.: Geschichte des schlesischen Berg- und Hüttenwesens in der Zeit Friedrichs des Großen, Friedrich Wilhelms II. und Friedrich Wilhelms III. 1741–1896. In: Zs. f. d. Berg-, Hütten- und Salinenwesen im Preußischen Staate 48 (1900), S. 279–401; 49 (1901), S. 1–86, 243–288, 383–446, 487–569.

– Wirtschaftsgeschichte der preußischen Provinz Schlesien (…) 1741–1806, Breslau 1907.

Flanß, R. v.: Quos ego! – Bescheide König Friedrichs II. an die Westpreußische Kriegs- und Domänenkammer 1779 ff. In: Zs. des historischen Vereins für den Regierungsbezirk Marienwerder 5 (1881), S. 243–247.

Foerster, Fr.: Friedrich Wilhelm I. König von Preußen. Bd. 1–3; Urkundenbuch zu der Lebensgeschichte (…), Bde. 1.2. Potsdam 1834/35.

– Leben und Taten Friedrichs des Großen Königs von Preußen. Ein vaterländisches Geschichtsbuch, Leipzig 1848 f.

Fontius, M. (Hg.): Friedrich II. und die europäische Aufklärung, Berlin 1999.

– Vom Schutzherrn der Selbstdenker zum Despoten? Friedrich II. und die französische Aufklärung. In: M. Iven (Hg.): Lindstedter Begegnungen. Gespräche über Preußen, Berlin 1999, S. 25–36.

Frankewitz, St.: Preußen an Peel, Maas und Niers. Das preußische Herzogtum Geldern im 18. Jahrhundert, Kleve 2003 (= Schriften des Preußen-Museums Nordrhein-Westfalens, Nr. 5).

Friedrich, H. E. (Hg.): Napoleon I. Darstellung der Kriege Caesars, Turennes, Friedrichs des Großen (…), Darmstadt/Berlin 1943.

Gause, Fr.: Die Geschichte der Stadt Königsberg. Bde. 1–3. 2. erg. Auflage, Köln 1996 (Ndr.).

Gaxotte, P.: Frédéric II., Paris 1938. Übersetzung von H. Dühring, Zürich 1940; erweiterte u. bearb. Aufl. Frankfurt a.M. (usw.) 1973 (= Ullstein Taschenbücher Nr. 3372, 1981).

Generalstabswerk Österreich: Kriege unter der Regierung Maria Theresias. Österreichischer Erbfolgekrieg 1740–1748. Bde. 1–8, Wien 1896–1905 (Ndr. 1–9, 2000 ff.).

Generalstabswerk Preußen: Die Kriege Friedrichs des Großen. Hg. vom Großen Generalstab Abt. Kriegsgeschichte.

T. 1: Der 1. Schlesische Krieg 1740–1742, Bde. 1–3, Berlin 1890–1893.

T. 2: Der 2. Schlesische Krieg 1744/45. Bde. 1–3, Berlin 1895/96.

T. 3: Der Siebenjährige Krieg 1756–1763. Bde. 1–14 (bis 1763), Berlin (usw.) 1901–1914, 2006.

Genzmer, W.: Die graphischen Porträts Friedrichs des Großen. Ergänzungsband, München 1970.

Gericke, W.: Glaubenszeugnisse und Konfessionspolitik der Brandenburgischen Herrscher bis zur Preußischen Union 1540 bis 1815 (= Unio und Confession, Bd. 6), Bielefeld 1977.

Gerlach, J. v.: Ein Königtum für das Recht. In: Neue Jurist. Wochenschrift 1986, S. 2292 ff.

Gieraths, G.: Die Kampfhandlungen der Brandenburg-preußischen Armee 1626–1807 (= Veröffentlichungen der Historischen Kommission zu Berlin, Bd. 8), Berlin 1964.

Giersberg, H. J.: Friedrich als Bauherr, Berlin 1986.

Giersberg, H. J. (u. a.) (Hg.): Friedrich II. und die Kunst. Ausstellung zum 200. Todestag (= Generaldirektion der Staatlichen Schlösser und Gärten), T. 1.2., Potsdam 1986.

– Die Ruhestätte Friedrichs des Großen zu Sanssouci, Potsdam 1991.

Giersberg, H. J./*Schlaebe,* H.: Die Bauten des 18. Jahrhunderts im Park von Sanssouci (= Staatliche Schlösser und Gärten), Potsdam-Sanssouci 1969.

Göres, B. (u. a.) (Hg. u. Bearb.): Prinz Heinrich von Preußen. Ein Europäer in Rheinsberg (= SPSG), München/Berlin 2002.

Gooch, G. P.: Frederick the Great. The Ruler, the Writer, the Man, London 1947. Deutsch: Göttingen 1951 (Fischer TB 637/638; Heyne TB 12, 1975).

Granier, H.: Die kronprinzlichen Schulden Friedrichs des Großen. In: FBPG 8 (1895), S. 220–226; vgl. 7 (1894), S. 569.

Groehler, O.: Die Kriege Friedrichs II., Berlin (Ost) 1966.

Grünhagen, C.: Schlesien unter Friedrich dem Großen. Bde. 1.2., Breslau 1890/92.

Gundermann, I.: Westpreußen im Staatshaushalt Friedrichs des Großen. Ein Finanz-Taschenbuch für die Jahre 1775/76–1777/78. In: ZfO 34 (1985), S. 421–448.

– Elisabeth Christine von Braunschweig-Beveren, Königin von Preußen, Berlin 1997.

– Allgemeines Landrecht für die Preußischen Staaten 1794. (Ausstellung des Geheimen Staatsarchivs Preußischer Kulturbesitz), Berlin 1994 (Katalog).

– Via Regia. Preußens Weg zur Krone. (Ausstellung des Geheimen Staatsarchivs Preußischer Kulturbesitz), Berlin 1998 (Katalog).

Haake, P.: Der Besuch des preußischen Soldatenkönigs in Dresden 1728. In: FBPG 47 (1935), S. 358–377.

Hachtmann, R.: Friedrich II. und die Freimaurerei. In: HZ 264 (1997), S. 21–54.

Häseler, J.: Ein Wanderer zwischen den Welten. Charles Etienne Jordan (1700–1745), Sigmaringen 1993.

Hahn, G./*Kernd'l,* A.: Friedrich der Große im Münzbild seiner Zeit, Frankfurt a. M./Berlin 1896.

Harnisch, H.: Der preußische Absolutismus und die Bauern. In: Jb. f. Wirtschaftsgeschichte 1994/2, S. 11–32.

Hartig, P.: Henri de Catt. Vorleser Friedrichs des Großen. Die Tagebücher 1758–1760, München/Berlin 1986.

Haß, M.: Friedrich der Große und seine Kammerpräsidenten. In: Festschrift G. Schmoller, Leipzig 1908, S. 181–220.

Hattenhauer, H. (Hg.): Allgemeines Landrecht für die Preußischen Staaten von 1794. Textausgabe mit einer Einführung. Bde. 1.2., Frankfurt a. M./Berlin 1970; 3. Aufl. 1997.

Hauschild, W.-D.: Religion und Politik bei Friedrich d. Gr. In: Saeculum 51 (2000), S. 191–211.

Hauser, O. (Hg.): Friedrich der Große in seiner Zeit. Köln/Wien 1987.

Haussherr, H.: Provinz und Staat in der altpreußischen Finanzwirtschaft (Westpreußen unter Friedrich dem Großen). In: Festschrift f. F. Hartung, Berlin 1958, S. 269–288.

Heidenreich, B./Kroll, F. L. (Hg.): Macht- oder Kulturstaat? Preußen ohne Legende, Berlin 2002 (darin S. 111–124: H.-Chr. Kraus: Friedrich der Große als Philosoph von Sanssouci).

Hein, M.: Friedrich der Große. Bild seines Lebens und Schaffens. 3. Aufl. Berlin 1916.

Heinrich, G.: Amtsträgerschaft und Geistlichkeit. Zur Problematik der sekundären Führungsschichten in Brandenburg-Preußen. 1450–1786. In: Beamtentum und Pfarrerstand 1400–1800, Limburg/L. 1972, S. 179–238.

– Friedrich der Große und die deutsche Geschichte. In: Actio formans. Festschrift für W. Heistermann, Berlin 1978, S. 155–184.

– „Die isolierte Provinz". Brandenburg-Preußen und Kleve seit dem 17. Jahrhundert. In: K. Flink: Kleve im 17. Jahrhundert, T. 3: 167–1688, Kleve 1980, S. 9–31.

– Staatsaufsicht und Stadtfreiheit in Brandenburg-Preußen unter dem Absolutismus (1600–1806). In: W. Rausch (Hg.): Die Städte Mitteleuropas im 17. und 18. Jahrhundert, Bd. 1, Linz 1981, S. 155–172.

– Der preußische Spätmerkantilismus und die Manufakturstädte. In: V. Press (Hg.): Städtewesen und Merkantilismus in Mitteleuropa, Köln 1983, S. 301–322.

– Geschichte Preußens. Staat und Dynastie (= Ullstein Sachbuch, Nr. 34 216), 2. Aufl. Frankfurt a. M. (usw.) 1984; 1. Aufl. 1981.

– Toleranz und Staatsraison. Ursachen und Wirkungen des Potsdamer Ediktes (1685). In: Festschrift für O. Büsch, Berlin 1988, S. 29–54.

– „Ihre Gesichtspunkte leben fort". Kontinuität und Traditionslinien in der älteren Geschichte Brandenburg-Preußens. In: H. Rothe (Hg.): Die historische Wirkung der östlichen Regionen des Reiches, Köln (usw.) 1992, S. 89–115.

– Jochen Klepper und die preußische Geschichte. In: FBPG. NF 4 (1994), S. 237–255.

– Friedrich der Große und die preußische Wasserstraßenpolitik. In: Festschrift für K. G. A. Jeserich, Köln (usw.) 1994, S. 103–123.

– (Hg.): Tausend Jahre Kirche in Berlin-Brandenburg. Mit Beiträgen von P. Bahl, G. Besier, E. Börsch-Supan (u. a.), Berlin 1999.

– Friedrich der Große. Brandenburger und Preuße. In: P. Bahners u. G. Roellecke (Hg.): Preußische Stile, Stuttgart 2001, S. 274–293.

– „Üb' immer Treu und Redlichkeit". Tugenden und Untugenden in Preußen. In: J. Luh (u. a.) (Hg.): Preußen, Deutschland, Europa 1701–2001, Groningen 2003, S. 15–35.

– „Absolutismus" in Brandenburg-Preußen. Einsichten in eine Epoche (1640–1786). In: Fr. Beck u. H. J. Schoeps (Hg.): Der Soldatenkönig. Friedrich Wilhelm I. in seiner Zeit, Potsdam 2003, S. 17–47.

– Prinz Heinrich von Preußen. Ein Europäer in Rheinsberg. In: FBPG 13 (2003), S. 103–107 (Rezension).

– Ein Königtum – unwiederholbar. In: FBPG 15 (2005), S. 261–267 (Besprechung von J. Kunisch: Friedrich der Große).

– Amtsträger als Historiographen des Preußischen Staates (1750–1815). In: W. Neugebauer (Hg.): Das Thema „Preußen" in Wissenschaft und Wissenschaftspolitik des 19. und 20. Jahrhunderts, Berlin 2006, S. 61–82.

Hellmuth, E.: Naturrechtsphilosophie und bürokratischer Wertehorizont. Studien zur preußischen Geistes- und Sozialgeschichte des 18. Jahrhunderts, Göttingen 1985.

– Der Staat des 18. Jahrhunderts. England und Preußen im Vergleich. In: Aufklärung 9 (1996), S. 524.

Henderson, W. O.: Studies of the Economic Policy of Frederick the Great, Liverpool/London 1963.

Herrmann, O.: Friedrich der Große im Spiegel seines Bruders Heinrich. In: Hist. Vjschr. 16 (1931), S. 365, 379.

Hildebrand, A.: Das Bildnis Friedrichs des Großen. Zeitgenössische Darstellungen, Berlin 1940, 2. Aufl. 1942.

Hinrichs, C.: Der Kronprinzenprozeß. Friedrich und Katte, Berlin 1936.

– Der allgegenwärtige König. Friedrich der Große im Kabinett und auf Inspektionsreisen, Berlin 1940, 3. Aufl. 1943.

– Friedrich Wilhelm I. König in Preußen. Jugend und Aufstieg, Hamburg 1941, 1943; ergänzter Nachdruck Darmstadt 1974.

– Preußen als historisches Problem. Gesammelte Abhandlungen. Hg. von G. Oestreich, Berlin 1964.

– Preußentum und Pietismus, Göttingen 1971.

Hinrichs, C. (u. a.): Friedrich der Große und Maria Theresia. Diplomatische Berichte von Otto Christoph Graf von Podewils, Berlin 1937.

Hintze, O.: Einleitende Darstellung der Behördenorganisation und allgemeinen Verwaltung in Preußen beim Regierungsantritt Friedrichs II. (= Acta Borussica, Behördenorganisation, Bd. 6,1), Berlin 1901.

– Zur Agrarpolitik Friedrichs des Großen. In: FBPG 10 (1898), S. 276–309.

– Die Hohenzollern und ihr Werk 1415–1915, Berlin 1915; NDr. 1979.

– Friedrich der Große nach dem Siebenjährigen Kriege und das Politische Testament von 1768. In: FBPG 32 (1919), S. 1–56.

– Delbrück, Clausewitz und die Strategie Friedrichs des Großen. Erwiderung und Schlusswort. In: FBPG 33 (1920), S. 131–177; 417 f.

– Regierung und Verwaltung. Gesammelte Abhandlungen (…) hg. von G. Oestreich (= Bd. 3), Göttingen 1957.

Hirzel, St.: Des großen Königs Weg zu Gott, Stuttgart 1936.

Hoensch, K. K.: Währungsmanipulationen im Siebenjährigen Krieg und deren Auswirkungen auf die polnische Münzreform von 1765/1766. In: JGMOD 22 (1973), S. 110–173.

Hofmann, W.: Flegels haben wir genug im Lande. Friedrich der Große in Zeugnissen, Berichten und Anekdoten, Frankfurt a. M./Berlin (Ullstein) 1986.

Hohenzollern-Jahrbuch. Festausgabe zum 200. Geburtstage Friedrichs des Großen, Jg. 15 (1911).

Holmsten, G.: Friedrich II. in Selbstzeugnissen und Bilddokumenten, Reinbek bei Hamburg 1969 (u. ö.).

Hubatsch, W.: Das Problem der Staatsraison bei Friedrich dem Großen, Göttingen/Frankfurt a. M. 1956.

– Das Zeitalter des Absolutismus 1600–1789, 3. Aufl. Braunschweig 1970.

– Die letzte Instruktion Friedrichs des Großen für die Regierung in Preußen 1774. In: P. Berglar (Hg.): Staat und Gesellschaft im Zeitalter Goethes. (Festschrift für H. Tümmler), Köln/Wien 1977, S. 147–162.

– Friedrich der Große und die preußische Verwaltung., Köln/Berlin 1973. – 2. durchgesehene Aufl., Köln/Berlin 1982.

Jablonowski, H.: Die 1. Teilung Polens. In: Beiträge zur Geschichte Westpreußens 2 (1969), S. 47–79.

Jany, C.: Geschichte der Kgl. Preußischen Armee vom 15. Jahrhundert bis 1914. Bde. 1–4 (Bde. 2 u. 3: Die Armee Friedrichs des Großen 1740–1763, Berlin 1928 f.); NDr. Hg. von E. Jany, Bde. 1–4, Osnabrück 1967.

Kadatz, H.-J.: Georg Wenzeslaus von Knobelsdorff, Baumeister Friedrichs II., Leipzig/München 1983.

Kaiser, W. J. (u. a.) (Hg.): Friedrich der Große. Sein Bild im Wandel der Zeiten. Ausstellung 1986, Frankfurt a. M. 1986. (Mit Beiträgen u. a. von R. Koch, A. Schindling, H. Eisenlohr, W. J. Kaiser und G. Knoll sowie einer Bibliographie).

Kapp, F.: Friedrich der Große und die Vereinigten Staaten von Amerika, Leipzig 1871.

Kaufhold, K. H.: Preußische Staatswirtschaft – Konzept und Realität 1640–1806. In: Jb. f. Wirtschaftsgeschichte (1994), S. 33–70.

Kessel, E.: Geschichte des Feldzuges von 1761 in Pommern und der dritten Belagerung von Kolberg im Siebenjährigen Kriege. In: Baltische Studien NF 38 (1936), S. 317–342.

– Das Ende des Siebenjährigen Krieges 1760–1763. Hg. von Th. Lindner, Teilbd. 1.2, Kartenband. Paderborn usw. 2007 (Fortsetzung: Die Kriege Friedrichs des Großen …, Bd. 14).

Khevenhüller, R. Gf./*Schlitter,* H. (Hg.): Aus der Zeit Maria Theresias. Tagebuch des Fürsten Johann Joseph Khevenmüller-Metsch, Kaiserlichen Oberhofmeisters, Bde. 1–7, 1742–1773, Wien usw. 1907–1925.

Kleinheyer, G.: Friedrich der Große und die Rechtspflege. In: Festschr. für H. F. Gaul, Bielefeld 1997, S. 201–215.

Klippel, D.: Von der Aufklärung der Herrscher zur Herrschaft der Aufklärung. In: ZHF 17 (1990), 193–210.

Kloosterhuis, J.: Katte, Ordre und Kriegsartikel. Aktenanalytische und militärhistorische Aspekte einer „gacheusen" Geschichte. In: FBPG NF 15 (2005), S. 27–65, 161–223.

– Bauern, Bürger und Soldaten. Quellen zur Sozialisation des Militärsystems im preußischen Westfalen 1713–1803. Bde. 1.2 (= 1: Listen; 2: Regesten), Münster 1992.

Knobelsdorff-Brenkenhoff, B. v.: Eine Provinz im Frieden erobert, Köln/Berlin 1984 (zugl. Phil. Diss. Bonn).

Knobloch, E./*Weiss,* B.: Astronomen und Astrophysik in Berlin. In: Berliner Literaturbericht Naturwissenschaften, Berlin 1987, S. 79–90.

Knoll, G.: Probleme eines Verzeichnisses der bis ca. 1800 erschienenen Drucke von Werken Friedrich II. In: Fontius, Friedrich II. und die europäische Aufklärung, Berlin 1999, S. 87–102 (= FBPG NF Beih. 4).

– (Hg.): Friedrich II., König von Preußen. Totengespräch zwischen Madame de Pompadour und der Jungfrau Maria. Mit einem Vorwort von M. Fontius, 2. Aufl. Berlin 2000.

Knop, C.: Königin Elisabeth Christine auf Schloß Niederschönhausen. In: Der Bär von Berlin 32 (1893), S. 21–32.

Koselleck, R.: Über den Stellenwert der Aufklärung in der deutschen Geschichte. In: H. Joas u. K. Wiegandt (Hg.), Die kulturellen Werte Europas, Frankfurt a. M. 2006, S. 353–366.

Koser, R.: Die preußischen Finanzen im Siebenjährigen Krieg. In: FBPG 13 (1900), S. 153–217.

– Vom Berliner Hofe um 1750. In: Hohenzollern-Jahrbuch 7 (1903), S. 1–37.

– Die preußische Kriegführung im Siebenjährigen Kriege. In: HZ 92 (1904), S. 239–273.

– Geschichte Friedrichs des Großen. Bde. 1–4. 4. u. 5. Aufl., Stuttgart/Berlin 1912–1914 (NDr.).

Koser, R./*Seidel,* P.: Die äußere Erscheinung Friedrichs des Großen. In: Hohenzollern-Jahrbuch (1897), S. 87–112.

Krauske, O. (Hg.): Die Briefe König Friedrich Wilhelm I. an den Fürsten Leopold zu Anhalt-Dessau, 1704–1740, Berlin 1905 (= Acta Borussica, Ergänzungsband; Nachdruck Frankfurt a. M. 1986/87; Einleitung G. Heinrich).

Krieger, B.: Friedrich der Große und seine Bücher, Berlin/Leipzig 1914.

Kroener, B. (Hg.): Europa im Zeitalter Friedrichs des Großen (= Beiträge zur Militärgeschichte, Bd. 26), München 1989.

Kroener, B. R.: Die materiellen Grundlagen österreichischer und preußischer Kriegsanstrengungen 1756–1763. In: des., Europa im Zeitalter Friedrich des Großen ..., München 1989, S. 47–78.

Kroll, F. L.: Das Problem der Toleranz bei Friedrich dem Großen. In: FBPG NF. 11 (2001), S. 53–75.

Krüger, H.: Zur Geschichte der Manufakturen und Manufakturarbeiter in Preußen, Berlin (Ost) 1958.

Kühn, M.: Die Gärten Friedrichs des Großen. In: Brand. Jbb. 14/15 (1939), S. 33–67.

– Schloß Charlottenburg (= Die Bauwerke und Kunstdenkmäler von Berlin), Bde. 1 und 2, Berlin 1970.

Kugler, Fr.: Geschichte Friedrichs des Großen, Leipzig 1840 (zahlreiche Nachdrucke und Neuauflagen).

Kunisch, J.: Der kleine Krieg, Studien zum Heerwesen des Absolutismus, Wiesbaden 1978.

– Das Mirakel des Hauses Brandenburg. Studien zum Verhältnis von Kabinettspolitik und Kriegführung im Zeitalter des Siebenjährigen Krieges, München/Wien 1978.

– (Hg.): Expansion und Gleichgewicht (= ZHF, Beiheft 2), Berlin 1986.

– (Hg.): Prinz Eugen von Savoyen und seine Zeit. Eine Ploetz-Biographie, Freiburg/Würzburg 1986.

– (Hg.): Analecta Fridericiana (= ZHF, Beiheft 4), Berlin 1988.

– (Hg.): Persönlichkeiten im Umkreis Friedrichs des Großen (= Neue Forschungen zur Brandenburg-Preußischen Geschichte, Bd. 9), Köln/Wien 1988.

– Friedrich der Große, Friedrich Wilhelm II. und das Problem der dynastischen Kontinuität. In: Neue Forschungen zur Brandenburg-Preußischen Geschichte, Bd. 9 (1988), S. 1–27.

– Fürst, Gesellschaft, Krieg. Studien zur bellizistischen Disposition des absoluten Fürstenstaates, Köln (usw.) 1992.

– Lacy. In: NDB 13 (1982), S. 382.

– Friedrich der Große. Der König und seine Zeit, München 2004.

Kurth, W.: Sanssouci. Seine Schlösser und Gärten, Berlin (Ost) 1968.

Laske, Fr.: Die Trauerfeierlichkeiten Friedrichs des Großen, Berlin 1912.

Lavisse, E.: La Jeunesse du Grand Frédéric, Paris 1891; deutsche Ausgabe: Die Jugend Friedrichs des Großen, Berlin 1917.

Lehmann, M. (Hg.): Preußen und die Katholische Kirche seit 1640. Bde. 1–9, Leipzig 1878–1902. (NDr. Osnabrück 1965).

Lindner, Th.: Die Perepetie des Siebenjährigen Krieges. Der Herbstfeldzug 1760 in Sachsen und der Winterfeldzug 1760/61 in Hessen, Berlin 1993 (= Quellen und Forschungen zur Brandenburgischen und Preußischen Geschichte, Bd. 2).

Lossow, D. Fr. v.: Denkwürdigkeiten zur Charakteristik der preußischen Armee unter Friedrich II., Glogau 1926.

Luh, J.: Sachsens Bedeutung für Preußens Kriegführung. In: Dresdner Hefte 68, Dresden 2001, S. 28–34.

– Kriegskunst in Europa 1650–1800, Köln (usw.) 2004.

– Heinrichs Heroen, Karwe 2007.

Lulvès, J.: Noch einmal das Portrait Friedrichs des Großen. In: FBPG 29 (1916), S. 293–298; Entgegnung: S. 298 f.

Mackensen, A.: Geschichte des 1. Leibhusaren-Regiments Nr. 1 und des 2. Leibhusaren-Regiments Nr. 2, Berlin 1892.

Manger, H. L.: Baugeschichte von Potsdam, besonders unter der Regierung Friedrichs II. Bde. 1–3, Berlin/Stettin 1789/90 (NDr.).

Mann, Th.: Friedrich und die Große Koalition. Ein Abriß für den Tag und für die Stunde, Berlin 1915.

March, U.: Besinnung auf Friedrich den Großen. Kieler Vorträge zu seinem 200. Todestag, Kiel 1987.

Matschoß, C.: Friedrich der Große als Beförderer des Gewerbefleißes, Berlin 1912.

Mediger, W.: Moskaus Weg nach Europa. Der Aufstieg Russlands zum europäischen Machtstaat im Zeitalter Friedrichs des Großen, Braunschweig 1952.

– Friedrich der Große und Russland. In: O. Hauser (Hg.): Friedrich der Große in seiner Zeit, Köln/Wien 1987, S. 109–136.

Meinecke, Fr.: Die Idee der Staatsraison in der neueren Geschichte, München 1924, 4.Aufl. 1976 (= Werke, Bd. 1).

– Des Kronprinzen Friedrich Considerations sur l'etat presésent du corps politique de l'Europe. In: E. Kessel (Hg.) : Brandenburg – Preußen – Deutschland …, Stuttgart 1979, S. 174–200.

Meinel, Chr.: Reine und angewandte Chemie. Die Entwicklung einer neuen Wissenschaftskonzeption in der Chemie der Aufklärung. In: Ber. Zur Wissenschaftsgesch. 8 (1985), S. 25–45.

Meisner, H. O.: Das Regierungs- und Behördensystem Maria Theresias und der preußische Staat. In: FBPG 53 (1941), S. 324–357.

Mendelssohn Bartholdy, G.: Der König Friedrich der Große in seinen Briefen und Erlassen sowie in zeitgenössischen Briefen, Berichten und Anekdoten …, Ebenhausen bei München 1912; 16. Aufl. 1954.

Menzel, A.: Die Armee Friedrichs des Großen in ihrer Uniformierung, Berlin 1908–1912.

Merten, D.: Der Katte-Prozeß, Berlin 1980.

Mervaud, Chr.: Voltaire et Frédéric. Une dramaturgie des Lumières 1736–1778, Oxford 1985. – Der Briefwechsel mit Voltaire. In: Ziechmann, Panorama, 1985, S. 259–265.

Meyer, J. B. (Hg.): Friedrichs des Großen pädagogische Schriften und Äußerungen. Mit einer Abhandlung über Friedrichs des Großen Schulreglement nebst einer Sammlung der hauptsächlichen Schul-Reglements, Reskripte und Erlasse, Langensalza 1885; NDr. Königstein 1978.

Michaelis, R. (u.a.): Das weltliche Ereignisbild in Berlin und Brandenburg-Preußen im 18. Jahrhundert, Berlin (Ost) 1987.

Mieck, I.: Europäische Geschichte der Frühen Neuzeit. 3. Aufl., Stuttgart 1981.

– Die Staaten des westlichen Europa in der friderizianischen Außenpolitik. In: W. Treue (Hg.): Geschichte als Aufgabe. Festschr. für O. Büsch, Berlin 1988, S. 83–100.

(Militärgeschichte:) Handbuch der deutschen Militärgeschichte 1648–1939. Hg. vom Militärgeschichtlichen Forschungsamt, Bde. 1–4, Frankfurt a.M. 1979 ff.

(Militärwesen:) Friedrich der Große und das Militärwesen seiner Zeit. Hg. vom Militärgeschichtlichen Forschungsamt, Herford/Bonn 1987.

Mirabeau, H. G. S. Gf.: De la monarchie prusienne sous Frédéric le Grand. Bde. 1–7, London 1788. (Übers.).

Mitford, M.: Friedrich der Große, München 1973.

Mittenzwei, I.: Friedrich II. von Preußen, Berlin (Ost) 1979.

Mittenzwei, I./*Herzfeld,* E.: Brandenburg-Preußen 1648–1789, Berlin (Ost) 1987.

Möller, H.: Aufklärung in Preußen. Der Verleger, Publizist und Geschichtsschreiber Friedrich Nicolai, Berlin 1974.

– Fürstenstaat und Bürgernation. Deutschland 1763–1815 (= Die Deutschen und ihre Nation, Bd. 1), Berlin 1989.

Mönch, W.: Voltaire und Friedrich der Große, Stuttgart/Berlin 1943.

Mollwo, L.: Friedrich der Große nach der Schlacht bei Kunersdorf. In: FBPG 25 (1913), S. 559–565.

Montesquieu, Ch.L.: Betrachtungen über die Ursachen von Größe und Niedergang der Römer. Mit den Randbemerkungen Friedrichs des Großen. Übersetzt und hg. von L. Schuckert, Bremen 1958.

Müller, E.: Briefe des Kronprinzen Friedrich an Hans Christoph von Hacke 1732–1738. In: FBPG 40 (1927), S. 34–64.

Müller, M. G.: Die Teilungen Polens 1772, 1793, 1795, München 1984.

Müller, R.: Die Armee Augusts des Starken. Das sächsische Heer von 1730–1733, Berlin (Ost) 1984.

Müller-Weil, U.: Absolutismus und Außenpolitik in Preußen (= Frankfurter Histor. Abhandlungen, Bd. 34), Stuttgart 1992.

Murawski, E.: Ihr Windbeutel und Erzschäker, Bad Nauheim 1963.

Mylius, Chr. O.: Corpus Constitutionum Marchicarum (13 Tle, 1298–1755), Berlin/Halle 1737–1755; Novum Corpus Constitutionum Prussico-Brandenburgensium praecipue Marchicarum ... (1751–1812), Bde. 1–12, Berlin 1753–1822.

Naudé, W.: Denkwürdigkeiten des Ministers Grafen von der Schulenburg. In: FBPG 15 (1904), S. 385–419.

Neugebauer, W.: Zur neueren Deutung der preußischen Verwaltung im 17. und 18. Jahrhundert. In: JGMOD 26 (1977), S. 86–128; erneut in: O. Büsch, W. Neugebauer (Hg.): Moderne Preußische Geschichte 1648–1947, Bd. 2, 1981, S. 541–597 (Tb.-Auflage 1981).

– Truppenchef und Schule im Alten Preußen. Das preußische Regimentsschulwesen vor 1806, besonders in der Mark Brandenburg. In: E. Henning u. W. Vogel (Hg.): Festschrift der Landesgeschichtlichen Vereinigung ... Berlin 1984, S. 227–263.

– „Von Friedrich soll ich reden – ich nenne ihn nicht den Großen". Peter Villaumes Gedächtnisschrift auf Friedrich II. von 1786. In: Berlin in Geschichte und Gegenwart, 1986, S. 7–37.

– Verwaltungsstaat und Bildungswesen. In: W. Treue (Hg.), Preußens großer König, Freiburg/Würzburg 1986, S. 70–91.

– Zwischen Preußen und Rußland. Ostpreußen und die Stände im Siebenjährigen Krieg. In: E. Hellmuth u. a. (Hg.), Zeitwende? Preußen um 1800, Stuttgart 1990, S. 43–76.

– Schule und Absolutismus in Preußen. Akten zum preußischen Elementarschulwesen bis 1806 (= Veröffentlichung der Historischen Kommission zu Berlin, Bd. 83), Berlin/New York 1992.

– Das preußische Kabinett in Potsdam ... In: JGMOD 44 (1993), S. 69–115.

– Adelsständische Tradition und absolutistische Herrschaft. Zur politischen Kultur Westpreußens nach 1772. In: Nordostarchiv 6 (1997), S. 629–647.

– Monarchisches Kabinett und Geheimer Rat. Vergleichende Betrachtungen zur frühneuzeitlichen Verfassungsgeschichte in Österreich, Kursachsen und Preußen. In: Der Staat 33 (1994), S. 511–535.

– Staatliche Einheit und politischer Regionalismus. Das Problem der Integration in der brandenburg-preußischen Geschichte bis zum Jahre 1740. In: W. Brauneder (Hg.): Staatliche Vereinigung ..., Berlin 1995, S. 49–106.

– Frankreich in der Mark um die Mitte des 18. Jahrhunderts. Betrachtungen zu den Marktbeziehungen von Land und Residenz. In: Festschrift für Ilja Mieck: Schlaglichter Preußen – Westeuropa (= Berliner Histor. Studien, Bd. 25), Berlin 1997, S. 319–334.

– Hof und politische Systeme in Brandenburg-Preußen. In: JGMOD 46 (2000), S. 139–169.

– Der Adel in Preußen im 18. Jahrhundert. In: R. G. Asch (Hg.): Der europäische Adel im Ancien Régime, 2001, S. 49–76.

– Zentralprovinz des Absolutismus. Brandenburg im 17. und 18. Jahrhundert (= Bibliothek der brandenburgischen Geschichte, Bd. 5), Berlin 2001.

– Die Leibeigenschaft in der Mark Brandenburg. In: Fr. Beck u. Kl. Neitmann (Hg.), ... Festschrift f. L. Enders ..., Weimar 1997, S. 225–241.

– Staatsverfassung und Heeresverfassung in Preußen während des 18. Jhdts. In: FBPG NF 13 (2003), S. 83–102.

– Die Hohenzollern. Dynastie im säkularen Wandel. Bd. 2, Stuttgart 2003.

– Zur Geschichte der preußischen Untertanen – im 18. Jhdt. In: FBPG NF 13 (2002), S. 140–161.

Nicolai, Fr.: Beschreibung der Königlichen Residenzstädte Berlin und Potsdam … Bde. 1–3. 3. umgearbeitete Auflage, Berlin 1786 (und weitere Auflagen).

– Anekdoten von König Friedrich II., Berlin 1789.

Noack, P.: Elisabeth Christine und Friedrich der Große, Stuttgart 2001.

Nolte, B.: Merkantilismus und Staatsräson in Preußen. Absicht, Praxis und Wirkung der Zollpolitik Friedrichs II. in Schlesien und in westfälischen Provinzen (1740–1786), Marburg 2004.

Nosow, W.: Die preußisch-russischen Beziehungen 1760–1780, 1993.

Oestreich, G.: Friedrich Wilhelm I. In: NDB 5 (1961), S. 540–545.

– Das Reich – Habsburgische Monarchie – Brandenburg-Preußen von 1648 bis 1803. In: Th. Schieder (Hg.): Handbuch der Europäischen Geschichte. Bd. 4, Stuttgart 1968, S. 378–475.

– Friedrich Wilhelm I. Preußischer Absolutismus, Merkantilismus, Militarismus, Göttingen usw. 1977 (= Persönlichkeit u. Geschichte, Bd. 96/97).

– Strukturprobleme der Frühen Neuzeit. Ausgewählte Aufsätze, Berlin 1980.

Ogris, W.: Friedrich der Große und das Recht. In: Th. Oleschowski (Hg.): Elemente europäischer Rechtskultur. Aufsätze … 1961–2003, Wien 2003, S. 165–216.

Opgenoorth, E. (Hg.): Handbuch der Geschichte Ost- und Westpreußens. Tle 1–4, Lüneburg 1994–1997.

Oppeln-Bronikowski, Fr. v.: Abenteurer am Preußischen Hofe. 1700–1800, Berlin/Leipzig 1927.

– Liebesgeschichten am Preußischen Hofe, Berlin/Leipzig 1928.

– Friedrich Wilhelm I. König von Preußen …, Jena 1934.

– siehe auch unter „Friedrich".

Oster, U. A.: Wilhelmine von Bayreuth. Das Leben der Schwester Friedrichs des Großen, München/Zürich 2005.

Pangels, Ch.: Friedrich der Große, München 1979.

Paravicini, W. (Hg.): Mitteilungen der Residenzen-Kommission der Akademie der Wissenschaften zu Göttingen. Sonderheft 2, Kiel 1997.

Paret, P. (Hg.): Frederick the Great. A profile, London 1972.

Pauli, C.: Allgemeine preußische Staatsgeschichte … Bde. 1–6, Halle 1760–1765.

Petersdorff, H. v.: Friedrich der Große. Ein Bild seines Lebens und seiner Zeit. Berlin 1911; erweiterte Auflage: Fridericus Rex. Ein Heldenleben, Nordhausen 1925 (NDr.).

Pfeiffer, E.: Die Revuereisen Friedrichs des Großen, 1904 (NDr.1965).

Pleschinski, H.: Aus dem Briefwechsel Voltaire – Friedrich der Große. Zürich 1992 (Auswahl).

Pöllnitz, K. L. Frhr. v.: Memoiren zur Lebens- und Regierungsgeschichte der vier letzten Regenten des preußischen Staates. Mit einem besonderen Anhang ... Bde. 1 und 2, Berlin 1791; deutsche Übersetzung der gleichzeitigen französischen Ausgabe.

Pohl, H.: Preußische Wirtschaftsverwaltung und Wirtschaftspolitik im 18. Jahrhundert am Beispiel des Seidengewerbes. In: Verfassung und Verwaltung, Festschrift für K. G. A. Jeserich, hg. von H. Neuhaus, Köln (usw.) 1994, S. 65–102.

Politische Korrespondenz ... Siehe „Friedrich".

Poseck, E.: Die Kronprinzessin. Königin Elisabeth Christine, Gemahlin Friedrichs des Großen, Stuttgart, 6. Aufl. 1952.

Press, V.: Friedrich der Große als Reichspolitiker. In: ders., Das Alte Reich, hg. J. Kunisch, 2. Aufl. Berlin 2000, S. 260–288.

Preuß, J. D. E.: Friedrich der Große. Eine Lebensgeschichte. Bde. 1–4, nebst Urkundenbuch, T. 1–5 und Register, Berlin 1832–1834.

– Friedrich der Große als Schriftsteller. (Nebst) Ergänzungsheft, Berlin 1837/38.

– (Hg.): Œuvres de Frédéric le Grand. Bde. 1–31, Berlin 1846–1857.

– Table chronologique des ouvrages de Frédéric le Grand et catalog raisonné des écrits, qui lui sont attribués, Berlin 1857.

Priesdorff, K. v.: Soldatisches Führertum. Bde. 1–11, Hamburg 1937–1940.

Quaritsch, H.: Souveränität. Entstehung und Entwicklung des Begriffs in Frankreich und Deutschland vom 13. Jahrhundert bis 1806 (= Schriften zur Verfassungsgeschichte, 38), Berlin 1986.

Rachel, H.: Der Merkantilismus in Brandenburg-Preußen. In: FBPG 40 (1927), S. 221–266.

– Das Berliner Wirtschaftsleben im Zeitalter des Frühkapitalismus, Berlin 1931.

– Handels-, Zoll- und Akzisepolitik Brandenburg-Preußens. Bde. 1–3 (1786). (= Acta Borussica, Abt. 1,3, Bde. 1–3), Berlin 1911, 1922, 1928.

Rachel, H./*Wallich,* P.: Berliner Großkaufleute und Kapitalisten. Bd. 2: Die Zeit des Merkantilismus 1648–1806. Neu hg. von H. C. Wallich, J. Schultze u. G. Heinrich, 2. Aufl., Berlin 1967.

Radtke, W.: Die Preußische Seehandlung zwischen Staat und Wirtschaft in der Frühphase der Industrialisierung, Berlin/New York 1982.

Ranke, L. v.: Zwölf Bücher Preußischer Geschichte. Kritische Ausgabe hg. von G. Künzel, Bde. 1–3, München 1930.

– Die deutschen Mächte und der Fürstenbund. Deutsche Geschichte von 1780–1790 (= Sämtliche Werke, Bd. 31), Leipzig 1871.

Regele, O.: Die Schuld des Grafen Reinhard Wilhelm von Neipperg am Belgrader Frieden 1739 und an der Niederlage von Mollwitz 1741. In: Mitt. des Österreichischen Staatsarchivs 7 (1954), S. 373–378.

Rehfeld, P.: Die preußische Rüstungsindustrie unter Friedrich dem Großen. In: FBPG 55(1944), S. 1–31.

Ribbe, W. (Hg.): Brandenburgische Geschichte, Berlin 1995.

Riedel, Ad. Fr.: Der Brandenburg-Preußische Staatshaushalt in den beiden letzten Jahrhunderten, Berlin 1866.

Rieger, U.: Johann Wilhelm Archenholz als „Zeitbürger". Eine historisch-analytische Untersuchung der Aufklärung in Deutschland (= Quellen und Forschungen zur Brandenburgischen und Preußischen Geschichte, Bd. 4), Berlin 1994.

Ritter, G.: Friedrich der Große. Ein historisches Profil, 3. Aufl., München 1954. Engl. Ausgabe 2. Aufl. 1968.

– Staatskunst und Kriegshandwerk. Bde. 1–4, München 1964–1973.

Rödenbeck, K. H. S.: Tagebuch oder Geschichtskalender aus Friedrichs des Großen Regentenleben (1740–1786). Bde. 3–5, Berlin 1840–1842 (NDr.).

– Beiträge zur Bereicherung und Erläuterung der Lebensbeschreibungen Friedrich Wilhelms I. und Friedrichs des Großen. Bde. 1.2, Berlin 1836, 1838.

Rohdich, W.: Hohenfriedeberg. 4. Juni 1745. Sieg im Morgengrauen, Eggolsheim o. J. (1997).

Roos, H.: Polen von 1668 bis 1795. In: Th. Schieder (Hg.), Handbuch der Europäischen Geschichte, Bd. 4, 1968, S. 730–749.

Rotenburg, Fr. R.: Die Schlachten Preußens und ihrer Verbündeten von 1741–1815. Textband und Schlachtenatlas, 2. Aufl. Berlin 1847. (Betr. Mollwitz, Hohenfriedeberg, Kesselsdorf, Lobositz, Prag, Kolin, Breslau, Minden, Liegnitz).

Rothfels, H.: Friedrich der Große in den Krisen des Siebenjährigen Krieges. In: HZ 134 (1926), S. 14–30.

Schäfer, R. (Hg.): Bittgesuche evangelischer Schlesier an Friedrich den Großen, Görlitz 1941.

Scheuner, U.: Der Staatsgedanke Preußens, Köln/Graz 1965.

Schieder, Th.: Prinz Eugen und Friedrich d. Gr. im gegenseitigen Bilde. In: HZ 156 (1937), S. 263–283.

– Friedrich der Große. Ein Königtum der Widersprüche, Berlin 1983.

Schilling, H.: Höfe und Allianzen. Deutschland 1648–1763 (= Das Reich und die Deutschen, Bd. 5), Berlin 1989.

– Kaunitz und das Reversement des Alliances, Berlin 1994.

Schindling, A.: Friedrich der Große und das reichische Deutschland. In: J. W. Kaiser (Hg.): Friedrich der Große, 1986, S. 13–24.

– Bildung und Wissenschaft in der frühen Neuzeit. 1650–1800 (= Enzyklopädie deutscher Geschichte, Bd. 30), München 1994.

Schlenke, M.: England und das friderizianische Preußen 1740–1763, Freiburg/München 1963.

– (Hg.): Preußen-Ploetz. Eine historische Bilanz in Daten und Deutungen, Freiburg/Würzburg 1983.

Schmidt, E.: Beiträge zur Geschichte des preußischen Rechtsstaates, Berlin 1980.

Schmidt, G.: Geschichte des Alten Reiches. Staat und Nation in der Frühen Neuzeit. 1495–1806, München 1999.

Schmidt-Lötzen, K. E. (Hg.): Dreißig Jahre am Hofe Friedrichs des Großen. Aus den Tagebüchern des Reichsgrafen Ernst Ahasverus Heinrich v. Lehndorff (nebst) Nachträgen. Bde. 1.2, Gotha 1907, 1910.

Schobeß, V.: Die Leibgarde Friedrichs des Großen. Statusdenken und Sozialprestige. Geschichte einer preußischen Elite, Berlin 2006.

Schoeps, J. (u.a.): „Der Philosoph von Sanssouci", Friedrich II. in seiner Zeit. Symposion. Potsdam 30.10.–1.11.2003; mit Referaten u.a. von M. Salewski, U. Goldenbaum, J. H. Schoeps, B. Wehinger, Chr. M. Vogtherr, K. Wilhelm, H.-D. Kittsteiner, J. Angelow.

Schüßler, W. (Hg.): Friedrich der Große. Gespräche mit Catt, Leipzig 1940.

Schütz, R.: Das Retablissement. In: J. Ziechmann (Hg.), Panorama der Fridericianischen Zeit, Bremen 1985, S. 436–441.

Schuhmann, G.: Die Markgrafen von Brandenburg-Ansbach, Ansbach 1980.

Schuller, W.: Schäker und Schlingel. In: Actio formans. Festschrift für W. Heistermann, Berlin 1978, S. 285–294.

– Friedrich in Deutschland und anderswo. In: Neue Deutsche Literatur (2002), S. 100–105.

Schultze, J.: Die Mark Brandenburg. Bd. 5, Berlin 1969.

Schulze-Wessel, M.: Rußlands Blick auf Preußen. Die polnische Frage in der Diplomatie und der politischen Öffentlichkeit des Zarenreichs und des Sowjetstaates 1697–1947, Stuttgart 1995.

Schweizer, K. W.: Frederick the Great, William Pitt and Lord Bute. The Anglo-Prussian Alliance 1756–1763, London/New York 1996.

Seidel, P.: Die Wohnräume Friedrichs des Großen im Schloß Sanssouci. In: Hohenzollern-Jahrbuch 19 (1915), S. 142–169.

– Friedrich der Große und die Bildende Kunst, Leipzig/Berlin 1922; 2. Aufl. 1924.

Sellin, V.: Friedrich der Große und der aufgeklärte Absolutismus. In: Festschrift für W. Conze, Stuttgart 1976, S. 83–112.

Siedler, Ed. J.: Die Gärten und Gartenarchitekturen Friedrichs des Großen. In: Zeitschrift für Bauwesen 1911, S. 2–30, 202–234. Atlas Bl. 1 u. 2 (zugl. Diss. Darmstadt 1911).

Sieg, H. M.: Staatsdienst, Staatsdenken und Dienstgesinnung in Brandenburg-Preußen im 18. Jahrhundert (1713–1806), Berlin 2003.

Skalweit, St.: Frankreich und Friedrich der Große, Bonn 1952.

– Das Problem von Recht und Macht und das historiographische Bild Friedrichs des Großen. In: GWU 2 (1951), S. 91–106. Wiederabdruck in: Gestalten und Probleme der frühen Neuzeit. Ausgewählte Aufsätze, Berlin 1987, S. 155–172.

– Friedrich der Große und der Aufstieg Preußens. In: L. Reinisch (Hg.): Die Europäer und ihre Geschichte, München 1961, S. 101–119.

– Ewald Friedrich Graf von Hertzberg (1725–1795). In: NDB 8 (1969), S. 715–717.

Spranger, E.: Der Philosoph von Sanssouci, Heidelberg 1962.

Stadelmann, R.: Preußens Könige in ihrer Tätigkeit für die Landeskultur. T. 2: Friedrich der Große, Leipzig 1882 (NDr. 1965).

Stern, S.: Der Preußische Staat und die Juden. T. 3: Die Zeit Friedrichs des Großen, Tübingen 1979.

Stievermann, D.: Politik und Konfession im 18. Jahrhundert. In: ZHF 18 (1991), S. 177 ff.

– Der Fürstenbund von 1785 und das Reich. In: V. Press (Hg.): Alternativen zur Reichsverfassung, 1995, S. 209–226.

Stollberg-Rilinger, B.: Der Staat als Maschine. Zur politischen Metaphorik des absoluten Fürstenstaates, Berlin 1986.

– Höfische Öffentlichkeit. Zur zeremonialen Selbstdarstellung des brandenburgischen Hofes vor dem europäischen Publikum. In: FBPG N.F. 7 (1997), S. 145–176.

Stolpe, M.: 17. August 1991. Rückkehr der Könige. Hrsg. vom Land Brandenburg, Potsdam 1991.

Straubel, R.: Beamte und Personalpolitik im altpreußischen Staat … (1763/86–1806), Potsdam 1998.

– Die Handelsstädte Königsberg und Memel in friderizianischer Zeit … (1763–1806/15), Berlin 2003.

Strecke, R. (u. a.): Mathematisches Calcul und Sinn für Ästhetik. Die preußische Bauverwaltung 1770–1848. (Ausstellungskatalog), Berlin 2000.

Stribrny, W.: Die Russland-Politik Friedrichs des Großen 1763–1786, Würzburg 1966.

Taysen, A. v. (Hg.): Das militärische Testament Friedrichs des Großen. In: Miscellaneen zur Geschichte Kg. Friedrichs des Großen (hg. von der Kgl. Preuß. Archivverwaltung), Berlin 1878, S. 111–204.

– Die militärische Tätigkeit Friedrich des Großen i. J. 1780, Berlin 1880.

– Die äußere Erscheinung Friedrichs des Großen und der nächsten Angehörigen seines Hauses, Berlin 1891.

Tempelhoff, G. F.: Geschichte des Siebenjährigen Krieges in Deutschland, Bde. 1–6, Berlin 1783–1801. (Bd. 1: 2. Aufl. Berlin 1794).

Thouret, G.: Friedrich der Große als Musikfreund und Musiker, Leipzig 1898.

Träger, E. (Hg.): Breslauisches Tagebuch von J. G. Steinberger 1740–1742, Breslau 1891.

Treue, W. (Hg.): Preußens großer König. Leben und Werk Friedrichs des Großen. Eine Ploetz-Biographie, Freiburg/Würzburg 1986 (Mit Beiträgen u. a. von G. Heinrich, E. G. Schulz, D. Merten, W. Neugebauer, R. Winau, K. H. Kaufhold, L. U. Scholl, St. Jersch-Wenzel, W. Weber, M. S. Cullen, H. Becker, P. Baumgart, K. Malettke, K. Zernack, W. O. Henderson, R. Kroener, W. Treue).

– Preußens Wirtschaft vom Dreißigjährigen Krieg bis zum Nationalsozialismus. In: Handbuch der preußischen Geschichte, Bd. 2, 1992, S. 449–604.

Tümpel, L.: Die Entstehung des brandenburg-preußischen Einheitsstaates … (1609–1806), Breslau 1915.

Unfer Lukoschik, R. (Hg.): Italienerinnen und Italiener am Hofe Friedrich II. (1740–1786), Berlin 2008.

Vogler, G.: Absolutistische Herrschaft und ständische Gesellschaft. Reich und Territorien von 1648–1790 (UTB 1898), Stuttgart 1996.

Volz, G. B.: Friedrich der Große und seine Leute. In: Hohenzollern-Jb. 12 (1908), S. 183–230.

– Friedrich der Große am Schreibtisch. In: Hohenzollern-Jb. 13 (1909), S. 1–50.

– Friedrich der Große und die erste Teilung Polens. In: FBPG 23 (1910), S. 71–143; 225 f.

– Die Krisis in der Jugend Friedrichs d. Gr. In: HZ 118 (1917), S. 377–417.

– Friedrich Wilhelm I. und die preußischen Erbansprüche auf Schlesien. In: FBPG 30 (1917), S. 55–67.

– Prinz Heinrich und die Vorgeschichte der 1. Teilung Polens. In: FBPG 35 (1923), S. 193–211.

– Friedrich der Große und seine sittlichen Ankläger. In: FBPG 41 (1928), S. 1–37.

– Friedrich der Große und der bayerische Erbfolgekrieg. In: FBPG 44 (1931), S. 264–301.

– Ungedruckte Briefe und Dichtungen Friedrichs des Großen. In: FBPG 45 (1932), S. 366–374; 46 (1933), S. 188–194.

– Friderizianische Probleme. In: FBPG 47 (1934), S. 1–19.

– Prinz Heinrich als Kritiker Friedrichs des Großen. In: Histor. Vierteljahrsschrift 27 (1932), S. 190–400.

– Aus der Welt Friedrichs des Großen, Dresden 1922.

Volz, G. B./*Künzel,* G. (Hg.): Preußische und österreichische Akten zur Vorgeschichte des Siebenjährigen Krieges (= PPrStA 74), Leipzig 1899 (NDr. 1965).

Wagner, Fr.: Friedrich Wilhelm I. Tradition und Persönlichkeit. In: HZ 181 (1956), S. 79–95.

Wagner, H.: Das Reisejournal des Grafen Seckendorff vom 15. Juli bis 26. August 1730. In: Mitt. d. Österreichischen Staatsarchivs 20 (1957), S. 186–242.

Walter, Fr.: Friedrich Wilhelm Graf Haugwitz. In: NDB 8 (1969), S. 65 f.

Weber, W. E. J. (Hg.): Der Fürst. Ideen und Wirklichkeiten in der europäischen Geschichte, Köln (usw.) 1998.

Weber-Kellermann, J. (Hg.): Eine preußische Königstochter. Die Memoiren der Margräfin Wilhelmine ..., Frankfurt a. M. 1981.

Wehinger, B.: Geist und Macht. Zum Briefwechsel zwischen d'Alembert und Friedrich II. In: G. Berger (Hg.), Französisch-deutscher Kulturtransfer.

– (Hg.): Friedrich der Große im Kontext der europäischen Kulturgeschichte, Berlin 2004.

Wernitz, Fr.: Die preußischen Freitruppen im Siebenjährigen Krieg 1756–1763. Entstehung, Einsatz, Wirkung, Wölfersheim-Bergstadt 1994.

Willoweit, D.: Johann Heinrich Casimir von Carmer und die preußische Justizreform im Zeitalter Friedrichs des Großen. In: J. Kunisch (Hg.): Persönlichkeiten im Umkreis Friedrichs des Großen im Ancien Régime, Tübingen 2002, S. 241–261, Köln/Wien 1988, S. 153–174.

Wimmer, Cl. A.: Friedrich II. und die Gärten des Charlottenburger Schlosses. In: Berlin in Geschichte und Gegenwart, 1983, S. 7–30.

Zernack, K.: Das preußische Königtum und die polnische Republik im europäischen Machtsystem des 18. Jahrhunderts (1701–1763). In: JGMOD 30 (1981), S. 4–30.

– Preußen – Deutschland – Polen, Berlin 1991. (Unveränderte) 2. Aufl. Berlin 2001.

Zick, G.: Berliner Porzellan und Manufaktur von Wilhelm Caspar Wegely 1751–1757, Berlin 1978.

Ziebura, E.: Prinz Heinrich von Preußen, Berlin 1999.

– Kein Mitleid mit den Frauen. Das Leben der Königin Elisabeth Christine und ihrer Schwester Louise Amalie am preußischen Hof, Berlin 2005.

– August Wilhelm Prinz von Preußen, Berlin 2006.

Ziechmann, J. (Hg.): Panorama der friderizianischen Zeit, Bremen 1985 (= Forschungen und Studien zur Fridericianischen Zeit. Hg. von Peter Baumgart, H. Bleckwenn u. a.).

– (Hg.): Fridericianische Miniaturen. Bd. 1 ff., Oldenburg 1990 ff.

Ziekursch, J.: Sachsen und Preußen um die Mitte des 18. Jahrhunderts, Berlin 1904.

– Beiträge zur Charakteristik der preußischen Verwaltungsbeamten in Schlesien bis zum Untergang des friderizianischen Staates, Breslau 1907.

– Das Ergebnis der friderizianischen Städteverwaltung, Jena 1909.

– Hundert Jahre schlesischer Agrargeschichte vom Hubertusburger Frieden (1763) bis zum Abschluß der Bauernbefreiung, Breslau 1927.

Zimmermann, Ritter v.: Fragmente über Friedrich den Großen. Bde. 1–3, Berlin 1790.

Zimmermann, G./*Branig,* H.: Fürsprache. Monarchenbriefe zum Kronprinzen-Prozeß Küstrin 1730, Berlin 1965.

3. Friedrich II., Werke (Abhandlungen, Briefe, Gespräche)

Quellen-Editionen zu seiner Regierungszeit in chronologischer Reihenfolge.

Œuvres posthumes de Frédéric II Roi de Prusse. Bde. 1–15, Berlin 1788.

Œuvres de Frédéric le Grand. Hg. von J. D. E. Preuss. Bd. 1–31, Berlin 1846–1857.

Preußische Staatsschriften aus der Regierungszeit König Friedrichs II. hg. von R. Koser und O. Krauske. Bde. 1–3, Berlin 1877–1892.

Politische Korrespondenz Friedrichs des Großen. Bde. 1–46. Bearb. von R. Koser, G. B. Volz (u. a.), Berlin 1879–1939 (Bd. 35: Weimar 1912). – Nebst Erg. Bd.: Die Politischen Testamente Friedrichs des Großen. Hg. von G. B. Volz, Berlin 1920. – Bd. 47.Bearb. von F. Althoff (= Veröffentlichungen aus den Archiven Preußischer Kulturbesitz, Bd. 45), Köln (usw.) 2003.

Briefwechsel mit Grumbkow und Maupertuis 1731–1759. Bde. 1.2. Hg. von R. Koser, Leipzig 1898–1912 (Ndr. 1965).

Friedrichs des Großen Korrespondenz mit den Ärzten. Hg. von G. M. Mamlock, Stuttgart 1917.

Briefwechsel mit Voltaire. Hg. von R. Koser (u. a.), T. 1–3, Leipzig 1908–1919 (Ndr. 1965).

Die Werke Friedrichs des Großen. Hg. von G. B. Volz. Bde. 1–10, Berlin 1912–1914.

Briefe Friedrichs des Großen. Hg. von M. Hein. Bde. 1.2, Berlin 1912, 1914.

Gespräche Friedrichs des Großen. Hg. von Fr. v. Oppeln-Bronikowski und G. B. Volz, Berlin 1919.

Friedrich der Große und Wilhelmine von Bayreuth. Ihr Briefwechsel. Hg. von G. B. Volz. Bde. 1.2, Leipzig 1924, 1926.

Die Briefe Friedrichs des Großen an seinen vormaligen Kammerdiener Fredersdorf. Hg. von J. Richter, Berlin 1926 (Ndr.).

Briefwechsel Friedrichs des Großen mit seinem Bruder Prinz August Wilhelm. Hg. von G. B. Volz, Leipzig 1927.

Algarotti: Briefwechsel Francesco Algarotti mit Friedrich II., Berlin 2008.

Baetke, M. (Hg.): Briefe Friedrichs des Großen an seine Freunde, Jena 1942. (Neue Übersetzung, mit Einführung, S. 7–46).

Bahner, W./*Bergmann,* H. (Hg.): Antimachiavell, Oxford 1996.

Briefwechsel Friedrichs des Großen mit Gräfin Camas und dem Baron de la Motte Fouqué. Hg. von H. Droysen, Berlin 1967.

Coboni, Marie Hélène (Hg.): Correspondence de Frédéric avec Louise Dorothéa de Saxe-Gotha (1740–1767), Oxford 1999.

Eyssenhardt, Fr.: Friedrich der Große. Denkwürdigkeiten aus seinem Leben, nach seinen Schriften, seinem Briefwechsel und den Berichten seiner Zeitgenossen (...), Leipzig 1888; 2., neubearbeitete Auflage, hg. von G. Winter, Bde. 1.2., Leipzig 1910.

Friedrich der Große. Hg. von O. Bardong, Darmstadt 1982 (= Freiherr vom Stein-Gedächtnisausgabe, Bd. 22).

Friedrich der Große. Mein lieber Marquis! Sein Briefwechsel mit Jean Baptiste d'Argens während des Siebenjährigen Krieges. Hg. von H. Schumann, Zürich 1985.

Friedrich der Große im Spiegel seiner Zeit. Hg. von G. B. Volz. Bde. 1–3, Berlin 1926, 1927.

Mendelssohn Bartholdy, G.: Der König. Friedrich der Große in seinen Briefen und Erlassen sowie in zeitgenössischen Briefen, Berichten und Anekdoten. Mit biographischen Verbindungen, Ebenhausen bei München 1912 (= Lebensdokumente vergangener Jahrhunderte, 5).

Das Tagebuch des Marchese Luccesini (1780–1782). Gespräche mit Friedrich dem Großen. Hg. von Fr. v. Oppeln-Bronikowski und G. B. Volz, München 1926.

4. Kriege und Militärwesen

Siehe u. a. Bleckwenn, Bernhardi, Craig, Duffy, Generalstabswerk, Gieraths, Groehler, Jany, Kessel, Luh, Kloosterhuis, Koser, Kroener, Kunisch, Neugebauer, Priesdorff, Rehfeld, Ritter, Volz.

5. Archivalien

Aus dem Geheimen Staatsarchiv PK wurde vor allem der Bestand I. HA, Rep. 96/96 B (Minuten) sowie Haus und Hof [Vz. 392] verwendet. – Sammlungen: Verein für Geschichte der Mark Brandenburg [jetzt: Vz. 712]. – Acta Borussica: Nicht gedruckte Akten Behördenorganisation. – Inventare: J. Kloosterhuis (Hrsg.): Archivarbeit für Preußen, Berlin 2000. – Ders. (Autor): Bestandsgruppen-Analyse. Generaldirektorium, Berlin 2008. – U. Dietsch: Familienarchive und Nachlässe im Geheimen Staatsarchiv PK. Ein Inventar, Berlin 2008 (sämtlich: Arbeitsberichte ..., 2, 8, 9).

Personenregister

Das Register verzeichnet Personen, die im Text vorkommen (S. 1–365), mit Ausnahme des Stichworts „Friedrich II.". Der ständig vorkommende Vorname „Friedrich" wurde durchweg abgekürzt (Fr.). Als Abkürzungen wurden u.a. verwendet: FM = Feldmarschall. – Gdir. = Generaldirektorium – Gf./Rgf. = Graf, Reichsgraf – Hg. = Herzog – Ks./Kg.= Kaiser/König – Min. = Minister – Präs. = Präsident – Pz./Przn. = Prinz/Prinzessin. – Es enthält Berufe, die vor allem bei gleichlautenden Nachnamen die Identifizierungen erleichtern sollen.